JN235803

KUNIEZU:
Province Maps of Japan
made by the Tokugawa Government

国絵図の世界

国絵図研究会 編

柏書房

はじめに

　江戸幕府の編んだ国絵図は我が国近世国家支配の基本図でした。この国絵図成立の制度史的な側面はおおよそ明らかになっていますが、国別個々の国絵図の具体的な作成過程や内容の詳細、諸藩の地図作りに及ぼした影響などいまだ明らかになっていない事柄は多々残されています。さらには郷村の編成、分郷、枝村の派生、地名や交通路の変遷など国絵図を利用した地域史ないしは歴史地理的研究も大いに期待されます。

　ところが江戸幕府が収納した国絵図は最終回の天保国絵図を除いてはほとんど残っていません。ただ諸国には国元の大名が幕府へ調進した国絵図の控（ひかえ）や写（うつし）が残されている例が少なくありません。まれには現存していることに気付かず所蔵先に埋もれたままのものさえあります。

　幕府撰国絵図はいずれも図幅の寸法が大きくて、広げる場所の確保が難しいなど個人的には閲覧がきわめて困難であるために、従来国絵図を利用した研究の進展がはばまれていました。そのような事情から平成8（1996）年に有志が集まって国絵図研究会を発足させ、会員が揃って各地の国絵図所蔵先を訪ねて国絵図熟覧の機会をもち、研究会及び機関紙「国絵図ニュース」を通して情報の交換と討議を重ねてきました。

　このような国絵図研究会の活動も年次を経て回を重ねたことから、会員の中からわれわれの研究成果を広く世に公開しようとの意見が出るにいたって、平成15（2003）年に編集委員会を立ち上げて出版物の検討、企画をはじめました。幸いに柏書房の協力が得られましたので、68か国の国別に残存する国絵図の内容を概説し、埋もれた国絵図の発掘を含めて全国の国絵図の現存状況を総括して、主要な国絵図をカラー図版で紹介しようということになりました。

　ところが、40名を超す会員の分担執筆となると、職場が多忙で執筆の遅れる人も少なからず出て、当初の出版スケジュールは大幅にずれ込んだものの、ほぼ半年遅れでようやく刊行にこぎつけることができました。本書がこれから国絵図研究ないしは国絵図を利用した研究を志す方々の一助になれば会員一同の喜びであります。

　全国に散在する国絵図が一堂に会する本書のような企画は、多くの団体・個人の方々のご理解ご協力なしには成り立ちません。最後になりましたが、貴重な資料の掲載をご承諾くださり、また、写真原版のご提供など、ご高配ご協力いただきました資料所蔵者・所蔵機関、研究者・研究機関に対し、衷心より謝意を表します。

　平成17年6月1日

国絵図研究会代表　川村博忠

目次

KUNIEZU : Province Maps of Japan made by the Tokugawa Government

国絵図の世界

『国絵図の世界』 目次

はじめに

凡例

江戸幕府の国絵図事業と日本総図の集成 …… 川村博忠　7

【諸国の国絵図】──── 25

国	著者	頁
山城国	礒永和貴	27
大和国	小田匡保	31
河内国	福島雅蔵	35
和泉国	出田和久	39
摂津国	藤田裕嗣	43
伊賀国	木全敬蔵	47
伊勢国	木全敬蔵	51
志摩国	木全敬蔵	55
尾張国	種田祐司	59
三河国	種田祐司	63
遠江国	小野寺淳・尾﨑久美子	67
駿河国	小野寺淳・尾﨑久美子	71
甲斐国	溝口常俊	75
伊豆国	小野寺淳・尾﨑久美子	79
相模国	上原秀明	83
武蔵国	白井哲哉	87
安房国・上総国	川村博忠	91
下総国	白井哲哉	95
常陸国	木塚久仁子	99
近江国	小野田一幸・岩間一水	103
美濃国	渡邊秀一	107
飛騨国	渡邊秀一	111
信濃国	上原秀明	115
上野国	上原秀明	119
下野国	伊藤寿和	123
陸奥国　仙台領と磐城・棚倉・相馬領	阿部俊夫	127
陸奥国　南部領	本田　伸	131
陸奥国　津軽領	尾﨑久美子	135
出羽国　1	小野寺淳・渡辺英夫	139
出羽国　2	小野寺淳	143
出羽国　3	小野寺淳	147
出羽国　4	小野寺淳・岩鼻通明	151
若狭国	渡邊秀一	155
越前国	海道静香	159
加賀国	野積正吉	163
能登国	野積正吉	167
越中国	野積正吉	171
越後国	渡部浩二	175

佐渡国	渡部浩二	179
丹波国	礒永和貴	183
丹後国	礒永和貴	187
但馬国	礒永和貴	191
因幡国	松尾容孝	195
伯耆国	松尾容孝	199
出雲国	川村博忠	203
石見国	川村博忠	207
隠岐国	川村博忠	211
播磨国	工藤茂博	215
美作国	倉地克直	219
備前国	青木充子	223
備中国	倉地克直	227
備後国	川村博忠	231
安芸国	川村博忠	235
周防国	喜多祐子	239
長門国	喜多祐子	243
紀伊国	額田雅裕・前田正明	247
淡路国	平井松午	251
阿波国	平井松午	255
讃岐国	御厨義道	259
伊予国	井上 淳	263
土佐国	渡部 淳	267
筑前国	礒永和貴	271
筑後国	梶原伸介	275
豊前国	平井義人	279
豊後国	川村博忠	283
肥前国	五十嵐勉	287
肥後国	礒永和貴	291
日向国	河村克典	295
大隅国・薩摩国	杉本史子	299
壱岐国	川村博忠	307
対馬国	渡邊秀一	311
琉球	橋村 修	315

【国絵図研究のために】── 319

日本および世界地図史における国絵図	長谷川孝治	321
刊行国絵図	山下和正・三好唯義	325
国絵図関連文書 1	礒永和貴	329
国絵図関連文書 2	阿部俊夫	331
国絵図調査法	上原秀明・礒永和貴	333
国絵図の修復・保存・公開	三好唯義・小野田一幸	344
国絵図のデジタル化	平井松午・小野寺淳・瀬戸祐介	348
用語解説	川村博忠	350
国絵図研究関連文献リスト	喜多祐子	353
国絵図所在一覧	小野寺淳・野積正吉・尾﨑久美子	370
英文解説	川村博忠	402

凡　例

○　国絵図の掲載にあたっては、①図名、②所蔵・寄託機関、所蔵者、③目録番号（配架番号・請求番号など）、④寸法（単位はｃｍ）という順序で図の情報を示し、適宜説明を加えた。
○　国絵図を所蔵する各機関では、国絵図は「天保図」「武蔵国図」などさまざまな名称で呼ばれている。しかし、本文の記述のうえでは、「慶長」「正保」「元禄」「天保」など国絵図作成の時期と、「武蔵」「信濃」など描かれた国名の２つの要素が不可欠である。したがって、本書においては、「天保武蔵国絵図」などのような統一的な名称を便宜的に用いた。ただし，各機関で用いられる図名でその国絵図の内容が分かる場合は，本文でもそのまま用いた。
　　＊所蔵機関における図名は、目録番号（配架番号・請求番号など）とともに巻末の「現存する国絵図一覧」に掲げたので、目録番号を参考にご確認いただきたい。また、本書の統一的な図名と所蔵機関の図名が著しく異なる場合には、適宜所蔵機関の図名も示した。
○　国絵図は貴重な史料であるため、「重要文化財」などの文化財指定を受けているものが少なくないが、本文中、図版中では必ずしもその表示をしていない。
○　年号表記は和暦を基本とし、適宜（　）に西暦をおぎなった。
○　国絵図の図版掲載にあたっては、絵図としての性格上、必ずしも北を上にしていない。
○　説明文は原則として常用・人名漢字を用い、人名・地名などには適宜振り仮名を付した。
○　掲載にあたり、多くの所蔵者・所蔵機関の方々のご協力をいただいた。貴重な資料の掲載をご許可くださり、また貴重な写真をご提供いただいた所蔵者・所蔵機関、資料提供者の皆様に心より感謝申し上げます。
○　国絵図は、その近世絵図としての性格上、当時制度上差別されていた集落の地名が記されている場合も想定される。本書は客観的な史実に基づいて学術的に研究する立場から絵図を収録した。本書が学術研究と社会の発展のために生かされることを望むものである。

江戸幕府の国絵図事業と日本総図の集成

1. 官庫への国絵図収納

　江戸幕府は諸国の主要大名に命じて国ごとの地図である「国絵図」と土地台帳である「郷帳」を調進させて幕府文庫（紅葉山文庫）に収納し、それが古くなると改訂を重ねていた。幕府の大がかりな国絵図収納は慶長、正保、元禄、天保期の4度にわたって行われている。初回の慶長度の場合はよく分からないが正保、元禄、天保度の場合は幕府文庫への収納のほかに実務に供するため副本が幕府勘定所にも保管された。

　江戸幕府の国絵図は国郡制の枠組みによって描かれるのが内容上の基本的な特徴である。いずれも図面の広がりは巨大で、狩野派の絵師によって美麗な極彩色に仕上げられており、分厚く裏打ちを施していて重厚であり、まさしく徳川将軍の権威の象徴を思わせる。

　この4度の国絵図収納のほかにも江戸幕府は必要に応じて諸国より国絵図を徴収していた。寛永10（1633）年の諸国への巡見使派遣に際しては、巡見使を通じて全国の国絵図が幕府に集められており、そのほか個別的な国絵図徴収の事例も見受けられる。しかし、慶長、正保、元禄、天保度の国絵図徴収のばあいは郷帳とセットで官庫への収納を目的としており、特別な性格を有する幕府の政治的地図事業であったとみなされる。

　江戸幕府は現実には幕藩体制を敷いて国内統治を行いながら、諸大名の支配領域の地図ではなく、一国単位の地図を完備して、これを「官庫の図」と称していたことは、まさしく我が国古代律令国家の伝統を受け継ぐものであった。古代王朝国家が崩壊したあと、中世には群雄割拠して国家意識は希薄となり、中央の権力は弱く国家的な地図事業など望むべくもなかった。

　16世紀末にいたり、織田信長の意思を受け継ぎ天下統一の理想を実現した豊臣秀吉は石高制の導入による検地によって、諸国の生産力を画一的に掌握するため、全国の大名に検地の結果を記載した御前帳（郷帳）と同時に国郡絵図の調進を命令して、天皇のもとに留め置こうとした。豊臣政権によるこの事業は古代王朝国家の伝統を復活しようと意図したものであったが、政権が短命に終わったためにこの事業は貫徹されずに終わった。

〔慶長国絵図〕　地図と土地台帳を中央政府の官庫に収納する国家的な事業が完全な形で復活するのは徳川政権になってからである。徳川家康は江戸幕府創設の翌年、慶長9（1604）年にはじめて諸国の主要大名に国絵図と郷帳の調進を命令している。しかし、家康はこの命令を江戸城からではなく伏見城から発しており、このときの国絵図徴収は全国一斉ではなく、秀吉恩顧の大名の多い西日本諸国のみが対象となったようである。

　関ヶ原の戦いによって天下を統一した家康は西国筋の大名に自国の地図を提出させることによって、幕府が国政を担う中央政権であることを公認させようとする意図があったものと考えられる。正保度以降においては国絵図・郷帳の調進は幕府文庫用と勘定所用の2部に定まるが、慶長度の国絵図と郷帳は各国3部ずつの調進が求められていた。この3部の用途は明らかでない。いまだ徳川政権の拠点が江戸に固まっておらず、駿府、伏見にも拠点があったための複数要求であったのかも知れない。

　幕府に収納された慶長国絵図は今ではまったく残されていないが、大名の国元には調進した国絵図の控ないしは写が10か国余ばかり現存している。残っているのがいずれも西日本諸国であって、慶長国絵図の調進が東日本には及ばなかったことを裏付けている。

〔正保国絵図〕　幕府が全国68か国すべての国絵図収納を貫徹したのは3代将軍家光のときがはじめてであった。寛永21（1644）年9月家光は江戸城広間に老中、大目付など要職者を集めて、諸国の大名より国絵図・郷帳ならびに城絵図を徴収するように命じた。同年12月16日をもって正保と改元され、この月に諸国主要大名の江戸留守居らを数回に分けて幕府評定所に召集し、大目付井上筑後守（政重）より国ごとの絵図元が割り当てられた。このとき幕府は国絵図と郷帳の作成要領を示す次のような子細な条令2通を示達している。前者は絵図作成の一般的基準であり、後者は海岸筋に書き入れる小書き（注記）の要領であった。

　　国絵図可仕立覚
　一、城之絵図之事
　　（この条文の細則8か条は省略）
　一、郷村知行高、別紙ニ帳作り、二通上ケ候事

一、絵図、帳共ニ郡分之事
一、絵図、帳共ニ郡切リニ、郷村之高上ケ可申事
一、帳之末ニ一国之高上ケ可申事
一、絵図、帳共ニ郡之名并郷の名、惣而難字ニは朱にて仮名を付可申事
一、絵図、帳共ニ村ニ付候はへ山并芝山有之候処は書付之事
一、郷村、不落様ニ念を入、絵図并帳ニ書付候事
一、水損、干損之郷村、帳ニ書付候事
一、国の絵図、二枚いたし候事
一、本道はふとく、わき道はほそく朱にていたすべき事
一、本道、冬牛馬往還不成所、絵図へ書付候事
一、川之名之事
一、名有山坂、絵図ニ書付候事
一、壱里山と郷との間道法、絵図ニ書付候事
一、船渡、歩渡、わたりのひろさ絵図ニ書付候事
一、山中難所道法、絵図ニ書付候事
一、国境道法、壱里山、他国之壱里山へ何程と書付候事
一、此已前より候国々の絵図、相違之所候間、念を入、初より候絵図ニ図中引合、悪敷所直シ、今度之絵図いたすへき事
一、道法、六寸壱里ニいたし、絵図ニ一里山ヲ書付、一里山無之所は三拾六町ニ間ヲ相定、絵図ニ一里山書付候事
一、絵図ニ山木之書様、色之事
一、海、川、水色書様之事
一、郷村其外、絵取ニこふん入申間敷事　　　已上
　　　正保元年申十二月廿二日

　　絵図書付候海辺之覚
一、此湊、岸ふかく船かかり自由
一、此湊、少あらいそニ候へ共、船かかり自由
一、此湊、遠浅にて船いれかね候
一、此湊、南風の時分ハ船かかりあしく候
一、此湊、西風の時分ハ船かかりならす候
一、湊とみなととの間、いにしへより申つたへ候海上道の法、書付候事
一、船道、水底ニはへ在之所書付候事
一、他国のみなとへ、海上道法書付之事
一、潮時に不構、船入候みなと書付候事
一、しほとき悪敷候へハ、船不入湊書付候事
一、此渡り口、何里あら潮之事
一、浜かよひ、遠浅之事
一、此所、左右ニ岩在之事
一、遠浅岩つつきの事
一、右書付之外、船道悪敷所候者、不残書付候事
一、湊之名、書付候事
一、浦之名書付候事

　この国絵図作成上の指示でとりわけ注目されるのは、①国絵図・郷帳とも2部の提出であったこと、②縮尺（分割(ぶわり)）を6寸1里（2万1600分の1）で作成し、1里（36町）ごとに一里山を図示すること、③渡河方法、河幅、水深、冬に牛馬通行の難所、国境(くにざかい)道程(みちのり)など交通注記を施すこと、④湊の船着きの良し悪し、湊・浦々の地名の記載など海辺の注記を詳しく施すこと、などであっ

た。このようなきめ細かな指示によって国絵図様式の全国的統一化が図られたのである。6寸1里の縮尺はその後の国絵図にも踏襲されて、江戸幕府国絵図の一貫した基準となる。

　正保国絵図は幕府命令の翌年から順次提出が始まり、5～6年を経た慶安初年頃までには全国の国絵図が出揃ったようである。正保度のこの国絵図事業では国絵図・郷帳に添えて城絵図と道帳(みちのちょう)が提出された。このような添提出物はこの回のみであった。ところが、幕府はこの国絵図事業を終えてから数年後に、明暦の大火による江戸城の火災で収納したばかりの国絵図を焼失してしまったようである。そのため幕府はその後寛文年間に諸国へ正保国絵図の再提出を求めている。

　現在では幕府の収納した正保国絵図の原本は全く残っていないが、寛政期に勘定奉行を務めた幕臣の中川忠英(ただてる)が写していた正保国絵図の模写本42か国分が国立公文書館に現存している。これに含まれる「周防」「長門」を国許に現存する正保国絵図の控と比較して検討すると、領主名の違いによって中川忠英本は寛文期の再提出図を写したものであると考えられる。

　〔元禄国絵図〕　正保国絵図の調進があっておおよそ50年を経た元禄10（1697）年閏2月4日、諸国の主要大名の江戸留守居らが幕府評定所に集められて国ごとの絵図元が割り当てられた。幕府側の担当者は寺社奉行の井上大和守(正岑(まさみね))が主宰し、他に町奉行・勘定奉行・大目付を合わせて4名がこの国絵図改訂の担当奉行であった。

　この元禄度においては正保のときよりもより一層細やかな絵図基準が示され絵図様式の全国的な統一が図られた。この国絵図改訂にあたって幕府が示した令条は、改訂の指針を示す「覚」7か条、具体的な絵図作成の要領を示す「国絵図仕立様之覚」（10か条）、「国境絵図仕様之覚」（2か条）の3通であった。改訂の指針を示した「覚」7か条では、①先年の国絵図を貸与するので、変地の箇所を改訂すること、②分割（縮尺）など絵図仕立様は正保の場合に同じ、③国境・郡境の論地は解決したうえで絵図を作成するようにし、内談ができなければ公裁を仰ぐこと、国境・郡境以外の論地は裁許に構わず絵図を作成してよい、という内容であった。国絵図作成の要領を具体的に示す条令は次のごとくであった。

　　国絵図仕立様之覚
一、絵図紙、越前生漉間似合上々紙、裏打者厚キ美濃紙一篇仕事
一、分割之儀は古絵図之分割ニ仕、勿論道筋は一里六寸之積ニ墨

ニ而星可被仕事
一、郡墨筋之内ニ、郡之名記可被申事
一、郡色分ケ、不紛様ニ可被仕事、但、郡境あさやかに墨引可被申事
一、村形之内ニ、村高を記可被申事、但、高之儀者、石切ニ仕、其外者何石余と書付可被申事
一、畾紙ニ郡分ケ之目録、并郡切高付、一国之高都合、書付可被申事
一、畾紙ニ郡切之村数、并一国之村数、記之可被申事
一、右新絵図之表ニ書記候国郡銘々村高、帳面ニ仕立、可被差出候事
一、畾紙ニ絵図仕上ケ之人之名、年号月付、記可被申事
一、御料、私領寺社領之高、仕分ケ無用ニ候、尤、御代官、地頭之名書も無用之事、但、古絵図に有之寺地、宮地等之形ハ如前に記可被申事
　　右之本ニ、借し候古絵図、国々取調様不同ニ候故、如此書付相渡候、古絵図考、此書付ニ無相違様ニ可被仕候、　以上
　　　丑五月

　元禄の国絵図改訂に際して幕府は本郷に絵図小屋を設けて、諸国の絵図元が作成した下絵図を点検して不備な点の指導を行った。この改訂にて幕府が重視した点は、正保国絵図ではいまだ不十分であった絵図様式の一層の統一と国境記載の厳密化を図ったことである。様式の統一でもっとも顕著な点は畾紙目録の記載形式の統一であろう。元禄国絵図ではいずれの国も一様に「何国高都合并郡色分目録」という表題をもって、郡別の色、各郡の石高、郡の村数を列記し、一国の総石高と村数を集計して、末尾に提出の年月と提出者名（絵図元）が官名にて記載された。

　元禄国絵図の作成過程では、隣接する両国が共に作成した国境の縁絵図（端絵図、涯絵図などともいう）を絵図小屋に持ち寄って、双方を突き合わせて国境筋に齟齬のないことを幕府絵図役人に確認してもらう必要があった。この確認作業が済んだあと国絵図の清書を幕府御用絵師の狩野良信に依頼するのが手順であった。国境の論地を抱えていて内談による解決がつかない場合は、国絵図作成の前に公訴によって幕府の裁決を仰がねばならなかった。

　元禄国絵図の上納は元禄12（1699）年3月の壱岐を最初として順次提出され、同15（1702）年12月の播磨を最後にして全国83舗全部の上納が完了した。播磨の遅延は松の廊下事件で赤穂藩の取潰しがあったことにかかわっていた。国絵図は各国1幅での仕立てが原則であったが、陸奥・出羽・越後など国域の広い国や島々の離れる琉球では、いずれも数幅に分割して仕立てられたため、元禄国絵図は全部で83舗となった。このたび改訂なった国絵図が「新国絵図」と呼ばれたことで、先の正保国絵図は「古国絵図」と呼び慣わされるようになった。

　新国絵図と古国絵図の内容の大きな違いは新国絵図では古国絵図においては見られた大名の所領記載がいっさい削除されて、純粋に国郡図として完成した点である。幕府に収納された元禄国絵図の原本83舗のうち現在は、常陸、下総、日向、大隈、薩摩、琉球（大島・沖縄島・八重山島）の5か国と琉球分を合わせて8舗のみが国立公文書館に現存している。

〔天保国絵図〕　江戸幕府の国絵図事業としては最後になった天保度の国絵図改訂は、天保改革に先立つ全国的な政治地理的調査事業として注目される。天保度の国絵図事業は先の正保、元禄度の場合に比較すると、事業の性格が微妙に相違した。これまでは国絵図は郷帳と合わせてあくまで諸国の大名らが作成して将軍へ献上（調進）するのが建前であって、この上納にこそ意味があった。ところが、今回はそのような献上方式がとられず、諸国から提出された変地の資料によって幕府自らが全国の国絵図を一手に仕立て上げたのである。さらにまた今回は郷帳と国絵図の改訂を切り離し、作業が段階的に実施された。まず天保2（1831）年に郷帳改訂を命じ、それを同6年に終えたあと次いで国絵図改訂を開始して同9年に事業を終了している。

　国絵図改訂の手順は、先ず幕府より諸国の絵図掛（絵図元）に元禄国絵図を薄紙に淡彩で写した「切絵図」（縦長に何等分かに裁断したもの）が渡され、その切絵図に元禄以降の変動箇所を懸紙（掛紙）によって修正をほどこすように求められた。幕府勘定所は提出を受けたその懸紙修正図に基づいて自らが狩野派絵師を雇い、全国83舗の国絵図各2部ずつを一手に清書して幕府文庫と勘定所に収納し了えたのである。

　天保国絵図の畾紙目録の末尾には全国共通して「天保九戊戌五月、明楽飛驒守・田口五郎左衛門・大沢主馬」と勘定所役人3名の名前が列記されている。明楽は勘定奉行の明楽茂村であり、彼は郷帳改訂を含め国絵図改訂の総括責任者であった。現在国立公文書館には幕府文庫（紅葉山文庫）と勘定所伝来の天保国絵図原本が合わせて119舗現存しており、全国の分が揃っている。

　天保度の国絵図事業はこのように作成の手順が変わったばかりか国絵図・郷帳自体も内容が大きく変質した。国絵図・郷帳に記載される石高は、従来あくまで公称の表高であったものが、今回は新田や改出高などを含めた実際の生産力を示す実高をもって記すことが要求されていた。江戸時代も19世紀の天保頃になると表高と実

高には大きな開きが生じていて、旧来の固定的な公称高は意味をもたなくなっていたのである。幕府が国絵図・郷帳改訂において諸国の生産力の実態を掌握しようと意図したのは当然であったが、諸大名らは実高の報告には抵抗があって、最初の郷帳改訂では幕府の催促が再三に及んでいた。新訂なった天保国絵図・郷帳は幕府の強い指示にもかかわらず、藩側のためらいによって実高記載は徹底せず、かえって幕府指導力の限界を印象づける結果となった。

2. 江戸幕府が編んだ日本総図

江戸幕府は以上のごとく慶長度を含めれば4回に及んで幕府文庫に全国的規模で諸国の国絵図を収納していた。この4回に及ぶ国絵図収納のほかにも、幕府は寛永10（1633）年に諸国へはじめて巡見上使を派遣して国情の巡察を行っており、このときも上使を通じて全国から国絵図を徴収している。江戸幕府はこのように全国から集めた国絵図に基づいて日本総図を集成していた。幕府が国絵図に基づいて編集した日本総図として知られるのは寛永期の成立と見られる江戸初期の日本図2種類、正保日本図、元禄日本図及び享保日本図である。これら江戸幕府の編んだ日本総図は、共通して国々を国界線で明瞭に区画し、国ごとに色別しており、海陸の交通路とともに城所が四角の城形をもって必ず図示される。

〔寛永日本図〕　国会図書館所蔵の日本総図（図2）は古く蘆田伊人がこれを「慶長日本図」とみなして以来、これが大名の移動だけを修正した「慶長日本図」の修正図として広く紹介されてきた。しかし慶長期成立の確たる証拠はなく、記される大名の時期や島原半島に目を向けた地名記載などから寛永15（1638）年の島原の乱直後の成立との見方が強まっている。この国会図書館所蔵の日本総図と同じ種類のものが近年岡山大学附属図書館の池田家文庫と京都大学附属図書館にも現存することが明らかとなった。

ところで国会図書館所蔵の日本総図とは別にもう1種類の江戸初期日本総図の存在が知られている。山口県文書館毛利家文庫、佐賀県立図書館蓮池文庫、島原市本光寺及び福井県大野市の個人に所蔵される3枚分割仕立ての巨大な日本総図である（図1）。江戸初期成立の日本総図は慶長国絵図や寛永巡見使国絵図などを利用して編集されたものと考えられるものの、その成立経緯はいまだ明らかになっていない。国会図書館図と3枚組図を比較すると、両者の図示範囲は共に陸奥を最北にして蝦夷地を含めず、南は大隅諸島（種子島・屋久島・口永良部島）までである。そのほか注目されるのは、なぜか共通して出羽国である置賜郡（米沢盆地を中心とする地域）を陸奥国のうちに入れて描いていることである。

また両系統の日本総図は共に天草の富岡を居城として描いているが、讃岐の丸亀は国会図書館図では地名の記載もなく、3枚組図では「古城」と記している。富岡城は島原の乱直後の寛永15年に山崎家治が備中成羽から移って入城したものの、家治が同18（1641）年に丸亀へ転じたあと富岡城は収公され破却されている。このことからすると両者の図示内容は共に寛永18年以前である。他方、両図共に寛永10年築城の盛岡城や新宮城を描くなど、これら居城の図示をも考慮すると両系統図はいずれも寛永10～18年の成立を推定させる。

さらに伊勢の神戸は寛永13（1636）年に一柳氏が伊予に移って廃藩となり、城は破却された。3枚組日本総図ではこの神戸を居城として図示しているが、国会図書館系の日本総図ではこれに城所の記載がない。この1点を論拠とすれば3枚組日本総図は寛永10～13年の成立で、国会図書館系日本総図は寛永13～18年の成立ということもできる。しかし、江戸初期の日本総図であれば成立後の転写修正なども考えられるのでいまだ両者成立の前後関係については異論もあって確証が得られていない。

表　江戸幕府の国絵図と日本総図

国絵図	開始年	責任者	日本総図	日本総図の縮尺
慶長国絵図	慶長9（1604）	西尾吉次（奏者） 津田秀政（奏者）		
寛永国絵図	寛永10（1633）	巡見上使（全国を6班で分担）	寛永日本図A 寛永日本図B	1寸1里（1：130,000） 4分1里（1：324,000）
正保国絵図	正保元（1644）	井上政重（大目付）	正保日本図	3分1里（1：432,000）
元禄国絵図	元禄10（1697） 享保2（1717）	井上正岑（寺社奉行） 大久保忠位（勘定奉行）	元禄日本図 享保日本図	4分1里（1：324,000） 6分1里（1：216,000）
天保国絵図	天保6（1835）	明楽茂村（勘定奉行）	無し	

ただ、両系統日本総図の内容を比較すると、国会図書館図は地名の記載が少ないにもかかわらず、陸路の里程や渡河点における「舟渡(ふなわたり)」「歩渡(かちわたり)」など陸路の注記ばかりでなく海路にも里程が濃密に記されていて交通注記の多いことが顕著な特徴である。それに対して3枚組図は地名記載が多く古城や鉱山などの記載も多いにもかかわらず里程など交通注記はきわめて少なく、舟路の朱引きはあるものの海上の里程は全く記されていない。このような内容の特徴からすると、幕府が島原の乱後に軍事的観点にて国内の交通環境の掌握を図ったと思われるふしがあることから、同じ寛永期の成立であっても3枚組日本総図の作成が早いように思われる。

〔正保日本図〕 正保度の国絵図事業ではじめて縮尺の統一基準が指示されたことから、幕府は最初から日本総図の集成を目論んでいたものとみなされる。現存する正保日本図の写本によると、正保日本図の図形は寛永日本図に比べてかなりよく整っており、とくに陸奥湾・下北半島の形や紀伊半島の形が改良されている。その図示範囲は稚拙ながら我が国の官撰日本図においてはじめて蝦夷地が描き入れられた。松前藩が調進した疎略な国絵図がそのまま利用されたもので、いちおう北蝦夷(樺太)と千島列島までも含めている。ただ、南辺では薩摩藩が詳細な琉球国絵図を調進していたにもかかわらず、これは生かされず、大隅諸島からやや南下したトカラ列島が南限である。

ところで、正保日本図の成立に関しても確たる史料の裏づけを欠くため、その編集時期、編集方法などについての詳細は不明である。ただ近年、京都大学の藤井讓治の研究によって正保日本図に関しては新たに明らかになった事柄もでている。

これまで筆者は正保国絵図に基づく日本総図は慶安4(1651)年と寛文10(1670)年の2回編集されたものの、いずれもその原本は現存せず、再編集図だけは写本が2部現存していて、それは国立歴史民俗博物館秋岡コレクション中の「正保日本図」(図3)と大阪府立図書館蔵の「皇圀道度図」であると考えていた。2回に及ぶ編集の理由は、慶安初年頃に収納を終えた全国の正保国絵図がまもなく明暦の大火によって焼失したため寛文年間にその再提出が求められていることから、慶安4年成立の正保日本図も同じく焼失し、国絵図の再提出に伴って日本総図が寛文年間に再編集されたものと推定したのである。

藤井讓治はこれまで紹介されることのなかった国文学研究資料館蔵の正保系「日本総図」と秋岡コレクション図の記載内容を綿密に比較したうえで、さらにそれらの若狭と加賀両国の部分に記される文字情報を両国の正保国絵図の記載と逐一照合を行った。その結果、国文学研究資料館蔵図と秋岡コレクション図は別系統の図であることを明らかにし、各々の成立時期は国文学研究資料館図が古くて明暦3〜4年、秋岡コレクション図は寛文9年以降の成立と推定した。そして、秋岡コレクション図は若狭と加賀に関する限りでは文字情報が正保国絵図にほぼ一致することも確認されている。このように藤井讓治の研究によって国立歴史民俗博物館秋岡コレクション中の「正保日本図」が寛文10年に大目付北条正房(氏長)によって再編集された正保日本図である可能性は一層高まった。これは当然同系統の大阪府立図書館の「皇圀道度図」にも及ぶことになる。

北条正房は寛文9(1669)年に諸国の大名に命じて、全国の道度(みちのり)調査を実施しており、これを日本総図の編集に利用している。山口県文書館毛利家文庫の『毛利十一代史』寛文9年5月26日の条には「大目付北条安房守公儀人ヲ召シ、幕府ニ於テ諸国ノ絵図調製ニ関シ、道度ノ書付ヲ徴セラルルニ依リ、覚書ヲ授クル、左ノ如シ」と記して、幕府から萩藩への通達を収載している。

　　　　　覚
一、国主居城ヨリ到江戸道度何里
一、国中城々へ居城ヨリ何里
一、一門大臣ノ家来居所并他国へ国主居城ヨリ何里
一、隣国近所ノ城地へ道度何里
一、海上有之分ハ何湊ヨリ出船何湊へ海上何里
　右、御絵図御用ニ入候間、御書付可被差上候　以上
　　五月二十六日
　　　　　　　　　　　　　　　北条安房守

この幕府要請に対して萩藩は翌月回答の書付を北条安房守(正房)のもとに提出しているが、毛利家文庫の『寛文九年より十年まで万覚』によると、「安房守殿、三郎右衛門殿へ被御逢、御書付得と御覧ニて、道のりののりの字に程之字ハ、惣(すべて)道度之字能候、諸国ともに左様被仰付候通御好ニて、度之字ニ調替旨、被仰付」と記しており、距離を表す「道程」という一般的な用語を捨てて「道度」の用語に変えさせられたのである。

大阪府立図書館の「皇圀道度図」はその題目からして、まさしく諸国から集めた距離情報の「諸国道度」に依拠して編集された正保日本図の写であると考えられる。幕府が編集した正保日本図の縮尺は3分1里(43万2000分の1)であって、大きさは縦・横共におおよそ250cmほどである。藤井讓治の調査で国文学研究資

料館蔵の正保系「日本総図」が寛文10年編集の正保日本図ではない別系統図であることが分かり、明暦の大火で焼失した初回編集の正保日本図系統の図である可能性も指摘された。そして、初回の正保日本図編集を担当したのは北条正房ではなく、正保国絵図の責任者であった井上政重が日本総図の編集までも引き続き担当したのではないかとの見方が示された。正保日本図については編集時期、編集担当者などについてさらなる究明が求められる。いまだ詳細な報告がなされていない島原市立図書館松平文庫蔵の正保系「日本全図」についても、記載内容の詳細な調査が必要である。

〔元禄日本図〕 元禄日本図の編集は諸国の国絵図が大方は出揃った元禄14（1701）年7月頃に本郷絵図小屋で開始され、同15年12月に完了している。この日本総図の編集は国絵図収納に引き続き、若年寄（国絵図事業の当初は寺社奉行）の井上大和守（正岑）が責任者であった。元禄日本図の清書は国絵図と同様に幕府御用絵師の狩野良信が受け持った。良信は元禄国絵図事業の完了した時点で清書請負の記録『元禄国御絵図仕立覚』を幕府へ提出している。

この覚帳によって、元禄日本図の縮尺、幅員寸法など、その規格及び仕立て費用などを知ることができる。日本総図についての関係部分の記載を示すと次のとおりである。

```
日本御絵図    三枚    竪 壱丈弐尺
                    横 壱丈五尺
   但、壱枚ニ付、金五拾両宛、銀ニメ九貫目
   巳年被仰付、午極月出来、分間之儀ハ四分壱里ニ出来、（中
   略）日本御絵図三枚ハ本郷御絵図小屋ニ而出来
```

元禄日本図は縮尺4分1里（32万4000分の1）の仕立てで、全部で3鋪作成されたことが知られる。幅員寸法は364×455cmにも及ぶ大型図であった。元禄日本図の写としては明治大学図書館蘆田文庫蔵の「元禄日本総図」（図4）と静岡県立図書館葵文庫蔵「皇国沿海里程全図」の現存が知られている。元禄日本図に描かれた範囲は、北辺では先の正保日本図よりの進展は見られないものの、南辺では八重山諸島までの琉球列島の全体をかなり良好な図形で描き入れている。蝦夷と琉球をも含めた国土の全体像が我が国の官撰日本図にはじめて収まったのである。またこの元禄日本図では対馬の北方に朝鮮半島の南端を描き、その南西端に「草梁項」（そうりょうこう）の地名とともに「和館」を記しているのが注目される。

元禄日本図の編集には国境縁絵図と海際縁絵図（海手縁絵図）（うみぎわ）が利用された。国境縁絵図は国絵図の作成において隣国との国境筋を確認しあうために作成されたものであった。海際縁絵図は海岸線を縁どった絵図で諸国の国絵図がほぼ出揃い、日本総図の編集準備が具体化した段階で、沿海諸国へその提出が命じられたもので、これはあくまで日本総図編集のために集められたのである。

岡山藩の記録によると、同藩の江戸留守居が元禄14（1701）年7月に井上正岑宅に呼ばれて、同人家来の長浜治左衛門より海際縁絵図の提出を命じられたが、そのとき治左衛門は海際縁絵図の提出理由について「日本国中之御絵図、此度、一枚絵図ニ認り申候、就夫、陸国境ハ何茂、縁絵図大和守ニ取置、其許様之縁絵図も有之候、海表之儀ハ前々より申達候通、境究りかたきこと故、縁絵図無之候、御領内も其通ニ候、諸国より御上納之御絵図ニ而、壱枚絵図取合申儀ハ、成安キ事ニ候得共、御上納之御絵図ハ、未御上覧無之故、御蔵より取出申事難成候、就夫、縁絵図を以、此度、一枚絵図取合申儀ニ候」と説明している。

諸国より調進の国絵図は、将軍の台覧を待たなければ利用できないため、かわりに国境縁絵図と海際縁絵図をもって日本総図を編集するというのである。国境縁絵図はすでに大和守内に集められているので、今回は海際縁絵図のみ沿岸諸国にたいして提出が求められた。隣国との国境筋は、国境縁絵図により接合されるはずであるから、海際縁絵図をもって外周を囲めば、国単位で区画された日本総図が仕立てられる。

元禄日本図の編集では海際縁絵図を用いて、まずは日本全体の輪郭を描き、そのあとで国々の境を入れ、簡略ながら内陸部に河川、城下、主要集落、街道などを記入したものと考えられる。元禄日本図は先の寛永日本図及び正保日本図に比較すると、沿岸部を除く内陸部の図示内容がきわめて簡略で、注記も海岸と舟路に関するものに限られている。内陸部に比較して沿海部の図示・注記が詳しいのは、本図が海際縁絵図を利用して編集されたことに起因している。葵文庫所蔵の元禄日本図が「皇国沿海里程全図」と題するのもその所以であろう。

〔享保日本図〕 元禄日本図の成立からいまだ15年しか経過していない享保年間に、8代将軍吉宗の指示で改めて日本総図の編集が試みられた。享保日本図は先に成立した元禄日本図の精度を検証して、その不出来が明らかとなったことから再編集が試みられたものである。この日本総図の再編集は勘定奉行大久保下野守（忠位）の責任で享保2（1717）年8月に始まり、同8年に一応の完成を見ている。

一応の完成後も補正、附属絵図（離島）や編集記録の作成など作業をつづけ、この事業が最終的に終了したのは享保13（1728）年2月であった。望視交会法を利用しての編集であったことから望視のきかない離島は除外されているが、朝鮮半島南端の和館だけは例外的に図示している。最終的に完成した享保日本図は縮尺6分1里（21万6000分の1）で、正保及び元禄日本図よりも大型であった。享保日本図の原本は現存しないが、それを3分の1程度に縮めた写本が国立歴史民俗博物館の秋岡コレクションの中に入っている（図5）。

この享保日本図編集の技術的な仕事は当初は北条正房の実子である北条氏如（うじすけ）であったが、中途で数学者の建部賢弘（たけべかたひろ）に交代している。江戸幕府が編集した日本総図はいずれも諸国の国絵図を接合しての集成図であったため、隣接する個々の国絵図をいかにうまく接合するかに担当者の苦労があった。元禄度の国絵図事業では隣接国の双方で国境縁絵図を突き合わせて国境筋を一致させるような厳密な方法が行われた。その国境縁絵図を利用して編集された日本図の図形はかえってぎこちなく、結果的には先の正保日本図よりもゆがみの生ずる結果となった。個々の部分を厳密に継ぎ合わせれば全体は正しく仕上がるという従来からの発想は元禄日本図の編集で壁にぶつかったのである。

江戸幕府の日本総図編集のなかで享保日本図がとくに注目されるのは、国絵図の接合に交会法や遠望術といった技術的に全く新しい方法が導入されたことである。この方法を駆使するために前提として幕府は諸国に命じて前後3回に及ぶ全国の見当山（みあてやま）調査を行っている。そして隣国の見当山を望視して得た方位資料を用いて国絵図の接合を行ったのである。享保日本図の編集に際しては改めて諸国の国絵図が徴収されたのではなく、下図には先に集められていた元禄国絵図が利用されたのである。

元禄日本図の編集では陸上の国境は縁絵図の突き合せで接合できたが、海を隔てた本州と四国・九州などの配置には確たる根拠が得られず、不正確な海上距離をもって配置したため、周防灘が大きく広がるなど位置関係に不都合が生じていた。今回の編集では周防灘と伊予灘をまたぐ3点交会の海上望視によって位置関係も正しくとらえることができて日本総図の精度は向上を見ている。

ただ、交会法と遠望術での国絵図接合はあくまで相対的な位置決定であるため、一箇所での不用意な測定ミスが次々に誤りを引きずることになる。したがって建部賢弘はこのことを率直に認めて『日本絵図仕立候一件』の中で、より精度の高い地図作成には、「遠望」（方位測定）ばかりでなく、「候極験食」（天測）と「丈量」（距離測定）の3方法を合わせて用いることの必要性を説いている。天測は緯度・経度の測定のことであって、それからおおよそ80年後に、伊能忠敬が道線法と交会法の実測に加えてはじめて天測を行って日本総図（「大日本沿海輿地全図」）を作成した。

（川村博忠）

【参考文献】
川村博忠 1981「江戸幕府撰日本図の編成について」（『人文地理』33-6）／同 1984『江戸幕府撰国絵図の研究』（古今書院）／同 1990『国絵図』（日本歴史叢書44、吉川弘文館）／同 1998「池田家文庫所蔵の寛永日本総図について」（『地図』36-1）／同 1998「江戸初期日本総図再考」（『人文地理』50-5）／海野一隆 2000「いわゆる〈慶長日本総図〉の源流」（『地図』38-1）／川村博忠 2000「江戸初期日本総図をめぐって―海野氏の見解に応えて―」（『地図』38-4）／海野一隆 2001「寛永年間における幕府の行政査察および地図調製事業」（『地図』39-2）／同 2002「中井家旧蔵の〈日本中図〉」（『地図』40-4）／藤井譲治 2004「正保日本図について」（『絵図・地図からみた世界像』京都大学大学院文学研究科）

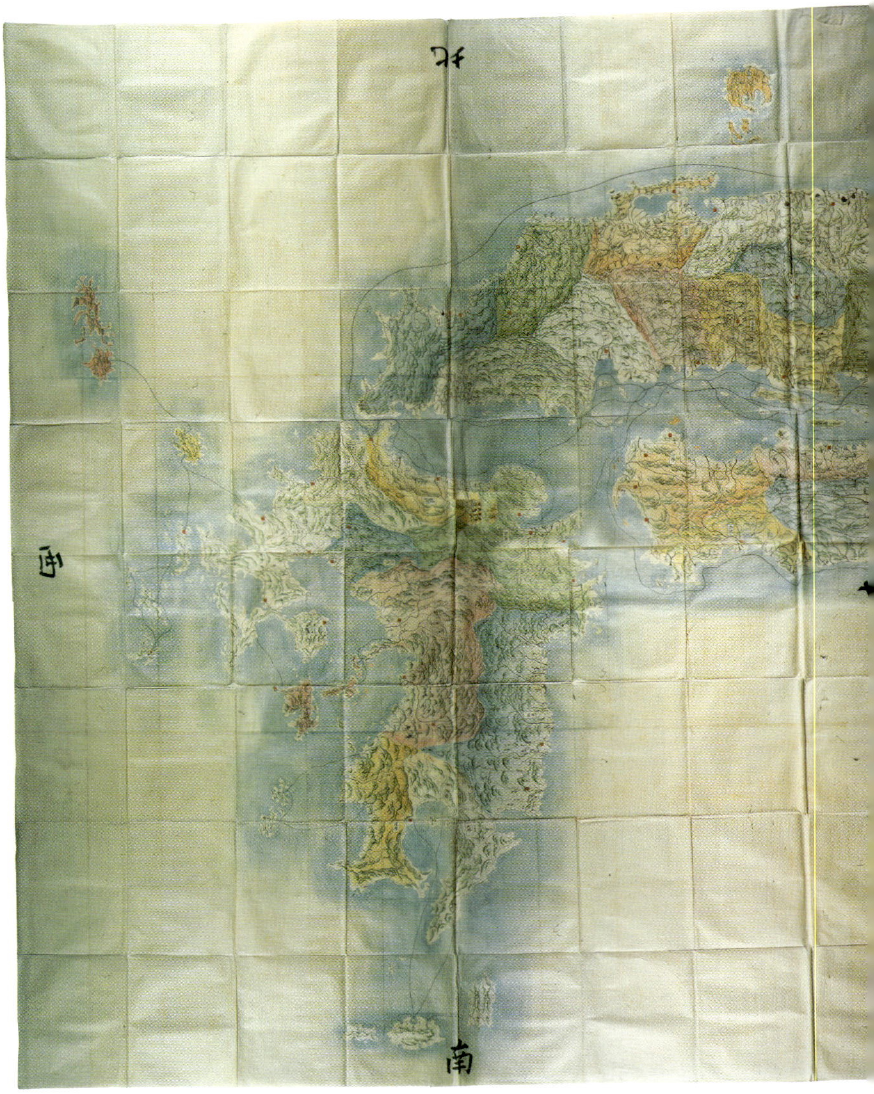
北
西
南

【図1】「寛永日本図A」 山口県文書館蔵毛利家文庫33、54、198、3枚組、東部188×154、中部374×292、西部396×321

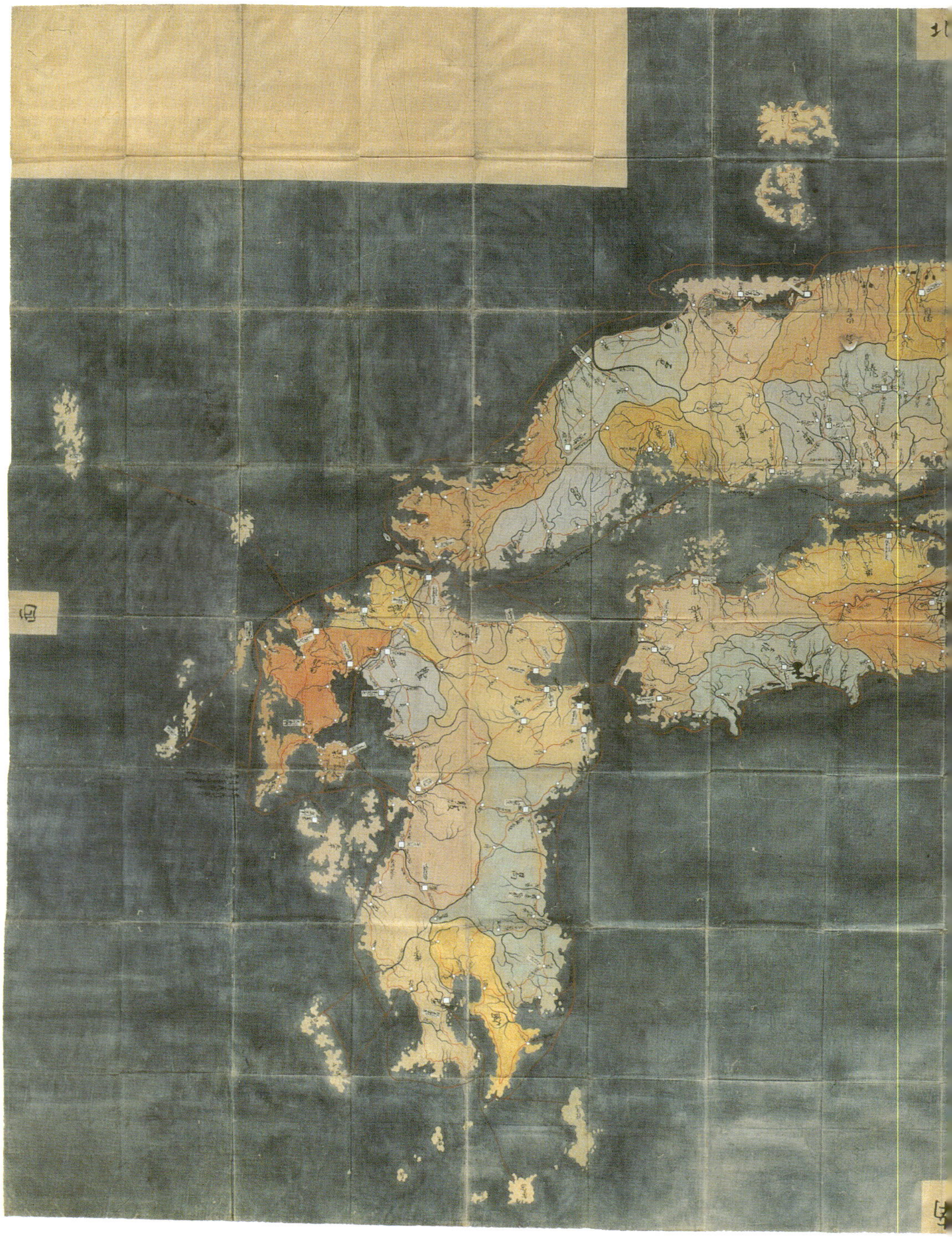

【図2】「寛永日本図B」 国立国会図書館蔵、370 × 434

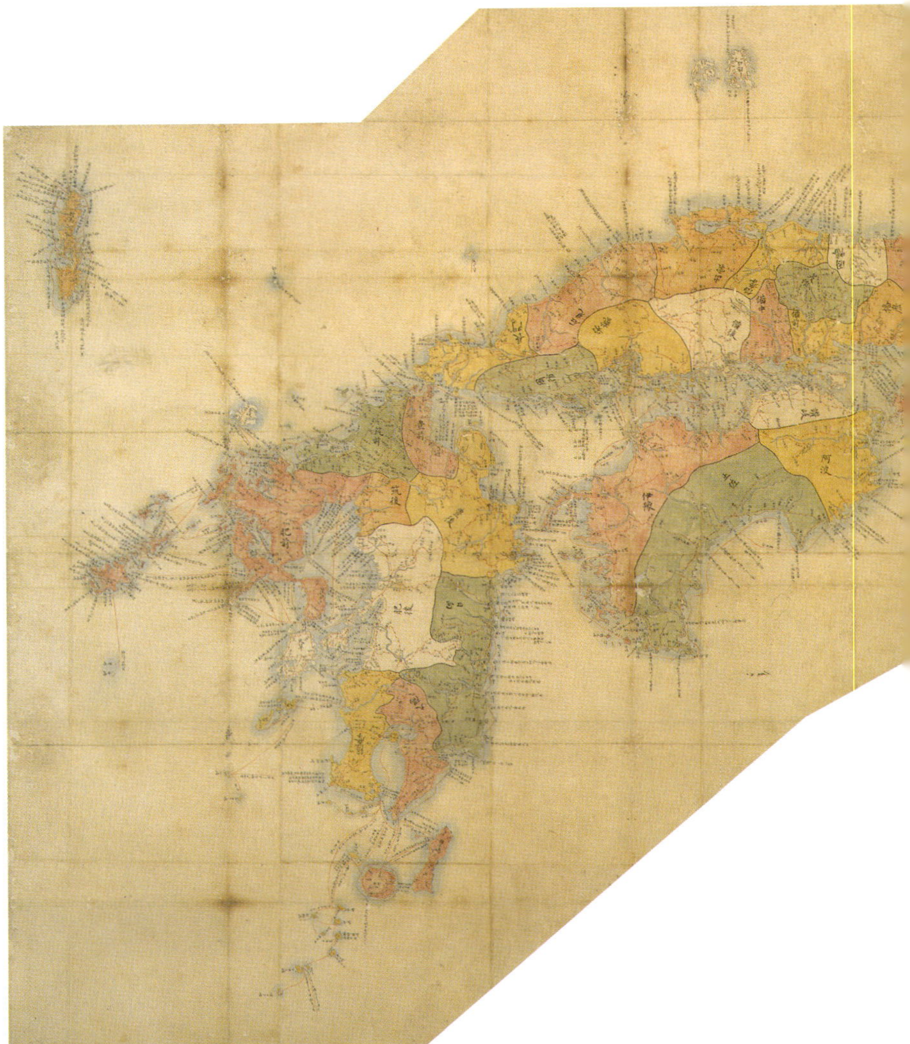

【図3】「正保日本図」 国立歴史民俗博物館（秋岡コレクション）蔵、245×228

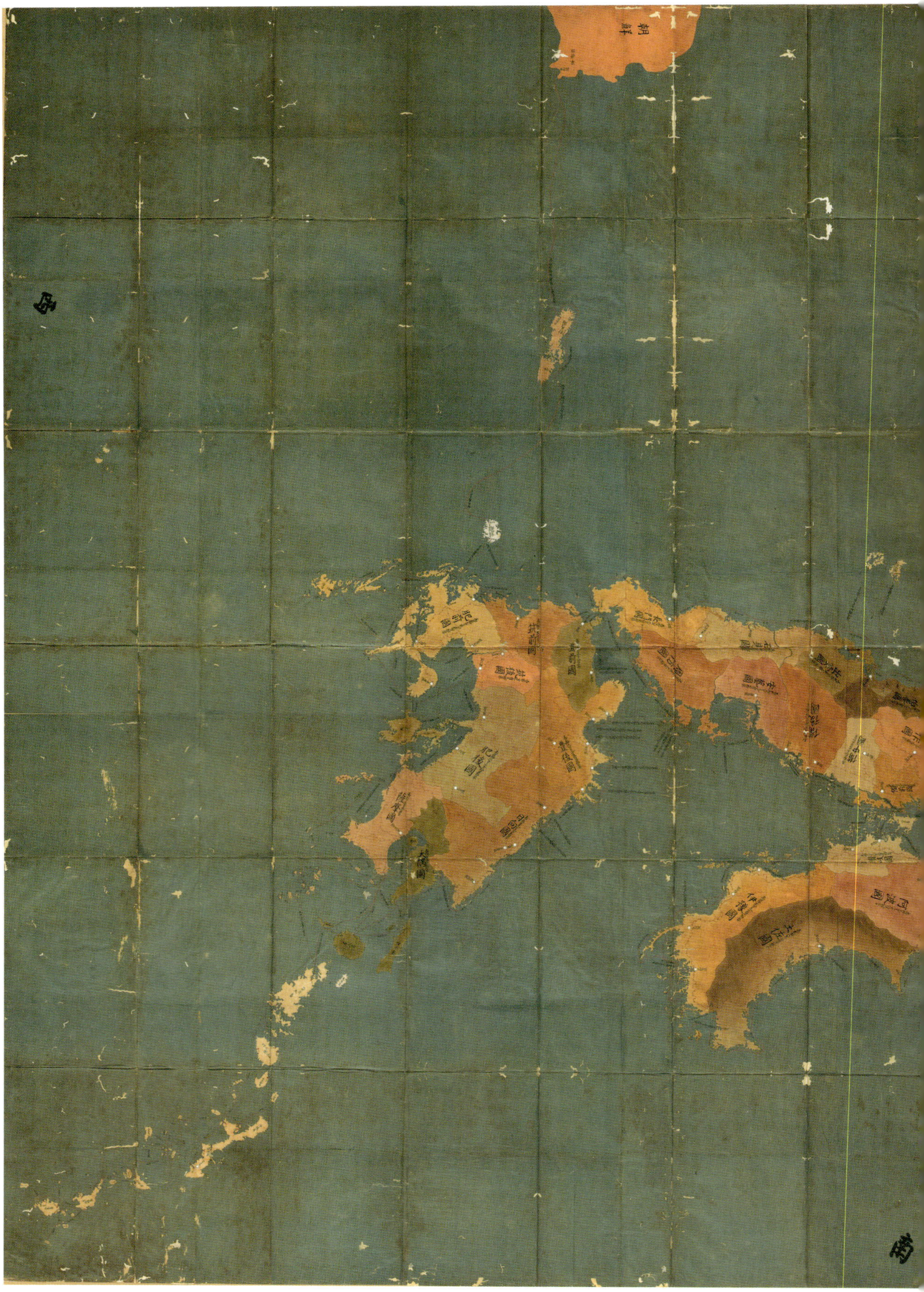

【図4】「元禄日本総図」 明治大学図書館蘆田文庫蔵、2枚組、東部 309 × 222、西部 309 × 222

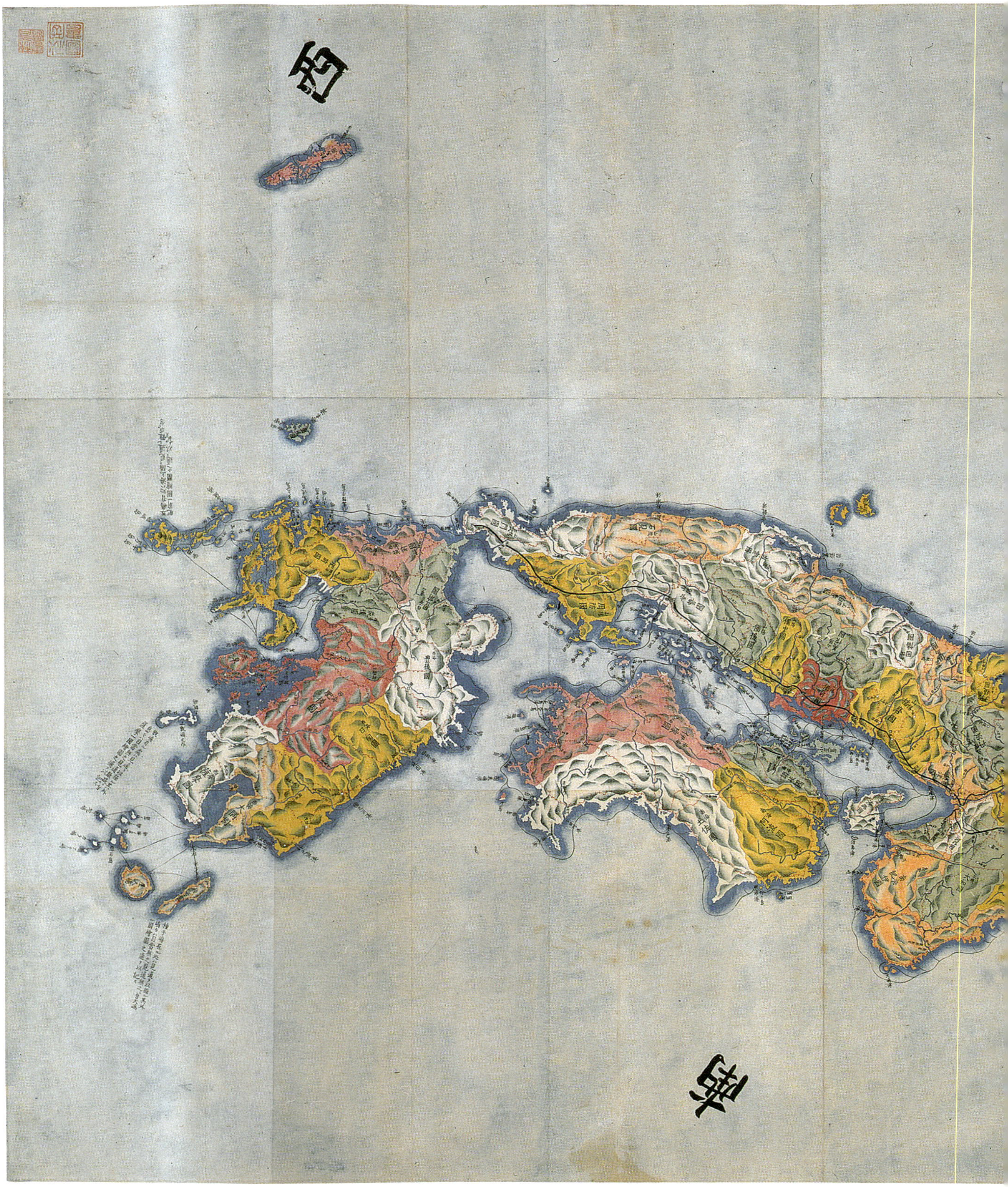
西
南

【図5】「享保日本図」縮図（「享保年度幕府撰建部賢弘日本図」〈仮目録題名〉）国立歴史民俗博物館（秋岡コレクション）蔵、122×206

諸国の国絵図

山城国
作成過程の分かる正保図

　正保図の具体的な現地での調査については、史料の残存が少ないことから不明な点が多い。そのなかにあって、山城国についてはいくつかの史料からその実態に迫ることができる。ここでは宇治市歴史資料館所蔵の正保山城図（図1）を紹介し、その作成にかかわる調査について述べることにする。

〔正保国絵図の根拠〕　まずは、本図が正保図であることを確認しておこう。

　その根拠の一つは、本図の乙訓郡神足村（現・長岡京市）付近に城郭を表す四角記号があり、その中に「永井日向守屋敷」と記されていることにある。この永井日向守とは、本図の作成を担当した永井日向守直清のことであり、彼は寛永10（1633）年に乙訓郡に入封、慶安2（1649）年7月に摂津国の高槻へと移封していることから、この間に本図が完成したことになる。

　二つ目の根拠は、慶安2年2月の年記がある「山城国村々郡付並高付之控」（宇治市伊勢田来迎寺文書）の村名と村高などが一致していることにある。正保図は正保元（1644）年に作成が幕府より伝達されたが、様式の全国的統一がはかられたために大きく作成が遅れ、ようやく慶安2年頃に各国から献上されたものと考えられる。本図は、上記の「山城国村々郡付並高付之控」の年記である慶安2年2月頃に幕府へ献上されたとみなされるのであろう。

　三つ目の根拠としては、図の記載様式が正保図の特徴と一致していることにある。まず、幕府が正保図作成で求めた詳細な交通路の記載が守られている。とくに交通の難所と渡河点に関する小書きの多さが目を引く。また、村名も元禄で統一される「村」と称する以外に、「廻」「門前」「境内」「町」「領」「郷」「荘」「代」などとさまざまな表現が見られる点も注目される。さらに、元禄図によって徹底され国・郡境がいまだ不確定で、山城国小塩村（現・京都市）と摂津国原村（現・大阪府高槻市）との間での国境争論、相楽郡と綴喜郡の煤谷山（現・精華町）郡境争論の記載がなされている。

　以上の点からして本図が正保図であるとみなされるのである。

〔みどころ〕　本図が注目されるのは、畿内の代表国であり、長らく首都であった京都を描いていることによるところが大きい（図2）。

　洛中は豊臣秀吉が築いた御土居が取巻き、禁裏と二条城が描かれている。洛中の周縁部には村形が12か村見られるが、その一部に「小山郷　村なし」、「上鳥羽領　村なし　東寺門前」などとあり、都市化が進み村ではなくなった状態も見てとれる。

　また、寺社は京都だけあって図全体で136か所にも描かれ、とくに東山は圧巻で狭い範囲に32か所の寺社が見られる。また、描写もきわめて精緻であり、清水寺はかの有名な清水の舞台を描き、鹿苑寺（金閣寺）も実際の建築と同じ三層で表現し池までも描写している。このように微細に寺社の図像を丁寧に一つ一つ描いており、絵師の優れた力量を示すとともに本図の美術的な価値を高めている。

　さらに、名所・旧跡も多く牛若丸が鞍馬の天狗から剣術をならったという「僧正谷」や平氏討伐ために挙兵して宇治川の合戦で敗れた源頼政の自決の地といわれる「扇芝」などが描かれている。

　このほか、山城国内の詳細な交通体系を知ることができ、そのなかでも渡河に関する小書きが注目される。たとえば、「五条石橋長七十六間広三間二尺」と橋の材質や規模などが分かる。また、「青谷川歩渡広二十間常水ナシ」とあり枯れ川を示す表現が見られる。さらには舟渡の位置なども知ることができる。

〔調査の進行過程〕　正保図は詳細な内容を持っているので現地調査が行われたと考えられるが、その実態はいかなるものであったのであろうか。まずは、その進行過程を検討してみよう。

　幕府は、正保図の編纂にあたって各国で作成を担当する絵図元を任命した。山城国の絵図元は、京都所司代の板倉重宗、代官奉行の五味豊直、そして先述した乙訓郡長岡の大名である永井直清の3名が担当した。五味は正保2（1645）年1月23日に、それに遅れて板倉は3月12日に江戸へ到着し、幕府の総責任者である井上政重から正保図の編纂について指示を受けたようである。同年4月7日には五味は京都にいた永井に書状を送り、板倉・五味・永井の3名が絵図元になったこと、いずれ届

【図1】「正保山城国絵図」 宇治市歴史資料館蔵、387×275
図中説明　1：外題（絵図の題名）、2〜5：方位、6：縮尺「但一里七寸之積」（1万8400分の1）、7：絵図目録、8〜13：隣国名

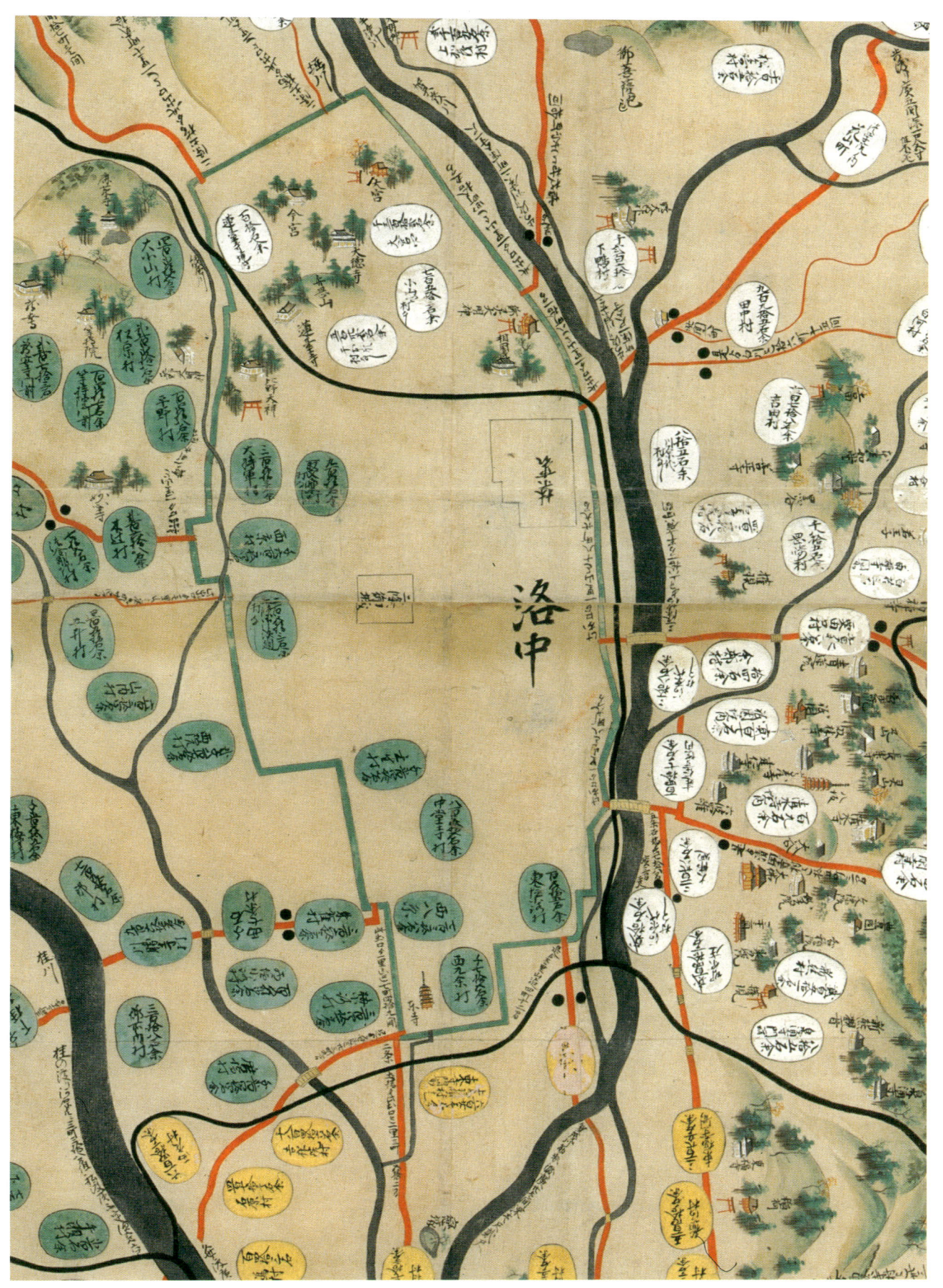

【図2】「正保山城国絵図」 部分（洛中とその周辺） 上方が北。洛中を囲む緑色の線が御土居。洛中（御土居の内側）の東を賀茂（鴨）川が、南西を桂川が流れる。北西隅に鹿苑寺（金閣寺）や郷廻奉行による調査が行われた同寺領の村々が見られる。

山城国

く幕府からの作成基準に従い永井領を調査し、板倉が派遣する現地調査の担当官である郷廻奉行の関屋市郎右衛門と梅戸八郎右衛門に結果を報告するよう伝達している。

板倉は同年7月3日に京都へ帰着、本格的な調査が開始されることになった。調査は上述した関屋・梅戸が現地へ出かけて村が作成した「村差出帳」と付属の「絵図」を受け取り、それに基づき調査が実施された。

調査は、残された「村差出帳」の作成年月から愛宕郡下賀茂村付近から開始され、同年8月29日には大宮郷、同年10月1日は葛野郡北山郷、2日に同郡谷口村と進んでいる。おそらくは、洛中とその周辺部の調査が逆時計周りに進み正保2年度中に終了したと考えてよかろう。

その後正保3年3月15日に乙訓郡長法寺村、同年5月に宇治郡炭山村、同年7月11日に相楽郡神童寺村と進んだことが知られ、正保3年末までに現地調査は終了したと思われる。

このように現地調査は、関屋・梅戸の調査は洛中及びその周辺からはじまり、山城国を南下したと考えられる。また、その期間はおおよそ1年半程度とみなして大過なかろう。

〔鹿苑寺領の調査〕 このように進められた調査のなかで、その内容を知ることができる鹿苑寺の住持であった鳳林承章の記した「隔蓂記」から、同寺領の大北山村やその周辺での調査の実態を考察してみよう。

正保2年9月16日に鳳林は、郷廻奉行の関屋・梅戸の現地調査に備え、当時京都の画壇で活躍した絵師の伊藤長兵衛を鹿苑寺へ呼び、同寺代官の吉田権右衛門を同道させ「当寺領内之山之画図」を描かせている。ついで、同年9月23日に再び長兵衛に「当山領内之絵図」の作成を依頼し、「当山境目等之書付」を用意して大工の新蔵・若狭の両名を使って鹿苑寺領の境界に杭が打たれた。さらに、同年9月25日には当時鹿苑寺領と農民の間で境界の係争中であった原谷の境界に杭が打たれ、さらに2日後の27日には鳳林自らが長兵衛らを伴って係争中の現地に出向き、境目に溝を掘ってさらに長兵衛にその付近の絵図を描かせるという念の入れようであった。翌28日には、鹿苑寺領の大北山村の庄屋・年寄と松原村庄屋が鳳林のもとを訪れ「郷廻之書出」の雛型を持参したので、それをもとに最終的な郷廻奉行の関屋・梅戸に差し出す「村差出帳」とその付属絵図の作成が行われている。

この「村差出帳」の内容は、村名と村高、領主名とその石高、荒地の有無、水損・旱損所(水害、旱魃を受ける土地)、地目別石高、年貢高、物成、運上、斗代、はへ山(木の生えている山)・芝(柴)山(山の植生)、山の広さ、村の広さ、家数・人口(身分別)、僧侶人数、寺社、名所旧跡と多岐にわたり、代表的な地方史料の一つである「村明細帳」の原型であったとみなされる。また、付属した絵図は、村の広さを明記し、村境とそれに接する村及び領主名、村内の道路、河川、集落の位置などの概略を描いた一般に「麁絵図」などといわれるものである。郷廻奉行は、このような資料を参考にしつつ現地で案内を受けながら国絵図を作成したと考えられる。

さて、9月30日には郷廻奉行関屋・梅戸両名が鹿苑寺に到着、同寺を拠点にして鹿苑寺領の大北山・松原・平野村の調査が開始された。翌10月1日の正午に郷廻奉行は調査を終えて次の目的地である西京へと去っていったのである。その後、先に提出した「村差出帳」と付属絵図に問題があったらしく、10月4日には、鹿苑寺代官の吉田権右衛門によって修正を加えた最終的な資料が、郷廻奉行へと届けられている。

このようにして鹿苑寺領である大北山村はじめとする周辺諸村は、2週間に及ぶ準備で「村差出帳」と付属絵図を作成し、それを郷廻奉行が2日間にわたり調査点検を行い、さらに「村差出帳」と付属絵図を修正して提出するという詳細な調査であったことが分かった。

以上のように山城正保図の作成にかかわる現地調査が行われた。山城国で作成された「村差出帳」やそれに付属する絵図と類するものが、大和、丹波、相模、陸奥国などでも発見されている。

正保図は、村から差し出された「村差出帳」とその付属絵図を絵図元から派遣された現地調査の役人が点検し、それを基にして作成された場合が多かったように考えられるのである。

(礒永和貴)

【参考文献】
礒永和貴1994「宇治市歴史資料館本『正保山城国絵図』の記載内容」(『歴史地理学』169)/同1996「正保国絵図の調査と『村差出帳』―山城国・相模国を中心に―」(『鷹陵史学』22)/同1998「談山神社所蔵の正保大和国絵図編纂に伴う村差出絵図」(『国絵図ニュース』3)

大和国
版行国絵図の基になった正保図

　大和国絵図は、国立公文書館をはじめとして、奈良県立図書情報館（旧奈良県立奈良図書館）、名古屋市蓬左文庫、天理大学附属天理図書館などに所蔵されている。ここでは、筆者管見の絵図を中心に、種類別に大和国絵図の残存状況について述べ、最後に、版行図との関係に触れておきたい。

　大和国の慶長図が存在する（した）かどうかは、今のところ不明である。したがって、寛永10（1633）年の幕府巡見使によって集められたという日本六十余州図が、大和国を単独で描いた最古の国絵図ということになる。本図は、のちの国絵図に比べて記載が簡略であり、構図も大和国の南部がかなり圧縮されている。ただし、黒田日出男によれば、東京大学総合図書館南葵文庫所蔵の2枚の大和国絵図のうち、西半分の6郡を描いた差図は、元和5（1619）年の作成で、元和国絵図の系統であるという。

〔正保国絵図〕　正保図は、国立公文書館所蔵の松平乗命旧蔵本が、縮写図ではあるがその系統を引くものと考えられる。ただし、領主目録の領主名から判断すると、本図は貞享元（1684）年10月から貞享2年6月の間に、目録部分を改変して書写されたと推定される。名古屋市蓬左文庫所蔵の絵図も正保図系統と思われるが、領主目録や図中の領主名から、作成年代は寛文5～7（1665～1667）年と考えられる。この年代から判断して、本図は、明暦大火の後に再提出された正保図の写ではないかと推定される。礒永和貴によると、新潟県の新発田市立図書館所蔵本（北半分のみの断簡）も、蓬左文庫本と記載内容が同じであるという。また、黒田日出男によれば、南葵文庫のもう一枚の大和国絵図は、正保図の下絵図系統の図であるという。

〔元禄国絵図〕　元禄図は、国立公文書館に模写本がある。奈良県立図書情報館にも元禄図系統の「大和国大絵図」が所蔵されているが、元禄12（1699）年の年紀を持つ（図1）ことからも明らかなように、最終的な献上本の控ではない（献上本は元禄15年に提出される）。紀伊国との国境は記載が不十分であり（図2）、これ以降の加筆によって献上本が完成する。国立国会図書館所蔵の「大和国図」は、幕府への献上本が何度か書写・縮写されたもので、文政2（1819）年の写図である。奈良県立図書情報館には、十市・高市・忍海・葛上・宇智五郡を描いた「大和五郡大絵図」があるが、これも元禄図作成に関わるものと思われ、また同館には、伊勢国との国境縁絵図の控と考えられる元禄15（1702）年の「大和伊勢境界図」も所蔵されている（同館ウェブページの解説による）。

〔天保国絵図〕　天保図は、国立公文書館に、紅葉山本と勘定所本の2鋪があることが知られている。奈良県立図書情報館にも、9分割された「大和大地図」がある（図3）。分割された形式からして、天保図関連のものであることは間違いない。奈良県立図書情報館ウェブページの解説によれば、記載された藩主の在任期間から、嘉永3～5（1850～1852）年のものであるという。とすれば、本図は、献上図の控図の写ということになろうか。今後、献上図である紅葉山本・勘定所本との対照が待たれる。なお、礒永和貴によれば、京都府立総合資料館にも分割図が所蔵されているという。

　大和国は近世を通じて大藩がなく、多くの藩領、旗本領、寺社領が錯綜しており、奈良代官領もあった。大和国絵図は、大名のなかでも規模の大きい郡山藩と高取藩が絵図元となって作成された。しかし、国絵図の具体的な作成過程については、まだほとんど解明されていない。天理大学附属天理図書館所蔵の国絵図もほとんど未調査であり、関連文書の発掘とともに、今後の課題として残されている。

　以上の他、正保図・元禄図などの幕府撰国絵図と少し

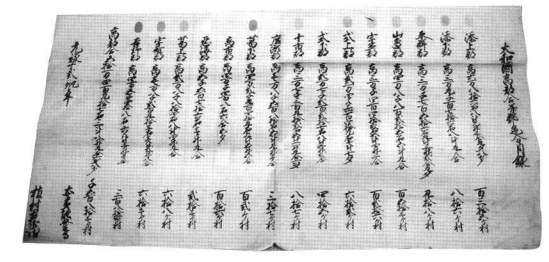

【図1】「大和国大絵図」（郡高目録部分）　奈良県立図書情報館蔵
大和国15郡の色分け、郡高、村数が記され、最後に元禄12（1699）年の年紀と絵図元の本多（郡山藩）、植村（高取藩）両氏の名前がある。郡高は、元禄郷帳とわずかに異なっている。

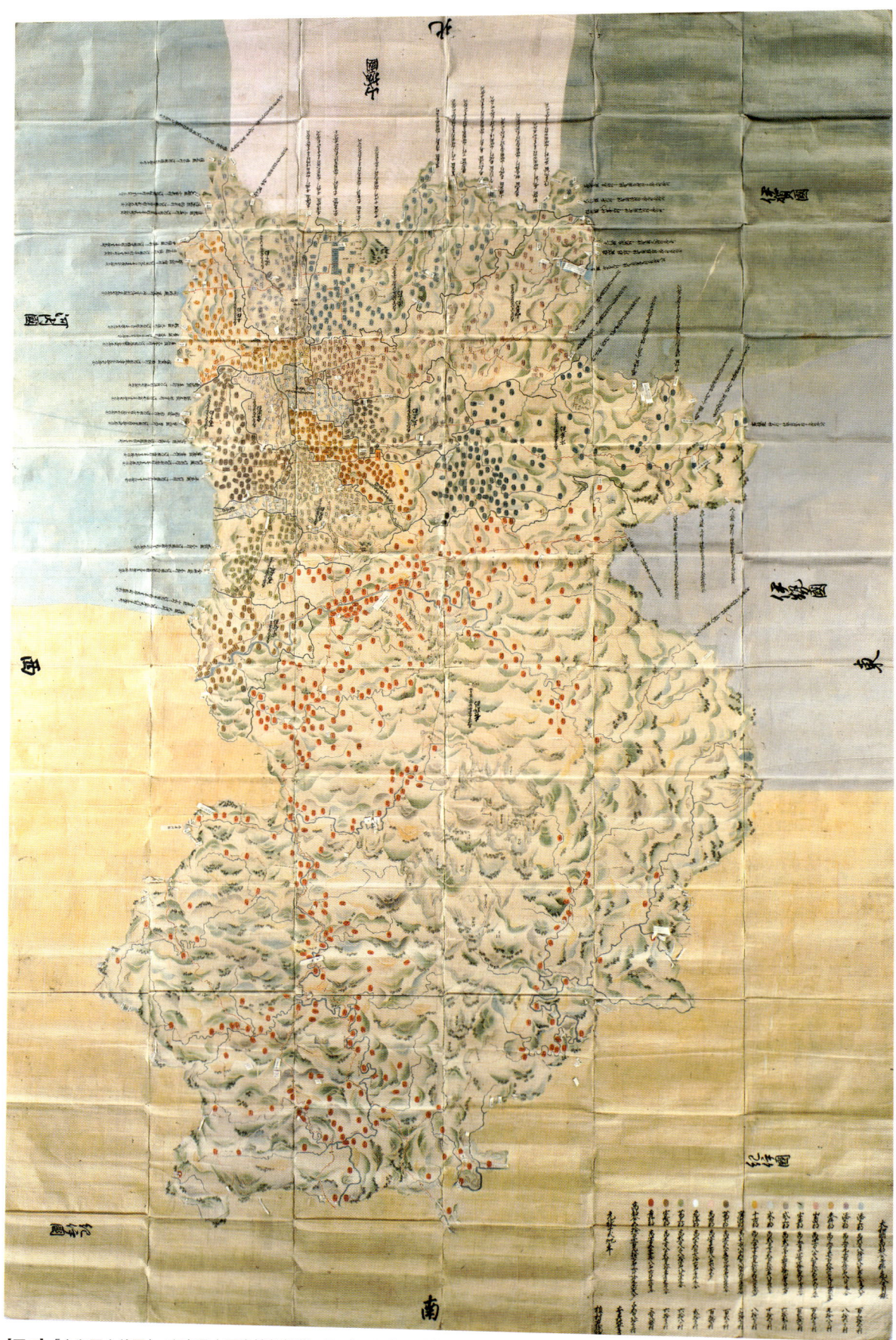

【図2】「大和国大絵図」 奈良県立図書情報館蔵、T-3-146、586×389
本図には元禄12（1699）年の年紀があり、元禄15（1702）年の最終的な献上本より以前の段階のものである。紀伊国境にはまだ注記が施されていない。図1、図4、図5は、この図の一部である。

【図3】「大和大地図」（山上ヶ岳付近）　奈良県立図書情報館蔵、T-2-117、315×55
本図は、東西に長い9枚の図に分割された天保図のうち南から4枚めの部分で、吉野郡の山上ヶ岳付近が中央上部にある（赤く見えるのが山上蔵王堂と宿坊である）。大峰は全体として、北の平野部からの視点で描かれる。郡高・村高の記載や村形への着色は、書写の段階で省略されている。右と左の黄色部分は紀伊国、左の紫色部分は伊勢国である。

【図4】「大和国大絵図」（吉野山付近）　奈良県立図書情報館蔵
吉野山には、蔵王堂、勝手明神、子守明神（現・水分（みくまり）神社）などの堂社とともに桜が描かれている。ヤマザクラの赤い葉も描いてあるとすれば写実的である。

【図5】「大和国大絵図」（山上ヶ岳付近）　奈良県立図書情報館蔵
左下に山上蔵王堂と籠所（宿坊）、中央に小篠（おざさ）護摩所の建物、下方に西ののぞきの行場が描かれている。山上蔵王堂まで続く朱線は、山麓の洞川（どろがわ）村からのびている。

大和国

内容の異なるものに、奈良女子大学附属図書館所蔵の「大和国絵図」がある。図中の享保4(1719)年の識語には正保図が基になっているという記載があるものの、大峰の山容の表現が一見して違っており、村形も、一般的な俵型ではなく長方形になっている。作成年代は、領主目録から判断して、貞享3(1686)年年頭から7月の間と推定されるが、図中の郡高によれば、絵図本体は寛文7(1667)年頃の内容と思われる。本図は、奈良奉行所で使われていた国絵図の写ではないかという見解を筆者は提示したことがある。

以上の書写図以外に、版行図について付言しておく。大和国の最古の版行図は、享保3(1718)年に刊行された藤川治古板の大和国絵図である(図6)。本図は、吉野川以南の記載が簡略であり、寛永期の日本六十余州図に類似の構図をしている。寛永図の影響を受けていることが推測されるが、詳細は未検討である。

版行国絵図として広く流布している『大和国細見図』は、初版が享保20(1735)年に大坂心斎橋の版元・誉田屋伊右衛門から刊行された。作者の中村敢耳斎は大和国の住人という。本図の基になっているのは、当時最新の元禄図ではなく、80年以上前に作成された正保図(再提出本ではなく当初の図)である。これは、論所(ろんしょ)の郡境が二重線で引かれていることや、図中の領主名などから明らかである。大和国全体の形も、上記の享保3年版と違ってかなり正確になっている。『大和国細見図』は、安永5(1776)年に版元を変えて再版されるが同内容であり、嘉永元(1848)年に『嘉永増補改正大和国細見図』が刊行されるまで巷間に流布していた。言い換えれば、幕末まで人々に大和国の地理的知識を提供してきたのは、もとをたどれば17世紀中頃に作られた正保図ということになる。

『嘉永増補改正大和国細見図』については、元禄図や天保図にはない情報が随所に見られ、幕府撰国絵図とは別の資料に拠って改訂されたものと考えられる。

大和国絵図は、関連絵図・文書の発掘をはじめとして、まだまだ研究課題が多く残されている。今後の研究の進展を待ちたい。

(小田匡保)

【参考文献】
小田匡保 1998「大和国絵図に描かれた大峰」(『駒澤地理』34)／礒永和貴 1999「江戸幕府撰大和国絵図の現存状況と管見した図の性格について」(『奈良県立民俗博物館研究紀要』16)／小田匡保 2001「大和国絵図諸本の系譜について」(『歴史地理学』43-5)／黒田日出男 2002「南葵文庫の江戸幕府国絵図 (19)」(『東京大学史料編纂所附属画像史料解析センター通信』19)

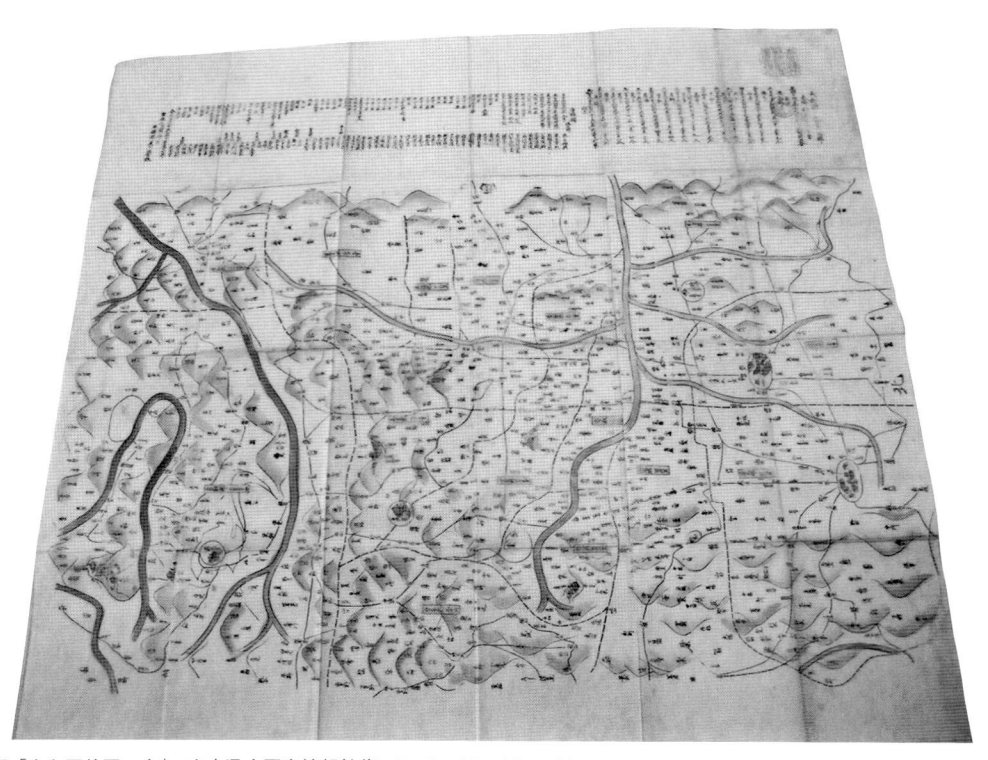

【図6】藤川治古板「大和国絵図 全」 奈良県立図書情報館蔵、T-2-88、83×86
寛永図の影響を受けていると思われる享保3(1718)年の刊行図である。図の上部に、郡高の他、寺社領の内訳を細かく記している。図の右が北、左が南で、図の左方を東西に流れる川が吉野川である。吉野川以南がかなり圧縮されていることが、図2と見比べてもよく分かる。郡境は破線で示されている。

河内国

天保図作成にかかわる多様な郡絵図

〔慶長国絵図〕 近隣の畿内諸国のうち、摂津・和泉両国と同じ国奉行片桐且元のもとで作成された慶長国絵図が現存する。東京大学総合図書館南葵文庫内にある。なお、正保三（1646）年六月吉日の年紀をもつ「河州壱国之惣高辻」の史料は、村名や村高等については「河内国正保郷帳写」よりも古いと思われる。年代決定等につき考証と分析とが必要。両者とも、今後の新史・資料の発見・調査を期待する。

〔正保国絵図〕 絵図元大名として、在地では総括できる有力な大名がなく、山城淀藩永井尚政を中心に幕府代官彦坂平九郎・豊嶋十左衛門の２名があたった。現地では写・控・下図等を含め、河内全体の官撰国絵図の所在は不明である（国立公文書館、臼杵市立臼杵図書館所蔵の国絵図等で記述をすすめる）。なお、関連する在地側の史・資料として、領主ごとに支配する各村落の「村書上帳」が提出され、大県郡畑村や安宿部郡玉手村の場合がある。同時に大県郡と安宿部郡の郡絵図が、領主宛に一枚書きで提出されたというが、残念ながら不明である。

国絵図の描写の範囲は河内国であり、隣国名が記入されている。山地や丘陵は南部の金剛山、二上嶽をはじめ岩涌山・福王山、北部の生駒山・飯森山等著名な山を立体的に描く。金剛山の頂上は大和国に属するが、葛城神社・転法輪寺等の寺社を含め記載するのは、河内に大きな影響をもつ名山・名刹であるからであろう。河川は淀川に始まり大和川・石川・東条川や、北河内の天ノ川・船橋川・穂谷川や中河内の大和川の分流など、川幅や歩渡間数等細かい箇処まで記載する。大和川が河内に入り、その本流のほか恩知川・玉串川・久宝寺川等多くの分流となり河内平野を北上し、流入するふかうノ池と新開池とを大きく描き、印象的である。南・中河内の沃野を広く灌漑する狭山池は、その用水路の狭山西井路（西除川）・狭山東井路（東除川）を含め、寛文9（1669）年頃廃池となったとどろ池をやや大きく記す。とどろ池は堺周辺農村へも分水する狭山池の貯水池として、慶長年間に築造された。この地域の用水池である狭山池の重要性が、国絵図図面からも理解される。また、正保の絵図では軍事拠点を掌握せんとする目的があったため、交通上に特別の配慮があった。交通上の小書きが峠や道程等に詳細に記された。本道と脇道とを朱線の太細の相違で表現している。河内の重要な南北の街道として、京街道、東・西・中の高野街道等があり、東西方向の街道で大和国との連絡にあたる清瀧越・中垣内越・クラカリ越・立田越・亀瀬越・穴虫越・竹内越等の諸道があった。近隣国へ通ずる峠と村落への表示があり、「清瀧越高山村江出ル」「立田越畑村江出ル」「竹内峠竹内村江出ル」等、国境小書きが見られる。道路の状況が情報として注記され、岩舟峠を越えた東田原村へは「此道難所牛馬往来ナシ、私市村ヨリ国境マテ廿八町」、立田峠を越え畑村へは「是ヨリ峠迄廿六町内拾八町坂難所」等と見える。道筋のなかで高野街道の三日市村と、亀瀬越街道の国分村などは「馬次」と記され、宿駅に準じた街道往還上の村落と位置づけられた。京街道の守口村は、元禄・天保図では「守口町」となるが、正保では宿駅を示す表示がない。淀川は河内と摂津両国の境界となった河川である。川幅約300間を渡る河川の渡し場が存在し、渡し場は山地を横切る峠のような役割をもった。淀川上流から下流にかけ順次に、高浜ノ渡・牧方ノ渡・三嶋江ノ渡・佐太ノ渡・大切ノ渡・江口ノ渡と六か所が記される。「高浜ノ渡高浜村江出ル」と淀川を渡河し到達する摂津国の村落名があげられる。

〔元禄国絵図〕 若年寄・勘定奉行等で調進され、正保図と対比して大きな変化はない。新村落が成立しても独立行政村落と認知されないときは、「○○村之内」とし、村名と村高は本村の名称のとおりで、村高もその内に含まれる。国境小書きが詳細となり、峠を越え他国の村落迄の距離を示している。各国の国境確定とともに、国境論争が頻発した。幕府は国境縁絵図の作成を命じ、関係両国は互いに突き合せ国境の一致を確認した。

〔天保国絵図〕 天保図と正保・元禄図とを対比して、「地模様の変化」が大きく描かれているのが、注目される。たとえば、中河内の平野を横切り新大和川が開通し、丹北・志紀両郡がそれぞれ南北に分離し、北河内ではふかうノ池・新開池が干拓され、鴻池新田をはじめとし、多くの新村落が形成されている。そのほか在地小藩陣屋の所在地が狭山藩のほか丹南藩もとりあげられ、□

【図1】「正保河内国絵図写」 部分 (中・北河内)。臼杵市立臼杵図書館蔵、No.414 2鋪、190×412

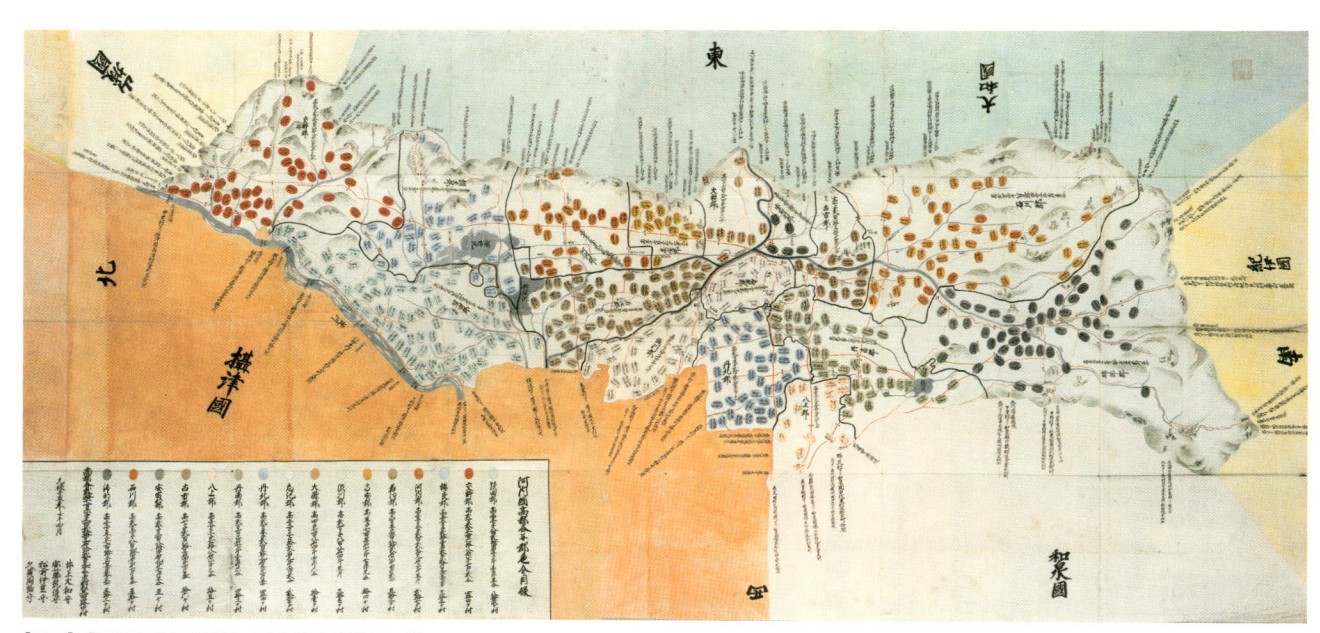

【図2】「元禄河内国絵図」 国立公文書館蔵、特83-1、137×295
本図は元禄河内国絵図で中〜北河内の「ふかうノ池」「新開地」を中心とする地域を示す。宝永元(1704)年新大和川の開通寸前の状況である。

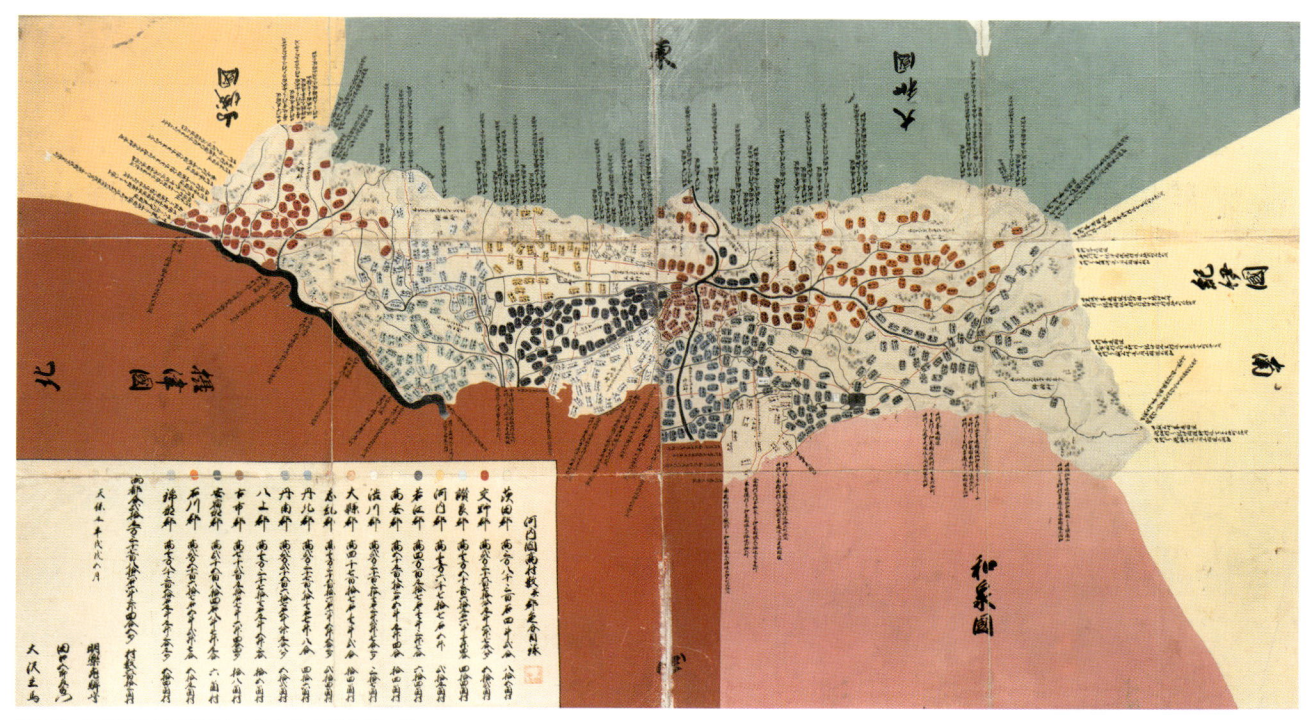

【図3】「天保河内国絵図」 国立公文書館蔵、特83-1、174×310

図4を図3と比較すると、東西に直進する河川が「新大和川」である。中〜北河内の2大湖が干拓され、多くの新田村が成立する。

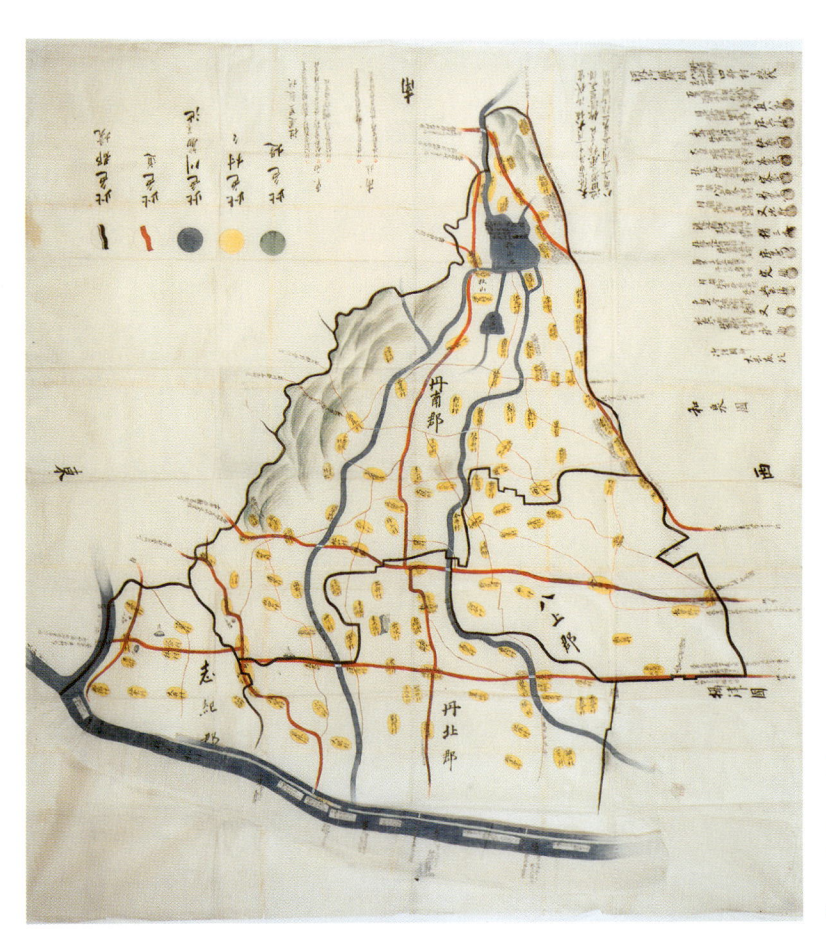

【図4】「河内天保八年四郡絵図」 個人蔵、128×113

『羽曳野市史』等で「狭山池掛り村々絵図」として掲載されるが、狭山池を頂点とし三角形の形をなすので、命名されたのであろう。村落の新田・流作場が詳細に書かれ村名なども記載。

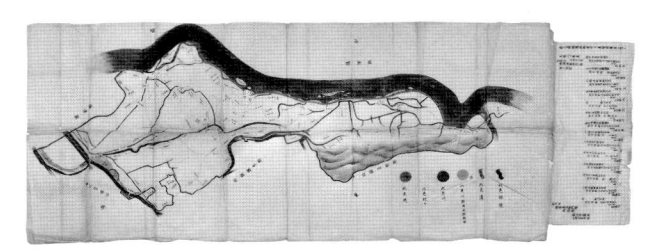

【図5】「河内天保八年茨田郡絵図」 大阪歴史博物館蔵
茨田郡だけの郡絵図。組村から支配領主ごとに惣代庄屋がえらばれ絵図を作成。新田や流作場を詳しく記入、赤褐色で色別する。

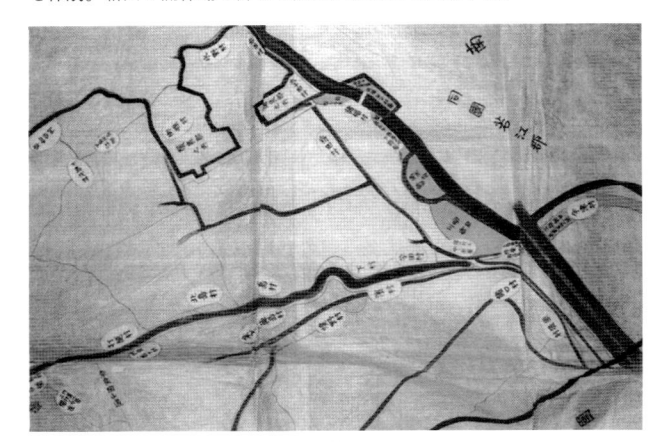

【図6】「河内国天保八年茨田郡絵図」 部分
新田・新開の場所を色彩を変え、赤でその所在を示す。

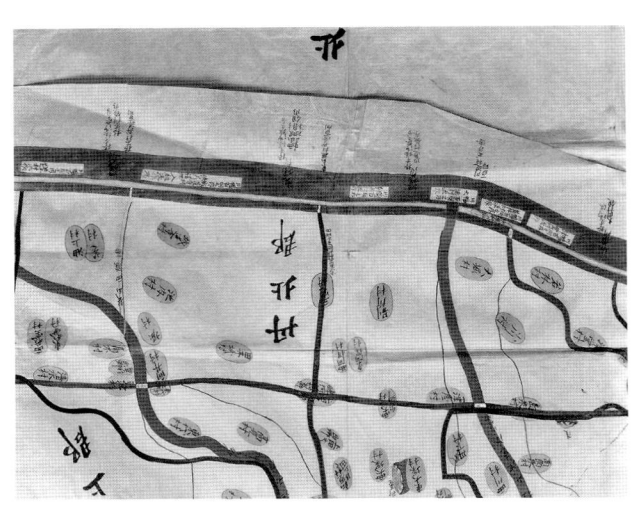

【図7】「河内国天保八年四郡絵図」 部分
新大和川筋に流作場が、村ごとに記される。

印で「高木主水正居所」として明示され、丹南村が□印の一部分を占め、村名と村高を記している。河内と大和との国境小書きも元禄期にひきつづき記入し、国境線も省略せずそのまま示している。淀川筋を挟んで摂津国との渡し場も、全く元禄期の表記をそのままの形で踏襲している。

天保図は天保7（1836）年11月、鈴木町代官根本善左衛門と、谷町代官池田岩之丞の2人が、新大和川筋を境界に河内を南・北に分け、北部は根本代官、南部は池田代官が分担した。郡絵図を作成し、数郡合同の場合と1郡限りの場合とがあった。郡絵図作成の要項もつくられ、具体的な心得箇条を示した。前者の事例として「丹北・丹南・志紀・八上」の4郡絵図、後者は錦部・高安・茨田・交野の1郡ずつの郡絵図があった。丹北郡等4郡絵図を具体的に記す。天保8年3月15日の年紀があり、村々の惣代13人と絵図師の名前がある。4郡絵図には河泉丘陵や狭山池の周辺に、新田村や新開の村名が見られる。「日置之庄出郷高松新田」「日置之庄出郷西野新田」等がある。また数村の聚落が集合し、一つの藩政村を形成する事例がある。たとえば黒山村北と黒山村南とが集まり「黒山村」、池尻村東と池尻村西とが集まり「池尻村」等である。流作場は新大和川の河原に、村落ごとに付箋を郡絵図に貼りつけその場所を示す。

「川原百間之内船橋村流作」「同若林村流作」「同大堀村流作」等と表記する。郡絵図上の新田・新開が全体の国絵図作成にあたりどう記入されたか。本村の村高にすべて含まれたり、新田村として独立の村落と位置づけられたりする。出郷について「○○村出在家・○○村之出郷・○○村出郷」等の複雑な表記は統一され、「○○村之内」として本村の名称がそのまま使用され、村高の記入はない。そして4郡村々を総括した「天保八丁酉年正月河内国大和川南（八上郡・丹南郡・丹北郡・志紀郡）四郡村々高附帳」のような、郷村高付帳がつくられた。また、一郡単独の「茨田郡絵図」では各村の新田取扱いは彩色を変更し、赤褐色等で新田の所在地を明示する。たとえば若江郡との郡境の諸口村付近に、「三嶋新田」や「鴻池新田之内」が、寝屋川に沿い「諸福村之内新田」等があり、その場所を示している。流作場は淀川筋に沿い京街道の村落付近に、たとえば守口町の付近では「外島、本田新田流作入交り」少し上流では「本高入流作」「附寄洲」などと、その場所を示している。茨田郡絵図の場合には、すべて村高の記入がない。本絵図への記入は4郡絵図と同様に新田名をあげ村高を書き、独立した村落を形成する場合と、「本村之内」とあり、その位置は記すが、村名・村高は不記入の場合との、両方のケースがある。　（福島雅蔵）

【参考文献】
1985『羽曳野市史史料編別巻羽曳野の古絵図と歴史地理図』／1991『藤井寺市史十巻史料編八ノ上』／福島雅蔵2003「河内国天保国郷帳・国絵図の調進―村方史料を中心として―」（『近世畿内政治支配の諸相』和泉書院）

和泉国

慶長図と正保図に見る国のかたち

【図1】岸和田城

　和泉国絵図は、東京大学総合図書館南葵文庫（以下南葵文庫）、神戸市立博物館蔵及び国立公文書館に所蔵されているものがよく知られている。

〔慶長国絵図〕　幕府は慶長（1605）10年9月、西尾吉次・津田秀政を総奉行として大名領の領地と寺社の石高を点検させるとともに国絵図の提出を命じ、西国33か国は津田が総括した。このときに作成されたと見られる写図が南葵文庫に2舗所蔵されている（図2）。なぜ和泉国絵図が紀州徳川家の南葵文庫に所蔵されるにいたったかの経緯は不明であるが、紀州徳川藩が隣国である和泉国に関する情報の一つとして写し取ったものと推測される。というのは、国境越えの道路の名称は紀伊国境のみ記入しており、和泉と河内や摂津との国境については記入がなく、絵図を写した側の関心が隣接する和泉国にあることを示唆しているからである。写し取った元の絵図には記入があったのであろうが、直接紀州とは関係がないので写し取る際に省略されたものであろう。

　本図の作成に関しては、図幅北東部罫紙に「和泉国四郡絵図　伏屋飛騨守・水原石見守・友松次右衛門　改之」との記入が見え、本図の作成がこれら3人により担当されたことが分かる。前2者は同じ片桐且元が国奉行を務めていた摂津、小豆島の慶長国絵図の作成にも関わっている。これら国絵図の作成に直接関わった3人は普請などに関与することもあり、建設・土木に関わりが深かったことから、国奉行片桐且元の下、国絵図の作成にあたることとなったのであろう。

　本図には郡界の記入がなく、郡名は文字も小さく目立たない。この点では摂津国絵図と同様で、郡は村形の色により区別している（図3）が、村形は同じ片桐且元のグループで作成した小豆島絵図や筑前国絵図と同じく円型で、小判型の摂津国絵図とは異なる。一方、城の描き方を見ると岸和田城（図1）が景観的に描かれており、慶長国絵図の多くと共通するが、同じ摂津国の慶長図では大坂城や三田城が方格や長方形で描かれている。また、所領区分を示していない点も摂津国絵図と共通であるが、郡付はない。本絵図には日根郡の熊取地域の8か村について「三千石之内根来大納言」と記した貼紙が、岸和田城の石垣を描いた部分に「岡部内膳正居城」と記した貼紙が付されている（BJ-83が貼紙で、BJ-82は直接記入するが、岸和田城には記入なし。同筆か）。この岡部内膳正とは岸和田藩主岡部氏2代目行隆、根来大納言とは秀吉の根来討伐に際して家康に属し、後に幕府代官として泉州の在地支配に活躍した根来盛重の子で、3000石の旗本であった盛正を指すと考えられる。行隆が寛文元（1661）年に襲封し、貞享3（1686）年に隠退しているから、絵図の貼紙はこの間のことを示している。この貼紙は絵図に記された文字と同筆のようであるので、絵図が写された年代もこの頃と推定される。

〔正保国絵図〕　作成を担当したのは、岸和田藩主岡部宣勝と堺政所職石河土佐守正勝である。将軍家光から国絵図作成の命が下されたのは正保元（1644）年12月であった。和泉国に所領をもつ小堀家家老から近江小室藩領であった中庄・瓦屋（現・泉佐野市）に在村する代官の新川家に宛てた書状（新川家文書「五月二日　小堀権左衛門書状」）とその返事（新川家文書「閏五月六日　新川盛明・同利好連署書上」）から、幕命があって半年後には村方にも国絵図の作成に伴う指示が出されていたことや、4日後には詳細な報告がなされ、報告の諸点を絵図に書き付けたことが分かる。つまり、小室藩領では正保2年の5月はじめには絵図はほぼ完成していたようである。他の領主も同様に作成を進めたであろうが、狭い小室藩領のように早くはいかなかったであろう。この正保国絵図の写が神戸市立博物館に所蔵されている（図5）。

　和泉国では正保2年に『和泉国正保村高帳』が作成されているが、「正保二年七月九日」の年紀のある「泉州大鳥郡之内上神谷郷帳」が作成され、記述の漏れを補

【図2】「和泉国四郡絵図」(慶長和泉国絵図写)
東京大学総合図書館蔵南葵文庫、BJ-83「和泉国図」 148.6×235.5

【図3】「和泉国四郡絵図」(慶長和泉国絵図写) 部分

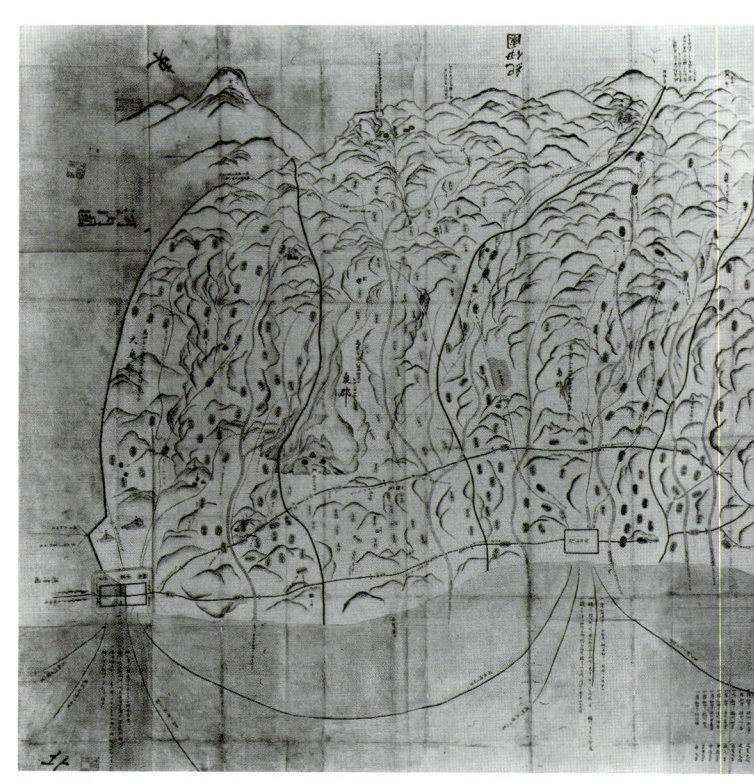

【図4】「日本分国図正保和泉国絵図写」 国立公文書館蔵、176-286-4・5、204×415（本来2舗の図を写真で接合した）

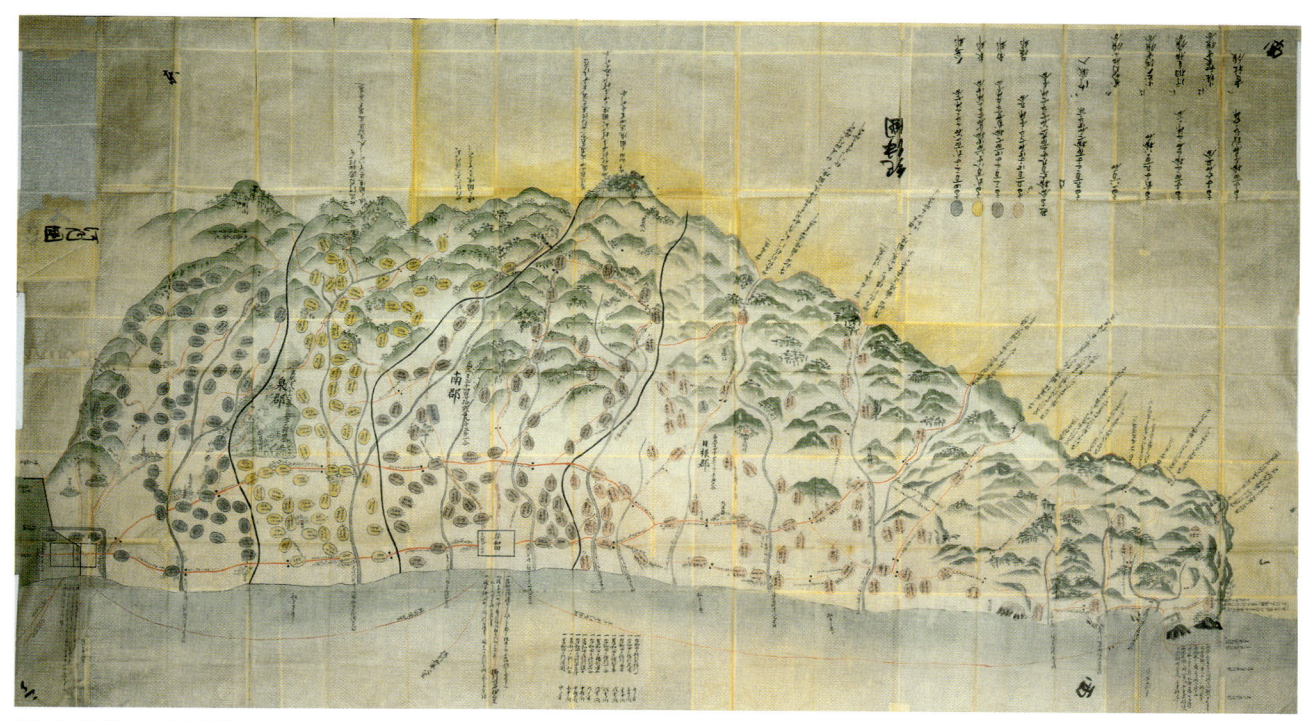

【図5】「正保和泉国絵図写」
延宝2（1674）年～貞享3（1686）年、神戸市立博物館蔵、
南波松太郎コレクション、諸国図、畿内41、138×249

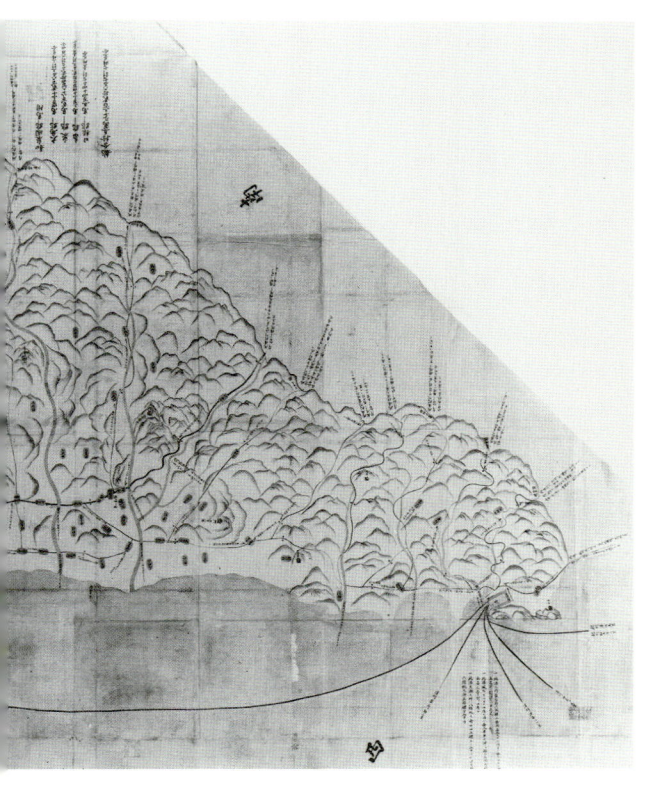

【図6】「正保和泉国絵図写」 部分

和泉国

っているので、正保図に関連する郷帳の完成はその後といえよう。さらに「慶安四年三月日」の年紀のある『和泉国郷村高辻帳』があるので、郷帳の提出は、正保２年作成分が修正されて慶安４（1651）年３月になった可能性もあるが、国絵図はこの間に提出されたものと思われる。しかし、本図は絵図目録に記載されている領主の在職期間から、延宝２（1674）年から貞享３（1686）年の間に正保図を基に作成され、領主名を作成時に修正したものと考えられる。

畾紙には絵図目録があるが、題及び献上者名や献上年月の記載を欠く。本図の内容を見ると、高頭は郡別の石高を色分けの凡例とともに示し、さらに「い・ろ・は」別に領主ごとの石高の内訳を記載している。また、東西南北の方位が文字で入れられている。

村々を小判型の村形で表し、その中に村名と石高を記すとともに、村形に接するように「い」から「へ」まで領主区分を記す。村形は郡別に色分けし、郡界を太い墨線で示し、郡名に添えて石高を記しているが、郡枠はない。写す際に落としたのか大鳥郡の郡付が欠落している。道は主要な街道を太い朱線で、その支線や脇道を細い朱線で描き、道を挟んで２つの墨点で一里山を示し、一里山と村間あるいは村と村の間の距離などが記され、国境には到達注記が、海岸部には船掛、湊間の海上距離などが記されている。また、山を景観的に描き、隣接する紀伊・河内・摂津３国の領域は色分けされていることなど、正保国絵図調進の幕命に際して示された「国絵図可仕立覚」（23か条）と「絵図書付候海辺之覚」（17か条）の指示に対して、比較的よく従っており、正保江戸幕府撰国絵図の特徴をよく備えているといえる（図６）。

ところで、幕府が収納した正保図は明暦３（1657）年の大火による江戸城炎上により焼失したが、正保図の写といわれる絵図が、国立公文書館に残されている。「日本分国図」（「正保国絵図」写）と題された中川忠英（ただてる）旧蔵本で、和泉国は南郡と日根郡の境で分割されている。これと正保図を比べると直線的な海岸線や国の輪郭はよく似ており、海上の注記や国境の到達注記の位置や内容は一致しているが、絵図目録に領主別の石高記載がなく、郡界線や道路・河川の形状や村の位置などには若干の相違も見られ、山の描写も相当に異なり、縮尺は１里９寸と大きい。１里９寸というと、享保年間の幕府文庫所在国絵図の調査による「和泉国、一里之間九寸ヨリ一尺迄」（大田南畝著・村上直校訂『竹橋余筆別集』近藤出版）とある縮尺と一致することになる。

神戸市立博物館の正保図は縮尺が１里６寸と考えられるので、正保和泉国絵図が１里９寸で作成されたものとすれば、小縮尺の図を拡大したと考えるよりも、大きな図を縮小したと見る方が自然であろうから、１里９寸で作成した国絵図の控図の写を作成する際に、９寸では長さが４メートルにも及び大きく扱いづらいので６寸に縮小した写図を作成したものと考えたい。

このほか元禄度と天保度の和泉国絵図が国立公文書館に所蔵される。両者は海岸線や河川の形状をはじめ、街道筋など図の形は酷似する。写を作成する際に脱落したのか、元禄図には日根郡の郡名と郡付が欠落している。

慶長図と正保図を比べると、海岸線をはじめ国のかたちが大きく異なる。慶長図の特色として、海岸線が実際よりも大きく湾曲しているほかに、とくに河内国境と葛城峯（かつらぎのみね）以北の紀伊国境がかなり東にふくれて描かれていることがあげられる。つまり、現在の泉北ニュータウン背後の地域が広く表現されており、河内国界にかけて槇尾山（まきおさん）などの山地が大きく描かれ、実際の地形との差異が大きく、河内国内の山地部まで描いているようにも見える。これに対して正保図の海岸線はより実際の海岸線に近いが、南部がやや直線的にすぎる。この形は以後の元禄、天保両度の国絵図に踏襲されていく。（**出田和久**）

【参考文献】
黒田日出男 1981「現存慶長・正保・元禄国絵図の特徴について」（『東京大学史料編纂所報』15）／泉佐野市史編纂委員会編 1999『新修泉佐野市史第13巻絵図地図編』／福島雅蔵 1987『幕藩制の地域支配と在地構造』（柏書房）／出田和久 2000「和泉国絵図とそのかたち―近世における広域図の作成に関する技術的問題に関連して―」（足利健亮先生追悼論文集編纂委員会編『地図と歴史空間』大明堂）

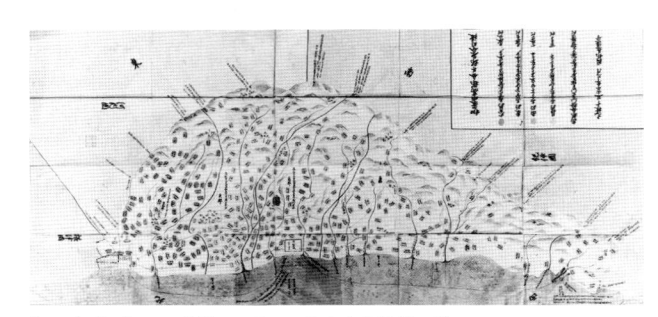

【図７】「元禄国和泉絵図写」　国立公文書館蔵、特83-1、110×240

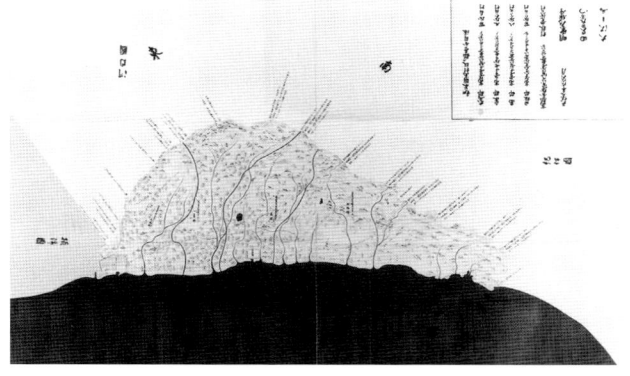

【図８】「天保度御絵図和泉国」（天保和泉国絵図）　国立公文書館蔵、特83-1、180×297

摂津国
詳細な罫紙書きをもつ正保図

〔慶長国絵図〕 西宮市立郷土資料館に所蔵されている摂津国絵図は、「慶長十年九月 日」の年紀が記され、慶長図として知られる。国奉行の「片桐東市正（且元）」、作成を担当した大坂衆の「伏屋飛騨守」と「水原石見守」の名もある。

礒永和貴らによれば、本図は、摂津国の領域であるにもかかわらず、淀川東岸が空白になっていた原図に、正保摂津国絵図の内容を加筆した絵図であると考えられる。その正保図としては、竹田市立図書館本との類似性が指摘されている。

そこで、慶長図そのものとしての表現様式を検討するために、淀川以西のみを考察対象とすると、一国仕立てが守られていない、隣国色分けがなされていない、交通関係の記載は少なく、距離を記す場合の単位は里までである、など慶長図に共通する諸点を指摘することができる。

図2で六甲山付近を見れば、幾重にもわたって山形が描かれているが、文字注記は全く認められない。

〔正保国絵図〕 正保図には、慶長図との関係が注目されている上述の竹田市立図書館本の他に、京都府立総合資料館所蔵などの絵図も知られている。礒永和貴らによれば、このうち「京都本」が完成図にもっとも近いと評価されている。

しかし、この「京都本」は、同資料館員の教示によると、美濃国の旧岩村藩知事松平乗命が所蔵する絵図を、明治5（1872）、6年頃に京都府が借用し、当時、京都を中心に活躍していた画家に模写させたという。その間に松平氏が『皇国地誌』編纂準備に応じて国への提供を決めたために、その原図は模写終了後に太政官に送付されている。そして、現在は、国立公文書館で架蔵されている。

この教示を受け、国立公文書館所蔵松平乗命本の正保摂津国絵図を調査した結果、私見によれば、京都本はその模写であることが確実である。その根拠は以下のとおりである。

京都本が収載された『伊丹古絵図集成・本編』で、猪名川左岸の川辺郡酒井村は石高のみで村名記載を欠く（p.178）。松平本で該当部分を確認すると、付近では唯一、虫損の状態であり、それを踏まえて写そうとしたと考えると矛盾はないからである。京都本と松平本との間では、村名などの文字が書かれる方向や、村名と石高との位置が逆になっている場合も散見され、詳細な検討は今後に委ねられている。

松平本では郡高付の末尾に都合高37万5478石8斗8升とあり、正保郷帳の数値と一致している。図の東北隅の「知行分之覚」では、「い　御代官、院　御所領」「ろ　九鬼大和守」「は　阿部備中守」などと、「いろは」を付して領主名を計48列挙している。そして、図の内部における村高等の記載にこの記号を付すことで、支配関係を示している。一方、南側の大阪湾には、堺、大坂伝法、兵庫津より紀伊国湊など諸港までの海上距離が列挙されている。

図の内部に再び目を移すと、周辺部では国内の地点から国境までの陸上距離が注記されている。たとえば、南端では「堺町之内南北海道筋廿四丁七反内十四町四反摂津国分」とある。このように、丁または町に続く単位の「反」は間の誤記と思われるが、京都本もほぼ同じであった。誤記が引き継がれたと考えられる。

国立公文書館は中川忠英本も所蔵している（「日本分国絵図」）。

福井保によると中川本の摂津国絵図は、全体が「四鋪に分割」されており、4鋪の構成は、まず川辺・豊島・島上郡で1鋪を成し、このうち、西端の川辺郡は、郡界で注意深く切り取られ、余白がない。次に矢田・菟原郡で1鋪、西成・東成・住吉郡、さらに有馬郡のみ、となっている。すなわち、武庫郡にあたる部分は残っていない。上述した川辺郡以外にも、西成、有馬郡は、郡界で切り取られている一方で、たとえば、最初の1鋪では豊島・島上郡が描かれたうち、最南端にあたる部分は紙の切れ目で失われている。これらのことなどから、元来、4鋪は接合できるようになっていたと考えられる。

福井保によれば、中川本は記載された惣石高から正保図の模写図と考えてよいという。しかし、記載内容まで見ると、典型的な正保の様式を整えてはいない。たとえば、松平本においては村を小判型で示し、その中に村名と石高までが記されているが、中川本は、○印でその位置が示され、その枠外に村名が添えられるのみで、村高記載を欠いている。

【図1】「摂津国図」(松平乗命本) 国立公文書館蔵、176-282-13、223×273
美濃国の旧岩村藩知事松平乗命が所蔵していた正保図の写が明治初年に太政官に寄贈され、現在は国立公文書館に架蔵されている。京都府立総合資料館所蔵の「京都本」は、明治5、6(1872、73)年頃の模写本である。本図の担当者は記載が欠け、残念ながら不明である。領主名に「いろは」を付し、記号化して支配関係を示している。

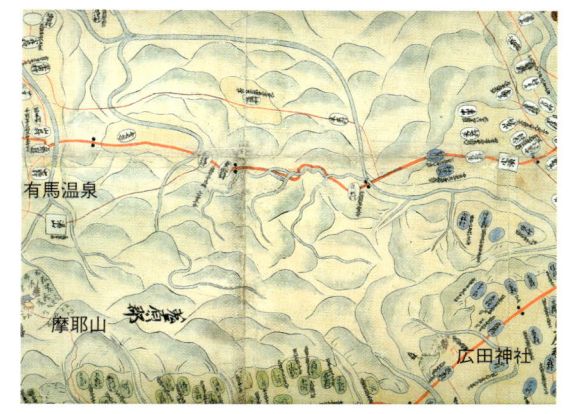

【図2】「慶長摂津国絵図」 部分　西宮市立郷土資料館蔵

慶長10（1605）年の年紀を持ち、慶長図として知られる。国内であるにもかかわらず、原図では空白になっていた淀川東岸について、正保摂津国絵図の内容を加筆したと考えられている。西宮に置かれた大坂町奉行所の勤番所で保管され、西宮町役場、西宮市役所などと引き継がれたといわれる。

【図3】「摂津国大地図」 部分　竹田市立図書館蔵、A1-8

豊後国岡藩の藩校由学館の旧蔵とされている。村形が円型で、村高の記載はない点、郡境線や郡名がなく、本道と脇道との区別もないなど、正保図から逸脱する点は多いが、その下図の類と考えられる。慶長摂津国絵図のうち、原図では空白になっていたと考えられる淀川東岸について、表現で共通する点が指摘されている。

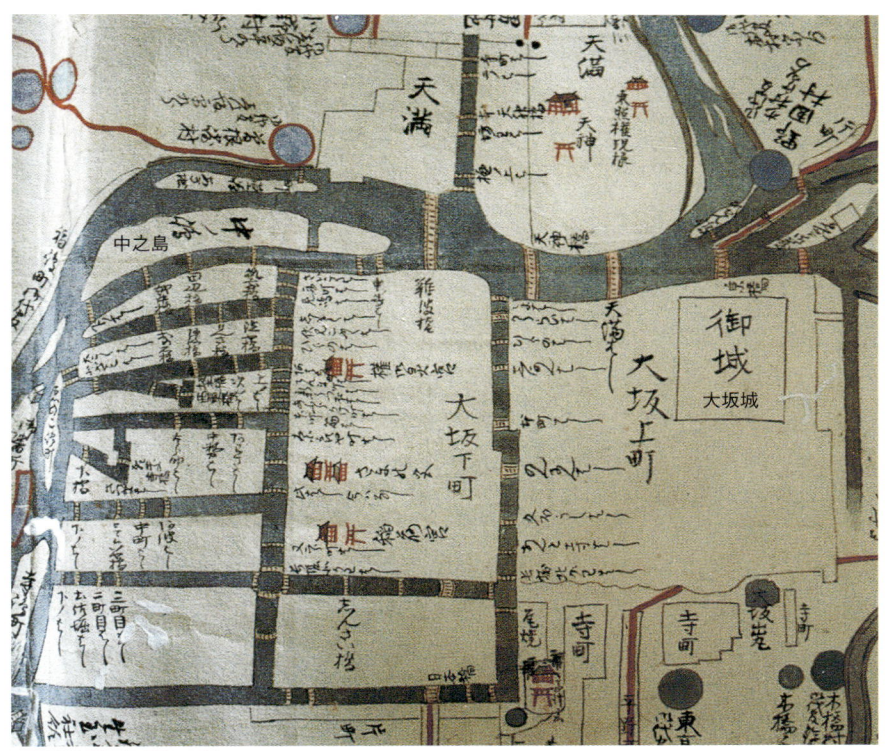

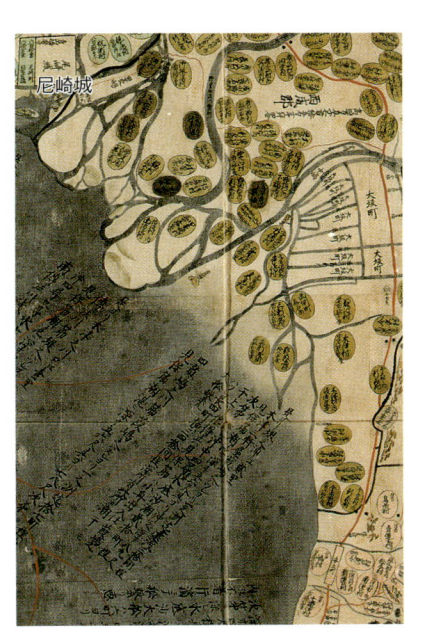

【図4】「元禄摂津国絵図」 部分　国立公文書館蔵、特83-1

元禄15（1702）年との年紀がある国立公文書館所蔵の元禄図は、福井保によれば、その模写本である。絵図元は尼崎・高槻・三田の三藩の藩主が務めた。記載内容を見ると、1里を6寸とする縮尺で、山、川、道路等が描かれ、街道を挟む形で描かれている黒丸は一里塚の表示である。

【図5】「天保摂津国絵図」 部分　国立公文書館蔵、特83-1

天保9（1838）年に幕府の御用絵師により最後の仕上げが行われた原図一式が国立公文書館に一括所蔵され、国の重要文化財に指定されている。記載内容の基準は元禄図に準じている。

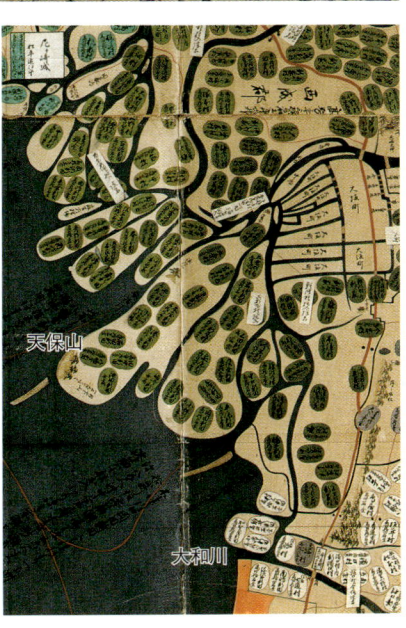

正保図は一般に、次の元禄図が作成されるにあたって、官庫から貸し出され、写本が作成された。中川本は、その写本の系統である可能性も指摘できよう。
　最後に、記載内容の詳細については、松平本を基本として慶長図と比較する。
　六甲山付近では「甲山(かぶとやま)」の西に位置する「武庫山」の文字注記が六甲山にあたるのであろう。また、淀川最下流部デルタ地帯は、ほぼ淀川東岸となり、慶長図との比較は、上述の如くあまり意味がない。
　もっとも特徴的なのは、大坂の町周辺における表現内容であろう。正保図がとくに詳しいと言える。図3の竹田市立図書館本では、大坂上町、大坂下町などとあり、さま（坐摩）の宮などの神社が描かれている以外は、橋の記載が多い。一方、図1の松平本では、「上横堀」に掛かる橋で文字注記を伴うのは今橋、本町橋、濃人橋(のうにん)のみである。松平本の特徴は土佐堀、阿わさ堀、長堀、道頓堀などの堀名記載にあるといえよう。「町」記載も散見され、北の堂嶋町や南の片町には「明地」とも注記されている（竹田本では北端の「町　堂嶋　あき地」記載に限られる）。

〔元禄国絵図〕　元禄15（1702）年との年紀がある国立公文書館所蔵の元禄図は、福井保によれば、その模写本である。
　東北の角に「摂津国高都合并郡色分目録」と題され、嶋下郡以下11郡の郡高と村数が記され、「高都合」は、39万2707石6斗9升9合分7勺とある。村数は1103と計上されている。そして、末尾には上述した「元禄十五壬午年　二月」の年紀と「青山播磨守、永井豊熊、九鬼大和守」の人名が記されている。国絵図の作成を命じられた絵図元としての尼崎・高槻・三田の三藩の藩主である。
　記載内容を見ると、1里を6寸とする縮尺で、山、川、道路等が描かれ、街道を挟む形で描かれている黒丸は一里塚の表示である。郡別に色分けされた楕円形の枠内には村名と石高が、白四角で示された城下町には上述した城名と城主の名前が記されている（他に「大坂御城」）。
　六甲山付近では、正保図と比べると、「武庫山」が「六甲山」に、「甲山」が「胄山」へと山名の記載が変化している。大坂の町周辺における表現内容は、正保図と比べると、簡素化されている。また、淀川最下流部デルタ地帯では尼崎城下町の南方にいたるまで、干潟状の表現が広がっている点が特徴的である（図4）。

〔天保国絵図〕　幕府の命による本図も、元禄図と同様に、尼崎・高槻・三田の三藩が作成に携わった。ただし、天保9（1838）年における最後の仕上げは、幕府の御用絵師により行われた。その原図一式が国立公文書館に一括所蔵され、国の重要文化財に指定されている。
　「摂津国高村数并郡色分目録」と題された凡例は、元禄図とは対称の位置の南東隅に移り、最後に「天保九年戊戌五月」との年紀とともに、勘定奉行・勘定吟味役・目付の氏名が加えられている。そして、郡ごとの色分け・石高・村数が列挙されている。石高の総計は41万7399石1斗2升7合で、元禄図からの増加率6.2%は全国から見れば低い部類に入る。記載の基準が元禄図までの表高から実高に変えられたとはいえ、すでに元禄までに開発が進んでいたこともあろう。村数の計は1231、元禄図からの増加率が11.6%にもなるのは、淀川最下流部に見られる新田開発も資して大きい（図5）。なお、ここにあげられた郡の順序は元禄図と全く同じであり、色も若干の違いを含みつつも、ほぼ同様となっている。
　元禄図の改訂という原則どおり、縮尺を含め、記載内容の基準は元禄図に準じている。
　少し詳細に見ると、六甲山付近ではほぼ元禄図と同様であるが、「六甲山」と「胄山」との間に「武庫山」の記載が加わっている。図5に見えるように、大坂の町周辺における表現内容は、元禄図とほとんど変化がない。これらに対し、淀川最下流部デルタ地帯における新田開発の進展は、上述したように、目をみはらされる。「天保山」も描かれている。さらに、南端の堺付近では、元禄図が完成した2年後の宝永元（1704）年に現在の流路に付け替えられた大和川も見える。

（藤田裕嗣）

【参考文献】
礒永和貴1996「西宮市立郷土資料館蔵『慶長十年摂津国絵図』の描写内容と表現様式」（『人文地理』48-6）／八木哲浩・伊丹市立博物館編1982『伊丹古絵図集成』（本編、伊丹市役所）／福井保1978「内閣文庫所蔵の国絵図について（続）」（『北の丸』10）

伊賀国

誤り伝えられていた正保図

　伊賀国絵図は、国立公文書館、三重県立図書館、三重県、上野市図書館などに収蔵されている。

〔正保国絵図〕　正保伊賀国絵図の存在は、以前は知られていなかった。図1は知行高が元禄期のものであること、伊賀街道の伊勢国国境に近い宿駅は、上阿波であったが、天和元年の30軒が焼失する火事のため、元禄11（1698）年に隣の平松村に変更された。この図には平松村が宿駅として記載されていることから、元禄図と考えられていた。しかし、国境の小書きが正保図の様式であることから、元禄図作成の際、正保図を写したものであるという説に変わった。

　地名辞典を見ると、正保図には阿拝郡を綾之郡、伊賀郡は郡名が国名と同じはよくないので阿我郡に変更したと説明されている。図1では綾之郡、阿我郡ではなく阿拝郡、伊賀郡になっている。津藩の絵図役人が幕府の御絵図小屋へ提出した証文の中に、「郡名唱誤り候所……」を改めたことが記載されている。すなわち正保図の頃は綾之郡、阿我郡が使われていたが、それは誤って伝えられてきたものであるから、元の郡名に書き直したようだ。

　図1は正保図を写したが、郡名と伊賀街道の宿駅を修正したもののようである。

　国絵図研究会の調査で上野市図書館に、伊賀国絵図・正保図の写図が収蔵されていることが公にされた。この図では伊賀街道の宿駅は上阿波であり、綾之郡、阿我郡になっていて、国境の小書きも正保図の様式である。そして図の余白に「正保3年に作成した絵図を拝借し、元禄拾年に写し……」と記されているが、図書館の職員の説明では、それをまた後代に写したものであると考えているようである。

　国立公文書館の松平乗命旧蔵本に伊賀国図があり、同じく中川忠英旧蔵本に伊賀国絵図がある。両者よく似た図で、全体に黄色っぽいのも共通している。図の内容はほとんど上野市図書館の正保図に一致する。ただし、中川本では綾之郡になっている。国立公文書館では、これら2図も知行高が元禄の郷帳の10万540石に一致するから、元禄図の写であるとしているが、正保図の写である根拠のほうが多い。

〔元禄国絵図〕　図形は正保図と比べると、現在の名阪国道が名張川を渡る新五月橋辺りと、その南の葛尾村の形以外はほとんど変わっていない。伊賀国は四方他国に囲まれているが、東側は伊賀国と同じ藤堂藩領であるから、表立った国境紛争はなかったようである。西側と南側の大和国との国境問題は、いずれも地元民の努力により話し合いで解決された。上述の葛尾村は大和国に飛び地となっていた伊賀領を地元の話し合いで、土地の交換を行い半島状に修正した。

　北側の近江国、山城国との国境紛争は、地元では解決出来ず幕府評定所に提訴され、幕府役人が現地を調査したうえで国境が定められた。しかし、そのことが国境線の形に影響することはなかった。

　上野市図書館蔵の元禄伊賀国絵図には、ところどころ懸紙がある。その多くは「この道筋新道、古絵図になし」である。阿保から簗瀬（名張）にいたる初瀬街道は、正保図では阿保—羽根—小波田—簗瀬だった。元禄図では小波田の北に新田村が出来て、阿保—庄田—新田—蔵持を経て簗瀬にいたる道が描かれ、「この道筋新道……」の懸紙がある。新田の開発は承応3（1654）年に始まり、藩は新田村を発展させるため、新田村に宿駅の役割を持たせ、旅人に小波田廻りでなく、新田廻りを奨励した。しかし、旅人は近道の小波田廻りを通ることを止めないので、享保8（1723）年藩は、小波田廻り道を閉鎖し、強制的に新田廻り道を通らせ、明治5年まで続けられた。

　宝暦年間（1751〜1763）に森幸安が作成したと伝えられる、伊賀国全図の複製を上野図書館で販売している。この図では、初瀬街道は阿保町—羽根—新田町—蔵持—簗瀬町と描かれ、新田町は宿駅になっている。余白の知行高は「拾万五百四拾石四合、村数合百八十三ケ村　尚出村弐拾六ケ村」とあり、元禄図に近い値を示しているから、元禄図をベースしているかと思うと、前述した伊賀街道の宿駅が平松ではなく、阿波町になっているなど混乱していて、記載の信頼度は低いが、宝暦年間には新田廻りが定着していたと考えられる。

〔天保国絵図〕　国立公文書館蔵の天保図（勘定所本）と三重県立図書館蔵の元禄図と比べてみると、図の内容

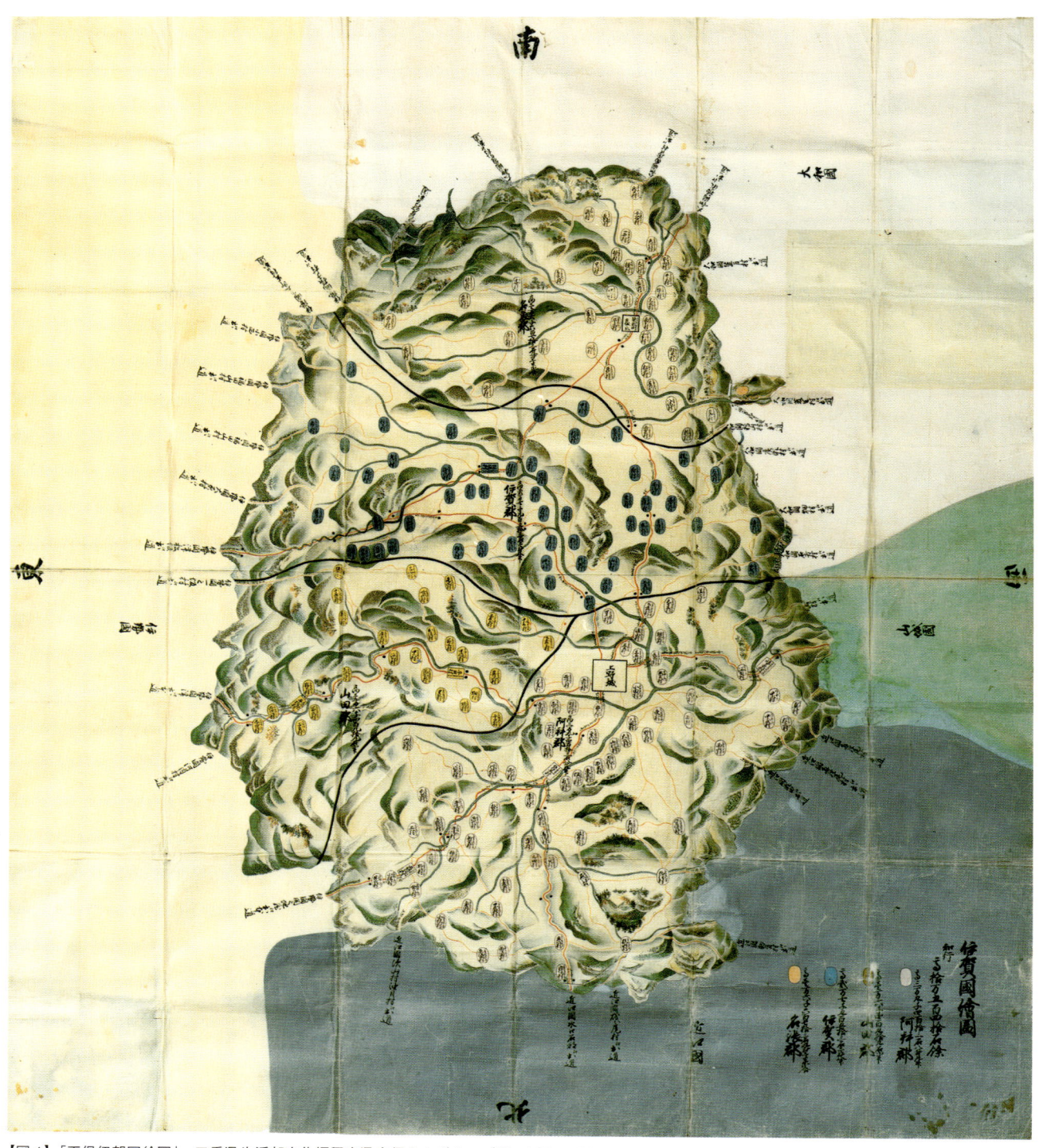

【図1】「正保伊賀国絵図」 三重県生活部文化振興室県史編さんグループ蔵、180 × 203
知行高が元禄期と同じであること、伊賀街道の伊勢国境に近い宿駅が上阿波から平松に変更になっていること、綾之郡が阿拝郡に、阿我郡が伊賀郡に修正されていることから元禄図とされてきた。しかし図形は正保図のままだし、国境の小書きも正保図の様式を写していることから元禄図ではなく、正保図とするべきである。正保図の写本と思われる中川忠英旧蔵本、松平乗命旧蔵本、上野市図書館蔵の正保伊賀国絵図のいずれも知行高は、本図と同じで、知行高が元禄郷帳に合致しているからという理由で、元禄図と判定したのは早計だった。

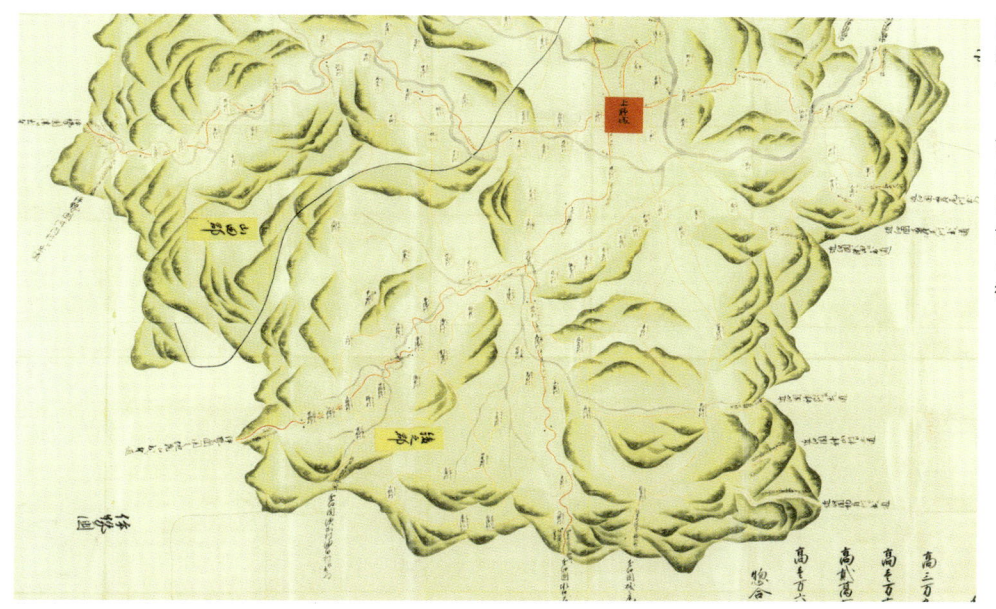

【図2】「正保伊賀国絵図」 部分
松平乗命旧蔵本、国立公文書館蔵、
176-282-17

吉田東吾著『増補大日本著名辞典』
（富山房 1900）によると、「阿拝郡
は、古くは阿閉または敢に作る。後
世綾郡に訛り、正保国絵図は綾之郡
と標し、寛文年間（1661―1672）
復す」とある。

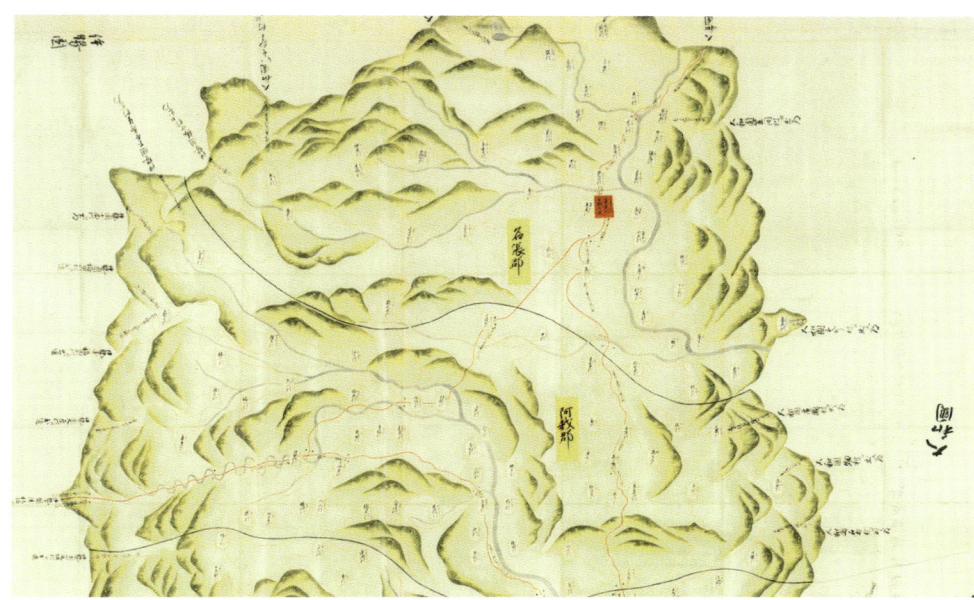

【図3】「正保伊賀国絵図」 部分
松平乗命旧蔵本、国立公文書館蔵、
176-282-17

吉田東吾著『増補大日本著名辞典』
（富山房 1900）によると、「およそ
国名と同じ郡名は、中世皆改称した
り。伊賀郡は郡内に阿我郷あるに因
みて、阿我郡と言う。正保国絵図は
此れに従う。寛文年間に伊賀郡に復
す」とある。

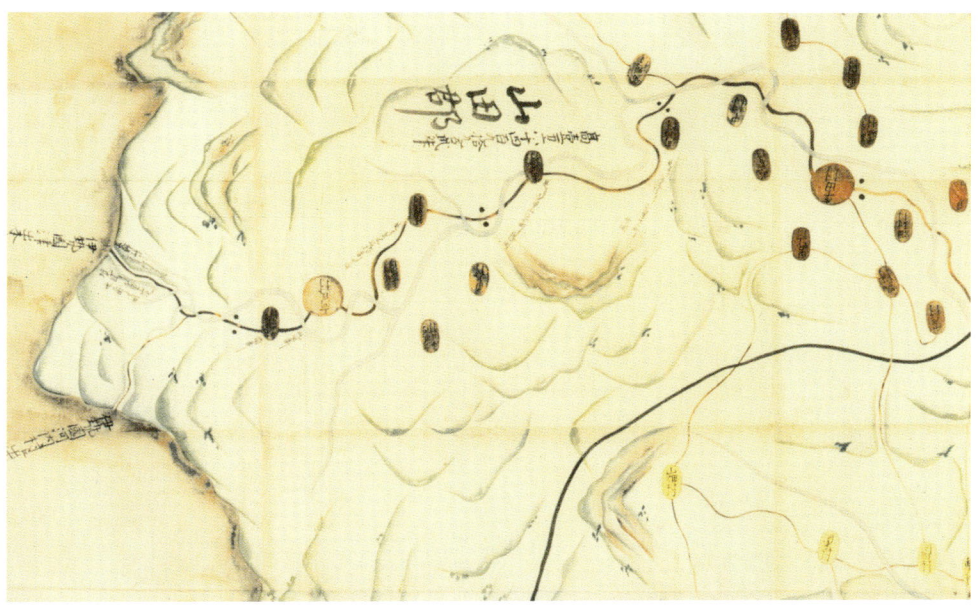

【図4】「正保伊賀国絵図」 部分
中川忠英旧蔵本、国立公文書館蔵、
176-286-10

伊賀街道の国境よりの宿駅は上阿波
になっている。天和元（1681）年
の火災により、元禄11（1698）年
に宿駅の役割を平松に譲った。従っ
て元禄図からは宿駅は平松になって
いる。

伊賀国

については、阿保と築瀬を結ぶ太い朱線で描く主要道が小波田廻りから新田廻りに変更されたことぐらいである。国境線、郡界線、河川、道路などの線状記号はぴったりかさなるし、村形の位置・色分け等も同じである。

天保図は、元禄図の経年変化を修正することを、作成の基本的な方針としたので、変化がなければ元禄図のコピーになる。伊賀国は元禄以後、国境、郡界、河川の流れは変わらず、村数も208か村と変わっていない。

知行高だけが、10万540石2合から551石5斗2升4合増えて、11万96石5斗2升6合になった。元禄13年から天保9年までの138年間に551石5斗2升4合、1年当たり僅かに約4石しか増産出来なかったということになり、藩が幕府へ提出した統計資料に疑問が残る。

国立公文書館の天保図には原本の他に4分の1の縮小図がある。明治新政府が府県藩に国絵図の提出を求めたとき、天保国絵図の写を渡し、天保9年以後の経年変化を調査測量して修正するよう指示した。天保図は長辺が5mを越す大きなものがあるので、写図、修正などの作業が大変であるからという理由で4分の1に縮小した写図を、府県藩に渡した。天保9年から明治3年までの32年間変化のない府県藩もあったであろうが、伊賀国は藤堂藩1藩の支配地で、伊勢国のように、神宮領、複数の大名領・旗本領、幕府直轄地、海岸線がなく、天保図作成以後何も変化がなかったとして、渡された天保図の縮小写図をそのまま献上したのではないかと考えられている。

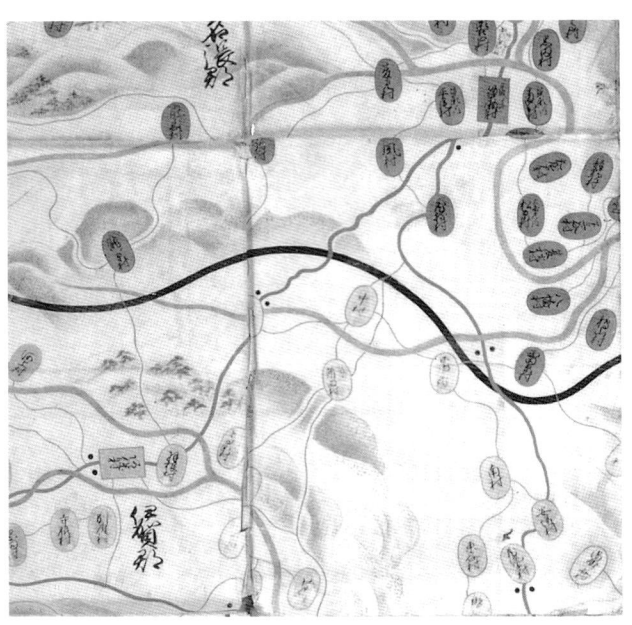

（木全敬蔵）

【図6】「元禄伊賀国絵図」 部分　三重県立図書館蔵
この図が成立した元禄13年は新田開発が始まって46年目であり、新田を通る交通路を藩が奨励した。

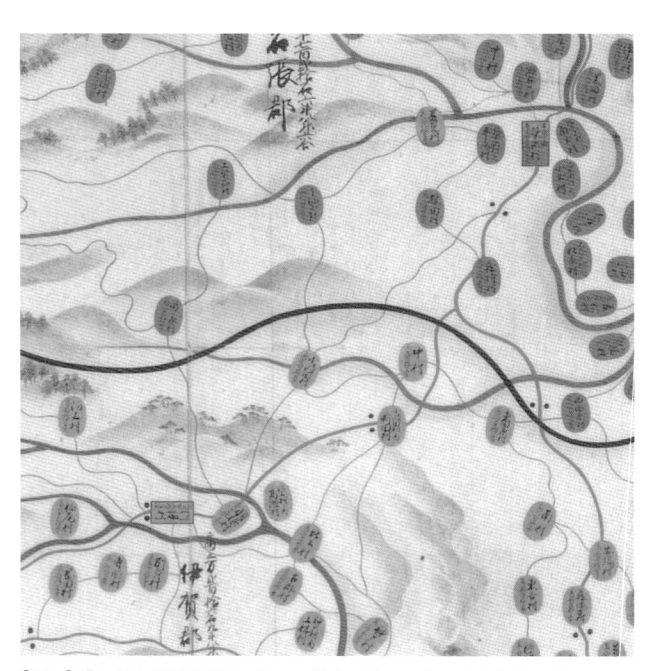

【図7】「天保伊賀国絵図」 部分　勘定所本、国立公文書館蔵、特83-1
享保8（1723）年新田廻りが強制された。阿保—築瀬の主要道が国絵図上でも新田廻りに変更になった。

【参考文献】
川村博忠 1984「元禄年間の伊賀国絵図改訂国境論地の処理」（『江戸幕府撰国絵図の研究』古今書院。P.476～499）／1983『島ヶ原村史』（P.332～399）／上野市 1974『永保記事略』（P.432）

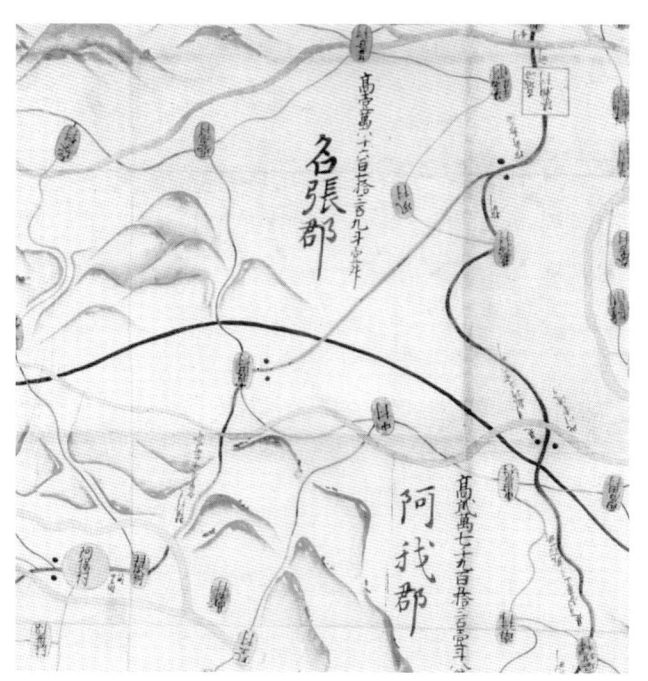

【図5】「正保伊賀国絵図」 部分　中川忠英旧蔵本、国立公文書館蔵
阿保から築瀬までの初瀬街道は小波田廻り。

伊勢国
津藩による明治国絵図の作成

　伊勢国絵図は、国立公文書館、国文学研究資料館（以下「資料館」）の他に三重県桑名市の鎮国守国神社などに所蔵されている。

　ここでは時代順に上記3か所に所蔵されている国絵図に加えて、最後の国絵図である明治初年に作成された国絵図を紹介する。

〔正保国絵図〕　資料館所蔵の「正保伊勢国絵図写」は、罫紙書きの記載、彩色などから紛れもなく正保国絵図であることが東京大学史料編纂所の研究で明らかにされた。これは幕府に提出された正保国絵図を元禄国絵図作成に際し、借用して写したものと考えるのが自然としている。元禄伊勢国絵図の絵図元は桑名藩と亀山藩の相持任命され、絵図の清絵は桑名藩の担当となった。

　まず、元禄10（1697）年5月22日桑名藩が幕府より正保国絵図を借用し、書写した後6月17日亀山藩に渡され、絵師渋谷文右衛門が書写した。桑名藩で書写されたものが鎮国守国神社に伝蔵されている「正保伊勢国絵図写」2図であり、亀山藩で書写された図が資料館蔵の「正保伊勢国絵図写」である。

　鎮国守国神社は、奥州白河藩主松平定綱（鎮国公）を白河城内に祀ったのが始まりで、松平家が桑名へ移封されたときに桑名城内へ遷座。後に松平定信（守国公）も祀る。昭和9（1934）年に宝物館が完成、戦災を免れたので、国絵図の他貴重な文化財が多く収蔵されている。

〔元禄国絵図〕　絵図元は、前述したように、桑名藩主松平越中守定重と亀山藩主板倉周防守重冬が任命された。亀山藩の絵図作成担当役人、物頭の多賀源左衛門と取次役松本弥一兵衛連名の「伊勢国御絵図御用留帳」に元禄10年閏2月4日幕府評定所へ呼び出され、伊勢国絵図改・献上の命を受けてから、元禄14年10月4日勢州海際縁絵図完成献上までの元禄伊勢国絵図の過程が詳細に記録されている。

　元禄伊勢国絵図は元禄13年12月4日無事に献上された。その後下絵図が桑名藩より亀山藩へ渡され、亀山藩の控絵図が作成され、現在資料館に収蔵されている。また桑名藩が作成した控絵図、下図は鎮国守国神社に所蔵されている。

　正保図と元禄図の図形（国境線や海岸線など国の輪郭を現す線の全形のこと）の差は、正保2（1645）年以来正保の経年変化と、紛争のある国境を決着させ国境線を明確にすること、という幕府絵図担当奉行よりの指示によって惹起されたもので、大きく変化したところは、大和国との国境、志摩国との国境、木曾3川の河口、であり、他はほとんど正保図と元禄図は同形に仕上げられている。

〔天保国絵図〕　国立公文書館に所蔵されている正本のほかは、控絵図、下図、写図の存在は知られていない。

　一般に、元禄図と天保図の図形の差はほとんどない。伊勢国絵図では木曾三川河口から四日市までの海岸の図形に変化があるほかは、ほとんど一致している。

〔明治国絵図〕　明治国絵図の作成に関して次のような連絡が笠松県より度会府に宛ててなされている。

今般伊勢国地図為御用同国当県管轄之分兼而被仰出候通一里三寸之割色分合紋を以相認当五月十日限津藩迄指越候様四月十三日付其御府より御回章之趣具に相心得申候　然処右管轄桑名郡之内新田村々之儀は元来濃国川々末流伊勢尾張海口洲漠之際処に之洲嶼を致開墾候土地ニシテ数通伝来之地図有之候得共如何ニモ杜撰ニテ方位方幅並地名之位置等大ニ差錯シ有之ニ付此折柄幸ニ可相成丈着実改正之上可指出心得を以其砌名下へ期限迄ニハ難相整段御断申入置候儀ニ有之則此節専測量取調ニテ今暫く手数を歴可申候条不悪御良察津藩ヘモ可然御達置有之度依而此段御報旁申入候也
　　　　　六月二日　　　笠松県
度会府　御中

　笠松県は慶応4（1868）年閏4月に設置され、明治4（1871）年11月に岐阜県に統合された。度会府は慶応4年7月に設置され、明治2年7月に度会県と改称された。笠松県に属していた伊勢国桑名郡の44か村は、明治2年8月に度会県へ移管された。つまり上掲の文書作成年は、明治2年ということになる。伊勢国絵図の総括は津藩が行い朝廷に差し出す旨、伊勢国内に支配地を持つ藩県へ伝えて欲しいと津藩から度会県へ宛てた文書が三重県県史編纂室にあり、明治元年11月から再三にわたって政府から出された国図作成命令に伊勢国は素早く対応し、ほぼ1か年の短期日で完成し、朝廷へ差出したことが分かった。

【図1】「明治伊勢国絵図」 三重県生活部文化振興室県史編さんグループ蔵、214×304
明治2（1869）年伊勢国内に支配地を持つ各藩、県から資料を集め、津藩が総括して朝廷へ献上した。その控図と思われる。

【図2】「正保伊勢国絵図」 部分（木曾三川河口） 国文学研究資料館蔵、(35W) 2「伊勢国絵図（正保カ）」、353.5 × 503.6
まるで手首のような図形で川の流れと洲の方位が異なり、正確とは思われない。『四日市市史』より転載

【図3】「元禄伊勢国絵図」 部分（木曾三川河口） 国文学研究資料館蔵、(35W) 1「伊勢国絵図（元禄13年）」、324.3 × 584.2
正保図に比べると長島の形がはっきりしているし、長島より南の洲の並びが正保図の逆方向を向いているのが興味深い変化である。『四日市市史』より転載

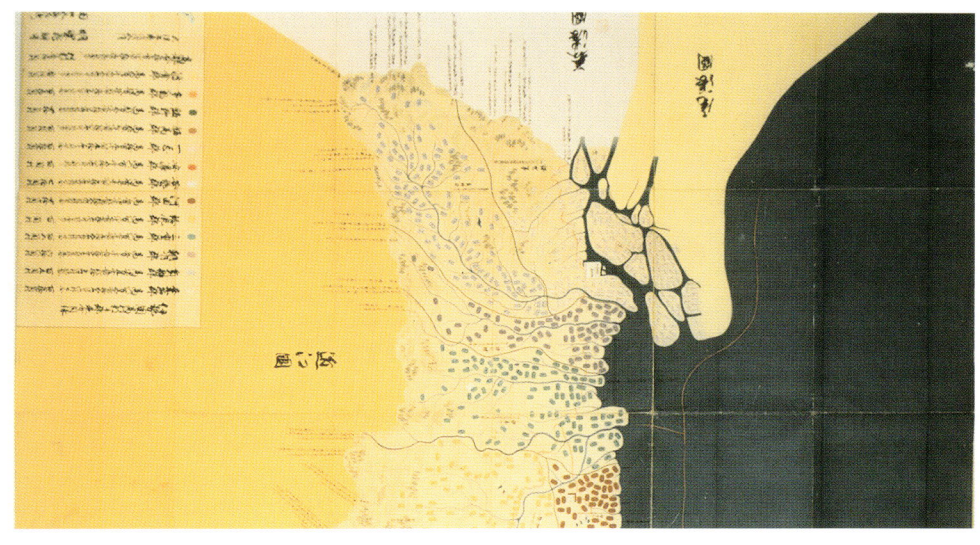

【図4】「天保伊勢国絵図」 部分（木曾三川河口） 勘定所本、国立公文書館蔵、特83-1、344 × 580
尾張国領は省略されている。長島とその周辺の洲はかなり詳しく測量されたのではないかと思われる。

伊勢国

この国図作成事業は順調でなかったのか、明治3年に、また新規国絵図作成の達を出し、天保国絵図の縮図を渡すから、経年変化を修正して差出すように指示した。伊勢国絵図は、国絵図新規作成の達以前に作業を終え提出していた。

　伊勢国内で国絵図作成のためにやりとりのあった文書に、国絵図の作成を指示したのは朝廷となっていることが天保度までの国絵図作成事業と大きく異なるところである。

　明治国絵図は、短期間で完成したことから、新規図化が行われたのではなく、既存の国絵図を基図として経年変化の修正に留めたと思われる。では、基図とされた国絵図を点検してみると、元禄図とは全く図形が異なり、基図でないことが分かる。天保図の図形は元禄図のコピーであるから、天保図も基図ではないことになる。

　正保図と比べると、全くコピーではないが概形が似ている。たとえば大和国との国境をはじめ伊賀および近江の国境線、木曾三川河口を除く海岸線があげられる。河川は正保図に比べれば太く書き、細かい屈曲を省略した総描の技法が使われているが、全体のパターンは一致している。以上の点から明治図の基図は正保図であると判断できる。

　木曾三川の河口の図形は、正保・元禄・天保と作成度ごとに変わり、そのつど測量が行われただろうか。前述の笠松県から度会府への文書には、いま測量中だから少し待って欲しいと記されているのを見ると、国絵図作成のたびに再測したことが想像できる。

　明治図の木曾三川河口の図形は、明治19（1886）年に刊行された三重県管内全図（図6）にもっとも近い。図5は、お雇い外国人技師ヨハネス・デ・レーケの設計により、木曾三川河口の洪水対策として、木曾三川の分流、木曾川の拡幅工事が完了した頃の明治24年に作成された2万分の1地形図を縮小編纂したもので現在の図形に近い。そして工事前の木曾川の流路を復原するとほぼ図7に一致する。従って笠松藩の測量はかなり正確に行われたと評価してよいだろう。

　明治のもっとも近い過去の国絵図天保図のそれは、図6に近いところもあり、笠松藩が主張するほど杜撰ではない。天保国絵図よりもほぼ10年前に完成している伊能中図（図7）は長島、木曾岬村、鍋田川と筏川に挟まれた尾張側の島の形、相互の位置関係は図5に近く詳細である。天保図編纂に際して何故伊能図の海岸線が採用されなかったのか分からない。

（木全敬蔵）

【図5】明治24年測図の1/2万地形図を編纂（破線は木曾川改修以前を復原）

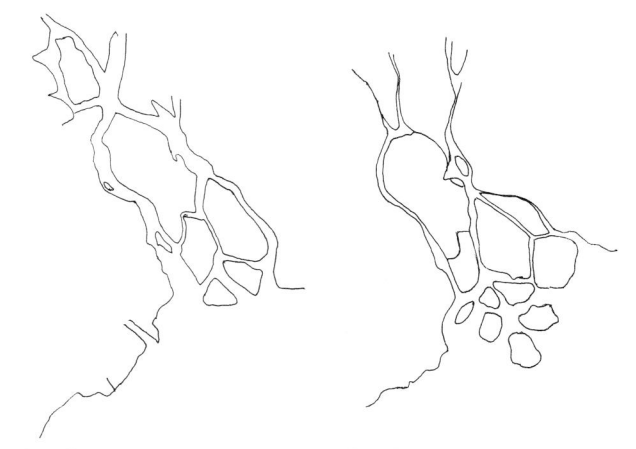

【図6】明治19年刊三重県管内全図の木曾川河口　【図7】伊能中図の木曾川河口

【参考文献】
四日市市1992『四日市市史第六巻史料編絵図』／三重県1994『三重県史別編絵図・地図』／神崎彰利1985「伊勢国元禄絵図作成について」（『明治大学刑事博物館年報』16、P.1～37）

志摩国

海防図へ転用された天保図

　志摩国は、2郡の小国、領主の交代は目まぐるしく、享保10（1725）年稲垣氏が下野国烏山から転封して、ようやく安定した。したがって、国絵図作成時の領主は、正保期は内藤忠重、元禄期は松平乗邑、天保期は稲垣長剛と変わった。そのせいか国絵図作成に伴う記録文書が地元に伝わっていない。

　幕府撰志摩国絵図は、国立公文書館蔵の天保図（紅葉山文庫本・勘定所本）2舗のほかには、国立公文書館蔵の松平乗命旧蔵の正保図が知られているのみである。

　京都府立総合資料館に、正保図と元禄図といわれている志摩国図が収蔵されている。正保図は、明治にいたり京都府が絵師に松平乗命旧蔵の正保図を写させたもので、江戸に向かう海路に「東京海上」と注記され、江戸が東京と改称されてからの制作であることが分かる。元禄図といわれる図（以下京都府蔵図）は、図形は国立公文書館蔵の天保図（以下天保図）とほぼ同じように見える。天保図と元禄図の図形はほぼ同じと考えると元禄図といっても矛盾はないが、図中に砲台の位置が書き込まれているので、幕末に描かれたと判断すべきである。

　天保14（1843）年外国船が伊勢近海に接近、弘化3（1846）年木本沖に外国船現れるなど、外国船が志摩国近海に姿を見せるようになり、鳥羽藩は嘉永3（1850）年海防令を発令。皇大神宮と皇大神宮の別宮である伊雑宮（志摩郡磯部町）を外国の侵略から守るために文久2～4（1862～1864）年鳥羽湾、的矢湾を中心に砲台を築いた。

　すなわち京都府蔵図は、このような砲台配置と鳥羽港には「此湊東南之風船繋悪船千艘程繋申候」、英虞湾には「此湊東風船繋悪湊広リ船何艘ニテモ繋申候」と港の能力についての注記があり、天保図を基図とした海防図である。

　砲台の配置を示した図は、伊勢神宮の神宮文庫にも保存されている（図6）。神宮文庫の海防図の基図は、天保図に似ているが、海岸線の出入がラフで、天保図に重ねてトレースしたのではなく、天保図を見ながら図形を概ね正しく書写したように見える。内容は京都府蔵図とほぼ同じだが、ところどころに海岸から30間目から5丁ごとの水深が尋単位で記入されていて、海図としての機能が付加された。

　幕府撰国絵図を含めて志摩国絵図の特徴の一つに灯台の記号が見られることがあげられる。灯台は神島と安乗崎にあり、天保図、京都府蔵図及び神宮文庫蔵図では「見よ火」、他の志摩国図では「燈明堂」の注記がある。ほかに灯台と同じ機能を果たすと思われる篝堂が菅島に描かれた図がある。

　『日本燈台史』によれば、神島と安乗崎燈明台は延宝元（1673）年に河村瑞軒が創立し、明治初年まで使用された。また、河村瑞軒は寛文12（1672）年幕命により奥羽―江戸西廻り航路の改良を図った際、鳥羽湾での座礁事故を防ぐため、菅島に篝火を設け、永久に持続するよう幕府に提言したといわれる。

　神島と安乗崎の燈明台の記号は、図1に示したように形が異なる。それは燈明台の等級によるものか、実際の燈明台の規模によるものか不明である。

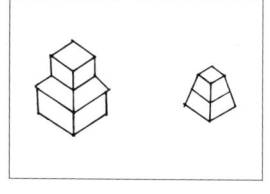

【図1】天保図における燈明台の記号。（左）神島、（右）安乗崎

　燈明台の記号と注記はどの志摩国図にも記載されてるが、篝堂の記号または注記は、天保図にはない。篝堂は、燈明台が常時稼動であるのに対し、おそらく天候不良時の臨時稼動であるため、ナショナルアトラスである天保図には採用されなかったのであろう。しかし地元では安全航行のため欠かせない設備として、地方図としての志摩国図に記載したと思われる。

〔天保国絵図〕　天保図には前述したように紅葉山文庫本と勘定所本の2舗がある。両本の相違点は色の濃さにあり、勘定所本のほうが色が濃い。勘定所本の海の色は濃紺であるため、航路を朱線で書くのみであるが、紅葉山本の海は青のため、「鳥羽湊よ里伊豆国下田迄船道六拾六里」と航路に沿って距離の注記があったり、「此湊北風船繋悪船五六拾程繋申所」などの湾の情報を記載できた。

　伊賀国と同様に、縮小版天保図が国立公文書館に収蔵されており、その理由は伊賀国と同様であろう。

【図2】「正保志摩国絵図」 国立公文書館蔵、176-282-28、80×126
本図は松平乗命旧蔵の国絵図の1鋪で、正保図の写とされている。鳥羽城と城下町及び鳥羽湾が異常に大きく書かれているほか、山地ばかりで平野部が狭小であるとか、図形に真実さがなく、測量をしないで、イメージで描いたのではないかと思われる。

【図3】「天保志摩国絵図」（紅葉山本）、国立公文書館蔵、特83-1、164×234
国立公文書館には、もう1鋪同じ図（勘定所本）がある。2図の違いは色の濃度にあり、両本ともに同系色を使っているが、勘定所本の方が全体に濃い。海色を濃紺にしたため、海上の情報は、墨書では見えないため省略を余儀なくされた。

【図4】「志摩国図」 神宮文庫蔵、36 × 52
簡潔な図で、図の目的が分からない。烽火場と箆又は磁石場の記号がそれぞれ2か所にあることが、他図に類を見ない特徴であり、そのための図かも知れない。ただし、箆または磁石場の意味は分からない。『鳥羽市史』付図より転載。

【図5】下半分は「志摩一ケ国図」原本、鳥羽市立図書館蔵、68 × 85
上半分はその写本と思われる2図を合成した。原本・写本ともに鳥羽市立図書館蔵。天保四（1833）年午三月吉日と作成年月が記載してある。図形はかなり変形しているが、城跡と城主、村ごとに村内所在と思われる寺院名が列記等、他図に類を見ない内容を備えている。交通路は陸上も海上も詳しく、交通図に加えて神社仏閣、城跡分布図になっている。

〔その他の志摩国図〕　神宮文庫には、前述の海防図のほかに『鳥羽市史』付図に納められた「志摩国図」の原本（図4）がある。郡は黄色の短冊、村は橙色の小判型、朱色で交通路の他は取り立てて描かれているものはなく、簡潔な仕上がりである。篩または磁石場と鳥羽侯ノ合図ノ烽火場の2種の記号が使われている。烽火場は英虞湾の入口に位置する御座の集落付近のヒチ山と鳥羽市舟津町近くの樋ノ山という高山の2か所、篩または磁石場は安乗崎と鳥羽市の北、小浜町内の日和山の2か所に記号がついている。篩または磁石場はなにをする所か分からないが、これらが記載されていることがこの図の特徴といえる。

鳥羽市立図書館に、天保4（1833）年の年記のある「志摩一ケ国図」が2鋪（図5）所蔵されている。2鋪の内容は同一で正本と写本である。正本の海は天保図勘定所本と同じ濃紺であり、航路線を目立たせるため、線の幅だけ濃紺色を塗り残す手間をかけている。海況などの情報は貼紙に朱書きして、海色の中でも読める工夫をした。写本は海岸を濃い青に塗り沖に向かって、薄くぼかし、注記等の墨書が読めるようにした。

村形は四角で黄色、そして村内にある寺名が併記されている。12か所の城跡があり、四角の記号と城主名が併記されているもの5城、残りは城主名のみである。記号があるのとないのとの差は不明である。寺院及び城跡分布図の感がある。

志摩国図（神宮文庫本）と志摩一か国図の図形は共に固有のもので、天保図や伊能図と全く形を異にしていて、類図は知られていない。

伊能測量隊が志摩国を測量したのは文化2（1805）年の4月末から6月のはじめにかけてであり、天保図の日付けの天保9（1838）年の33年前のことである。伊能図が公開されていたら、幕府撰国絵図ばかりでなく、地方で作成された国図の精度が著しく向上したはずである。
　　　　　　　　　　　　　　　　　　　　　（木全敬蔵）

【参考文献】
海上保安部編1969『日本燈台史』（中央公論社）／1991『鳥羽市史』

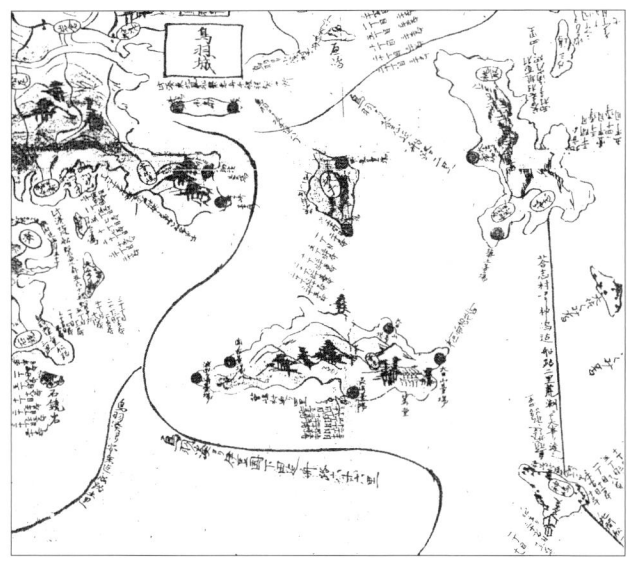

【図6】天保図の写本を基図とした、砲台の配置、水深を盛り込んだ海防図。神宮文庫蔵志摩国図（部分図）『三重の近世城郭』より転載。

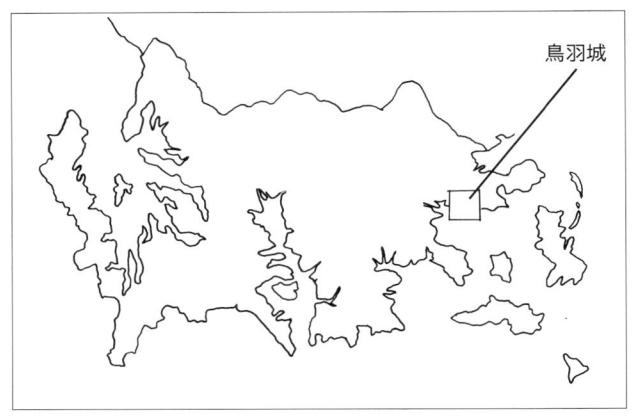

【図7】天保図の海岸線。下の2図に比べると菅島、鳥羽湾、的矢湾、英虞湾の形が悪いのが目立つ。

【図8】伊能図の海岸線。下図の20万分の1地勢図にほとんど一致するといってもよいほどよく描かれている。優れた測量技術に支えられた図であることがうかがえる。

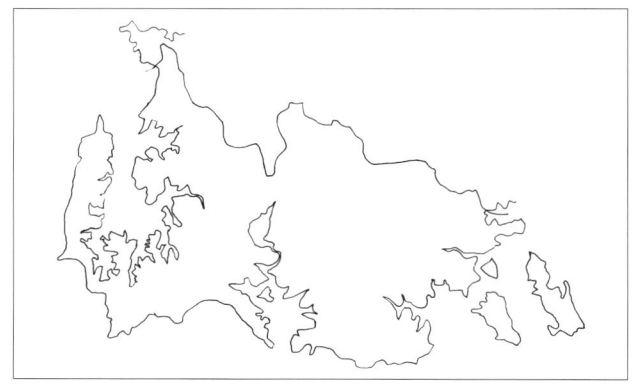

【図9】国土地理院作成、20万分の1地勢図の海岸線。

尾張国

下図・控図が豊富な正保図

〔慶長国絵図〕　郷帳(ごうちょう)を含め、全く現存していない。また記録のうえでも作成を確認できない。

〔正保国絵図〕　徳川家康の9男徳川義直が慶長12（1607）年、清須城主に封ぜられ尾張藩が成立する。その後幕末まで尾張は全部が尾張藩領なので、尾張藩が正保期も元禄期も絵図元となった。正保の尾張国絵図の原本は現存していないが、下図、控図、写図(うつしず)の類は何枚か残っているので、そのうち主なものについて説明する。

1. 正保四年尾張国絵図（徳川美術館蔵）（図2）

　この図は以下のように、幕府の示した形式と異なる点が多いが、伺下絵図(うかがいしたえず)と思われる。①郡域が色分けされて、郡の境界が黒線で描かれていない。②郡見出しに短冊型の枠がある。③郡付に村数が記されている。④村形が郡ごとに色分けされていない。⑤隣国が色分けされていない。⑥海路の表示がない。⑦方位の表示がない。⑧本道と脇道の区別がない。⑨村高が「石余」ではなく、斗以下まで記されている。⑩罫紙(らいし)書きがない。それらに加え、一見正保国絵図らしくないのは、郡域の色分けとは別に、鷹場の色分けを加えているためである。中央部に薄いレンガ色で「成瀬隼人正鷹場」、その西側に水色で「竹腰山城守鷹場」が描かれている。しかし、子細に原資料を観察すると、鷹場の色分けに使われた2色は、郡分けの色の上に塗り重ねられている。よって、この絵図は清絵図(きよえず)の完成後不要となり、鷹場図として再利用されたと考えられる。徳川美術館には、鷹場図に再利用された尾張国正保図がもう1枚保存されている。

2. 尾張国図（徳川美術館蔵）

　享保12（1727）年4月13日に作成されたという記述がある。この時期はすでに元禄国絵図が作成されているが、内容は正保国絵図である。図2で幕府が示した形式と異なる10点のうち、①④⑦⑧の点は幕府の指示に一致している。知多郡は含まれていない。

3. 尾張図　西（愛知県図書館蔵）（図1）

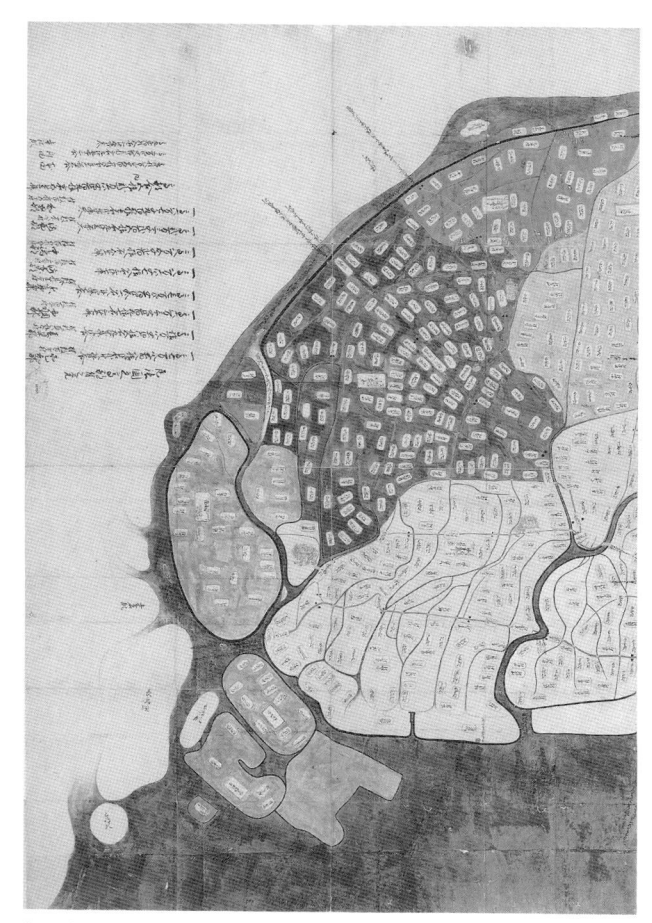

【図1】「尾張国図 西」愛知県図書館蔵、001、128×191

尾張国西部のみの分割図で、当初は尾張全域が作成されたのであろう。海東(かいとう)・海西(かいさい)・中島・葉栗(はぐり)の各郡の全部と、愛知・春日井・丹羽郡の一部が描かれ、知多郡は全く描かれていない。郡の区分は村形の色分けではなく、郡域の色分けであることは図2と同じである。ただし、鷹場の記載がない、村形に村高がない、罫紙書きがあるなどの点が図2と相違する。

4. 尾張国図（名古屋市博物館蔵）（図4）

　この図は薄い紙に描かれており、原図の上に置いて透き写した図である。村形は小判型というより楕円型である。罫紙書きには尾張藩独自の概高が書かれている。それらに加え郡の色分けは、郡域と村形と両方でなされている以外はだいたい幕府の仕様に一致している。描かれた年代は正保よりかなり後で、江戸時代中期～後期である。

　尾張藩では、絵図作成を専門とする絵図方の役人が置かれたことはないので、正保・元禄の国絵図を描いたのは尾張藩御用絵師と思われる。寛永20（1643）年、江戸狩野家の尚信の弟子で清野一幸(きよのいっこう)が尾張藩に召抱えられ、元禄8（1695）年まで藩の御用絵師を勤めているので、彼が正保国絵図に関わった可能性が高い。

【図2】「正保四年尾張国絵図」徳川美術館蔵、383 × 246
この図は、郡域が色分されて、郡の境界が黒線で描かれていない、村形が郡ごとに色分けされていない、隣国が色分けされていない、海路の表示がない、村高が斗以下まで記されている、畾紙書きがない、など幕府の示した形式と異なる点が多い。さらに、郡域の色分けに加え鷹場の色分けも行っている。しかし本図は正保国絵図の伺下絵図で、清絵図の完成後不要となり、鷹場図として再利用されたと考えられる。

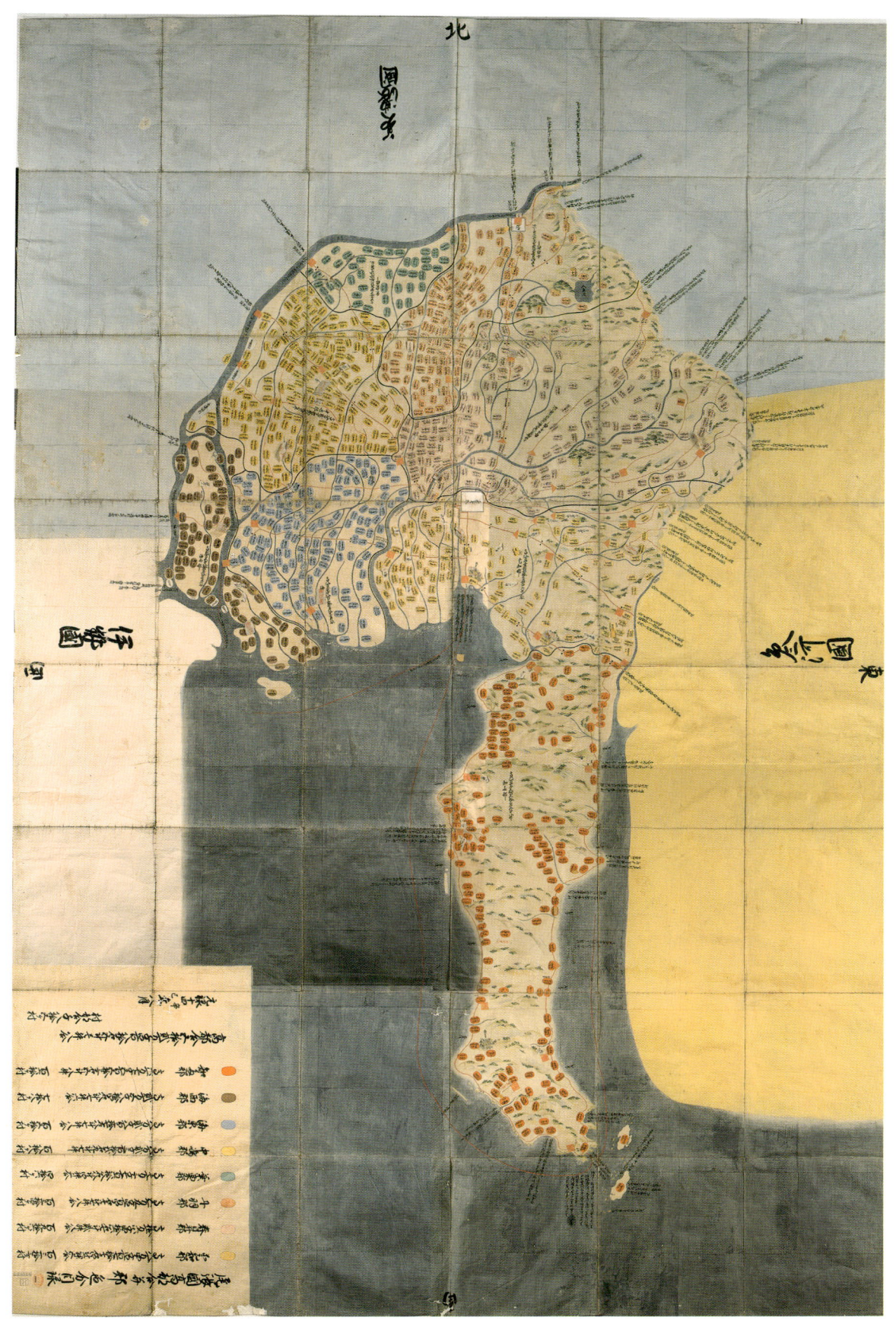

【図3】「元禄十四年尾張国絵図」愛知県図書館蔵、904、443×292
幕府の仕様に一致しているので、献上図と同一の尾張藩控図と思われる。畾紙書きの末に作成者を示す「尾張中納言」の文字がないので、最初から尾張藩控図として作成されたのであろう。

尾張国

〔元禄国絵図〕 元禄9年、元禄国絵図の作成が始まるが、尾張藩の担当役人は勘定奉行と大代官であり、完成の元禄14（1701）年には、勘定奉行は横地仁左衛門、大代官は梶又左衛門であった。また絵図の下書きは尾張藩御抱えの狩野派絵師が描いたが幕府の仕様に合わず、手伝いとして幕府御用絵師の狩野良信一門が、尾張藩邸に出向いて清絵図を完成させたことが分かっている。尾張藩御用絵師とは、正保絵図を描いたと思われる清野一幸の子養山であろう。彼は江戸狩野家2代常信の門人であった。

元禄尾張国絵図の幕府献上図は現存せず、控図・写図として現存するのは次の愛知県図書館の2図である。まず「元禄十四年尾張国絵図」（図3）は、完全に幕府の仕様に一致しているので、献上図と同一の尾張藩控図と思われる。もっとも、罫紙書きの末に作成者を示す「尾張中納言」の文字がないので、最初から尾張藩控図として作成されたのであろう。

もう1枚は前図と同じ図様であるが、随所に貼紙による修正跡が見られる。前図は貼紙の指示どおりになっているので、この図は完成直前の伺下絵図と思われる。「尾張国御国方役所」と記されているので、同役所で利用されていたことが分かる。

ほかに尾張関係の境縁図として、三河国の絵図元岡崎藩と西尾藩に提出したもの（図5）、及びその写、三河国絵図元から尾張藩に提出されたもの、伊勢国の絵図元桑名藩と亀山藩に提出したものの計4枚が現存している。すべて、国境確定中の作業図ではなく、確定してから両国が取り交わした図である。

尾張国図の研究に不可欠な絵図作成に関わる文書・記録が、正保期も元禄期も尾張藩政史料の中にほとんど見つかっていない。今後の課題であろう。

〔天保国絵図〕 国立公文書館に献上図が2枚、及び郷帳が現存している。
　　　　　　　　　　　　　　　　　　　　　　　　（種田祐司）

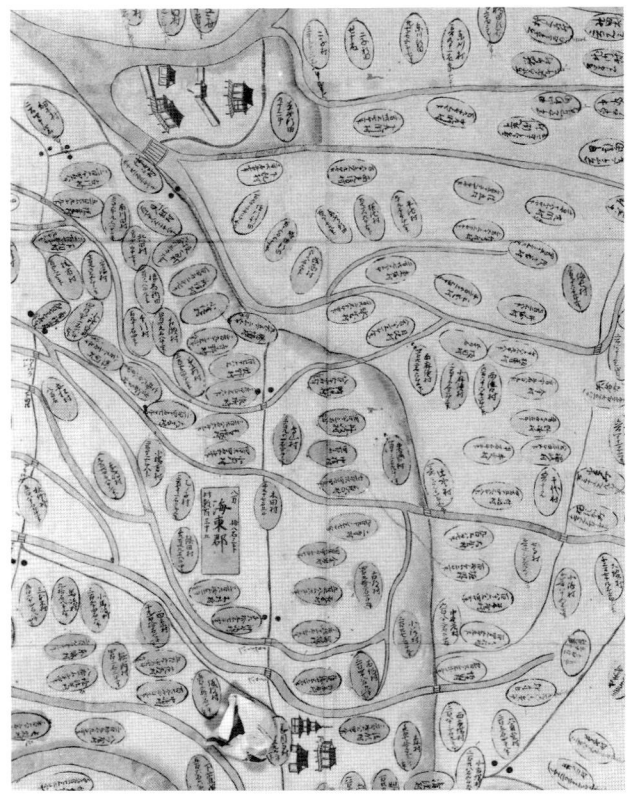

【図4】「尾張国図」名古屋市博物館蔵、573-1、460×350

【参考文献】
名古屋市博物館編1983『「日本の地図」展図録』／名古屋市編1999『新修名古屋市史第三巻』／名古屋市博物館編2000『尾張徳川家の絵図—大名がいだいた世界観展図録』

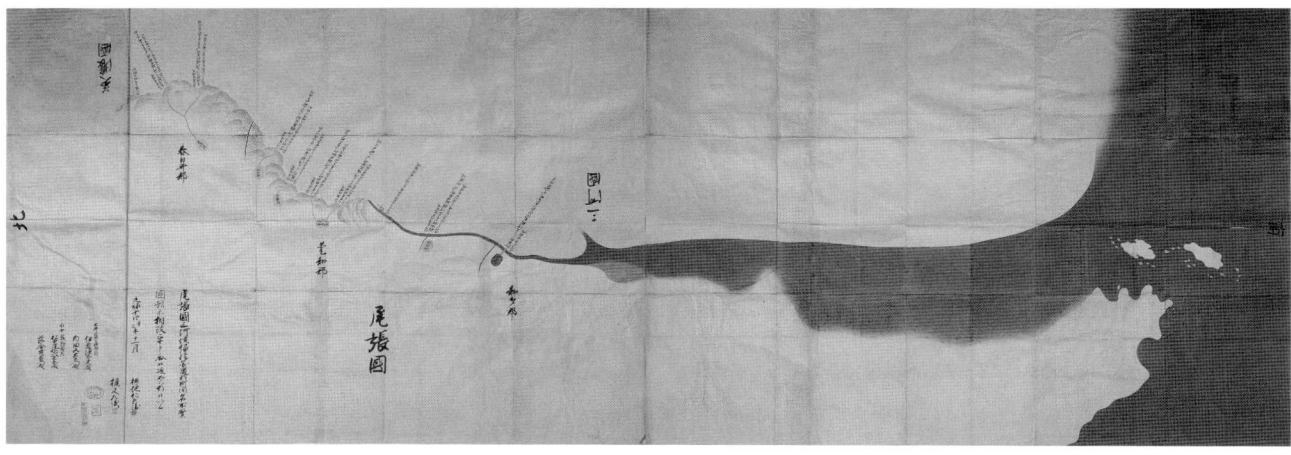

【図5】「尾張国堺縁絵図」愛知県図書館蔵、005、115×328

三河国

正保図と元禄図

〔慶長国絵図〕　郷帳を含め、全く現存していない。また記録のうえでも作成を確認できない。

〔正保国絵図〕　献上図はもちろん、献上図に近い控図や下図は現存しない。唯一正保国絵図と思われるものが岡崎市美術博物館蔵の「三河国正保国絵図」（図1）である。一見正保図とは違う印象を持つ。実際、幕府の仕様と一致しない点は、①郡界線は黒色の線だが、村形の色分けがされていない。②村形が丸型で海岸部は海岸線で半分に割られた楕円型。③村形の内に村名、外に村高を記す。④所領区分は西尾、岡崎、吉田の各藩領を○、△、⊕で示すのみ。⑤村高は斗以下の単位も記す。⑥街道は赤線だが、東海道は二重線、⑦郡付に村数あり、⑧一里塚なし、⑨海路なし、⑩国境の記載なし、⑪隣国色分けなし、⑫方角なし、⑬縮尺が3寸1里ほど、などである。ただし、河川流路は元禄国絵図とは違い、それより古い時期のものであるだけでなく、貼紙書きがあり、郡ごとの石高、一国の石高、村数などを記している。そのため、この図は正保図の一種で、完成よりかなり前の段階の下図あるいはその写図と思われる。貼紙書きの末には「此絵図村名并高付相違之所有之、一国郡之帳面ニ引合端高迄之、雖然猶書誤等可有之」とある。

三河国は、尾張を除く上方から江戸にかけての国々の例にもれず、江戸時代を通じ大名領、旗本領、幕府直轄領、寺社領が混在していた。そのため、正保国絵図の絵図元は岡崎藩の水野監物忠善、吉田藩の小笠原壱岐守忠知、刈谷藩の松平主殿守忠房、三河代官の鈴木八右衛門隆政、鳥山牛之助精明と、3大名、2代官の5者が担当した。このうち、3大名は前図の特徴の④であげた所領区分のある大名と一致する。

〔元禄国絵図〕　元禄国絵図の絵図元は、正保期から吉田藩と2代官が抜け、岡崎藩水野家と西尾藩土井家となった。献上図に近い控図として、愛知県図書館蔵の「元禄十四年三河国絵図」（図2）が現存している。同図書館蔵の元禄尾張図が作成大名の名がないのとは違い、この図には「水野監物・土井式部少輔」の名が記されている。前の正保図に比べると、河川流路や道筋などに変更がある。岡崎藩水野家の記録「丕揚録」によると、元禄14（1701）年2月12日に三河国郷帳とともに国絵図を献上している。

ほかに元禄図として刈谷頌和会蔵の「三河国絵図」（図3）をあげることができる。この図は村形や隣国などは前図より薄い色を使っているが、そのほかは幕府の仕様と一致している。絵図元の西尾藩主土井式部少輔利意の2代あとの利信のとき、土井家が刈谷に転封となったので、この図が刈谷に伝来していたのであろう。

元禄の三河国絵図を特徴づけるのは隣国との境縁図が比較的多く残っていることである。すべて、国境確定中の作業図ではなく、確定してから両国が取り交わした図である。まず尾張との国境については、尾張藩が岡崎藩と西尾藩に提出したもの及びその写、岡崎藩と西尾藩から尾張藩に提出されたものの計3枚が現存している。このように、同一国境について両国分残っているのは貴重である。美濃との国境については、美濃国の絵図元大垣藩主戸田采女正の家臣宮川武大輔と加納藩主松平丹波守の家臣河原吉兵衛が、岡崎藩士の松野尾左次兵衛・落合武左衛門と、西尾藩士の伊藤源大夫・内田五右衛門に提出した境縁図（元禄14年7月付）が残っている（図4）。同じく、遠江との国境についても、浜松藩主青山下野守の家臣服部半右衛門、須田角之丞が三河側に提出した境縁図（元禄14年6月付）が残っている（図5）。

愛知県図書館には信濃国との国境縁絵図は残っていないので、それだけは失われたと考えられていた。ところが、平成11年（1999）の『東京古典会目録』に、入札の対象品としてそれが掲載されていた。目録では絵図の一部しか載っていなかったので、筆者は古典会の会場まで足を運び、現物を実見した。たしかに信濃国松本藩から三河国岡崎藩・西尾藩に出された境縁図であったが、愛知県図書館はじめ、愛知県内の主な機関は落札・入手しなかったと聞いている。この絵図についての情報をお持ちの方は、研究会にご教示いただきたい。

〔天保国絵図〕　国立公文書館に献上図及び郷帳が現存している。

（種田祐司）

【参考文献】
愛知県編2003『新編愛知県史資料編18』／刈谷市教育委員会編2000『戦国・江戸時代のかりや展図録』

【図1】「三河国正保国絵図」 岡崎市美術博物館蔵、183×178
一見正保図とは違う印象を持つ。村形の色分けがされていない、村形が丸型で、村形の外に村高を記す、所領区分は西尾、岡崎、吉田の各藩領のみを示すのみ、村高は斗以下の単位も記す、東海道は二重線、一里塚・海路・国境の記載・隣国色分・方角などがない。それらに加え縮尺が3寸1里ほどで幕府の仕様に著しく反している。ただし、河川流路は元禄期より古い時期のものでり、畳紙書きが郡ごとの石高などを記していることから、この図はやはり正保図で、完成よりかなり前の段階の下図、あるいはその写図と思われる。

【図2】「元禄十四年三河国絵図」愛知県図書館蔵、003、441×370
愛知県図書館蔵の元禄尾張図に作成大名の名がないのとは違い、この図には「水野監物・土井式部少輔」の名が記されている。岡崎藩水野家の記録「丕揚録」によると、元禄14（1701）年2月12日に三河国郷帳とともに国絵図を献上している。

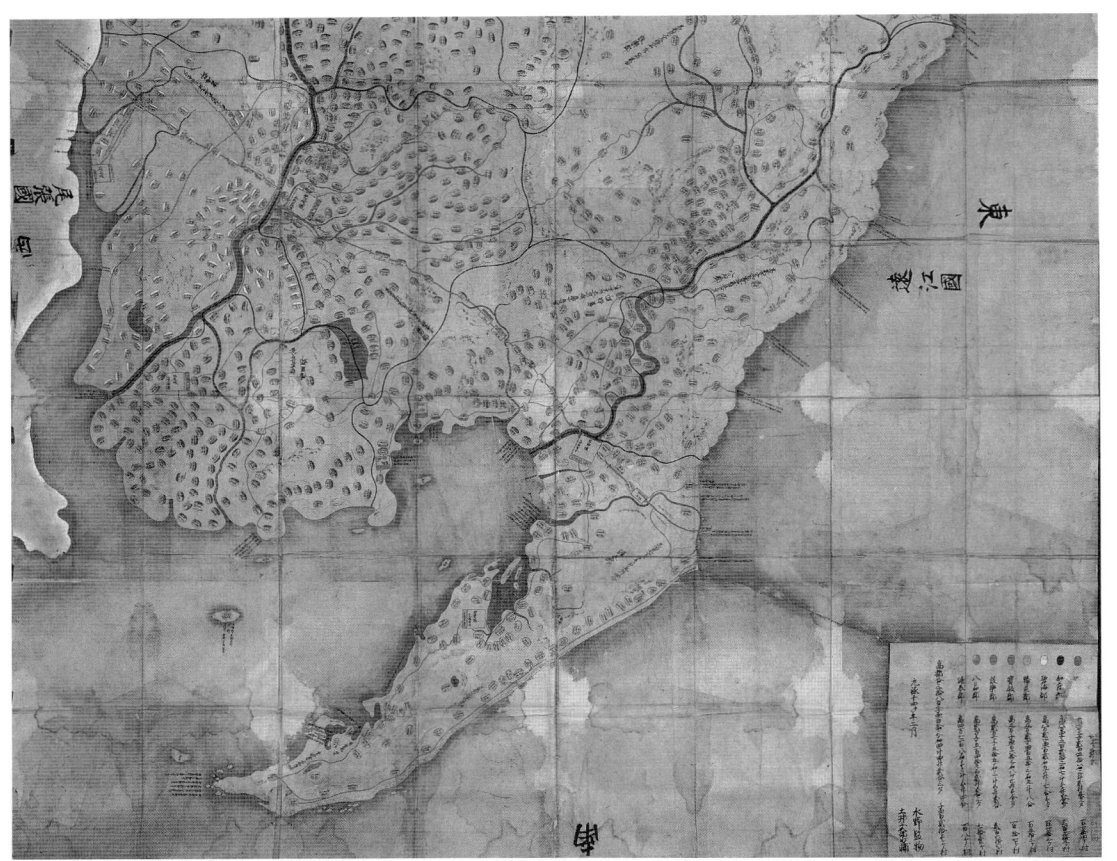

【図3】「三河国絵図」刈谷頌和会蔵、刈谷市教育委員会寄託・写真提供、397×337

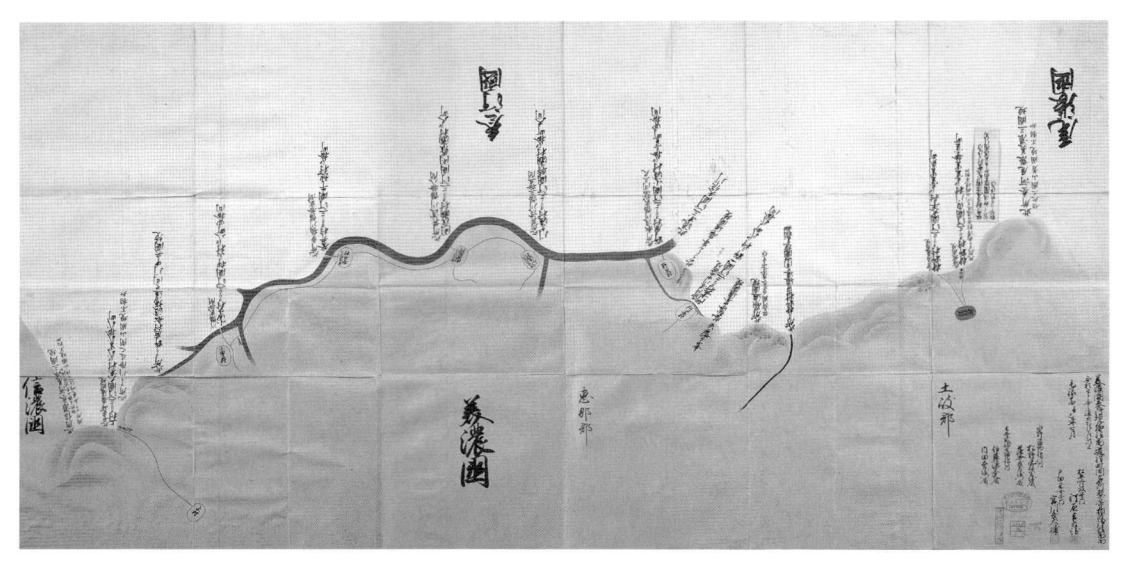

【図4】「美濃国堺縁絵図」愛知県図書館蔵、89×176

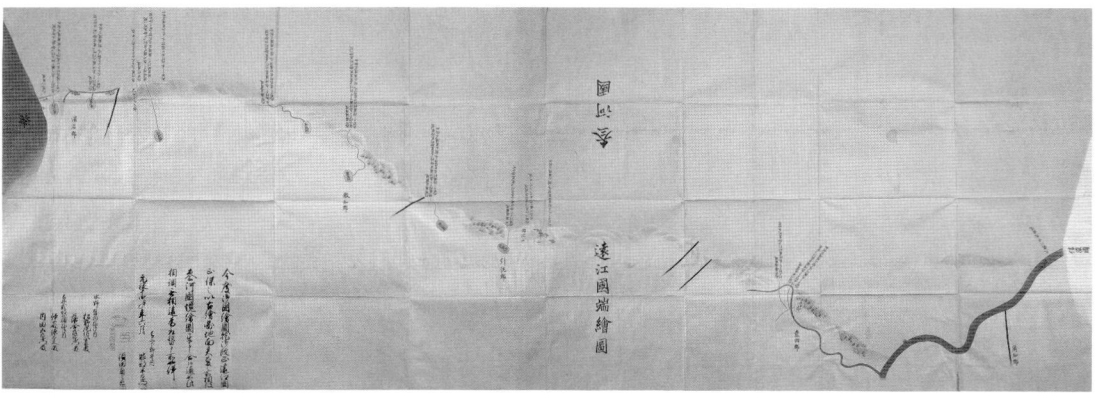

【図5】「遠江国堺縁絵図」愛知県図書館蔵、103×288

遠江国

浜松城主青山家に伝わる正保図

遠江国絵図の悉皆調査は行われていないため、ここでは主に『静岡県史』の研究に依拠しつつ、管見の絵図に限って関係資料に触れながら概略する。なお、慶長期の国絵図・郷帳は知られておらず、現存する清絵図は天保図のみである。

〔正保国絵図〕　正保国絵図と郷帳の作成は、横須賀城主井上正利、浜松城主太田資宗、掛川城主松平忠晴、代官松平親茂に命じられた。しかし、正保2（1645）年に井上正利が転封となり、井上正利に替わり横須賀城主となった本多利長が絵図元に任ぜられた。管見では、正保図の写図が3点現存している。

1点は兵庫県篠山市教育委員会（青山歴史村）蔵「遠江国絵図」（「篠山藩（青山家）史料目録」番号2688）である。元禄図調製時の浜松城主青山氏の旧蔵本であることから、この絵図は元禄図作成時における正保図の写図と考えられる。残念ながら絵図の周囲は断簡となっており、サイズの計測ができないが、おおよそ10畳の大きさである。絵図の特徴は1.8m四方のメッシュが全面に墨引きされている点にあり、正保図を正確に模写しようとした意図がうかがわれる。

図1は遠江国12郡の郡別石高、図2は領分記載の部分図である。遠江国12郡の石高は榛原郡3万5481石6斗5升2合、城東郡5万8243石4斗8合、佐野郡2万6327石8斗6升4合、周知郡1万8847石6升4合、山名郡3万2252石5斗6升、磐田郡934石2斗6升、豊田郡3万5086石8升6合、長上郡2万2670石7斗2升、麁玉郡1400石7斗4升5合、引佐郡1万2417石3斗8升4合、敷知郡3万6296石9斗7升3合、浜名郡776石8斗1合、惣合28万733石3石4斗9升と記載されている。領分記載は幕府領10万2384石3斗4合、太田備中守3万4991石2斗5升、松平伊賀守3万石、本多越前守5万石のほか、6600石から500石までの領主20名が列記されている。

図3は、浜松城周辺における敷知郡と長上郡の郡境の部分である。メッシュが引かれていることが明瞭であろう。小判型の村形には村名、石までの村高、いろはに所領区分が記され、正保図の様式が整っている。図5の天保図と比較すると、浜松城下の郷分地として形成された新町、板屋町、田町が図3には描かれていない。図4は、見付町（見附町あるいは見附宿、現在の磐田市）を描いた部分である。磐田郡は古代から見られる郡名であるが、江戸時代には見付町のみで一つの郡となる特殊な例である。絵図には磐田郡934石2斗6升と記され、その石以下を切り捨てた石高が見付町の石高となっている。元禄郷帳に記された見付町の石高は1042石であり、正保から元禄にかけて石高が若干増加した。

青山歴史村蔵「遠江国絵図」は帳箱に収納されており、箱書きには「遠江国御絵図壱枚同郷村帳弐冊」と記されている。この郷村帳は正保郷帳の写と思われ、「遠江国江村高帳」上・下として『静岡県史資料編9近世1』付録に収載された。青山家文書は3200点ほどが整理されているが、まだ未整理分が残されており、今後元禄

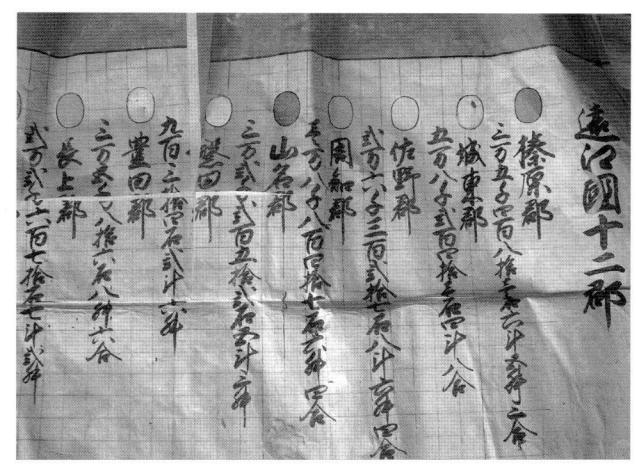

【図1】「正保遠江国絵図」の郡別記載、篠山市青山歴史村蔵

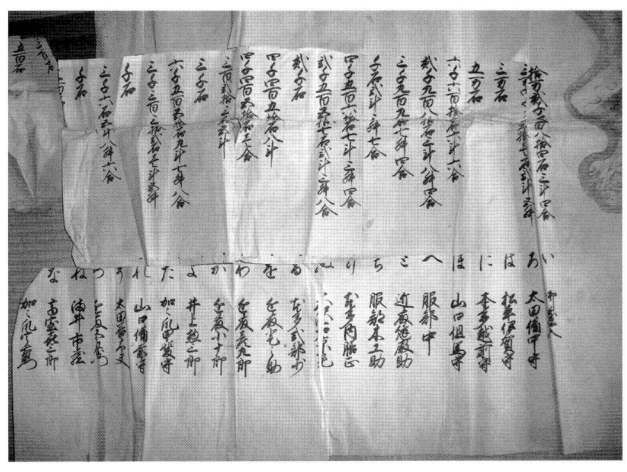

【図2】「正保遠江国絵図」の領分記載、篠山市青山歴史村蔵

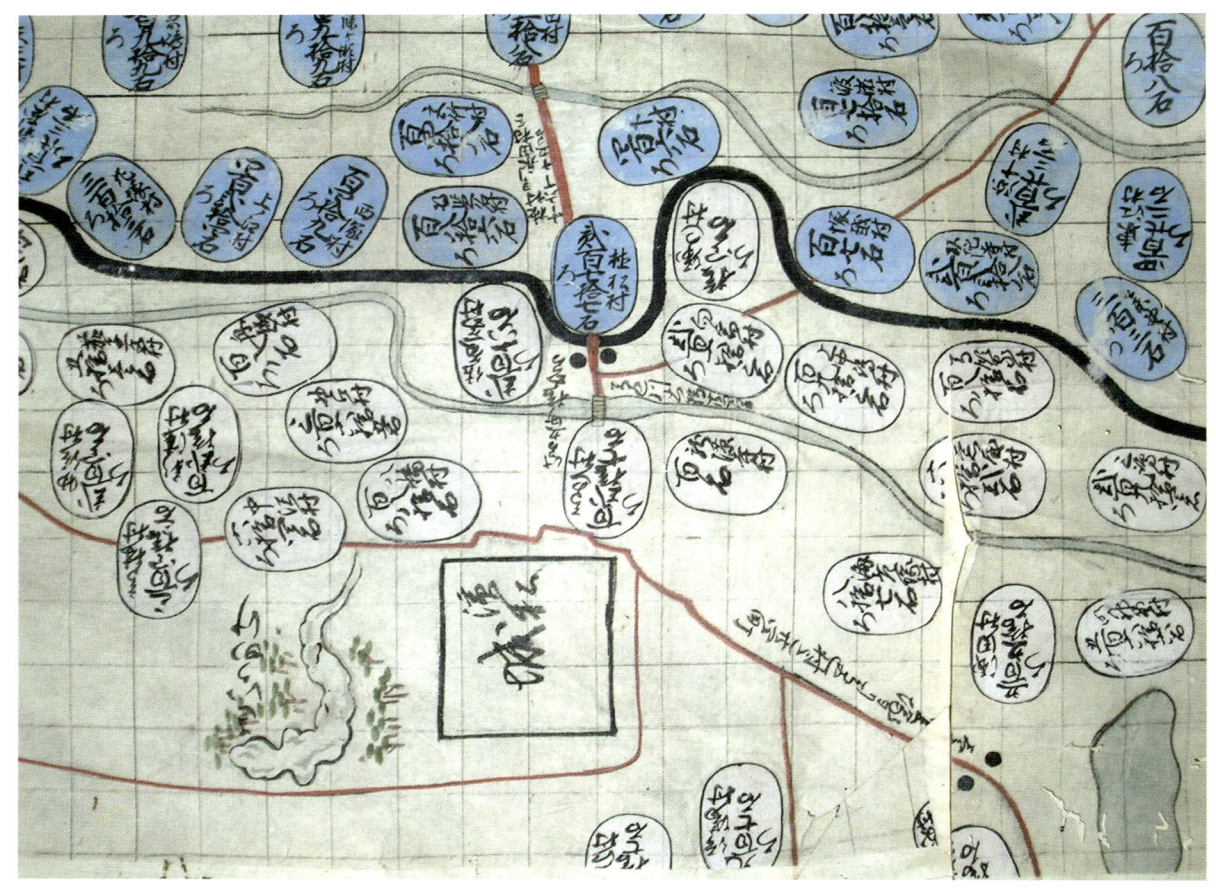

【図3】「正保遠江国絵図」　国絵図に描かれた浜松城付近、篠山市青山歴史村蔵、2688

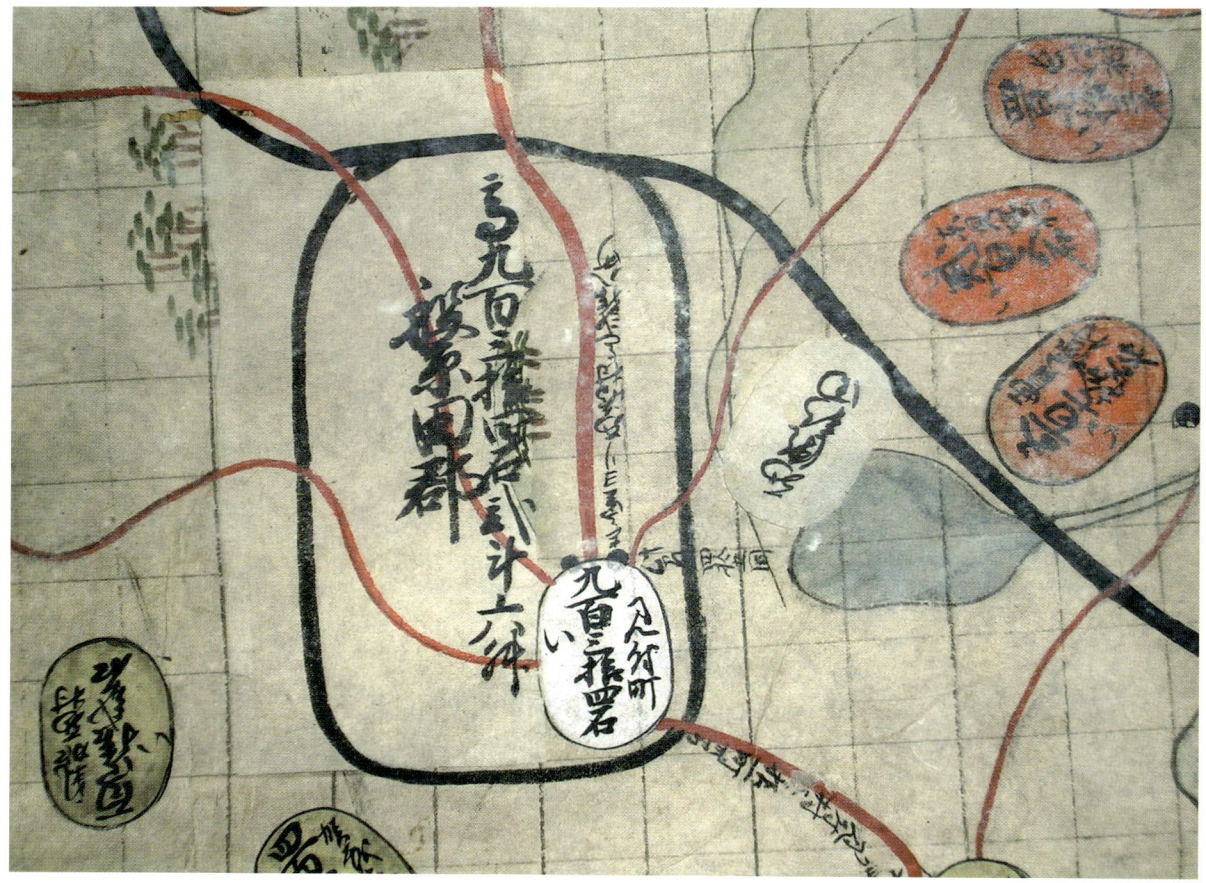

【図4】「正保遠江国絵図」　正保遠江国絵図に描かれた見付町、篠山市青山歴史村蔵、2688

【図5】「天保遠江国絵図」に描かれた浜松城と浜名湖（部分）、国立公文書館蔵、特83-1、394×392

遠江国

図やその関連文書が見出される可能性がある。

他の2点は、美濃国岩村藩において享保頃（1716〜1736）に写し取られ、最後の藩主松平乗命が明治6年に政府の要請によって献納した正保図の写本と、昌平坂学問所旧蔵の写本と思われる正保図である。いずれも国立公文書館に所蔵されている。

松平乗命本は157.5×186cm、樹木の葉の彩色に緑青が使用されていることからも丁寧に作成しようとした意思がみてとれる。注目される絵図上の表現は、天竜川・大井川河口部の蛇行と国郡境の表現、また東海道に御殿が墨書きされている点、三方ヶ原を味方ヶ原と表記して2種類の樹木が表現されている点、浜松城、横須賀城、掛川城、ほか古城が2つ描かれている点などがあげられる。また、横須賀城周辺の城東郡の14か村の村名が記載されておらず、この絵図が模写された理由を考察するうえでは重要なポイントとなろう。

昌平坂学問所旧蔵本は、「編脩地志備用典籍」、「慶応乙丑」、「浅草文庫」の押印がある。絵図の大きさは176.5×201cm、松平乗命本と同じく、北西に石高目録が記されている。この絵図の注目すべき表現は、東海道の金谷町―菊川町―掛川―袋井―見付の5つの宿のみ白く塗られた長方形上に宿名を記載している点である。また、松平乗命本には表現されていないが、横須賀城の北西に「高天神古城」と、城同様に赤四角で表現されている。これらの点も、写本作成の目的を検討するうえで重要であろう。

幕府献上の清絵図について、享保期の「新古之絵図道法改候儀ニ付申上候書付」（『好書故事』及び『竹橋余筆別集』）に、正保図では縮尺の統一基準が6寸1里と示されたが、遠江国は7寸1里の縮尺で絵図を作成したため、「正保国絵図之道法一里之寸法過半之違有之分」と記されている（『静岡県史通史編3近世1』）。現存する3点の正保図の写本について、この縮尺を検討することが必要であろう。

〔元禄国絵図〕　元禄図は浜松城主青山忠重、横須賀城主西尾忠成の2人が絵図元に任ぜられた。青山忠重は元禄15（1702）年9月に丹波国亀山に転封となったが、そのまま絵図の調進を行ったといわれる。元禄図作成にあたっては国境の厳正な記載が求められたため、各地で争論が頻発している。遠江国でも駿河国との国境である大寸又をめぐり、元禄13年に争論が再発した。この争論は最終的に幕府評定所の裁定までもつれ込み、15年12月4日、正保図に従い、遠江国千頭村の主張どおりに関之沢を国境とする採決が下った（『静岡県史資料編10近世2』所収、第2節「国境相論」参照）。しかし、この点を確認する元禄図は見出されていない。なお、元禄郷帳は国立公文書館に所蔵されており、国立史料館所蔵の諸国郷帳とともに、『静岡県史資料編9近世1』の付録として収載された。

〔天保国絵図〕　図5の天保遠江国絵図は国立公文書館所蔵本であり、勘定所旧蔵の清絵図である。寸法は394×392cmで、国の重要文化財、国立公文書館のインターネット上の高精細画像で閲覧することができる。

目録記載の郡数は正保図・元禄図同様に12郡である。浜名湖ならびに浜松城周辺の表現は詳細に描かれ、正保図と比較すると現実を反映したものと考えられる。駿河国との国境は大井川の中央に墨線が引かれているが、河口部では左岸の三角州に墨線が引かれている。また、天竜川の河道変遷により郡界線が入り乱れている点が注目される。なお、天保郷帳は『内閣文庫所蔵史籍叢刊』に影印本が掲載されている。

このほか、遠江国絵図は東北大学附属図書館狩野文庫所蔵本や伊能忠敬記念館所蔵本などがある。狩野文庫本は長方形で村形が描かれ、村高の記載はない。絵図のほぼ中央に天竜川が描かれ、駿河国との国境に大井川が描かれている。目録に記載されている石高と村数は、元禄郷帳に一致する。「和漢三才図会曰」云々との文言も見られることから、後世の考証図ではないかと思われる。

遠江国絵図の各時代を通しての注目すべきポイントは駿河国との国境、大井川、天竜川の下流部における流路変更、御殿ならびに東海道とその宿の表記という交通路であろう。本稿では触れなかったが、京都府立総合資料館などにも遠江国絵図が現存しており、いずれにしても遠江国絵図の悉皆調査を行ったうえでの調査・研究の進展が待たれる。

（小野寺淳・尾﨑久美子）

【参考文献】
静岡県1992『静岡県史資料編9近世1』／静岡県1993『静岡県史資料編10近世2』（P.187〜193）／静岡県1996『静岡県史通史編3近世1』（P.564〜565、595）／福井保1978「内閣文庫所蔵の国絵図について（続）」（『北の丸』10）

駿河国
富士山と大井川の争論をめぐって

　近年、新たにいくつかの駿河国絵図が見い出されている。ここでは関係資料に触れながら、それらの絵図を紹介していく。なお、慶長期の国絵図・郷帳（ごうちょう）の作成は西国のみとする説もあり、慶長駿河国絵図の現存は確認できない。

〔正保国絵図〕　駿河国の正保図は『好書故事』や『御当家雑記三』の記載から田中城主北条氏重、駿府町奉行落合道次・神保重利、代官一色直為を絵図元として作成されたという。清絵図（きよえず）の現存は確認されていないが、美濃国岩村藩において享保頃（1716～36）に調製され、最後の藩主松平乗命（のりとし）より明治6年政府の要請によって献納された写本が国立公文書館に所蔵されている。

　松平本の法量は117×220cmである。国郡高の記載はないが、村数の合計が正保郷帳の村数と一致するため、正保図と推定されている。注目される表現としては、町場の表現が単なる四角ではなく、町の範囲に合わせた表現になっていること、志太郡の大井川上流に遠江国の飛地（村形は記載なし）が記されている点などであろう。なお、駿河国の正保郷帳の写本は知られていない。

〔元禄国絵図〕　元禄図は田中城主太田資直と遠江掛川城主井伊直朝の2人が絵図元に任命された。国絵図が幕府に献上されたのは、元禄15（1702）年12月とされている。幕府に提出された清絵図は残されていないが、献上図の控と思われる元禄駿河国絵図が明治大学図書館蘆田文庫に所蔵されている。『蘆田文庫目録古地図編』によれば、この「駿河国　新」はもともと田中城主太田家が所蔵していたものであり、蘆田伊人（これと）が大正12（1923）年末に元禄日本図とともに東京の古書店清水源泉堂で購入したという。絵図は保存の都合から2分割（390.5×262.8cm、387.7×194.6cm）に仕立てられたが、本来は1枚の絵図であった。目録の部分や一部に破損が見られるものの、保存状態は良好である。厚手の美濃紙に極彩色で描かれており、元禄図の内容・様式を整えている（図2）。

　表現上の特色としては、社寺などの建築物がきわめて精緻に描かれている点、富士山は白山の表現ではなく、その麓には見事な樹海が描かれ、樹木も数種類に描き分けられている点であろう。駿河国と甲斐国の国境（くにざかい）である富士山は、その裾野の森林資源をめぐって争論が起こり、正保図の国境を踏襲する裁決が幕府評定所より元禄15年12月に下った。この点も、元禄図における富士山の表現に反映したかもしれない。

【図1】富士山頂の表現　明治大学図書館蘆田文庫蔵「駿河国　新」より

　さらに、この絵図には後筆と思われる書き込みが見られる。代官所領（幕領）とその相給村落の村形に、代官所領の石高を朱筆で記した貼紙があったらしく、それが剥離したために、絵図上に黒丸と朱筆でじかに書き込みを行ったものと考えられる。

　絵図に記載された代官は「小林又左衛門」である。彼は駿府代官として、正徳4（1714）年から享保11（1726）年7月までの約12年間にわたり在任した。このことから元禄図献上後に、駿府代官の交替に伴い、元禄

【図2】「元禄駿河国絵図」(「駿河国 新」) 明治大学図書館蘆田文庫蔵、54-35、390.5 × 262.8 + 387.7 × 194.6

【図3】「駿州国絵図」 臼杵市立臼杵図書館稲葉家文書蔵、②-187、108×241

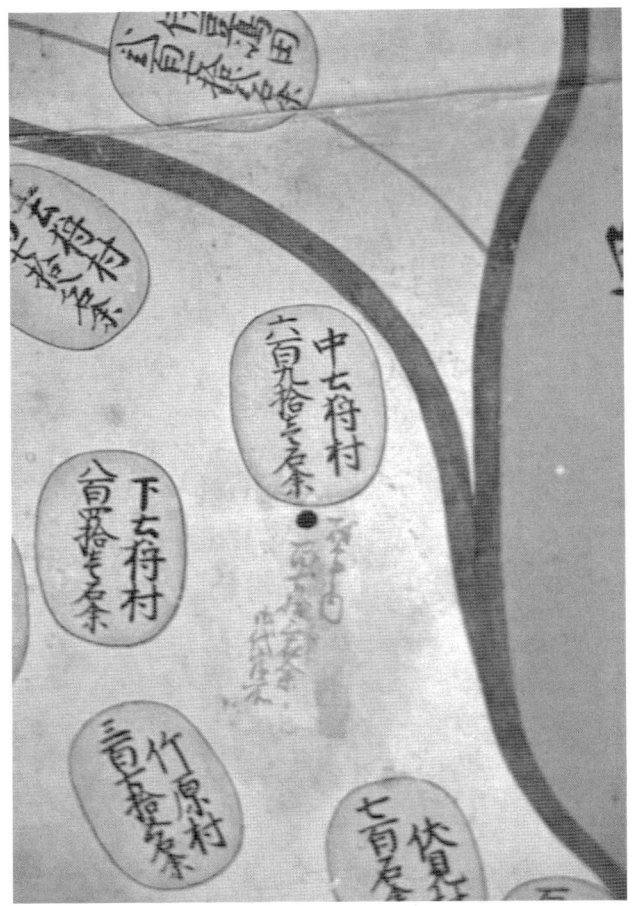

【図4】代官領の村の黒丸と朱筆　明治大学図書館蔵「駿河国　新」より部分

図の控図である本図に代官領の村々を点検した貼紙をしたのではないかと推測される。

　元禄図作成では国境の厳正な記載が求められたため、各地で争論が頻発している。駿河国においても、前述の甲斐国との争論のほか、大井川上流では駿河国井川村と遠江国千頭村の争論があり、こちらも元禄15年12月に正保国絵図に従う裁許が評定書より下された

〔天保国絵図〕　天保図は紅葉山(もみじやま)文庫旧蔵本と勘定所本の2系統が国立公文書館に残されている。法量は445×385cm、445×386cmとほぼ同じ大きさである（縮小複製本が『静岡県史通史編4近世2』附録に所収）。最近では、国立公文書館のインターネット高精細画像で閲覧することができる。なお、インターネット上で公開されている紅葉山文庫所蔵と思われる天保図は貼紙が各所に見られる。

　元禄図からの変化としては、富士山の噴火によってできた宝永山が新たに描かれ、伊豆国との隣接する海際(うみぎわ)の輪郭や小島の有無といった相違があげられる。

　天保郷帳は国立公文書館に所蔵されており、『内閣文庫所蔵史籍叢刊』の影印本とともに、『静岡県史資料編9近世1』付録を参照されたい。

　この他、国立公文書館と臼杵市立臼杵図書館稲葉家文書に駿河国絵図が現存する。

　国立公文書館所蔵の「駿河国絵図」は、弘化3（1846）年に献納された幕臣中川忠英(ただてる)旧蔵本（請求番号176-0286）と、駿河国絵図写本（請求番号177-0576）である。中川本はもともと2分割で作成されていたらしく、今では久能山付近より東側の半分を欠き、石高の記載がない。駿河国絵図写本は描写の粗い麁絵図(あらえず)であり、法量130×264、村高の記載もない。

〔稲葉家本〕　臼杵市立臼杵図書館稲葉家文書には同じ図柄の3点の「駿州国絵図」がある（整理番号①-58、②-39、②-187）。村を郡ごとに色分けした丸で描き、丸の外に村名と石高を記している（図3）。上原秀明は寛永国絵図に類似と指摘している。村高はおおむね升の単位まで書かれており、「新」と記して新田高を併記している村も見られるが、村高を記載しない村も見られる。富士山や三穂（三保）松原付近における郡界線は、蘆田文庫の元禄図控図や江戸幕府撰天保図とは異なっている。また府中を絵図の中心として描き、江尻古城や田中城を府中よりも一回り小さく表現しているほか、三島の御殿を描いている。さらに東海道の宿場の中で、藤枝宿のみ白塗りの長方形の上に「白子町藤枝」と記しており、この絵図の作成目的を考えるうえでは重要な表現ではないかと思われる。なお、村高は元禄郷帳や天保郷帳の高と一致しない。

　各時代を通しての駿河国絵図の見所は、遠江国との国境であり争論の起こった大井川上流、甲斐国との国境で争論の係争地となった富士山麓、噴火後できた宝永山が描かれる富士山、三保の松原を分断する郡界線、町の範囲に合わせて描かれた町場などがあげられる。いずれにしても絵図の悉皆調査を行ったうえでの調査研究の進展が待たれる。

（小野寺淳・尾﨑久美子）

【参考文献】
蘆田文庫編纂委員会 2004『蘆田文庫目録古地図編』（明治大学人文科学研究所）／静岡県 1996『静岡県史通史編3近世1』（静岡県、563～565、594～595、839～841）／静岡県 1992『静岡県史資料編9近世1』（静岡県、313～319）／静岡県 1993『静岡県史資料編10近世2』（静岡県。ここでは取り上げなかったが、天保6年「駿河国絵図」個人蔵を所収）／福井保 1978「内閣文庫所蔵の国絵図について（続）」（『北の丸』10）／上原秀明 2005「諸国国絵図」（『臼杵市所蔵絵図資料群調査報告書』臼杵市教育委員会、51～69）

甲斐国

富士を冠する各種国絵図

　江戸幕府撰の国絵図のうち、正保国絵図と推定される写絵図が国立公文書館に、元禄15（1702）年の元禄国絵図の控が大和郡山市の財団法人柳沢文庫に残されている。ここでは地域における国絵図の作成の観点から、山梨県立博物館の「甲州文庫」、「若尾資料」他に納められている十数点の国絵図を年代順に示したうえで、主要な数点について概説を試みたい。

〔元文の国絵図〕　山梨県立博物館所蔵の国絵図の初出は元文5（1740）年の「甲斐国四郡絵図」（118×108cm）、市川大門村白楮軒開板であるが、図の肩書きに「山梨県南巨摩郡西島村役場蔵」とありその筆跡が図中の文字と同じであることから、後世（大正初期）の写であることが分かる。簡素な略図風の形式であるが、その記載方式、記載内容について、後出の国絵図と共通する部分が多いので次の5項目に分けて説明しておきたい。

　①山と川：山に囲まれた甲斐の国ならではの特色として、国境となる東西南北すべてに、図の中央部から見た山々が描かれている。そのなかでもひときわ大きく秀麗に聳えているのが富士山である。まさに甲斐の国絵図は富士山あっての国絵図といえよう。川の主役は富士川で大小の支流を集めて南流する様子が明瞭である。

　②村と領域：享保9（1724）年から明治元（1868）年まで甲斐国一円が天領となり、甲府は勤番支配、村方は代官支配となった。甲斐国内の地域は巨摩、山梨、八代、都留の4郡からなっているが、近世を通じ、9筋（万力・栗原・大石和・小石和・中郡・北山・逸見・武川・西郡）2領（東河内領・西河内領）という甲斐独自の地域区分が併用されていた。本図においては4郡別に村が色分けされて記されている。

　③道と宿駅：道路は甲府の御城を中心に放射線状に延びているのを特色とし、通過する村（丸で囲んで表記）の中にあって宿駅が四角で囲まれて示されている。他国に通じる国境や街道沿いのチェックポイント（鰍沢や黒沢など）には関所マークがあり随所に府中（甲府）からの距離が記されている。

　④神社と仏閣：神社の情報としては八代郡上野村東に鳥居の絵が描かれているのみで、仏閣についても身延山と善光寺他2寺が示されているにすぎない。

　⑤その他：金山のマークが8か所あり、また1か所であるが「奈良田の湯」と温泉地が示してあるのが目に付く。共に信玄の隠し金山（元文絵図にのみ記載）、隠し湯が絵図で表に出ている点は興味深い（図5）。以下、元文絵図と共通する部分の説明は簡略し各絵図の特色に焦点をあてて述べたい。

〔宝暦の国絵図〕　宝暦国絵図には6（1756）年と8年の2葉があり、前者は作者不詳であるが版木図の初出で2色刷り（道路のみ薄赤色）である。郡の他に筋・領名の記載も初出である。4郡別の村落マークが丸（山梨郡）、四角（八代郡）、将棋型（巨摩郡）、紡錘型（都留郡）で識別されている。村落名がカタカナ表記を主としているのもこの図の特色となっている（図6）。後者は藤氏直興の筆で、郡別の村数と石高が記載されている。道路が朱筆で明瞭に示され、随所に主要集落からの距離が書かれ、関所の位置が詳細に描かれている（図7）。

〔寛政の国絵図〕　寛政11（1799）年の「甲斐四郡国絵図並村々高附」（175×140cm）は、山梨郡国府村の若杉周斎作で、宝暦6年図を基にしたものであるが、府中に「甲府御城」と城下町割りが朱書きで加わり、村名が漢字表記になるとともに村高が併記されているのが特色となっている（図8）。余白に山梨、八代、巨摩3郡の寺社477か所（合計3477石2斗9升5合）、内51社寺については個別に石高記載が載せられている。

〔文化の国絵図〕　文化9（1812）年の「甲斐国絵図」（112×132cm）は「御代官矢橋松次郎方から貰申候もの」を小林貞助が写した図で、山梨郡全域が黄色、八代郡全域が赤色で塗り分けられ、富士山が秀麗に描かれ、富士八湖を読んだ和歌が載せられている。その全体図は図1のとおりである。この絵図においてはじめて「橋」の記載がなされたが、それは郡内の桂川とその支流に限られ、国中の富士川水系には見うけられなかった。富士川本流に流れ込む大小の河川・沢の名前入り記載は他の国絵図には見られないほど豊富である。

　甲斐には、村里・山川・古跡・神社・仏閣などを総合的に記した地誌『甲斐国志』（文化11年完成）があり、その付図が残されている。単色版画で凡例はないが、全国絵図の

【図1】「甲斐国絵図」（文化9年） 山梨県立博物館蔵、甲 092.9 - 11、112 × 132
山梨郡全域が黄色、八代郡全域が赤色で塗り分けられ、富士山が秀麗に描かれ、富士八湖を詠んだ和歌が載せられている。富士川本流に流れ込む大小の河川・沢の名前入り記載は他の国絵図には見られないほど豊富である。

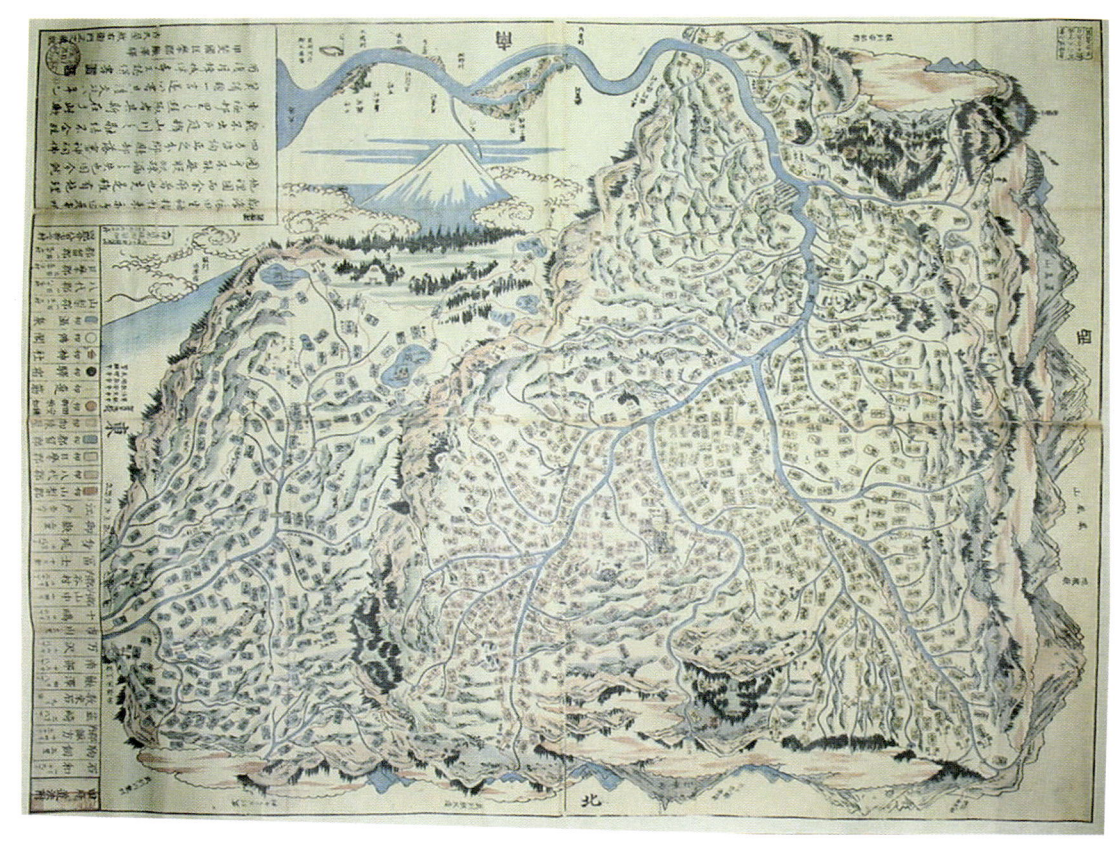

【図2】「掌中甲斐国絵図」（文政8年） 山梨県立博物館蔵、甲 092.9 - 2・220 - 5、93 × 70
図面南西余白に青柳城山書、石川盆守画、熊本吉長刀の作者名が入れてある。それと並んで「不許売買」とあることから、版画版故に相当の普及が見込まれたとはいえ、その一方で地図情報の機密保持には細心の注意が払われていたことがうかがえる。

【図3】「掌中甲斐国絵図」（嘉永2年）　山梨県立博物館蔵、甲092.9-28-1、53×48
文政、天保の国絵図の携帯版が嘉永の「掌中甲斐国絵図」である。嘉永2（1849）年に「掌中甲斐国絵図」（48×53cm）が井筒屋豊兵衛刊で携帯用に出された。本図は文久3（1863）年版である。

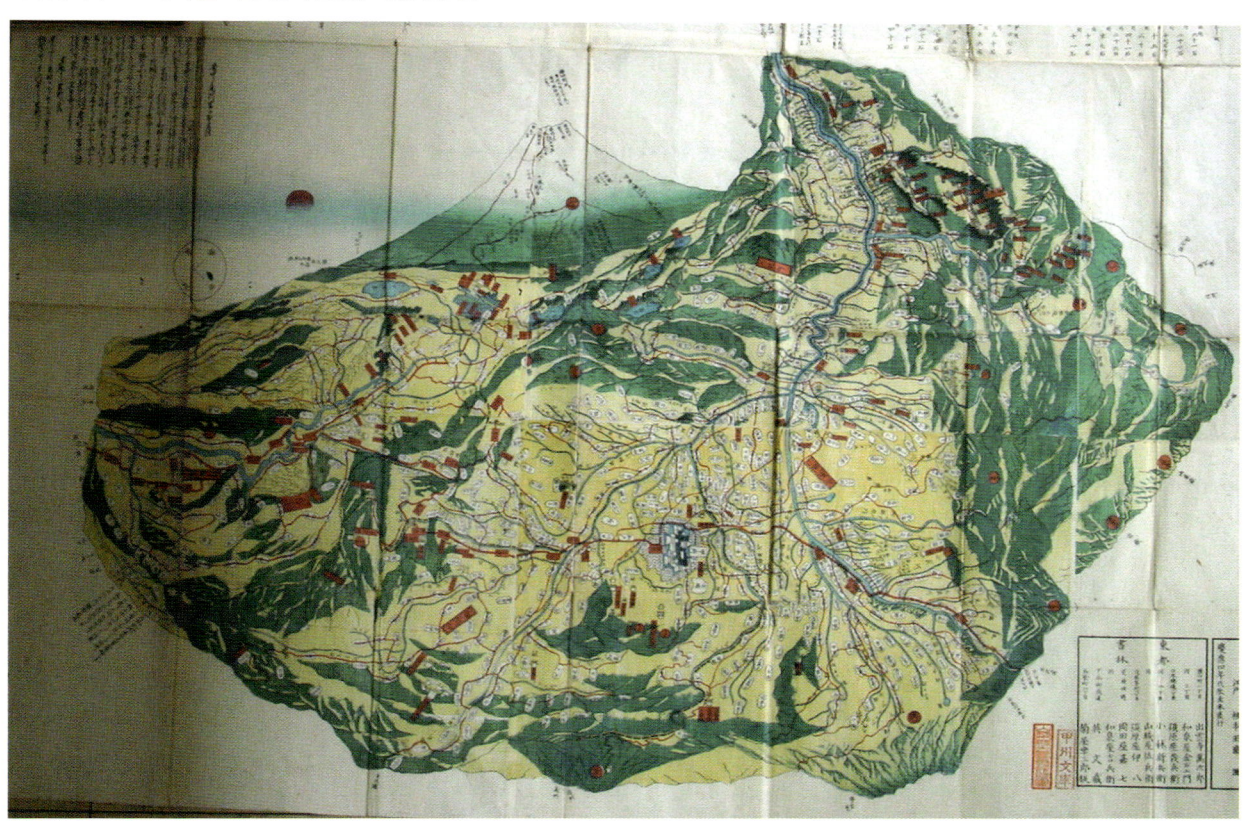

【図4】「甲斐国全図」（慶応4年。貼り紙部分は一部削除）　山梨県立博物館蔵、甲092.9-9、95×123
江戸の版元名が出てくることによって、甲斐の国絵図は甲斐国内から全国区へとさらに大衆化したといえよう。山岳部を緑、平野部を黄で彩色し、郡名、陣屋、古城、宿駅、及び身延山の数多くのお堂が赤マークで示されている。なかでもひときわ目立つのがご来光の瞬間を捉えた富士山で、絵図全体が富士山の懐に抱かれたように作成されている。

中で府中城下の町割りが一番はっきりと描かれている。

〔文政・天保・嘉永の国絵図〕 文政8（1825）年に「甲斐国絵図」（92×69cm）、「掌中甲斐国絵図」（93×70cm）（図2）、同13年に「新板色摺甲斐国絵図」（90×73cm）があり前者が鰍沢の村田屋武兵衛で、後2者が同じく鰍沢の古久屋紋右衛門が蔵板者となっている。内容はいずれも同じで、図面南西余白に青柳城山書、石川盆守画、熊本吉長刀の作者名が入れてある。それと並んで「不許売買」とあることから、版画版故に相当の普及が見込まれたとはいえ、その一方で地図情報の機密保持には細心の注意が払われていたことがうかがえる。交通路情報として図面東部余白に「甲府ヨリ道法附」として甲斐国内主要宿駅、身延山、御嶽および江戸までの里丁数が載せられ、図中には関所はもとより峠名、坂名、土地状況（御勅使川扇央部に「ハラ」とある）が示されている。また、河川においては桂川に加えて富士川上流部、支流にも橋が架けられ、その一方で中流部は「トセン（渡船）」であったことが分かる。富士川水運は慶長年間に徳川家康の命を受けた角倉了以によって開かれ、当時、年貢米（廻米）は鰍沢・青柳（増穂町）・黒沢（市川大門）の3河岸から江戸へ輸送されていた。本絵図には3河岸の米倉および終点の岩淵（静岡県富士川町）に御米揚場が図示されている。天保13（1842）年に「懐宝甲斐国絵図」（69×93cm）と題する絵図が4葉残されており、蔵板元が異なるものの、絵図のサイズ、内容は全く同じで、文政の国絵図を模したものである。文政、天保の国絵図の携帯版が嘉永2（1849）年の「掌中甲斐国絵図」（48×53cm）である。文久3（1863）年の再版本もある（藤屋伝右衛門蔵板、図2）。19世紀前期のこの時代は、文政年間の不許可売買の時代から20年もたたないうちに携帯普及版が出るくらい地図が大衆化した時代であったといえよう。

〔慶応の国絵図〕 江戸時代最後の国絵図は、慶応4（1868）年の「甲斐国全図」（95×123cm）で水戸鶴峯彦一郎作、江戸橋本玉蘭図、東都書林横山町一丁目出雲寺万次郎外9名で発売したものである（図4）。江戸の版元名が出てくることによって、甲斐の国絵図は甲斐国内から全国区へとさらに大衆化したといえよう。山岳部を緑、平野部を黄で彩色し、郡名、陣屋、古城、宿駅、及び身延山の数多くのお堂が赤マークで示されている。なかでもひときわ目立つのがご来光の瞬間を捉えた富士山で、絵図全体が富士山の懐に抱かれたように作成されている。

以上、18世紀後半以降の国絵図を概観したが、多種多様な絵図が残されており、それらの絵図情報を深く読み取ることによって、さらには『甲斐国志』や『甲斐叢記』などの地誌、名所図会と併用することによって、今後の絵図史研究、景観研究、村落研究などに資することになろう。

（溝口常俊）

【参考文献】
磯貝正義 1970「文政十三年 甲斐国絵図」（山梨県立図書館）／平凡社地方資料センター編 1995『山梨県の地名』（平凡社）

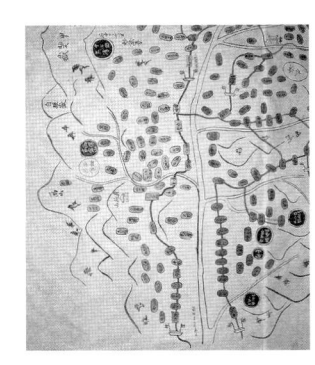

【図5】「甲斐国四郡絵図」（元文5年）の南巨摩郡、山梨県立博物館蔵（以下同）、若092.9-41

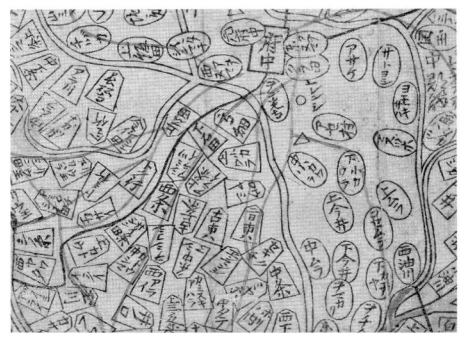

【図6】「甲斐国絵図」（宝暦6年）の府中近辺、甲092.9-4

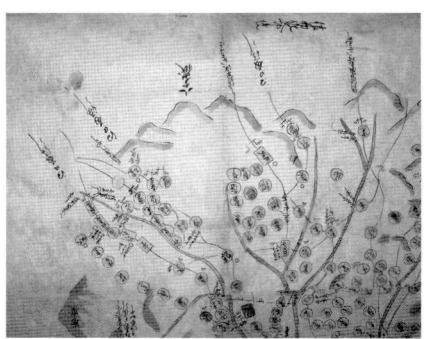

【図7】「甲斐国之図」（宝暦8年）の北、甲092.9-30

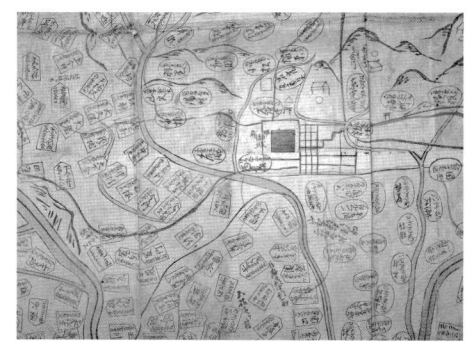

【図8】「甲斐四郡国絵図並村高附」（寛政11年）の府中近辺、甲092.9-16

伊豆国

伊豆諸島も描かれた天保図

伊豆国絵図に関する研究は、駿河・遠江とともに静岡県史編纂による成果があるが、これ以外の研究は少ない。このため、主に『静岡県史』に依拠しつつ、最近発見された臼杵市立臼杵図書館所蔵稲葉家本、東京大学史料編纂所所蔵内務省引継本を加えて、各々の国絵図の特色を紹介していく。なお、慶長期の国絵図・郷帳の作成は西国のみとする説もあり、慶長駿河国絵図の現存は確認できない。

〔正保国絵図〕 正保伊豆国絵図は、幕府代官伊奈忠公が作成を担当した。幕府に献上した清絵図は焼失し、その控図の現存は確認されていない。しかし、国立公文書館には美濃国岩村藩が享保頃（1716～36）に調製し、明治6年に政府の要請によって最後の藩主松平乗命が献納した正保図の写本（以下松平本）と、弘化3（1846）年に献納されたという幕臣中川忠英旧蔵の写本（以下中川本）が所蔵されている。また最近、臼杵市立臼杵図書館所蔵の稲葉家旧蔵絵図の整理が行われ、これを担当した上原秀明が正保国絵図系に位置づけた伊豆国絵図3点（以下稲葉本）も新たに見出された。しかし、正保郷帳の控や写は見つかっていない。

松平本の伊豆国絵図は法量118×155cmである。正保国絵図の特色である「いろは記号」によって所領区分を示している。目録記載の領主別石高を示すと、「い」は伊奈兵蔵御代官所（7万529石1斗5升5合）、「ろ」は江川太郎左衛門御代官所（4809石3斗2合）、「は」は今村傳四郎知行所（2954石7斗5升1合）、「に」は井出甚五左衛門知行所（300石）、「ほ」は三島大明神（530石）、「へ」は伊豆権現（300石）、「と」は箱根権現（200石）、「ち」は修善寺（30石）である。この石高を合計すると高7万9653石2斗8合であり、正保郷帳の数値とほぼ一致すると推測される。表現上の特色は、箱根町・三島宿・熱海にそれぞれ赤い四角の中に「御殿」と記して御殿の位置が示されている点と、赤沢村（現・伊東市）の揚梅山に梅の花が図像として描かれている点が指摘できる。

中川本の伊豆国絵図には松平本のような所領区分別の石高記載はなく、郡別記載のみである。本来、正保図における伊豆国は3郡であったと推測されるが、中川本は元禄図と同様に君沢郡（明治29年に田方郡に合併）を加えて、君沢郡・田方郡・賀茂郡・那賀郡の4郡の郡別石高が記載されている。ただし、その合計高7万9653石2斗8合であり、松平本と同様である。

稲葉本3点のうちの伊豆国絵図（整理番号①-24）は法量225×438cmである。松平本と同様に田方郡、加茂郡、那賀郡の3郡であり、「いろは記号」によって所領区分が示されている。幕府領（蔵入）と私領の別に村形を塗り分け、村形の上に「いろは記号」を付し、村高は石以下の合まで記している点に特色がある。所領区分ごとの石高は松平本と以下の点が異なる。「い」の伊奈兵右衛門（松平本では兵蔵と記す）御代官所の石高は6万7188石2斗9升3合、「ろ」の江川太郎左衛門御代官所の石高は4809石3斗1合、「は」は今村傳三郎（松平本では傳四郎と記す）御預所と記され、石高は970石9斗7合、「に」は同人知行所とされ、石高2228石8斗2升8合、「ほ」に稲葉美濃守知行所（3135石6斗8升5合）が加わっている。松平本と比較すると、伊奈代官所の石高が少ない分は今村傳三郎御預所と稲葉美濃守知行所にほぼ該当している。この点が、松平本と稲葉本の系譜を明らかにするポイントとなり、稲葉本は寛文期における正保図の再提出図を基にしたものと推測される。なお、稲葉本には三嶋（三島）宿近くに「御殿」の記載がある。

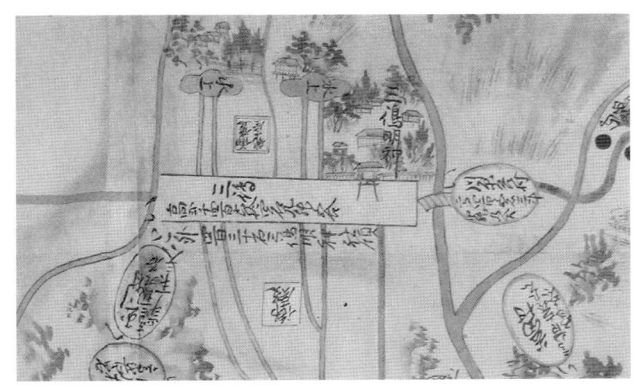

【図1】稲葉本に描かれた「三島宿と御殿」 臼杵市立臼杵図書館蔵（整理番号①-24）

〔元禄国絵図〕 当初、元禄伊豆国絵図は国絵図担当奉行である井上正岑、大目付安藤重玄、町奉行能勢頼寛、勘定奉行松平重良に作成が命じられた。その後、町奉行

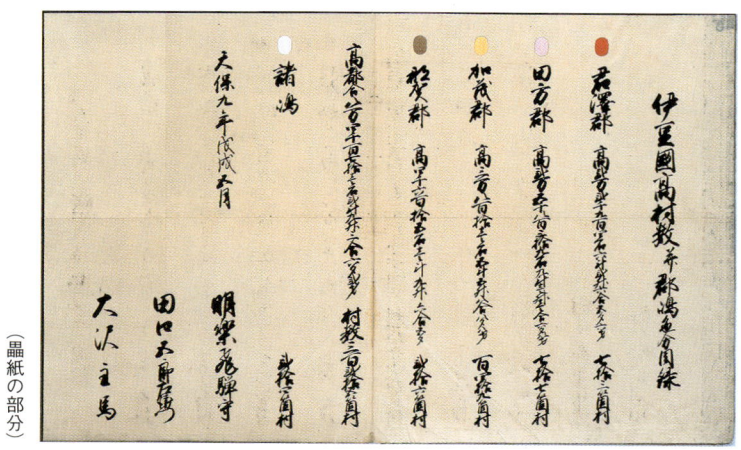

【図2】「天保伊豆国絵図」 部分（南東部） 国立公文書館蔵、特83-1、414×457

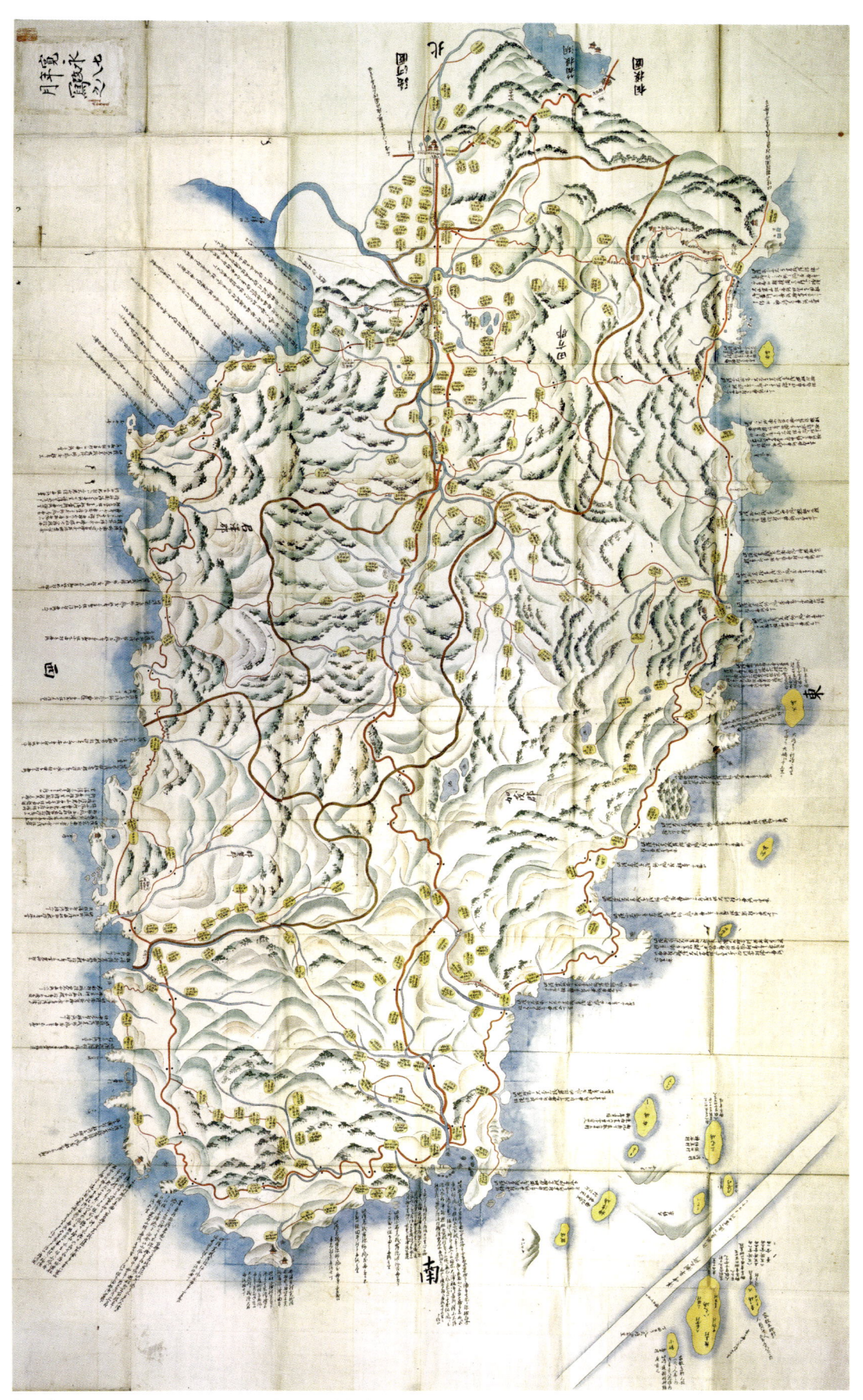

【図3】「伊豆国絵図」 東京大学史料編纂所蔵内務省引継地図、0003、170.4 × 283.4

が松前広嘉に代わるなどの異動があり、元禄12（1699）年に勘定奉行久貝正方が国絵図役を命じられた。このように、伊豆国は関東5か国と同じ扱いで、国絵図担当奉行が絵図の作成を行っている。清絵図は元禄15年7月に献上されたが、原本は残されていない。

元禄国絵図の作成では国境の厳正な記載が求められたため、各地で争論が頻発、伊豆国においても相模国境において争論が発生した。この争論は小田原領の百姓が伊豆山権現境内の石切出しを行ったため、伊豆山領の百姓が訴えたことによる。正保国絵図では小田原領側が主張する国境が描かれていたが、幕府より検分使が派遣され、伊豆山権現の境内であることを理由に、元禄13年10月4日に幕府は伊豆山領側の主張を認める裁定を下したという。

なお、元禄郷帳は国立公文書館の所蔵であり、その石高は8万3791石2斗8升2合3夕5才である。元禄郷帳は『静岡県史資料編9近世1』付録に所載されている。

〔天保国絵図〕 国立公文書館所蔵の天保図は、紅葉山文庫旧蔵本と勘定所旧蔵本の2系統がある。伊豆国はそれぞれ法量が414×457cmと412×460cmであり、ほぼ同じ大きさである。国の重要文化財のため原本の閲覧はできないが、国立公文書館のインターネット高精細画像で閲覧することが可能となった。インターネットで公開されている天保国絵図は紅葉山文庫旧蔵本と思われる。

静岡県史所収の複製版によれば、天保9（1838）年5月、君沢郡2万2904石6斗2升6合5夕6才、73か村、田方郡2万5839石9斗1升1合6夕8才、77か村、加茂郡3万811石5斗5升8合8夕8才、149か村、那賀郡4615石1斗9升6合5夕、26か村、高都合8万4171石2斗9升3合6夕2才、325か村と併記され、加えて「諸嶋」として24か村が記される。天保郷帳と比較すると、郷帳では君沢郡69か村、田方郡71か村、加茂郡127か村、那賀郡17か村と記されており、村数が若干異なる。ただし、諸島の石高は記載されていないが、村数は合致している。このように、天保図には伊豆諸島が描かれた点に特色がある（図2）。なお、天保郷帳は『内閣文庫所蔵史籍叢刊』に影印本があるほか、『静岡県史資料編9近世1』付録にも収載されている。

このほか、東京大学史料編纂所所蔵の内務省引継地図のなかに伊豆国絵図が含まれている。図3の伊豆国絵図（架蔵番号0003）の法量は170.4×283.4cmである。君沢郡・田方郡・加茂郡・那賀郡の4郡の郡境が描かれ、また図幅の中に伊豆諸島が描き込まれている。「寛永7年改八月写之」との記載があり、「三島宿中程大和屋善蔵」と朱書きされている。この記載が正しいとすれば、正保図より以前の国絵図ということになる。しかし、江戸幕府撰伊豆国絵図は元禄図から4郡となる点、天保図に伊豆諸島が描かれた点から、寛永7（1630）年との記載はにわかに信じがたく、おそらく天保図以降の写本と推測される。興味深い点は、伊豆諸島の八丈島とそれ以北の間には、潮の流れを図示するような二重斜線が記載されており、実際の位置関係を捨象するための表現ではないかとも考えられる（図3）。

以上の他、『静岡県史資料編10近世2』に所収されている個人蔵の絵図も国絵図の体裁を持っている。絵図の隅には「安永八巳亥年末秋吉日　豆州君沢郡安久村廣瀬隆蔵写之　十八才書」とある。国高や郡高を記載した絵図目録は記されていないが、村形の中に村名と村高（石以下は「余」として省略）が記載されている。なお、天保図に見られる図幅の南東部に描かれる島嶼は、描かれていない。

各時代を通しての伊豆国絵図の表現上の見どころは、温泉の湧出地に「湯」と記号表現され、「御殿」（天保図では記載なし）の記載がなされていること、駿河国や相模国との国境表現の変化などである。伊豆国は幕府代官が絵図の作成を担ったことから、系統的な下図類現存の可能性は低いが、地方文書のなかに国絵図の写図や下図類が残されている可能性があろう。いずれにしても伊豆国絵図の悉皆調査を行ったうえでの調査研究の進展が待たれる。

（小野寺淳・尾﨑久美子）

【参考文献】
福井保1978「内閣文庫所蔵の国絵図について（続）」（『北の丸』10）／静岡県1996『静岡県史通史編3近世1』（静岡県、P.563～565、591～596、839～841）／静岡県1992『静岡県史資料編9近世1』（静岡県、P.313～319）／上原秀明2005「諸国国絵図」（『臼杵市所蔵絵図資料群調査報告書』臼杵市教育委員会、P.51～69）

相模国

正保系統図に見る多様な地形表現

　江戸幕府撰相模国絵図の現存状況を見ると、天保国絵図関係では国立公文書館に勘定所伝来の天保国絵図(359×312cm)と紅葉山文庫伝来の天保国絵図(365×323cm)の2点が知られている。このほかには正保国絵図の模写図が「日本分国絵図」中の一つとして同じく国立公文書館に現存しているくらいで、きわめて少ない。

　〔正保国絵図〕　正保期の相模国絵図作成に携わった絵図元は、小田原藩主稲葉美濃守正則と成瀬五佐衛門重治(2代将軍秀忠と3代将軍家光に代官として仕える)・坪井次右衛門良重の2名の代官である。しかしその事業の具体的内容については明らかにされていない。ここで取り上げているものは金沢文庫蔵「相模一国之図」と呼ばれている国絵図で、縦285×横342cmの大きさをもつ幕府撰国絵図との関連性をうかがわせる国絵図である。『神奈川県立金沢文庫蔵書目録三』では正保年間頃の写と記されている。また、天保年間作成の官撰地誌『新編相模国風土記稿』の正保・元禄改定図や今考定図(天保期)と比べると、当該国絵図は村名記載の有無や村数の増加などの点から正保改定図とほぼ一致しているという結論が報告されている。したがって、一応、正保国絵図の写ないしはその系譜を引く模写図とみなしてよいだろう。

　〔相模一国之図〕　図から読み取れる記載内容の特徴を概述しよう。極彩色の明るい色調をもった国絵図で、䚡紙にはかなり小さな文字で「相模一国之図」という表題が書かれている。しかし、目録名や作者・作成年・所領記載などは記されていない。四辺内向の方位で、全体として山稜線は山―海型の構図をとっているが、河川沿いでは山稜線が対向する。詳細に見ると1郡(津久井県)あるいは2～3郡(足柄上下郡、愛甲・大住郡)が一つのまとまりをもった構図をとっている。

　次に図像の特徴から見ていこう。村形は小判型であり、各郡は茶・藍・白色の3色に色分けされているようだ。しかし、村形内に領主名や村高が記載されているかについては図版からでは判読が困難である(一部の村には石高が記載されているようだ)。国境線は山稜線によって輪郭が示され、その外側には2重線が引かれている。各所に傍示表現も見られる(図2)。また郡境は通常は墨筋で引かれるが、相模川や境川も郡境として利用されている。

　人工物の表現では小田原城が矩形で表現されるが、大外郭が描かれることに大きな特徴がある(図3)。古城は四角形の中に「〇〇古城」と注記され、津久井県・高座郡・鎌倉郡・三浦郡に見られる。このほかに同じ図像で将軍の宿館となった御殿もある。寺社や名所旧蹟などは「景観表現」と「注記のみ」(長方形内に名称あり)との別があり、とくに鎌倉地区(図4)には鶴岡八幡宮や江ノ島などの鳥居や建物などの景観表現が多数見られる。このほかにも寒川神社(高座郡)、大山雨降神社・日向薬師(大住郡)、箱根神社(足柄下郡)などには建物表現が見られる。

　次に自然景観について見ていこう。山には、木山・芝山・岩山の区別がありそうだ。山名は矩形内に地名が記されるが、霊山表現は見られない。そのなかで特徴的な地形表現は相模原(台地)の藍色表現と秦野盆地の描写(図1)であろう。平地は茶色に着色され、相模川や酒匂川流域の平野部分に多く見られる。河川には地名の注記はないが、その比定は可能である。また芦ノ湖は「水海」とのみ記されている。海岸部は島・岩礁や砂浜表現などがあり、とくに湘南海岸などの砂浜部分は白色で塗られているのが特徴的である。このように各地形単位は彩色によって区別されていたことが分かる。植生では大磯・平塚付近には松林表現があり、明治初期の地形図(明治前期測量2万分の1、フランス式彩色地図)と照合すると、砂丘上の松林であることが分かる。

　小書きについて見ると、交通注記では陸路は朱筋で引かれ、一里塚の有無による道区分がある。東海道・甲州街道などの他国に通ずる道筋、大山街道、三崎や浦賀などの湊に通ずる道筋などは太線で引かれている。航路も朱筋で、「真鶴より小田原まで船路三里」、「三崎より真名鶴迄船路十五里」などといった注記があるほかに、浦賀より江戸や上総・房州への航路情報が記されている。国境　小書きでは、とくに東海道筋で「境木ヨリ武蔵国保戸ヶ谷一里塚迄三拾一町三拾間」と記されるほかに境木表現も各所に見られるが、一般的には「境目ヨリ武蔵之内二俣川迄道法拾三町」という記載の仕方である。

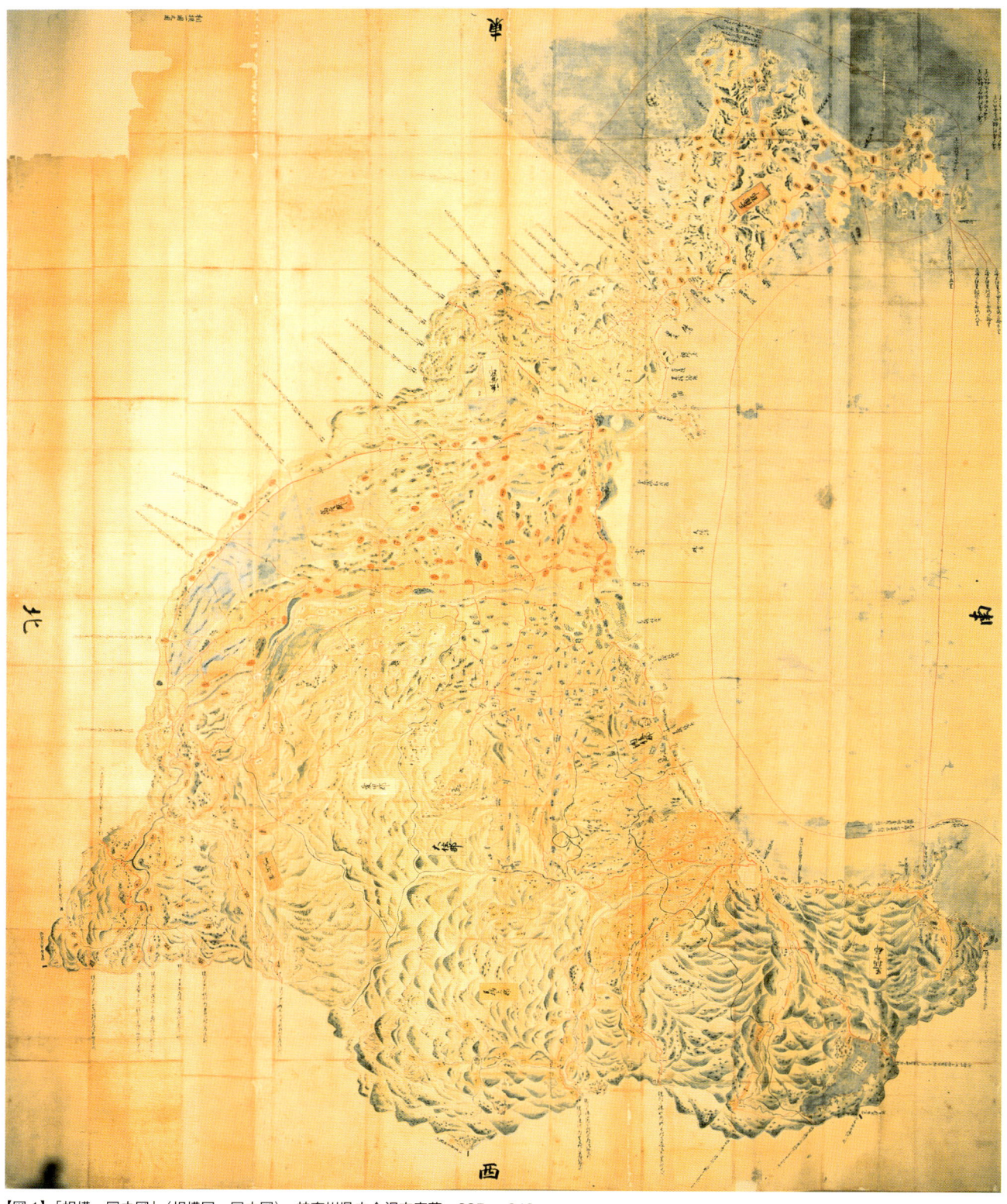

【図1】「相模一国之図」（相模国一国之図）　神奈川県立金沢文庫蔵、285 × 342

【図2】「相模一国之図」(傍示表現)、神奈川県立金沢文庫蔵

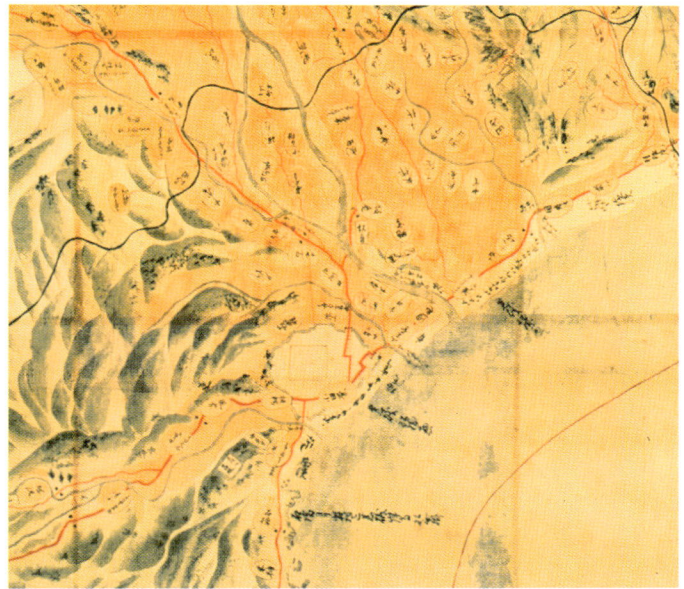

【図3】「相模一国之図」(小田原付近)、神奈川県立金沢文庫蔵

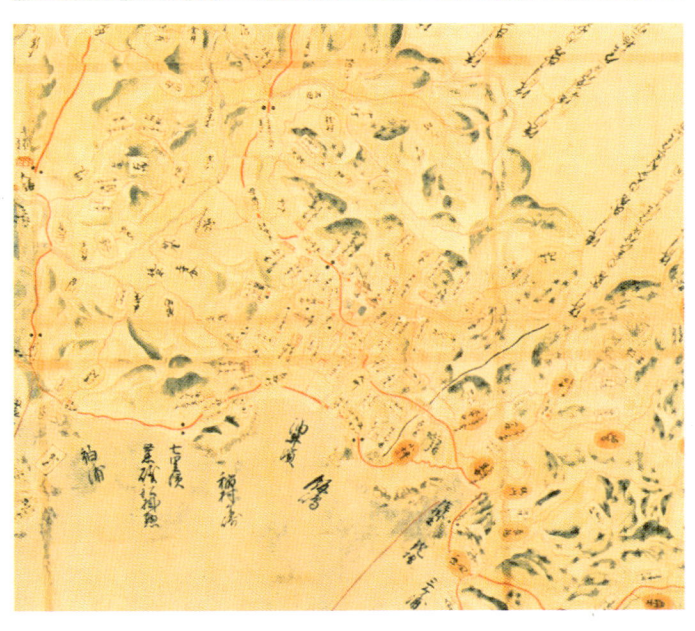

【図4】「相模一国之図」(鎌倉付近)、神奈川県立金沢文庫蔵

相模国

【図5】「相模一国之図」部分（大山付近）　神奈川県立金沢文庫蔵

〔新編相模国風土記稿所収図（図6）との比較〕　天保年間（1830～1844）作成の官撰地誌『新編相模国風土記稿』には正保改定図・元禄改定図・今考定図（天保期）の3図が載せられている。内容はほぼ各時期の江戸幕府撰国絵図の略図といってよい。ここではおもに大住郡をとりあげて3図を比較してみたい。3図ともに方位は四辺外向に統一されている。構図は郡単位でまとまる山稜線である。3図の図像と小書きの特徴について見ていこう。村形はいずれも小判型であって、元禄・天保期は「○○村」と統一されているが、正保改定図は「在所名のみ」と「○○村」の混在する形をとっている。しかし3図とも村高や領主記載はない。風土記によれば、大住郡は正保期107村、元禄期127村、天保期119村となっている。地勢表現では大山地区（図5）の二ノ瀧表現が少しずつ小さくなっていき、天保期には描かれなくなる。また水系表現は天保期がもっとも詳細で、河川名まで記されている。人工景観では古城が正保図のみ四角形として表現されているが、その他の図になると山稜線上に古城と注記される。交通注記を見ると正保図や天保図では隣村間の里程情報がある。

　非領国地域関東の江戸幕府撰国絵図の現存状況はきわめて少ない。そういった意味でも、当該国絵図は、近世前期の相模国の地誌的情報が満載された貴重な国絵図として、分析してみる価値がある。
　　　　　　　　　　　　　　　　　　　　（上原秀明）

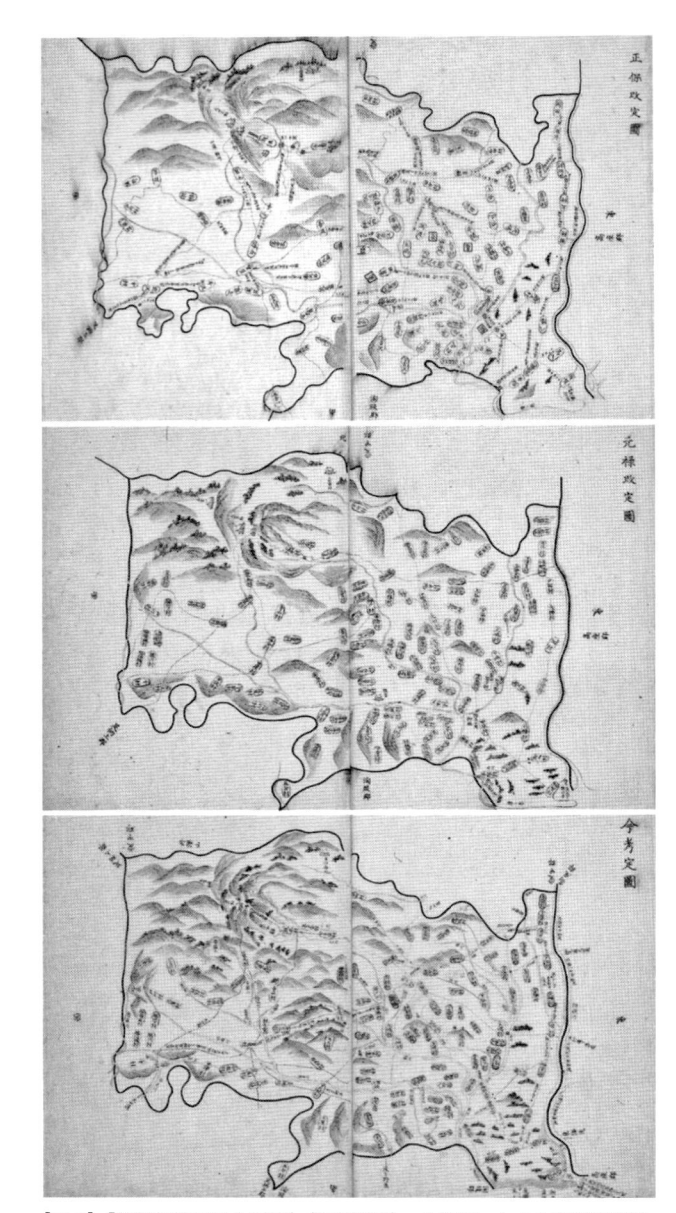

【図6】「新編相模国風土記稿」（所収郡図）、大住郡、上から正保改定図、元禄改定図、今考定図　国立公文書館蔵

【参考文献】
斉藤司1994「相模国絵図と「相模一国之図」」（『江戸時代の神奈川―古地図でみる風景―』有隣堂）／『新編相模国風土記稿』（「大日本地誌大系20」雄山閣）

武蔵国

村に残された国絵図とその資料

　武蔵国絵図は、現在、国立公文書館に正保図の写と天保図の清絵図が所蔵されている。元禄図は『新編武蔵国風土記稿』に収録されているものの、その清絵図は確認されていない。なお、秋田県公文書館などが所蔵する「日本六十余州国々切絵図」には、寛永10（1633）年国絵図に基づく略図と考えられる武蔵国図が存在する。

　このように武蔵国絵図は、江戸幕府の所在地であるにもかかわらず、清絵図も模写図もその残存は乏しいと言わざるを得ない。版本の武蔵国絵図は豊富に残っていることを考えると、意外の感がある。その理由には、江戸城がしばしば火災を蒙ったこと、国絵図作成の中心が川越藩などの譜代藩で、その藩政史料が必ずしも十分残されていないこともあげられよう。一方で、武蔵国内の村々には正保図の縮写図が何枚も残されている。また天保図については、勘定所が国絵図作成に際して村々へ提出を求めた村絵図が数多く残されている。ここでは、現存する各絵図の概要や特徴を述べたうえで、村々に残された写や関係資料についても紹介していきたい。

〔日本六十余州国々切絵図　武蔵国〕　この図には、武蔵国の河川・沼・海、主要交通路と沿道の主な地名、居城・古城・御殿などのほか、簡単な山地表現が描かれる。正保図以降との違いで注目すべきは国境である。東部の下総国境では、葛飾郡南部の葛西領地域は描かれるが、栗橋、杉戸などの同郡北部は描かれない。正保図以降で下総国境は江戸川になるが、この図では古利根川が国境である。北部では、正保図以降で上野国図に描かれる神流川上流の甘楽郡山中領が武蔵国分として描かれている。ここは元禄国絵図の作成途上である元禄10〜12（1697〜1699）年に大規模な国境論争が起きた地域である。「日本六十余州国々切絵図」が必ずしも国境を明示しないことはすでに指摘されてきた。しかし山中領の描写から考えるなら、これは近世前期の上武国境が必ずしも明確でなかったことを示す事例と言えよう。

【図1】「日本六十余州国々切絵図　武蔵国」　部分、秋田県公文書館蔵

〔正保国絵図〕　武蔵国正保国の絵図元は、川越、岩槻、忍の各譜代藩、そして代官の伊奈忠治である。清絵図はすでに失われており、その全容を知ることはできないものの、国立公文書館が所蔵する中川忠英旧蔵の国絵図68鋪のなかにその縮写図を見ることができる。中川忠英は、寛政改革以降の江戸幕府で関東郡代兼帯勘定奉行、長崎奉行、大目付などを歴任し、とくに日本全国に及ぶ地理調査や書物編纂に関与したことで知られる。この図は武蔵国の山川湖沼の描写と名称、江戸湾の描写と「遠浅」など干潟の記載を載せ、郡界を明示して郡名・石高・村数を記載する。小判型の村形の中に村名を書き、それらを結ぶ陸海の主要交通路も描かれる。そのほか主要な寺社、城郭・古城・御殿・茶屋が詳細に描かれている。その一方で、正保国絵図の基本要件とされる領主別の記載や描写は見られない。以上は、この図が後年の略図であることを示すものだろう。しかし、この図は天保元（1830）年成立の『新編武蔵国風土記稿』にも掲げられており、清絵図は当時すでに失われていたと考えられる。

　ところで現在、この縮写図は武蔵国各地の村方文書の中に散見される。前述の『新編武蔵国風土記稿』編纂に際して江戸幕府昌平黌に設置された地誌調所は、文化11（1814）年頃から担当の地誌調出役を派遣して現地調査を開始した。そのとき地誌調出役は、武蔵国の正保郷帳である『武蔵田園簿』やこの縮写図などを参考資料

【図2】「天保武蔵国絵図」 埼玉県立文書館寄託堀口家文書、No.1699、211×244
武蔵国内の村々に残されている正保国絵図の写の1枚で、国立公文書館所蔵の中川忠英旧蔵の正保国絵図と同じ内容を描く。

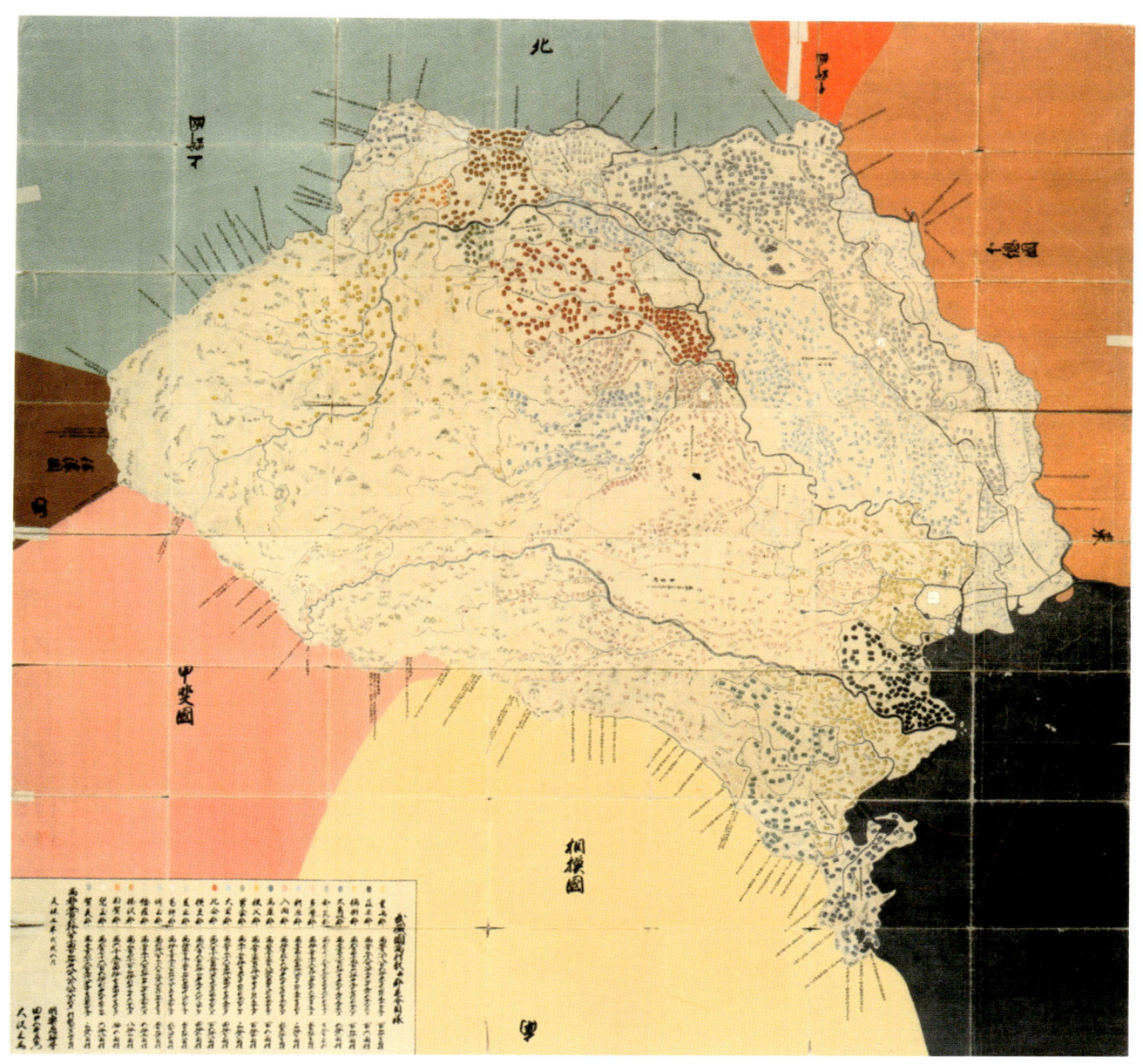

【図3】「天保武蔵国絵図」 国立公文書館蔵、特83-1、537×512
勘定所が保管していた天保図で、武蔵国絵図で残存する唯一の清絵図である。享保改革の新田開発による見沼などの干拓が確認できる。

として調査に赴いた。書写年代の明確な縮写図を見る限り、これらは地誌調出役による調査の後に作成されており、出役の現地調査を通じてこの図の存在を知った村人が、図に描かれた地域の歴史に関心を抱き、地誌調所の協力を得て作成したものと考えられる。この点は、中川忠英旧蔵の国絵図が当時、どんな管理下に置かれていたかを考えるうえでも興味深いと言えよう。

〔元禄国絵図〕　武蔵国元禄図の絵図元は、元禄の国絵図改訂を命じられた若年寄・大目付・勘定奉行・江戸町奉行が担当している。元禄13（1700）年11月に比企郡野本村で国絵図改訂のための石高調査が確認されている。

前述のとおり、元禄図の清絵図は『新編武蔵国風土記稿』に掲載されているので、天保期には幕府の文庫に存在したことが確実である。しかし、現在その図は確認されず、模写図も全くと言っていいほど見つかっていない。このこと自体、大きな検討課題だろう。いま『新編武蔵国風土記稿』の図の限りで特徴を確認すれば、郡界を明示して郡名・石高を記載すること、小判型の村形に村名を書き、脇に古名や枝郷記載を付すること、正保図に見られた古城や茶屋の記載が消えること、国境を越える交通路の記載が詳しいことなどを指摘できる。

現在、管見の限り武蔵国元禄図の模写図と考えられるものは、伊能忠敬記念館が所蔵する伊能忠敬旧蔵国絵図のなかの武蔵国絵図が唯一と思われる。この図は『新編武蔵国風土記稿』の図とほぼ同じ内容を描くものと見られる。ただし、明確に異なるのは、上武国境の描写において「日本六十余州国々切絵図」で見られた甘楽郡山中領を描く点である。言うまでもなく山中領は上野国元禄図に描かれているから、この図が元禄図の清絵図とは考えられない。おそらく前述の上武国境論争の過程で作成され、結果的に採用されなかった図と考えられる。そしてこの推定が正しければ、武蔵国元禄図の作成過程では国境論争を踏まえて何種類かの下図が作成されたこと、裁許の結果で不採用になった下図もその後廃棄されずに保存されていたことが想定されよう。詳細は後考を俟ちたいが、今後の検討課題として指摘しておく。

〔天保国絵図〕　この図は国立公文書館に所蔵されており、武蔵国絵図としては唯一の清絵図である。寸法は513×539cmで、天保9（1838）年5月の年紀を有し、惣石高は128万1430石8斗8升8合8夕2才、村数は3164か村と記載されている。この惣石高や村数が天保郷帳のそれと微妙に符合しない点はすでに知られた事実だろう。

天保図の改訂は山田茂左衛門、伊奈半左衛門など4人の幕府代官が担当した。天保7（1836）年6月には国内の村々へ国絵図改訂の触が一斉に出され、代官の手代が村々を廻って現地調査を実施することを知らせ、その際に村絵図を提出するよう求めた。現在の埼玉県域の村々には、実際に天保7年の6月から8月にかけて作成され提出された村絵図の控が数多く残されている。それらの村絵図の雛形は下の図のとおりである。

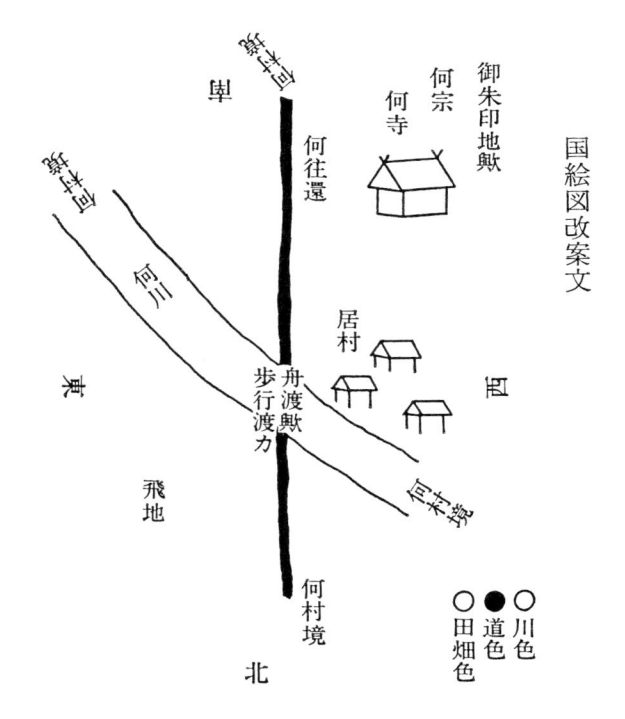

【図4】国絵図改め村絵図雛形（トレース図）

天保図における描写で興味を引くのは、元禄図まで大きく描かれていた見沼が姿を消して、用水路と新田村の記載に変わる点だろう。

江戸幕府が所在した地域でありながら、武蔵国の国絵図についてはまだまだ不明な点が多い。今後の研究は、何よりも国絵図の写本を数多く集めるところから始める必要があるだろう。その一方で、版本の武蔵国絵図は数多くの種類が残されている。管見の限り、これらは幕府の国絵図、なかでも元禄図を参考として作成されたように思われるが、実際どのようにして作成されたかも今後の課題である。

（白井哲哉）

【参考文献】
1975『天保国絵図武蔵国』（勉誠社）／埼玉県立文書館1990『第14回収蔵文書展村絵図』／杉本史子1999『領域支配の展開と近世』（山川出版社）

安房国・上総国
主要大名のいない地域の国絵図

　安房国は房総半島の南端を占め、北に上総国と国境を接する東海道の一国である。大化改新のとき半島の北部を下総国、南部を上総国としたが、その後養老2（718）年に上総国から分離して立国したのだといい、長狭、朝夷、平、安房の4郡より成る。

　安房は上総とともに戦国大名里見氏の勢力地盤であったが、天正18（1590）年秀吉の小田原攻めで里見義康が参陣に遅れたことから上総国を没収されて、里見氏の所領は安房一国になった。これを機会に里見氏はそれまで支城であった館山城を修築して本拠とした。慶長8（1603）年に義康が歿し、その跡を継いだ忠義は同19（1614）年大久保忠隣事件に連座して安房国は没収、館山城は破却されて伯耆倉吉に移された。忠義には継嗣がなく元和8（1622）年に里見氏は滅亡した。

　里見氏の倉吉移封のあと安房国は元和検地を経て、譜代小藩が分立したほか旗本の知行地と天領に細分された。最初の立藩は元和3（1617）年に常陸・相模に領地を有した内藤清政が安房国に移されて3万石の勝山藩ができた。しかしわずか1年で清政が死去したため廃藩となった。その後に同族での遺領の分与によって一時的には再興があったが永続しなかった。寛文8（1668）年に酒井忠国が勝山に陣屋を設けて1万石の勝山藩が復活し、その後に石高の増減があったものの維新まで酒井氏の統治は続いた。

　そのほかには元和6（1620）年に東条藩（西郷正員、1万石）、寛永15（1634）年に北条藩（屋代忠正、1万石）、天明元（1781）年に館山藩（稲葉正明、1万石）がそれぞれ立藩しているが東条藩と北条藩は幕末まで続かず中途で廃藩になっている。

　安房国絵図は正保図の写（中川忠英旧蔵本）と天保図の正本が国立公文書館に残るほか、『歴史地名大系』（平凡社）によると尊経閣文庫に元禄図の写があるようであるが、筆者は未見である。正保図の絵図元は東条藩主の西郷正員、北条藩主の屋代忠正、隣国上総の佐貫藩主松平勝隆、それに大番頭および書院番頭の相持であった。国内の絵図元が小藩の領主であったため幕府関係者が協力したのであろう。元禄国絵図は上総などと同じく幕府が自らの受持で作成している。

　天保度の国絵図改訂にあたっては国内の公領の村々には代官による同様形式による変地調査が実施されたようで、『千葉県史料』には長狭郡天面村、平郡丹生村などの村役人から提出された「御尋之ケ条御答書」が収録されている。それによると、古城跡・朱印地寺社領・枝村などの有無、往還道筋・海岸線の変更などが尋ねられている。そしてこの「御答書」の末尾には、いずれも「右は此度御国絵図為御取調被成御出役、御糺ニ付取調候処、書面之通御座候、右之外元禄之度以来相替り候儀、無御座候、依之村役人連印を以、此段奉申上候」と同様の文面が記されている。

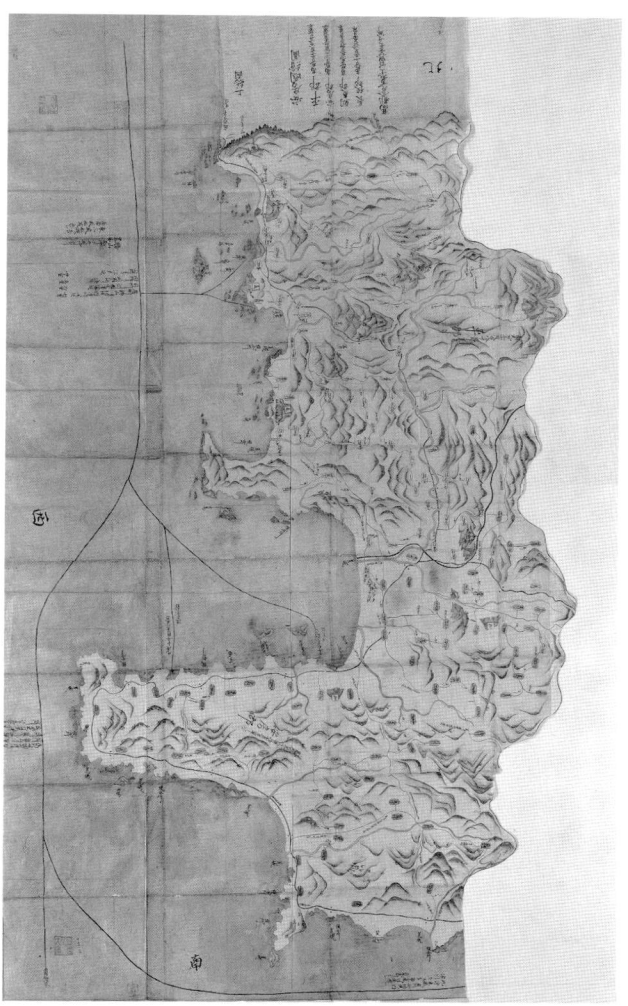

【図1】「正保安房国絵図」写（中川忠英本）部分（西半分）、国立公文書館蔵、176-286-14

　元禄郷帳によると上総国は市原、望陀、周淮、天羽、夷隅、埴生、長柄、山辺、武射の9郡である。豊

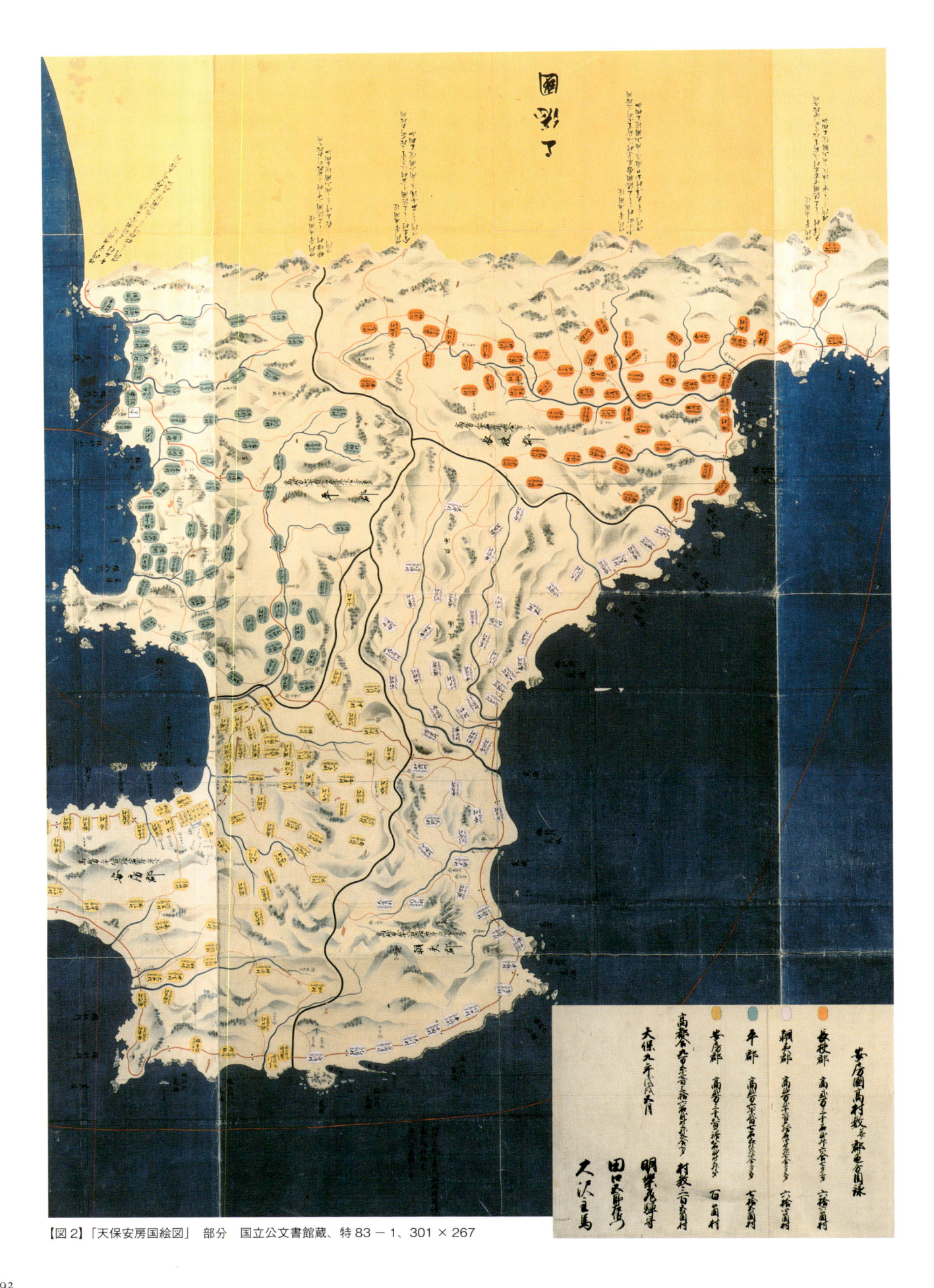

【図2】「天保安房国絵図」 部分 国立公文書館蔵、特83−1、301×267

【図3】「天保上総国絵図」 部分　国立公文書館蔵、特83－1、374×416

臣秀吉が惣無事令を発して天下一統を進めた頃、安房・上総は里見義康の分国であった。天正18（1590）年の小田原征伐のとき義康は参陣が遅れたことから秀吉の勘気をこうむり上総一国を没収されて、同国は他の関東諸領とともに徳川家康に与えられた。

同年江戸入りした家康は江戸の守りを固めるために関東の新領国に家臣団の配置を急ぎ、上総においては、その主要拠点であった16余の城のうち3城を残して大多喜城には本多忠勝（10万石）、久留里城には大須賀忠政（3万石）、佐貫城には内藤家長（2万石）を配し、その他はすべて廃城とした。そのほか国内には幕府領や多数の旗本領によって支配領域を細分化し、その後も上総国内の支配領主はめまぐるしく変動した。

上総国の国絵図は天保図原本（図3）と正保図の写本（松平乗命本）が国立公文書館などに所蔵されるのみで、元禄図は写といえども皆無である。正保度の上総国の絵図元は岩槻藩主の阿部重次、久留里藩主の土屋利直及び代官高室昌成3者の相持で阿部重次が清絵図担当であったと推定される。武蔵国の岩槻藩主で幕府の老中の任にあった重次が上総の絵図元を務めたのは、当時彼の所領（6万9000石）の一部を上総国内に有していたためである。元禄度上総の国絵図は幕府自らが受持った。このような背景から国許に控図などが残されていないのであろう。

図4に示したものは臼杵市立臼杵図書館蔵（旧臼杵藩資料）の「武蔵・常陸・甲斐・信濃・上野・下野・上総・下総・安房・相模・伊豆」絵図（関東11か国絵図）のうちの上総国部分である。この絵図には上野沼田城に「真田伊賀守」、信濃松城（代）城に「真田伊豆守」と両城に限って城主名が記されている。これよりすると本図は万治元（1658）年～天和元（1681）年の間に作成されたものと推定される。

上総国では久留里城と佐貫城が居城の城形図式で示されるが、大多喜は「大多喜領」とだけ記して城の図示は見られない。大多喜城が廃城となるのは青山忠俊が除封となる元和10（1624）年頃から阿部正春によって再築される寛文12（1672）年までであり、この期間に久留里・佐貫両城は存在していたので、本図（上総国）の図示内容は大多喜城が廃城となっていた約50年の間となる。

この上総国の図示内容の期間を先の沼田と松城（代）の両城主の在位期間と合わせてみると、両者を許容する期間は万治元（1658）年～寛文12（1672）年のわずか12年間にしぼることができる。本図の作成はこの期間内に推定することができる。

（川村博忠）

【参考文献】
千葉県史編纂審議会1954『千葉県史料近世篇安房国下』／小野田一幸1993「天保国絵図改訂事業の一齣」（『千里地理通信』29）／1996『千葉県の地名』（『日本歴史地名大系12』平凡社）

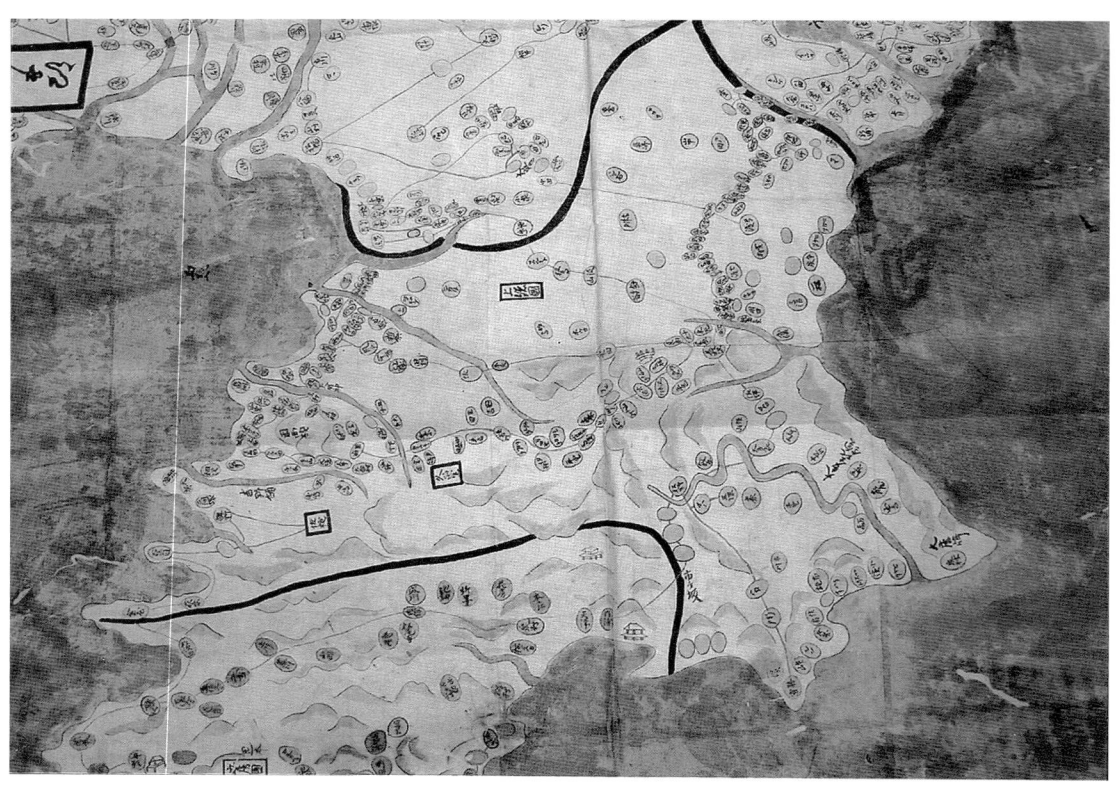

【図4】「関東11か国絵図」部分　臼杵市立臼杵図書館蔵、307、194×202

下総国

国境の移動と開発の進展

　下総国絵図は、国立公文書館に元禄図、天保図が所蔵されている。また、正保図の系統図が各地で確認されており、「日本六十余州国々切絵図」の下総国図をあわせれば、下総国については寛永図から天保図にいたる国絵図のおおよその変遷をたどることができる。このことは、国絵図関係史料の残存に乏しい関東において貴重な事例といえよう。ここでは、これら4種の国絵図を順に紹介して、そこからうかがえる地域の変遷を追っていきたい。

〔日本六十余州国々切絵図　下総国〕　「日本六十余州国々切絵図」は、秋田県公文書館、岡山大学池田家文庫、山口県立文書館などで所蔵が確認されており、寛永10（1633）年国絵図に基づく略図と考えられている。このうち秋田県公文書館が所蔵する下総国図の一つである「下総国十一郡図」を検討しよう。

　図中には、下総国の河川・沼・海、主要交通路と沿道の主な地名及び隣国の地名、居城と古城、御殿、そして主な崖線が描かれる。後述する椿海は「池」と記載されている。また、西北部には白線で国境線が描かれ、隣国の地名が明示される。図の隅には「下総国十一郡」の郡名が列記され、一国の惣石高15万140石余が記載される。全体に簡略な描写だが、寛永10年の徳川家光による巡見使派遣との関連も想定される絵図である。

　この図で特筆すべきは、「くり橋」（栗橋）「杉戸」「よし川」（吉川）の地名が見える西国境付近の描写である。この部分は、正保図以降では武蔵国葛飾郡として描かれる地域で、国境の河川は古利根川と思われる（図1）。この地域に残る地方文書を見ると、たとえば近世初期の検地帳の表題に「下総国猿島郡幸手内権現堂村」、「下総国下河辺庄勝鹿郡高須賀村」など「下総国」の記載が見られるが、寛永14（1637）年以降は武蔵国に統一される。ここから、寛永10年代前半には、古利根川東岸の地域を下総国から武蔵国に編入する国境線の移動があっ

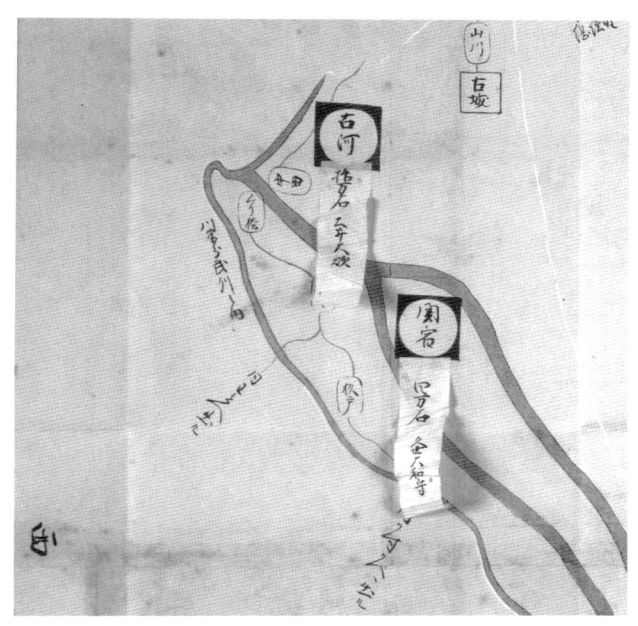

【図1】「日本六十余州国々切絵図　下総国」部分

たことを確実視できる。したがってこの図は、国境が移動する以前の下総国を描いた図と評価することが可能なのである。

　この点を踏まえると、この図に描かれた交通路や地名の意味が地域史のうえで重要になってくる。たとえば、水戸街道については「一ふ」（都部）から「常州あかさ木」（赤崎）へ抜けるルートよりも、布佐・布川・河原代を通るルートが詳しく描かれている。これは、取手宿が寛文6（1666）年に成立する以前の水戸街道の様子を描いているといえよう。また、この図には小金の古城から「武州八てう」（武蔵国埼玉郡八条）へ抜けるルートが描かれているが、これは、この地域の中世主要交通路のあり方にかかわって、注目すべき描写である。

　なお、「日本六十余州国々切絵図」自体は、正保図以降の国絵図に基づく内容の図もあり、個別に史料批判を必要とする点を付け加えておきたい。

〔正保国絵図〕　下総国の正保図は、佐倉藩、関宿藩、幕府代官が作成を担当した。清絵図は残されていないが、その模写図と思われる2種類の図面が伝存している。

　その一つは、国立公文書館所蔵の2枚図である。その図は、南北を2枚に分割し、各郡の石高と一国の惣石高44万4829石8斗4升2合が記載される。小判型の村名が記載されるが、村高は記載しない。注目すべきは、西国境をなす庄内古川や江戸川の外側に、武蔵国内の古利根川をあえて描いていることである。これは国境が移動したために、寛永図との比較が必要だったのではないか

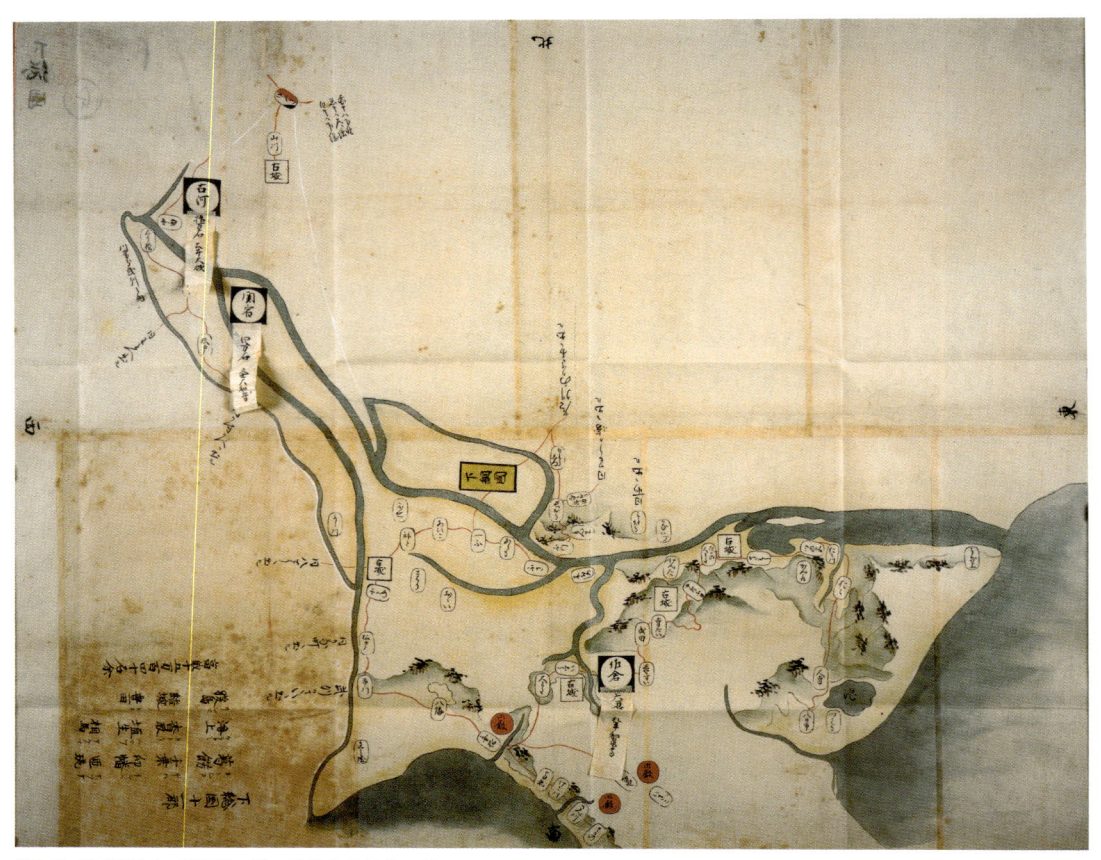

【図2】「下総国十一郡図」 秋田県公文書館蔵、県C 380、108×84
寛永10（1633）年国絵図に基づく略図と考えられる図。正保図以降で武蔵国となる葛飾郡の一部が含まれている。図1はその武蔵国境付近の拡大図。

【図3】正保下総国絵図のうち「下総国絵図」 明治大学図書館蘆田文庫蔵、35-28、225×167
年次不明だが正保図の系統図と推定される図。清絵図の様式と異なり、台地と低地を描きわけ、家、田、畑、野、林などの記載が見える。図6はその拡大図。

【図4】「元禄下総国絵図」 国立公文書館蔵、特83-1、501×391
元禄図の清絵図が幕府側に残された事例の一つ。図3の正保図の細かい記載は見えず、郡高、村名と村高、河川、主要交通路、一里塚、城などが描かれる。

【図5】「天保下総国絵図」 国立公文書館蔵、特83-1、466×362
紅葉山文庫に納められた天保図の清絵図。描写は元禄図から大きく変化していないが、享保改革の新田開発による湖沼の干拓結果が確認できる。

下総国

と思われる。

もう一つは、国立公文書館所蔵の「中古下総国図」、明治大学所蔵の「下総国絵図」などで、これらは同一絵図からの写本と考えられる。年次不明だが、寛文10（1670）年干拓の椿海を描写する点などから、正保図の模写図と推定できる。このうち後者の「下総国絵図」は、銚子に領地をもっていた高崎藩大河内松平家の旧蔵である。図中には、下総国12郡の惣石高36万1037石8斗、うち田方12万9760石6斗、畑方5万6716石が記載される。この惣国高は、かつて福井保が指摘した下総国の惣石高と一致する数値である。ただし、各郡ごとの石高は記載されない。

「下総国絵図」の描写で興味深いのは、全体に台地と低地を描き分けて、田、畑、野、林などの記載が見られる点である。また、武蔵国境をなす庄内古川沿いの自然堤防上には「家有」の記載が見られるが、これらは後に延宝3（1675）年検地で取り立てられる新田村である（図6）。さらに街道には村間の距離が細かく記載される点も目を引く。

このように現存する下総国の正保図は、新田開発が進行する以前である17世紀前半の下総国を描く貴重な図だが、2種類の図の性格や相違点をはじめ、なお不明な点が多く今後の研究がまたれる。

〔元禄国絵図〕　下総国の元禄図作成は、関宿藩と古河藩が担当した。国立公文書館が所蔵する下総国の元禄図は、同図の幕府献上本が残った数少ない事例で、元禄15（1702）年9月の年紀を有する。前述した伝存正保図に見られるような細かい記載は省略され、郡ごとに色分けされた小判型の村名及び村高、郡名及び郡ごとの石高、河川、主要交通路及び一里塚、古河・関宿・佐倉の3つの城などがシンプルに描かれる。

図中で、惣石高は56万8331石1斗1升3合7夕4才と記載され、2種類の正保図の惣石高記載よりも大幅に増えている。干拓された椿海には新田村が設定され、旧湖沼の縁辺をめぐる排水路がかつての範囲を偲ばせる。庄内古川沿いにも新しい村名がいくつも出現している。

〔天保国絵図〕　下総国の天保図は、関宿藩と幕府代官が担当して改訂され、天保7（1836）年10月から翌8（1837）年2月にかけて現地調査を実施したことが知られている。国立公文書館が所蔵する下総国の天保図は、紅葉山文庫の献上図と勘定所配備図の2枚があり、天保9（1838）年5月の年紀を有する。図中で、惣石高は68万1178石4斗9升1合6夕6才と記載されている。描写は全体として元禄図から大きく変化していない。

天保図でもっとも注目すべき点は、享保改革で井澤弥惣兵衛らが推進した関東地方の新田開発の成果が描写された点である。これにより下総国では多くの湖沼が姿を消して新田村が設定された。たとえば飯沼は享保10（1725）年に干拓され、1万4000石余の耕地が創出されると同時に、鬼怒川から取水して菅生沼へ流入する吉田用水が開削された。その変化は、天保図で飯沼の消滅としてはっきり確認することができる。

以上のように、下総国には寛永、正保、元禄、天保の清絵図または模写図が何らかのかたちで残されており、ここから私たちは近世の約200年に及ぶ地域景観の変貌をたどることができる。しかし、これらの国絵図作成の関係史料は今まであまり確認されておらず、今後の課題となっている。

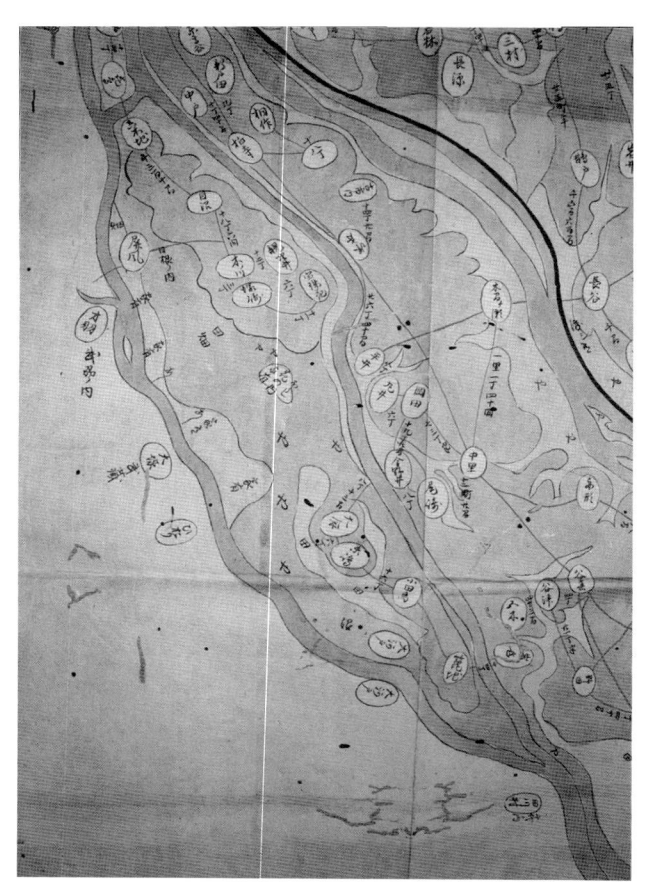

（白井哲哉）

【図6】「正保国絵図」のうち「下総国絵図」。葛飾郡庄内領付近。

【参考文献】
白井哲哉1998「『日本六十余州国々切絵図』の地域史的考察」（『駿台史学』104、駿台史学会）／白井哲哉1998「江戸幕府撰国絵図を読む」（『江戸時代の野田をいく』野田市郷土博物館特別展図録）／杉本史子1999『領域支配の展開と近世』（山川出版社）／千代川村史編さん委員会1999『村史千代川村生活史第1巻自然と環境』（茨城県千代川村）

常陸国

水戸藩が絵図元を務めた元禄図

〔所在〕 常陸国絵図は国立公文書館に元禄図と天保図が各1鋪ずつ所蔵されている。正保図の写本が同じく国立公文書館の「中川忠英旧蔵本」に含まれる。

国立公文書館所蔵の元禄図はわずか5か国分8鋪が所在するのみで天保図並びに郷帳とともに重要文化財に指定されている。これらは旧幕府引継文書の一部で、幕府に献上された正本と考えられてきた。元禄図は作成過程に関わる文献も存在していてその経緯が追えるため、本稿では元禄図について検討を加えたい。

〔「改正常陸国図雑記」について〕 元禄図の作成に際して、水戸藩絵図役人がその経緯をまとめたと思われるものが「改正常陸国図雑記」で、明治10（1877）年の写本が東京大学史料編纂所に所蔵されている。全5巻で第1巻を欠く。内題と主な内容は以下のとおりである。

- 第2巻 常陸国御絵図御用ニテ巡見之場覚書（水戸藩国絵図役人の実地調査記録）
- 第3巻 常陸国（正保郷帳と元禄郷帳の相違点の書き上げ）
- 第4巻 常陸国御朱印之寺社帳（常陸国内寺院の宗旨、朱印高の書き上げ）
- 第5巻 江戸海道（常陸国内8街道の船道、城、旗本屋敷、古城の書き上げ）

第3巻とほぼ同様の内容が「常陸国郷帳附録」として財団法人水府明徳会彰考館に伝来する。第5巻はいわゆる道帳で同様の「常陸地理包括誌」を静嘉堂文庫（色川三中旧蔵書）が所蔵している。

〔作成過程〕 「改正常陸国図雑記」第2巻により国絵図作成過程を時系列的に追うことができる。まず元禄10（1697）年4月15日、水戸藩の3代藩主徳川宰相綱條が絵図御用を命じられた。水戸藩はこれに先立つ正保図の作成に際しても絵図元を務めている。同年8月から元禄14年6月のおおよそ4年間に8回にわたって水戸藩絵図役人の国内現地調査が行われた。1回の調査者の人数は3名ないしは4名で、短い場合9日間、長いものは17日間をかけての調査旅行である。真っ先に調査が行われたのは郡境が不分明であった鹿島郡と茨城郡の境界で、これにより茨城郡21か村が鹿島郡に変更された。第2回目は隣国下総国との国境が改められ、第3回目と第4回目は水戸藩領内の地理や神社仏閣の由緒調べ、第5回目以降8回目までは他領に足を伸ばし、一里塚の有無や、川幅、橋の確認など正保期以降の変化を把握しようと努めている。これらの調査を経て元禄14年夏に下絵図が出来上がり幕府による下絵図改を受けたところ、行方郡の新田に問題点があったため清書は元禄15年の春まで延期となり、元禄15年4月3日に献上が済んだ。その後控図が作成され、元禄16年3月1日に国許の水戸城に納められた。

〔記載内容〕 以上のような「改正常陸国図雑記」第2巻による作成過程が正しいとするならば、国立公文書館所蔵元禄図の記載内容に矛盾する点がある。それは絵図目録に書かれた「元禄十五壬午十二月」との日付の記載である。元禄15年4月3日に献上したならば、年代の記載はそれ以前でなくてはならない。

元禄図を詳細に見てみると水戸、笠間、土浦、下館の四か所の城型のうち、水戸城のみが8×6cm、残る3か所は一律6×5cmで水戸城のみが大きく書かれていることに気付く。また、城型内にはふつう「笠間城 本庄安芸守」というように当時の城主の名が墨書されているが、水戸城の城型には「水戸城」の墨書のみである。また、本来絵図元の名前が書かれるはずの絵図目録にも徳川宰相綱條の名はない。

元禄図の清書は多くが幕府の御用絵師である狩野良親に依頼されたが、その報告書である「元禄国御絵図仕立覚」の中に常陸国絵図清書の記載はない。これについて川村博忠は御三家や幕府重職、有力大名の受持分については絵図元の主体性を重んじて各藩のお抱え絵師に清書させたのではないかと指摘している。清書がお抱え絵師によってなされたならば、おそらく控図も同様であろう。

以上のことから国立公文書館蔵の元禄図は献上本ではなく、水戸城に納められたとされる控図がなんらかの事情で移管されて伝わっているのではなかろうか。水戸城に収納する控図ならば水戸城のみを大きく描いていることも理解でき、城主の名前は周知の事実であるため書き入れなかったという説明もつく。

現在のところこれを証明する史料は見当たらない。し

【図1】「元禄常陸国絵図」 国立公文書館蔵、特83－1、405×550、土浦市立博物館写真提供
縦横共に8つに折り畳まれている。1つの折りの大きさはおおよそ縦68cm、横50cm。大きく弓なりに描かれた太平洋と霞ケ浦が濃紺色で描かれる。

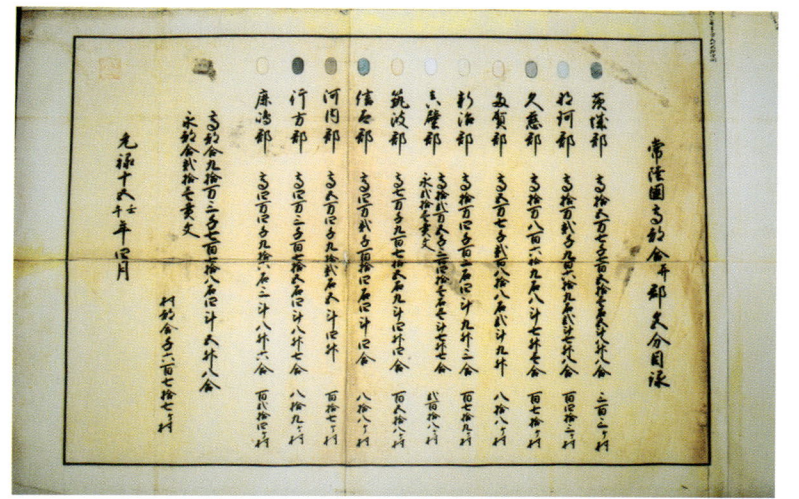

【図2】「元禄常陸国絵図」(絵図目録) 国立公文書館蔵

数値は元禄郷帳の高と一致する。幕府は絵図目録には絵図元の名を記すように命じているが徳川宰相綱條の名はない。

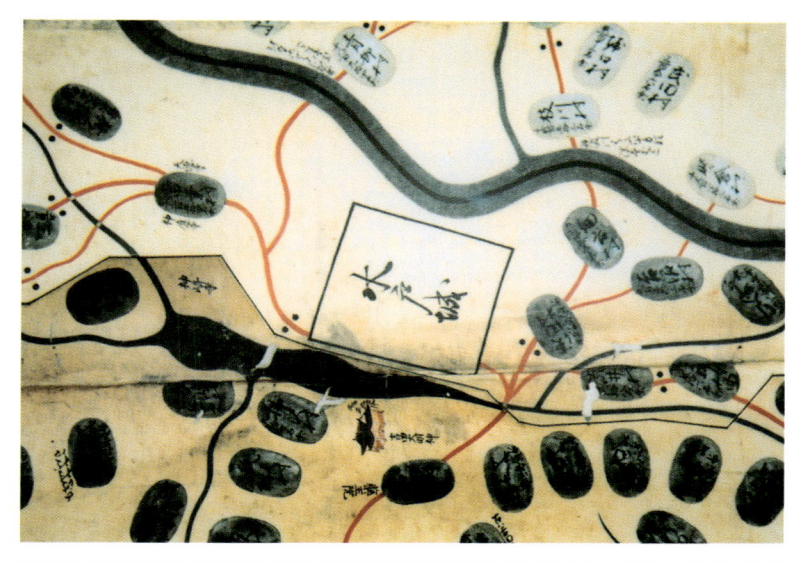

【図3】「元禄常陸国絵図」(水戸城近辺) 国立公文書館蔵

水戸城の城型。大きさは8×6cm。「水戸城」と墨書があるのみ。

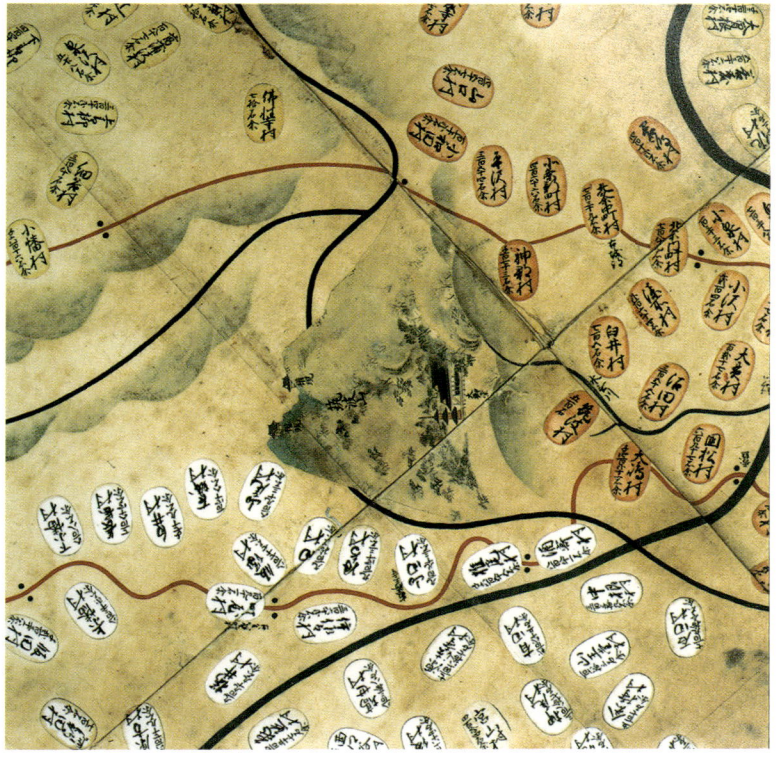

【図4】「元禄常陸国絵図」(筑波山神社) 国立公文書館蔵

神社は本殿とそれを取り囲む樹木が写実的に描かれる。「改正常陸国図雑記第4巻」「常陸国御朱印之寺社帳」には367か所の神社が記されているが、元禄図に名称か建物の図像が記されているのは52か所のみである。元禄図への記載の基準は朱印高の多寡ではなく、由緒の有無や来歴の古さであった。

常陸国

かし、元禄図には後世のものと思われる朱書が4か所、貼紙が1か所見られる。これらは国絵図の活用段階で何らかの必要が生じて加筆されたものと考えられる。これらの事情の解明と残る4か国分の元禄図の伝来を解いていくことが今後の課題であろう。

〔元禄図の特徴と意義〕　元禄図は正保図を基にして「郡境并山川、村居、往還、道小路」などについて地理状況の相違を正して書き改められた。「改正常陸国図雑記第3巻」には郡ごとに橋や舟渡の有無、村名の変更など元禄図の作成に際し訂正した内容が列記される。正保図に基づきつつも元禄当時の地理状況をできる限り反映させようとしている様子がうかがえる。

しかし、「改正常陸国図雑記第3巻」によれば一里塚は「大方ハ絶申候、併一里之印ニ新図ニモ古御絵図之通一里塚ヲ書記シ」と、一里塚がすでになくなっている場合も一里の目安として一里塚の記載を残したとしている。すでに正保図の絵図基準においても「一里山無之所は三拾六町二間ヲ相定、絵図に一里山書付候事」とされ一里塚そのものが存在しなくても目印として記載されていた。一里塚の記載に関しては正保図と同じく塚が存在していた根拠とはならないことに注意が必要である。

また、正保図では13郡であったのが減らされ、11郡となったのが元禄図の大きな特徴である。消滅したのは西河内郡、西那珂郡の2郡で、これらは12世紀半ばに立荘された荘園に由来し、太閤検地で郡として認められたものである。元禄図の作成にあたり幕府が国郡図の完成を目的としたことが指摘されているが、常陸国でも郡名については8世紀に確立した国郡制当時の郡名が重視され中世に形成された荘園に基づく郡が否定された。しかし、郡名を8世紀当時のものに戻しただけで、古代の郡域とはかなりのずれが生じることとなった。8世紀の郡域は元禄段階では不分明で、その解明には近世後期の国学者の郡郷考証をまたねばならなかった。

（木塚久仁子）

【参考文献】
福井保 1971「内閣文庫所蔵の国絵図について」（『国立公文書館年報』創刊号）／福井保 1978「内閣文庫所蔵の国絵図について（続）」（『北の丸』10）／川村博忠 1989『江戸幕府撰国絵図の研究』（古今書院）／木塚久仁子 1993「元禄期作成常陸国絵図の記載内容について」（『土浦市立博物館紀要』5）／木塚久仁子 1997「史料紹介『改正常陸国図雑記』第二巻について」（『土浦市立博物館紀要』8）

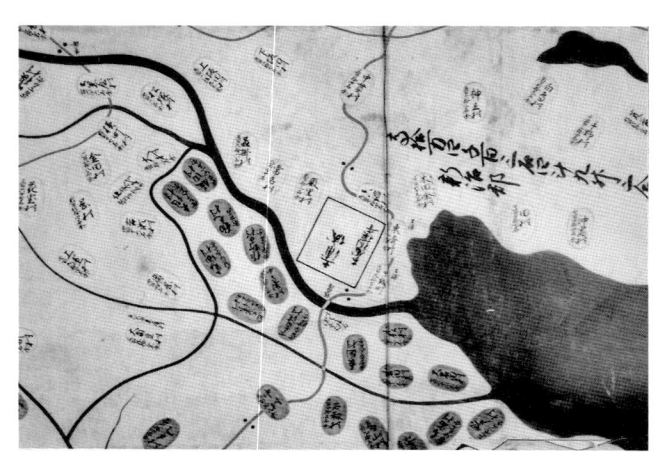

【図5】「元禄常陸国絵図」（土浦城近辺）　国立公文書館蔵
土浦城の城型は大きさ6×5cm。「土浦城　土屋相模守」と墨書されている。

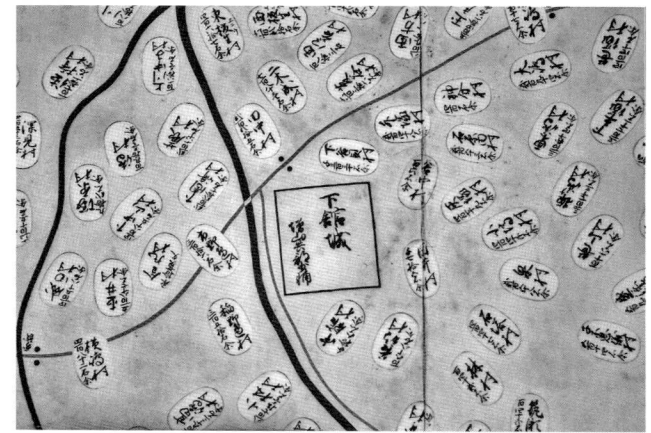

【図6】「元禄常陸国絵図」（下館城近辺）　国立公文書館蔵
下館城の城型は大きさ6×5cm。「下館城　増山兵部少輔」と墨書されている。

近江国

湖国の国絵図

　近江国絵図は、慶長図の存在は確認されてはいないものの、滋賀県立図書館（以下県立図書館）に正保図・元禄図・天保図に関わる図が所蔵されている。これらの国絵図は、廃藩置県によって滋賀県に引き継がれた旧藩関係資料「近江国各郡町村絵図」1015枚の中に含まれるもので、一括して昭和42（1967）年に滋賀県指定有形文化財となっている。

　このほか、管見の限りではあるが、栗東歴史民俗博物館には元禄図の縮図（里内文庫コレクション）が、神戸市立博物館には天保図改訂に際しての切絵図全9巻中、近江国南端から彦根まで、懸紙による修正を施した5巻（南波松太郎コレクション）を確認できる。

　なお、国立公文書館には幕府献上図として天保図、加えて元禄図の写が現存している。このほか国立公文書館には、旧岩村藩主松平乗命が皇国地誌編纂に際して、明治6（1873）年に政府に献上した「日本分国絵図」の中に正保図の写が含まれている。

　ここでは、絵図に施された貼紙などから、来歴の手掛かりを得ることができる県立図書館所蔵図を中心に、その概要を紹介することにしたい。

〔正保国絵図〕　正保図は、正保元（1644）年に国絵図・郷帳及び城絵図などの調進を令されたことに始まる。この令をうけて、近江国では彦根藩の井伊掃部頭直孝、膳所藩の石川主殿頭忠総、水口藩の小堀遠江守政一の3大名を絵図元とする相持で調進作業が進められた。具体的な調進過程については判然とはしないが、後掲する正保図の写から判断するに、正保2（1645）年には幕府に献上されていることが分かる。残念ながら、正保図の献上図は現存しないが、県立図書館には、その正保図に関わる国絵図が2鋪残っている。

　一つが、元禄10（1697）年丑6月の年記を有する「近江国絵図写」（M000－17）である。

　この絵図は元禄の年記を有するものの、貼紙には「正保弐酉年之御留絵図也」と付され、幕府から借用して写した国絵図とは所々に相違があることが記されている。しかし、交通に関する注記の詳しさや、畾紙部分に、所領ごとの高、小物成高、東照大権現様御供領をはじめ御領・給所・寺社領を「いろは……」の合紋で列記するなど、正保図の様式を一定程度整えたものといえる。正保図の調進経緯から考えるに、この絵図は清絵図提出前に幕府の内見をうけた伺絵図と推定される。

　もう一つが、「是者正保二酉年　公儀江納候御絵図之写也、但此度御絵図被仰付候ニ付、酉年以来変地為見合御借被成写留、此絵図を以変地相改、新絵図仕立申候」との貼紙を有する「古御絵図」（M000－18、図1）である。

　前記の文言が示すように、この古御絵図が幕府に献上した正保図の写と判断できる。ただ、元禄図調進に際して元禄10年に写されたものであり、M000－17に確認できる領分記載などが見られないことには注意を払っておく必要がある。おそらく、元禄図の変地修正調査に供された絵図なので、写す際に領分記載が省略されたのであろう。このことは、M000－18（図1）が幕府献上正保図の写とはいえ、原本をどれだけ忠実に写したかについては、絵図に盛り込まれた記載事項を具体的に精査を行い、検討する必要があるものと思われる。

〔元禄国絵図〕　元禄図は、元禄10年閏2月主要大名の留守居が幕府評定所に呼ばれ、改訂事業が通達された。近江国では、正保図の調進と同様に、彦根藩の井伊掃部頭直興、膳所藩の本多隠岐守康慶、水口藩の鳥居播磨守忠英の3大名を絵図元とする相持で進められた。

　この元禄図の作成に際しては、在地において正保以降の変地調査などが進められるとともに、国境争論場の書き上げや、一村限りの絵図が作成されている。

　元禄13年5月の時点では、井上大和守正岑の用人の語るところによれば「十二ヶ所程御清絵図」が幕府に上呈されていたが、近江国では隣接する7か国の縁絵図のうち、越前・若狭・伊勢国では縁絵図と国境証文の作業が進められている最中であった。なお、清絵図は元禄14年2月に担当した彦根藩主井伊掃部頭直通から提出されている。元禄図の多くは、幕府御用絵師狩野良信が清書を受け持っているが、彦根藩では尾張藩などと同様に藩の御用絵師が、国絵図の清書に携わったものと見られる。

　M000－19の国絵図の裏書きに「此絵図を以窺候処、此通仕立申候様ニ与被仰渡候ニ付、無相違御清絵図仕立候故、此御絵図留ニ用置候、窺帳は［　］仕立違候故、

【図1】「正保近江国絵図」 滋賀県立図書館蔵、M000-18「〔近江国〕古御絵図〔写〕」、337×534
本図は、元禄近江国絵図の調進にあたって、幕府から貸与された図の写(元禄10年)である。しかし、元禄図の変地調査のために写された図なので、目録には領主の高や領分の合紋などの記載は見えない。

【図2】「元禄近江国絵図」 滋賀県立図書館蔵、M000-20「近江国絵図」、543×342
本図は、元禄近江国絵図の清絵図の控と考えられているもの。描法も丁寧で、彩色も多く施されており、献上図の姿を充分にうかがうことができる。

【図3】「元禄近江国絵図」 部分 (比叡山とその門前坂本付近) 滋賀県立図書館蔵、M000-20「近江国絵図」

国絵図には、多くの寺社、名所・旧跡が絵画的に描かれている。おそらく、ランドマークとしての役割を果たしていたのであろう。近江国の名刹である三井寺・多賀大明神(大社)などもその例にもれない。なかでも、伝教大師創建の天台宗の本山である比叡山一帯には多くの寺社を描いている。山中には、根本中堂・文殊楼・講堂などを図示するほか、門前である坂本周辺には、天台の伽藍神の山王社(日吉)と参道の朱鳥居と石鳥居、その南側には、黒衣宰相とも呼ばれた天海が建立した天台座主の御座所滋賀院などが見える。

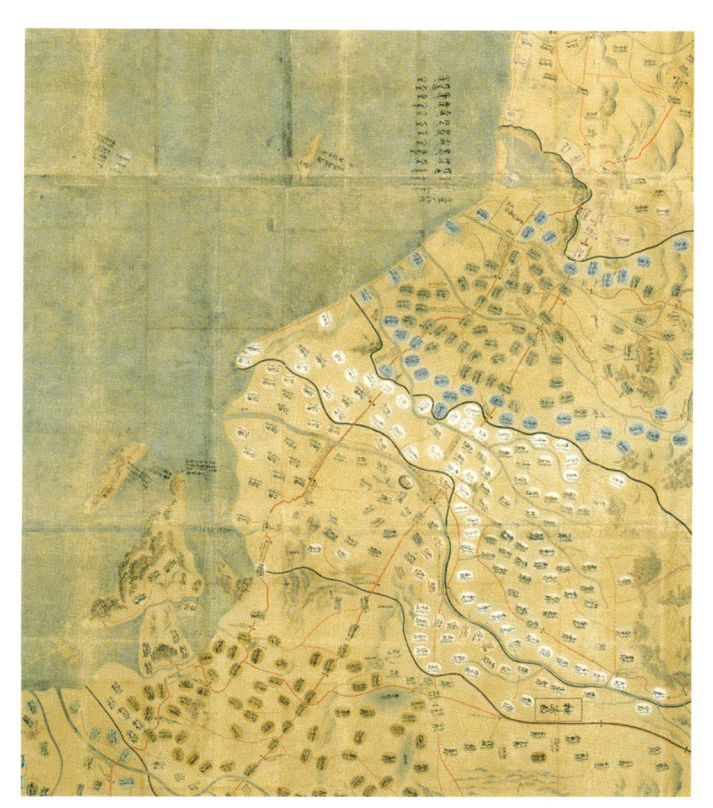

【図4】「正保近江国絵図」 部分 (琵琶湖の内湖) 滋賀県立図書館蔵、M000-18「〔近江国〕古絵図〔写〕」

内湖は、琵琶湖沿いにあり水路でつながった小さな湖のこと。江戸時代から明治時代には、湖岸に多数点在していたが、昭和20年代以降の干拓によって、現在はその姿をほとんど失っている。正保図をはじめとする3鋪の国絵図からは、坂田郡の入江内湖と犬上郡の松原内湖から彦根城下を経て、蒲生郡に大中の湖・小中の湖・西の湖の三大内湖まで、湖東地域に内湖が点在していた様子を確認できる。国絵図は、失われた景観をわれわれに示してくれる貴重な資料でもある。

【図5】「元禄近江国絵図」 部分 (栗太郡志那村周辺) 滋賀県立図書館蔵、M000-20「近江国絵図」

正保図や元禄図には、栗太郡志那村の西方の琵琶湖中に多くの蓮が描かれている様子が確認できる。この地は、蓮の群生地として知られた地域で、図中に見えないが、湖岸には古来より蓮花の景勝地として知られる蓮海寺がある。しかし、天保図の同地域を見ると、志那中村新田ほか2か村の新田村が描かれており、その姿を確認することができない。新田村の成立によって、湖岸の蓮は姿を消したのであろう。

【図6】「天保近江国絵図」 部分 (栗太郡志那村周辺) 滋賀県立図書館蔵、M000-21「近江国絵図」

近江国

清郷帳之留一通認置候」とあるように、元禄図の伺図であることが判明する。畾紙部分には、「近江国高都合并郡色分目録」として、12郡の高と村数、元禄14年辛巳2月6日の年記、そして絵図元であった井伊掃部頭、本多隠岐守、鳥居播磨守の名を連記する。

M000-20（図2、3、5）の国絵図は、元禄図の清絵図の控図とされているものである。確かに、伺絵図M000-19と比較すると、用いた彩色数も多く、山並みの表現も丁寧で、清絵図をもとに忠実に写したものと考えられる。なお、この控図は年月日まで記載するのではなく、献上図と同様に元禄14年辛巳4月の年記に留まっている。

〔天保国絵図〕　天保国絵図の改訂事業は、従来の事業とは異なり、天保郷帳の改訂が天保5（1834）年に全国一斉に終了したのちに、着手される。

近江国では、彦根藩が天保6年12月に老中下知による勘定所明楽飛騨守茂村からの申し渡しをうけ、翌7年正月には京都町奉行佐橋長門守佳富と深谷遠江守盛房両名から膳所藩本多下総守康禎と水口藩加藤能登守明邦に対して取調方が命ぜられている。これを受け、膳所藩と水口藩では、それぞれ郡奉行の4人を御国絵図掛とし、元禄以降の変地調査を遂行している。近江国12郡のうち、甲賀郡・蒲生郡・愛知郡の3郡を水口藩が、滋賀郡・栗太郡・野洲郡・神崎郡・犬上郡・坂田郡・浅井郡・伊香郡・高島郡の9郡を膳所藩が担当として受け持った。正保・元禄図の調進に際して主導的な役割を担った彦根藩が携わらなかったのは、当時の藩主井伊直亮が、大老職にあり国政に参画していたためであろうか。

調査の概要は、元禄以降の枝郷・新田の有無と新田における人家の有無、居村の変更、往還筋、川筋の付け替わり、村高と領主、分郷（枝郷）の高など、地模様の変化が求められた。このような調査に基づき、都合9枚からなる切絵図に懸紙で修正が施されたが、興味深いことに、以下に示すように、一国仕立ての国絵図も作成されている。

M000-21（図6）の畾紙には、幕府の清絵図よりも早い天保8年酉11月の年記がある。清絵図の年記は天保9年戊戌5月なので、この図はおおよそ半年早く作成されていることが分かる。改訂調査に資した切絵図M000-15を収めた袋には、切絵図の9枚とともに変地目録1冊（控共）を、天保8年10月に提出したことが記されることから、切絵図などを幕府提出後、即座にこの一国絵図を仕立てたことが類推される。

この他、畾紙に郡名と村数を記すにすぎず、郡高については記載がないS00-22がある。この図には、村形の中にも村名を記すのみで、高記載は確認できない。つまり、県立図書館に蔵する天保図は、高記載の有無が両者の大きな違いと見られる。

以上、県立図書館が所蔵する近江国絵図の特徴についてふれてきた。正保図写M000-18（図1）が献上図をどれだけ忠実に写したかについては、今後の検討を要するが、正保図の伺絵図と献上図写が残されていることは、今後の国絵図研究を進展させるうえで大きな意義を有していると考えられる。すなわち、双方の国絵図を比較検討することにより、記載される内部情報の差異を読みとることが可能となる。これらの差異は、幕府からの具体的な指示内容、国絵図作成に対する姿勢が顕れたものとすることができよう。

近江国の中央に横たわる琵琶湖は、一国面積の約6分の1を占めるといわれる。まさに、近江国絵図を一目すれば、「湖国の国絵図」との印象が持てる。そして、琵琶湖とその周縁部分から読みとれる情報は少なくない。近代以降の干拓によって、失われた内湖（図4）や湖岸の新田開発の様相（図5、6）をうかがうことができるのである。

また、正保・元禄・天保各時期の国絵図を比較検討することにより、統一基準が示されて以降の地模様の変化を把握することも可能である。たとえば、近江国と他国との境となっていた多くの山系から琵琶湖に流入する河川の流路の変化、往還筋の変化などといった景観の変遷についても知ることができる。国絵図は、歴史地理的な資料としても十分に活用されるべきであろう。

（小野田一幸・岩間一水）

【参考文献】
小野田一幸 1989「天保郷帳・国絵図の改訂調査とその問題―近江国を事例に―」『千里山文学論集』39／草津市史編さん委員会編 1992『草津市史第7巻』／五個荘町史編さん委員会編 1993『五個荘町史第4巻（2）地名と景観』／守山市誌編さん委員会編 2003『守山市誌地理編資料古地図』／彦根市史編集委員会編 2004『新修彦根市史第6巻史料編近世1』

美濃国
地域の個性を映す国絵図

　美濃国絵図は正保図の本格的な写が徳川林政史研究所と大分県臼杵市立臼杵図書館に所蔵されている。地元の岐阜県歴史資料館には正保2（1645）年10月の作成といわれる1鋪と、その写図（497×547cm、明治初年、明治期岐阜県庁事務文書3.30－11）が所蔵されている。前者はかつて控絵図と紹介されたが、現在では下絵図と考えられている。また、京都府立総合資料館にも松平乗命本の写図がある。これらを通して、正保美濃国絵図の特色を考えたい。

〔岐阜県歴史資料館所蔵正保図〕　正保図の絵図元は大垣藩主戸田左門氏鉄、加納藩主松平丹波守光重、そして幕府領を担当した美濃郡代岡田将監善政である。正保図の作成過程は明らかではないが、岡田将監は正保2年4月10日付書状で加茂郡蜂屋村瑞林寺に対して寺領高を問い合わせている。4月には寺社朱印地だけでなく、幕府領の村々にも資料提出をすでに求めていたと思われ、旗本・徳山五兵衛（各務郡・大野郡17か村、3243石余）は同年6月に「給所高村付絵図共ニ　徳山五兵衛分」と題する書類を岡田将監に提出している。以上のことから、正保2年前半に資料提出を要請し、同年中頃から諸報告が岡田将監のもとに集まり始めたと思われる。

　絵図元に集められた資料を基に国絵図はどのように作成されたのであろうか。『岐阜県史』は「土岐郡大島村安藤氏代々覚書」に依拠して、村々の絵図を作り、正保図を参照し書き写すという元禄図の作成方法を紹介しているが、覚書きの中に「正保二酉ノ年指上げ候絵図の写持参申候」とある点が注目される。徳山五兵衛の提出書類に「絵図共ニ」とあり、大垣藩領でも「正保年中諸国御国絵図御改之節江戸屋敷江差出ス脛長・沓井両村分絵図」が残されている。こうした点から、正保図は元禄図と同様に村絵図を資料に作成されたと考えられる。

　その作成時期は正保2年10月以降である。なぜなら、岡田将監の瑞林寺領への問い合わせが同年11月末にもあり、10月には作成作業が完了していなかったからである。また、絵図に記載された美濃国高目録によると、旗本・遠山半九郎（伊次）が家を継いだ正保3（1646）年12月（日は不明）が作成年月日の上限であり、同様に下限は旗本・坪内玄蕃（家定）が没した慶安元（1648）年10月24日である。

　さて、話題を絵図の記載内容に移そう。東西南北の方位は四辺向かい合わせに表示され、越前国・飛騨国・尾張国など隣国が塗り分けられている。美濃国内を見ると、黒の郡界線が引かれ、小判型の村形内に村名・石高が書き込まれ、村形の内外に朱書きのいろは符号による所領区別があるが、村形の郡別の色分けは行われていない。また、主道は朱太線で、黒双点一里山が記載され、中山道の宿町は村形内が黄色に彩色されて他の村落と区別されている。以上の諸点は正保図の図式にほぼ則ったものである。その一方で、慶長図・寛永図で用いられた短冊枠型の郡付があり、村形の郡別色分けや凡例がなく、多数の修正跡も見られる。修正跡はとくに国境部分に多く、当初は隣国隣接の諸村まで含めて記載し、後に村形を抹消したようである（図1）。

　絵図内容の特徴的な点を列挙すると、①山地および平野部の植生が文字記載されていること、②道路は主道、脇道、里道（仮称：筆者）の3種で、脇道には朱双点の一里山が記載され、脇道・里道部分のみに里程が記載されていること、③絵図中の村形外に新開高が記載され、村・郡・所領・国の各段階で、新開高が集計されていること、などである（図2）。①～③は絵図元が美濃国内の諸大名、旗本、寺社に対する問い合わせ内容をうかがわせるものである。実際、①については「竹中主殿知行所高付之帳」（延宝年間か）には諸村山地の植生に関する記述がある。また、②の里程記載は道帳の作成を示唆している。美濃国道帳の存在は不明であるが、大垣藩宛の承応3（1654）年「苗木領道程改帳」が残されている。正保図の作成期から見ればやや遅いが、それは国絵図作成作業の一環として作成されたと考えられる。③は郷帳の内容であろう。

〔京都府立総合資料館所蔵正保図写図〕　当該図の絵図内容は下絵図である岐阜県歴史資料館本に比べ若干整理されている。もっとも大きな違いは高目録、郡付、領主別の区別、道法注記が消えたことで、道路も国境付近を除いて3種類から2種類になり、一里山が黒双点に統一されている（図1）。しかし、岐阜県歴史資料館本の記載がおおむね受け継がれていることは明らかである。

　両図を通して確認できる正保図の大きな特色は、山地

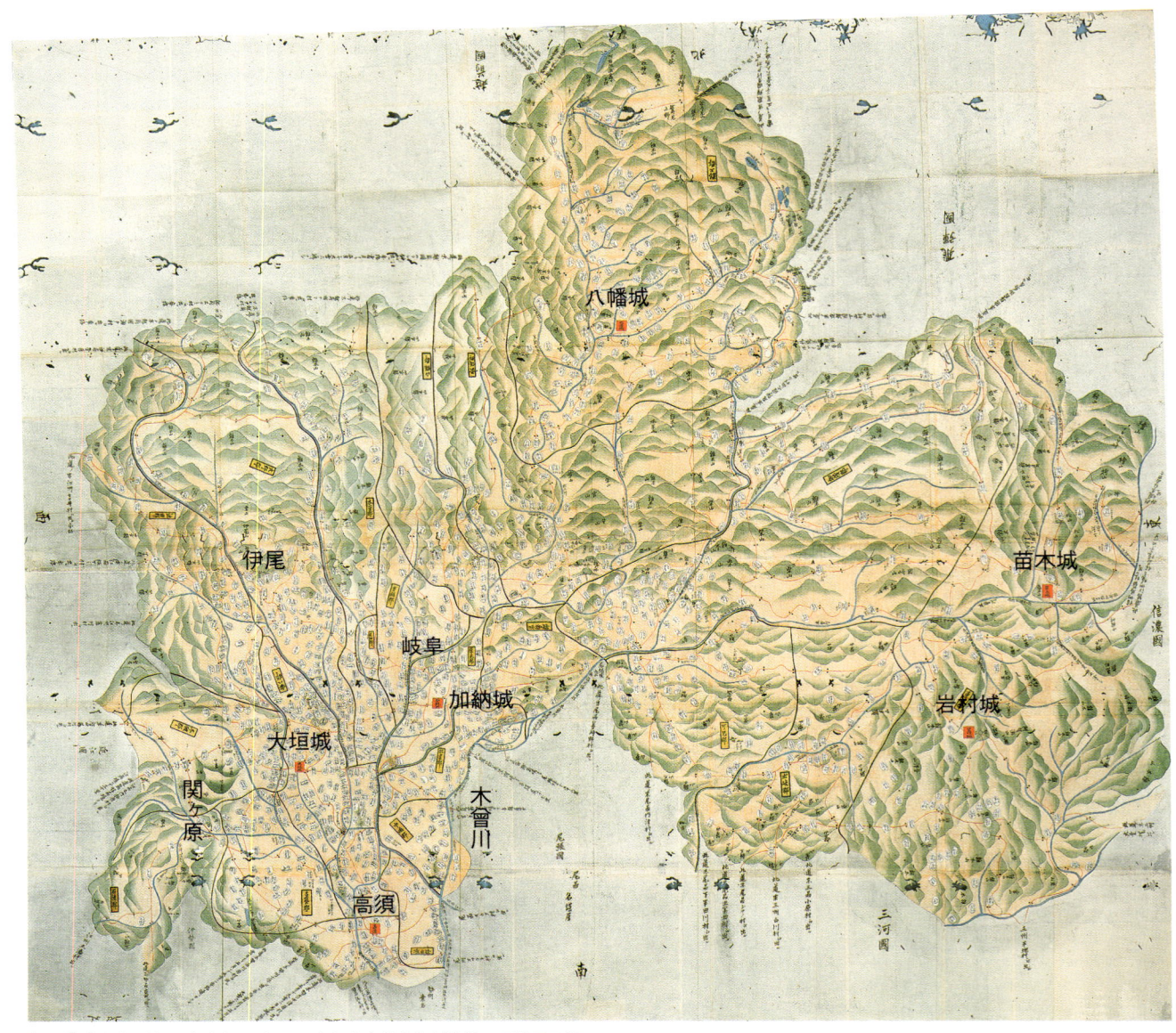

【図1】「美濃国絵図（写）」 正保図、京都府立総合資料館蔵、国絵図目録17、170×191
松平乗命本「美濃国絵図」の写図である。凡例や高頭等を欠くが、郡名・村数から正保図と確認できる。赤に彩色された正方形は城郭・城下を示している。

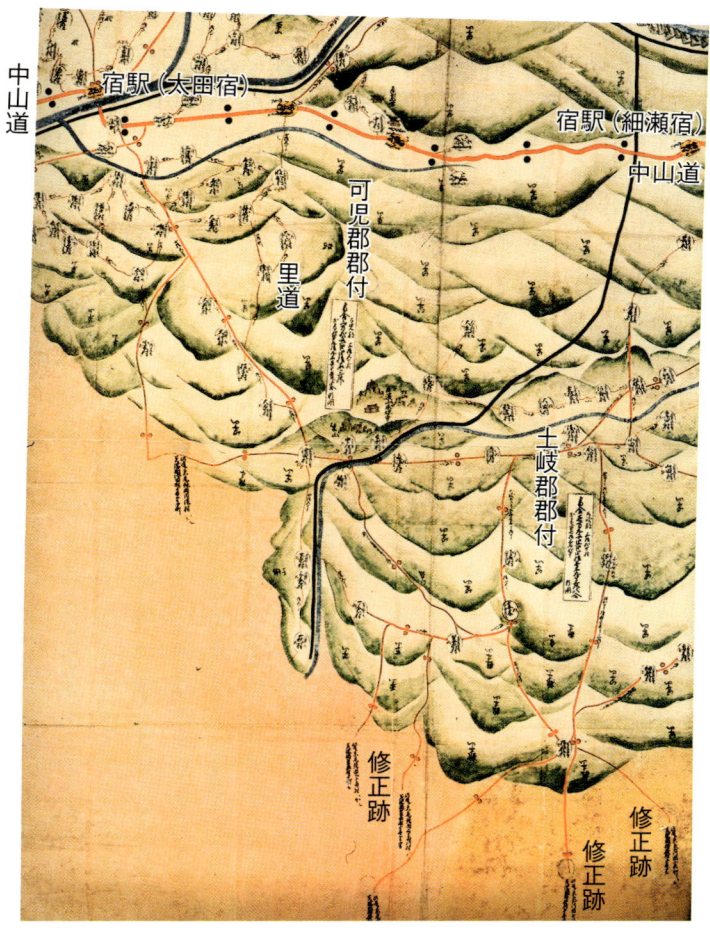

【図2】「正保美濃国絵図」 部分　岐阜県歴史資料館蔵、明治期岐阜県庁事務文書3.30-10、495×550

山々に植生（樹木）注記が記載され、すべての村を結ぶように道路が記載されている。

【図3】「正保美濃国絵図（写）」 部分　京都府立総合資料館蔵
図2とほぼ同じ範囲である。村々を結ぶ道路がかなり整理され、一里山も黒双点に統一されている。

美濃国

部に大きな関心が向けられていることである。山地部の文字注記は①山地名、②「宮山」（南宮社領）などの支配関係、③植生、④鷹の生息地、の４種類である。このうち、とくに注目されるのが③植生である。山地の植生注記は檜山、枛檜山（すぎひのき）、松山、小松山、雑木山、柴山（芝山）、草山、竹篠山の８種にもわたる。美濃国全体で見れば、雑木山、柴山（芝山）、草山が圧倒的であるが、檜山・枛檜山は美濃北部の飛騨国境付近から東部の信濃国境付近に集中している（図６）。また、この地域には「巣鷹山」・「新巣鷹山　但年々不定」等の記載も見られる。よく知られているように、木曾を中心とした檜は貴重な木材資源として保護され、領主による厳重な管理が行われていた。美濃国絵図における山地植生注記はそうした資源への関心から記載されたものと考えられ、美濃国絵図の大きな特色になっている。

（渡邊秀一）

【参考文献】
岐阜県古地図研究会編 1979『美濃・飛騨の古地図』（教育文化出版協会）／岐阜県編 1968『岐阜県史通史編近世上』（岐阜県）

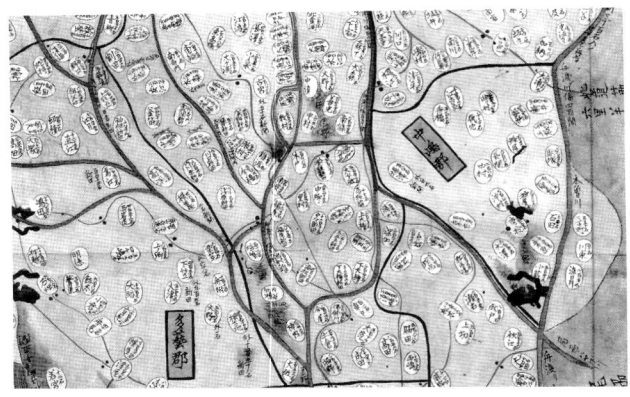

【図４】「正保図美濃国絵図（写）」部分　京都府立総合資料館蔵
村形の外に新開高が記載され、「ヨシ野」が各所に見られる。

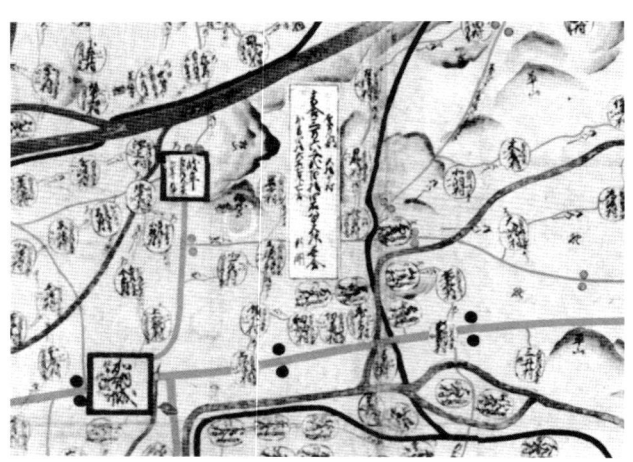

【図５】「正保美濃国絵図」部分　岐阜県歴史資料館蔵
加納城の北に岐阜が見える。岐阜の北を流れる河川は長良川である。岐阜の背後の山には廃城となった岐阜城があったが、絵図中には古城としても記載されていない。

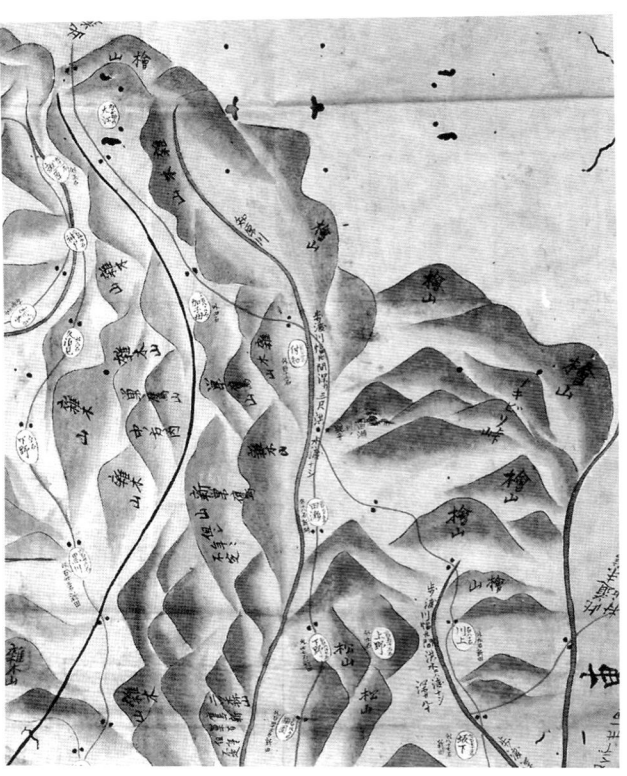

【図６】「美濃国絵図（写）」正保図　部分　京都府立総合資料館蔵
美濃東部、苗木城北方の飛騨国境付近である。この地域にはとくに檜山の記載が多い。また、巣鷹山、新巣鷹山などの記載も見られる。

飛驒国

正保図を探し求めて

現在確認されている江戸幕府撰の飛驒国絵図は、国立公文書館に収蔵されている天保図1鋪のみである。もちろん、江戸幕府撰国絵図に基づいて作成されたと思われる飛驒国図は幾つかあるが、すべて縮写図である。以下では、正保図とのかかわりが指摘され、あるいは推定されている京都府立総合資料館所蔵の飛驒国絵図（松平乗命本の写図、明治初年）、及び岐阜県立飛驒高山高等学校蔵「飛驒国絵図」を紹介する。

〔松平乗命本飛驒国図〕　福井保によると松平乗命本飛驒国図には「四郡高三万八千七百六拾四石」との記載があり、その石高から正保図とみなされるという。先の「四郡」という記載は明らかに3郡の誤りであるが、この誤りも含めて写された京都府立総合資料館本（図1）も正保図ということになる。ただ写図であるためか、村高をはじめ、郡高や一里山・郡界など国絵図として必要な情報はなく、きわめて簡略な絵図である。

当該図に記載された情報は、飛驒国石高（3万8764石）と村形内に記載された村名（109か村）、道路（朱線）、古城（朱丸）、隣国への道法注記、坂・峠名、主要地点間の道法、国境注記、山地・河川である。このうち、飛驒国石高や村数・村名が『日本六十余州図』と一致し、山地の描き方、国境道法注記もほぼ同じである。また、古城の数・位置も一致しているが、『日本六十余州図』では正方形の黒枠内に「古城・増島古城」と記載しているのに対して、当該図で増島古城（現・古川町）を高山と同じ朱色に彩色した正方形を用いている。古城とは記載されているが、町として記載されたものであろう。

このように松平乗命本写図と『日本六十余州図』とはきわめて類似しているが、松平乗命当該図に新たな情報として付け加えられているのは、坂・峠名、主要地点間の道法、国境注記の3点である。坂・峠名、主要地点間の道法は一種の交通情報であり、当該図が正保図作成によって作られた絵図であれば、正保図の交通情報重視の姿勢がここに表れているともいえよう。

〔飛驒高山高等学校蔵飛驒国絵図〕　当該図（図2）には「飛州大野郡灘郷西一色村　松泰寺　元禄八乙亥歳三月日。飛驒国三郡、郷数弐拾四郷、内九郷益田郡、内九郷大野郡、内六郷吉城郡。村数四百拾三箇村、内百箇村益田郡、内百卅三ヶ村大野郡、内百八拾ヶ村吉城郡、内下山・栗屋谷二ヶ村亡所」と文字記載されている。飛驒3郡の郷数・村数は、大垣藩による元禄7（1694）年の検地結果と一致している。また、松泰寺がある灘郷も元禄検地で再編成された郷であり、同帳に吉城郡下山村・栗屋谷村の村高が計上されていない点も亡所という絵図中の記載と一致している。

このように文字記載は元禄検地の結果を反映しているが、絵図の内容は元禄検地以前のものである。なぜなら、城下町高山に「御城」との記載があり（図3）、元禄8年の高山城破却以前、金森家在城時のものであることを示しているからである。さらに、絵図中の村数は益田郡81村、大野郡133村、吉城郡180村であり、益田郡が元禄検地の村数と大きく異なっている。飛驒国の正保郷帳は残っていないが、益田郡村数は『寛文朱印留』と一致しており、正保期の村数である可能性は十分に考えられる。当該図が国絵図に基づくものであれば、元禄8年は元禄図の調製以前であり、正保図がベースになったことが考えられよう。

凡例によれば、当該図が記載する情報は飛驒3郡の村々のほか、口番所・道、旅館、古城、山地、所々の橋である。3郡の村々は小判型の村形で示され、益田郡は白色、大野郡は青色、吉城郡は橙色に彩色されている。村形内には村名はあるが、村高の記載はない。また、郡界（本図中には粗い郡界らしき線が引かれているが、これは加筆である）や郡付・高目録、主道・脇道の区別、一里山の記載もない。しかし、所々の渡河地点には「舟渡・カチワタシ」の区別および橋が記載され描かれ、国境には「〇〇国××村江出ル」の形式の小書きがあり、隣国はかすかに色分けされた痕跡が認められる。なお、旅館、古城の記載は褪色しているため見分けにくい。

当該図の記載内容で注目されるのは、①谷地名など、地名注記が比較的豊富なこと、②金山・銀山の記載があること、③口番所が強調されていること、④美濃国武儀郡金山村、同郡桐原（切原）村および杳部村など美濃国郡上郡8か村が記載されていることである。①は美濃国正保図にも認められる特色である。②の金山・銀山は3か所に文字記載がある。飛驒国は美濃国などと並ぶ木

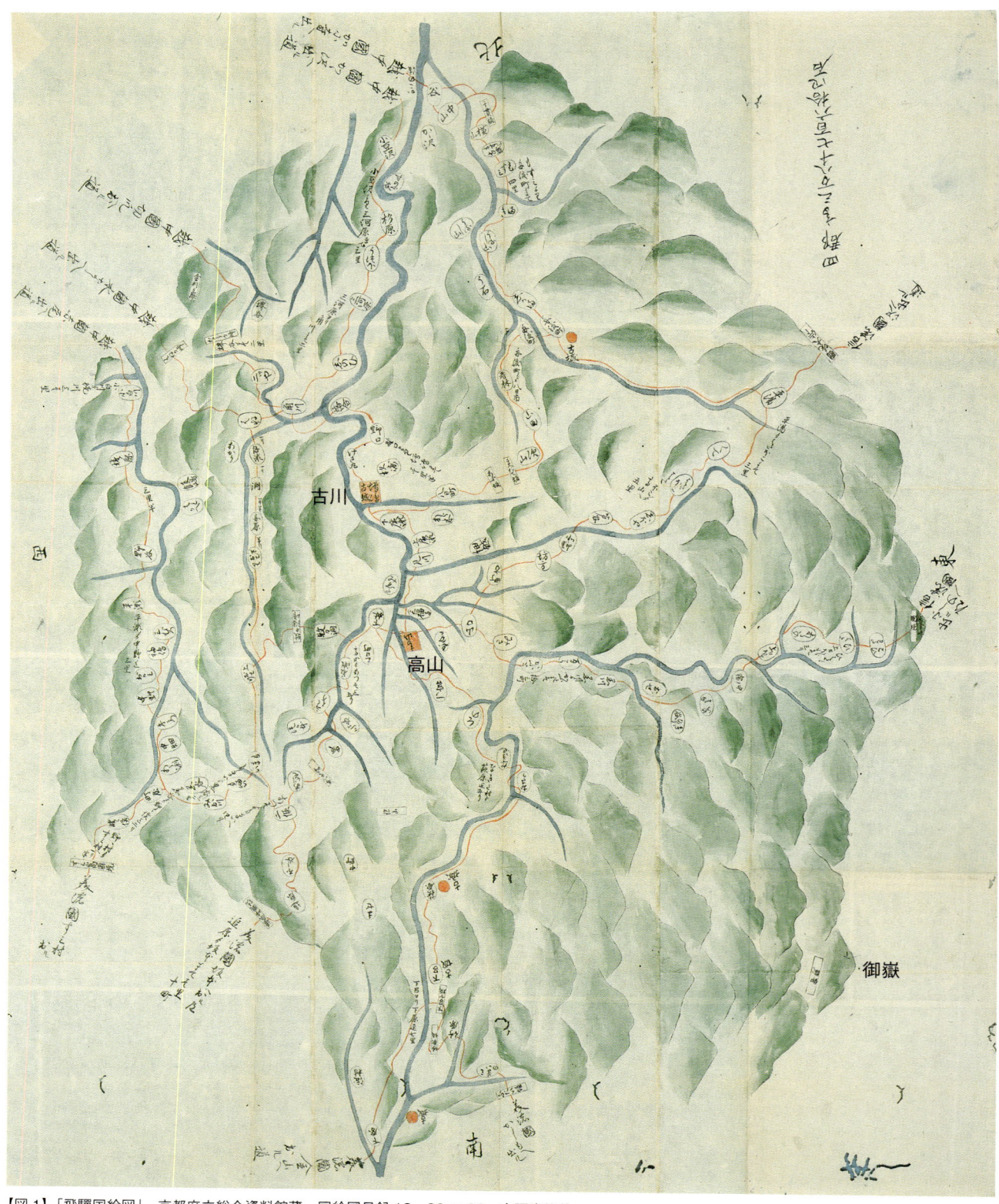

【図1】「飛騨国絵図」 京都府立総合資料館蔵、国絵図目録18、80×96、吉阪鷹峰絵
本図は正保図の写といわれる松平乗命本「飛騨国絵図」の写である。村数や村名など、絵図の基本的内容は『日本六十余州図』に基づいているが、一部に里程が書き込まれ、坂・峠などの記載が加えられている。朱色に彩色された正方形は高山と古川、朱丸は古城を示している。

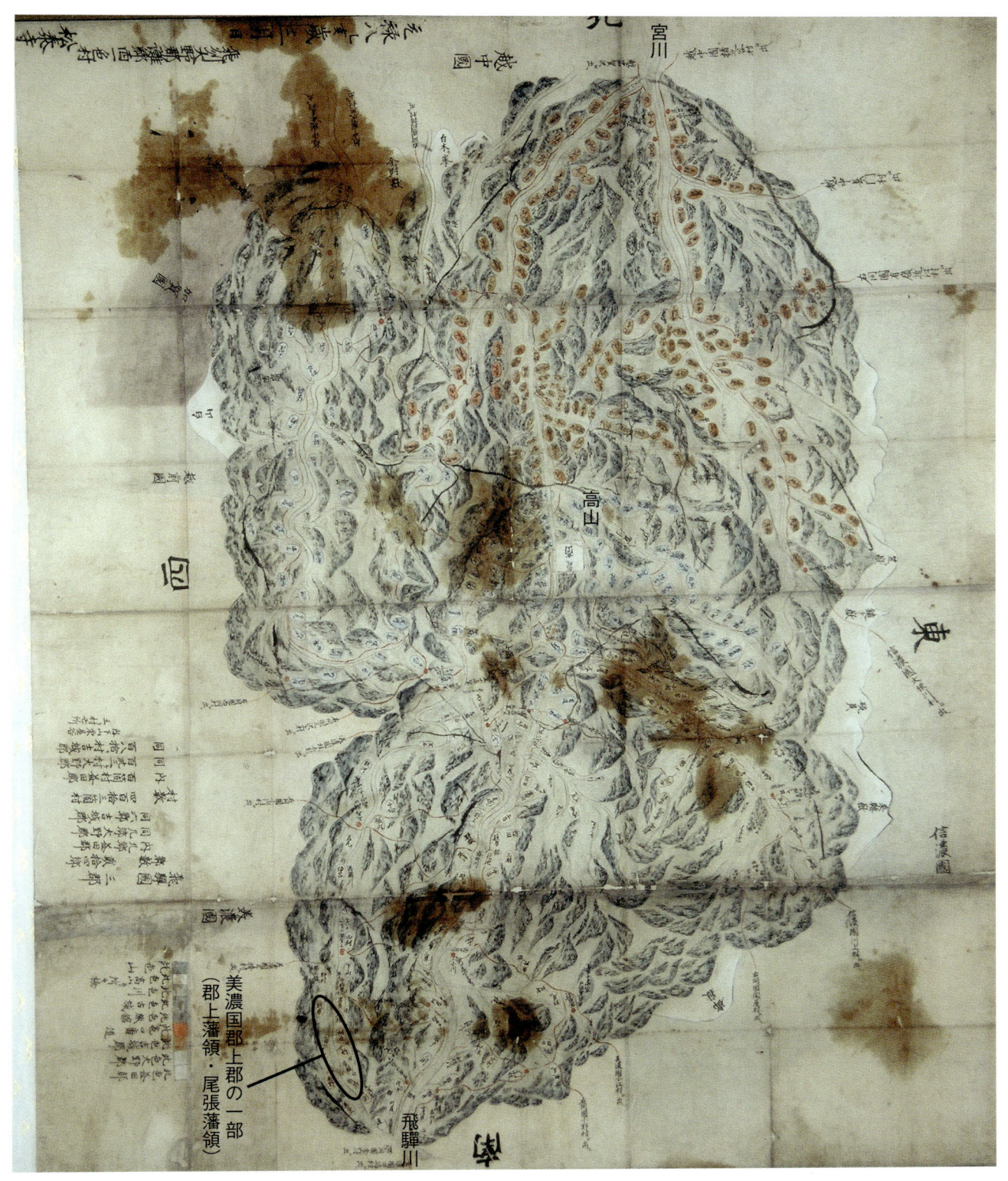

【図2】「飛騨国絵図」 岐阜県立飛騨高山高等学校蔵、89×107
元禄7(1694)年に大垣藩によって実施された飛騨国検地を契機に作成された絵図といわれているが、文字記載と絵図内容が異なっている。絵図内容は金森家高山在城期のものと考えられる。村形を郡別に色分けするなど、国絵図の形式を備えた絵図である。本図には白山や乗鞍岳などの高山が白く着色され、描かれている。

材の生産地として知られているが、17世紀前半においては金銀山が木材以上に重要な生産物であった。当該図に木材資源に関する記載がなく、金銀山を数多く記載しているのも、そうした当時の経済状況を物語っている（図4）。また③の口番所は31か所で、高山からの里程が口番所名とともに注記されている。口番所は尾張国境にはなく、越前国境1か所、信濃国境2か所に対して、越中・美濃国境だけで20か所が設けられている（図5）。④についていえば、武儀郡の2か村は元和元年以降尾張藩領で、図中にもそのことが記載されている。また、郡上郡8か村にも郡上領と記載されている（図2）。正保美濃国絵図でも隣国村落を記載した形跡があったことを考えると、興味深い点である。

（渡邊秀一）

【参考文献】
岐阜県古地図研究会編 1979『美濃・飛騨の古地図』（教育文化出版協会）／川村博忠編 2002『寛永十年巡見使国絵図日本六十余州図』（柏書房）／岐阜県 1965『岐阜県史資料編』（岐阜県）

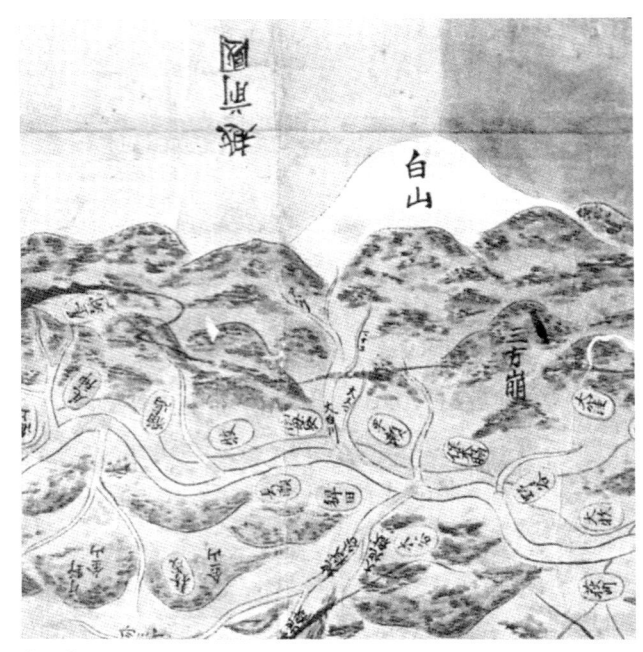

【図4】「飛騨国絵図」 飛騨高山高等学校蔵
白川（現・庄川）流域の越前国境付近に「片野金山」・「金山」の記載が見える。

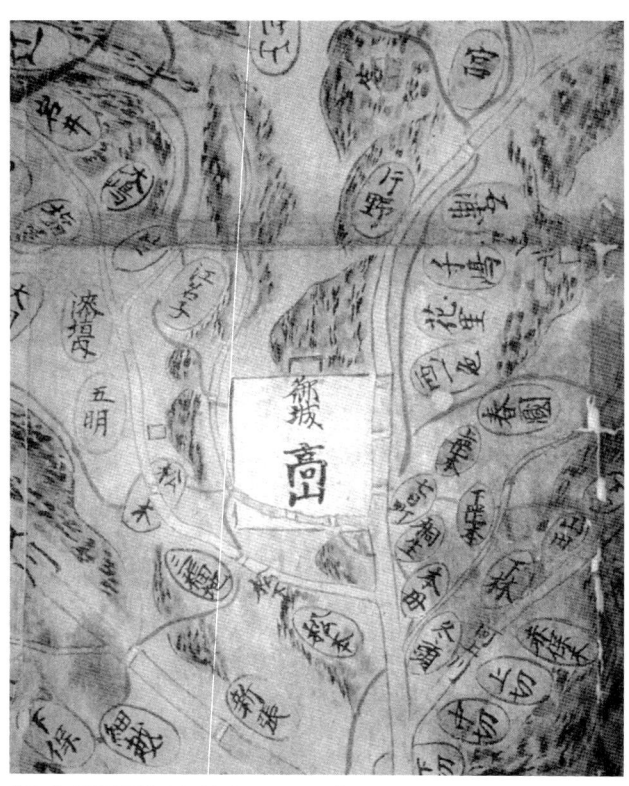

【図3】「飛騨国絵図」（高山とその周辺）部分 飛騨高山高等学校蔵
高山には「御城」と記載されている。これはこの図が高山城廃城前に作成されたことを示している。また、高山の周囲を流れる宮川等の河川に数多くの橋がかかっていた様子も分かる。

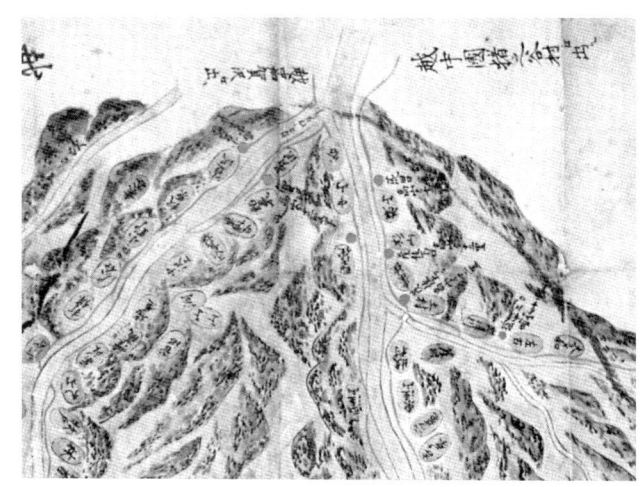

【図5】「飛騨国絵図」 部分 飛騨高山高等学校蔵
越中国境の宮川・高原川合流点付近である。宮川には「カチワタリ」の注記がある。また、この一角だけで7か所もの口番所が設置されている。高原川右岸の荒田口・茂住上口・茂住下口・跡津川口には「高山より十二里」の道法注記があるが、すべて同一距離であり、概算であることがわかる。一方、宮川左岸の小豆沢口では「十二里」、右岸の加賀沢口では「十二里半」と記載されている。

信濃国
期待される通絵図研究

正保以降の幕府撰信濃国絵図は現存する。しかし国絵図自体についての研究はいまだ見られず、徐々にではあるが、関連史料の蓄積が進められているのが現状である。

〔正保国絵図〕 信濃国は8名の大名（飯山・松代・上田・小諸・高嶋（たかとお）・高遠・松本・飯田）と2名の幕府代官（岡上・設楽（しだら））の計10名の相持（あいもち）で作成された。まとめ役に松代藩がなり、正保4（1647）年3月に幕府に提出されている。この国絵図は仙石家文書（上田市立博物館蔵）中にあり、献上図控ではないかと考えられている。466×854cmときわめて大きい。畾紙（らいし）部分には目録や作成年（正保4年）が記されている。目録内容は郡別色分・郡高・郡名に、国高「合五拾四万四千七百七拾石三斗三升八合」と記され、続いて領主高・領主名（領主記号）になっており、御蔵納（幕府領）から始まり大名領、旗本御家人、社寺領などの順で、最後に「正保四丁亥三月十一日」という年紀がある。方位は北と西が外向で、隣国色分けもされているが、全体の構図はまちまちである。

図像と小書きの特徴を見ていこう。郡別に色分された小判型の村形内は、村名のほかに「石余」までの村高が記されている。領主名は「いろは……」の記号で示される。一方、町形は矩形で相給表現もある。国境（くにざかい）は山稜線で示され、郡境は墨筋で引かれている。人工物では城郭は矩形の中に城名と領主名が注記されている。とくに「城下町居城」という形で飯山・長沼・松代・上田・松本・高嶋・小諸・高遠・飯田がある。このほかに古城・橋・名所旧蹟・番所関所の景観表現が見られる。自然景観を見ると山は鳥瞰風に描かれ、木山・芝山・岩山の別があり、御嶽・乗鞍嶽・焼嶽そして戸隠山などは霊山表現といってよい。浅間山には噴煙表現があり、火山であることが示され、温泉記号も描かれている。植生についても針葉樹や松杉などの樹種区別の注記がある。

交通記載を見ると、太線と細線の別があり、その細線も一里山記号の有無があり、少なくとも3種類の区別はありそうだ。隣村間の里程も多く記され、宿場機能を表す「馬次」もある。このほかに安曇郡では「佐野村より白池迄拾四里之間　十月より三月之末迄雪ニ而牛馬道無御座候」などの難所記載もあり、正保期の国絵図の特徴が見られる。国境小書きでは「○○境より他国の村迄の里程」、「自国の村より境迄の里程」が書かれる。なお関連史料の正保郷帳（ごうちょう）は「信濃国郷村帳」上下2冊が上田市立博物館に所蔵されているほか、国立公文書館にも現存する。

〔元禄国絵図〕 この国絵図は元禄期の清絵図（きよえず）担当者であった真田家伝来、現在は松代藩文化施設管理事務所蔵の大きさ495×875cmのものである。事業は元禄10（1697）年4月に命じられ、絵図元には4大名（松代・松本・飯山・上田藩主）があたった。4藩は「御組合役人」と称し、江戸の上屋敷を中心に連絡しあって元禄15（1702）年12月に献上した。実際の作業は松代藩が最寄りの高井・水内（みのち）郡と更級・埴科（はにしな）の北信4郡と諏訪郡の計5郡を、飯山藩も高井・水内両郡と伊那郡の3郡、松本藩は筑摩・安曇両郡と木曾を、上田藩は小県（ちいさがた）・佐久2郡を分担した。

当該国絵図は損傷が著しいが、全体として極彩色の明るい色調をもっている。畾紙部分に「信濃国拾郡高合並郡色分目録」と表題があり、内容は郡別色分・郡名・郡高・郡村数が記されたのち、国高・国村数、そして「元禄十五壬午歳十二月」の年紀、最後に「真田伊豆守　水野隼人正　仙石越前守　松平遠江守」と4名の絵図元名が記される。

記載内容の概要を見ると、村形は小判型で村形内には「石余」までの村高と村名が記される。山稜線が国境で、郡境は墨筋で引かれる。城郭は矩形で表現され、寺社や名所旧跡は鳥瞰表現と注記で示す。番所の鳥瞰表現が注目される。自然景観では霊山表現も見られ、浅間山の噴煙や温泉も描かれる。植生についても樹種別がある。このほかに交通記載や国境小書きも見られる。なお、縁絵図（へりえず）や変地帳（かいちちょう）をはじめとする関連史料には国立史料館真田家文書や松代藩絵図元締役大日方茂雄氏文書などが数多く残されている。

〔天保国絵図〕 これは国立公文書館蔵の清絵図で、大きさは480×857cmである。関連史料は真田家文書や上田市立博物館などにある。事業は、天保2（1831）年11月に郷帳の改訂が命じられ、同5年末には作業は終

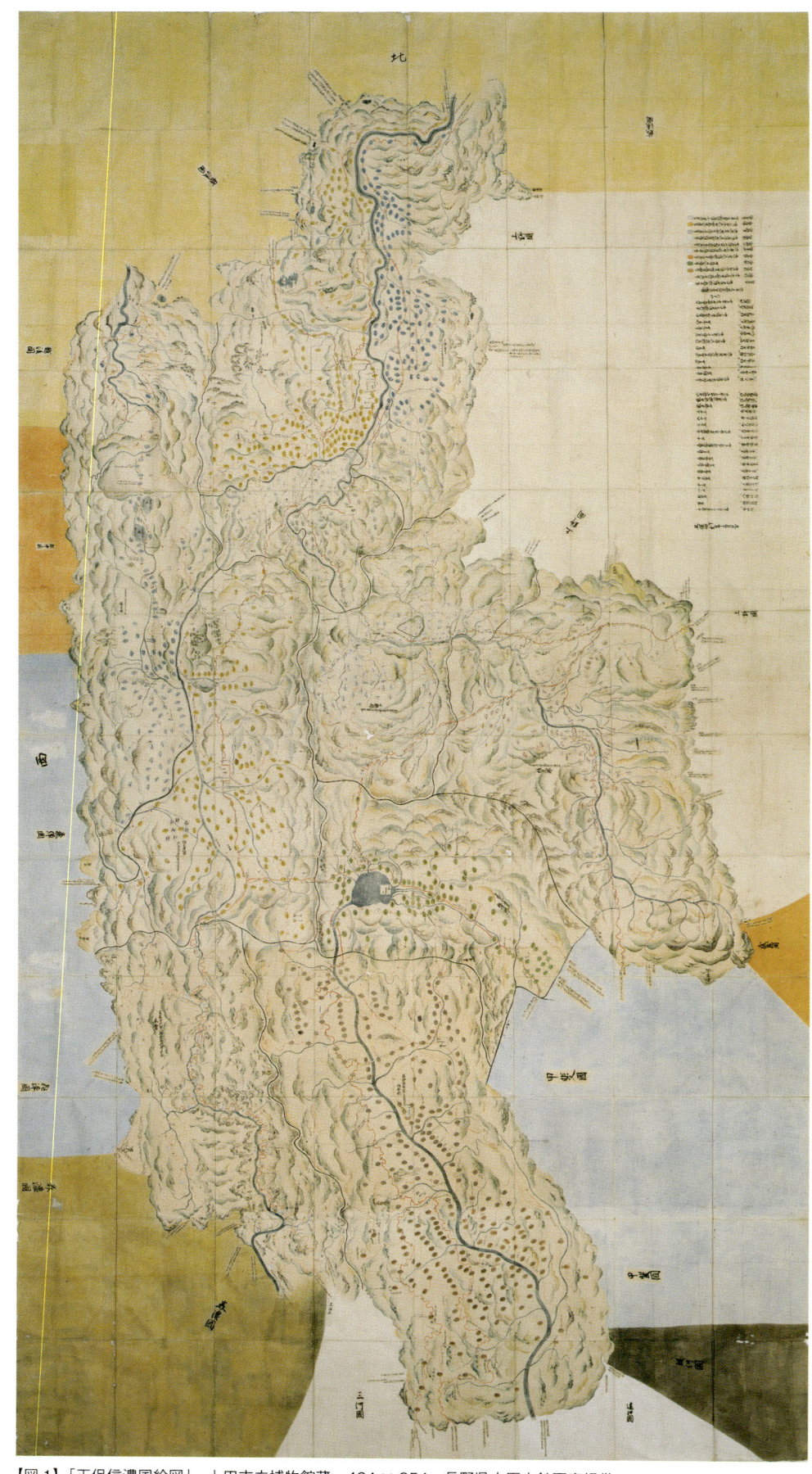

【図1】「正保信濃国絵図」　上田市立博物館蔵、464 × 854、長野県立歴史館写真提供

【図2】「元禄信濃国絵図」 松代藩文化施設管理事務所蔵、495 × 875

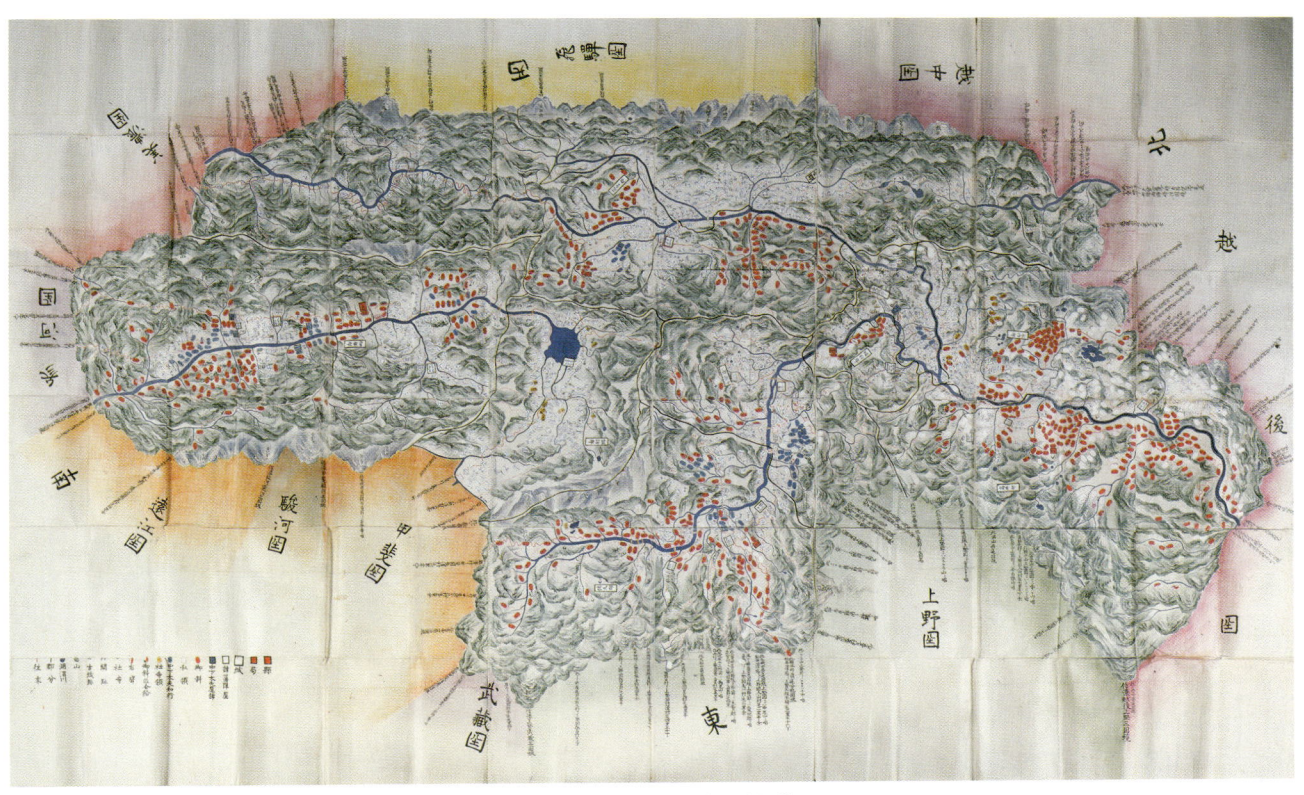

【図3】「明治初期信濃国絵図」 長野県立歴史館蔵、256.2 × 426、長野市立博物館写真提供

信濃国

了し、それを受けて国絵図の作成が命じられた。国絵図を受け持った「相掛（あいがかり）」は、幕府が作成した下絵図に訂正事項を示した懸紙（かけがみ）を貼って提出し、それを基に一括して幕府担当者が改訂を行うという方式がとられた。この「相掛」に松代・松本・上田藩主の3名がなった。松代藩は高井・水内・更級・埴科の4郡、松本藩は筑摩・安曇・伊那の3郡、上田藩は小県・佐久・諏訪の3郡を分担した。こうして同9（1838）年5月に幕府に提出された。このときの切絵図が松代藩文化施設管理事務所や上田市立博物館に現存している。

国立公文書館図は清絵図であるので畾紙目録は整っており、「信濃国高村数並色分目録」の表題があり、内容は「郡色分・郡名・郡高・郡村数」、そして「国高・国村数」が記され、作成年の「天保五年戊戌五月」と、作成者「明楽飛騨守（あけら）・田口五郎右衛門・大沢主馬」が記されている。方位は四辺外向で、隣国色分けがなされている。山や小書きから見る構図は、全体としてはまちまちの構図のようにも見えるが、詳細に見ると実際の地形の枠組みを考慮に入れて、山稜線でもって盆地状表現も見られる。大きく北信・東信・諏訪・伊那谷・木曾・松本といった地域ごとにまとまりの見られる構図を示している。

図像の特徴では、小判型の村形で村形内に村高や村名が記載されている。木曾地域は村名の右上に「木曾」と付記されている。また町形は矩形内に記載される。国境線は引かれていないが、郡境は墨筋である。人工景観では、城郭は矩形の中に城名と領主名とが記載される（小諸・上田・飯山・松代・松本・高嶋・高遠・飯田）。陣屋は「○○住所」とあって、福島や座光寺など、そのほかに「番所」が岩村田などに見られる。寺社・名所旧蹟は鳥瞰風に表現され、福島関所には屋敷も描かれている。地勢表現では岩山などの鳥瞰風表現はあるが、霊山表現は少ない。火山や温泉も描かれている。また、松や杉の樹種分類もある。水系には河川名も記されている。交通路記載を見ると、太細線の別がある。国境小書きには「○○嶺通国境」、「○○国境不相知」、「他国の村迄の里程」などがある。

〔明治初期の国絵図〕　明治元（1868）年12月24日に行政官より府県と諸侯に「達」があり、管轄地の地図を1里1寸の縮尺で作成し、差し出すようにとの命が下る。天保国絵図作成時と同様に、このときの懸紙形式の切図が真田宝物館にも所蔵されている。しかし明治3（1870）年御国絵図新規御改正の命を最後に国絵図は作られなくなる。

絵図の概要を述べると、方位は内向の形式をとり、隣国も色分けされて江戸幕府撰国絵図の作成様式を踏襲している。畾紙目録には数種類の凡例があり、大小の四角形の中を色分けして、県・局・城・諸藩陣屋・中小太夫屋敷別がある。また、村形は小判型で、御料・私領・中小太夫知行・社寺領・相給地そして宿駅に色分けされている。このほかにも社寺・関所・古城跡の記号や、山・水系の色分け、さらには郡境・往来の記号が見られる。地図記号に一歩近づいた目録内容になってきていることが分かる。構図そのものは自然の枠組みの小空間が山稜線で枠付けられている。村形には村高記載がなく、在所名のみとなっている。相給表現は色分けされているが、御料私領などの別で領主別ではない。人工物表現では城表現が興味深く、時代の転換期を表すように多様な表現となっており、城は二重の矩形で示され須坂・飯山・松代・上田・小諸・岩村田・高嶋・松本・高遠・飯田の10か所ある。局は一重枠の矩形で中之条・御影・塩尻・中野の4か所表現されている。県は伊那県が飯島に置かれている。そのほかにも諸藩陣屋や中小太夫屋敷がある。寺社や名所旧蹟については上述したように記号化されている。国境小書きは「嶺通国境」や「国境の村より他国の村までの里程」が書かれている。このように近世と近代の過渡期の折衷様式となっている。

以上、信濃国には正保国絵図から近代期の国絵図まで、系統的に官撰国絵図が現存し、地域変遷史や歴史地理的研究に広く活用できるだけでなく、絵図様式についての通絵図研究が可能である。

（上原秀明）

【参考文献】
長野市立博物館 1999『第40回特別展信濃国絵図の世界』

上野国

元禄図記載の枝郷をめぐって

　ここで紹介する国絵図は、群馬県立文書館収蔵（高野清氏寄託）の元禄上野国絵図である。贉紙部分には「元禄十五年壬午十二月　酒井雅楽頭」とあることから、江戸幕府撰国絵図の系譜を受け継ぐ国絵図といってよい。また、国立公文書館に天保国絵図が、そして正保国絵図写が各1点所蔵されている。関連史料として、元禄郷帳（東京大学法学部法制史資料室）、寛文郷帳・天保郷帳（国立公文書館）の存在が知られている。このほかに、天保8（1837）年提出の国絵図写が群馬県立文書館に切図で現存し、木箱の表に「上野国絵図写」とある。裏には「天保七年申年四月上野国御絵図御取調被為蒙仰御相掛リ　松平右京亮様板倉伊予守様同八酉年十二月御勘定所江被差出候御絵図写」の墨書がある。

　〔元禄国絵図の作成過程〕　酒井家文書の記事（「重朗日記抜粋」）では、この事業の開始時期は、元禄10（1697）年閏2月4日、「諸国ノ絵図　仰付ラルニ因テ上野国ヲ　命セラルノ旨　評定所ニ於テ云渡シアリ、白倉茂兵衛出テ是ヲ承ル」とある。また前橋藩内の絵図担当者についても、同月16日記事に、「熊谷平左衛門・犬塚又内ヲ前橋ヨリ召テ国絵図ノ奉行ニ仰付ラル」とある。下絵図作成の過程で、元禄14（1701）年5月朔日に藤谷平左衛門が井上大和守正岑に絵図を持参し、伺いをたてた。こうして事業開始から5年後の元禄15（1702）年12月6日になり、国絵図2枚並郷帳2冊を評定所へ、縁絵図5枚、変地帳1冊を井上大和守へ、郷帳1冊を久貝因幡守へ持参したのが12日のことであった。

　〔記載内容〕　本図は縦（南北）520×横（東西）555cmの大きさで、絵図としては完成度の高いものである。絵図の余白部分（贉紙）には「上野国高都合並郡色分目録」とあり、郡別色分村形・郡名・郡高・郡村数の順序で記載されている。方位は四隅内向で、隣国は下地が塗られている。図像の特徴を見ると、村形は小判型で、中に村名と石高とが記載されている。しかし、石高記載のない枝郷などが描かれているために、国絵図記載の郷村数と郷帳記載の郷村数とは一致しない。これらは「〜之内」のほかに、「〜村之枝郷」、肩書きなしの3つに分類できる。一方、町形は長方形と楕円とが見られるが、記載内容は村形と同じである。たとえば在郷町（太田町・中之条・藤岡・新町）や利根川河岸（図1）、そして城下町や旧城下町（沼田・館林）が町形で示されている。城形は四角形で、前橋城と高崎城と記され、それぞれ酒井雅楽頭、松平右京太夫の藩主名が墨書される。このほかに七日市・安中・小幡・伊勢崎藩でも四角形の中に、「誰々住所」と墨書されている。古城跡は山頂が平らに削りとられた表現で、中世山城の様相が鳥瞰風に描写される。社寺表現では、建物などの景観描写と注記が代表的なものについて描かれている。たとえば上毛三山にある赤城大明神、榛名山や妙義神社、そして浅間大明神や一宮逆鉾大社などである。朱筋で引かれた道筋には、太線と細線との区別があるようで、中仙道、信州・三国・例幣使・会津街道、真田・三国裏道などが太線である。このほかに、中仙道では高崎・安中（図6）、例幣使街道では五料・新町といった河岸場には、村形の外に「馬

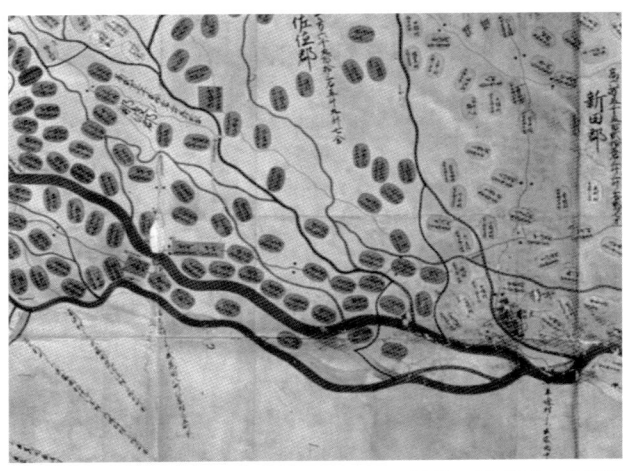

【図1】「元禄上野国絵図」（利根川筋の五料河岸付近）　群馬県立文書館蔵

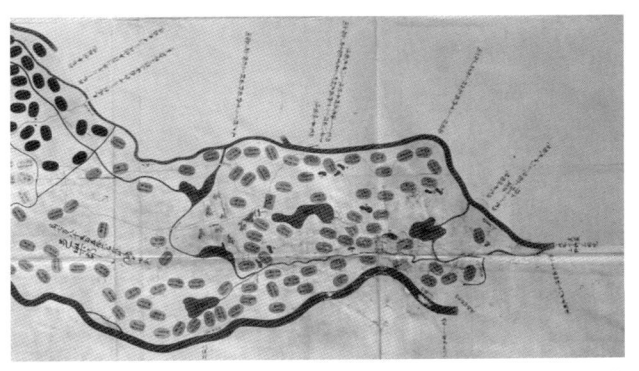

【図2】「元禄上野国絵図」（利根川と渡良瀬川合流部付近）　群馬県立文書館蔵

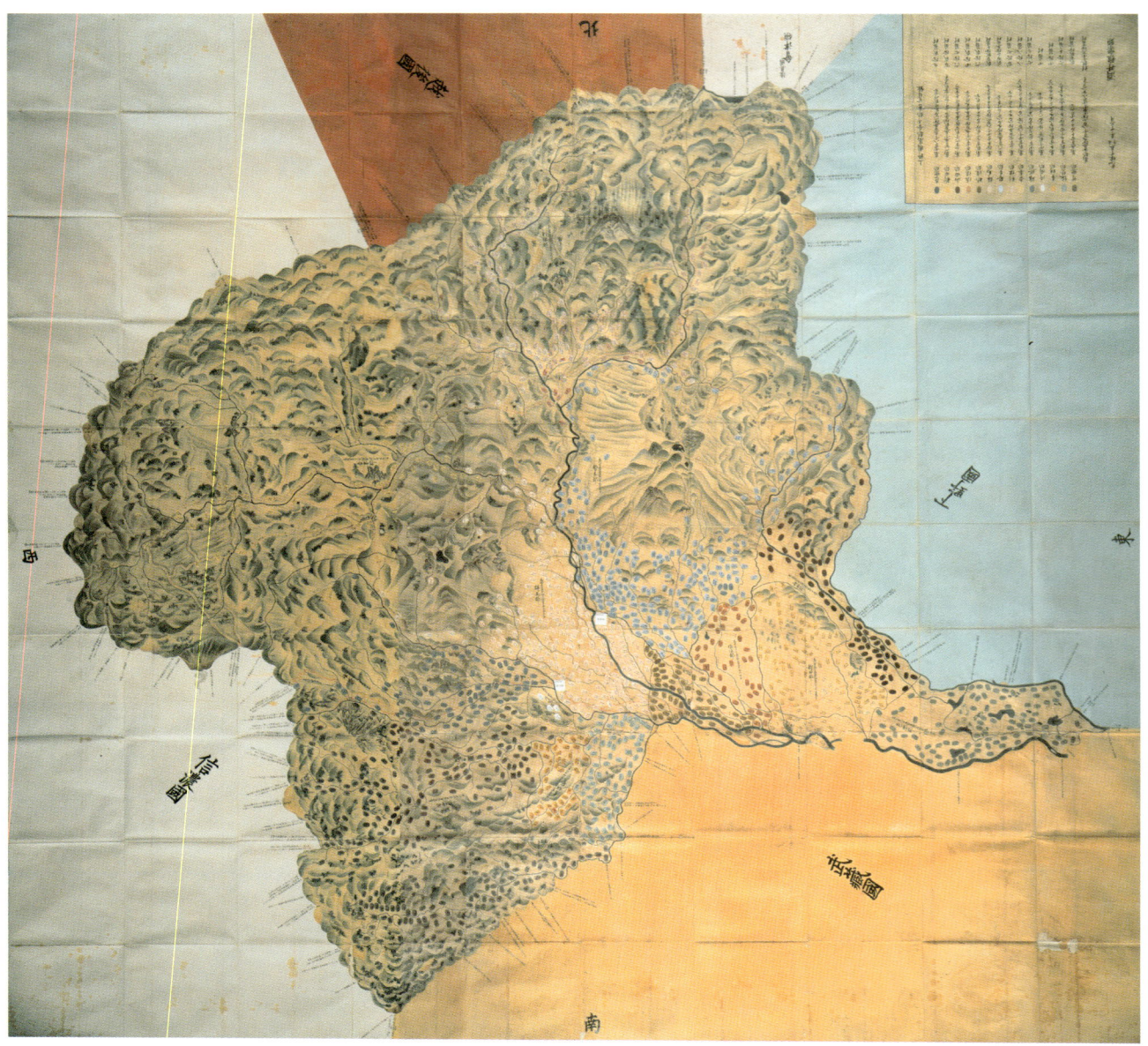

【図3】「元禄上野国絵図」 群馬県立文書館蔵、P8710、520 × 555

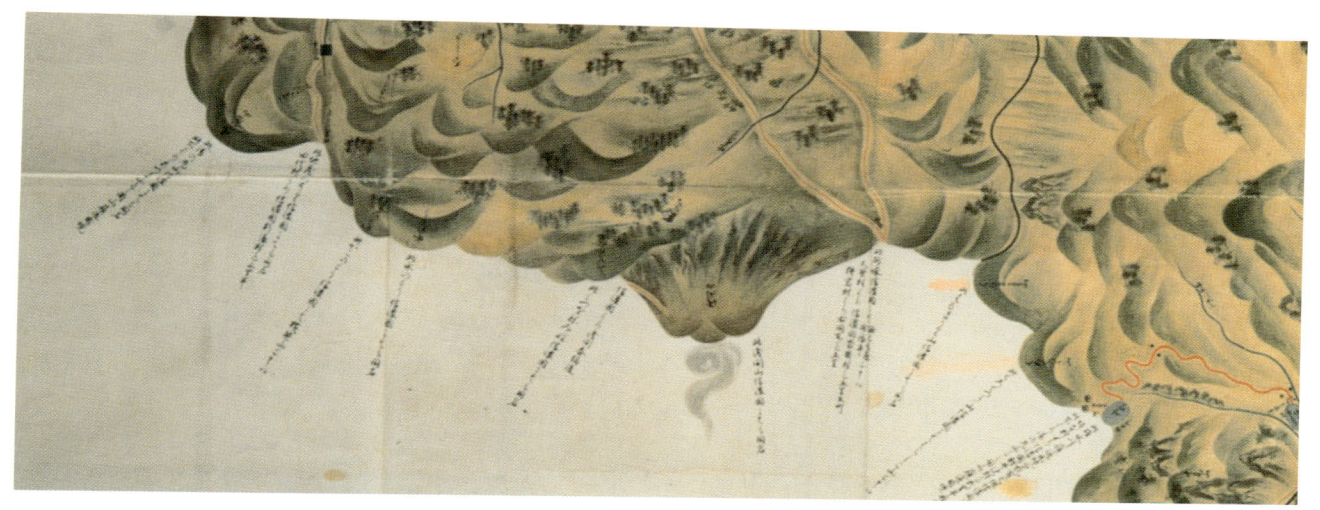

【図4】「元禄上野国絵図」(浅間山付近) 群馬県立文書館蔵

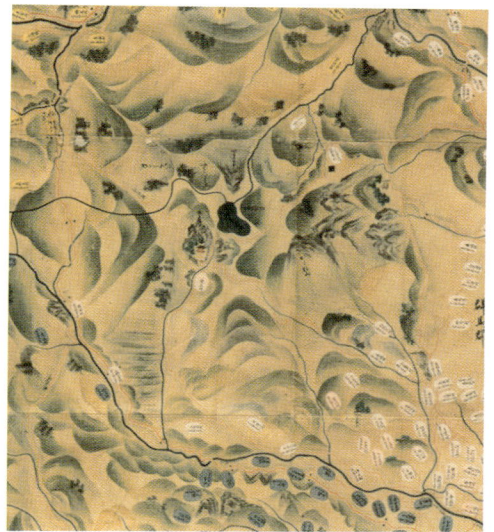

【図5】「元禄上野国絵図」(榛名山付近) 群馬県立文書館蔵

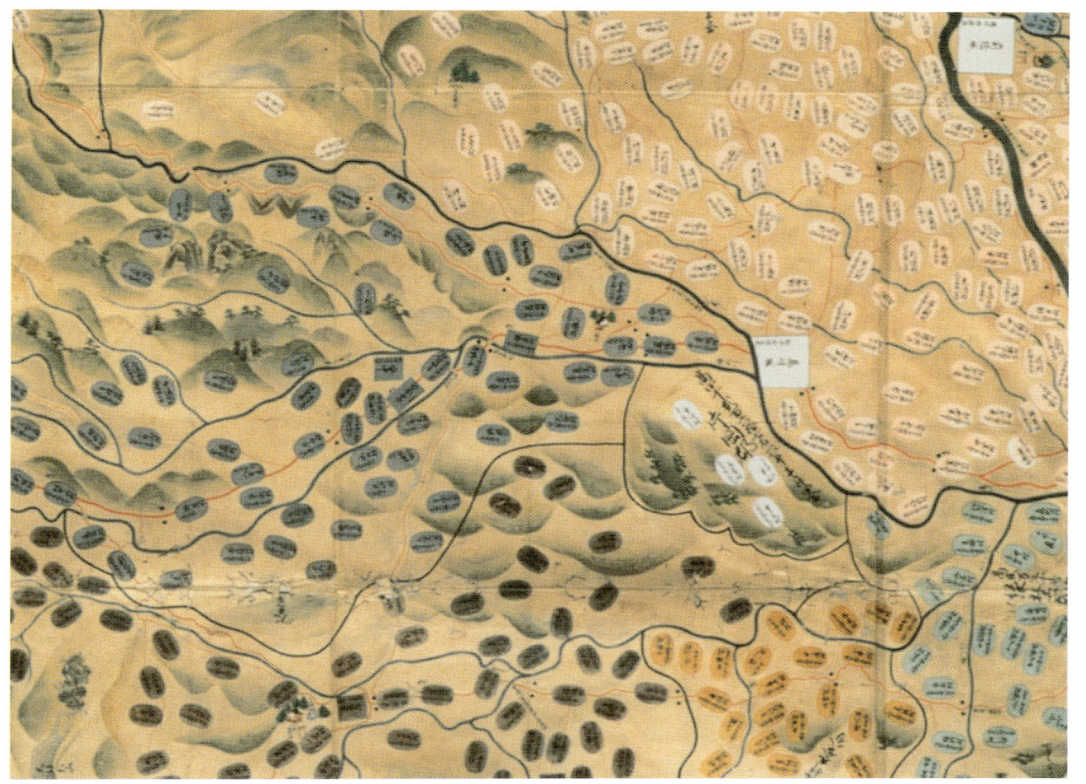

【図6】「元禄上野国絵図」(中仙道高崎・安中付近) 群馬県立文書館蔵

上野国

次」が記載されている。また、関所や番所は道筋をまたぐように描かれる。碓氷関所、五料御関所といった固有名詞が記されるものと、御関所・番所と一般名詞で記載されるものとがある。また、温泉地は小さな四角形内を藍色で塗られた中に、「湯」と墨書されている。

次に自然景観を見ていこう。活火山である浅間山には噴煙まで描かれ、上毛三山の赤城山、榛名山、妙義山といった山は、幾分写実的に描かれ、そのほかの山よりは大きく表現されている（図4、5）。甘楽郡などには御巣鷹山も描かれている。原・野は、「笠懸野（かさがけの）」のように注記の場合と、赤城北西麓のように特有の裾野表現とがあるようだ。小書きでは、交通記載として歩渡（かちわたり）・舟渡（ふなわたり）の別や川幅についての情報が記される。橋についてもその幅や長さ情報が記載される。国境（くにざかい）添書には①山川道などを基準にした国境の目印、②山峠などの隣国における呼称、③隣国近村までの道筋上の里程の3種類がある。そして国境領域には「此所より○○迄之間山国境不相知」、「山嶺国境」という表現が目立つ。また、利根川筋には「川中央国境」（図2）という注記が見られ、元禄国絵図では国境論所（ろんしょ）の問題を解決することに重点が置かれていることが分かる。

〔絵図村と郷帳村〕　元禄上野国絵図の図像表現上の特徴の一つに枝郷表現の多さがあげられる。とくに西毛地方（みどの）の緑埜郡や甘楽郡、北毛の利根郡といった山がちな郡のほかに、邑楽郡（おうら）の低地部にも枝郷表現が見られる。ここでは西毛地域の三波川村（さんばがわ）（図7）をとりあげて枝郷に関係する問題について考えてみたい。三波川村は、元禄郷帳には「三波川村」とのみ記載されている。ところが国絵図では緑埜郡として三波川村のほかに、内大沢・内雲尾・内日向・内下三波川村・内金丸・内月吉が、甘楽郡として内大内平・内琴辻・内大塚・内芋萱（いもがや）の計11か村の枝郷が表現されている。これら枝郷に石高記載は見られない。この枝郷数については各種史料によってその

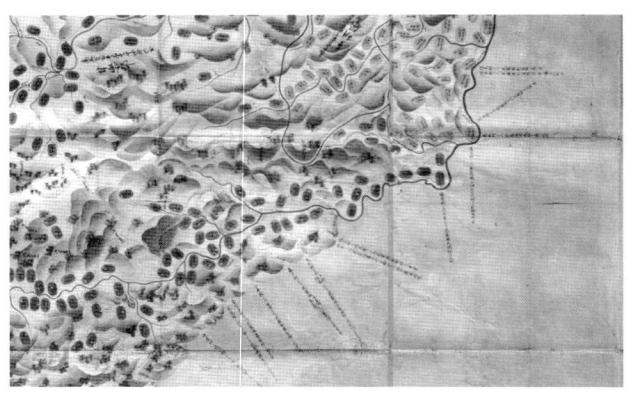

【図7】「元禄上野国絵図」（三波川村付近）　群馬県立文書館蔵

数に相違が見られる。「三波川村之内小村之覚」では18の小村から構成されている。また「上野国郷帳」（寛文8〈1668〉年）になると11か村が独立した村として甘楽郡と緑埜郡とに分かれて記載されている。元禄11年6月15日の史料からは、先年御国絵図（正保国絵図）には三波川村の記載がなく、11か村が記載されており、寛文郷帳の記載と同じ内容であることが分かる。三波川村はこの記載に不満であって、「此度小名御除、親村三波川村と御書記可被下候」とあるように、親村1村のみの記載を求めている。このように元禄国絵図において親村のみの記載を求めた結果、国絵図では、新たに三波川村が村高記載とともに独立した村形として描かれた。そして、その他の枝郷は「三波川村之内○○」という形式で石高記載はなくなっている。なお描かれた元禄国絵図の枝郷11か村のなかで大奈良村が欠けているが、その位置に前述した三波川村の村形が記載されたためと思われる。

次に三波川村の所属「郡」の問題も興味深い。寛文郷帳には親村三波川村の記載はなくて、枝郷名で甘楽郡4か村、緑埜郡7か村が2郡に分かれて記載されている。これは村内に郡境が存在することを意味しよう。この地域は山中領と称され、江戸時代初期は広い地域をさしていた。支配形態はほとんどが幕府領、耕地は畑方、したがって慶長3年の永高検地によって、年貢は金納であるという共通した地域的特徴をもっていた。天和3（1683）年以降は山中領・鬼石領（おにし）・日野領に別れ、鬼石領は緑埜郡鬼石村・三波川村と甘楽郡譲原村（ゆずりはら）・保美濃山村（ほみのやま）・坂原村の5か村から構成された。元禄4（1691）年の支配代官替によって、鬼石領から引き離された三波川村は、これ以降甘楽郡上・下日野村と密接な関係をもつことになる。さらに同12年前後にふたたび支配替で鬼石村と同支配となり、3か村組合がつづく（鬼石村・三波川村・上阿久原村と譲原村・保美濃山村・坂原村の組合）。このように組合が重層的に存在しているので、天和3年の広義の山中領分割以後も、地理・経済・政治的条件から広義の山中領地域との共通性を軸として存在しつづけざるをえない状況が持続した。

以上のように、当該国絵図とその関連諸資料とをつきあわせて検討を加えることによって、非領国地域特有の村落構成の問題などに切り込むことができるであろう。

（上原秀明）

【参考文献】
斉藤明子1989「元禄上野国絵図の記載内容について」（『双文』6）／鈴木一哉1992「元禄期前後における三波川村の「枝郷」と「郡」―元禄上野国絵図関係文書を手がかりに―」（『双文』9）

下野国
描かれた日光への道

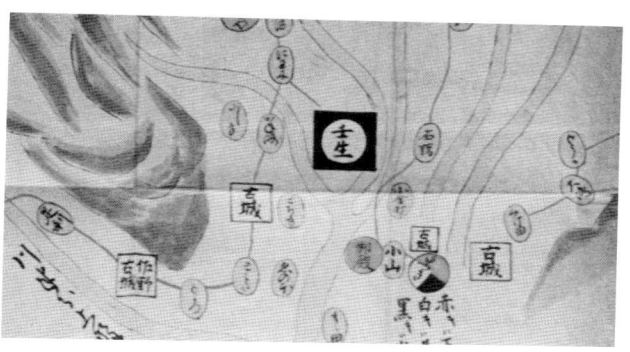

【図1】「寛永下野国絵図」の「佐野古城」「(皆川)古城」付近、秋田県公文書館蔵、A 290-114-4、81×95

　下野国絵図に関しては、十分な所在調査はもとより、本格的な研究もいまだなされておらず、今後の調査と検討に待つところが大きい。下野国に関する慶長国絵図と元禄国絵図は残されていないため、現存する寛永国絵図の縮写図と正保国絵図の写本、天保国絵図の正本に関して、その概要を述べることとしたい。

〔寛永国絵図〕　下野国が描かれた現存最古の国絵図は、幕府の巡見使に提出された国絵図の縮写図と想定されている寛永10(1633)年の下野国絵図である。正本は残されていないが、縮写図が秋田県公文書館の佐竹文庫と、山口県文書館の毛利家文庫、岡山大学附属図書館の池田家文庫の3か所に所蔵されている。

　まず、秋田県公文書館の佐竹文庫には、「日本六十余州国々切絵図」と題された国絵図の一群が所蔵されている。この絵図群は、日本全域の旧68か国の国絵図各1枚からなっており、正保国絵図に先立って作成され、幕府の巡見使に提出された寛永国絵図の縮写図である可能性が高いと考えられている。「日本六十余州国々切絵図」はカラーで撮影されており、焼き増しを申請することが可能である。

　佐竹本の下野国の寛永国絵図は、天地(南北)約95cm、左右(東西)約81cmで、山並みは若草色に彩色されており、正保国絵図に近い彩色がなされている。南の国境に近い小山から宇都宮を経て日光にいたる日光街道や、宇都宮から大田原を経て白河にいたる奥州街道などの街道が朱線で引かれている。主要街道に沿う主な宿場町と主要な村名が、黄色の小判型の中に記載されている。大名の居城は、黒い四角形の中に白丸を抜く記号で描かれており、壬生城・宇都宮城・烏山城・大田原城の各城が描かれている。また、近世の初頭に廃止された佐野城・皆川城・小山城・茂木城など13の古城が、四角形の中に古城の文字で描かれている。

　寛永国絵図には、近世前期に日光街道や日光例幣使街道、奥州街道が整備・固定される以前の、戦国時代以来の古い街道が描かれていると判断される。下野国における街道と宿場町の成立と変遷に関しては、寛永国絵図を史料として全面的に再検討する必要がある。

　さらに、寛永国絵図には、将軍の日光社参に際して建設・利用された小山宿の「御殿」と、今市宿・鹿沼宿・大沢宿の「御茶や」が朱の円で描かれている。これらの御殿と御茶屋は、将軍の宿泊用に建設された本格的なものが御殿であり、昼食や休息用に整備された簡素なものが御茶屋であると一般的には理解されてきた。けれども、『徳川実記』では御殿は「御旅館」と記されており、下野国における御殿と御茶屋の所在地はもとより、両者の実際の差異に関しても、再検討が必要である。

　また、山口県文書館の毛利家文庫にも「日本図」と題された寛永国絵図の縮写図の一群が残されている。上記の佐竹本に比べれば、粗略な写であることは否めない。山並みに彩色はなされておらず、御殿や御茶屋の円にも朱が塗られていない。山並みの線も荒々しく引かれており、文字も粗略に記載されている。佐竹本と毛利本の寛永国絵図には決定的な差異は存在しないが、佐竹本の国絵図では「とちき」などのように平仮名表記が見受けられるのに対して、毛利本では「トチキ」のように片仮名表記が見受けられる。

　さらに、岡山大学附属図書館の池田家文庫にも、150枚余りの国絵図が所蔵されており、そのなかに寛永国絵図の縮写図である「日本六十余州図」66枚が含まれている。池田本の下野国絵図に描かれた内容は、上記の佐竹本や毛利本とほぼ同じである。ただし、池田本には、余白に9郡の郡名と国高が記され、4か所の居城には城主と石高を記した薄紙の付箋が貼られている。全城主の揃う時期は寛文11(1671)年であり、この時期に付箋が貼られたと想定されている。

　秋田の佐竹文庫には、「日本六十余州国々切絵図」のほかに、「下野国9郡絵図」をはじめとする坂東8か国

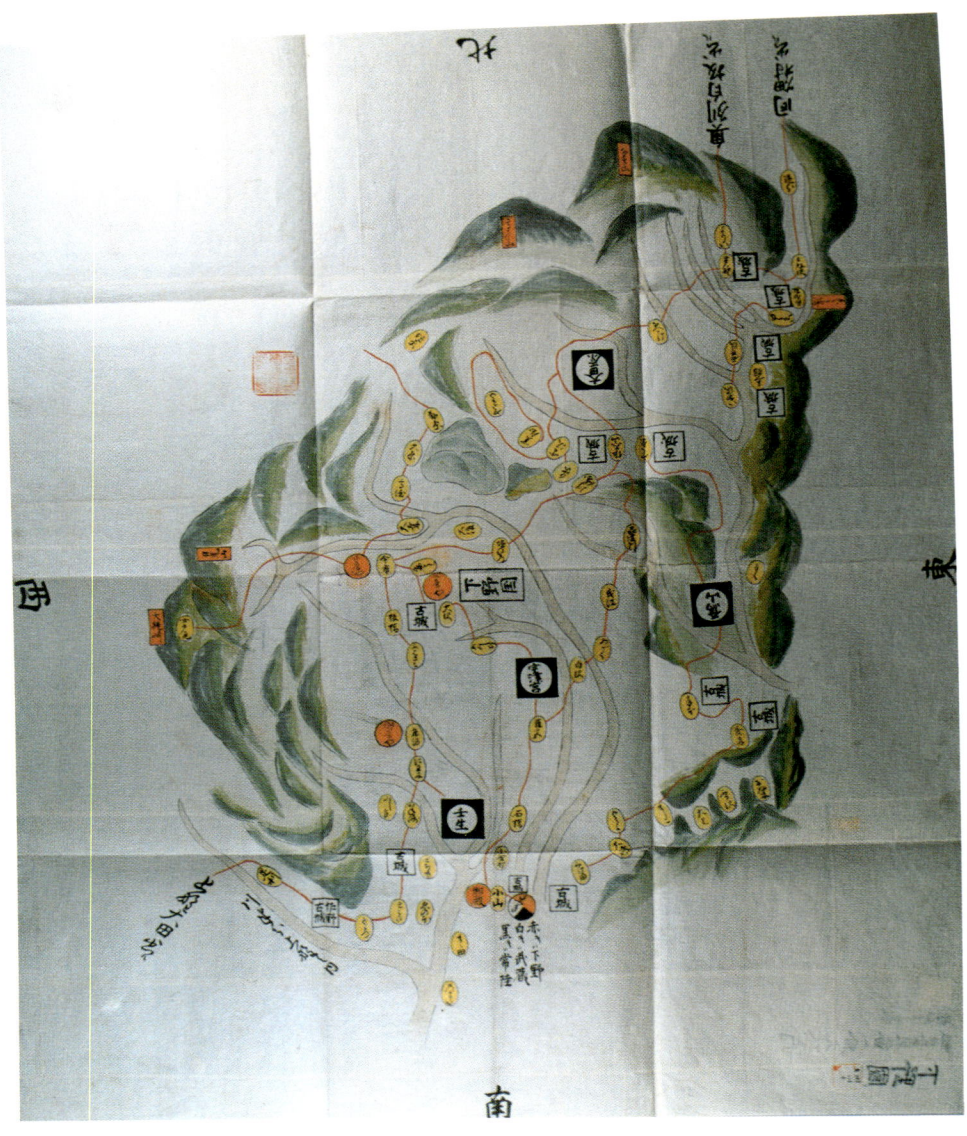

【図2】「寛永下野国絵図」 秋田県公文書館蔵、A290-114-4、81×95
本図は、寛永10年の幕府巡見使に提出されたと考えられている国絵図の縮写図であり、佐竹家旧蔵の佐竹本である。ほかに、毛利本と池田本の縮写図の存在が確認されている。

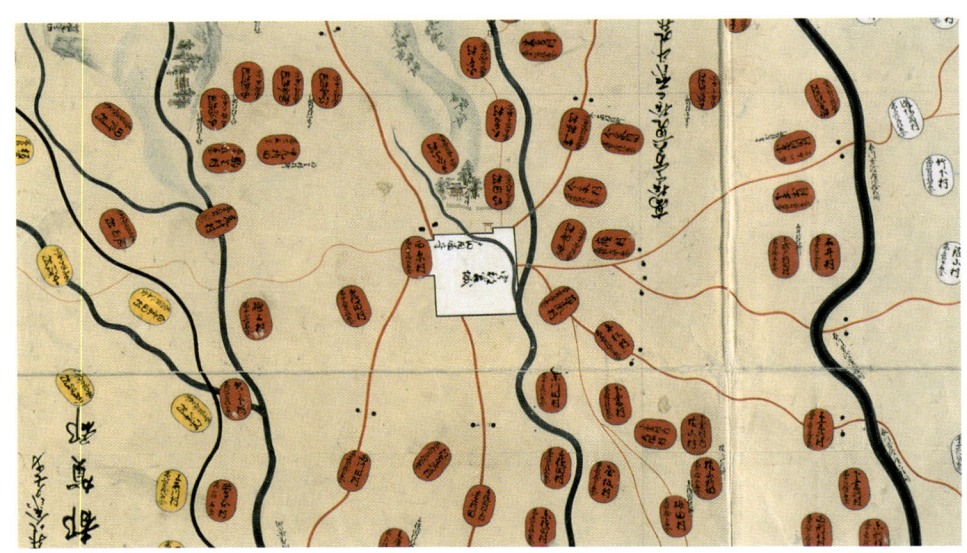

【図3】「天保下野国絵図」 宇都宮周辺、国立公文書館蔵、特83-1、392×468
本図は、幕府に提出された天保国絵図の正本である。ここでは、宇都宮城と壬生城の周辺地域が描かれたものを示した。図6は、日光周辺の図である。

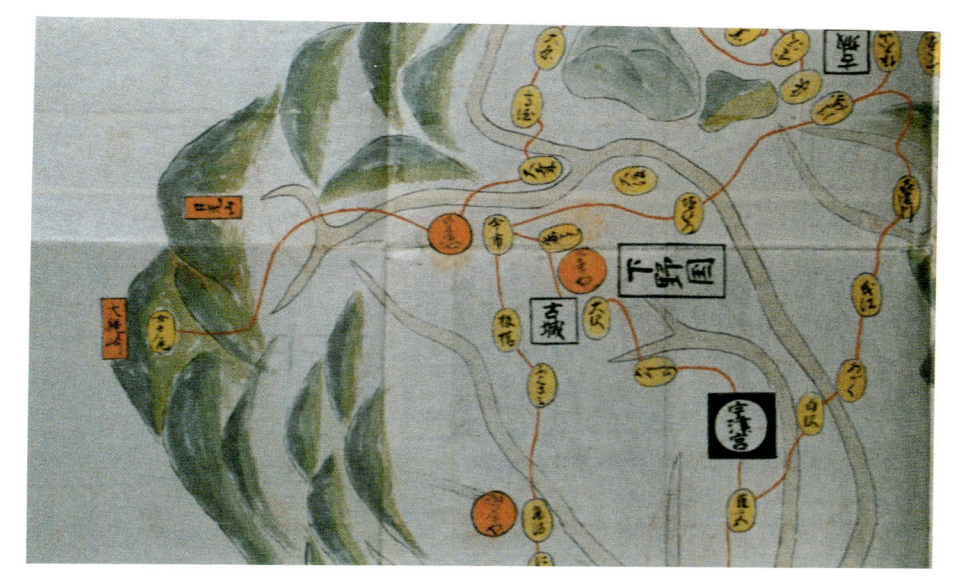

【図4】「寛永下野国絵図」 日光周辺、秋田県公文書館蔵、A－290－114－4、81×95

本図は、寛永10（1633）年の幕府巡見使に提出されたと想定されている国絵図の縮写図である。日光山（男体山）が描かれ、今市と大沢の近傍に、将軍の日光社参用の「御茶や」が朱の円で描かれている。

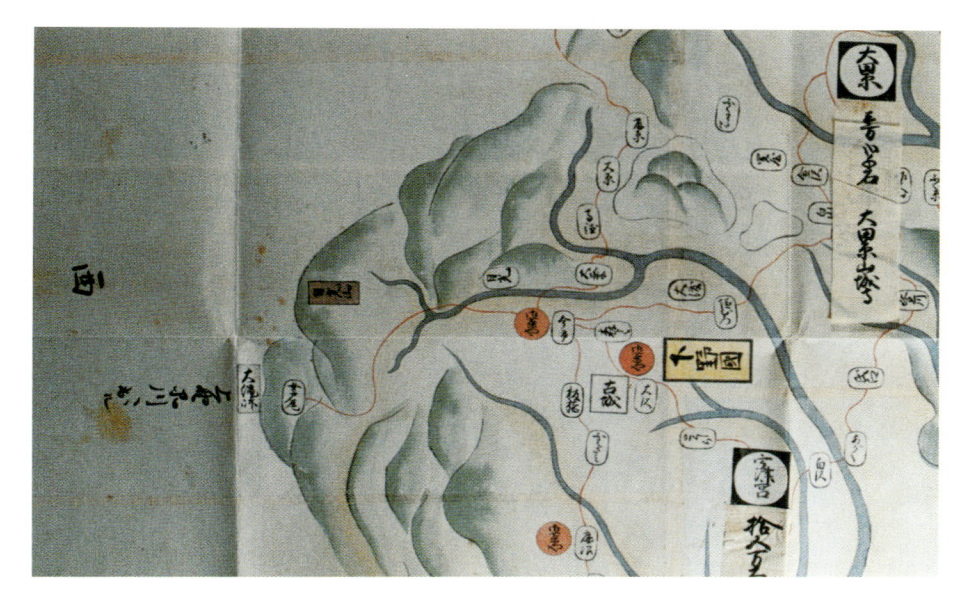

【図5】「下野国9郡絵図」 日光周辺、秋田県公文書館蔵、県C－382、84×107

本図も、寛永10年の幕府巡見使に提出されたと想定されている国絵図の縮写図であり、元禄10年に模写されたと考えられている。日光山（男体山）や「御茶や」に彩色がなされ、居城に付箋が貼られている。

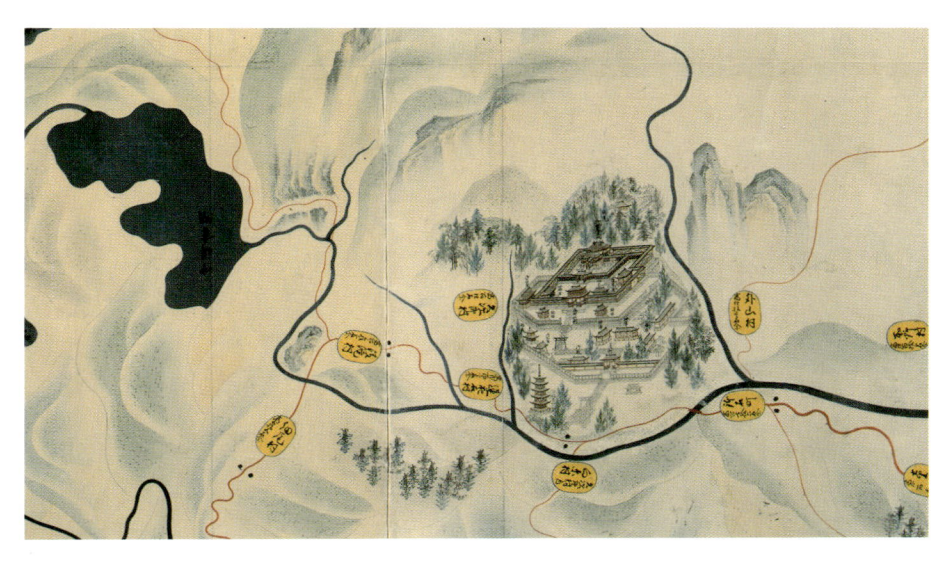

【図6】「天保下野国絵図」 日光周辺、国立公文書館蔵、特83－1、392×468

本図は、幕府に提出された天保国絵図の正本である。ここでは、中禅寺湖や東照宮が詳細に描かれた日光周辺を示した。

の寛永国絵図の縮写図が所蔵されている。「下野国9郡絵図」に描かれた内容は、池田本と同じく、余白に郡名と国高が記され、居城には付箋が貼られている。池田本の山並みが若草色に彩色されているのに対して、佐竹本「下野国9郡絵図」の山並みは薄い青色を含んだ若草色に彩色されており、一見した場合の印象に違いがある。この「下野国9郡絵図」をはじめとする坂東8か国の縮写図は、元禄10（1697）年に江戸において模写されたものと考えられている。

〔正保国絵図〕　国立公文書館には、幕府に上納された正保国絵図の写が「日本分国図」と題して所蔵されており、このなかに3枚の下野国絵図が含まれている。1枚目には下野国の北東域に位置する那須郡と芳賀郡が描かれ、2枚目には北西域の塩谷郡が、3枚目には中南域の河内郡・都賀郡・安蘇郡・寒川郡・足利郡・梁田郡が描かれている。

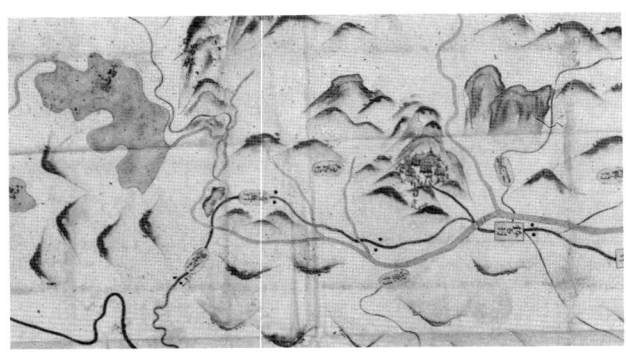

【図7】「正保下野国絵図」（写図）の日光周辺。国立公文書館蔵、176-0286-25〜27、248×319

　正保国絵図の写である「日本分国図」は、現在、重要文化財に指定されており、閲覧は原則禁止されている。下野国絵図に関しても、カラーの写真撮影はなされていないが、モノクロ版の閲覧と焼き増しを申請することは可能である。

　注目される点は、日光街道と奥州街道などの主要街道に沿って、他の諸国と同じく一里塚を示す黒点が街道の両脇に付されているが、前述の佐竹本などの寛永国絵図には描かれていた将軍の日光社参に際して利用された御殿と御茶屋が、この正保国絵図の写には描かれていないことである。小山宿や今市宿をはじめとして、当時存在していた御殿や御茶屋が描かれていないことを、どのように考えればよいのであろうか。

　正保国絵図に添えて幕府に提出された「城絵図」と「道帳」の写が残されている。前者の「城絵図」は、烏山城など幕府に提出された正本の一部が国立公文書館に残されており、カラーの複製が販売されている。後者の「道帳」は、『下野一国』と題してその写が残されており、下野国全域の主な街道や宿場町、宿場間の距離などが詳細に記載されており、2か所の御殿も記されている。正保国絵図では、写を作成する時点で御殿や御茶屋が省略されたのであろうか。さらに慎重な検討が必要である。正保国絵図と「道帳」である『下野一国』との詳細な比較・検討もいまだなされていない。今後の検討が待たれる。

〔天保国絵図〕　幕府に提出された天保国絵図の正本が、国立公文書館に所蔵されている。下野国の天保国絵図は、カラーの12分割で撮影されており、焼き増しを申請することが可能である。

　天保国絵図には、男体山と中禅寺湖など下野国を代表する自然景観はもとより、日光東照宮の伽藍が詳細に描かれており、参道の左手には五重塔が、中央には陽明門や拝殿・本殿、さらには、奥院にあたる家康の墓所の塔まで写実的に描かれている。

　これに対して、東照宮の東南に位置した輪王寺は描かれていない。下野国の国絵図において、詳細に描かれるべきは家康を祀る東照宮であり、仏寺たる輪王寺ではなかったことが一見して明らかである。

　下野国絵図において、どの図像が描かれ、どの図像が描かれずに省略されたのか。検討に値する事柄であると思われる。

　以上のように、下野国に関しては、寛永国絵図の縮写図・正保国絵図の写本・天保国絵図の正本が残されているが、各国絵図の十分な紹介もなされていない。宇都宮藩を絵図元とする、国絵図の作成にかかわる関連史料に関しても十分な調査がなされておらず、今後の調査と検討に待つところが大きい。

（伊藤寿和）

【参考文献】
伊藤寿和 2003「江戸時代の景観と地域構造」（『鹿沼市史地理編』）

陸奥国　仙台領と磐城・棚倉・相馬領

分割調進の国絵図

陸奥国は現在の青森・岩手・宮城・福島4県である。国絵図は一国一鋪を原則としていたが、国域の広い陸奥国は正保図では5分割、元禄図では7分割で調進された。ただし、現存する正保郷帳の題簽には「七冊之内陸奥国之内棚倉・磐城・中村郷村高辻帳」(明治大学刑事博物館内藤家文書)とあり、当初から7分割であったとも考えられる。「七冊之内」とは、陸奥国の郷帳が7冊であったことを意味しているからである。ただし、この点の検討は今後の課題である。以下、分割された国絵図の絵図元仙台藩・平藩について、国絵図調進の経緯と絵図内容の特徴、関連の絵図・文書類などを論述する。

仙台藩〔正保国絵図〕　仙台藩は陸奥国仙台領の絵図元である。正保図調進の経緯は正史「伊達治家記録」の正保元(1644)年12月16日に「諸国絵図最前上ルトイヘトモ相違ノ所多シ、此度重テ仰付ラル」とあるのみで、その詳細は不明である。仙台城絵図は斉藤報恩会に、白石城絵図は国立公文書館に現存するが、正保図はすでに失われている。元禄図調進に際して、仙台藩は元禄10(1697)年閏2月22日正保図の借用を幕府に願い出て、5月21日から6月7日までに模写を終了、19日に正保図を幕府に返納した。その模写された国絵図が仙台市立博物館蔵の本図(元禄写図、図2)である。本図の裏書きには、幕府官庫の正保図を模写した旨が記載される。仙台藩は中世以来の貫高制であった。絵図目録は「二十一郡合六万五千四百十一貫八十八文」として、寛永惣検地で確定した領内21郡の本田高を貫高表示で記載している。郡高は「江刺郡　二千九百二貫八百七十九文」のようである。小判型の村形は郡別に色分けされ、村名・村高、新田の有無が記載される。仙台藩領の国絵図なので、いろは符号の記入はない。絵図題目は畾紙の隅に「奥州仙台領絵図」とある。南端部は伊具郡と宇多郡9か村で構成される。畾紙の「相馬領」は中村藩領宇多郡である。宇多郡の分轄は天正18(1590)年、

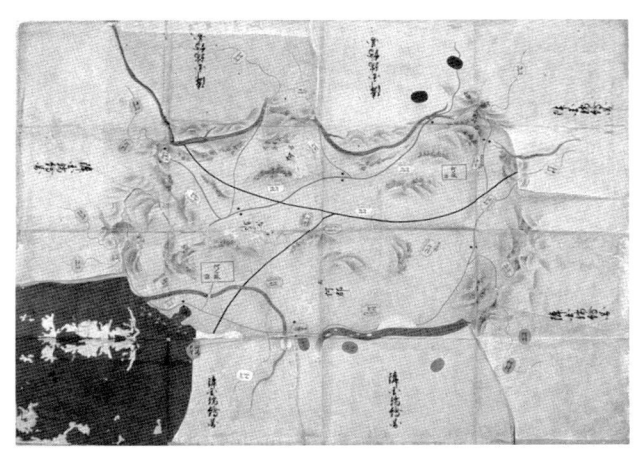

【図1】元禄12年12月「御本之小絵図」(7か国に接する国絵図の雛形)、宮城県図書館蔵、伊達文庫、伊291.09-5、69×97
かぶせ紙7枚が貼り付けられている。かぶせ紙には「隣国端絵図」とある。

伊達氏と相馬氏の抗争が豊臣秀吉の惣無事令により、駒ヶ嶺村付近で停戦となったことに起因する。惣無事令以前に相馬氏から奪取した9か村は伊達氏に安堵された。以後、9か村と停戦ラインがそのまま仙台藩領、中村藩領との藩境として固定された。宇多郡9か村の図像表現は領分図的な正保図の特徴を示唆するが、その図像表現は国郡図に純化された元禄図にも踏襲される。元禄写図ではあるが、本図は失われた正保図に代わり、仙台藩成立期の様相と景観を詳細に伝える。

本図は元禄図調進のために模写された国絵図である。宮城県図書館伊達文庫は元禄図とこれに関係する絵図・文書類を多数所蔵する。仙台藩は元禄12(1699)年8月、14年9月の2回にわたり国絵図を献上した。12年元禄図は3鋪、14年元禄図は1鋪現存する。12年元禄図の2鋪は14年の再献上により、幕府から仙台藩に返却された献上図、1鋪は献上図の控と考えられる。絵図目録には「高都合六拾万石　九百七拾ヶ村」とあり、領内高は正保図の貫高表示から石高表示に代わる。12年元禄図に関係する絵図は本図のほか、「御郡司方ヨリ相出候扱切絵図」8鋪がある。仙台藩は領内を8分割し、各郡司に切絵図の提出を命じた。切絵図は11年10月に提出され、12年元禄図が調進された。

14年元禄図は幕府の「加文」要請に従う。その裏書きによれば、「元禄拾四年九月　公儀御勘定所江被差上候御控絵図之写、御国元ニ而相仕立候絵図也、絵形書付等者御献上御絵図之通相違無之候、為御控之写置候ニ付彩色者略之候、御献上御控絵図之本紙者江戸御納戸ニ納置者也」とされる国絵図である。江戸屋敷に収納された献上図の控を模写してはいるが、彩色は簡略化されている。「加文」要請に際して、幕府は雛形となる「御加文調様御本小絵図三通」を仙台藩に貸与している。3鋪は

【図2】「正保仙台領絵図」 仙台市立博物館蔵、517 × 837
本図は元禄図の調進に際して、幕府官庫の正保仙台領絵図を模写した元禄写図である。仙台藩領の全域（宮城県全部・岩手県南部・福島県の一部）を描く。その裏書きには「此御絵図者正保年中被指上候御国絵図元禄十年従　公儀御拝借被成、御写被成候御絵図を清書被仰付候御絵図也」。「御国絵図記録第10巻」の「御国絵図入日記」には「元禄拾年於江戸ニ被遊御拝借御写取被成候御絵図也、此御絵図を於御国許生漉間似合江小紙裏打ニ而清書被　仰付御知行割所御蔵江納置候事」とある。仙台藩は江戸で官庫の正保図を模写して、その図を国許に運び、これを下図に本図を作成していた。元禄写図は下図・本図の2鋪存在していたが、下図の所在は不明である。

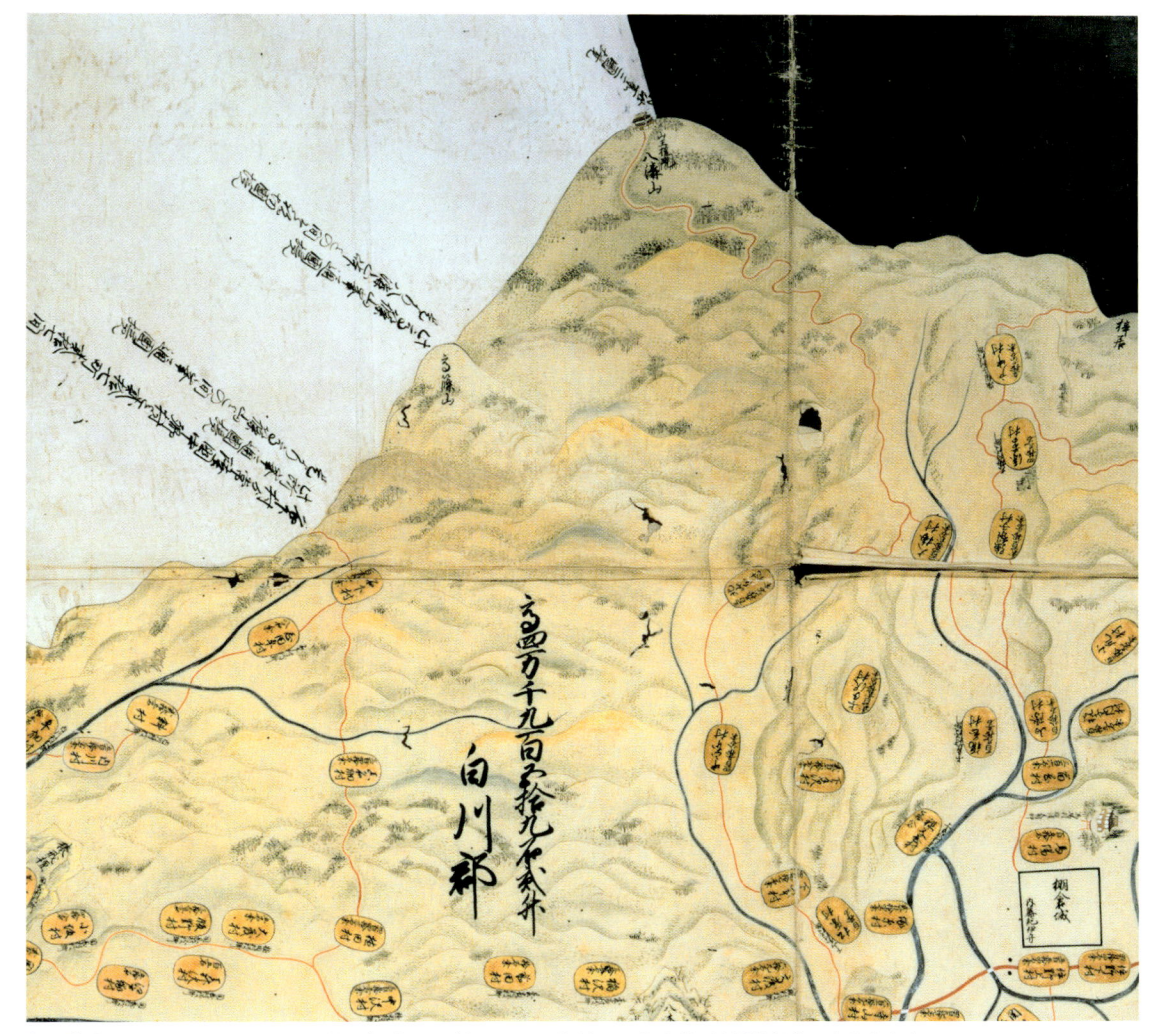

【図3】「元禄磐城・棚倉・相馬領国絵図」 部分 (白川郡と八溝山)、明治大学刑事博物館蔵、内藤家文書

棚倉藩は陸奥国白川郡の絵図元。白川郡は郡高4万1959石2升・村数206か村、常陸国久慈郡・下野国那須郡に接する。3国境は八溝山の山頂。注記は「此峰三国境」である。山頂には「山王権現」の社殿が描かれている。棚倉城下から延びる参道は山腹を蛇行して山頂に至る。

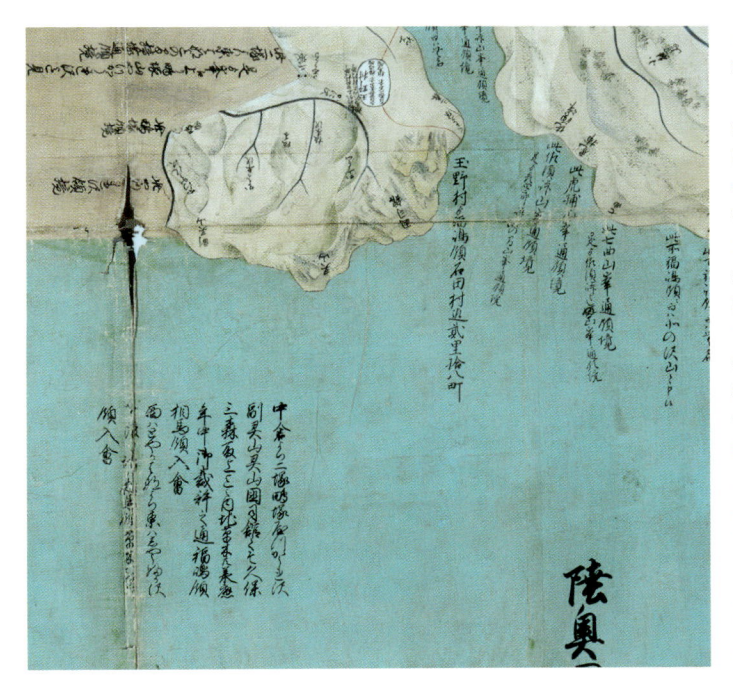

【図4】「元禄磐城・棚倉・相馬領国絵図」 部分 (山野利用の入会規定)、明治大学刑事博物館蔵、内藤家文書

畾紙に記載された入会規定は「中倉より二塚鴨塚屋つこうれ沢副霊山霊山国司館くそ久保三森取上之内地草木共承応年中御裁許之通福島領相馬領入会　西ハとやかはなより東ハしやうふか沢を限り地ハ相馬領草木ハ福島領入会」とある。玉野一帯は「中倉」から「取上」までの領域。近世初頭、玉野一帯は郡の帰属と入会関係が曖昧な領域であった。正保図調進に際してその山野は論所となり、双方の絵図元は正保図に玉野一帯を伊達郡の山野、宇多郡の山野として描いた。承応3 (1654) 年幕府裁許により入会関係は確定するが、郡の帰属は曖昧なまま温存された。元禄13 (1700) 年5月福島領伊達郡の絵図元山形藩 (福島藩堀田氏は同年1月山形へ転封) は相馬領宇多郡の絵図元中村藩に、玉野一帯の山野は宇多郡帰属とする。山野利用は承応3年幕府裁許のとおりとし、その裁許を元禄図の畾紙に記載する、とする旨の幕府指示を伝えている。先例となっている山野利用への対処策を欠いては、国郡境の糺正は不可能であったのである。宇多郡帰属が確定したことにより、玉野一帯は相馬領絵図にのみ描かれるようになった。玉野村の成立事情 (草分は伊達郡石田村・宇多郡山上村からの移住農民) に由来して、その村形には「福島領石田村枝郷　相馬領山本村枝郷」「三百四拾弐石福島領　百拾八石相馬領」と記載されている。

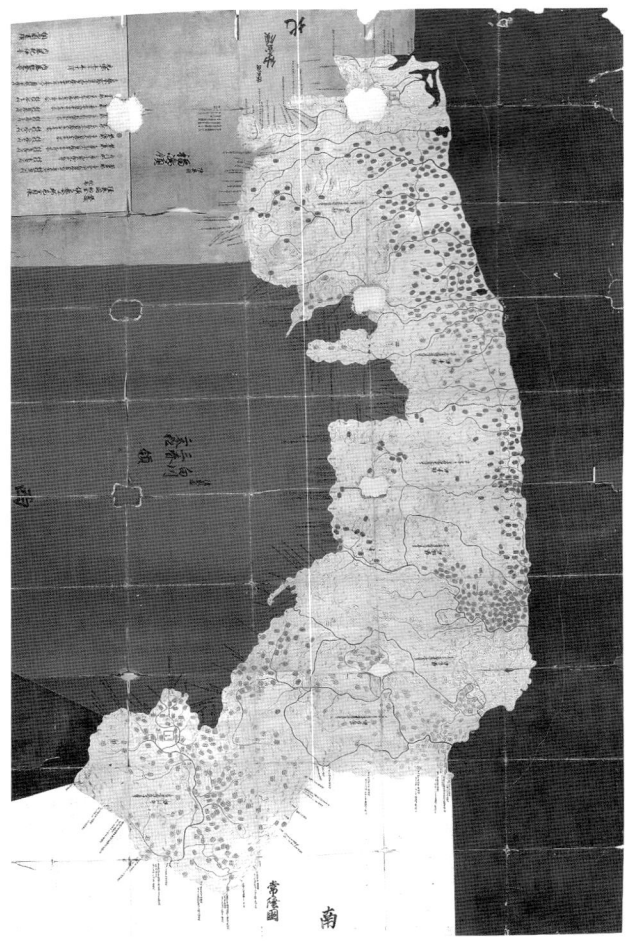

【図5】「元禄磐城・棚倉・相馬領国絵図」　明治大学刑事博物館蔵、内藤家文書、240×560
本図は平・棚倉・中村3藩の相持。清絵図仕立ては平藩が担当した。

「御本之小絵図」（一国全体の国絵図の雛形、図1）、「丹波国小絵図」（但馬国に接する丹波国切形絵図の雛形）、「但馬国小絵図」（丹波国に接する但馬国際絵図の雛形）である。仙台藩はこの雛形の絵図に準拠して際絵図・切形絵図を作成し、隣接する絵図元7藩と13、14年に際絵図・切形絵図を交換している。その絵図はほぼすべて現存している。たとえば、「南部御役人方ヨリ参候際絵図之写切形絵図」は盛岡藩から仙台藩に宛てた切形絵図。「陸奥国仙台領際絵図　出羽国米沢領之方」は仙台藩から米沢藩に宛てた際絵図である。これらの際絵図・切形絵図によって調進されたのが14年元禄図である。文書類は「陸奥国仙台領郷帳」「陸奥国仙台領変地其外相改之候目録」「御国絵図記録」全10巻などである。伊達文庫には、12年元禄図と14年元禄図の段階的特質を検証できる絵図・文書類が豊富に残る。天保図の切絵図は現存しないが、伊達文庫は弘化4（1847）年「御国絵図記録」全4巻、「御国絵図入日記」全1巻を収める。

平藩〔元禄国絵図〕　元禄図調進に際して、陸奥国南東部8郡は平・棚倉・中村3藩が共同して受け持つ相持となった。平藩は磐城領菊多・磐前・磐城・楢葉4郡、棚倉藩は棚倉領白川郡、中村藩は相馬領標葉・行方・宇多3郡の絵図を作成して、平藩が磐城・棚倉・相馬領の絵図3鋪を清絵図に仕立てる段取りであった。『内藤侯平藩史料巻四』は「従公儀有リ来ノ日本大絵図差出候旨被達、且図方功者成ル者差添候様ニトノ事ニ付今井七郎左衛門罷登ル」「十二月十二日御国絵図出来候ニ付公儀評定所へ被差出、是ハ元禄十年御国絵図差出候様被仰候、夫より段々吟味之処今度成就せしなり」として、国絵図改訂の開始と元禄15（1702）年12月の清絵図献上を伝えるのみで、元禄図調進の詳細は不明である。本図（図5）は明治大学刑事博物館内藤家文書（平・延岡藩の藩庁文書）が所蔵する献上図の控。太平洋に面して、南北に連なる陸奥国8郡が三日月状に描かれている。北端は仙台藩領、南端は常陸国水戸藩領に接する。絵図目録には「高都合弐拾七万七千九百三拾五石四斗六升三合六夕　惣村数九百三拾一ヶ村」とある。清絵図仕立てを担当したにもかかわらず、内藤家文書に現存する元禄図関係の絵図・文書類は僅かである。絵図は本図の他に、「磐城領端絵図」「棚倉領端絵図」「相馬領端絵図」とされる際絵図。文書類は「陸奥国磐城・棚倉・相馬領郷帳」「陸奥国磐城・棚倉・相馬領変地其外相改之目録」「新絵図覚書」などである。

今回の国絵図改定は国郡境の厳密な糺正を意図していた。それは国郡境の建造物をも対象としていた。八溝山は陸奥国白川郡・常陸国久慈郡・下野国那須郡に跨る。古来より山岳信仰の対象として崇拝されてきた。本図は3国境の八溝山を左右に連なる山々よりも一段と際立つような山容として描く（図3）。その注記は「此峰三国境」である。山頂には「山王権現」の社殿が鎮座している。変地帳は社殿を「八溝山権現之社古絵図ニハ無御座候得共、国境ニ而御座候ニ付新絵図ニ相記候事」と記す。山頂の社殿は3国境の象徴ではあったが、正保図には描かれることはなかった。3国境に鎮座することを理由に、元禄図調進で初めて描かれるようになったのである。なお、正保図と天保図の切絵図は現存してない。

陸奥国福島領、二本松・三春・白河領、会津領は福島県の中通り・会津地域である。この地域の正保・元禄図は現存を確認できない。

（阿部俊夫）

【参考文献】
佐藤宏一 1977「仙台領国絵図覚書」（『東北歴史資料館研究紀要』3）／佐藤憲一 1983「正保年間製作『奥州仙台領絵図』について」（『仙台市博物館調査研究報告』3）

陸奥国 南部領

時空を越えるブレスケンス号

広大な陸奥国の国絵図は分割作成されたが、そのうち盛岡藩が担当した「南部領総絵図」（以下総称）は、盛岡市中央公民館（以下中央公民館）・税務大学校租税史料館（以下租税史料館）・国立公文書館に現存している。なお、元禄図との関連で作成された「海辺際絵図」が中央公民館や租税史料館に残っているが、ここでは触れないこととする。

〔正保国絵図〕　正保4（1647）年、盛岡藩は幕命に従い「南部領総絵図」を調進した。幕府文庫に収納された正本はすでに失われたが、南部伯爵家旧蔵の控や写が中央公民館に残っている。これに先立つ慶長～寛永期の領内絵図は現存していないので、これらが最古の「南部領総絵図」ということになる。同館の所蔵目録には6本の正保図が掲載されているが、このうち「領内図」（請求番号／28・8-6）と題された「南部領総絵図」は、絵図裏に「此御絵図ハ正保年中公儀江被指上候控」の貼紙があり、幕府に提出した正本（清絵図）の控と考えられる。タテ740cm、ヨコ388cmに及ぶ巨大なもので、道筋や航路は朱線で示され、陸地部分には宿駅間の距離・川幅・渡河方法が、また海上部分には湊間の距離や岩礁の有無など海中の状況が、詳しく注記されている。海上交通の難所である津軽海峡には大渦「紫丹巻」を描いて、潮流の激しさを表現する工夫を施している。しかし一方では、津軽半島を極端に小さく描くなど、実際の地勢との整合性をあまり考慮していない部分もある。

正保・元禄の「南部領総絵図」には、寛永20（1643）年6月13日に三陸沿岸の山田湾へ侵入したブレスケンス号が描かれている。オランダ東インド会社の持船である同船は、ド・フリースの金銀島探検に参加して千島から南下し、食料・薪水補給のため立ち寄ったのである。幕府から宣教師密航の可能性を疑われ、江戸に護送されて取り調べを受けたが、出島商館長エルセラックの弁明により釈放された。その経緯は船長コルネリス・スハー

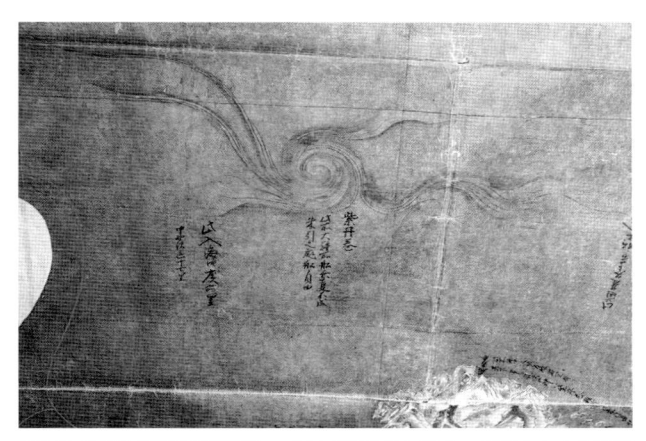

【図1】「正保南部領総絵図控」より「紫丹巻」部分　盛岡市中央公民館蔵、28・8-6

【図2】盛岡市中央公民館蔵の国絵図に描かれたブレスケンス号。「正保南部領総絵図控」

【図3】「元禄南部領総絵図控」盛岡市中央公民館蔵、28・8-7

ブの手記「南部漂着記」に詳しい。

〔元禄国絵図〕　盛岡藩の元禄図については、元禄16（1703）年の「諸国絵図御改被仰付依之御領分御絵図被差上覚書」（中央公民館所蔵。以下「元禄覚書」）により、その調進過程がほぼ判明する。これによれば同藩は、御伺絵図（幕府から借りた正保図を写し、現状を書き込んだ下書き）を提出した段階で、藩境から主要道への距離の書き込み、藩境の川の名・広さ・深さの明示、新田高の記入不用、古道・小道の記入不用、道程の誤差の扱い方など、多くの修正要求を受けている。中央公民館所蔵「南部領高都合并郡色分目録」（請求番号／28・8-7）には、罫紙に「元禄拾弐乙卯年三月」の書き込みがあり、この修正要求に応じて元禄12年3月25日に幕府へ提出した清絵図の控と考えられる。たとえば津軽領との境（青森県野辺地町馬門と平内町狩場沢の間）に築かれた四つ森の境塚について、正保図では境界となる二本又川を挟む形で描写されていたのに対し、「他領ハあの方より之絵図に出可申事」と、津軽領の二つについては津軽側が取り上げるので描かないようにと指示があり、本図でもそうなっている。「元禄覚書」にはさら

【図4】「正保南部領総絵図控」 盛岡市中央公民館蔵、28・8-6、740×388

盛岡藩の正保図については、同藩の家老席日誌「雑書」慶安3（1650）年1月12日条に、幕府へ提出した国絵図・城絵図・浦番所絵図の控が完成したという記事がある。しかし、肝腎の清絵図（幕府への提出図）のことはいっさい触れられていない。提出の際に添えた道程帳「大道筋」（中央公民館所蔵。「奥州之内南部領海陸道規帳」とも）や、城絵図の調進過程を記した「奥州之内南部領盛岡城絵図之帳」（岩手県立図書館所蔵）が残っているだけに、国絵図についても同様のまとまった記録があった可能性は高いが、発見されておらず、調進過程の全容は依然として不明である。

図1・2・4 青森県立郷土館写真提供

【図5】「元禄南部領総絵図控」 盛岡市中央公民館蔵、28・8-7、840×432

本図は正保図と比べ、南北は約50cm伸び、図幅全体が大きくなっている。道を示す朱線は主要街道のみとなり、村と村、村と街道を結ぶ細い朱線は省略されている。正保図に描かれていた渡島半島については「松前御領地形之図不残消可申候」と、他領のことで確かでないから削るようにとの指示があったと「元禄覚書」に記されている。なお「南部領高都合并郡色分目録」の称は、絵図中に書き込まれた高目録の表題をそのまま史料名としたもので、検索の際は注意が必要である。

図3・5 青森県史編さん事務局写真提供

陸奥国 南部領

に、他藩との境界線が一致しない点を指摘されたこと、注記を「加文」するよう求められたことなどが見える。これにより清絵図は修正され、元禄14年8月11日付で再提出の運びとなった。

なお、租税史料館には、元禄11年6月と同12年3月の年記を持つ「南部領高都合并郡色分目録」(整理番号／昭43－仙台－0039－001及び0039－003)がある。盛岡藩の財政史料はその一部が明治35年に仙台税務監督局(福島・宮城・岩手の3県を管轄)に入り、昭和16年に仙台財務局、同24年に仙台国税局と引き継がれ、同54年に租税史料館の前身である租税資料室に管理替えされていて、この2本は実は南部伯爵家旧蔵の元禄図である。

〔天保国絵図〕 国立公文書館所蔵の天保図(請求番号／特083－0001)は、幕府の紅葉山文庫と勘定所に残されていた2組119舗を引き継いだもので、天保郷帳(ごうちょう)85冊とともに、一括して国の重要文化財に指定された。このうち「天保国絵図陸奥国南部」と題された盛岡藩領の天保図は紅葉山(もみじやま)文庫旧蔵で、タテ776cm、ヨコ416cmに及ぶ。

天保図の作成に際し、幕府はあらかじめ元禄図の写を取って各藩に貸与し、元禄図との相違点を懸紙(かけがみ)で修正して幕府へ返納させるという新方式を採用した。作業効率への配慮から、「元禄図写」は切断分割されて各藩に渡された。幕府はこれへ直かに修正を加えればよいと考えたが、各藩では公儀へのはばかりからその写を取り、提出の際は改めて控を作成した。中央公民館所蔵「御国御絵図并脇往還筋書上取調御用留」(以下「天保御用留」)には、盛岡藩の天保図調進過程が詳しく記されているが、これによれば、同藩では幕府からの「御渡絵図」をさらに写し、これを「御宝蔵御控絵図」(元禄図の控)と引き合わせて懸紙修正を行うことにした。提出時には改めてその控を作成したわけで、同藩では「元禄図写」「懸紙修正図」「懸紙修正図控」の3種類が同時に存在したことになる。

中央公民館所蔵「天保国絵図控」(請求番号なし)は、このうちの「懸紙修正図控」に相当する。箱書に「御国絵図、十三巻、北五、達書・御役方名付共弐通、ノ三九号」とあり、13分割(1分割は55×390cm)の形態である。なお、租税史料館所蔵「南部藩天保国絵図」も「懸紙修正図」の関連絵図だが、どの段階のものかは判然としない(14分割。整理番号／昭43－仙台－0032－001～0032－014)。元禄図では小判型の村形の中に村名と村高が表示されていたが、本図では村名のみとなり、村高は脇に朱筆されている。これは幕府が郷帳の改訂を発令した際、従来の表高表示ではなく、改出高(あらためでだか)・新田高を含めた実高表示に切り替えるよう指示したことによる。

天保図では、元禄図の際に考慮する必要がなかった八戸藩領(寛文4年に盛岡藩から独立)をどう扱うかが大きな問題となった。「天保御用留」にも、八戸方へ郷帳や変地帳(かいちちょう)の作成・提出を督促する盛岡方の様子が記されていて、八戸～盛岡、盛岡～江戸のやりとりに時間を取られたことが分かる。元禄図は発令から提出まで約2年かかったが、天保図も、天保7(1836)年4月14日に国絵図改訂の指示を受けてから正式提出日である同9年2月18日まで、ほぼ同じ年月を要している。幕府の意図に反して、絵図作成のスピードアップは進まなかったといえる。

(本田 伸)

【参考文献】
川村博忠1990『国絵図』(吉川弘文館)／岩手県立博物館1994『絵図にみる岩手』／青森県2003『青森県史資料編近世4南部1盛岡藩領』

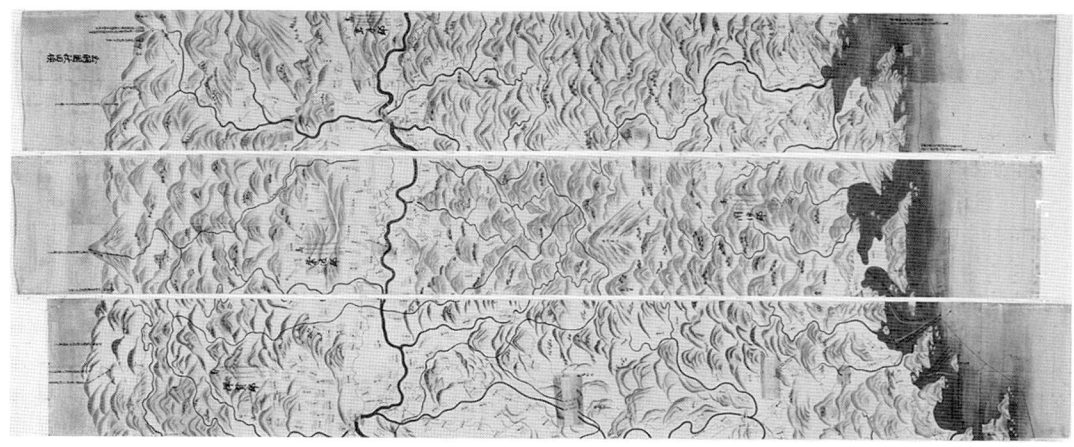

【図6】「天保国絵図控」 部分 盛岡市中央公民館蔵、請求番号なし、岩手県立博物館写真提供

陸奥国 津軽領

アイヌ集落が描かれた図

陸奥国津軽領絵図は、外様大名である津軽氏が江戸時代を通して作成を担当した。慶長度と元禄度の陸奥国津軽領絵図の現存は確認されていないため、ここでは正保図と天保図を中心に編纂の状況や関係資料を紹介し、図の特徴を述べる。

〔正保国絵図〕 編纂の経緯は文書が残されておらず詳細な作成過程は不明であり、絵図が幕府に献上された年月日も定かではない。現在、正保陸奥国津軽領絵図の藩側の控図の写ではないかと考えられているのが青森県立郷土館の「陸奥国津軽郡之絵図」である。この絵図は青森県立郷土館が古書店から購入した絵図であり、それ以前の伝来は不明である。しかし、絵図端裏に「正保二乙酉年十二月廿八日差上御公儀候控之写也、貞享二乙丑年三月廿六日」の文言があり、これによってこの絵図は「御絵図目録」に記載されている「津軽郡之絵図」に比定できると考えられる。藩で管理・保管していた絵図が何らかの理由でいつの頃にか流出したものであろう。現在、この絵図は往時の津軽の景観を伝えるビジュアルな歴史資料として扱われている。なお、貞享2（1685）年に弘前藩があえて控図の写を作成した理由は明らかではない。貞享年間に絵図作成が行われたことは『津軽史』によっても確認することができる。

この青森県立郷土館の「陸奥国津軽郡之絵図」と類似する内容を持つのが、弘前市立図書館に所蔵されている通称「慶安の御郡中絵図」である。この絵図が「慶安の御郡中絵図」と通称されている理由は定かではないが、『津軽史』に慶安元（1648）戊子年月日欠の条で「今年御当郡之絵図並御城郭の図御知行高之帳面板倉筑後守殿へ差出候様被仰付御使者本間太兵衛・副使神保三右衛門持参致し差上候処、絵図ハ江戸御屋敷大書院にて絵師狩野内膳写し取る」という記載があることに注意したい。また、「御絵図目録」から、「陸奥国津軽郡之絵図」と「御郡中絵図」は元禄16（1703）年以前から同所で保管されていたことが分かり、絵図の系譜関係の検討が待たれる。

なお、添献上物である郷帳、津軽知行高帳（正保郷帳）の末尾の年月日は「正保弐年十二月廿八日」であり、道帳であるとされる「津軽領分大道小道磯辺路并船路之帳」の表紙には「慶安二年二月出来仕吉太夫江戸へ持参仕候帳」とある。

『御書物方日記』享保15（1730）年10月17日の条に幕府の紅葉山文庫に所蔵されていた正保年中の陸奥の国絵図・郷帳の貸し出しが記録されているが、津軽領のものだけが正保年中の郷帳であったことが記されている。

これらの絵図の特徴としては、弘前が四角い城郭記号でなく、黒太丸で囲い黄色い下地上に弘前と表記されること、津軽半島や夏泊半島にアイヌの集落である狄村が記載されていること（図1）、松前領の一部である渡島半島が描かれること、津軽領が郡界線で3つに分けられることなどがあげられる。アイヌ集落は南部領にも存在していたが、本州の幕撰の国絵図に「狄村」として表現されているのは陸奥国津軽領絵図のみである。

【図1】「正保陸奥国津軽郡之絵図」に見られる津軽半島小泊・龍飛崎付近の狄村。青森県立郷土館蔵、1594

〔元禄国絵図〕 弘前藩が作成保管した元禄図や縁絵図・海際絵図は確認されていない。隣藩と取り交わした縁絵図が隣藩の旧大名文書中に伝存しているのみである。なお、変地帳や郷帳といった文書の関係資料は弘前市立図書館に現存する。また、藩庁日記から国絵図作成についての過程や隣藩との交渉状況を断片的にではあるが知ることができる。

変地帳や天保図から類推される正保図から元禄図にかけての大きな変化は、郡界線がなくなり一郡表記されるようになったことや渡島半島が削除されたこと、天保図に見られるような輪郭で描かれるようになったことなどであろう。

【図2】「正保陸奥国津軽郡之絵図」 青森県立郷土館蔵、1594、393×488
本図は、「正保二乙酉年十二月廿八日差上御公儀候控之写也、貞享二乙丑年三月廿六日」という端裏書を持つ絵図であり、弘前藩の正保国絵図の控図の写であると考えられる。正保図では津軽海峡を隔てた松前領まで描いているが、元禄図では松前領である渡島半島は削除されたと見られる。

【図3】「正保陸奥国津軽領絵図」(「御郡中絵図」) 部分 (弘前周辺) 弘前市立図書館蔵、TK290.3-3、360×433
本図は、図2と類似した内容をもつ絵図であり、図は弘前周辺の拡大である。正保図の場合、城下は四角の記号で表されることが多いが、弘前城下は円で表されている。また、郡界線が引かれ、村形が郡ごとに色で塗り分けられている。元禄陸奥国津軽領絵図以降では、津軽領は津軽郡として一郡表記されるため、郡界線は引かれない。

【図4】「天保陸奥国津軽領絵図」(津軽平野から十三之潟にかけて)弘前市立図書館蔵、M19

本図は、天保図の下図と考えられる絵図で、最初に作成されたと考えられる絵図である。元禄図を簡略に写し、そこに修正を直接書き込んでいる。

【図5】「天保陸奥国津軽領絵図」(津軽平野から十三之潟にかけて)弘前市立図書館蔵、M19

本図は、図4に懸紙をかけた状態。懸紙は大幅な修正を必要とした箇所にかけられている。村を確認したと思われる合点が村形上に見える。

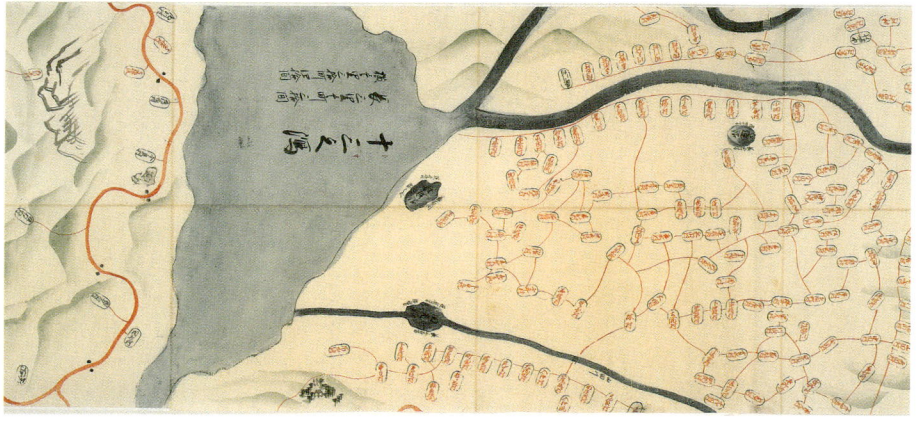

【図6】「天保陸奥国津軽領絵図」(津軽平野から十三之潟にかけて)弘前市立図書館蔵、M20

本図は、図5の状態を懸紙を使わずに表したもの。村名は朱字と墨字で分けられている。

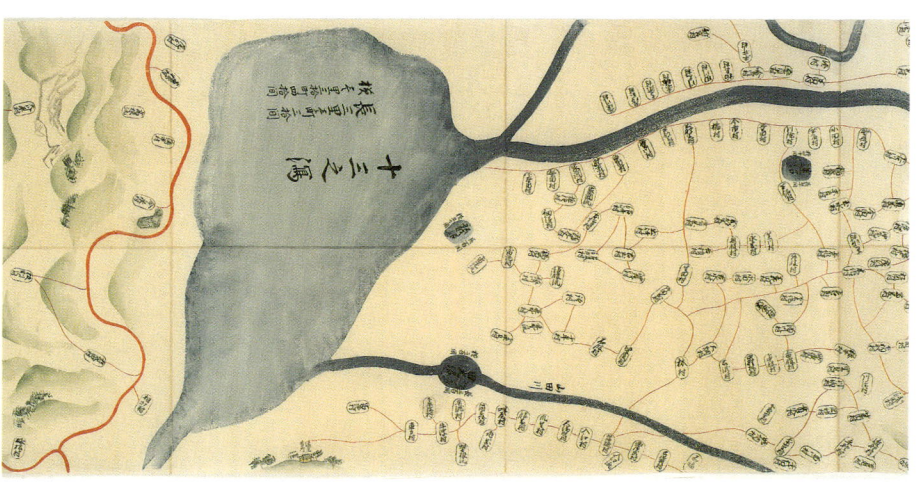

【図7】「天保陸奥国津軽領絵図」(津軽平野から十三之潟にかけて)弘前市立図書館蔵、M21

本図は、図5の状態を懸紙を使わずに表したもの。村名は図6とは異なり、墨字だけとなっている。

陸奥国　津軽領

〔天保国絵図〕　弘前藩に国絵図改訂の命が下された年月日は定かではない。しかし、「弘前藩庁日記」によって断片的にではあるが絵図作成の動向をうかがうことができる。弘前藩では、天保7（1836）年7月の絵図役人任命以前に幕府からの通達があったと推測され、具体的な絵図作成の調査などはそれ以降に行われた。

天保図の下図と考えられる絵図は、弘前市立図書館に3点、資料館に1点の所蔵されている。いずれも津軽領を南北方向に8等分した切絵図であり、彩色もごく簡略で、村高・郡高表示がない絵図である。4点の絵図はその表現内容から段階を踏んで作成されていることがうかがえる。資料館に所蔵されている絵図の箱書きに「天保八丁酉年五月廿九日被差出候御国絵図面写」とあることから資料館本が提出した絵図の控であろう。

これら4点の絵図によって弘前藩が幕府に絵図を提出するまでにどのような操作を行ったかを知ることができる。4点の絵図は、①元禄図に懸紙（かけがみ）や朱字・墨字によって天保までの地模様の変化を示した絵図（図4、5）、②変動した後の地形で描き、村を朱字か墨字で記載した絵図（図6）、③欠落や誤記があるが変動した後の地形で描き、村を墨字だけで記載した絵図（図7）、④欠落や誤記が修正され変動した後の地形で描き、村を墨字だけで表した絵図（図8）、という様式や内容を持つ。これら4点の絵図は、一部を除いてほぼ同様の内容を有している。

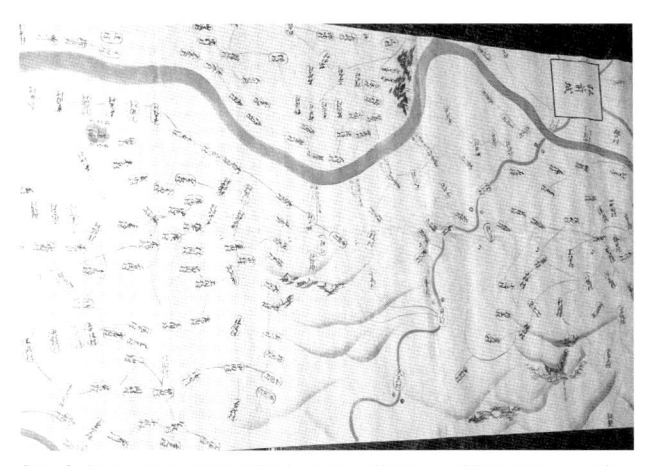

【図8】「天保陸奥国津軽領絵図」　部分　（弘前から津軽平野にかけて）国文学研究資料館蔵、津軽家文書、（22B）2178-4「御国絵図写（切図）」

弘前藩がこれほど慎重に絵図を作成した明瞭な理由は不明であるが、寛政期に藩独自の判断により従来の国絵図・郷帳の改訂を行ったことと関連があると思われる。これは18世紀以降の北方情勢の変動により、従来の絵図では不備が生じ、より現状を反映させた地図の作成が必要となったためであろう。つまり、天保図改訂事業を元禄に次ぐ正規の絵図改訂の機会と捉えた弘前藩は、絵図の作成に慎重を期したのではないだろうか。

天保図において注目される表現としては、海辺に描かれた大筒台場の表現である（図9）。18世紀後期以降のロシアの南下は、幕府をはじめとして東北の諸藩に大きな影響を与えた。大筒台場が絵図の段階を踏むごとにより視覚に訴えるように表現されていくことは、弘前藩にとって大筒台場が幕府に強調したいものであったことを示している。

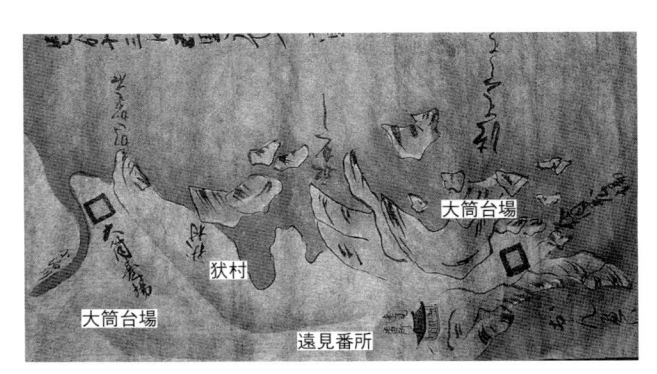

【図9】「天保陸奥国津軽領絵図」の津軽半島小泊・龍飛崎付近の大筒台場。国文学研究資料館蔵、津軽家文書、（22B）2178-3「御国絵図写（切図）」

しかし、幕府は弘前藩が意図し作成した絵図をそのまま写し取り清絵図（きよえず）に仕立て直したのではない。国立公文書館に収納されている絵図は、弘前藩が作成した絵図には見られなかった表現を追加したり、あるいは削除したりしながら作成されたのである。

このように、陸奥国津軽領を描いた国絵図は、蝦夷地に地理的に近く、領内にアイヌ民族の村が含まれるという津軽地方の特色を反映したものとなっている。近年青森県では自治体史の刊行が相次いでおり、図版や関連資料も掲載されている。絵図の残存状況の相違もあってか西日本地域に比べて国絵図研究が立ち遅れている観のある東日本地域であるが、全国的な比較研究のためには個々の事例を積み重ねることが求められている。

（尾﨑久美子）

【参考文献】
羽賀與七郎1956「元禄国絵図に関する新資料について―弘前藩の場合―」（『國史研究』2）／本田伸2001「弘前藩「御絵図目録」の発見とその意義」（『國史研究』110）／尾﨑久美子2003「天保陸奥国津軽領絵図の表現内容と郷帳」（『歴史地理学』214）

出羽国　1
最大の国絵図、正保出羽一国絵図

　出羽国は現在の鹿角郡を除く秋田県と山形県域にほぼ相当し、陸奥国に次ぐ面積であった。現存する出羽国絵図は、寛永・正保・元禄・享保・天保の5時期に作成された。正保図の絵図元は秋田藩1藩であったが、秋田藩領域は鹿角郡と由利郡を除く秋田県域であり、由利郡や山形県域の領主から情報を得なければ、出羽一国図は作成できなかったはずである。元禄図では秋田藩のほか、鶴岡藩、新庄藩、山形藩、米沢藩の5藩が絵図元を命じられた。このような経緯から、各藩が担当した領分絵図が作成されたことになる。また享保期に秋田藩と米沢藩では、独自に国絵図を作成した。これらの控図、下図、写図、模写図、縁（際）絵図などに加え、考証図を含めると、出羽国絵図は総数160点余に及ぶ。出羽国絵図は、陸奥国絵図と並んでもっとも現存点数が多い。そこで、出羽国絵図は便宜的に4つに分けて解説する。

〔寛永国絵図〕　寛永国絵図は幕府巡見使が諸大名に提出させ、その後日本図作成のために再徴収されたといわれる。米沢藩では、寛永10（1633）年2月に米沢領国絵図を提出したとする記述があるが、このときの絵図は確認できない。しかし、川村博忠（1995）により紹介された「日本六十余州国々切絵図」と称す寛永縮写図は秋田県公文書館に所蔵（A290-114-1-69）されており、その一つに出羽国も含まれる。長方形の紙幅に合わせたかのような図形で出羽国を描き、四角の中に居城名、国境の簡略な注記、街道沿いの村名を記す。村高、一里山、舟路などの記載はなく、きわめて簡略な絵図である。

〔正保国絵図〕　正保元年（1644）12月、正保国絵図調進の幕命（絵図奉行は井上筑後守政重）があり、出羽国の絵図元には秋田藩（佐竹修理大夫義隆）が命じられた。秋田藩では翌2年に主要道を計測しつつデッサン図として「秋田・仙北御絵図野書」（秋田県公文書館所蔵、151、480×660cm）を作成した。図2のように粗い麁絵図ではあるが、管見では国絵図のデッサン図の現存唯一といってよく、本図はその点で貴重である。

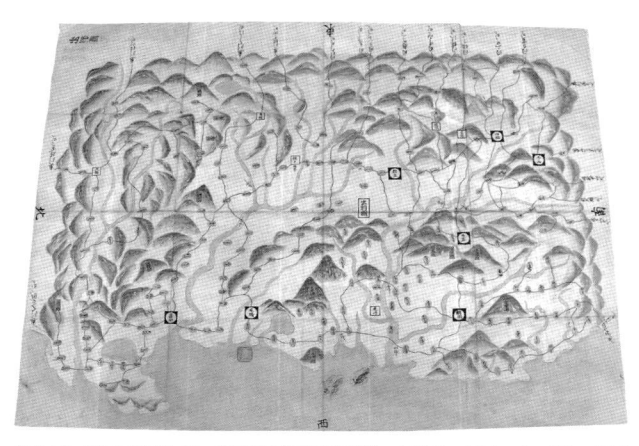

【図1】「寛永出羽国」　秋田県公文書館蔵、A290-114-1-69、114×155

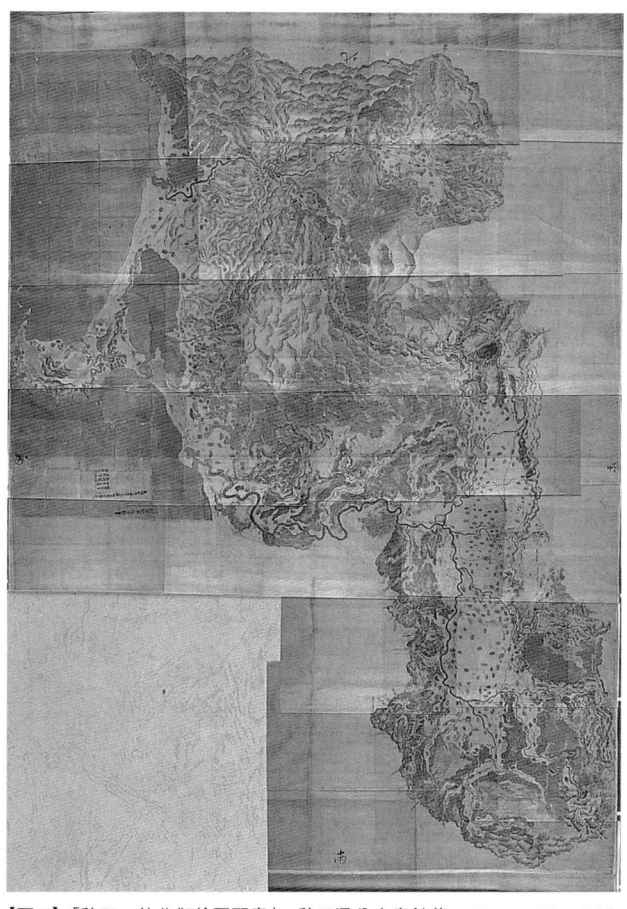

【図2】「秋田・仙北御絵図野書」　秋田県公文書館蔵、151、480×660

　その後、秋田藩は由利郡を除く「出羽六郡絵図」（秋田県公文書館所蔵、145、546×681cm）を作成した（図3）。正保期の「出羽六郡絵図」は陸奥国境の鹿角郡が大きくくびれ、元禄図と重ね合わせると陸奥国境が全体に

【図3】「出羽六郡絵図」　秋田県公文書館蔵、145、546×681

【図4】正保図と元禄図の重ね合わせ。オレンジ色が正保「出羽六郡絵図」、ベースとなっている元禄図は「出羽七郡絵図」(秋田県公文書館蔵、旧図)

内輪に描かれていたことが分かる（図4）。また、「秋田・仙北御絵図野書」と「出羽六郡絵図」の図形を重ね合わせると必ずしも整合はしない。このため、秋田・仙北御絵図野書から出羽六郡絵図への作成過程で、再度測量が実施されたと推測される。この点はともかく、「出羽六郡絵図」は、由利郡の矢島藩・本荘藩・六郷領、そして鶴岡藩、新庄藩、山形藩、米沢藩から提出された領分絵図と接合され、正保出羽一国絵図が作成されたはずである。この接合の痕跡は、郡境に向かって山型が双方から描かれている箇所に認められる（出羽国2の図2）。

正保出羽一国絵図の幕府献上図は焼失したが、秋田県有形文化財指定の図5が奇跡的に伝来した。その箱書きには、以下のような記載がある。

「正保四丁亥年出羽十二郡絵図　正保二年藩主佐竹義隆公が幕命により作成し提出した御国絵図の原本であって、文政十年義厚公時代に軸物に改装され、佐竹家で所蔵して居った。明治戊辰の役の際江戸藩邸より東海船便で宝物什器と共に秋田に向け回漕中、仙台領野蒜で菌穫され宮城県庁所蔵となっていたが、明治三十九年に至り当時宮城県参事官より本県内務部長に転じた小山己熊氏の斡旋で秋田県に返還され、秋田県所蔵となり今日に至る。その後文庫保管中相当破損を生じ、このままでは貴重文化財の価値を損ずることを憂へ、昭和二十五年十一月改装を完了したものである。
　昭和二十五年十二月八日
　　　　　　　　　　　　秋田県知事蓮池公咲」

この記載から「出羽一国御絵図」（509×1108㎝）は、江戸の秋田藩邸に伝来したことが分かる。また、これと同様と思われる「出羽一国絵図」と「道帳」（22ノ4）が千秋文庫（東京都千代田区）に所蔵されている。秋田藩の記録（「古国絵図員数書付」享保年間、秋田県公文書館）によれば、幕府の規定どおり「出羽一国絵図」は2鋪作成され、正保4年に幕府に献納された。秋田藩江戸藩邸に保管されていた「出羽一国御絵図」は、この控図、あるいは寛文期の再提出図の控と考えられる。なお、現状では短冊状に分かれている千秋文庫本も、同時期の控と思われるが、今後の検討を要するであろう。

一方、米沢藩では、正保2年2月2日、冨所元重、関原城秀、目賀多洞雲に領分絵図、城下絵図の作成を命じている。絵師は勝田隠岐丞であった。同年8月、城下絵図を幕府にいったん提出し、翌3年10月に領内絵図、城下絵図3箱と領内高付帳2通を井上筑後守に提出した。このうち城下絵図（城絵図）は、国立公文書館所蔵本として現存する。しかし、置賜郡を描いた領分絵図は幕府に提出したままであったのか、「出羽一国絵図」が仕立てられたのち返却されたのか、文書史料からは判然

としない。いずれにしても、米沢藩は絵図元ではなかったが、領分絵図を作成しており、またこの控図を所持していたはずである。

（小野寺淳・渡辺英夫）

【参考文献】
川村博忠1995「寛永国絵図の縮写図とみられる日本六十八州縮写国絵図」（『歴史地理学』37-5）／川村博忠1984『江戸幕府撰国絵図の研究』（古今書院）／小野寺淳1995「絵図に描かれた自然環境―出羽国絵図の植生表現を例に―」（『歴史地理学』37-1）／渡辺英夫2002「秋田藩街道史料と国絵図―正保道帳と天和道程―」（『国史談話会雑誌』43）

【図5】「出羽一国御絵図」　秋田県公文書館蔵、509×1108
（「出羽国4」にカラー写真の図3を掲載）

出羽国 2
元禄期に写された正保国絵図

慶安2 (1649) 年頃までには、全国の絵図元の大名から、正保国絵図、郷帳、道帳、城絵図の献上が終了したとされる。しかし、出羽国絵図も明暦3 (1657) 年の大火で焼失、幕府は寛文年間に再提出を絵図元の諸大名に要請した。出羽国絵図の絵図元は秋田藩1藩であったので、他藩は再提出に応じる必要はなかった。しかしながら、米沢藩では寛文9 (1669) 年6月に領分絵図を提出している。この点からも、秋田藩以外の他藩、少なくとも米沢藩は正保の領分絵図を作成しており、その控図を所持していたことが明らかであろう。

〔元禄国絵図〕 さて、元禄国絵図は元禄9 (1696) 年11月23日に内示、翌10年閏2月より開始された。絵図奉行は井上大和守正岑であり、国絵図の縮尺は6寸1里に統一、国絵図のほか、郷帳、変地帳、縁絵図、海際縁絵図の献上も命じられている。出羽国では、元禄国絵図の調進が命じられると、米沢藩などが願い出たこと、また出羽12郡の一国絵図は大型で取扱いが難しいとの理由から、出羽国を5つに分割して作成することになった。絵図元は秋田藩（佐竹右京大夫）のほか、山形藩（松平下総守）、鶴岡藩（酒井左衛門尉）、新庄藩（戸沢上総守）、米沢藩（上杉弾正）の5大名が命じられた。

その際、幕府は古絵図（寛文期に再提出された正保国絵図）を貸与し、参照するよう求めている。10年5月19日、幕府勘定所より国絵図と郷帳を借り出し、出羽国の5大名は秋田藩から順次一領切に写し取ったとされる（米沢市立米沢図書館岩瀬家文書622、643）。これに該当する領分絵図は、新庄藩では「正保年中御絵図写」（新庄ふるさと歴史センター寄託、235×238cm）、鶴岡藩では「庄内三郡絵図」（図1、致道博物館蔵、目録掲載なし、280×443cm）、米沢藩では「置賜古絵図」（図3、山形大学附属博物館蔵、251×271cm）と考えられる。「正保年中御絵図写」は、元禄期の新庄藩御用絵師であった舟生源右衛門が写した。致道博物館では新たに2点の「庄内三郡絵図」が見出され、そのうちの1点が図1であり、正保あるいは寛文期の領分絵図の控図または写本と判断される。「置賜古絵図」は、以下の裏書きの記載から、正保国絵図を元禄10年に幕府勘定所から借用し、米沢藩御用絵師岩瀬小右衛門が写したことが明らかである。

「正保二年出羽一国御絵図被指上候、右御絵図御書物蔵納有之所、此度新絵図被遊御改付而、元禄十年五月十九日より於御勘定所諸家江相渡、因茲佐竹右京太夫殿二而御請取之、御組合御家江廻之、絵図役人共寫執之、即従佐竹殿公儀御返上、右御絵図之写、但岩瀬小右衛門相勤之」

しかし、米沢藩と鶴岡藩は、一領切、すなわち領内絵図のみを写し取ったのかは疑問である。その証拠に、両藩では正保出羽一国絵図の写本が伝来している。致道博物館には鶴岡藩旧蔵の「出羽一国之絵図」（501×1089cm）が伝来し、山形県の有形文化財に指定された。上杉家文書のマイクロフィルム作成の際の目録では分割されたが、図2「出羽一国御絵図」（1778、541×546cm）は羽前のみであり、羽後を描いた「羽後一円大絵図」（1936、547×621cm）と本来は一対であった。このように米沢藩でも出羽一国絵図を作成していたことが明らかである。

これらの出羽一国絵図の表現様式は正保図のそれではあるが、秋田藩の江戸藩邸に保管された控図と判断される出羽一国御絵図とは彩色が異なる。また、新田村落の新田名が削除され、元禄期の村名に一部改められた村も確認できる。元禄期に幕府勘定所所蔵の正保出羽一国絵図（正確には寛文図）を写しつつも、部分的に元禄期の記載内容に改めており、米沢藩と鶴岡藩は元禄出羽一国絵図を作成しようとしたのかもしれない。　（小野寺淳）

【参考文献】
川村博忠 1984『江戸幕府撰国絵図の研究』古今書院）／小野寺淳 2001「国絵図の画像処理による庄内平野の環境・景観の復原とその変化」（『国絵図の画像処理による東北地方の環境・景観変化に関する研究』平成11・12年度科研費基盤研究（c）（1）研究成果報告書』）／明和8年「御絵図由来覚書」（米沢市立米沢図書館）／「御絵図御用留書」（秋田県公文書館蔵）／米沢市 1993『米沢市史第3巻近世編2』（米沢市、P.303〜322）

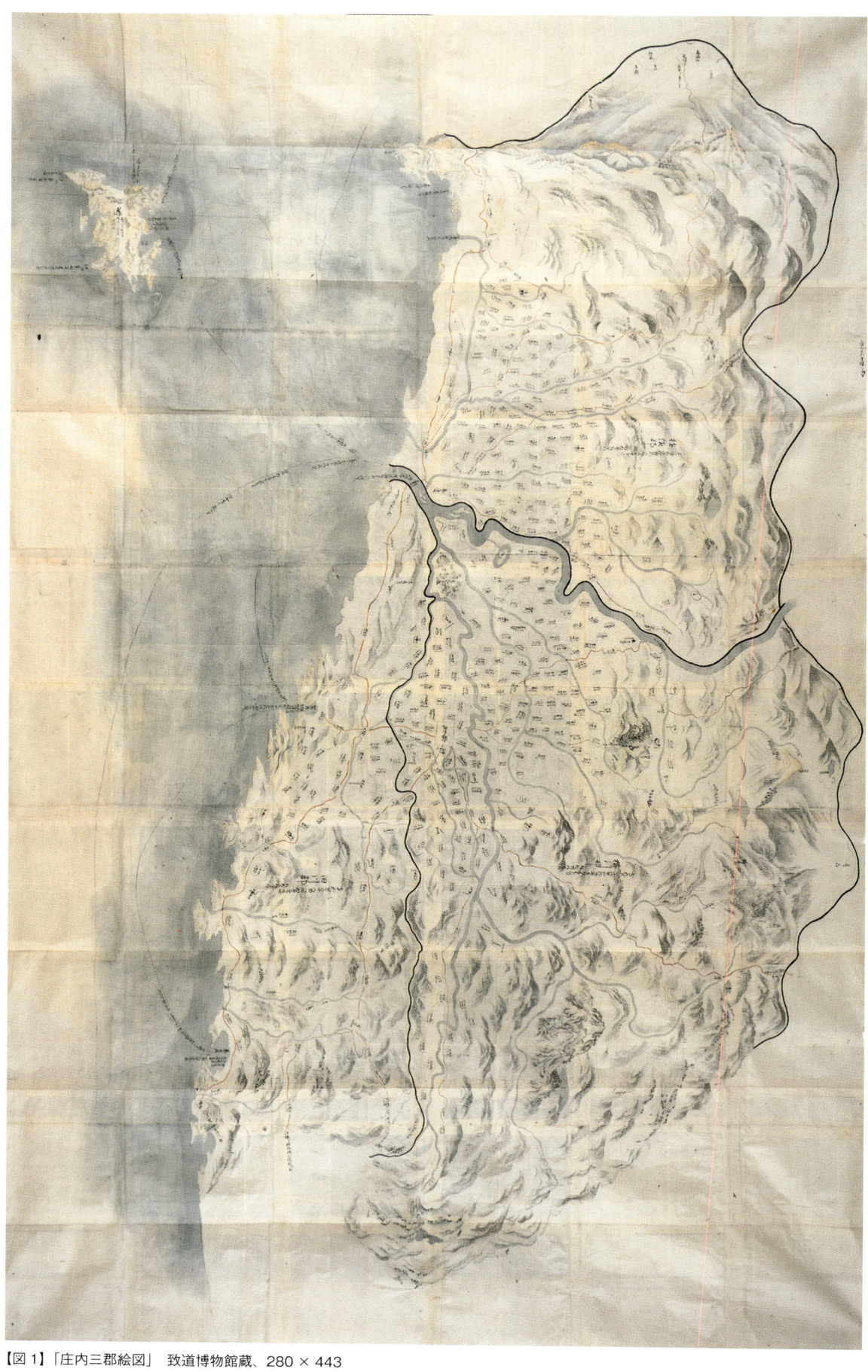

【図1】「庄内三郡絵図」 致道博物館蔵、280 × 443

【図2】「出羽一国御絵図」 米沢市上杉博物館蔵、1778、541 × 546
羽前のみを描く、黒い線の郡境と向き合う山型に注目。

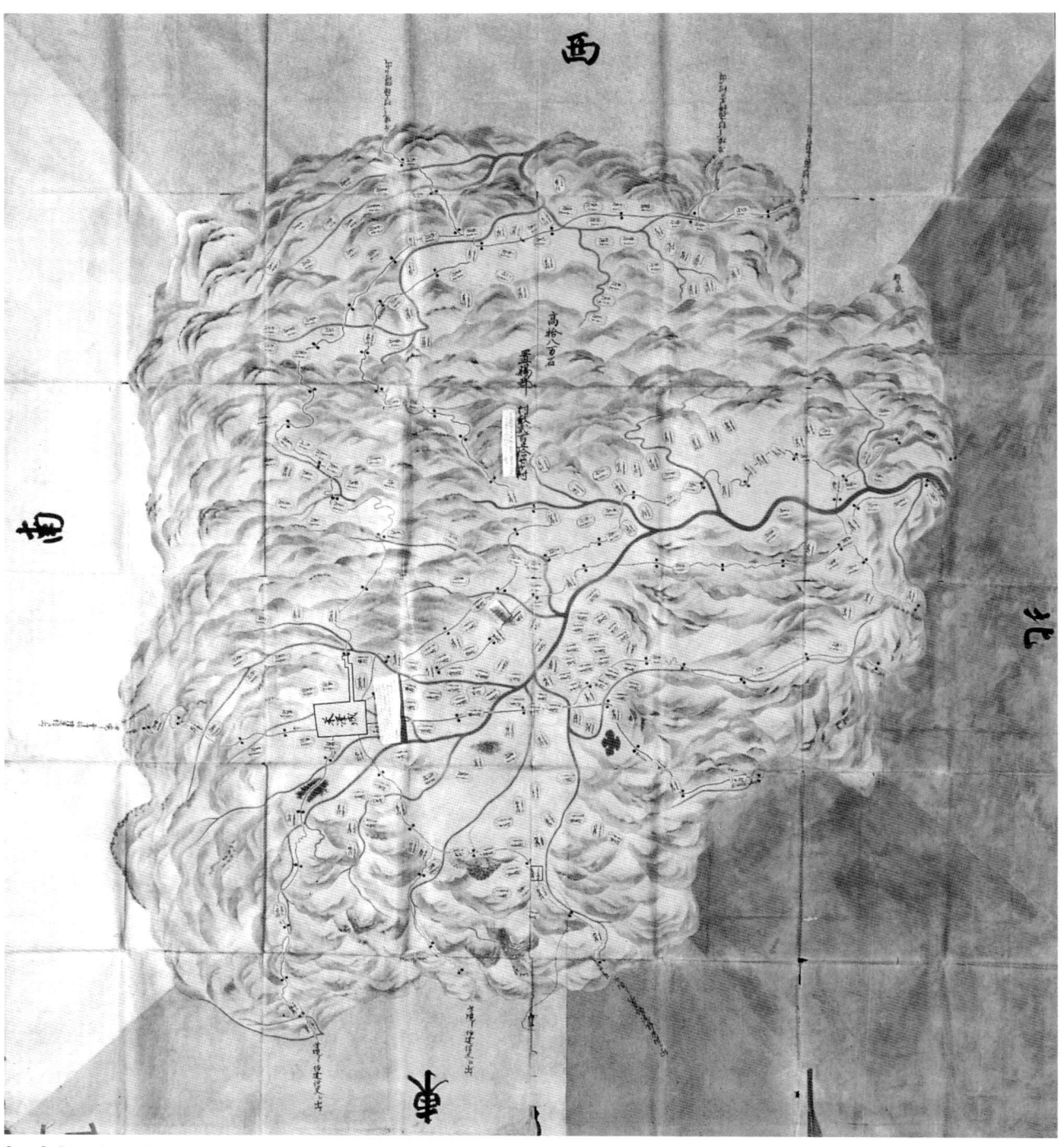

【図3】「置賜古絵図」 山形大学附属博物館蔵、251 × 271

出羽国　3
元禄図における内見図と控図

　秋田藩における元禄国絵図の作成は、元禄10（1697）年閏2月、「七郡之御絵図仕立」の下命で始まる。秋田藩では6郡の領分絵図に由利郡を加えて下図を作成した後、13年4月から15年にかけて隣接諸藩との境界を縁絵図と会形で確認する作業を行った。15年12月9日には江戸本郷絵図小屋にて下絵図の吟味が行われ、12日に評定所へ絵図を提出した。秋田藩提出の清絵図の規格は縦2丈4尺9寸（7.54 m）、横1丈9尺6寸2歩5厘（5.95 m）と記されており（「御絵図御用留書」秋田県公文書館）、これにほぼ該当するのは図1と2に示した「出羽七郡絵図」（秋田県公文書館〈旧秋田県図書館蔵〉No.172、558 × 737cm）と「出羽七郡絵図」（秋田県公文書館、781 × 627cm）の2点である。便宜的に前者を①、後者を②と記す。両者の表現様式と記載内容は近似しているが、よく見ると①は鳥海山の山頂を描いた後に山頂部を塗りつぶしている。

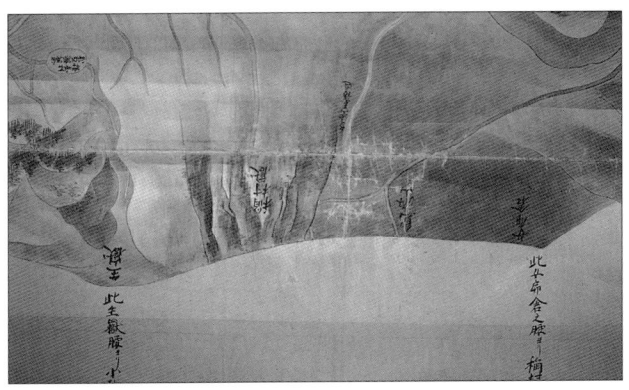

【図1】「出羽七郡絵図」　部分　秋田県公文書館蔵、172、558 × 737。塗り潰された鳥海山の山頂部。

　②は紙を貼った可能性もあるが、鳥海山の山頂までは描かれていない。また②は寺社名の記載が追加されたことなどから、①の領分絵図が先に作成され、幕府の下絵図改を受けた後、この指摘を修正した領分絵図が②であると想定される。

　一方、米沢藩では寛文4（1664）年6月に伊達・信夫郡が上知になったため、米沢藩15万石（置賜郡）と幕府領3万石（伊達・信夫郡）の大絵図を仕立て、まずこれを9年に老中稲葉正則に提出した。しかし、出羽国置賜郡（米沢領）と陸奥国信夫郡（福島領）の国境が論所となったままであった。元禄10（1697）年7月5日に米沢藩は元禄国絵図作成の下命を受けると、まず論所を解決せねばならなかった。しかし、未決着のまま、11年7月28日右筆の桜井勘左衛門は国絵図と郷村帳を持参して江戸へ出府した（「上杉家御年譜」）。ここでいかに指示されたかは不明であるが、論所は11年12月に幕府の裁許を受けている（米沢市上杉博物館「米沢伊達信夫郡大絵図」No.42.2 − 16、「福島領米沢領境論判決絵図」No.1807）。恐らく下絵図改によって訂正を求められ、12年に図3の「米沢領内村高付絵図」（米沢市上杉博物館、No.1773、268 × 293cm）を作成し、この内見により、翌13年には図4の「米沢領村高大絵図」（米沢市上杉博物館、No.1772、252 × 287cm）が仕立てられたと考えられる。

　内見図と想定される「米沢領内村高付絵図」と献上図の控と想定される「米沢領村高大絵図」を重ね合わせると、「米沢領内村高付絵図」の図形の方が実際の置賜郡域に近い。また村山郡境の最上川左岸を窪んで表現している点に特色がある。岩瀬閑養「御絵図由来覚書」によれば、村山郡境の最上川左岸の表現は、内見図と想定される図5「米沢領内村高付絵図」の表現が正しいと判断できる。一方、「米沢領村高大絵図」は朝日岳や黒森山などを誇張し、また正保図の写本「置賜古絵図」（出羽国2の図3）の図形に近いものの、陸奥国福島領境との論所「おほか沢」（図6）をことさら詳細に描いている。すなわち、米沢藩は正保図「置賜古絵図」の誤りを正して内見図「米沢領内村高付絵図」を作成したにもかかわらず、「米沢領村高大絵図」では幕府は裁許によって決せられた論所の表現の修正を認めつつも、正保図に近い図形表現に変更させたことになる。

　元禄国絵図の表現上の特色は、このように国境や郡境を明確にして国境の注記が詳細となる一方で、正保図に表現された特色ある植生表現が削除された。たとえば、正保図には、米沢城下に近い板谷街道沿いには直江兼続が植えたといわれる白旗松原、最上川水運の河岸として賑わった糠野目の対岸に位置する入生田村のハンノキ林（図7）、庄内平野の広野谷地に繁茂していたハンノキ林（図8）などの表現が見られたが、これらの植生表現は元禄図では見られない。元禄図の絵図元となった諸大名は自藩の御用絵師に領分絵図を描かせ、内見を経て提出

【図2】「出羽七郡絵図」 秋田県公文書館蔵、172、558 × 737

【図3】「米沢領内村高付絵図」 米沢市上杉博物館蔵、1773、268×293

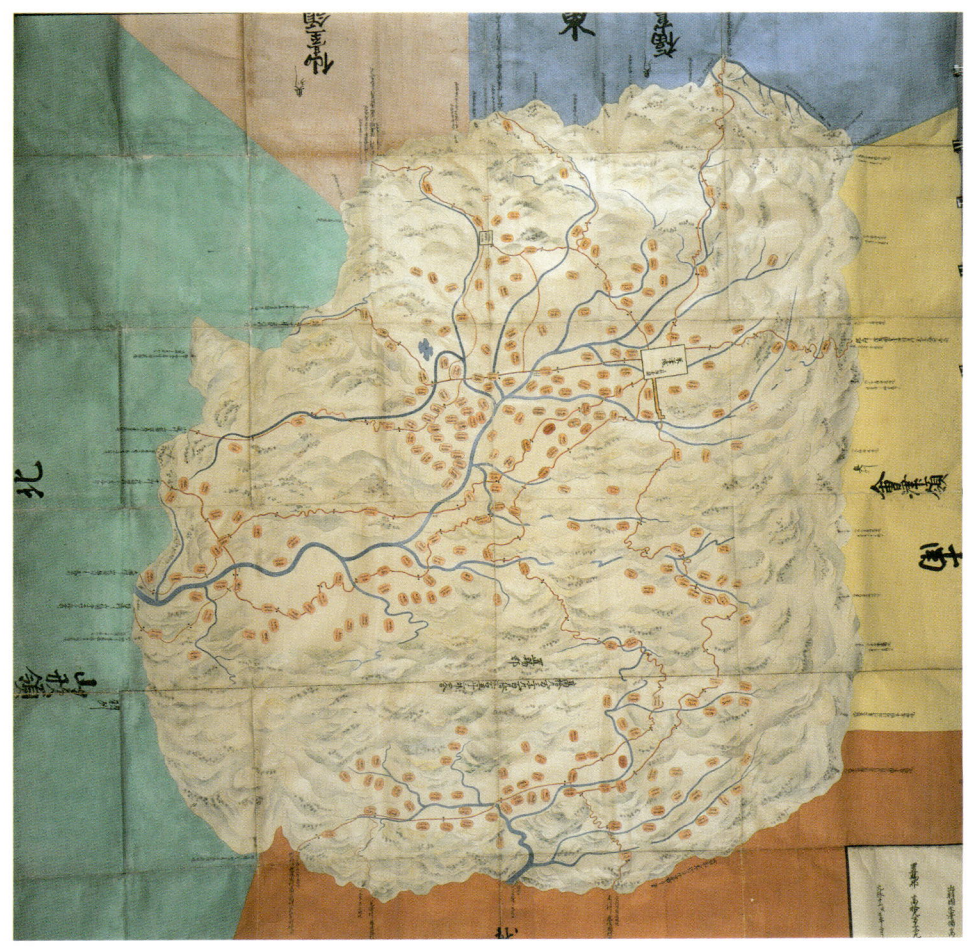

【図4】「米沢領村高大絵図」 米沢市上杉博物館蔵、1772、252×287

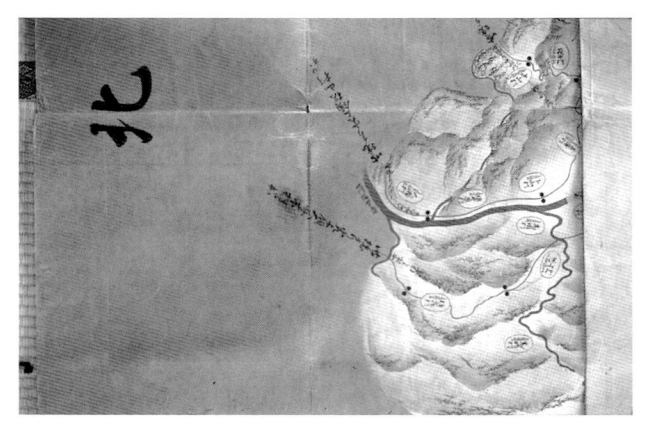

【図5】「米沢領内村高付絵図」 米沢市上杉博物館蔵、1773。村山郡境の最上川左岸の表現。

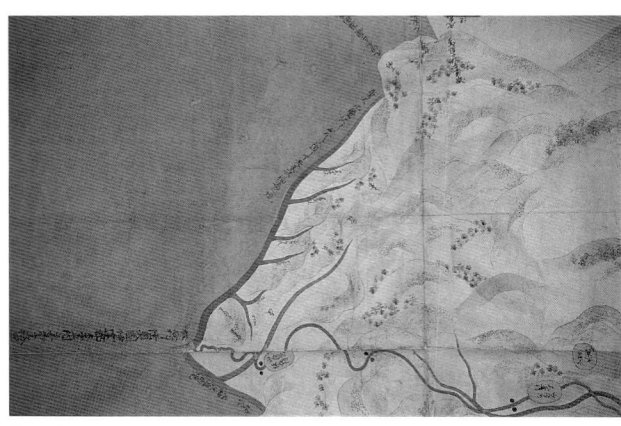

【図6】「米沢領村高大絵図」 米沢市上杉博物館蔵、1772。福島領境の論所「おほか沢」の表現。

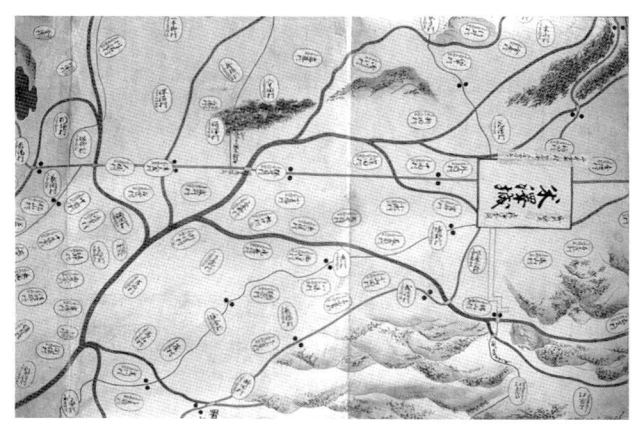

【図7】「米沢領内村高付絵図」 米沢市上杉博物館蔵、1773。図の右上に白旗松原、中央やや上に入生田のハンノキ林が表現されている。

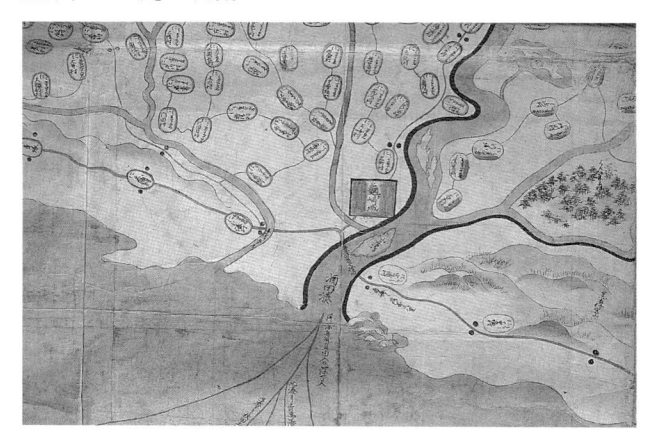

【図8】「出羽一国御絵図」 米沢市上杉博物館蔵、1778。図の右端に広野谷地のハンノキ林が表現されている。

し、幕府は諸大名に清絵図の作成経費を負担させた。出羽国の幕府献上図は、狩野良信を中心とする狩野派が様式を統一して作成したために、植生表現も画一化された。しかし、その一方で絵図元の諸大名に残された内見図と控図とを比較することによって、幕府と絵図元の諸大名との駆け引きをうかがい知ることができる。

(小野寺淳)

【参考文献】
秋田県立博物館 1996『絵図をよむ―描かれた近世秋田の地理―』／阿部俊夫 1994「元禄年間における高倉山争論の特質―山野利用と陸奥・出羽両国の国境「おほか沢」―」(『福島県歴史資料館研究紀要』16)／小野寺淳 1995「絵図に描かれた自然環境―出羽国絵図の植生表現を例に―」(『歴史地理学』37-1)／小野寺淳・岩鼻通明・渡辺英夫 1999『画像処理による出羽国絵図の研究』(平成9・10年度科研費基盤研究(C)(1)『研究成果報告書』)／山形県立博物館 1994『特別展ザ・絵図―近世やまがたの風景―』

出羽国 4
秋田藩の郷村調査と享保図

〔秋田藩の享保国絵図〕 享保国絵図は享保2（1717）年8月より開始され、絵図奉行大久保下野守忠位により日本図の編集事業が実施された。川村博忠によれば、全国規模での国絵図徴収は行われなかった。しかし、秋田藩では家老今宮大学を中心に郡村調査と関連して国絵図の作成が進められたことが指摘されている。

秋田藩では、享保7年3月、絵図改正の下命があった。しかし、これ以前の5年には「出羽国秋田領秋田郡山本郡境絵図」（秋田県公文書館蔵、133）と「米代川以北北津軽領国境絵図」（秋田県公文書館蔵、139）のような郡境や国境の絵図が作成されていたことから、すでに秋田藩では国郡境の調査を始めていた可能性がある。享保国絵図は15年2月16日に完成し、5月18日に幕府へ提出したが、10月7日には改正するよう指示があった。翌16年に元禄国絵図の写本を作成し、これと照合したうえで18年5月に再提出したが、結局この絵図は幕府から返却されたという。

秋田県公文書館には享保18年「御国絵図本図」（148、292×419cm）が残されている。この絵図は国境にのみ山が図示されており、その他は郡境、雄物川・米代川と羽州街道が示されるのみであるが、この絵図には次のような記載がある。

「奥州津軽南部仙台羽州新庄領境目通、山本郡菅生崎（須郷崎）より雄勝郡まげし峯迄之間、享保十四酉年迄被改候絵図之山数を省略して縁通斗を調、同十六亥年江戸え為差登、同年追手番所後御勘定所に有之候元禄絵図江かぶせ絵図にして差出候処、御老中松平左近将監殿御吟味之上、時節も可在之候間此節改栄にハ不及にて、御勘定奉行松平隼人正殿え被相渡、同十八丑年六月中右御勘定所に於いて被返置候、但被返置候次第御用留書等別帳通、後来国絵図改正被仰出候ハハ境目ハ此絵図之通、且其節之吟味を差考可相調、仍府内ハ大道大川筋郡境斗大概を記置者也
　附府内之詳細ハ享保十四年之絵図を本図にして可調之
　　享保十八年丑九月　　　　　　　　　　　　　　」

この記載から、図2の享保14年「秋田領絵図」（秋田県公文書館蔵、147）を16年に江戸へ持参し、元禄図と「かぶせ絵図」にして再吟味を願い出たものと考えられる。「秋田領絵図」と「御国絵図本図」を重ね合わせると、ほぼ図形は一致した。ただし、仙北郡の南部藩領境に一部合致しない箇所が見られ、この点は検討を要するが、「秋田領絵図」は15年5月18日に幕府へ提出し、返却された享保国絵図と推定できる。

ところで、2点の享保国絵図は現在と比較してもかなり正確であり、元禄図と重ね合わせると、図形は大幅に異なっている。また、享保国絵図には郡村調査の成果が盛り込まれたと考えられ、たとえば国境の水系に数多くの山名や沢地名を記入している（図1）。このように秋田藩では、享保国絵図作成を機会に、元禄図の修正を試みたわけであるが、幕府はその必要性を認めなかった。すなわち、幕府と秋田藩では国絵図に対する認識にズレが生じていたことが指摘できよう。

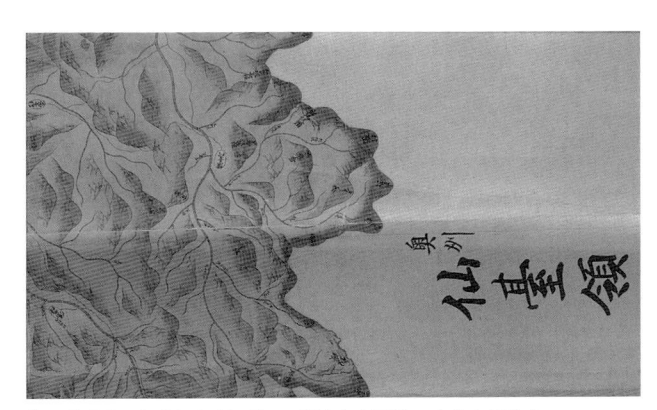

【図1】「秋田領絵図」（部分）に記された国境の山名や沢地名。

〔天保国絵図〕 天保国絵図は天保2（1831）年郷帳の改訂の後、天保6年より国絵図の改訂が実施された。諸藩は表高ではなく、実高の記載を要請されたが、諸大名は国絵図を作成することはなかった。出羽国については、元禄図と同様、庄内領・新庄領・米沢領・山形領・秋田領の5つに分けて作成されている（国立公文書館蔵）。

（小野寺淳）

【参考文献】
秋田県立博物館1996『絵図をよむ―描かれた近世秋田の地理―』／松渕真洲雄1991「秋田藩の国絵図と郷帳」（『秋田地方史の展開』みしま書房）／「郷村御調覚書」（秋田県公文書館蔵）

【図2】「秋田領絵図」 秋田県公文書館蔵、147、282 × 440

【図3】「出羽一国御絵図」 秋田県公文書館蔵、509 × 1108

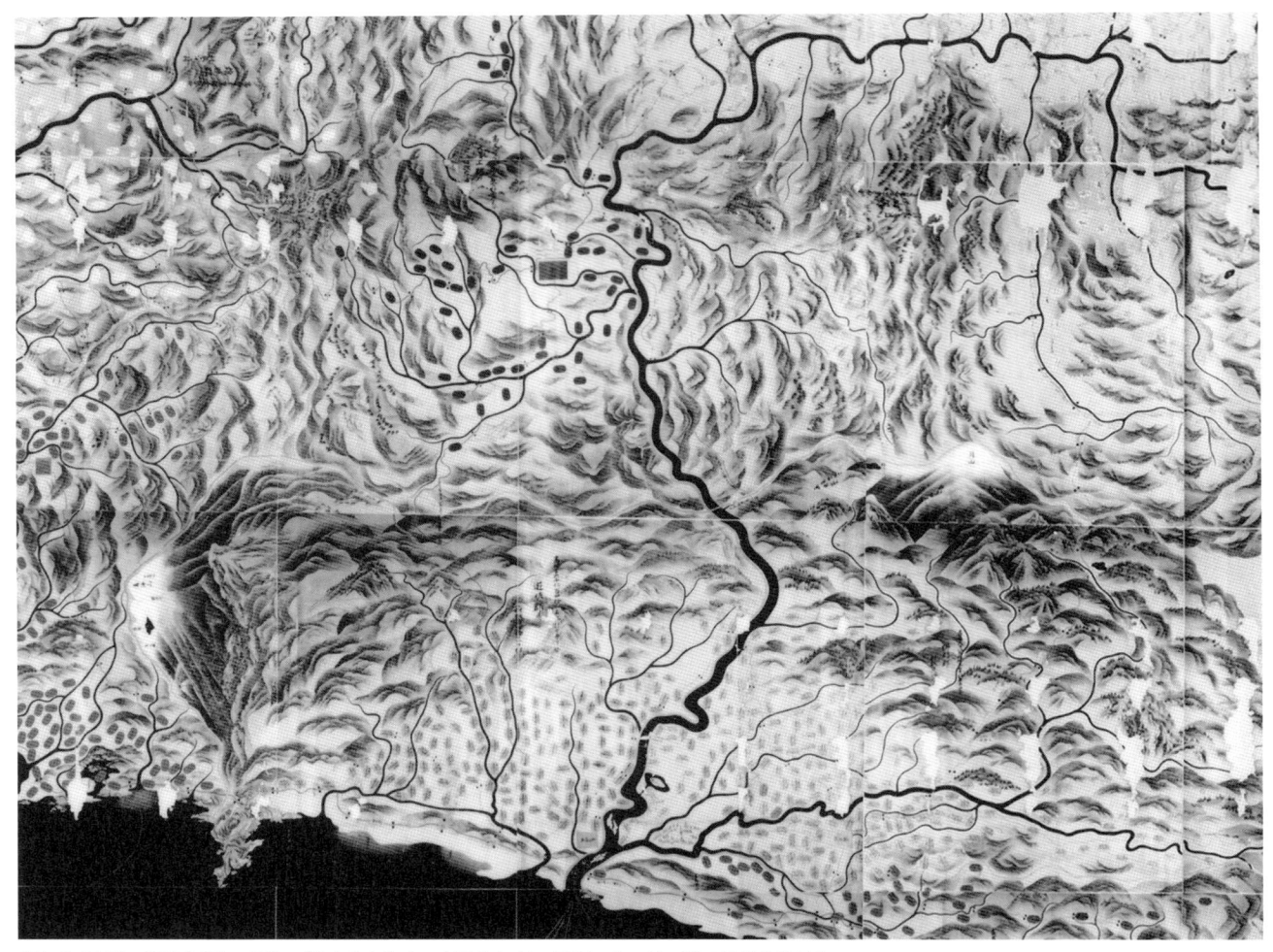

【図4】「出羽一国御絵図」部分 （月山や鳥海山の山頂を白山に表現している）、秋田県公文書館蔵

【山岳信仰と出羽国絵図】

　筆者が国絵図における霊山表現の特徴に最初に気づいたのは、越前国絵図における白山の描写であった。この点については、「白山だけはどの図も一般の山とは区別し白色で彩色している」（『福井県史　資料編16上　絵図・地図』1990年2月）との指摘がなされている。白山という山の地名そのものが、万年雪を抱いた山容に由来するものとされるが、国絵図においては霊山を一般の山とは区別して白色で彩色するという特徴が共通して見られる。筆者は、この表現を固有の山名と区別するために「白き山」と仮称することとしたい。

　さて、出羽国絵図においては、月山及び鳥海山、それに加えて堂々たる山容で描かれる森吉山（白い彩色はやや弱い）を「白き山」の例にあげることができる（「出羽一国御絵図」秋田県公文書館蔵、正保国絵図、15頁）。ただ、正保国絵図では雄大な月山・鳥海山・森吉山の「白き山」の描写が見られるのに対して、元禄国絵図では月山・鳥海山の表現は定形化した没個性的描写となり、とりわけ森吉山については、南部藩との国境問題もからんで、独立峰としての表現が消滅して連山のひとつとしての描写となって「白き山」としての表現は失われるにいたる。そのため、国絵図における霊山表現の考察を行う場合には、正保までの初期の国絵図を比較検討したほうが実り多いといえよう。

　なお、国絵図においては霊山の禅定道が積極的に表現されることは少なく、その描写が存在する場合でも、女人結界地点までの表現にとどまったり、複数の登山道が存在する場合でも一本のみを描くにとどまったりしている。やはり近世の信仰登山の道は、女人禁制や開山季節が限られるという規制があったために、一般庶民が自由に通行できる街道ではなく、とりわけ藩境や国・郡境を越える登山道の表現は避けられたものと見られる。

（岩鼻通明）

若狭国

国絵図が語る景観変化

江戸幕府撰若狭国の正保・元禄・天保の各国絵図は一貫して小浜藩主酒井家が絵図元を務めた。その酒井家の資料を保管する小浜市立図書館酒井家文庫には若狭国絵図の関係資料が所蔵されている。国立公文書館にも天保図などが残されているが、酒井家文庫には国絵図の作成過程をうかがわせる一連の文書群とともに正保図・天保図がある。また、酒井家文庫では元禄図は確認されていないが、写図が京都府立総合資料館にある。

〔正保国絵図〕 酒井家文庫所蔵の正保図には、「若狭敦賀之絵図」（図1）という内題がある。図題が示すように、この絵図は若狭国3郡と越前国敦賀郡を1鋪に仕立てたもので、国絵図の体裁とはいい難い。また、図中に記載された高目録には若狭国3郡だけでなく、越前国敦賀郡及び高嶋郡における小浜藩の知行高まで記載されている。こうした点から、当該図は、国絵図としてではなく、小浜藩の領分絵図として伝えられてきたことが分かる。しかし、若狭国3郡に限って見れば、村数・村名・村高が正保郷帳とほぼ一致し、正保図作成にあたって酒井忠勝が指示した内容を忠実に実現している。以上の点から、若狭国部分が正保図作成作業のなかで作られたものであることは間違いない。

酒井忠勝は、まず正保2（1645）年3月に足立七左衛門・草野文左衛門を国絵図作成の奉行に、学雄を担当絵師に任じたうえで、若狭国・越前敦賀郡・近江国高嶋郡の知行地について郷帳の作成を命じた（『小浜市史藩政資料編一』、資料番号259、正保2年3月26日付書下）。次いで同年8月末に若狭3郡・敦賀郡色取、1里6寸の縮尺、村形の書き方、国境の道の付け札の是非、松並木や滝・西津猟師町の表現を（同、268、正保2年8月23日書下）、正保3（1646）年6月には熊川町・高浜町・佐柿は茶屋を含めて「町屋之躰」を描き、上竹原天神や妙通寺など主要寺社も絵画的に描くことや、遠敷郡内の村落の記載について指示している（同、265、正保3年6月2日書下）。こうした一連の作業を経て絵図がいつ出来上がったかは不明であるが、当該図は酒井忠勝の正保2年8月および正保3年6月の指示に従ったものであり、国絵図作成作業の初期の段階で作られたことは明らかである。

当該図の大きな特色は熊川町・高浜町・佐柿などの町屋や西津猟師町といった都市的集落が絵画的に表現されている点であるが、この点と関連して小浜城下が小浜城とともに景観描写されている点が注目される（図2）。酒井忠勝の指示には正保城絵図に関するものが全くないため、小浜城下の景観描写は城絵図の意味をもっていたと思われる。当該図の小浜城は三層の天守で、本丸や二の丸以下の各曲輪を巡る城壁・櫓なども正確に描かれている。一方、城下に目を転ずると、侍町と小浜町の町並みは家型で表現されているが、侍町では塀が付加され、侍町の中に残っていた町家まで描いている。また城下を走る道筋も正確で、正保期における小浜の都市的発展を可視的に記録したものになっている。

〔元禄国絵図〕 元禄図の絵図元になったのは酒井靭負佐（酒井忠囿）で、清絵図献上は元禄13（1700）年11月である。京都府立総合資料館所蔵の写図（図3）にも若狭国3郡の高目録とともに「元禄十三庚辰年十一月 酒井靭負佐」と記載されている。隣国との国境に小書きが多いのも元禄図の形式そのものである。

正保図が東西方向に長く描いていたのに対して、元禄図は若狭国の形状が南北方向にややふくらみを増し、小浜を中心とする小浜湾沿岸地域の誇張も小さくなっている。また、正保図を特徴づけていた町家の絵画的表現は元禄図では見られないが、街道の松並木や茶屋・番所などは絵画的である。

正保図と元禄図を比較すると、若狭3郡の村数は254か村から255か村と1村の増加に過ぎないが、石高は正保図より2821石余り増加している。そのうち、三方郡が石高で2152石余りと増加分の75％以上を占めている。三方郡の石高が大幅に増加したのは三方五湖周辺の新田開発が大きな要因である。小浜藩領内では寛文2（1662）年5月に近江を震源とする寛文大地震のために、小浜城が一部で崩壊するなど大きな被害を出した。なかでも大きな被害を受けたのが三方五湖周辺地域である。この地域では湖水の東側地域が隆起し、三方湖・水月湖・菅湖の排水路の役割を担っていた気山川の河床が上昇したため、三湖の排水が困難になり、氾濫したのである。小浜藩では気山川に代わって浦見川（寛文4年完成）を開削して排水に努め、湖岸に現れた干潟を開発す

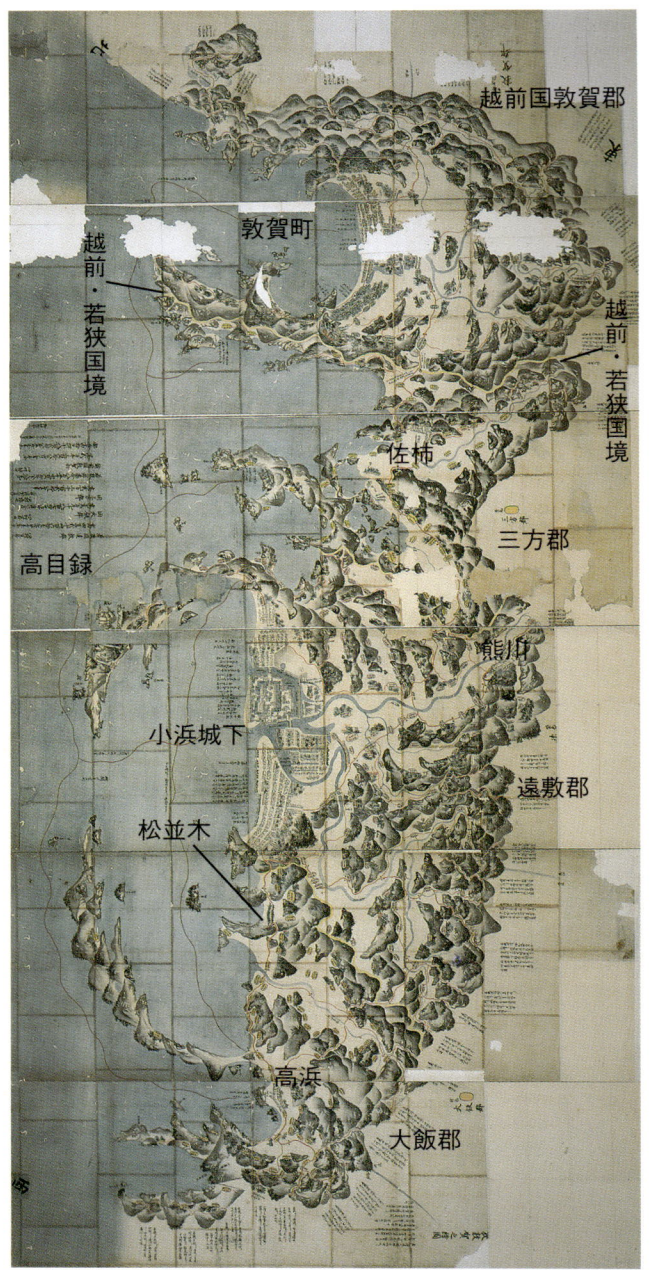

【図1】「若狭敦賀之絵図」 小浜市立図書館蔵、酒井家文庫綜合目録(藩政史料、20絵図、1領内)、480×240
小浜藩の領分絵図として利用されてきた絵図である。それは、越前国敦賀郡を含むだけでなく、高目録に越前国敦賀郡領分及び近江国高嶋郡内領分の領地高まで記載されていることから分かる。しかし、若狭国の部分は正保絵図の下絵図であったと考えられる。全体的に絵画的描写が勝り、とくに小浜とその周辺が誇張されている。

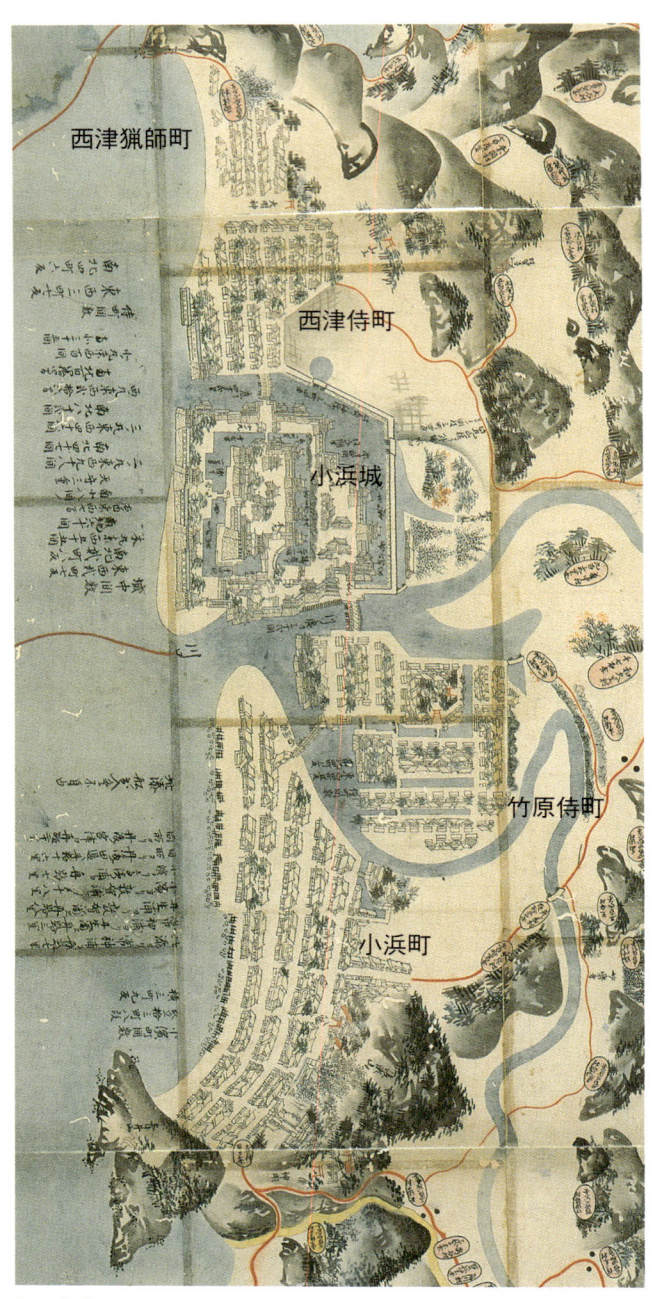

【図2】「若狭敦賀之絵図」部分 (小浜城下町部分) 小浜市立図書館蔵、酒井家文庫綜合目録(藩政史料、20絵図、1領内)
城絵図の意味をもたせて絵画的に描かれた小浜城下の様子である。小浜城の東西に竹原侍町・西津侍町が広がり、竹原侍町の西に小浜町が形成されている。城郭だけでなく、街路まできちんと描かれ、侍町や小浜町の様子が手に取るように分かる。正保期という17世紀前半の城下の姿を具体的に伝える貴重な資料である。

「元禄十三庚辰年十一月　酒井靱負佐」の記載

【図3】「若狭国絵図」（写・元禄図）　京都府立総合資料館蔵、国絵図目録77、206×360
正保図に比べ、三方郡がやや大きく描かれ、全体的にも東西に細長い形から南北にややふくらみをもたせた図になっている。また、全体的に絵画的表現が後退しているが、街道筋の松並木や茶屋・番所などは正保図と同様に描かれている。

ることで新田を得た。

　正保図を見ると、菅湖から上瀬明神前を通って久々子湖に流れ込む気山川がはっきり書かれている（図4）が、元禄図には上瀬明神前などに旧気山川流路跡が水部として残っている様子が描かれ、新たに開削された浦見川は水月湖・久々子湖間に水路として記載されている（図5）。また、湖岸地域には新田開発で成立した生倉（三方村枝郷）・成出（田井村枝郷）が見られ、湖岸地域の開発の進展を示している。

（渡邊秀一）

【参考文献】
福井県 1990『福井県史資料編 16 上絵図・地図』（福井県）／小浜市史編纂委員会 1993『小浜市史絵図地図編』（小浜市役所）／渡邊秀一 1999「若狭敦賀之絵図の記載内容について」（敦賀短期大学紀要『敦賀論叢』14）

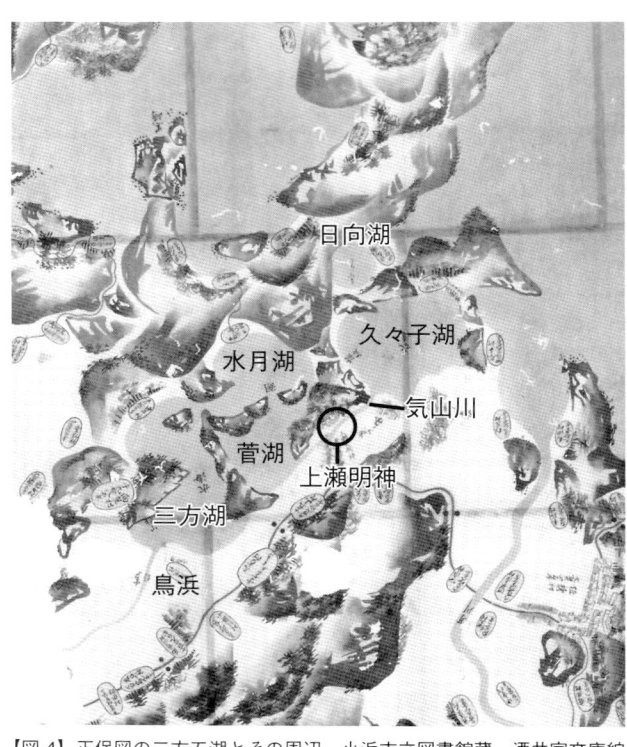

【図4】正保図の三方五湖とその周辺　小浜市立図書館蔵、酒井家文庫綜合目録（藩政史料、20 絵図、1 領内）
三方五湖周辺地域は寛文2（1662）年の大地震で南側三湖の排水ができなくなり、大きな被害を受けた。三湖の排水を進め、被害地の復興のために浦見川が開削されたが、排水後の干潟を中心に新田開発が進んだ。正保図では三湖の排水路であった気山川が久々子湖に流れ込んでいる。元禄図になると、上瀬明神前などの気山川の痕跡が描かれ、湖岸地域には生倉村・成出村などの新田村落が出現している。

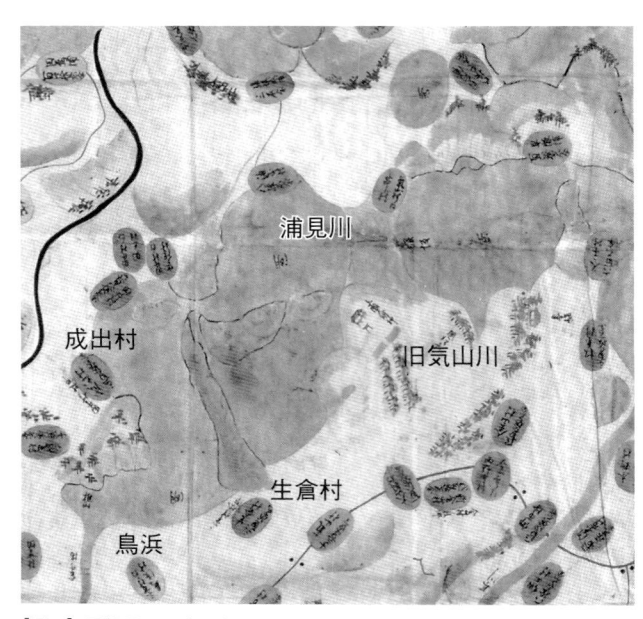

【図5】元禄図の三方五湖とその周辺　京都府立総合資料館蔵（国絵図目録 77）

越前国

慶長から天保まで多彩な国絵図群

　越前国絵図は、松平宗紀氏蔵福井県立図書館保管松平文庫（以下松平文庫）と国立公文書館、福井県立図書館、東京大学総合図書館南葵文庫（以下南葵文庫）、名古屋市蓬左文庫（以下蓬左文庫）などに所蔵されている。ここでは時代順に図の特色を紹介する。

〔慶長国絵図〕　慶長5（1600）年、徳川家康の実子である結城秀康は越前一国68万石を与えられ、北庄（福井）に福井藩を開いた。松平文庫蔵「慶長越前国絵図」はその5年後の慶長10年頃に作成されたと考えられる。この図の最大の特色は、郷・庄・保・組など中世の村のまとまりで村が記されており、記載町村数が569にすぎない点である。縮尺はほぼ1里4寸（3万2400分の1）を想定して描かれていると考えられる。

　筆写年代は江戸中期とされている慶長図の3分の2程度の蓬左文庫所蔵図（目録番号図685）は、越前国の輪郭が慶長図とほぼ同じであり、慶長図の写図と考えられる。ただし村形は郡ごとに色分けされておらず、山も輪郭を墨でなぞっただけの一見して粗雑な写図である。

　また、福井県立図書館と南葵文庫に所蔵されている越前国絵図は、越前国の輪郭の点で正保図に比べれば慶長図に類似しており、慶長図と同系統と考えられる。しかし、記載町村数は両者ともに1400か町村以上あり、慶長図の569を大きく上回る。記載村のなかには、慶長5年に廃村になったと伝えられる坂南郡の北沢村があることで内容の古さを感じさせる。一方、元和9（1623）年以降の史実に沿ったと思われる内容も記されており、記載内容に混乱が見られる。両者はいずれも写図で、南葵文庫の図は元和9年以降、福井県立図書館の図は正保2（1645）年以前に筆写されたと推定される。

〔正保国絵図〕　図に年代の記載はないが、記された領主名と「松平家譜」などの記録から正保年間に作成されたと考えられる図が、松平文庫には2点ある。一方は、全面彩色された完成図であるが、もう一方は彩色が施されているのが隣国の色分けと越前国内の水系のみという未完成の図である。このうち、幕府の正保図作成基準に合致する点が多いのは、後者の未完成の図である。

　前者の完成図は、村形が郡によって異なり、所領別に色分けされている。また、正保郷帳の村高と異なる村が未完成図より多く、大野郡の所領区分のミスも多い。

　正保図が福井藩から幕府に提出されたのは、「松平家譜」では正保2年、「松平御家譜」では正保4年となっている。これらを勘案すると、完成図を正保2年に下絵図改めに提出したが、幕府から基準にそって作成するよう指示され、未完成図が作成され提出されたものと考えるのが妥当のように思われる。

　また、1里6寸（2万1600分の1）の縮尺で作成された正保図は、「承応国絵図」から「貞享国絵図」までのベースマップとしても使用されている。

〔承応国絵図〕　記された領主名から承応元（1652）年から明暦2（1656）年の間に作成されたと思われる図である。松平文庫の国絵図のなかでもっとも損傷が激しく、表面には無数のしわがあり、顔料がはがれ内容の読み取れない村形がかなり多い図である。

〔寛文国絵図〕　承応国絵図までは越前国は12郡からなるが、寛文国絵図は8郡で描かれた最初の絵図である。「片聾記」に「八郡図成」、「越藩史略」に「八郡の

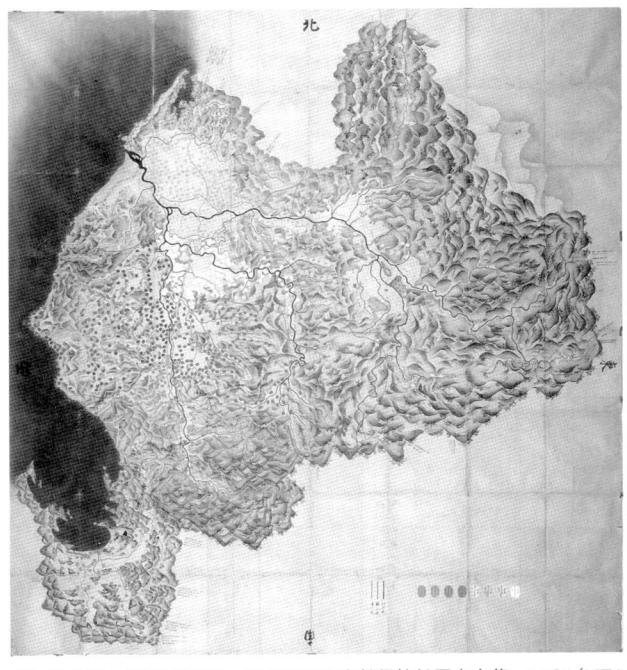

【図1】「寛文越前国絵図」　福井県立図書館保管松平文庫蔵、1181（M71イ-2）「越前国ノ図」（寛文図）、435×402

【図2】「正保越前国絵図」 福井県立図書館保管松平文庫蔵、1178（M71 ハ-1）「越前国絵図」（正保A図）、441 × 403.5

本図は、正保2（1645）年に作成され、下絵図改めに提出されたと推定される絵図である。村形が郡によって異なり、所領別に色分けされているなど、幕府の正保国絵図作成基準に合致しない点が多い。

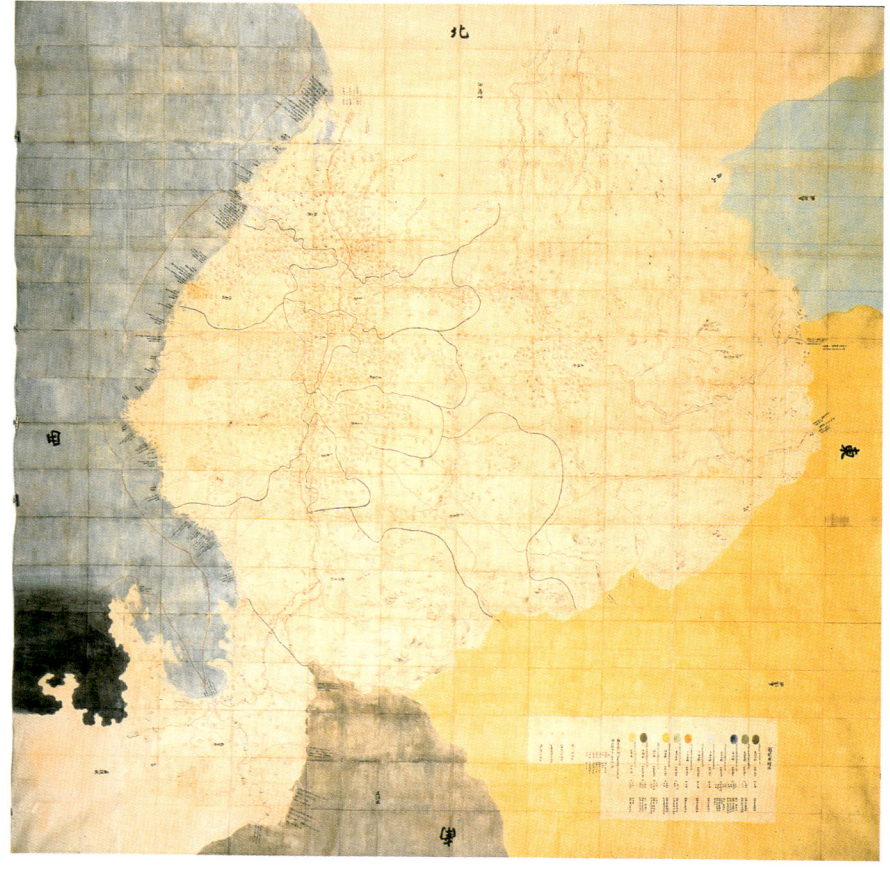

【図3】「正保越前国絵図」 福井県立図書館保管松平文庫蔵、1179（M71 ロ-2）「（越前国絵図）」（正保B図）、483 × 464.5

本図は、彩色が施されているのが隣国の色分けと越前国内の水系のみという未完成の図である。図2を幕府の正保国絵図作成基準に沿って作成し直し、正保4（1647）年に幕府に提出されたものと考えられる絵図である。

【図4】「享保越前国絵図」松平文庫蔵、1190（M71ニ-1）「(越前国絵図)」（享保図）、434×480

本図は、享保9（1724）年5月に藩主となった松平宗矩が幼少であったために、幕府から派遣された国目付に差し出すために作成された絵図である。享保10年10月に提出された。ベースマップには「元禄国絵図」が用いられている。

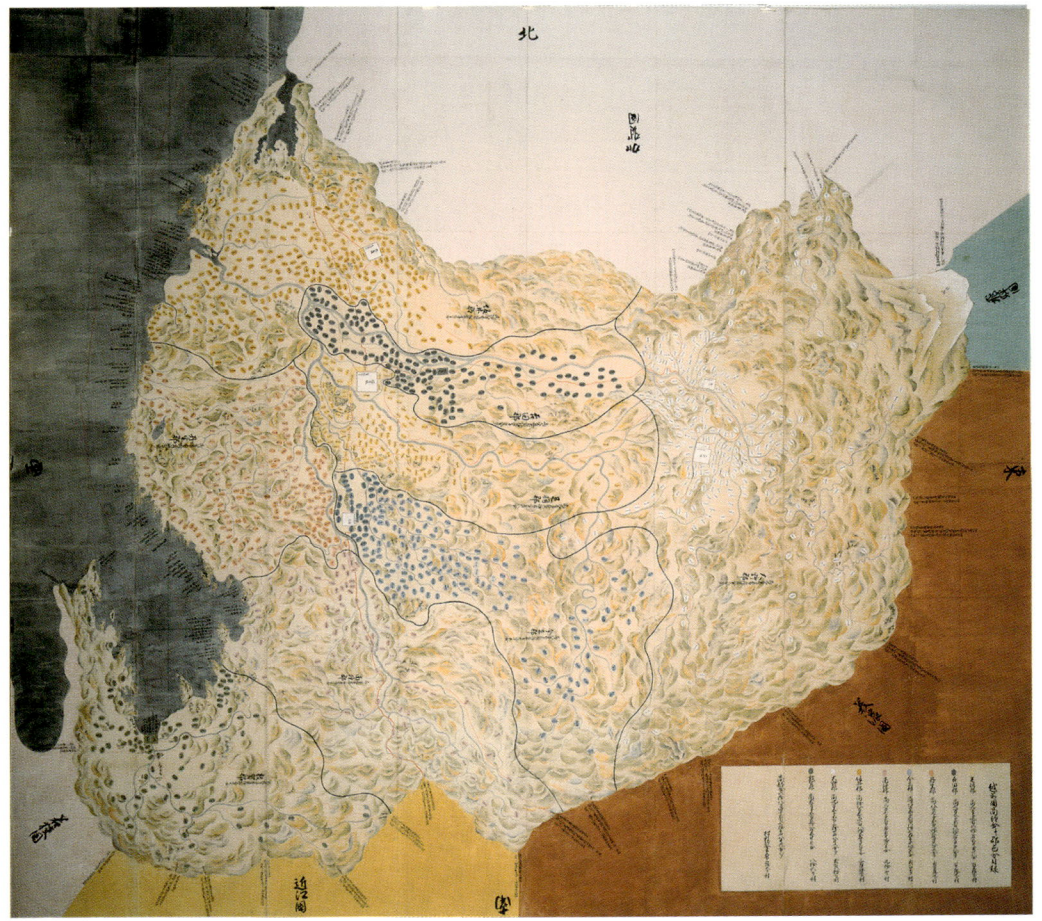

【図5】「天保越前国絵図」松平文庫蔵、1195（M71ニ-3）「越前国之図」（天保図）、411×448

松平文庫には「天保国絵図」の作成が申し渡された天保7（1836）年3月5日の日付が記載されている2枚の絵図が存在する。記載村数が1555か村の図と、それをはるかに上回る1880か村の図である。本図はそのうちの前者の図であり、国立公文書館の「天保国絵図」の記載村数1557とほぼ変わらない。絵師は狩野永昌であり、絵師手伝として南部安吉、岩尾周助、梅野七五郎の3人が関わっている。

越前国

図籍成る」という記事が共に寛文9（1669）年にあることから、同年に作成されたものと思われる。料紙に雁皮紙を用いた松平文庫のなかでもっとも美しい絵図の一つである。

〔貞享国絵図〕　貞享2（1685）年に福井城下絵図とともに幕府より作成を命じられる。翌年の所領半減のためかと思われる。図の裏書きによれば、正月に着手し7月に完成、8月16日に江戸屋敷に届けられている。翌貞享3年2月には、前年秋に作成が命じられた福井城下絵図も完成し、6月18日に国絵図とともに幕府に提出された。そして、同年8月9日に福井藩の石高は47.5万石から25万石に減らされたのである。

この国絵図の作成に際しては、国内各地から資料を提出させており、それをまとめたものが松平文庫に残されている。いずれも貞享2年7月の年紀をもつ「越前地理指南」（各郡村別に枝村・旧記・寺社・城跡・池・森などを詳細に記載）、「越前地理梗概」（8郡色分、領分村形、絵図に記載した事項を各郡村別に選別して記載）、「越前地理便覧」（「越前国絵図記」という内題があり、絵図に記載した諸事項を項目別に加筆整理）の3点である。このうち、後2者が実際に国絵図作成に用いられた。そのため、著名な寺社や山・城跡・池・森・金山跡などの記載が、これ以前の国絵図と比べて格段に豊富なことが貞享国絵図の特色である。

〔元禄国絵図〕　元禄10（1697）年閏2月4日に留守居が呼び出され、作成の命令が伝えられた。5月に「国絵図仕立様之覚」、「国境絵図仕様之覚」が指示された。福井藩はもっとも近い時期に提出した貞享国絵図借用を願い出ていたが、11年2月25日には他国と同様に正保国絵図が貸し出された。貞享国絵図は8郡、正保国絵図は12郡であったため、元禄国絵図をどちらで作成するか問題となったが、11年10月に8郡で仕立てることが指示された。元禄14年8月4日には幕府に提出された。また、15年8月21日には「道程之書付差出」の記録が残っている。国立公文書館には越前の元禄国絵図が現存していないため、この国絵図は貴重な存在である。

〔享保国絵図〕　享保9（1724）年5月に藩主松平宗昌の跡を継いだ宗矩が幼少のために、幕府から派遣された国目付高力平八郎、溝口孫左衛門に享保10年10月に提出された絵図である。ベースマップには元禄国絵図が用いられている。裏書きによれば、仮絵支配徒目付は長谷川治太夫であった。「松平家譜」によれば、福井城絵図、福井城下絵図、福井藩領と幕府領預所のみを記した絵図、松岡町絵図も共に差し出されている。

〔元文国絵図〕　元文元（1736）年に越前国内の幕府領を全部預かったことにより作成されたと思われる絵図である。縮尺は、正保国絵図から享保国絵図までは1里6寸であったが、この絵図はその半分の1里3寸（4万3200分の1）とコンパクトである。そのため、村形の中には村名のみが記載され、村高の記載はない。しかし、道路は朱線で表され、主要なものは太く描かれ、一里塚（道を挟んで黒点）の印もある。舟路の記載もあり、越前を概観するための絵図として最適である。

〔文化国絵図〕　文化2（1805）年から3年頃に作成された絵図であり、越前国が4枚に分割されている。元禄国絵図以降はそれをベースマップにしているにもかかわらず、この国絵図のベースマップは正保国絵図を思わせる形状をしている。また、村形で郡を分け、村形の色で所領を分類している点も、正保2年に提出された図と類似している。

〔天保国絵図〕　天保7（1836）年3月5日の日付がある2枚の国絵図が松平文庫に所蔵されている。その日は他国と同様に元禄国絵図を渡され変地調査を申し渡された日であり、実際の作成日かどうかは疑わしい。2枚の図の違いは記載村数にあり、国立公文書館所蔵の天保国絵図の1557とほぼ変わらない1555か村の図と、それをはるかに上回る1880か村の図である。後者の図の裏書きによれば、「御指上ニ相成来候御絵図之儀者、出村垣内等之儀者認も無之荒増之御絵図ニ而、御国中之委敷御絵図も無之、甚御手薄之事ニ付、此度之折を以、出村垣内等ニ至迄悉皆不洩御絵図新規ニ認置候者也」とあり、この図は幕府には提出しなかったことが記されている。一方、1555か村が記載された図の裏書きには、提出した切絵図の控図であることが記されている。いずれも、絵師は狩野永昌であり、絵師手伝として南部安吉、岩尾周助、梅野七五郎の3人が関わっている。

なお、絵図作成に関わる絵図元の福井藩と勝山藩との天保7年正月3日から翌年4月26日までにわたるやりとりを記した「御国絵図一件留書」という史料が残されている。

（海道静香）

【参考文献】
海道静香 2000「2種類の慶長越前国絵図」（『地図と歴史空間』大明堂）

加賀国

白山麓村々の記載をめぐって

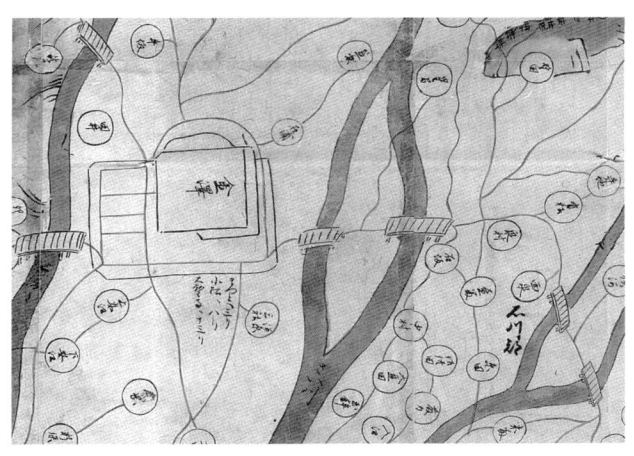

【図1】江戸初期の「加賀国絵図」（古写図）部分（金沢付近）東京大学総合図書館南葵文庫蔵、BJ66「加賀国図」

　加賀のみならず能登・越中の国絵図の絵図元は百万石の外様大名加賀藩が務めた。この3か国の大半は慶長期以降、明治初年にいたるまで加賀藩が領有しており、寛永16（1639）年に富山藩10万石、大聖寺藩7万石が成立するが絵図元は変わらなかった。加賀藩では、慶長・寛永・正保・元禄・天保期に幕府提出の国絵図を作成したが、それ以外にも寛永19（1642）年・寛文4（1664）年・同7（1667）年さらに延宝6（1678）年に3か国の国絵図を作成している。前3者は、あらかじめ幕府からの提出の命を想定して作られたものであるが、結局提出は命じられなかった。このうち現存するのは、延宝6年作成の国絵図で藩用図である。さらに、江戸後期の藩用図として、御次（藩主側近）田辺吉平による各郡図を基にした編集図、和算家・測量家石黒信由による精密な測量に基づく正確な分間絵図が現存している。また、明治2～3（1869～70）年明治政府の命により国絵図が提出されたが、それは信由図を原図とするものであった。

〔江戸初期の国絵図〕　紀伊徳川家の東京大学総合図書館南葵文庫には、加賀・能登・越中の国絵図の写が各2枚現存している。郡別の石高、田畠歩数、物成高を記すといった記載様式などから「慶長国絵図」とされており、寛永10年代前半の古写図と延宝2（1674）年の新写図に分類されるという。郡名の下にたとえば「丸之内柿色」などとあり、本図には彩色されていないが、原図では丸い村形の中に柿色等が彩られて郡区分を表していたと見られる。

　注目されるのは、金沢の南に記された犀川が北陸街道と交わるところで二股に分流して、2か所の橋を記すことである。江戸初期の古い犀川の流路が描かれており、以後の国絵図には見られない。また、白山麓の越前勝山領16か村は、越前の慶長図では大野郡の中に図示されており、本図では記されていない。さらに、3か国の国絵図に記された石高の合計は119万石余で、この石高は慶長10（1605）年御前帳高と推測されているものと等しい。これらのことから慶長図である可能性がきわめて高いと思われるが、さらに検討が必要であろう。

〔正保国絵図〕　正保図は、石川県立歴史博物館と金沢市立玉川図書館に各1点が現存している。他国と海域の彩色、白山周辺の記し方や村名の誤記などから、前者は提出図の写で藩の算用場に置かれていたもので、後者は元禄図の作成にあたり幕府から貸与された正保図を写したものと考えられる。正保図の作成にあたり、藩役人による測量が行われたが、その精度は加賀国の場合おおよそ1割前後の誤差を含むものであった。

　越中・能登国絵図と金沢・小松・大聖寺・富山の城絵図、3か国の道程帳は正保4（1647）年12月に提出されたのに対し、加賀の正保図は2年後の慶安2（1649）年12月に遅れて提出された。その理由は、白山麓16か村の記載の問題にあった。当時、この地は幕府領・福井藩預地となっており、争論が絶えないところであったが、結局加賀・越前の正保図ともに記されることになった。加賀藩と福井藩とで国郡帰属について見解が分かれていたことが指摘されている。

　提出が2年遅れたためであろうか、記載方法が他の正保図とは異なる特徴が見られる。畾紙の郡別の石高記載が「升」単位まで記されていること、村形の中に「いろはに」で領主区別を記すものの畾紙にその区分が記されていないこと、隣国名を記さないことなどである。ただし、玉川図書館所蔵図では隣国名が記されているが、これは元禄期の写であることによる。また、3か国の道程帳は書き直しを命じられて慶安3（1650）年に再提出されたが、このことに関係して加賀国絵図では能登・越中

【図2】江戸初期の「加賀国絵図」(古写図) 東京大学総合図書館南葵文庫蔵、BJ66「加賀国図」、196×301
本図は、紀伊徳川家の南葵文庫に伝わる国絵図写2枚のうちの古写図で、古写図の作成は寛永11〜13(1634〜1636)年とされている。原図は慶長図である可能性がきわめて高いと思われる。図1はその金沢付近の拡大である。

【図3】「正保加賀国絵図」 金沢市立玉川図書館加越能文庫蔵、16.20-97①「加越能三箇国絵図」、380×481
本図は、元禄図の作成にあたり幕府から貸与された正保図の写である。加賀国絵図は白山下の越前領16か村の記載の問題によって、能登・越中図と比べ2年遅れの慶安2(1649)年に提出された。図6は、その白山周辺である。

【図4】「延宝加賀国絵図」 金沢市立玉川図書館加越能文庫蔵、16.20-98①「加越能三箇国絵図」、324×489
本図は、加賀藩が独自に作成した藩用図で、白山連峰など山方の地名などが詳しい。図8は、その白山周辺である。

【図5】「正保加賀国絵図」 部分（白山周辺） 石川県立歴史博物館村松コレクション蔵、絵画書籍の部42、514×290
本図は正保図の写で、藩の算用場にあったものと推測される。頂上部に「白山」「本社」とあり、福井藩預地16か村は村形の中に「越前分 瀬戸村」などと記されている。

【図6】「正保加賀国絵図」（「加越能三箇国絵図」）部分（白山周辺）
金沢市立玉川図書館加越能文庫蔵、16.20-97①

本図は、元禄図作成時に幕府貸与の正保図を写したもので、図5と比べ「白山」とのみ記している。村形の上に△印を付した福井藩預地16か村の村名はなく、「越前領十六村内」と記されている。

加賀国

【図7】「正保加賀国絵図」(「加越能三箇国絵図」〈加賀国正保国絵図〉)部分（金沢付近）　金沢市立玉川図書館加越能文庫蔵、16.20-97①

国絵図と比べ湊の注記が詳しく記されるようになった。

〔延宝国絵図〕　加賀藩が独自に作成した国絵図で、金沢市立玉川図書館の加越能文庫に現存している。担当は、算用場奉行の津田宇右衛門が務めた。正保図の国の形、とりわけ山方が実際と異なっているとして調査を行い、山方絵図を延宝3（1675）年藩主に提出し、それを基に同5（1677）年から国絵図の作成に取り掛かって翌6年に完成させた。この図は幕府提出図ではないが、絵図の大きさ、彩色などの表現方法は正保図に準じており、また村名・村高は幕府提出の寛文4年高辻帳に基づいている。加賀藩では、すでにすべての村々に対し年貢徴収の基準となる村高を記した村御印が各村に渡されていたが、それを基にしたものではない。

白山連峰は高い山々を連ねて描かれ、妙法山などの山名や地名が詳しく記されている。加賀・越中国絵図を合わせてみると、国境（くにざかい）は正保図と比べて合致するようになったことが分かる。また、本図には勝山領16か村と

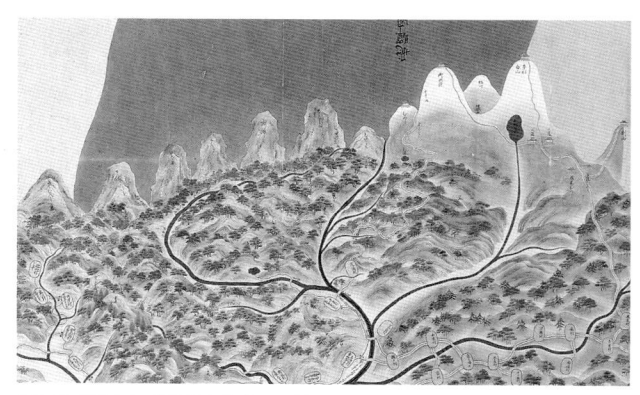

【図8】「延宝加賀国絵図」部分（白山周辺）　金沢市立玉川図書館加越能文庫蔵、16.20-98①

尾添（おぞう）・荒谷（あらたに）村が色分けで特徴的に描かれている。これらの村々は寛文8（1668）年に幕府領となったところであるが、そのようには記されていない。これは、村々を記すにあたり同4年高辻帳を基にしたためであろう。これら18か村と大聖寺藩領の村々、つまり加賀藩領以外の村々には、小判型の村形の中に村名のみ記して村高は記されていない。加賀藩領の村高は「斗」単位まで書き入れられている。また、城下町金沢・小松・大聖寺は町の広がりを意識して四角形ではなく不整形な枠で表されている。

〔元禄国絵図〕　元禄図は、石川県立図書館に作成過程の下絵図1点、成巽閣（せいそんかく）に後年の写図1点、さらに石川県立歴史博物館に飛騨国との際絵図3点が現存している。図書館所蔵図に描かれた町について、丸い円を小判型の村形に訂正した跡が見られ、隣国や海域の彩色も淡いことから下絵図であるが、元禄14（1701）年9月藩から幕府の絵図小屋に提出された伺図（うかがいず）にあたる可能性もある。成巽閣所蔵図は、村形の中のみならず郡の全域を色別に彩色するもので後年の写であろう。

元禄図には、幕府領の白山麓18か村のうち尾添・荒谷2か村を除く16か村が描かれなくなったことが注目される。国郡編成では、この2か村は能美（のみ）郡に属し、残る16か村は越前国大野郡に属させる幕府の意向があったという。以後の天保・明治国絵図においても、これらの村々は記されていない。しかし、江戸後期の田辺吉平による編集図、石黒信由による実測図といった藩用図にはいずれも「白山下公領」として描かれており、この地はあくまでも加賀国に属するという加賀藩の立場が表れているといえよう。

3か国の絵図元を務めた加賀藩の藩政史料、加越能文庫には、幕府提出図のみならず藩用図の作成に関わる史料が多数現存しており、今後これらの活用が課題であろう。3か国の国絵図の作成過程や測量・作成方法、描かれた3か国の形の特徴とその変遷など解明すべき課題は多い。

（野積正吉）

【参考文献】
金沢市1999『金沢市史 資料編18 絵図地図』／川村博忠2000「正保・元禄国絵図にみる白山麓公領―八カ村の国郡帰属」（『市史かなざわ』6）／野積正吉2003「正保加賀国絵図の特徴」（『加能史料研究』15）

能登国
加賀藩の作成になる各期国絵図

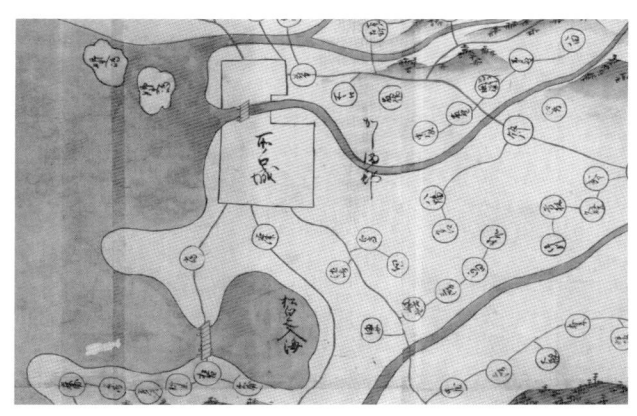

【図1】江戸初期の「能登国絵図」（古写図）部分（所口付近）東京大学総合図書館南葵文庫蔵、BJ64「能登国図」

　本州から細長く突き出た日本海側最大の半島、能登国は、中央の山々の間を縫うように短い河川が流れて狭い平野をなし、海に迫る断崖と小さな湾が特徴となっている。東側の内浦では、海岸線がとくに複雑である。
　能登国絵図は、東京大学総合図書館南葵文庫に江戸初期の写図２点、金沢市立玉川図書館の加越能文庫と石川県立歴史博物館に正保図各１点、そして藩用図の延宝図１点及び天保図の藩側の控・写図各１セットは加越能文庫に、元禄図は石川県立図書館に現存している。このほか、元禄図の写は、加賀・越中図が成巽閣に残されており、能登図も同様であろう。国絵図及び藩用図の作成に関する史料が加越能文庫にあり、これらを活用した研究が求められている。加越能３か国の絵図元を務めた加賀藩では、藩用図として３か国を一紙に描いた三州図も作成しており、さらに郡単位の絵図についても国絵図とどのように関わるのか不明なところが多い。

〔江戸初期の国絵図〕　紀伊徳川家の南葵文庫に加賀・能登・越中の各２枚の写図が現存しており、本図（図１、２）はそのうち寛永11～13（1634～1636）年に写された古写図である。能登図にも加賀・越中図同様、郡別の石高、田畠歩数、物成高とその一国合計が記され、能登４郡は鹿嶋・羽咋・鳳気至・鈴郡の表記となっている。
　所口（七尾市）は四角でくくられ、その中に元和元（1615）年一国一城令で廃城となった所ノ口城が記されている。また、もっとも高くそびえ立っている石動山には堂社が描かれている。石動山は、天正10（1582）年前田利家との戦いに敗れ一山すべて炎上したといわれており、慶長２（1597）年伊掛山に逃れていた衆徒に再興が許された。このことから、本図の基となった原図は慶長２年以後、元和元年以前に作られたと考えられ、しかも田畠歩数・物成高を記すことから慶長図である可能性がきわめて高い。
　郡境線は引かれていないが、たとえば「鈴郡丸ノ内黄色」とあることから、郡の区分は丸い村形の中を色分けしていたことが分かる。鹿嶋郡は白色、羽咋郡は柿色、鳳気至郡（鳳至郡）は紙色、鈴郡（珠洲郡）は黄色で、この郡区分は加賀・越中各４郡でも同様である。本図では色分けされていないが、原図ではこの記載どおりの彩色が施されていたのであろう。
　大半の町と村の区別はなく、丸い村形の中に村名を記している。「東志雄」・「西志雄」などと町や村の文字を省略しているが、甲など１文字の場合のみ「甲村」のように村の文字を記している。村高については、加賀・能登・越中図共に全く記されていないが、「物成なし」と注記された村々も見られる。
　実際には北東の方向に半島が傾いているにもかかわらず、本図では南北に真っ直ぐに伸びた姿として描かれている。そのため、外浦つまり西海岸の剣地から河井・鳳気至（輪島）間が極端に短くなっており、この地域が簡略に記されている。東西南北は四方対置型で記されているが、国絵図の作成にあたり方位を詳しく測ることはなかったのか、もしくは測ったとしても、そのデータを十分に利用することはなかったと思われる。この特徴的な国の形は、正保図以後の国絵図には見られない。
　また、古城は「末森之城」「勝山古城」「七尾古城」「徳丸ノ古城」が記され、天正12（1584）年落城したとされる末森城に「古」の文字がない。河川は正保図と比べて約10か川多く、河川名は川尻河（神代川）にのみ記されている。２か所に大きく描かれた潟は邑知潟と福野潟で、「松白之入海」も広い。国境注記も簡略で「越中境」「加賀堺」とあるのみである。

〔正保国絵図〕　正保図の能登国の形は、江戸初期の国絵図とは違って北東方向に傾いており、現実の地形と比べて正確ではないが、それなりに改められたものとなっ

【図2】江戸初期の「能登国絵図」(古写図)　東京大学総合図書館南葵文庫蔵、BJ64「能登国図」、144×336

本図は、紀伊徳川家の南葵文庫に伝わる国絵図写2枚のうちの古写図で、古写図の作成は寛永11〜13(1634〜1636)年とされている。原図は慶長図である可能性がきわめて高いと思われる。図1はその所口付近の拡大である。

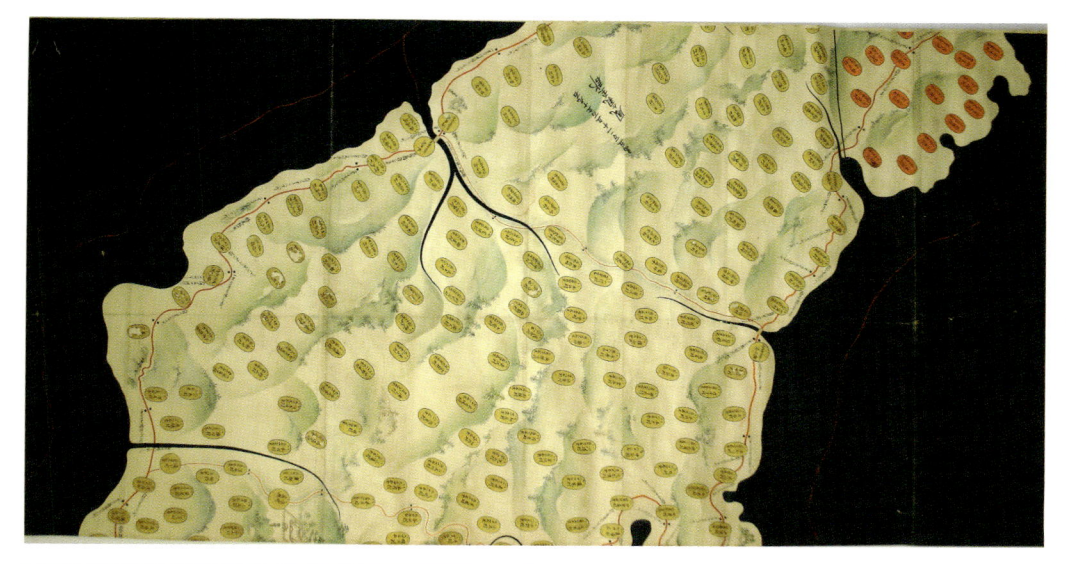

【図3】「正保能登国絵図」部分（鳳至郡・輪島付近）石川県立歴史博物館（村松コレクション）蔵、絵画書籍の部42、476×285

本図は正保図の写である。現在は5枚に切り分けられて軸装仕立てとなっているが、元は一枚物であったと思われる。

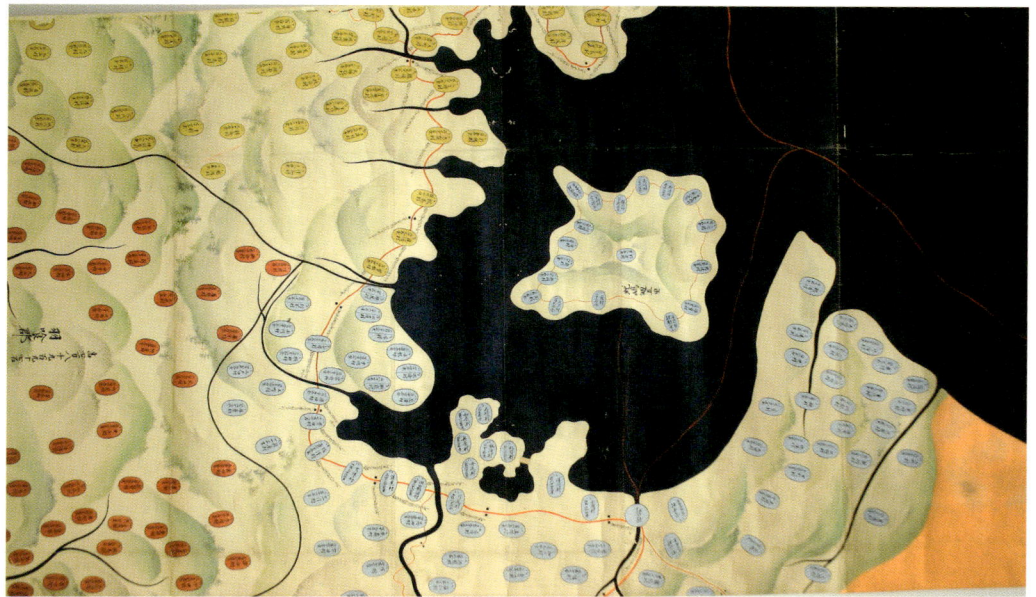

【図4】「正保能登国絵図」部分（所口・能登島付近）石川県立歴史博物館（村松コレクション）蔵、絵画書籍の部42、476×285

本図は正保図の写で、藩の算用場にあったものと推測される。藩役人による測量に基づいて作られた。能登島には「此島廻五里」と注記がある。

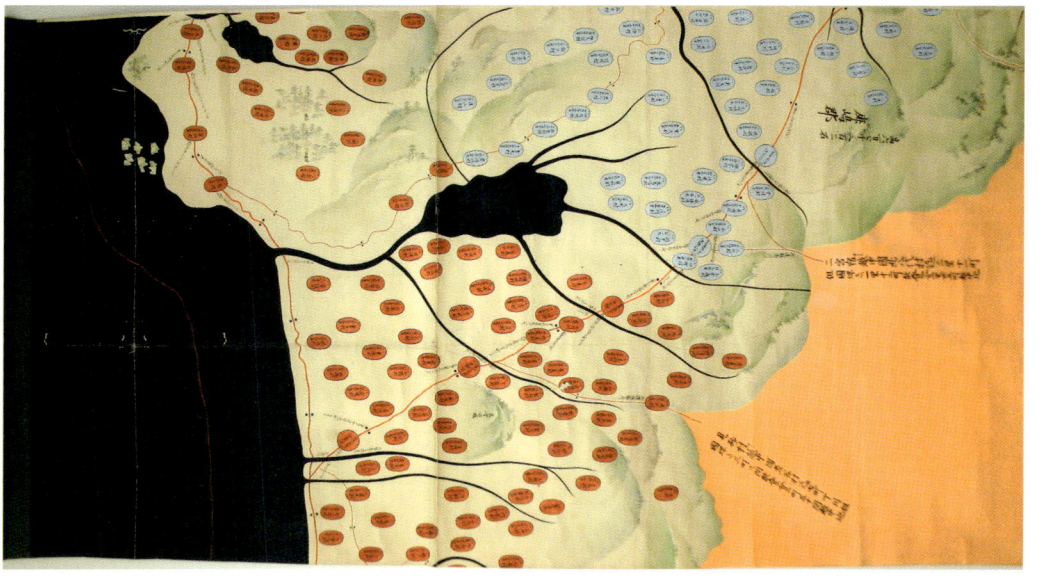

【図5】「正保能登国絵図」部分（邑知潟付近）石川県立歴史博物館（村松コレクション）蔵、絵画書籍の部42、476×285

本図は正保図の写で、右に邑知潟、左に福野潟が描かれている。江戸初期の国絵図と比べて、福野潟が小さくなっているのは周辺で新田開発が行われたことによると考えられる。

能登国

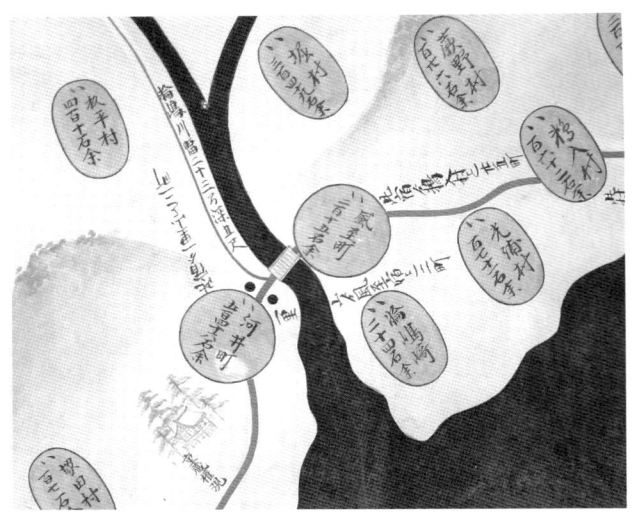

【図6】「正保能登国絵図」　部分　（輪島付近）　石川県立歴史博物館（村松コレクション）蔵、絵画書籍の部42

ている。正保図の作成にあたり、加賀藩役人による測量が行われた。この測定値は道程帳（みちのりちょう）に記され、その写本が加越能文庫に残されている。道程帳の作成が加賀藩に命じられたのは正保3（1646）年8月のことであった。同4年12月能登・越中国絵図とともに3か国の道程帳を幕府に提出したが、詳細な情報を書き加えるように命じられ、慶安3（1650）年3月最終的に提出された。この測量データに基づいて、正保図が作成されたと考えられる。町村・村々間の距離の測定値について、江戸後期に正確な測量を行った石黒信由の実測値と比べ、その誤差を調べたところ、加賀・越中では平均して1割程度短いが、能登では2～3割短く誤差はやや大きい。詳細は不明であるが、能登半島における測量の難しさを表していると思われる。

　能登・加賀・越中3か国の国絵図を並べ合わせてみると、国境は全く合わない。各国絵図の国境の表し方は、街道を挟んで左右の山を隣国部に突き出して描くというものである。絵図元を務めた加賀藩は、3か国の正保図を合うように作ろうとはしなかったといえる。国境注記は越中図と能登図で1か所異なるところがあるほかは全く同じ記載となっており、注記には留意するものの、国境線は曖昧なままであった。元禄図の作成にあたり、この3か国でも縁絵図（へりえず）が作成されたことが記録から分かるが、このとき国境が問題とされたことは周知のとおりである。

〔明治国絵図〕　射水市新湊（いみずしんみなと）博物館の高樹文庫に清図・下図各1点、石川県立歴史博物館に早い段階で作られた清図1点が現存している。明治新政府は、発足間もない明治元（1868）年12月全国の府県・諸侯に国絵図

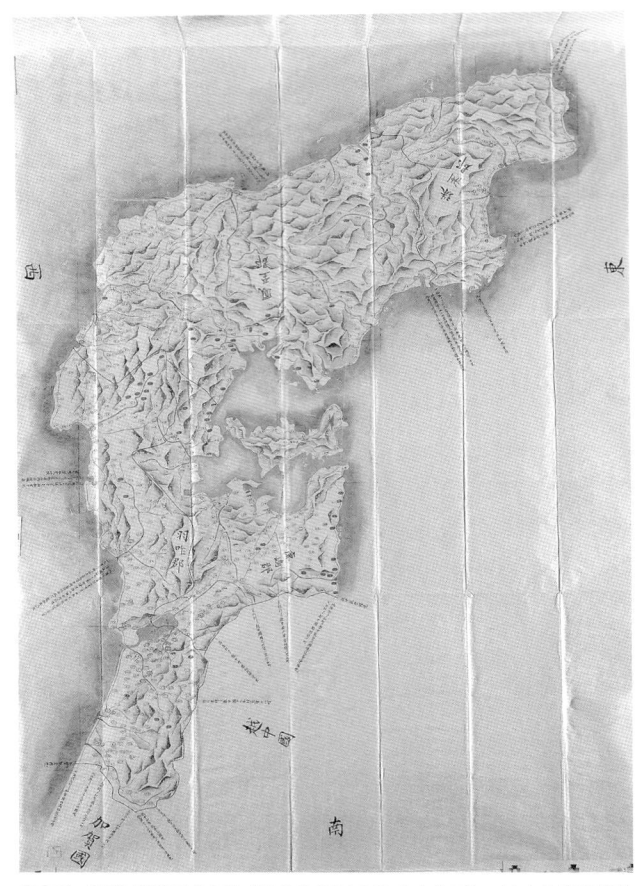

【図7】「明治能登国絵図」（舳倉島付近を除く全体図）　射水市新湊博物館蔵高樹文庫、三（一）D4、325×168

の提出を命じた。3か国の絵図元となった加賀藩（明治2年6月に金沢藩と改称）は、越中射水郡高木村（いみず）の和算家・測量家石黒信由の曾孫信基に作成を命じた。これまで国絵図は藩の役人が作成してきたのに対し、ここにおいて初めて農民身分の測量家である信基に作成が命じられたのである。信由は、文政年間に藩の命によりきわめて正確な実測図を作成しており、信基はこの信由図を基に3か国の国絵図を作り藩に提出した。信由図は、天保図の作成にあたり利用されることはなかったが、明治図では曾孫信基の手を通して直接活かされることになった。3か国の場合、江戸初期から作られた国絵図は、この明治図で初めて精度の高いものとなって中央政権に提出されたのである。

　現段階では、能登国絵図の研究は緒についたばかりであり、延宝図・元禄図・天保図を含め今後の解明が待ち望まれている。
（野積正吉）

【参考文献】
石川県教育委員会2004『石川県中世城館跡調査報告書Ⅱ（能登Ⅰ）』／野積正吉2002「加賀藩における正保国絵図と道程帳」（『富山史壇』138）／野積正吉2003「加越能における明治国絵図の作製とその歴史的意義」（『富山史壇』141）

越中国

注目される黒部奥山の表現

【図1】「正保越中国絵図」 部分 （立山） 金沢市立玉川図書館加越能文庫蔵、16.20-97 ②「加越能三箇国絵図」、399×527

　越中国絵図の絵図元は、慶長から明治にいたるまで加賀藩が担当した。寛永16（1639）年富山藩が分藩した後も変わらないが、作成にあたっての両者の関係や役割分担さらに測量・絵図作成過程、表現内容の特徴など明らかにすべき課題は多い。

〔江戸初期の国絵図〕　加賀・能登国絵図同様、紀伊徳川家の南葵文庫（東京大学総合図書館）に2枚の写が現存している。特徴的なことは慶長14（1609）年加賀2代藩主前田利長が新たに開いた高岡町が描かれていないことで、それ以前に作成された慶長図である可能性がきわめて高い。放生津古城をはじめ多くの古城を記すなかで、同年利長が一時在城した魚津城を古城としないこと、氷見地域最大の新開で元和2（1616）年大野用水の開削とともに新たに村建てした大野新村の記載もない。氷見町について「南市氷見町」・「北市氷見町」と2町に分けた中世～近世初期の記し方となっており、また正保郷帳に記されていない村々も見られる。

　射水・礪波・婦負・新川の各郡の石高・田畠歩数・物成高と一国合計が記されている。また、本図ではそのようになっていないが、原図では村形の中を郡別に彩色していることが分かる。しかし郡境線は引かれていない。

　国の形は東西に長く、氷見地域のみ北部に突き出ており、立山・剣御前の東部つまり黒部奥山・後立山地域は描かれていない。また、射水郡に大きく広がる放生津潟（射水市）も見られないが、このことは正保図・元禄図に受け継がれていった。慶長図に関する利長の書状写も残されており、詳細な解明は今後の課題である。

〔正保国絵図〕　幕府提出図の写は金沢市立玉川図書館の加越能文庫に残されており、元禄図の作成にあたり幕府から貸与された正保図の写である。最終的な提出は正保4（1647）年12月で、その前年7月に伺図が幕府に提出された。

　この伺図の写が小矢部市民図書館に現存しており、その描き方は村形の輪を色分けして領主区別・郡区分を表現し、20か町を四角形で表し、さらに海域を波形で描くというもので、幕府からの前後の指示と合致している。そして、この伺図には細かく町村間の距離が記されている。加賀藩に3か国の道程帳の作成が命じられたのは、伺図を提出した1か月後の正保3年8月であった。道程帳に記された町村間の距離は伺図のそれとは一致しない。このことは、正保図を作成するにあたり、加賀藩役人による測量が2度行われたことを表していると考えられる。そして、その誤差は両者ともおおよそ1割前後で、江戸時代前期の測量の精度を物語っている。伺図と比べて正保図では、富山町がかなり東に位置しており、このことから遠方の山や岬などへの方位を測る交会法が利用されることはなかったと考えられる。

　正保図は、あたかも蝶が羽を広げたかのような越中国の形とは異なり、南北に長く、東西に短く、西南部を突き出した形で描かれている。この形は測量に基づくものとは考えられず、加賀正保図との整合性の問題によるものと推測される。このような国の形は正保図で初めて描かれ、元禄図・天保図に受け継がれていった。

　また、正保図では越中・信濃国境つまり黒部奥山・後立山地域が描かれていないことが、提出時に幕府から問題とされた。藩では、早速芦峅寺村三左衛門に越中・信濃国境の「合紋之絵図」を作らせ江戸藩邸に送ったが、正保図に書き入れられることはなかった。この絵図は正保図に合致するように描かれていたと思われるが、現存は確認できない。おそらく、黒部奥山地域が描かれた最初の絵図であったと思われる。藩は翌年からこの地域の調査を行いはじめた。

〔延宝国絵図〕　延宝6（1678）年加賀藩が独自に作成した国絵図で、幕府提出図ではなく藩用図である。金沢

【図2】江戸初期の「越中国絵図」(古写図) 東京大学総合図書館南葵文庫蔵、BJ72「越中国図」、346×218
本図は、紀伊徳川家の南葵文庫に伝わる国絵図写2枚のうちの古写図である。郡別の石高・田畠歩数・物成高を記すが、個別の村高は記されていない。慶長14(1609)年新たに開町した高岡町が描かれていないことから、慶長図の写である可能性がきわめて高い。

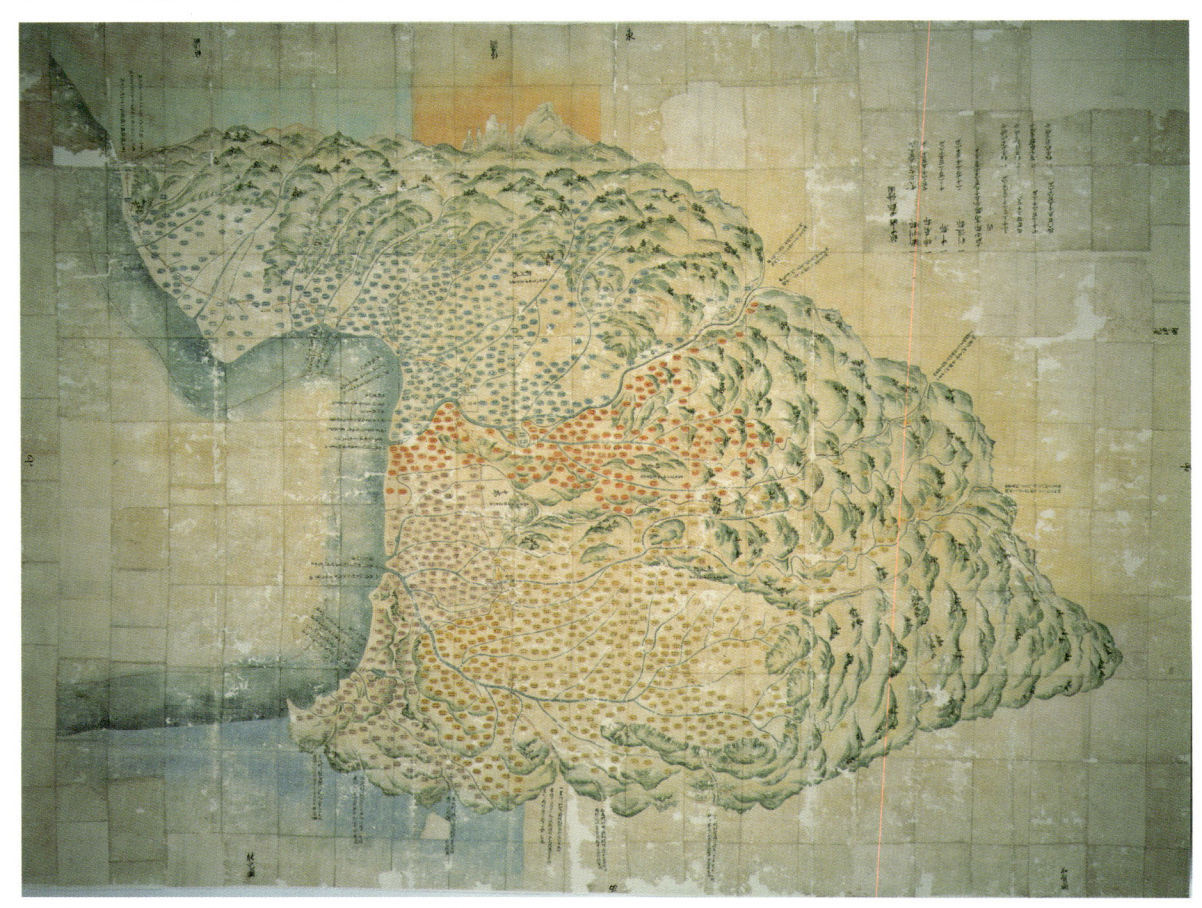

【図3】「正保越中国絵図」 金沢市立玉川図書館加越能文庫蔵、16.20-97②「加越能三箇国絵図」、399×527
本図は、元禄図の作成にあたり幕府から貸与された正保図の写である。西南部を大きく突き出して描く越中図は、この正保図で初めて描かれ、以後の国絵図に受け継がれていった。図1は、その立山周辺である。

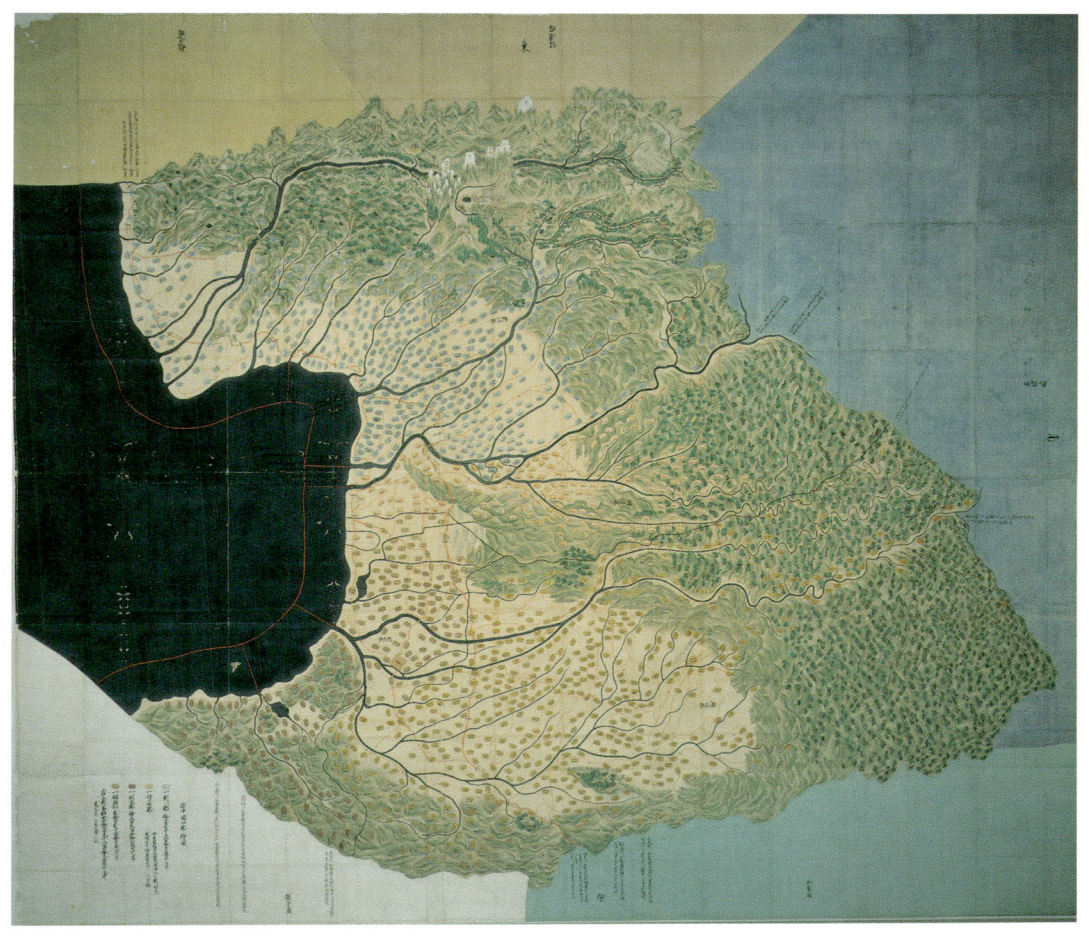

【図4】「延宝越中国絵図」 金沢市立玉川図書館加越能文庫蔵、16.20－98 ②、457×524

本図は、加賀藩が独自に作成した藩用図で、幕府提出図ではない。黒部奥山地域が詳細に記されており、越中における全ての支配領域が描かれた初めての国絵図である。図6は、その立山周辺である。

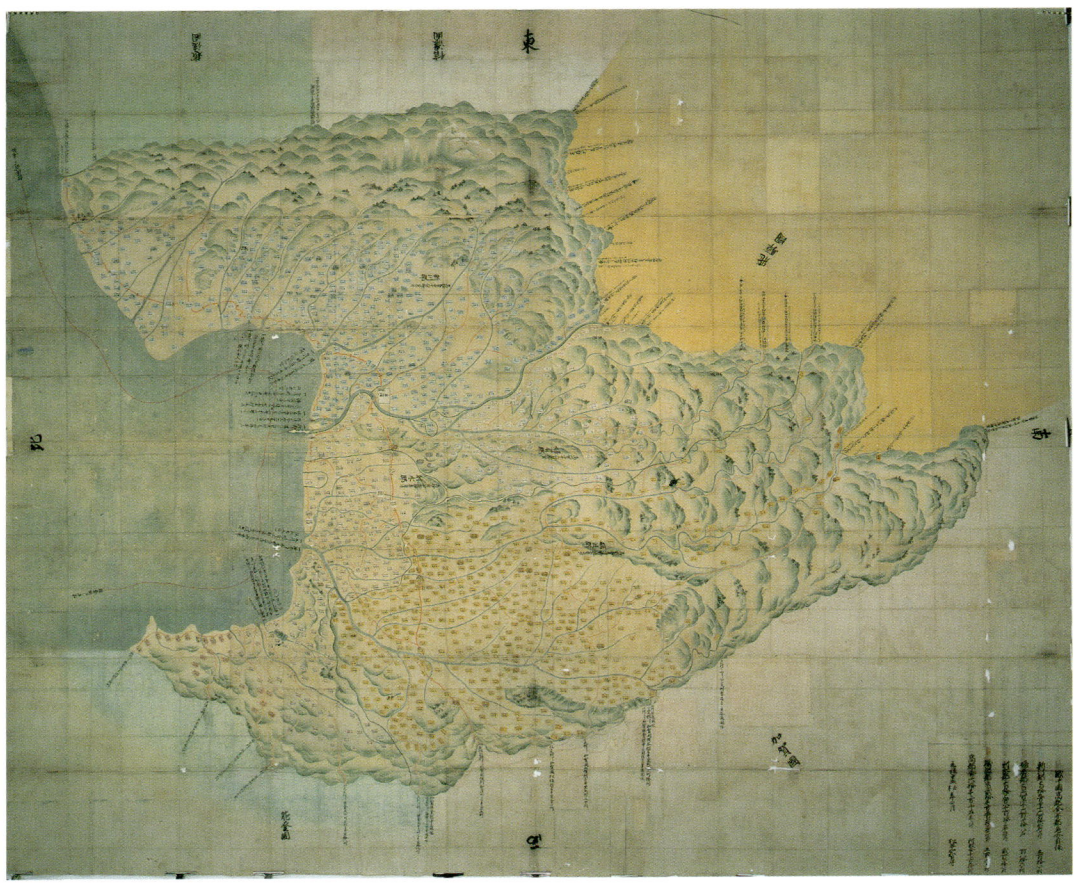

【図5】「元禄越中国絵図」 石川県立図書館蔵、290.3－67、500×420

本図は、作成過程で作られた下絵図である。隣国境は、正保図と比べてかなりの変化が見られる。しかし、西南部を大きく突き出していることや内陸部の河川の流路などは正保図を踏襲している。図7は、その立山周辺である。

越中国

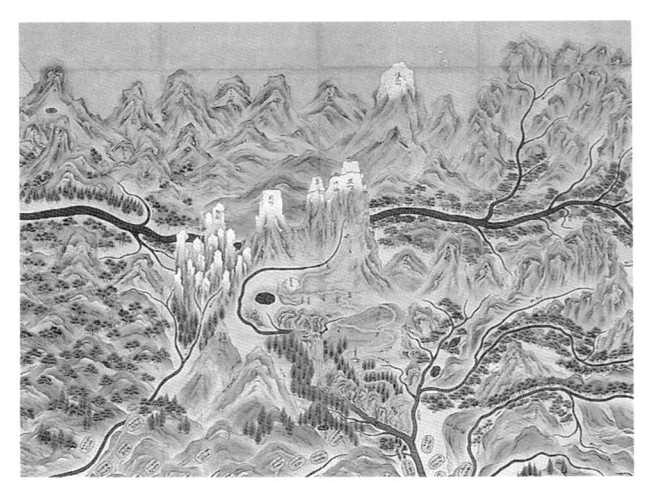

【図6】「延宝越中国絵図」部分（立山）　金沢市立玉川図書館加越能文庫蔵、16.20-98 ②

市立玉川図書館の加越能文庫に現存している。担当は算用場奉行の津田宇右衛門で、正保図に描かれた国の形や山方が実際とは異なっていることを正すことが今回の作成目的であると記している。とりわけ、越後境の山奥から黒部奥山・後立山地域の調査を藩士・十村（大庄屋）や山廻の芦峅寺村十三郎らが行い、山や谷の名称を詳細に記している。このことで、加賀藩の大半の支配領域が国絵図に描かれることになったのである。

寛文7（1667）年からの富山藩野積谷の村々と飛騨国の村々との境界争論は、延宝2（1674）年幕府の裁定により飛騨側の勝訴に終わった。その根拠は、論所の山が飛騨国絵図に記されているが、越中国絵図にはないというものであった。このことに危機感を抱いた加賀藩が奥山を調査し、この国絵図を作成したと考えられる。

本図は藩の絵師により彩り美しく仕立てられ、現存する国絵図のなかでもっとも優美にして華麗である。村名・村高は寛文4（1664）年幕府に提出した高辻帳に基づいており、絵図の大きさや表現方法から考えて、次回の幕府提出を意識して作られたものであろう。

〔元禄国絵図〕　石川県立図書館に作成過程で作られた下絵図、成巽閣に後年の写図、石川県立歴史博物館に縁絵図が越後間4点、信濃間3点、飛騨間5点と越中海辺端絵図が現存している。図書館所蔵図の贔紙書きには元禄15（1702）年4月とあるが、貼紙で訂正されており元禄14（1701）年とその下にある。主な町について丸形を訂正して小判型に直した跡が見られ、また村名等の文字の書き誤りを黒く塗りつぶしている。幕府に伺図を提出したのは元禄14年9月であり、本図はこの伺図の可能性も考えられる。

正保図と比べた元禄図の特徴として次の3点が指摘できる。まず、黒部奥山・後立山地域が描かれているが、きわめて簡略な描き方となっている。山名は「立山」のみが記され、黒部川の流路も奥山まで記されていない。2点目は、隣国との間で国境縁絵図が取り交わされて国境筋が訂正されたが、越中・加賀・能登3か国の間でも縁絵図が作成されたことが記録から分かる。3か国の国境は、正保図ではいずれも合致しない。そこで、元禄図では越中図の加賀国境を東部に移動させることで、両国図を合わせてはいる。しかし、国境を合わせると両国図の東西南北の方位が合わなくなってしまうという限界があった。国の形は、正保図と比べて氷見地域を北に起こし上げているが、しかし大半の河川の流路を正保図と元禄図で比較するとほとんど変わらない。元禄図では、国境及びその周辺地域の修正は行われたが、内陸部では正保図を原図としていることが特徴の3点目として指摘できる。河川の流路がかなり異なっている延宝図ではなく、幕府提出の正保図を踏襲したといえる。このことは、元禄図の作成方法、測量の問題と関わり興味深い。

正保図以降の越中国絵図は、砺波郡南部を大きく突き出す特徴的な方法で描かれており実際とはかなり異なる。文政8（1825）年に射水郡高木村（射水市高木）の和算家・測量家石黒信由がきわめて正確な3か国の絵図を作成し藩に提出していた。しかし、天保図の作成、提出にあたり藩はこの信由図を用いることはなかった。基本的に元禄図・天保図は正保図を踏襲しており、これに対し信由の実測図が活用されたのは明治新政府が発足間もなく諸侯・府県に命じた明治国絵図においてであった。

（野積正吉）

【参考文献】
黒田日出男2000「南葵文庫の江戸幕府国絵図10・11」（『東京大学史料編纂所附属画像史料解析センター通信』10・11）／野積正吉2002「加賀藩における正保国絵図と道程帳」（『富山史壇』138）／氷見市2004『氷見市史8 資料編六 絵図地図』

【図7】「元禄越中国絵図」部分（立山）　石川県立図書館蔵

越後国

日本最大級の正保国絵図

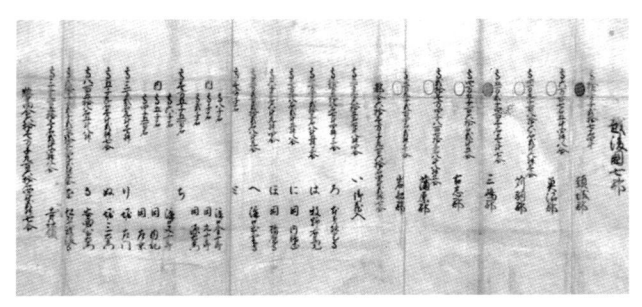

【図1】「正保越後国絵図」 部分　畾紙目録

　越後国は、豊臣時代には上杉景勝の支配下にあった。慶長3（1598）年、景勝が会津若松に移されると、越前国北庄から入封した堀秀治の支配下となった。慶長15（1610）年、堀氏が改易となると徳川家康の6男松平忠輝が入封し、越後一国および信州川中島を領有した。しかし、忠輝も元和2（1616）年改易となり、その遺領は大坂夏の陣で戦功を立てた6大名らに分与され、越後国は小藩分立の状況となった。越後国は広大であり、このような領主支配を反映して、小藩大名による分担で国絵図が作成された。

　地元に所蔵されている越後国絵図（正保国絵図、元禄国絵図、天保国絵図）および関係史料は、後述のように主に新発田市立図書館に所蔵されている。近世越後は小藩分立となり、領主の交代が頻繁であったが、新発田藩溝口氏は、慶長3年に堀秀治の与力大名として越後国に6万石で入封して以来、近世を通じて移封とならなかった希有な例である。

〔正保国絵図〕　正保越後国絵図は、村上・新発田・長岡・高田などの諸藩が描いた下絵を基に高田藩（松平光長）がとりまとめ、正保4（1647）年、幕府に提出した。幕府が諸国から収納した正式の正保国絵図は現在では残っていないが、元禄国絵図作成段階において幕府の許可を得て拝借・筆写したとされている正保越後国絵図の写が新発田市立図書館に所蔵されている（図2）。10×5ｍにもなるこの巨大な絵図は日本最大級の国絵図ともいわれており、平成8年3月、関連の正保絵図3鋪を付属して新潟県指定文化財となった。

　絵図の北東隅の畾紙には、越後国7郡の色分け並びに高都合目録が記されている（図1）。高都合は、郡ごとと領主ごとの2通りで記され、61万石余であった。

　蒲原郡を見ると、大小諸河川が縦横に流れ、信濃川と阿賀野川が河口部の新潟付近で合流しており、また塩津潟（紫雲寺潟）・福嶋潟・嶋見前潟・鳥屋野潟・鎧潟など大小多数の潟湖沼が広がっていて、現在とは違う越後の姿を知ることができる。

　郡境には黒筋の境界線が引かれている。村々は一つ一つが小判型で示されて、郡ごとに色分けされている。そして領主を示す「い・ろ・は……」の記号があり、村名と村高が記されている。街道や海上交通はもちろん、山河などの自然景観の表現も詳細であり、ほぼ正保国絵図の幕府基準に従った記載内容となっている。ただし、一国単位で描かれるのが基本であるが、越後からの海上交通ルートを示すためか、佐渡国も小さく描かれており、一方で東蒲原郡（会津藩領小川庄）の記載がない、といった特徴がある。また、高田領内の記載の一部が他領に比して詳細な感がある。それは、街道要所に設置された口留番所、出湯（温泉）や草生水油（石油）の産地などが記載されている点などである。

　正保越後国絵図の写図は、他にもいくつか伝えられている。新発田市立図書館には、明治40年に成立した加治川水害予防組合が謄写したと思われる図2の原寸大の写図が所蔵されている。新潟県立図書館には2点伝わっている。1点は、図2の寸法をひとまわり縮小した2図幅からなる江戸期の写で、絵図表面に「中川家蔵書印」が捺印されており、幕臣であった中川忠英旧蔵と見られる。現在国立公文書館には、中川忠英旧蔵の正保国絵図43か国（68鋪）分の模写図が所蔵されているが、そこには越後国図はない。もう1点は、「越後国全図」と箱書きされたもので、明治19年に新潟県が図2を写したものという。また、上越市の大滝家にも伝えられている。なお、昭和11年、三扶誠五郎により図2の縮小模写版が発行されている。

〔元禄国絵図〕　正保度は1幅で作成された越後国絵図であったが、国域が広大なためもあってか元禄国絵図では2図幅に分割となった。岩船・蒲原両郡は、村上・新発田両藩の受持となり、清書した絵図は村上藩主榊原政邦が元禄13（1700）年6月に献上した。古志・三島・刈羽・魚沼・頸城の5郡は高田・長岡両藩の受持となっ

【図2】「正保越後国絵図」 新発田市立図書館蔵、⑵X01-12、502×1003、新潟県立歴史博物館写真提供

【図3】「元禄越後国絵図」(岩船郡・蒲原郡全体図)　新発田市立図書館蔵、(2)X01-6、432×675、新潟県立歴史博物館写真提供

たが、元禄14年、高田藩主稲葉正往が下総国佐倉へ転封になったため、長岡藩主牧野忠辰が作成し、元禄15年12月に献上した。このうち、岩船・蒲原両郡絵図の控図が現存し、新発田市立図書館に所蔵されている（図3、新発田市指定文化財）。なお、昭和53年、新発田古地図等刊行会により縮小復刻された。

絵図の調整は正保国絵図を基に行われ、正保以降の開発新村の記入、村高の変更などがなされている。また、正保国絵図では町や村ごとに領主記載があり、皿紙にも領主別の石高内訳が示されたが、元禄国絵図では削除されている。元禄国絵図ではとくに国境・郡境の厳正なる記載が求められたためか、正保国絵図には記載されなかった東蒲原郡（会津藩領小川庄）が描かれている点も大きな特徴である。一方、小さく描かれていた佐渡国は削除されている。

〔天保国絵図〕 天保国絵図は元禄国絵図を原図にし、6寸1里縮尺（2万1600分の1）をはじめとする国絵図の仕立規格は、元禄国絵図と同様である。作成にあたっては、従来のように諸国の絵図元からの献上ではなく、諸国へは改訂のための調査を依頼しただけで、幕府勘定所によって諸国の絵図が一手に作成された。すなわち、幕府は諸国の国絵図掛諸藩にそれぞれの元禄国絵図を薄紙にて写し、縦長の等寸大に何等分かした淡彩の「切絵図」（「元禄御絵図写」）を渡した。国絵図掛諸藩は、その「元禄御絵図写」に懸紙をかぶせて元禄以降の変地箇所を部分的に修正した「懸紙修正図」を幕府勘定所へ提出し、諸国の清絵図が仕立てられた。

天保越後国絵図も元禄国絵図と同様の2図幅に分割して仕立てられた。岩船・蒲原両郡は、村上藩（内藤信親）・新発田藩（溝口直諒）の受持となったのは元禄国絵図と同じであったが、もう1幅（古志・三島・刈羽・魚沼・頸城の5郡）は高田藩（榊原政養）に担当が命じられている。

新発田藩では、天保6（1835）年12月24日に国絵図改訂の通達を受け、翌7年4月14日に幕府勘定所で「元禄御絵図写」と絵図修正の作業要領を指示した書付を受けている。その後、新発田・村上両藩は、幕府勘定方役人に伺い出て10枚の切絵図からなる蒲原・岩船両郡絵図の「懸紙修正図」を最終的に作成し、天保8年8月に「村名変地調帳」を添えて勘定所へ提出を済ませた。

幕府作成の天保越後国絵図は、2図幅とも国立公文書館に現存する。幕府に提出した控図については、元禄国絵図同様、岩船・蒲原両郡絵図が現存し、新発田市立図

【図4】「元禄越後国絵図」部分（新発田城周辺）

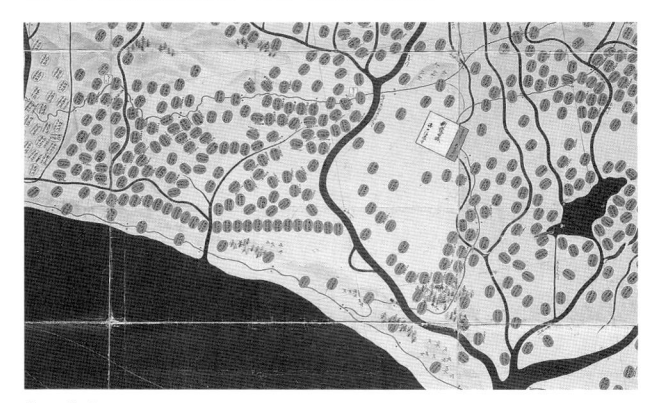

【図5】「天保越後国絵図」部分（新発田城周辺）、国立公文書館蔵、特83-1

書館に所蔵されている（新発田市指定文化財）。

正保国絵図で61万石余であった越後国の石高は、天保国絵図では114万石余にも増加している。それを反映して、正保・元禄国絵図では蒲原郡を中心に大小多数の潟湖沼が広がっていたのが（図4）、国立公文書館蔵の天保国絵図（図5）で見ると塩津潟（紫雲寺潟）が干拓・新田化されたのをはじめ、それらが次第に開発されてきている様子がうかがわれ、「米どころ新潟」となる礎が築かれつつあったことを知ることができる。

（渡部浩二）

【参考文献】
新発田市史編纂委員会1980『新発田市史上巻』（新発田市）／藤田覚1981「天保国絵図の作成過程について」（『東京大学史料編纂所報』15）／川村博忠1990『国絵図』（吉川弘文館）

佐渡国
一国天領の国絵図

　佐渡は古くから砂金の産出で知られていたが、中世末から伝来した革新的技術により、新しい展開を迎えることになった。すなわち、天文11（1542）年に鶴子銀山が開発されると、石見銀山から灰吹法という新しい製錬技術が伝えられ、さらに文禄4（1595）年、石見銀山から本格的な坑道掘りの技術が導入された。この結果、岩盤に坑道を掘って鉱脈を探り当て、金銀鉱石を穿り出し、それを製錬して金と銀とを取り出すことができるようになったのである。

　やがて、その中心が鶴子から相川金銀山に移ると、金銀の産出量は飛躍的に増加した。近世初期にピークを迎えた相川金銀山は、慶長7（1602）年の上納銀が1万貫にも及んだ。佐渡の金銀は幕府財政を支え、佐渡は近世を通じて一国天領（幕府領）となった。このため佐渡国絵図は、正保・元禄・天保度のいずれも幕府関係者（佐渡奉行）が担当することとなった。

〔正保国絵図〕　勘定頭兼佐渡奉行の伊丹康勝が担当し、幕府に献上した。正保佐渡国絵図の正式な写図は、地元には伝わっていないようであるが、国立公文書館には、幕臣であった中川忠英旧蔵の正保国絵図43か国（68鋪）分の模写図が所蔵されており、そこに佐渡国の1鋪が含まれている。また、同じく国立公文書館には、美濃国岩村藩旧蔵の国絵図39か国（38鋪）分の模写図が所蔵されており、そこに佐渡国の1鋪が含まれている。これは岩村藩において享保頃（1716〜1736）に調製されたもので、最後の藩主松平乗命が明治6（1873）年、政府の要請によって献納したものという。ただ、両旧蔵図とも図幅の縮小や図示・注記の省略などがあり、全く正確に模写したものではないようである。

〔元禄国絵図〕　荻原重秀（勘定奉行兼佐渡奉行）が担当し、元禄13（1700）年12月に献上した。新潟県立相川高等学校には、元禄佐渡国絵図の写といわれる絵図が所蔵されている（図1）。この絵図は、天保国絵図作成にあたり幕府勘定所から佐渡奉行所に下げ渡された元禄佐渡国絵図の写（切絵図となった6巻）を、地方御役所絵図師である石井夏海・文海父子が天保7（1836）年正月に写して1枚に仕立てたものとみられ、図面北西部分の蠟紙には「元禄之度御上ヶ絵図写」と記載されている。

　本図が他国の元禄国絵図の控図、写図に比して淡彩な感があるのは、このように元禄国絵図の正本を写したのではなく、幕府勘定所が下げ渡した切絵図を写したことによるかもしれない。後述するように、このような切絵図はおおむね淡彩であったといわれている。

　元禄国絵図は、高頭・色分目録の記載形式が徹底され、①郡別石高、②一国都合高、③郡別村数、④一国総村数、⑤献上者名、⑥献上年月、を記載する必要があり、目録の記載形式が全国一様に統一された。しかし、本図には高頭・色分目録の記載がない。また、村々の表記について見ても、村名はあるが石高の記載がなく、郡ごとに色分けもされておらず、正確な写図というわけではない。

　絵図の所々には懸紙が付され、「御林帳ニ無之」などと記されている。これは石井父子が、天保国絵図作成の過程で元禄国絵図にある村名や御林・寺社などを当時の帳面類と照合させた結果の「不審札」である。

〔天保国絵図〕　天保6（1835）年12月、在府佐渡奉行若林市左衛門は、幕府勘定所より国絵図改訂の通達を受けた。そして翌7年正月、元禄佐渡国絵図の写が佐渡奉行所に到来した。この写図は、6巻からなる切絵図であった。天保国絵図作成にあたって勘定所は、このように諸国の国絵図掛にそれぞれの元禄国絵図を薄紙にて写し、それを縦長の等寸大に何等分かした淡彩の切絵図を渡した。諸国の国絵図掛は、それに懸紙をかぶせて元禄以降の変地箇所を部分的に修正した「懸紙修正図」を勘定所へ提出し、諸国の清絵図が仕立てられることになった。

　佐渡国絵図の改訂作業にあたったのは、地方御役所絵図師の石井夏海・文海父子で、国仲地方などで測量を行うとともに、享和3（1803）年に来島した伊能忠敬の海岸測量絵図などを参考に作業が進められた。縮尺は元禄国絵図に倣い、1里5寸6分7厘2毛余であった。元禄期から年月が経過しており、様子が変わった地所が多かったので、部分的に懸紙を付したのではなく、元禄国絵図写の全体を覆う「惣掛紙」6巻に仕立てられた。

　絵図は天保8年3月には完成し、佐渡奉行らが閲覧し

【図1】「元禄佐渡国絵図」 新潟県立相川高等学校蔵、314.5 × 161.5（308 × 155）、額装寸法（額縁除く）、新潟県立文書館写真提供

【図2】「天保佐渡国絵図」 国立公文書館蔵、特83－1、179×309

た後、桐箱に収められ、5月に勘定所に提出された。この桐箱は二重になっており、上段には勘定所から下げ渡された元禄佐渡国絵図の写6巻が、下段にはそれと対応する懸紙6巻が収められていた。

　幕府が作成した天保佐渡国絵図の清絵図は、国立公文書館に現存する（図2）。図面北西部分の畾紙には、佐渡3郡の高都合と村数が次のように記されている（図3）。

加茂郡　高四万七千四百九拾弐石三斗六升八合　百箇村
雑太郡　高六万三千弐百弐拾六石八斗三升四合　百箇村
羽茂郡　高弐万千八百四拾六石弐斗八升九合　六拾壱箇村
高都合　拾三万弐千五百六拾五石四斗九升壱合　村数弐百六拾壱箇村

　続いて、「天保九年戊戌五月」という年号と勘定奉行明楽飛騨守をはじめ、勘定方3名の名前があるが、これらは全国の天保国絵図一律に記載されているという。

　郡境には黒筋の境界線が引かれている。交通路は赤線で引かれ、一里塚も記載されている。村々は小判型で示され、郡ごとに色分けされて、村名と石高が記されている。一方、相川・夷・湊・河原田などの町とそれに隣接する一部の村は、小判型でなく長方形的に示されているのが特徴的である。山間部の各所には、多数の「御林」が松林で表記されているのが目立つ。

　また、金銀山の島らしく、相川町の山手の方には、奉行屋敷（佐渡奉行所）、間山番所・六十枚番所、鳥越・青盤といった間歩（坑道）など金銀山関連の施設や地所も記されている（図4）。一方、羽茂郡には、佐渡最大の砂金山であった西三川砂金山が周辺の地形とともに描かれている（図5）。

　その他、佐渡は「流人の島」としても知られており、承久3（1221）年7月に流された順徳院ゆかりの「順徳院旧跡」、「順徳院御廟」といった旧跡の記載があるのも特徴的である。

（渡部浩二）

【参考文献】
川村博忠1990『国絵図』（吉川弘文館）／佐藤利夫2003「「佐渡国絵図」について」（『地図情報』86）／磯部欣三2000『幕末明治の佐渡日記』（恒文社）

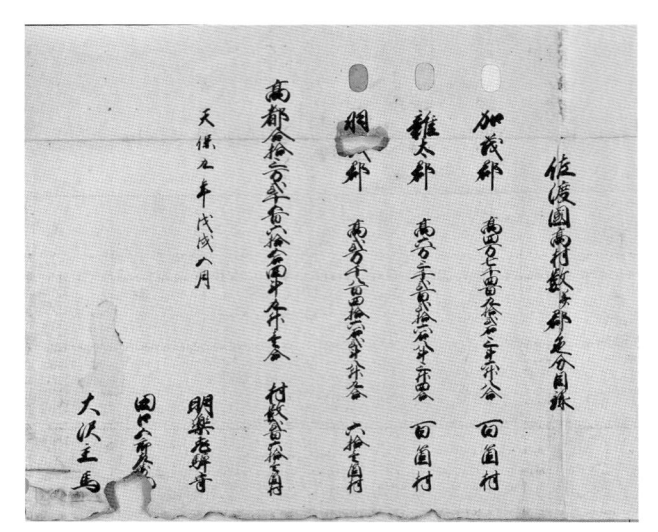

【図3】「天保佐渡国絵図」部分（畾紙目録）

【図4】「天保佐渡国絵図」部分（相川金銀山付近）

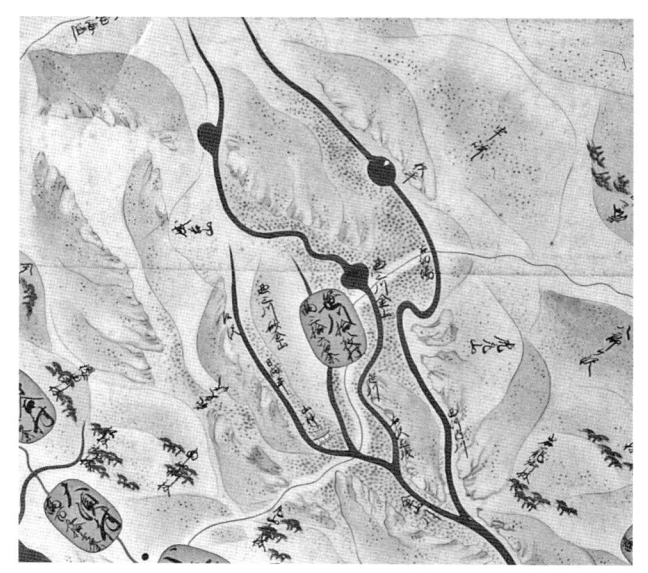

【図5】「天保佐渡国絵図」部分（西三川砂金山付近）

丹波国
表高より実高記載へ変わった天保図

丹波国絵図は、正保・元禄・天保の各図が残存している。丹波国は、藩領、幕府（直轄・旗本・御家人）領、天皇・公家領などが複雑に入り組む非領国である。このようなことから、正保図に見られる領主配置をはじめ正保・元禄・天保図の村の変化や村高などは、貴重なデータであるとともに研究の対象として関心が寄せられる。

ここでは、各地に現存する丹波国絵図とその関係史料の概要を紹介し、国絵図が政治地図として機能した側面を如実に表す例として丹波国絵図と郷帳に記載される村高と表高・実高の関係について丹波亀山藩（亀岡藩）領を中心に検討を行いたい。

〔正保国絵図〕 本図の編纂は松平（藤井）忠国（篠山藩）・菅沼定昭（亀山藩）、稲葉紀通（福知山藩）が絵図元となってとり行われた。しかしその後、絵図元として編集を担当した松平忠国は信州上田藩へ転封、菅沼定昭・稲葉紀通は改易となっているので、これら大名文書の散逸などによって絵図元史料が発見できていない。

これまで確認できた現存する図としては、京都府立総合資料館所蔵の「正保丹波国絵図」と「丹波国船井郡何鹿両郡領主色別図」、綾部市歴史資料館所蔵の「天田・何鹿郡絵図」、後世の書写図であるが国立公文書館の松平・中川本がある。また、栗田元次文庫に「正保丹波郷帳」が所蔵されている。さらに、柏原町歴史民俗資料館に元禄図の編纂にかかわって作成された正保図を4分の1に縮写した図もある。

さて、正保図の編纂にあたっては各領主が作成した領分絵図を絵図元が一国絵図に編集した。「天田・何鹿郡絵図」は綾部藩の作成した領分絵図とみなされ、「丹波国船井郡何鹿両郡領主色別図」も領分絵図から一国絵図への編集過程において作成されたそのものか、その控であろう。このような編集過程の図に対し京都府立総合資料館蔵「正保丹波国絵図」は一国仕立ての絵図であり、領主を「いろは」記号によって村形に示し、交通路の記載も詳細で正保図の様式と特徴を持つもっとも整った図である。

栗田元次文庫の「正保丹波郷帳」は「正保四年亥三月吉日」の作成年と前述した正保図の絵図元を務めた篠山・福知山・亀山藩主の名が記したものである。しかし、残念ながら桑田・船井郡の記載を欠いてる。

〔元禄国絵図〕 元禄図の編纂は朽木稙昌（福知山藩）、小出英利（園部藩）、織田信休（柏原藩）が絵図元になってとり行われた。正保図の絵図元が異なった国の一つである。正保図の絵図元であった亀山藩が元禄図の絵図元を担当しなかったのは、藩主の井上政岑が幕府の総責任者となったからであろう。

丹波国の元禄図とそれに関する史料は、多種多様なものが現存している。まず、幕府に献上された元禄図のほとんどが失われたなかにあって、国立公文書館に丹波図が現存している点が注目できよう。

つぎに控図の残存とその関係史料の存在がある。柏原町歴史民俗資料館には、絵図元であった柏原藩に伝来した元禄図をはじめ、同藩の編纂に関する記事が散見できる「柏原藩御用部屋日記」や、柏原藩が担当して多紀・氷上郡の正保図からの変化をまとめた「変地帳」が所蔵されている。

また、絵図元であった綾部藩の史料として綾部市立図書館所蔵の「知行所高付帳」（綾部史談会編1954『郷土史料集第8集』綾部史談会）や「役所抜書」（綾部市史編さん委員会編1977『綾部市史史料編』綾部市）などがある。

このほかに、京都府立総合資料館に「元禄郷帳」、国立歴史民俗博物館の秋岡コレクションに「丹波国縁絵図」が所蔵されている。

〔天保国絵図〕 周知のように天保図は、幕府作成の国立公文書館のものが郷帳とともに広く知られるところである。これまでの国絵図の編纂と異なり、各領主が個々に自領内の村高を幕府に直接届けることからスタートした。

大阪府立大学経済学部貴重図書室所蔵の「丹波国何鹿郡・天田郡知行所高附帳」は、綾部藩から提出された同藩の村高である。また、同帳には元禄国絵図からの変化もまとめられており、いわば天保の変地帳というべき性格をあわせもっているものである。

以上が、丹波国における国絵図とその関係史料の概要である。

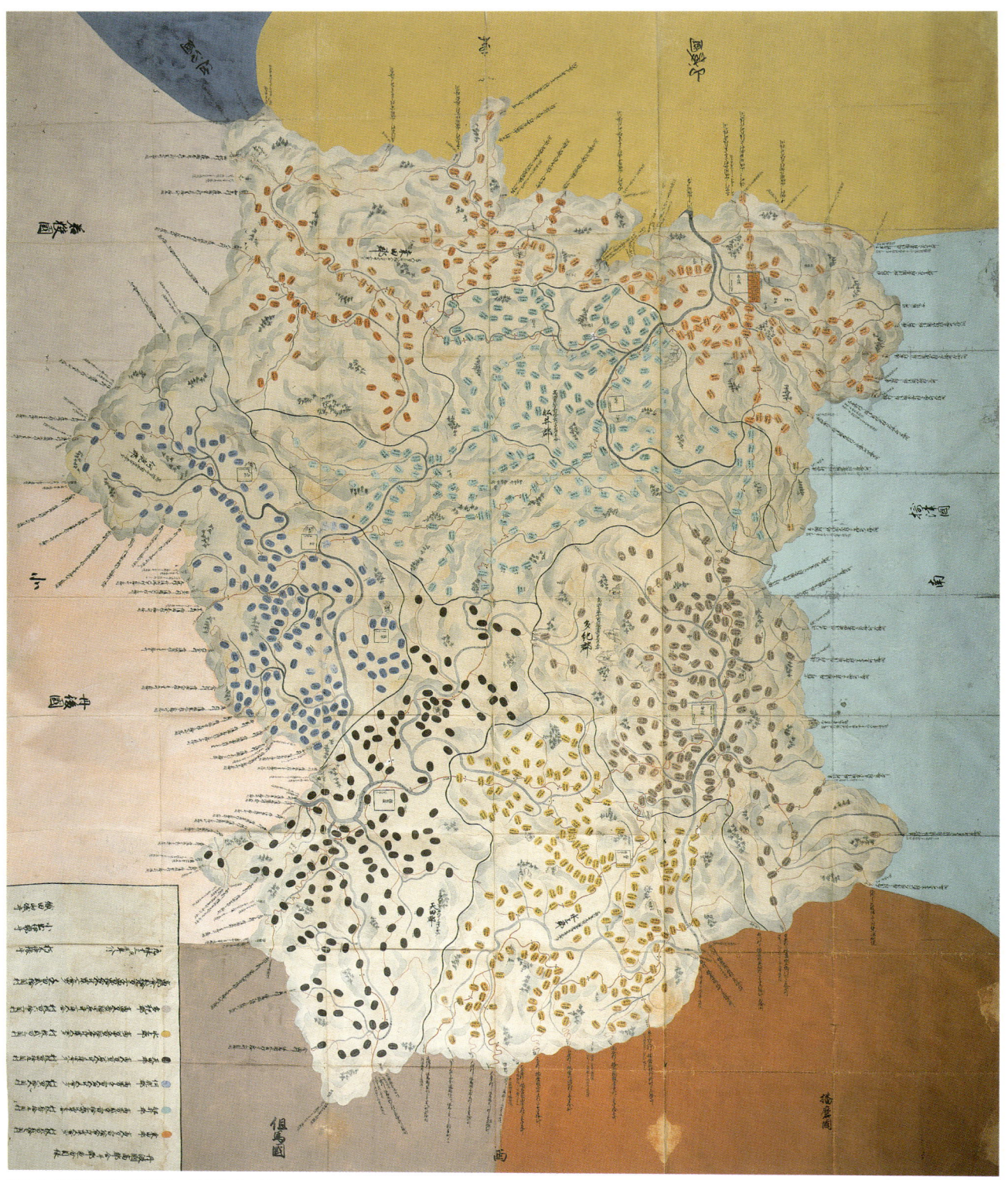

【図1】「元禄丹波国絵図」　元禄丹波国絵図の絵図元であった織田家(柏原藩)に伝来した図。丹波市立柏原歴史民俗資料館蔵、織田家文書、389×319

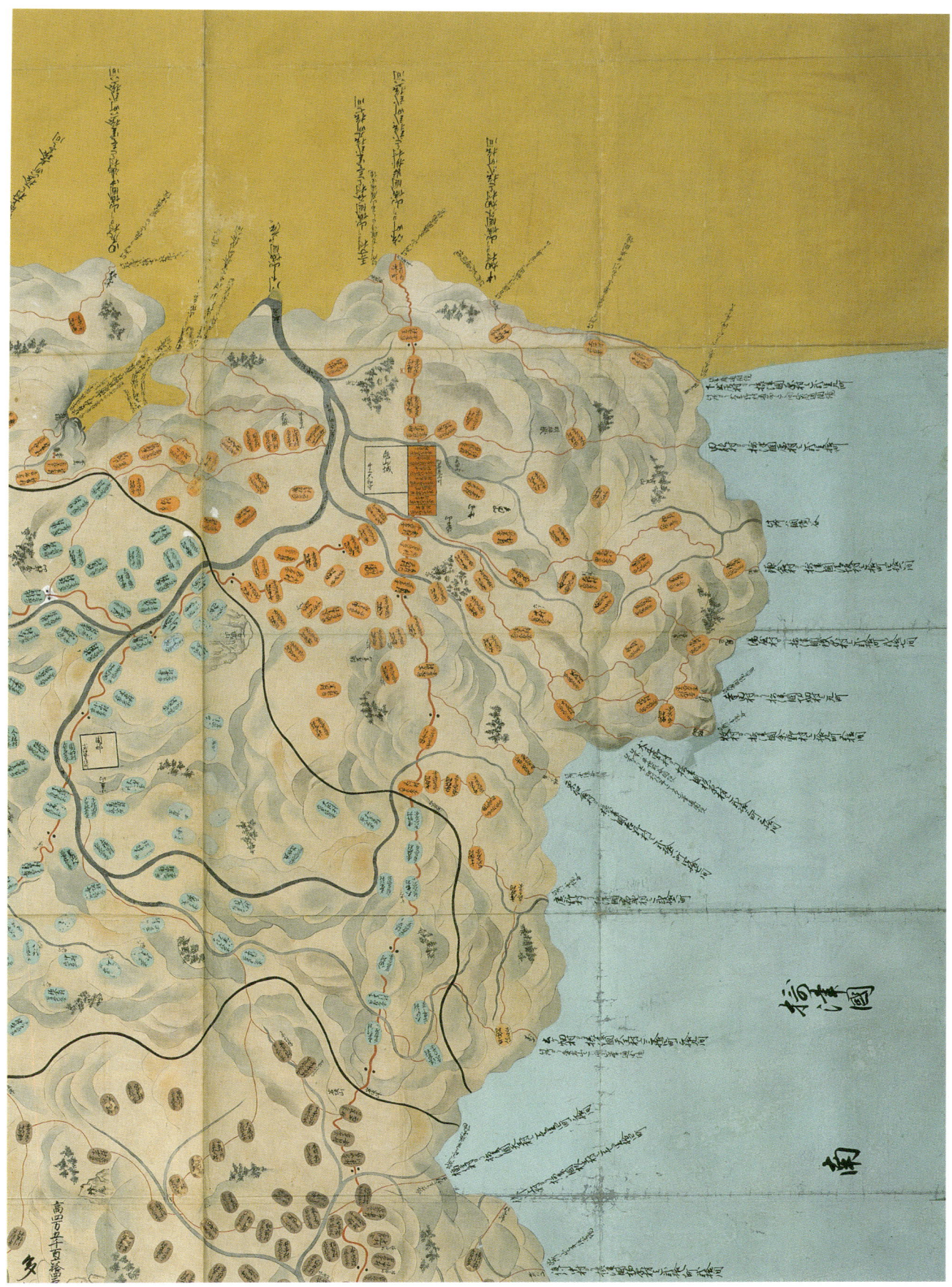

【図2】「元禄丹波国絵図」 部分　丹波市立柏原歴史民俗資料館蔵、織田家文書
上方が東（山城国）。オレンジ色が桑田郡で、中央に亀山城が見られる。

丹波国

〔表高と実高〕　石高は江戸時代の生産力を表すもっとも基本的な数値である。このようなことから、国絵図や郷帳の石高は、全国的な比較ができ、しばしば村高や新田開発などの研究に用いられてきた。

しかし、江戸時代の村高には、領主をランク分けする表面的な表高と実際の生産高を示す実高があり、両者は大きく乖離していた。表高は幕府の認めた高で、これによって大名の負担する軍役が異なり、江戸城内においても将軍からの距離の異なる部屋が割り当てられていた。この表高に応じた身分格差は、封建社会における絶対的なものであり、実高が変化しても変わることはなかった。

したがって一般的に正保国絵図では表高を示した場合が多く、正保当時の実高を示した場合は少ないようである。また、元禄図においても幕府は表高の記載を求めたため正保図の村高をそのまま記したものが多かった。むしろ幕府の官庫に献上された国絵図・郷帳は、表高であることが当然の帰結として受け入れられていたのである。ただし、これら村高の実態についても後述のように具体的な検討がなされたとはいい難い。

そして幕府は、天保5（1834）年の天保郷帳作成にあたって表高記載を撤回し、各領主に実高の記載を求めたのであった。しかし、この天保郷帳の実高も領主と幕府の政治的関係から実高が採用されたかは、個々の実態を検討することが求められる。ここでは、亀山藩領を中心に国絵図・郷帳の村高と表高・実高の関係を述べてみたい。

丹波国の表高は、文禄5（1596）年の太閤検地によって確定した村高が採用されている。この表高は正保図と同郷帳にそのまま記載されており、正保当時の実高を示したものではなかった。

次の元禄図・同郷帳では、さまざまな石高が混在して採用された。天田・何鹿郡における藩領の村では表高がそのまま用いられている場合と小物成高が加えられている場合があり、幕領の村では延宝検地の結果の村高が記された。

また、桑田郡の亀山藩領においては、寛永17（1640）年に菅沼定芳によって行われた検地の結果は反映されず、文禄5年の太閤検地の結果である表高が正保図・同郷帳さらには元禄図・同郷帳にまで記されたのである。

前述したように天保郷帳の村高は、幕府から実高記載が求められた。そこで、天保12年「亀山領内高書覚」（加舎伍内家文書、亀岡市史編さん委員会編2002『新修亀岡市史資料編第二巻』亀岡市）に見られる、この当時一般に用いられたと考えられる「今高」と比較してみると、天保郷帳の村高は相対的に高く、実高を記したものとみなされるのである。このように丹波国絵図・郷帳には、編纂当時の政治的な意図からさまざまな村高が採用されたのであった。

これまで、国絵図・郷帳の村高による丹波国の新田開発の検討では、近世前期の土地開発が停滞的で、元禄以降に新田開発が広く進められたと理解されてきた。

しかし、亀山藩領においては、文禄5年の太閤検地の表高に対して天保郷帳（238年間）の伸び率は15.0％である。このうち表高に対して寛永17年の菅沼検地では9.1％、同検地から貞享元（1684）年の実高を記した「亀山領郷村高帳」（上田松平文書、『新修亀岡市史資料編第二巻』付図4-1）では2.7％、「亀山領郷村高帳」から天保郷帳では2.6％の上昇となる。文禄5年の表高から天保郷帳までに増えた村高は2693石7斗で、そのうち菅沼検地までに1625石2斗4升7合、65.1％が開発されたことになり、近世前期に新田開発が進められたことが明らかになったのである。

このように国絵図・郷帳の村高は、すべてが実高ではない。それぞれの国や領主によってさまざまな村高が採用されているのことに注意を要する。こうした国絵図・郷帳の村高がいったい何を基準にしたものか、その政治的意図はどのようなものなのかについて検討が必要である。

たとえば、上述したように丹波元禄図・同郷帳では、幕領で行なわれた延宝検地の結果が反映されているが、他の国の幕府領村々ではどうなっているのであろうか。延宝検地の評価についても検討の余地があるように思われるのである。

（礒永和貴）

【参考文献】
横田冬彦1985「元禄郷帳と国絵図—丹波国を中心として」（『文化学年報』4）／西村正芳1995「天保八年五月作成の『丹波国何鹿郡・天田郡知行所高附帳』について」（『芦田完先生追悼記念論文集』福知山史談会）／礒永和貴2004「近世郷村の成立と構造」（亀岡市史編さん委員会編『新修亀岡市史本文編第二巻』亀岡市）

丹後国

正保控図にて読む丹後の景観

正保丹後国絵図には、正保図の基図となった田辺藩の領分絵図である「田辺藩領絵図」（舞鶴市立東舞鶴図書館蔵）をはじめ、元禄図編纂時に正保図を書写して村の変化を訂正した「丹後一国大絵図」（京都大学文学部博物館蔵）、そして正保図の控図と考えられる「丹後五郡図」と「同郷帳」（京丹後市教育委員会〈峰山図書館〉蔵）がある。以下では、幕府の作成基準と比較しながら、「丹後五郡図」とその「郷帳」から当時の景観を読んでみたい。

〔地勢の描写〕　幕府の作成基準には、地勢の描写に関する具体的な指示はない。

本図の平野は地紙のままで着色はなく、平地の大小は道路や河川、村落を中心に山地を外か内に描くかで表現する。山地は地形図に標高点が記された独立峰を一定方向から描いている。

河川は丹後・大浦半島では描かれていないものがある。断絶性が強く調査が行き届かなかったと考えられる。また、由良川では正保段階の流路が知られる。

海岸は海からの立体的表現によって岩肌を克明に描写している。景勝地として知られる袖石村の畳岩なども表現している。とくに、交通上の目印や危険な箇所となる岬や島、岩礁などを精緻に描いている。

全般的に見て地勢は海岸の描写がもっとも詳しく、ついで山地、平地の順に描写が簡略となる。また、描写の詳しい山地と海岸域が実際より広く描かれている。

〔城の表記〕　正保図の作成基準には城に関するものはないが、城を黒枠の四角にして城主名を記す場合が多い。本図では城下町をもっとも大きい小判型で表示している。また、宮津城には「城」と記入されるが、田辺（舞鶴）が「古城」とあり、峰山藩の陣屋は記されていない。慶長5（1600）年の関ヶ原の戦いで細川藤孝幽斎が田辺に籠城した際に宮津城は破却された。元和8（1622）年に前藩主の京極高知の遺命で長男高広が本家の宮津藩を継ぎ、二男高三を田辺城に、3男高通を峰山陣屋に配し、本城である宮津城が再建された。これらの状況が絵図の描写に反映されている。

この他に古城の注記が3か所にあり、正確な位置に記される。弓木城は一色氏の居城、久美浜城と河守城は細川氏の支城である。島原の乱で廃城になった原城に一揆勢にたて籠られ苦戦した経験などが反映し、古城の記載が幕府から求められたのであろう。

〔陸上交通〕　幕府は朱色の太・細の線で大道と小道に分け、道の両側に黒点で一里山を配置し、さらに距離、難所、渡河点を記すことを求めた。

本図の道路は田辺城下の高野川の大橋の袂の一里山と宮津城大手橋を基準に国内の一里山が配置される。国絵図の一里山は実際になくとも距離が分かるように書き入れるが、本図の野村寺村の一里山は現地に「田辺大橋ヨリ壱里」の道標が現存する。また、小田と天橋立の中央に現存する「宮津ヨリ一里」と刻まれた道標も一致する。さらに、京・若狭・福知山・出石・豊岡街道には宮津城大手橋から国境までの距離が記されている。宮津城の大手橋が起点となり上記五街道のルートと距離が決められている。本図の大道の総延長は約169㎞で、小道が約522㎞、総道路距離は約691㎞となる。

難所記載は小道に「馬不通」と「牛馬不通」を区別して記入し、その区間や距離が記される。牛は坂道に強いから、「馬不通」よりも「牛馬不通」の方がより難所を示している。難所は若狭・丹波・但馬国境の峠道と大浦・丹後半島に見られ隔絶性の高いことが分かる。

このほか普甲峠越に注記があり、東の道（「元普甲」）に「古道洪水損往還難成」、西の道（「今普甲」）に「今海道但細道作広ケ往還仕候」とある。後者には現在も石畳があり京極高広の開作という。

本図の渡河点は21か所あり、歩渡が9か所、舟渡が12か所である。舟渡はすべて由良川で、その他の河川が歩渡となっている。しかし、正保福知山城絵図が初見とされる丹後由良と丹波福知山を結ぶ由良川の通舟を見ることができない。

〔海上交通〕　海上交通の幕府作成基準には、湊と海辺の描き方や注記の方法を示している。

本図には港が16か所見られ、他国からの船路として伊根・宮津・田辺がもっとも大きい廻船寄港地であった。船掛のよい港では久美浜、栗田浦、大波湊と岩瀧、蒲丹生、黒地があるが廻船寄港がないとし、ランク分け

【図1】「丹後五郡図」京丹後市教育委員会蔵、峰山図書館郷土資料第1号その2、288×240

【図2】宮津城下町（京極高広居城）の表現
小判型で城下町を、「城」の文字で城郭を表現。「城」の下の大手橋が藩内の往還の基点となった。また、小判の縁に示された黒色は、宮津藩領を示す。

【図3】郡境の表現
郡境が川の中央であることを示しており、丁寧に描かれていることが分かる。矢田村の小判型の縁に採色された紫色は峰山藩領を示す。

【図4】田辺城下町（京極高三居城）の表現
一国一城令の影響で本城が宮津城であったため、田辺城を「古城」と表記した。小判の縁の青色は田辺藩領を示しており、城下周辺に田辺藩領の村が見られる。

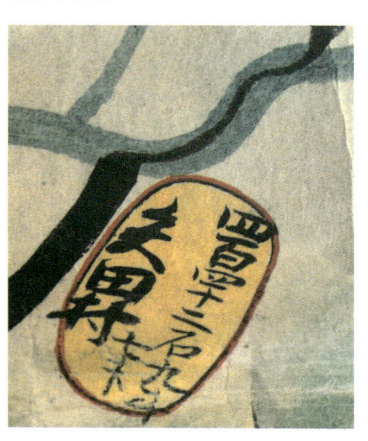

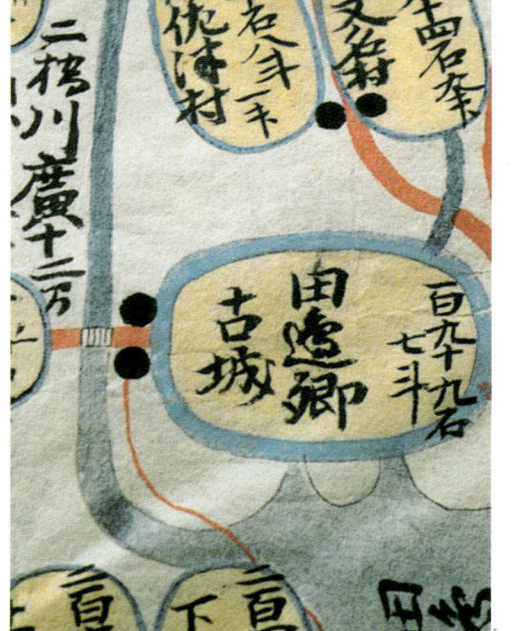

【図5】中郡の郡付
中郡は元禄図で古代の丹波郡に復活。右から郡高、村数、小村数。また、その下部に「高目録に入分右之端村也」とある。

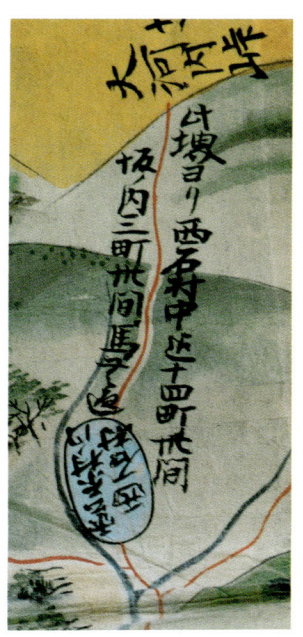

【図6】街道の小書き（注記）
大河内峠を越える道路。道の右に「此堺ヨリ西石村中迄十四町卅間」、左に「坂ノ内三町卅間馬無通」と注記がある。

【図7】由良川の舟渡の表現
中央を流れるのは由良川。上部は「舟渡広四十六間」、下部は「舟渡広三十六間」とある。

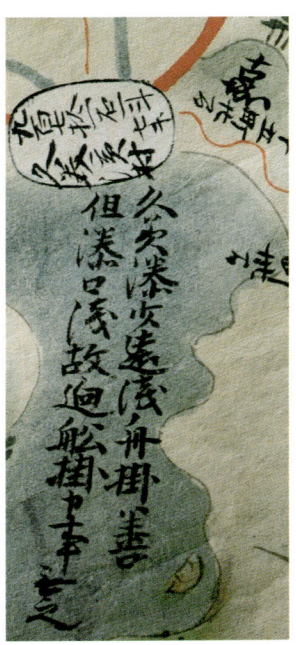

【図8】久美湊と久美浜古城の表現
中央の久美浜村の表記の下に「久美湊少遠浅舟掛善　但湊口浅故廻舩掛申事無之」とある。久美浜村の右上に記された「古城」は、久美浜城。

【図9】間人湊の表現
海岸の岩場や島を立体的に表記する。幕府作成基準に船道や海底の「はへ」（岩礁）を記すように指示があるが、「西風」の文字の左にある灰色の表記が「はへ」とみなされる。

【図10】成相寺と植生表記
西国札所最北端の寺。成相寺の上部に「はへ山」、右に「柴」と植生の表記が見られる。

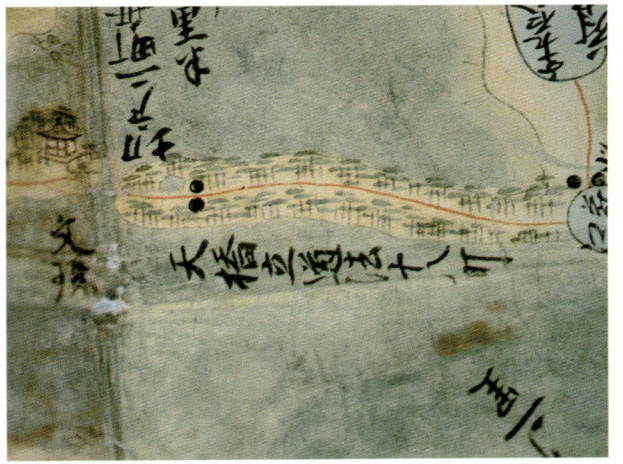

【図11】天橋立
日本三景の一つ。天橋立の下部に「天橋立道法十八町」とある。天橋立と陸地を分ける「切戸」と日本三文殊の一つである「智恩寺」（「文殊」）が見られる。

丹後国

されている。さらに、舟数もあまり入らない小規模な港も区別されている。船掛りの悪い理由は、港の入口に風が吹き込む場合が多い。難所の経ヶ岬（きょうがみさき）は、秋と冬に廻船の航行ができない時期があるとしている。

丹後沖を通過する西廻り航路は、寛永15（1638）年に鳥取藩や加賀藩が廻米を大坂に送ったことに始まり、寛文11（1671）年に河村瑞賢が整備し本格化した。正保国絵図の目的の一つに海上交通の掌握があったことがうかがえる。

このほか、正保図には外国船を監視するための遠見番所が描かれた。丹後には、伊根浦、間人村（たいざ）、湊村に設置されていたが、本図には描かれていない。

〔国・郡・藩界と村落の構成〕　幕府は、正保国絵図以降に国郡制復活の意図から中世的な郡域や郡名を延喜式の段階に戻した。本図は延喜式郡名の丹波郡を中郡としており、郡名は復していない（元禄図で復活）。

藩領は国・郡界に限定せず設定された。加佐（かさ）郡では宮津藩と田辺藩が、中郡では峰山と宮津が入り組んでいる。また、中郡口大野村は峰山と宮津藩の、加佐郡夏間村は宮津と田辺藩の相給である。さらに、峰山の縁城（橋木〈はしき〉）村は中・竹野の両郡にまたがっている。

本図には398の村の内に枝村が106村もある。村名は、元禄図において「村」に統一されたが、本図の段階では中世の領域である「荘」や「郷」が見られる。本図では本村のみに村高が示され、枝村は「○○村之内○○」と表示され村落構成が表示されている。村高のない枝村は郷帳に記載されていない。

また、藩ごとに村の特徴が異なる。田辺藩の村は600石を越す大村は少なく、300〜600石を示す村が多い。また、枝村が少なく郷や荘の名称もない。宮津藩と峰山藩では600石を越える大きな村や枝村が多い。また、郷や荘を称する場合が多く、それらは枝村を含んでおりその範囲は中世の荘や郷の領域と一致する。藩領ごとに村の規模や構成が異なるのは、田辺藩では村切りが進行し、宮津藩と峰山藩では遅れたことを示すのであろう。

〔植生表現〕　幕府の植生に関する作成基準では、国絵図と郷帳に村有の「はへ（生え）山」と「柴山」の注記を求めた。はへ山は用材になる木山を、柴山は柴や芝の生える山（秣場〈まぐさば〉〈馬草場〉）を示している。

本図の山肌は緑色と黄土色とに区別され彩色され、その上に広葉樹・松・杉の3種を描き分けている。緑色の山肌には樹木の図像が多く、山の中腹以上に見られる。これに対して黄土色は樹木が少なく山の麓や低い山にあたる。緑色は木の生える山を、黄土色は木の生えていない山を表している。たとえば大江山の頂上付近は黄土色であるが、現在もチマキザサの群生地である。

樹木の図像は高い山に広葉樹、海岸、由良川の上流、松尾寺付近に松が見られる。杉は籠（こも）神社の神木及び宮津城南東の八幡山から杉山にかけての丘陵に見られる。これらは現地の植生を反映しているのであろう。

しかし、はへ山や柴山の注記は樹木の図像との関連は乏しい。はへ山と記されるのに樹木がなく、柴山に樹木が描かれる箇所もある。また、本図で村有林野のある村は195村で、はへ山が72、柴山が170か所（はへ山と柴山の合計が村数と合わないのは、一つの村にはへ山、柴山の表記が二箇所以上あるため）、高帳の村有林野のある村は125村、はへ山が57、柴山が68か所と記載が異なっている。絵図は森林を見たままに記し、郷帳は権利の及ぶ山をすべて羅列したのであろうか。

〔田・畑別石高と水・旱損地〕　高帳には国絵図にない村ごとの田・畑別の石高と旱損・水損地が記されている。

丹後の総石高に対する田の石高は88％、畑が12％である。加佐郡の村高に対する畑の石高が18％ともっとも高く、中郡が7％ともっとも低い。また、由良川沿岸や海岸近くの村に畑が多く、石高が低い。山間地には、畑の割合が低く石高も高い村が多い。

高帳で旱損・水損地いずれかが記される村は、丹後国292村中の79村（27％）で、水損と旱損の割合は6対4である。79村すべての田地に損地があり、6割の畑地が損地となっている。とくに由良川は上流から下流にいたるまで水損が見られ、野田川では上流で旱損が中・下流域で水損があり、竹野川は最上流部が水損、上流部が旱損、中流に水損が多い。久美浜湾に流れる佐濃谷川（さのたに）では上流に水損が、川上谷川では中流に旱損が見られる。水・旱損地は平地の石高が高い村に多く、山間地の石高が低い村に少ない傾向にある。このように郷帳の旱・水損地の分布を国絵図上で把握することが可能である。

以上のように、国絵図や郷帳の記載内容を読み込めば当時の歴史や地理をつかみとることが可能である。国絵図の研究は、図そのものの研究と同時にそれを使った復原研究の両輪によってより進化していくものとみなされよう。

（礒永和貴）

【参考文献】
峰山町 1963『峰山町郷土史』（峰山町役場）

但馬国
京都府立総合資料館に所蔵される模写国絵図

　我が国で国絵図を多数所蔵している機関は、幕府官庫の紅葉山文庫(もみじやま)を引き継いだ国立公文書館をはじめ伊能忠敬が測量の参考とした国絵図を収める伊能忠敬記念館、近年その全貌が明らかになった臼杵市立臼杵図書館の稲葉家文書、そしてここで紹介する京都府立総合資料館(以下総合資料館)などがある。

　これまでに但馬の国絵図は、元禄度のものが出石町(いずし)教育委員会と上田市立博物館の上田松平文書に所蔵されていることが確認されているが、ここでは総合資料館蔵の国絵図の紹介をかねて2枚の但馬図についてその記載内容と作成年代について検討してみたい。

〔総合資料館蔵の国絵図〕　但馬図の検討に入る前に総合資料館蔵国絵図の概要について触れておきたい。総合資料館に所蔵される手書きの国絵図95点(総合資料館では「帝都図」を含め96点としているがここでは国絵図のみの数値を掲げた)は京都府庁文書のなかの一部で、総合資料館開館にあわせて移管されたものである。これらの京都府行政文書1万5000点は、平成14年に国の重要文化財に指定されている。

　この総合資料館の国絵図のうちの67点は、同一の緑色の紙によって装丁がほどこされ陸奥国から大隅国が揃っている。これらの国絵図は、美濃国岩村藩主であった松平乗命(のりとし)(以下松平本)が所蔵していものを京都府が借り出し、当時京都の画壇で活躍していた画家達を動員して模写したものと考えられている。図にはこれら模写にあたった画家達の47名の名前が記されており、この画家達の生没年などからして明治5(1872)〜6年頃に書写したことが判明する。その後松平本は、明治6年に当時太政官正院地誌課で進められていた皇国地誌の参考にするために寄付され、現在は国立公文書館に所蔵されている。

　さて、それでは国立公文書館の松平本は、どのような図があるのであろうか。福井保の調査によると松平本は227点の大・小図からなり、その大部分は小型の城図で国絵図は66点からなっている。このなかでいわゆる幕府撰国絵図の系統を引くのは36点で、それを種類ごとに示すと次のようになる。正保図とみなされるものが山城・河内・摂津・志摩・駿河・伊豆・相模・安房・上総・下総・近江・美濃・飛騨・若狭・能登・丹後・伯耆・隠岐出雲・石見・播磨・美作・備前・備中・淡路・阿波・讃岐国図の26点で、元禄図とみなされるものが伊賀・安芸・周防・長門国図の4点、不明なものが尾張・武蔵・佐渡・丹波・備後・紀伊国図の6点である。

　前述した総合資料館の松平本を模写した国絵図は67点であり、上述の国立公文書館蔵の66点と1点相違するが、原本と照合した黒川直則によると「非常に忠実な模写」としている。しかし、福井保も指摘するように幕府撰国絵図系統と考えられるものは36点に限られる点に注意を要する。ここで検討する松平本の模写図である「但馬全図」は、福井保の検討した幕府撰国絵図系統には含まれない別図であり、松平本にはこのような大小さまざまな図が見られ、それらの調査はいまだ進んでいない。

　一方、総合資料館には松平本の模写図以外の24点の国絵図がある。その図は、信濃、遠江、三河、美濃、尾張、越中、能登、若狭、加賀、越前、伊勢、志摩、伊賀、近江、大和、紀伊、山城、摂津、河内、和泉、丹波、丹後、但馬、播磨国図からなっている。作成年代は摂津・丹波国図が正保図、信濃・三河・若狭国図が元禄図とされている以外は判明していない。

　また、これらの国絵図の来歴は不明であるが、江戸時代の模写と考えられるものが多いようである。推測の域を出ないが、総合資料館には京都所司代をはじめとする幕府諸機関より京都府に移管された旧幕関係資料がある。このなかには本来国絵図とセットである丹波国の元禄郷帳(ごうちょう)が含まれていることなどからして、京都所司代などが所管していた国絵図であった可能性があるように思われる。

　以上の研究はいずれも20年以上も前に行われたものであり、その後著しく進展した国絵図研究の成果に基づく一点一点の調査の必要が認められる。そこでここでは総合資料館の松平本の模写図とされる但馬全図(所蔵番号39)と但馬国絵図(所蔵番号95−1〜3)の2点についてその記載内容と作成年代について検討を行う。

〔但馬全図〕　本図は、京都府が松平乗命から借り出して模写された図である。大きさは96.5×105.5cmと小型で、後で触れる幕府撰の但馬全図(657.8×291cm)

【図1】「但馬国絵図」(但馬全図) 京都府立総合資料館蔵、39、96.5×105.5
上方が北で日本海である。河川が全体的に強調されている。東北の赤い長方形が豊岡城下町。黄色の短冊型で郡名を、黒線で郡界を示している。国立公文書館の松平本を書写したものである。

【図2】「但馬国絵図」 部分 （出石城下町とその周辺）、京都府立総合資料館蔵、95

【図3】「但馬国絵図」 部分 （豊岡城下町とその周辺）

但馬国

の5分の1程度となっている。このように本図は小型であることからか、福井保の調査した松平本の幕府撰系統国絵図（36点）には取り上げられていない。

本図の表紙には「但馬全図」と図名があり、また「京都府図書印」の押印朱と模写をした「幸野楳嶺」の名が記されている。楳嶺（1844〜1895）は、京都の美術工芸界の近代化に寄与した著名な画家である。その業績は、京都府画学校（現・京都市立芸術大学）や京都美術協会の設立に代表される。楳嶺は本図のほかに伊予図の模写も行っている。

本図には絵図目録がなく、村形は小判型で描かれ村名が記されるが村高はない。町は長方形の中に、町名が記され、豊岡の城下町のみ赤色の彩色が見られる。郡境線は黒線で示されている。郡付は黄色で彩色された上に郡名が記されているが、郡高などの記載はない。船路の記載はないが道路には詳細な小書きが記されており、たとえば「但馬ト因幡ノ堺ひょうの山峠坂ノ分一里十町脇道難処馬ノ通ナシ」としている。しかし、元禄図にはじめて採用される国境線の位置を示す表記（たとえば「此川中央国境」・「此処峰通国境」）を見ることはできない。

作成年代については、次にふれる但馬国絵図と比較すると本図には津居山湊の記載がないほか、豊岡下流に渡し場の記載がないなどと、但馬国絵図よりも古いようである。寛永国絵図である可能性を指摘しておきたい。

〔但馬国絵図〕　本図は1枚の大型国絵図を3分割にし、それぞれに表紙が付けられている。村形は小判型でその中に村名と村高を石以下を省略（「石ヨ」）としている。しかし、正保図の特徴とされる所領記載を見ない。出石・豊岡の城下町と村岡の陣屋町は、長方形で表示している。道路の記載は詳細で但馬全図で例とした地点の表記を掲げると「是ヨリ因幡国付米村江出ル脇道難所牛馬不通」とある。船路の記載も豊富で但馬全図に表記のなかった津居山湊には「此湊舟掛吉シ　北風ニハ舟掛悪シ　深サ三間」と着岸に関する情報が記されている。郡付は郡名と郡高を記し、郡境も黒線で明瞭に引かれている。いずれも正保国図の様式を端的に示しているが、なかでも注目される記載は本図の余白に示される絵図目録である。

絵図目録には当時の領主名すべてではないがその拝領高を記した次の絵図目録があり作成年代の考察が可能である。ここでは、絵図目録の領主名と官名などを参考にして（　）の中に『寛政重修諸家譜』によって特定された藩主名と在任年（西暦）を示した。また、小出與兵衛については特定できなかったが、6名の領主が判明した。

（各郡高略）
惣高合弐拾万九千六百六十九石七斗五升七合
　内
五万六百六十九石七斗五升七合　御蔵所
一、壱万石　杉原帯刀拝地（重玄 1645.5.26〜1653.10.4）
一、六千七百石　山名主殿拝地（矩豊 1630.6.28〜1690）
一、千石　杉原四郎兵衛拝地（正永 1606〜1670.5.14）
一、千石　石川弥左衛門拝地（貴成 1610〜1662.11.9）
一、七百石　八木勘十郎拝地（守直 1621〜1665.7.8）
一、五千石　小出與兵衛（小出吉英の関係者か）
一、千石　小出大和守女共拝地（吉英 1628〜1668.3.9）
　　（以下の記載は欠如）

絵図目録のすべての領主でもっとも在任期間が短いのは、豊岡藩主で1万石を領した杉原帯刀重玄である。重玄の豊岡藩主としての在任期間は、正保2（1645）年5月26日から承応2（1653）年10月4日までの8年間であり、本図は正保図とみなされる。

以上検討したように総合資料館には、多数の国絵図が所蔵されている。そのなかの但馬国絵図は正保2年から承応2年の間に作成されたもので、正保図であることが判明した。また、但馬全図については、少なくとも但馬国絵図の作成される以前に成立していたと考えられ、寛永国絵図の可能性がある。

総合資料館の国絵図は、我が国有数の貴重な国絵図群である。本書の中でも対馬・摂津国図も紹介されているが、国立公文書館の松平本も含め調査・研究はいまだ進んでいるとは言いがたい。全体像の解明が望まれるところである。
　　　　　　　　　　　　　　　　　　（礒永和貴）

【参考文献】
福井保 1978「内閣文庫所蔵の国絵図について（続）」（『北の丸』10）／黒川直則 1983「京都府立総合資料館所蔵『国総図』について」（『文化財報』43、京都府文化財保護基金）

因幡国

各期国絵図に見る海岸筋の変化

　元和3（1617）年に姫路藩主池田光政が因幡伯耆両国32万石の領主として鳥取城に転封、その後、寛永9（1632）年、岡山藩主池田光仲が光政と国替えとなり、以後明治時代にいたるまで、光仲を祖とする鳥取池田家が因伯両国32万石を支配した。それゆえ、寛永以後の因幡伯耆両国の国絵図は共に鳥取池田家が絵図元を務めたので、因幡国絵図とその関連資料の所在状況、及び絵図の作成過程に関しては、伯耆国絵図の解説文に一括して記した。

　作成過程に関して注目されるのが、幕府追加令のために鳥取藩では元禄国絵図を実質的に2度作成せざるを得なくなり、しかも江戸藩邸での対応を余儀なくされたため提出図の控が国許に残っていない点である。

〔画面構成の比較〕　東京大学総合図書館南葵文庫の寛永略写図、鳥取県立博物館（以下県博）759の正保控（写）図、県博740の元禄藩元図、県博745－749の元禄図薄紙修正控図、国立公文書館特83－1の天保図（以上幕用図）、県博757の城景観描写図、県博755の旧跡記号図（以上藩用図）の7点の因幡国絵図について、画面構成を比較する。

　第一に、輪郭や山並み・郡界・道路・河川・町村表示・画面の天地・方位などを指標にして、7点の図形を照合した。その結果、7点は3つに分類できる。まず、正保控（写）図と元禄藩元図が一つのグループになり、鳥取藩が正保図を雛形にして元禄国絵図を新調しようとしたことがうかがえる。城景観描写図は、但馬国と国境をなす山並みが閉じて描かれているなど相違点もあるがおおむねこのグループに含まれる。次に、薄紙修正控図は元禄図をトレースした絵図で、天保図に引き継がれたので、元禄図薄紙修正控図と天保図は、輪郭・郡界から紙面の方位の向きにいたるまでほとんど同一である。また旧跡記号図もこのグループに属するが、個々の指標に関して絵図を重ね合わせてみると、それぞれずれがあり一致しない。

　以上の6点と大きく異なるのが寛永略写図である。城や島の向きでは東を天とし、郡名・町村名では東西対向形式をなす複合的な画面構成を採り、それは南を天とする他の国絵図群の画面構成と異なる。寛永図は正保図以下と異なり、いまだ画面全体が統一的な構図に収斂していない。南北に長い図形をなすのも寛永図に独特である。このように、寛永図と正保図の間に画面構成上大きな断絶が確認できた以上、城景観描写図の祖型として慶長国絵図を想定するのは当を得ない。

　また、寛永略写図では、鳥取城の脇に「松平相模守居城」と記され、因備転封による池田光仲入府から時を経ない時期に原図が作成されたと推測される。さらに元和3年の池田光政領有まで37年間亀井家鹿野藩の城下町をなした鹿野城が描かれている。他の古城と異なり丸輪（黒縁円）で描写したのは、一国一条令により廃城となったことを示すためか、あるいは城下町の実体をとどめていたからであろうか。しかしこの藩領配置は寛永略写図の画面構成上の対向軸にはなっていない。鹿野藩は気多郡高草郡を領有し、池田光政入部により千代川東西がようやく一つの藩領となった。しかし寛永略写図では千代川が対向軸にならず、画面の東西二分線に近い尾根郡界が対向軸をなしている。

　第二に、鳥取城下町の智頭橋を基点とした東西南北4km間隔のメッシュ区画線の走向により、各国絵図のゆがみの特徴を検討した。4kmメッシュは一里山の間隔と対応するので、寛永図以外は図中に一里山の黒点があり、ゆがみの確認に適している。

　まず寛永図では両サイドが狭く描かれ、とくに高草郡西部と気多郡一帯の圧縮（実面積に対する縮小率）が大きい。村数が少なく、俵型を図示する必要が小さい山地なのがその一因であろう。また、全体的に実際より南西方向に傾いて描かれている。八東郡と智頭郡は本来もっと東方に位置するはずであるが、紙面の余白を小さくするように描いたためにこの傾きが生じたと推測され、正保図から天保図までにも同様の傾向が見られる。

　次に、元禄図作成に際して、国境・郡境記載の厳正化や国境海際縁絵図による国境等の確認がなされたので、元禄図や天保図のほうが現実の輪郭に近づいている。しかし、国境確認はあくまでも隣藩との図面のつきあわせにすぎず、現地調査＝測量を行っていないので、内部の河川や町村の位置は正確になっていない。そのため、絵図全体のゆがみは解消されず、ゆがみの偏差はむしろ拡大している。その原因として、俵型内部の文字情報を見やすくするため元禄図天保図のほうが俵型を画面

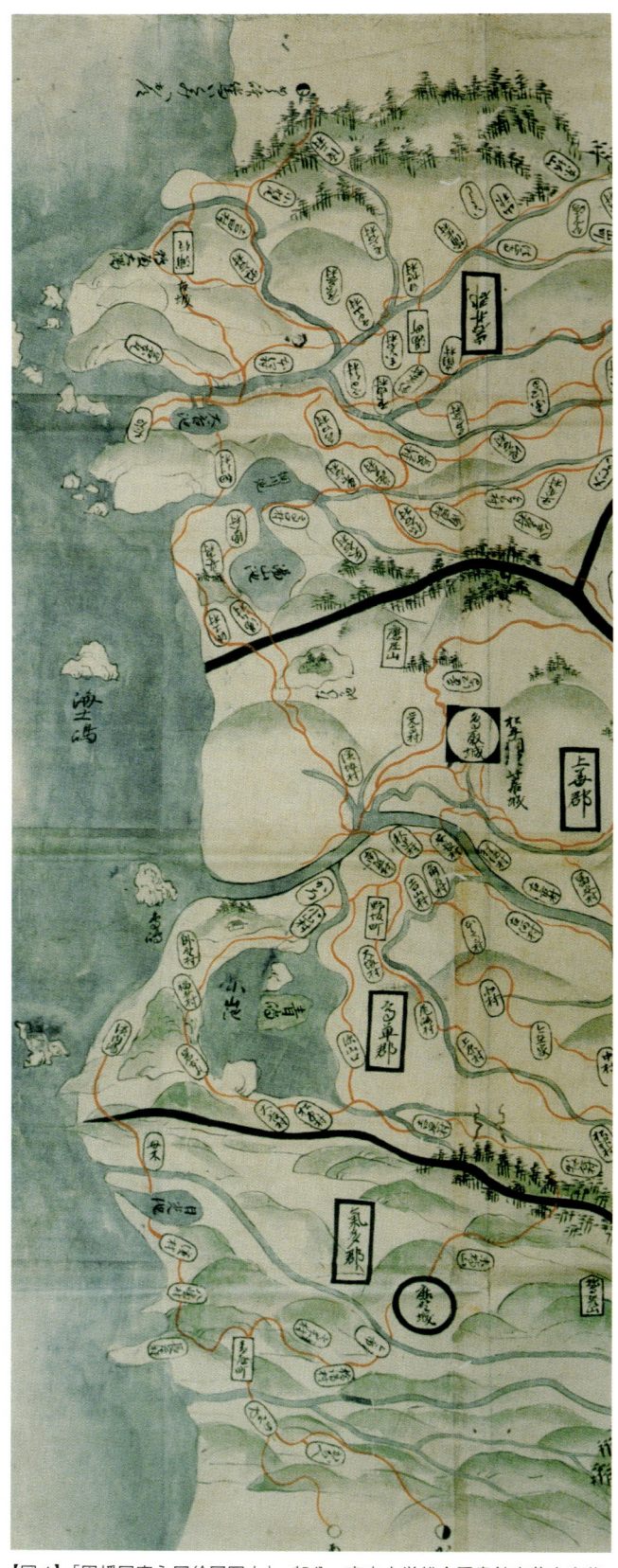

【図1】「因幡国寛永国絵図写本」 部分 東京大学総合図書館南葵文庫蔵、BJ58「因幡国図」、95 × 144
島や城に注目すると東が天の構図。大谷池が描かれている。

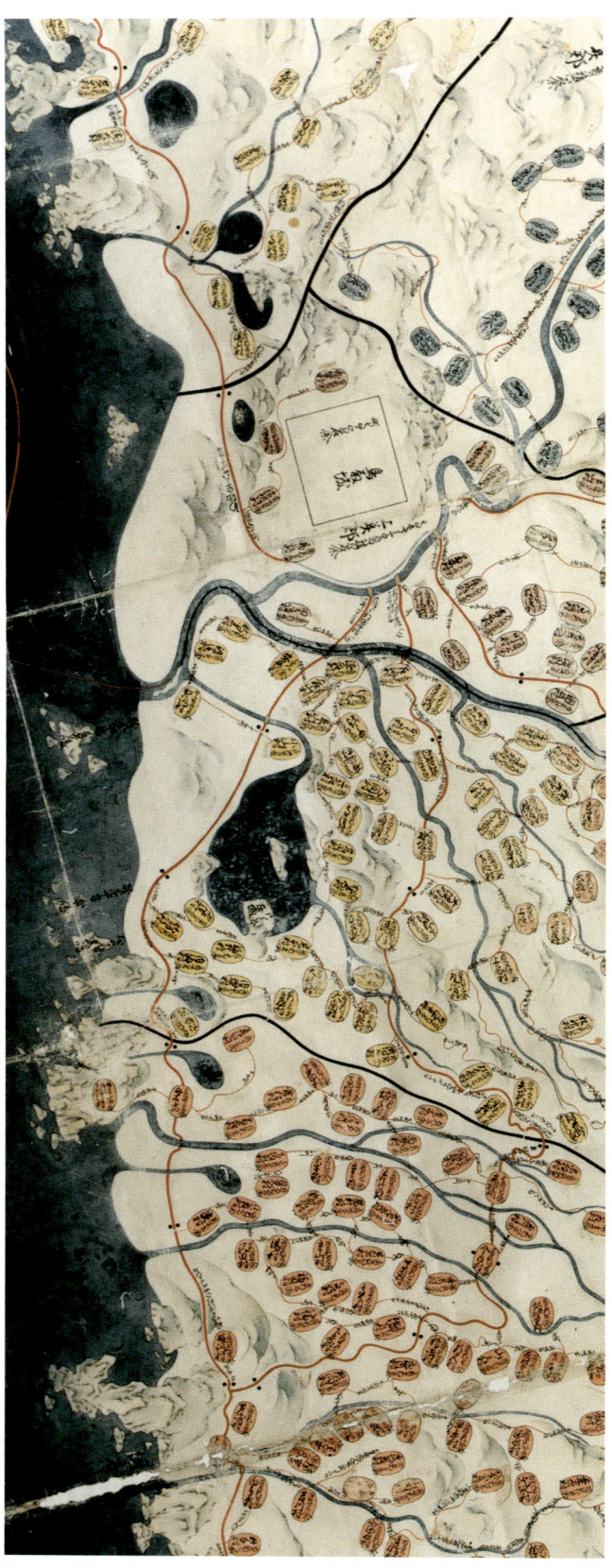

【図2】「因幡国絵図」(正保図) 部分 鳥取県立博物館蔵、759、342 × 374
正保元禄天保図は南が天の構図。大谷池、小沢見池が描かれている。

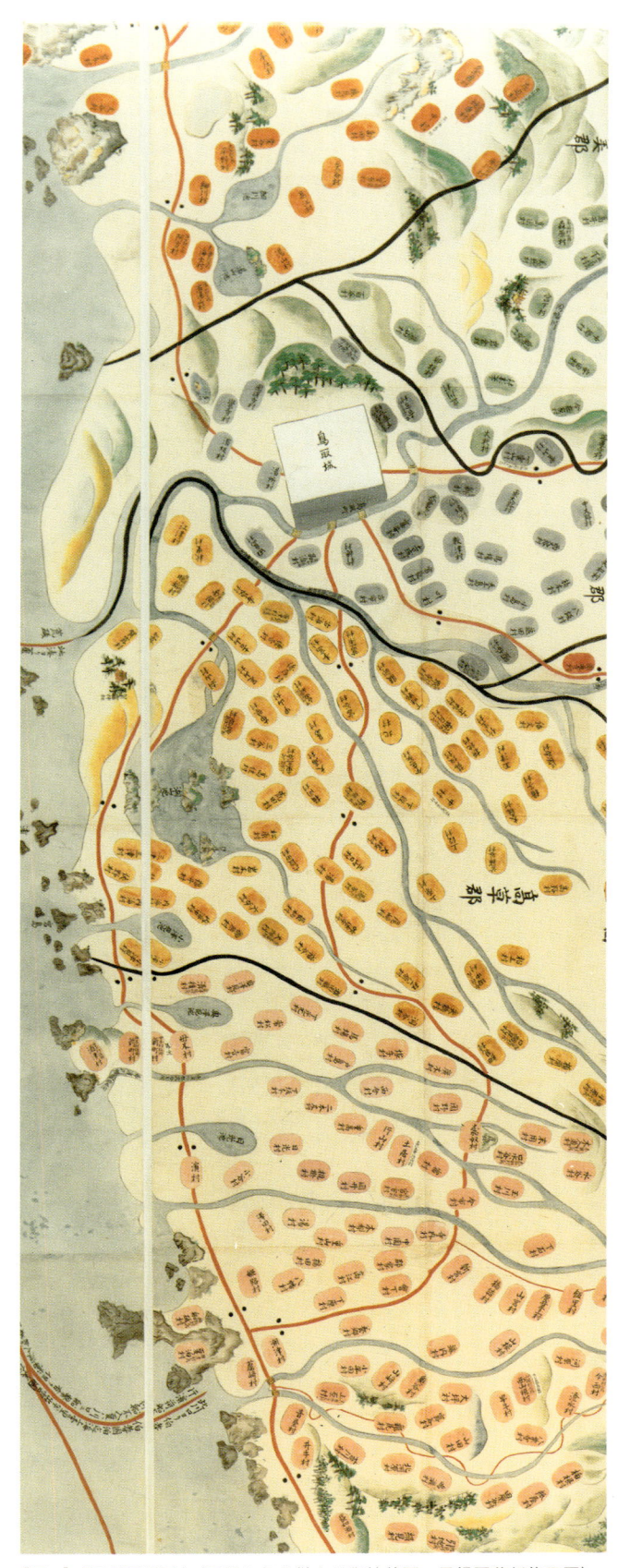

【図3】「因幡国絵図」(天保七年公儀上り御控絵図、元禄図薄紙修正図)
部分　鳥取県立博物館蔵、745-749、54×272×5枚
大谷池に紙が貼られ、陸化したことが分かる。小沢見池が描かれている。

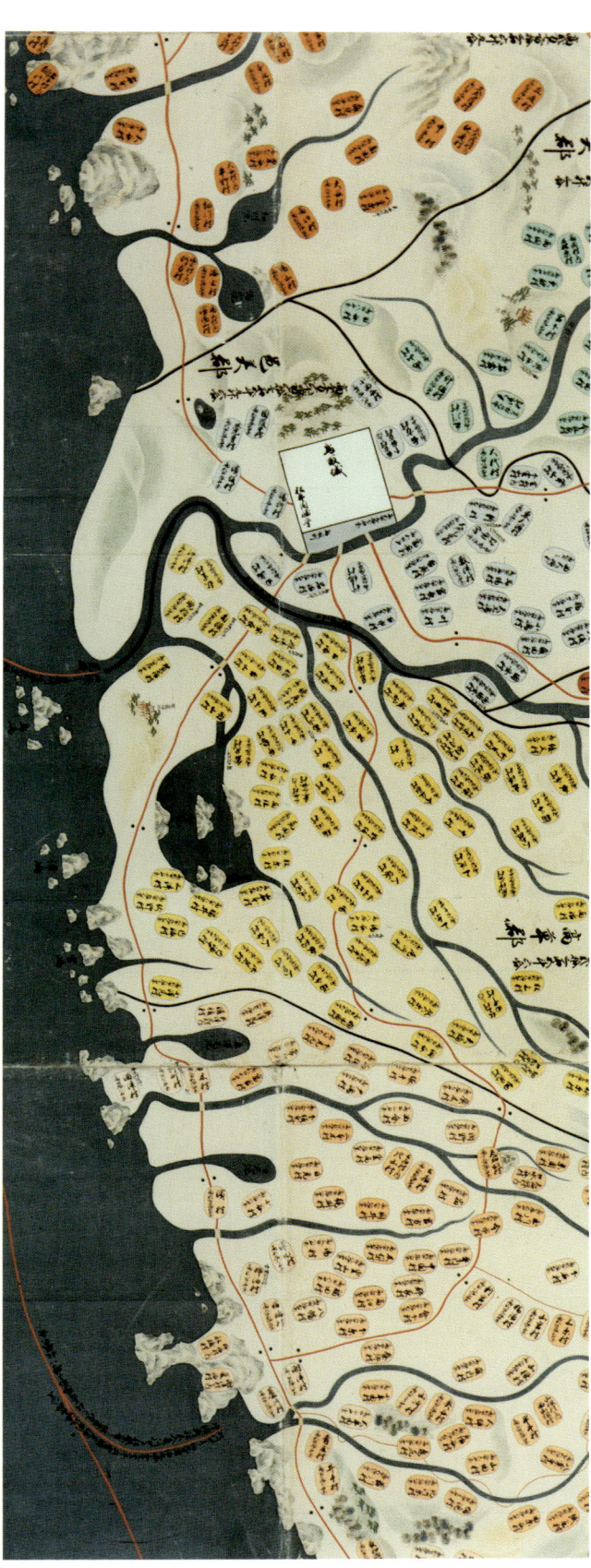

【図4】「天保因幡国絵図」　部分　国立公文書館蔵、特83-1
大谷池は陸化し、小沢見池も河川として描かれている。

因幡国

全体に割り振っていること、枝村の分村が山奥などのゆがみの多い地帯に多く、しかも新村の俵型が従来からの俵型がない空白部に描かれるため本来の位置とは隔たってしまったこと（板井原村など）があげられる。

第三に、正保以下の諸図が八上郡の西端を実際より短く描き、高草郡気多郡と智頭郡とが直接接するように誤って描いている点が注目される。長く西にのびる智頭郡佐治谷が強く意識され、八上郡の流域が実際以上に浅く認識されたのであろう。そのため、正保図以下の諸図は八上郡西側に大きなゆがみをもつ。寛永図ではそのような描写はなされておらず、絵図の形状等での非連続とともに、郡相互の隣接関係についても寛永図の描き方は正保図以後に踏襲されていない。

高草郡気多郡の過小表現や智頭八上高草気多諸郡の隣接に関するゆがみが生じる要因として、高草郡気多郡、八上郡、智頭郡が別々の作図単位をなし、それらを編集して因幡国絵図ができた可能性が示唆される。

〔絵図の図式と名ある景観〕　幕用の正保元禄天保の3図は、里程・幹道か否か・一里山・国境の交通条件・海路里程などの交通情報が詳しい。また、町村名を石高とともに俵型の中に書く。一方、藩用図では町と村を区別し、町（宿駅）名なら四角枠、村名なら俵型の中に書き、石高については記載しない。この違いは、幕用図が全国にわたる情報を均一的に提示するのに対して、藩用図が領内各地の地域特性を提示するからであろう。具体的には、城景観描写図では、小名を含む村々における竹林・塩浜の有無や多寡など運上に関する情報や細密な樹木描写が、また旧跡記号図では、古城や御番所・御蔵所などの施設の記載と支谷等の詳細な地名を描くことが作成目的になっている。

寛永略写図は、里程、一里山、幹道か否かなどの表現がなされておらず、全般に交通情報が簡略であるが、川村博忠が指摘したように、国境越え道路の重要度ないし難易度を黒丸・半円のみ黒・白丸の3種に弁別して示す。また城を黒四角白抜円、寺社を景観描写で示すなど、独自の図式に則っている。

次に、国絵図中の地名や地物に注目したい。藩用図と寛永略写図では、町が四角枠で囲まれており、それが絵図により異なるので、町（宿）立ての変化が分かる。それによると、徳吉、船岡が寛永期には町として描かれているが、その後は村となり、代わって元禄期以降、駒帰、湯村（現・吉岡）が町立てされた。城景観描写図は徳吉、船岡、駒帰をいずれも村として描いている。城景観描写図は県博の調査により寛文年間以降の作と指摘されているので、寛文年間以降、元禄11（1698）年以前の作と推測される。また古城跡についても、寛永略写図が浦住に古城を、城景観描写図が用瀬に城山、若桜に古城山をそれぞれ描くのに対して、他の絵図が若桜、防已尾、鹿野に古城（跡）を描き、知識系統の相違を示す。

景観地物の描写で面白いのは、岩井郡の大谷池の変遷と高草郡の小沢見池である。まず大谷池については、寛永図では大谷池、城景観描写図では池と記されていたのが、元禄藩元図や旧跡記号図では大谷沢と記されている。さらに薄紙修正控図では池の上に薄紙が貼られて修正指示がなされ、それをうけて天保図では陸地として描き、沢が消滅している。絵図群に共通して描かれている池はすべて「池」であり「沢」の字は使用されていないから、池の陸化の進行により沢と称され、その後さらに完全に陸化したことが描写の変化によって分かる。次に小沢見池については、元禄藩元図、薄紙修正控図、旧跡記号図に池の描写と小沢見池の記載があるが、他の4点には池自体が描かれていない。これは、現在と同じく、小沢見池が夏に陸化湿田、冬に池と、季節によって異なるために、池として描く絵図と陸地として描く絵図に分かれたと推測される。

さらに、正保国絵図以来の「名ある山坂、絵図に書きつけ候こと」との幕府示達に基づいて記された「名ある」景観地物として、国境の豹山、菅山、池田山、三国山、非国境の三角山や因幡山、菜嶋、鳥ヶ嶋、浦嶋、宮嶋などの島、細川池、湯山池、たねが池、湖山池、奥沢見池、日光池などの池、宇倍神社と賀露神社、若桜と防已尾の古城跡が、多くの国絵図に共通して表現されており、因幡国の人々にとって代表的な景観地物を構成していた。

（松尾容孝）

【参考文献】
川村博忠編2002『寛永十年巡見使国絵図日本六十余州図』（柏書房）／坂本敬司・松尾容孝1996「鳥取県立博物館所蔵の国絵図」（『鳥取県立博物館研究報告』33、鳥取県立博物館）

伯耆国
各期国絵図に示される景観変化

　因幡国絵図と伯耆国絵図及びその関連資料は、鳥取藩政資料を収蔵する鳥取県立博物館（以下県博）と提出先である幕府文庫を継承する国立公文書館を中心に、数か所に現存する。このうち、絵図について時代順に概観すると、寛永国絵図写本、正保国絵図写本ないし控、元禄国絵図藩元図（元禄12年末の幕府追加命令以前に鳥取藩元で作成された国絵図）、元禄国絵図薄紙修正図控、天保国絵図について確認できる。また、これらの幕用図（官撰図）以外にも、鳥取藩が独自に作成した藩用図が県博に現存しており、そのうち3種類が国絵図様式を採る。ここで注目されることとして、県博には幕府に提出された元禄図の控や写が所蔵されていない。

　一方、文書に関しては、「郷帳」写、国絵図作成に関わった各部署の記録類や「藩士家譜」が、県博に所蔵されている。ただし藩政初期には各部署の施設整備や記録類の保管体制が整っていなかったため、正保図に関する文書は残っていない。

　〔作成過程〕　上記の史料から、鳥取藩における元禄図の作成過程を知ることができる。元禄10（1697）年4月に幕命を受け、藩では10月国許で絵師辻晩庵に作成を命じ、11年9月作成なった国絵図を家老が見分した。県博740の因幡図がこれにあたる。しかし、元禄12年8月以降、幕府が追加的に国境を明確に描くよう命じたため、この絵図では要求を満たせず、藩は再作成を余儀なくされた。藩では、新たに吉田平馬、加須屋左一左ヱ門を江戸勤めの絵図御用役、木村分右ヱ門と同十蔵を書記に、国許では中野又左ヱ門を絵図改役に任命し、絵図仕立てを江戸で行った。変地の扱い方を勘定所などで協議したのち、領地の確認を中野が担当し、変地改の目録（変地帳）を江戸藩邸で吉田、加須屋、平田が14年7月に作成した。次いで、国境縁絵図を但馬藩や松江藩との間で交換したのち、郷帳を14年11月に作成し、国絵図の下絵図を用意して幕府御用絵師狩野良信に清絵図作成を依頼し、同年12月に幕府への提出を完了した。提出後、担当した藩士に対して、藩主から褒美が与えられた。

　次に、天保図では、郷帳については天保2（1831）年12月から同5年12月の間に改訂して提出された。伯耆国に関しては、大山領において分村により村数が変化したので、書上帳や汗入・会見・日野3郡の大山領代官調製の郷村高辻帳により点検している。国絵図については7年11月に元禄図提出以降の地域変化を示した薄紙修正図が幕府に提出され、天保9年戊戌5月日付にて幕府勘定方により清絵図が作成された。

　これらの経過によって、県博に元禄図がないのは、江戸藩邸にて下絵図が作成され、そのまま幕府御用絵師狩野良信に清絵図作成を依頼したためと推測できる。

　〔画面構成の検討〕　東京大学総合図書館南葵文庫の寛永略写図、県博760の正保控（写）図、県博741の元禄藩元図、県博750－754の元禄図薄紙修正控図、国立公文書館特83－1の天保図（以上幕用図）、県博758の城景観描写図、県博762の旧跡記号図（以上藩用図）の7点の伯耆国絵図の画面構成を検討しよう。

　まず、伯耆国絵図では、画面中央に大きく描かれた大山、西部の南北及び西方向の彊域が東部中部に比べてはるかに広いことの2点による制約が、正確さの点でのゆがみの原因になっている。すなわち、大山は伯耆国内に所在する山のため、山体を大きく描くとその背後の村々が隠れてしまい、あるべき箇所に描けない。そのため、上記の伯耆諸図では、大山南部〜南西部の村々を本来の位置よりも西にずらして描いているので、そのゆがみが生じている。旧跡記号図が大山を南東に傾けて描いているのは、南西麓の村々をあるべき場所に描くためと推測される。また、西部の彊域については、会見郡を本来より南西に傾け、また弓ヶ浜を西に展ばして描く（正保図）か、正しく北西に向けるが縮めて描く（元禄図天保図等）ことで画面におさめているため、会見郡南部と弓ヶ浜半島のゆがみが大きい。

　次に、寛永略写図以外の6点の伯耆諸図について、輪郭・河道・幹道を比較した。輪郭が山並みによって開放系で描かれるのは正保図、元禄藩元図、城景観描写図の3点、一方、閉空間をなすのは、元禄図薄紙修正控図、天保図、旧跡記号図の3点である。一里山の設けられた幹道として描かれた街道は、城景観描写図が溝口―江尾―根雨の区間もこれに含めている以外は、すべて同じ街道である。これに対して、河道については、天神川下流部のショートカットの有無、黒川と勝田川との関係、

左　　　　　　　　　　　　　　中

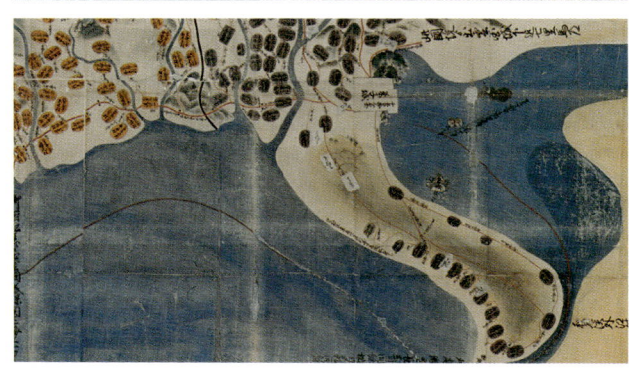

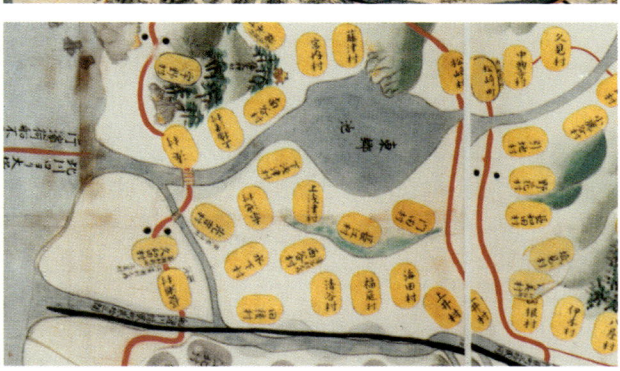

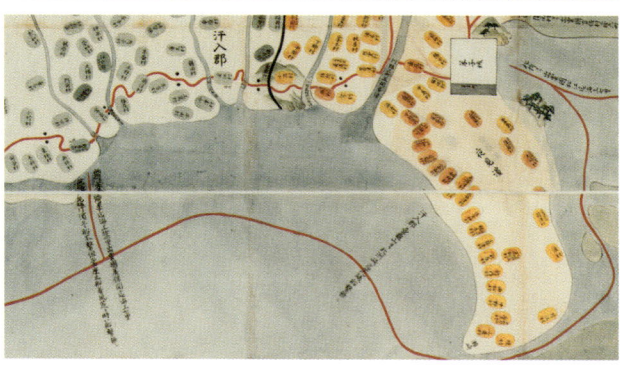

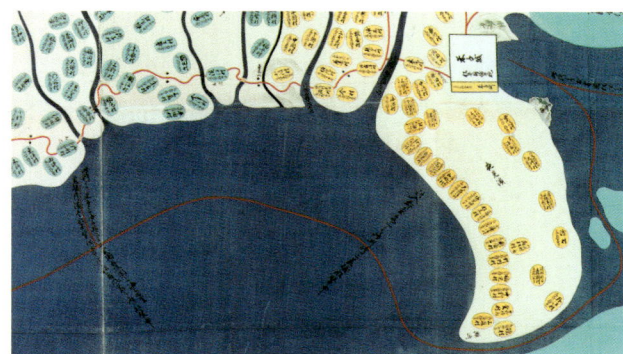

右

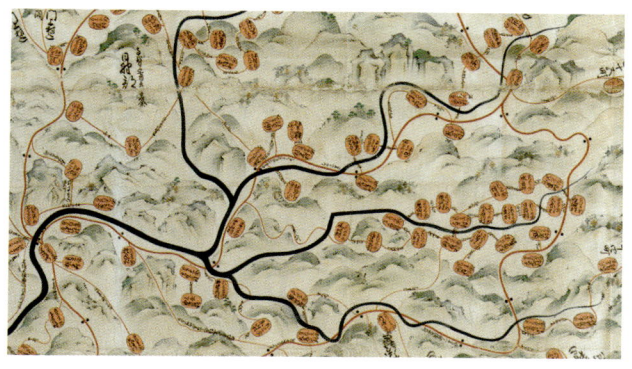

図1

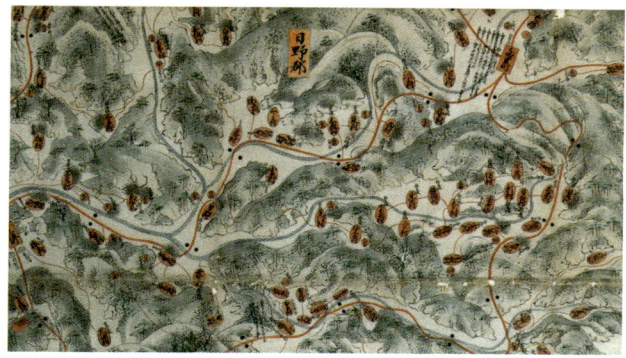

図2

図3

図4

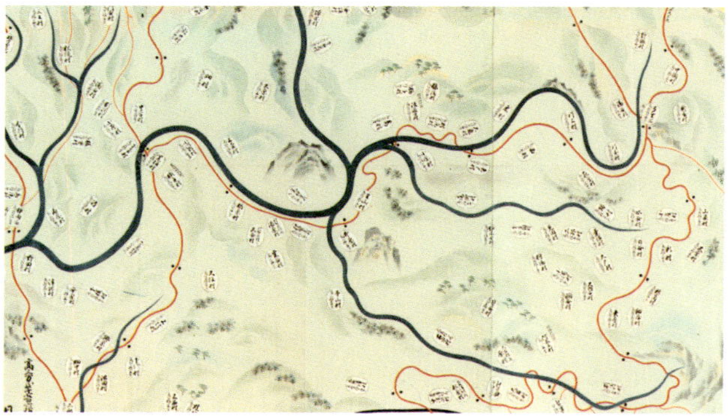

図5

【図1左・中・右】「伯耆国絵図」(正保控(写)図) 部分 鳥取県立博物館蔵、760、348×469

【図2左・中・右】「伯耆国絵図」(城景観描写図) 部分 鳥取県立博物館蔵、758、249×398

【図3左・中・右】「伯耆国絵図」(元禄藩元図) 部分 鳥取県立博物館蔵、741、342×433

【図4左・中・右】「伯耆国絵図」(天保7年公儀上り御控絵図、元禄図薄紙修正図) 部分 鳥取県立博物館蔵、750−754、54×386

【図5左・中・右】「天保伯耆国絵図」 部分 国立公文書館蔵、特83−1、402×278

左列:東郷池と天神川と郡界
　　図1正保図では天神川は橋津川と合流するが、以後、直線流路が開削された。河川を郡界が捲くのは、河川中央境界を示す。
中列:弓ヶ浜半島・粟島と米子
　　図1正保図では西に寝た弓ヶ浜半島が、以後、起きて描かれる。開発により新村も増加する。粟島は薄紙修正図で陸続きに修正された。
右列:日野川上流生山近くの合流地点
　　図1正保図、図2「城景観描写図」では誤った合流地点(小原川、印賀川)が図3「元禄藩元図」においてただされた。

伯耆国

生山近傍での日野川支流の合流地点の描写が絵図によって異なる。天神川はもともと下流部で橋津川と合流したが、河口部の氾濫をなくすため、元文年間（1736～）以降下流部を付け替えて直線流路を開削する工事が開始された。正保国絵図にはこの直線流路は描かれていないが、それ以外の5点には描かれている。なお、直線流路開削以前と以後で郡界は変わっていない。中世以来、橋津川河口部は港湾機能が東西にまたがっており、長瀬村までが東郷の一帯としての実体を保持していたからである。また正保図では、黒川が勝田川の支流として描かれているのに対して、他の5点では正しく独立した河川として描かれている。さらに現在の日南町生山近傍での日野川支流河川の合流地点について正保図と城景観描写図の誤りが、元禄藩元図をはじめとするその後の伯耆諸図では修正されている。

以上、伯耆国絵図7点においても類型化や作成時期について、因幡国絵図の場合と同様の結果が得られた。

〔描写内容の特色〕　幕用図と藩用図では、町・宿の弁別をはじめとする図式や表現内容の違いが大きく、概して藩用図のほうが詳細であり、個々の図式に関して示差性（弁別）の程度が大きい。町・宿については、幕用図では、正保・元禄・天保の順に17、10、8か所なのに対し、藩用図では、城景観描写図が21、旧跡記号図が17か所と、藩用図のほうが町・宿数が多く、かつ四角囲みで図示している。江戸時代を通じて、徐々に町・宿の整備が進み、地点が整理されていったことも確認できる。元禄藩元図は24か所で、かつ四角囲みで図示しており、藩用図の特色をもつ。

描写内容には次のような特色がある。まず、川村博忠が指摘したように、寛永略写図には、松崎、倉吉、八橋、米子、黒坂の5要地に城ないし古城跡が示され、重臣5名の氏名が配されている。池田光仲が幼少で入府したため、因幡から遠方にある伯耆国の要衝地点を重臣が分担統治したもので、一般に自分手政治と呼ばれている。一方、寛永略写図に描かれている村数は、実際の村数と比べてかなり少なく、絵図作成当時に所在したうち半数ほどの村が図中に描かれていない。寛永図の原図自体がその後の国絵図に比べて簡略であり、交通上の結節点などを把握して地域状況の大要を把握することに力点を置いた絵図が作成されたと考えられる。

次に、正保・元禄・天保の幕用図の比較から、枝村の成長すなわち分村の増加が指摘できる。とくに顕著な地帯として、久米郡の大山東部の明高村一帯、弓ヶ浜半島、日野川右岸、現・日南町の各地をあげることができる。

明高村周辺は木地生産が盛んであったが、野添や小泉（万庭）などにおいて徐々に定着による農村化が進行した。弓ヶ浜半島では、元禄・享保・宝暦年間に日野川と法勝寺川の合流地点からの取水による米川用水の整備が進み、開拓農村が安定した。同時に、日野川及び法勝寺川の制御が進み、右岸を中心に新田村が成長した。現・日南町の山間部では、たたら生産による地形改変を伴いながら、枝村が徐々に農村として充実した。また、たたらは下流に大量の砂を供給し、堆積が進行する。その結果、弓ヶ浜半島は江戸時代を通じて成長し、粟島は、正保図、元禄藩元図では島であるが、元禄薄紙修正図では修正されており、天保年間には半島と陸続きになっていたこと、弓ヶ浜半島一帯は船着きが困難であったことが分かる。

（松尾容孝）

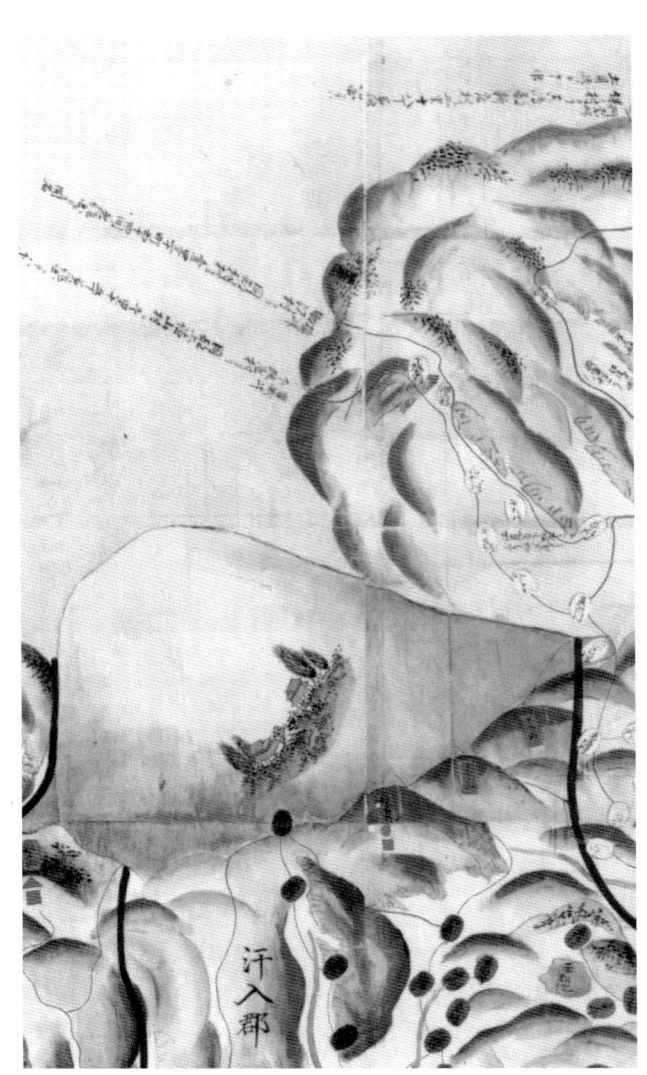

【図6】「伯耆国絵図」（旧跡記号図）　部分　鳥取県立博物館蔵、762、274×395
本図は鳥取藩用図で、大山南西部の村々を図示するため、大山が南東に傾けて描かれている。

出雲国

隠岐国を合わせて描いた正保国絵図

　出雲国は関ヶ原の戦いのあと、遠江浜松より堀尾吉晴が入国した。堀尾氏は当初、出雲支配の本拠を能義郡の富田（広瀬町）においたが、やがて交通の利便な宍道湖畔の松江（もとは島根郡末次村）に築城して移転した。しかし堀尾氏は3代で寛永10（1633）年に断絶、ついで入封した京極氏も1代で断絶、寛永15（1638）年に信州松本から松平直政が入封した。直政は出雲国18万6000石余を領有し、他に隠岐1万4000石を預けられた。以後、松平氏は幕末まで230年間在封した。正保・元禄度の出雲及び隠岐国絵図は一貫して松江藩主の松平氏が絵図元を担っている。天保度においても同じく松平氏が絵図掛を任じている。

　地元に所蔵されている出雲国絵図の写図としては島根県古代文化センター蔵の寛永国絵図および正保国絵図、個人蔵の元禄国絵図（縮図）が知られる。寛永国絵図は「日本六十余州図」系統の図である。寛永年間に河道の変更があったとされる斐伊川の下流は、この図ではすでに東流して宍道湖に流れ込んでいて「寛永八流」の様子を示している。

〔正保国絵図〕　出雲の正保国絵図（図3）は隠岐国を含めて描いていて、2か国を合せた出雲・隠岐国絵図として仕立てられているのが注目される。出雲の絵図元であった松江藩主の松平出羽守（直政）が隠岐の絵図元を兼ねたことから、隠岐国（島）を別図とはせず本土の出雲の方に引き寄せて1鋪図に仕立てたものであろう。国絵図では1国を1鋪に仕立てるのが建て前であるが、正保度の場合は必ずしも規定が励行されなかったようである。

　この大型彩色絵図の図面の大きさは縦・横ともに3m前後であって、郡村の図示を内容の基本としており、出雲国10郡が黒線で明瞭に区分され、小判型の村形を用いて図示された村々が郡ごとに別色で塗り分けられている。各郡の中央部に郡付があって郡名と郡高を記載し、

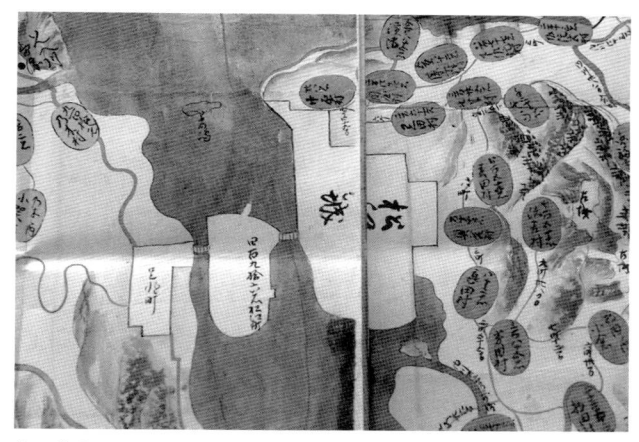

【図1】「正保出雲・隠岐国絵図」　部分（松江城付近）、島根県古代文化センター蔵

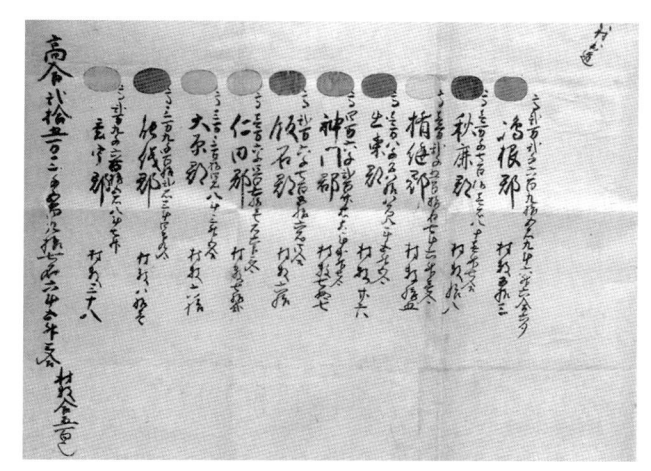

【図2】「正保出雲・隠岐国絵図」　部分（畾紙目録）

郡高は石以下の斗升合まで示している。村形内の村高記載は石止めである。

　松江城は郭内を区画して、その中に松江城と記すのみである（図1）。道筋は朱線で表し、主要道には道筋の両側に黒丸印を対置させた一里山を配している。主要集落間には里程の記載があり、渡河点には「歩渡」「舟渡」の別、山道難所には「大雪には牛馬通いなし」などと注記している。湊には他国へいたる海上里数と舟掛の条件を詳しく記し、外海海岸の小さな湾入箇所には「舟掛なし」などの小書きを無数に施している。また島根半島の外海に面する海岸筋には3か所に遠見番所が描かれている。これらの記載内容はまさしく正保国絵図の幕府基準に従っている。

　図面の東南隅の畾紙に出雲国の高都合並郡色分け目録が掲載されているのも注目されよう（図2）。西北隅には隠岐国4郡の同様の目録が掲載されている。

　正保出雲・隠岐国絵図は古く中村拓編『日本古地図大成』（講談社、1972）に大型カラー図版で掲載されているが、これは国立公文書館内閣文庫所蔵の中川忠英本で

【図3】「正保出雲・隠岐国絵図」 島根県古代文化センター蔵、292×338

【図4】「元禄出雲国絵図」（縮写図）　個人蔵、180×180

ある。内容は基本的には島根県古代文化センター所蔵図に同じであるが、中川忠英本では小判型の村形内には村名のみを記していて、村高の記載が省かれている。ただ、この図には貼紙目録の末尾に絵図元である「松平出羽守」の名前が記載されている。島根県古代文化センター蔵図にはこの絵図元名の記載は見られない。中川忠英本の生い立ちから考えれば幕府へ上納された正本には絵図元名が記載されていたものと考えられる。

〔元禄国絵図〕　元禄出雲国絵図の正式な写は存在しない。ただ、地元松江市の野津家に元禄出雲国絵図の縮図（松江市指定文化財）が伝わっている。様式・内容は元禄国絵図の幕府基準に従っているものの、縮尺だけは1里6寸ではなく、1里3寸の仕立てである。出雲10郡の貼紙目録によると、出雲一国の高都合は28万2489石7斗3升9合であり、総村数は695か村であって、元禄郷帳に一致している。

地元の池橋達雄の解説によると、本図では松江城を示した郭内の空白部分および貼紙目録の末尾に本来は「松平庄五郎」と記載されていたが、その人名が刃物で削り取られているという。松平庄五郎は松江5代藩主松平宣維（のぶすみ）の通称であって、宝永7（1710）年に藩主を継ぎ、享保16（1731）年に歿している。本来この図に松平庄五郎の名前が記されていたからには、この図が宣維の藩主在任中に写されたことは間違いなかろう。

元禄出雲国絵図は前々の3代藩主松平綱近によって元禄14（1701）年に上納されている。4代藩主吉透（よしとお）は就任後1年余で卒したことから宣維が5代藩主を継いだのは元禄図上納からまだ5年しか経ていない時期であった。このような元禄国絵図の縮図が存在することについては、これが元禄図作成の際の下図ではなかったかとの見方もなされている。しかし宝永7年には幕府巡見使が全国へ派遣されており、松江藩では巡見使の来国に備えて大ぶりの元禄国絵図では見にくいために、このような縮図を作成した可能性も推測できる。いずれにしろ、この図の内容は全く元禄国絵図に同じであるとみなされる。

ところでこの元禄出雲国絵図縮図と同じ図が古く昭和46年刊行の秋岡武次郎編『日本古地図集成』（鹿島研究所出版会）に「徳川幕府令正保国図の出雲国図」（著者蔵）としてカラー図版で載録されていた。同書でこの図を正保出雲国絵図と誤って解説されており、本当は元禄出雲国絵図の縮図である。現在秋岡氏旧蔵のこの図は秋岡武次郎古地図コレクション（国立歴史民俗博物館）に含まれている。

野津家蔵の縮図を通して元禄出雲国絵図の内容を知り得るので、正保国絵図と比較してみると、貼紙目録に記される一国の高都合は正保国絵図の25万3597石6斗5升3合より3万石余の増加を見ている。正保から元禄にいたって郡名のうち「出東郡」が「出雲郡（しゅっとうぐん）」に、「仁田郡」が「仁多郡」に変えられている。また正保では斐伊川が宍道湖に入る下流付近で幾筋もの分流をなしていたが、元禄になると河道が本流と一筋の分流のみに整理された様子がうかがえる。

また神門郡の神西池（かんど）（湖）に外海への掘抜きができたのは貞享3（1686）年であったため、正保図では見られない掘抜きが元禄図（縮図）にはそれが描かれている。（図5、6）。

（川村博忠）

【参考文献】
秋岡武次郎1971『日本古地図集成』（鹿島研究所出版会）／池橋達雄2003「野津隆氏蔵元禄国絵図・出雲について」（『山陰史談』31）／歴史地理学会島根大会実行委員会図録編集委員会2004『絵図でたどる島根の歴史』

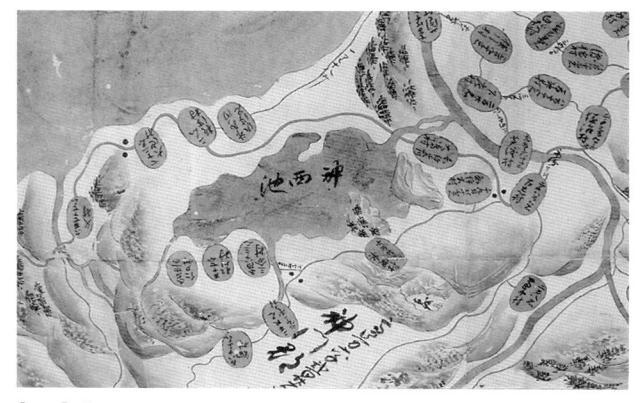

【図5】「正保出雲・隠岐国絵図」　図3の部分（神西池付近）

【図6】「元禄出雲国絵図」（縮写図）　部分（神西池付近）

石見国

稀有な元和国絵図の現存

　毛利氏が一円支配していた石見国には関ヶ原の戦いのあと最初鹿足郡と美濃郡を主体に坂崎氏の津和野藩3万石ができ、そのほか国内の大半は大森代官所の支配する幕府領となった。坂崎直盛は元和2(1616)年に千姫事件で死去して除封となり、翌年因幡の鹿野から亀井氏が4万3000石で入封して鹿足郡と美濃郡のほかに邑智郡、那賀郡の一部にも藩領をひろげた。

　ところが、大坂の陣の戦功によって元和5(1619)年に古田重治が伊勢松坂から浜田へ5万4000石で入封して、その所領は国内中央部の那賀郡を主体に、その両側に隣接する邑智郡と美濃郡の一部に及んだので、石見国は東から幕府領、浜田藩領、津和野藩領に3分されることになった。

　津和野藩の亀井氏は定着したが、浜田藩は古田氏断絶のあと慶安2(1649)年松平(松井)氏、宝暦9(1759)年本多氏、明和6(1769)年再び松平(松井)氏、天保7(1836)年松平(越智)氏と藩主の交替がめまぐるしかった。

　石見国の国絵図で地元に保存されている国絵図としては浜田市教育委員会所蔵の「元和年間石見国絵図」と「天保石見国絵図」、島根県古代文化センター所蔵の「寛永石見国絵図」、津和野町教育委員会所蔵の「正保石見国絵図」2舗と「元禄津和野領分図」がある。これらのなかでもっとも注目されるのは「元和年間石見国絵図」である。

〔元和国絵図〕　この国絵図は江戸幕府の全国的な国絵図事業に関連して作成されたものではなく、個別的な指示によって作成された国絵図である。肥前や豊前などいくつかの国で元和期に幕府の指示で国絵図が作成されたという記録はあるものの、国絵図そのものの現存はこの国絵図が唯一である。

　この国絵図は縦173cm、横350cmの大型極彩色絵図であって、村々を逐一小判型の村形で図示し、石見6郡

【図1】「元和年間石見国絵図」部分(貼紙によって補訂された浜田城付近)、浜田市教育委員会蔵

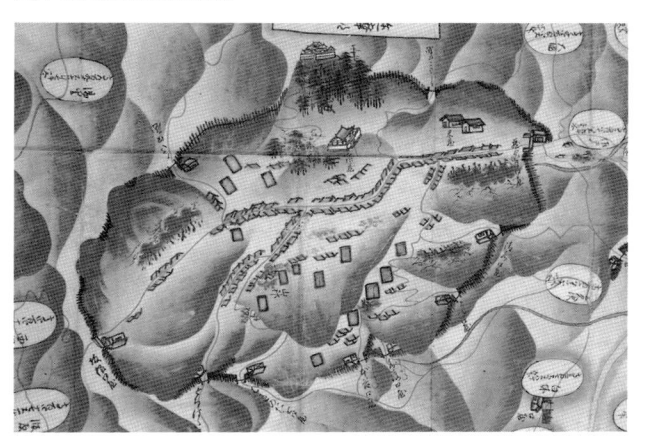

【図2】「元和年間石見国絵図」部分(佐摩郷銀山付近、上部に「銀山城」が見える)

の郡境には黄色の太線を引き、郡と所領の区別が明瞭に示されている。領分では国内が幕府領と津和野藩領に2分されており、村形の色を幕府領は地色(無色)、津和野領は黄色で表している。領分を見る限り、いまだ浜田藩が成立していない時期の状況である。

　図中に浜田藩領分がないにもかかわらず、浜田城とその城下町が描かれている。しかしその部分を子細に観察すると、この部分では原図が切り取られ、そのあとに貼紙を施して改めて浜田城と城下を描き入れたことが分かる(図1)。本来、浜田城の描かれていなかった本図は、その成立が亀井政矩が津和野へ入封した元和3(1617)年7月から古田重治が浜田へ入封する元和5年2月までのおおよそ2年半の期間内のはずである。

　本図の特徴の一つは図形である。石見国の海岸線は実際には北東から南西にむけてほぼ直線状である。ところが本図においては、温泉津付近において海岸線がほぼ直角に折れ曲がっている。そのため石見国全体の形が長方形をなして、その四辺のうち下辺と左辺が海岸線になっている。このような図形表現は寛永国絵図においても共

【図3】「元和年間石見国絵図」(分割図) 浜田市教育委員会蔵、350 × 173

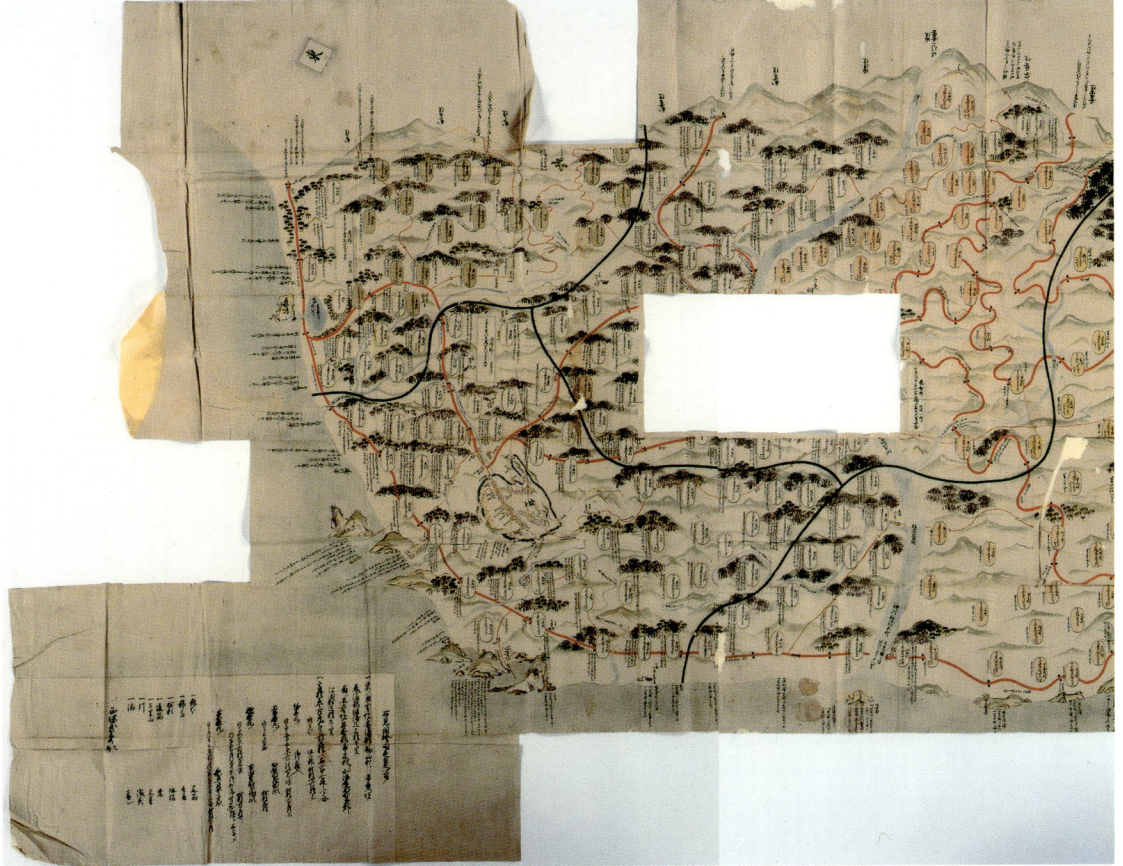

【図4】「正保石見国絵図A」(分割図) 津和野町教育委員会蔵、510×205

通しており、江戸初期の石見国絵図の特徴である。

本図のきわめて重要な特徴は石見銀山の詳細な描写である。石見国内には多くの銀山が散在している様子が描かれているが、なかでももっとも規模の大きいのは邇摩郡佐摩郷の銀山であって、現在では一般に大森銀山と称されている銀山である。銀山の間歩（坑道入口）と谷間に形成された鉱山集落一帯を広く木柵で囲んでいる。

銀山を見下ろす一角に「銀山御城」の景観が描かれている（図2）。中世に銀山を支配していた大内氏が銀山守備のために築いた「山吹城」であろう。この城は戦国大名による銀山争奪をめぐって攻防が繰り返されたが、関ヶ原の戦いのあと徳川氏の支配に入り、寛永頃までには廃城になったと見られている。この国絵図が作成されたときまでは、いまだこの銀山城が残っていたことを物語る得がたい証拠であり、貴重な画像である。

〔寛永国絵図〕 日本六十余州図系の国絵図である。図形は上記の元和国絵図を踏襲している。小判型の村形には村名のみで村高は記していない。銀山については佐摩郷の銀山（大森銀山）をはじめ国内に散在する銀山が元和国絵図と同じく図示されている。本図の特徴は隣国へ通ずる道筋のすべてに隣国のどこの村へいたるかを逐一注記していることである。本図では当然ながら津和野のほかに浜田にも城下町が形成されている。

〔正保国絵図〕 島根県津和野町教育委員会には正保石見国絵図が2鋪（A、Bとしておく）所蔵されている。正保のとき石見国の絵図元は浜田藩主（古田重恒）・津和野藩主（亀井茲政）・幕府勘定頭（杉田勝政）の相持であった。津和野に残る正保国絵図2鋪は津和野藩伝来のものと考えられる。ところでAには罫紙書きにて「正保弐年乙酉」の年記があり、Bは年記を欠いている。両図とも罫紙書きおよび図面の様式・内容ともに基本的に同じであるが、唯一異なるのは浜田藩主がAは「古田兵部少輔」であるのに対して、Bは「松平周防守」となっている。古田兵部少輔（重恒）は慶安元（1648）年6月に嗣子なく死去、翌年浜田藩主は松平周防守（康映）に代わっている。

つまりAは古田氏が浜田藩主のときで、Bは松平氏に代わったあとに作成されたものである。両図の絵模様・色彩などを見ると同時期に描かれたものとは考えられない（図5、6）。正保2（1645）年に石見国絵図がいったん作成されたものの、その直後に浜田藩主の交替があったため再調製された図の写であるか、あるいは幕府に上納された諸国の正保国絵図は、間もなく明暦の大火で

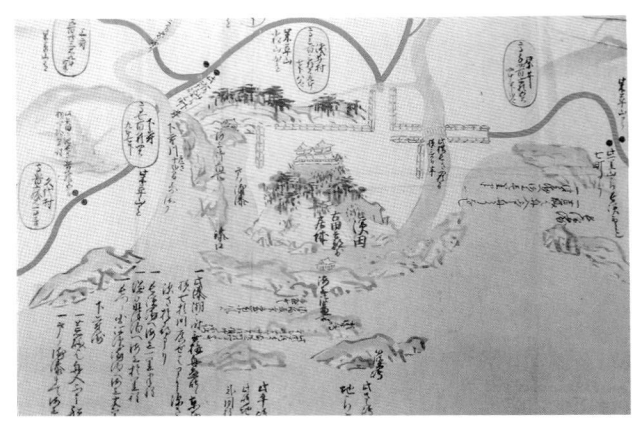

【図5】「正保石見国絵図A」 部分（浜田城付近）

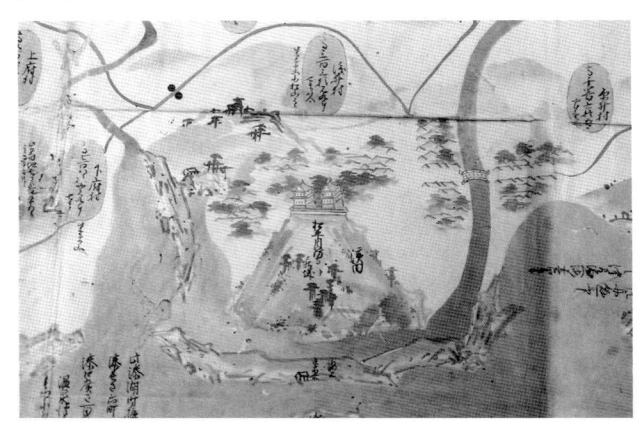

【図6】「正保石見国絵図B」 部分（浜田城付近）

焼失したため、寛文年間に再提出が求められているので、Bはその再提出図の写であろう。

〔元禄国絵図〕 津和野町教育委員会には元禄国絵図のときの津和野領分図が所蔵されている。元禄度の石見の絵図元は浜田藩と津和野藩の相持であって、浜田が清絵図担当であったため、浜田へ提出した控であろう。鹿足・美濃郡を中心に那賀・邑智郡の一部が描かれている。

〔天保国絵図〕 浜田市教育委員会が所蔵する天保国絵図は縦長に数枚に切断した原図（元禄図）に懸紙を施して変地を修正したもので、幕府へ提出した懸紙修正図の控であろう。

（川村博忠）

【参考文献】
川村博忠 1999「元和年間作成の石見国絵図について」（『歴史地理学』41-3）／同 2000「元和年間石見国絵図の作成目的について」（『亀山』27）／歴史地理学会島根大会実行委員会図録編集委員会 2004（『絵図でたどる島根の歴史』）

隠岐国

一国図として作成されなかった正保図

律令制下で一国として設けられた隠岐は島後、西ノ島、中ノ島、知夫里島の4つの島とそれらに附属する小島から成り、一般に島前と道後に区分される。もっとも大きい島後と、中ノ島・西ノ島・知夫里島の3つの島が寄り添うように近接している島前が、島後水道を挟んで対峙している。

近世において隠岐国は4郡に分かれていた。島後には穏地（越智）郡と周吉郡、島前に海士郡と知夫郡である。山陰に勢力を有していた尼子氏が永禄9（1566）年に滅びた後、隠岐は毛利氏の一族吉川元春の支配するところとなったが、慶長5（1600）年の関ヶ原の戦いのあと出雲に入った堀尾吉晴が隠岐をも合わせて支配した。

堀尾氏の断絶のあと寛永11（1634）年から3年間は京極忠高の支配、次いで同15年出雲に入封した松平直政のときから隠岐は幕領となり松江藩の預り地となった。松江藩は島後の西郷に陣屋を置いて郡代が隠岐の支配を統括していた。

江戸幕府との関連を想定できる隠岐国絵図写で地元に現存するのは現在のところ島根県古代文化センター所蔵の①寛永巡見使国絵図隠岐国と②正保出雲・隠岐国絵図、及び島根県立図書館所蔵の③文政九年写隠岐国絵図の3種類である。

〔寛永巡見使国絵図〕　一般に「寛永国絵図」と称する国絵図は、寛永10年の巡見使が集めた諸国の国絵図を全国統一した様式で写し変えた二次的な写本であるとみなされている。その全国一揃いのもの（「日本六十余州図」）が岡山大学附属図書館の池田家文庫、秋田県公文書館及び山口県文書館に所蔵されている。そのほかに東京大学総合図書館の南葵文庫、熊本大学附属図書館の永青文庫及び名古屋市逢左文庫にも全国一揃いではないものの、山陰・山陽筋諸国を主としたものがある程度まとまって所蔵されている。このグループの図は図形・内容は「日本六十余州図」と同じであるが、いずれも古色を

【図1】「寛永隠岐国絵図」　島根県古代文化センター蔵、93×143

帯びていて、地形や寺社などがよりていねいに描写されており、彩色・描法など表現様式の違いから「日本六十余州図」とは別系統の写本であることを思わせる。

「日本六十余州図」の中に隠岐の図が含まれているのはとうぜんであるが、別系統の写本グループのいずれにも隠岐国絵図が含まれている。島根県古代文化センター図（図1）はこの別系統の隠岐国絵図である。この図を逢左文庫図（図2）とを比較してみると、両図は共に古色を帯びていて、海岸線の出入や山地など地形の描写がていねいであることから一見して「日本六十余州図」とは別系統の写本図であることが分かる。

両図共に沿岸の多くの小島にも島名を記している。とりわけ社寺は景観的に描写していて社寺名を記している。西ノ島の焼火大権現の近くには「文覚上人旧跡」とあり、知夫里島には「後醍醐天皇泊跡」との小書きがある。舟路の注記は唯一、島後の西郷湾入口の西郷御崎の先に「出雲国美保関へ之舟路嶋後より三十六里」とあって、西廻り航路の寄港地でもあった西郷湊が隠岐のもっとも重要な湊であったことを示している。

島根県古代文化センター図は村形が小判型であり、郡

【図2】「寛永隠岐国絵図」 名古屋市蓬左文庫蔵、五-716、77×112

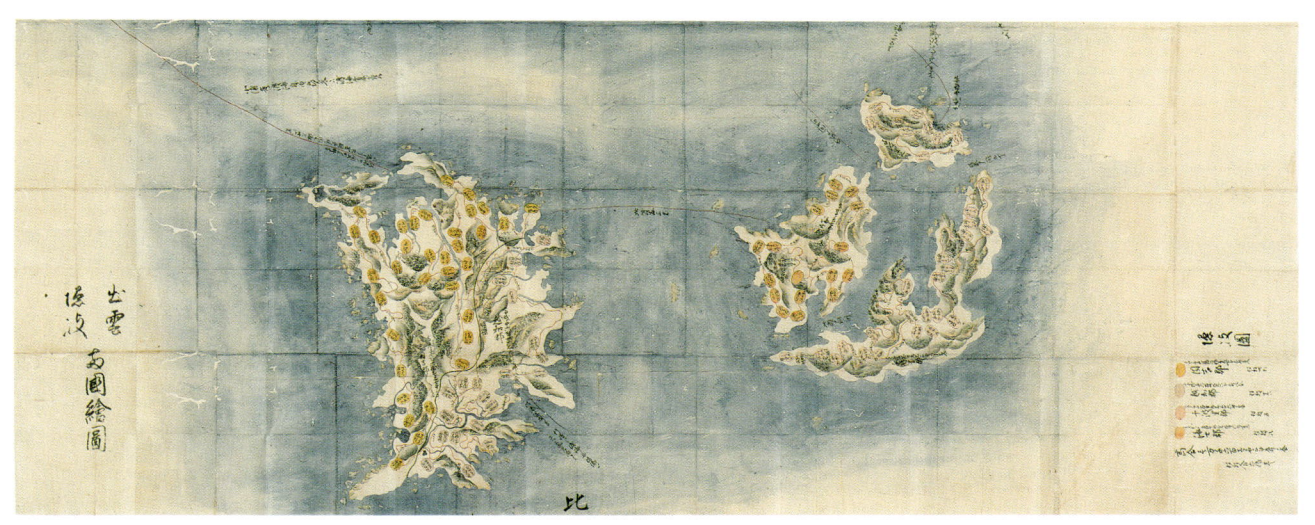

【図3】「正保出雲・隠岐国絵図の隠岐国」 部分 島根県古代文化センター蔵、292×338

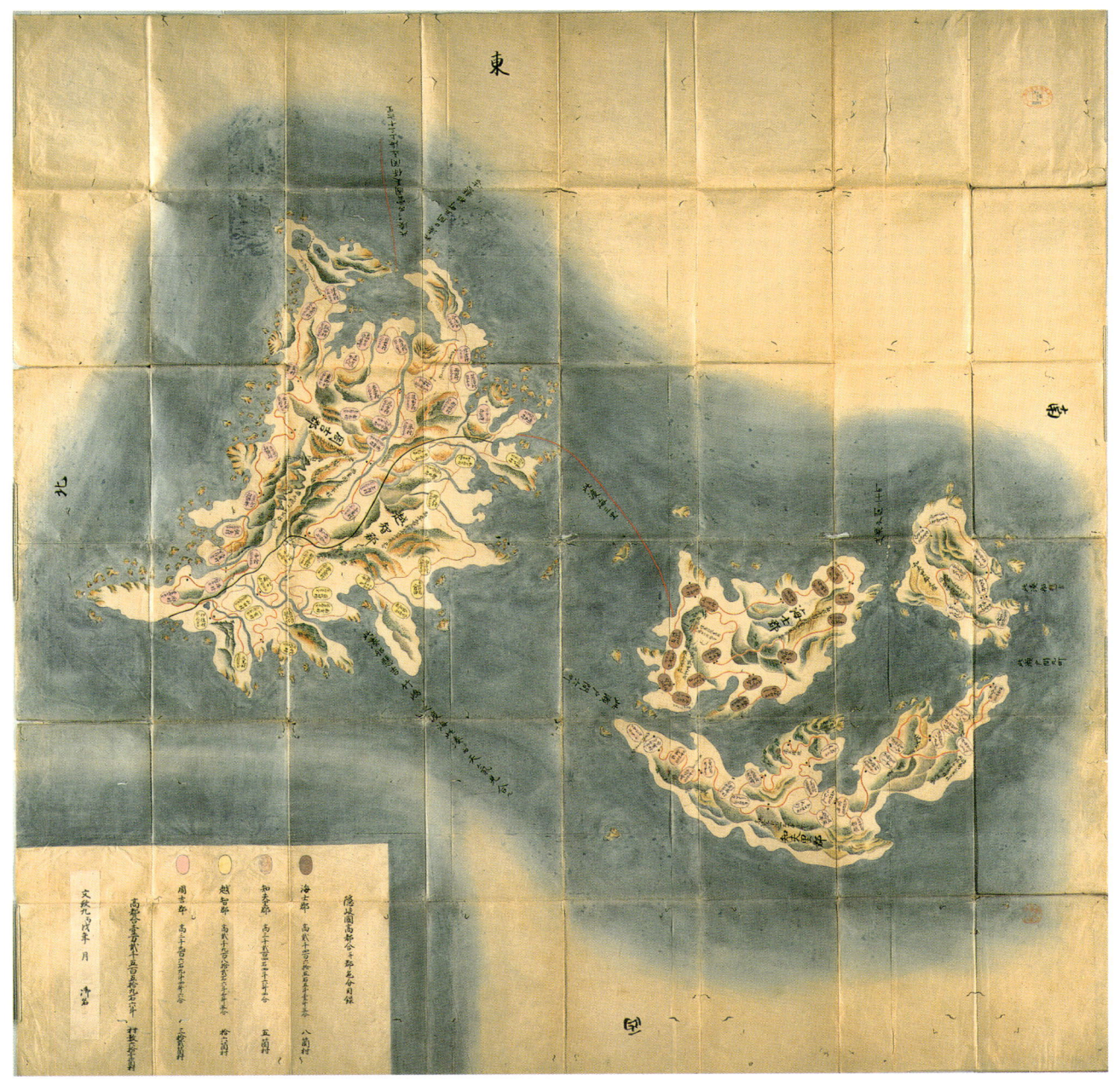

【図4】「文政隠岐国絵図」 島根県立図書館蔵、国絵図14、179×180

隠岐国

名は短冊型の枠内に墨書されているのに対して逢左文庫図は村形が丸輪型であって、郡名は枠を設けず朱筆で書かれているなど違いはあるものの、島後の越知・周吉両郡の郡界線を黒筋で明瞭に引いていることでも分かるように、両者の内容は基本的には同じである。

逢左文庫図には䮒紙(らいし)の高目録は見られないが、島根県古代文化センター図には4郡の高目録が次のごとく記載されている。

一、高千参百六拾石四斗　　　海士郡
一、三千百弐拾九石　　　　　千波郡
一、弐千五百壱石四斗　　　　越知郡
一、三千五百七拾九石　　　　周吉郡
高合壱万千五百六拾九石八斗

ここに記載される隠岐の総石高は、池田家文庫所蔵の隠岐国絵図（日本六十余州図）に記載される隠岐国4郡の「高壱万千八百二石余」より230石ほど少ない。池田家文庫の国絵図に記載される国高は書写のとき（おそらく寛文11年頃）考証したものと考えられるので、このような違いが生じたのであろう。

〔正保国絵図〕　江戸幕府の正保国絵図事業に際しては、隠岐は出雲国絵図の中に含めて描かれていて、単独の国絵図としては作成されなかった（図3はその隠岐国部分）。松江藩主の松平出羽守（直政）が出雲と隠岐の絵図元を兼ねたことから、両国を1枚の図に描き入れて幕府へ上納したものと考えられる。

正保国絵図は国立公文書館に転写本として中川忠英(ただてる)旧蔵の転写本43か国分と松平乗命(のりとし)旧蔵の39か国分があって、そのなかにいずれも「正保出雲・隠岐国絵図」を含んでいるが、地元の島根県古代文化センターが所蔵する「正保出雲・隠岐国絵図」がより詳しい写図である。つまり前者には村形内に村名のみで村高の記載がないのに対して、古代文化センター所蔵図には村形内に逐一村高が記載されている。ところで「正保出雲・隠岐国絵図」にはいずれも䮒紙に出雲と隠岐の郡高村数及び郡色分目録が別々に記載されており、そのうち隠岐国4郡の䮒紙目録は次のとおりである。

隠岐国
一、高三千四百六拾壱石七斗三升壱合
　　　　　周吉郡　　村数卅弐
一、高弐千六百卅六石六斗三升八合
　　　　　越知郡　　村数十六
一、高三千百廿九石三斗六升三合
　　　　　千波里郡　村数五
一、高弐千三百七拾三石六斗六升壱合
　　　　　海士郡　　村数八
高合壱万千六百壱石三斗九升三合
　　　　　　　　　　村数合六拾壱

〔文政国絵図〕　隠岐の国の元禄国絵図は現存するものがない。ただし島根県立図書館に文政九年書写の国絵図（図4）が所蔵されていて、これの原図が元禄隠岐国絵図である可能性も考えられる。というのはこの図に描かれる隠岐全体の形が天保隠岐国絵図（国立公文書館蔵）に全く同じであるからである。また正保出雲・隠岐国絵図では島前と島後が東西にほぼ横並びに描かれていて位置関係が不自然であったが、この図では島前を南西に下げて描いており、島前と島後の配置が正されている。いうまでもなく天保隠岐国絵図は元禄国絵図をベースにして変地箇所が懸紙(かけがみ)をもって修正されただけであった。隠岐のような島国では目立った変化が生じなかったものと考えられる。

この文政九年写国絵図は北西隅に「隠岐国高都合并郡色分目録」の掲載があって、この記載様式は元禄国絵図の規格に一致している。ただし、目録の末尾に記されるべき上納年月と上納者（絵図元）名の記載がない。代わってこの箇所に貼紙にて「文政九丙戌年　月　御名」と記されている。文政9（1826）年は幕府による天保の郷帳(ごうちょう)改訂が達せられた天保2（1831）年より5年前である。それにもかかわらず、本図の䮒紙目録の郡及び一国都合高は天保郷帳・国絵図の高に一致しているのが疑問であり、この点についてはさらなる検討が必要であろう。

またこの文政国絵図には島後の福浦湊より引捨てにした舟路の朱線に「此湊船懸吉、竹嶋江之渡海此湊ニ而天気見合候」との注記があり、竹島へ渡航の風待湊であったことが分かる。全く同じ注記は「正保出雲・隠岐国絵図」においても認められる。領有をめぐって日韓両国が対立するこの島へは、古くから隠岐の福浦より天気を見計らって船出していたことが知られる。　　　（川村博忠）

【参考文献】
福井保1978「内閣文庫所蔵の国絵図について（続）」（『北の丸』10）／歴史地理学会島根大会実行委員会図録編集委員会2004『絵図でたどる島根の歴史』

播磨国
赤穂事件で遅延した元禄図

〔慶長国絵図〕 17世紀初め、池田輝政が、関ヶ原合戦での論功行賞の結果、姫路城を居城に播磨国一国を領地とした。輝政は家康の娘督姫を妻としていたことから、とくに徳川家とは親密な関係にあり、同じ豊臣系大名でも加藤・福島・黒田といった諸大名とは一線を画す存在であった。督姫の生んだ子は大名に取り立てられ、それぞれ備前国と淡路国を与えられた。輝政は事実上、3か国を領有する大名になった。その輝政は慶長18（1613）年に亡くなるが、播磨・備前・淡路3か国で慶長国絵図が制作されたとすれば、池田家がそれに関わったことはまず間違いないと考えられる。

天理大学附属天理図書館には、慶長播磨国絵図（以下慶長図）とされるものが所蔵されている。この慶長図は井上通泰氏が昭和初期に購入したもので、池田家家老土倉家に伝来したとの来歴を持つ。八木哲浩は、これを慶長16～17年頃に制作されたものとしている。

ところで、宝永元（1704）年、本多忠孝にかわり榊原政邦が姫路へ入封した。その姫路城請取に関して榊原家が記録した文書として「姫路御城請取之節諸事御用留」が残されている。そこには姫路城三の丸鶴ノ間における城請取の経過が具体的に記されている。それによると本多・榊原両家中を前にして公儀目付が鶴ノ間上段に置かれた絵図入りの箱を披露するのだが、その箱とは、「此箱当国幷城郭内外之絵図前々より附渡り物」だったのである（伊藤延男・工藤茂博 1998）。同様に、忠孝の父忠国が天和2（1682）年、姫路に転封してきたときも松平家から絵図を引き継いでいるが、その覚書（酒井家資料 E1-5）には「播磨一国之絵図壱枚池田武蔵守様より相渡由御奉行衆御判有」「同一国之絵図壱枚本多内記より相渡候由」と記されている。すなわち、池田利隆と本多政勝からそれぞれ伝えられた播磨国絵図が2枚あり、それが城付として代々引き継がれる文書に含まれていたのである。このことから池田時代に作成された国絵図と天理本は系統が同じものと考えられよう。また、本多時代にも国絵図が作成されていたと見られ、播磨国では寛永図が存在した可能性が高いのだが、現代段階では見つかっていない。

ところで、天理本から慶長図の描写を見てみると次のような特徴を指摘することができる。山稜は全体を濃緑色で塗り、平野部分は郡ごとに色分けしている。山稜と平野の境界は現在の地形図と見比べても比較的正確に描かれている。また村形は円型で示され、郡ごとに色分けされている。町については円型で示されるものもあるが、城下町や港町については町域が実態に即した輪郭で図示されている。町や村を結ぶ道が縦横に描かれ、主要な街道以外の多くの枝道まで描いている。山陽道と有馬道は太く描かれ、宿駅や一里塚の表記があるが、これらは姫路を基点としたものである。郡境は白線で示すが、加古・印南郡境のうち、印南郡二塚村から篠原村にかけての部分だけ水色に塗った痕跡が見られる。河川と郡境の色分けに錯誤があったらしい。このとき、両郡は加古川本流ではなく、その分流を郡境としていたことがうかがえる。社寺などは建物を描いて示しているが、社名や寺名は省いている。全体として郡町村名以外の文字情報はきわめて少なく、それ以外で記されているのは「書写山」「増居山」「ひろミ年（広峰）」「赤金山」「城山（龍野）」「印南野」「下ノ野」「大池」「人丸」「赤穂」だけである。このうち「城山」「人丸」「赤穂」はのちに城郭が築かれる場所、「赤金山」は多可郡の妙見山銅山、「印南野」「下ノ野」「大池」はのちに開発される印南野台地に関わるものである。

〔正保図〕 この図は国立公文書館に所蔵されている。特徴としては、慶長図に比べると脇道の数が少なくなるので、とくに平野部は一見するとすっきりした印象を与える。これに対して、瀬戸内海航路に関しては記載される情報がより詳細になっている。沿岸の干潟や洲、岩礁、風待ち、干満潮時で湊に出入りできる舟の規模、湊間の距離など舟の航行に不可欠な記載が多くなり、湊には舟泊までが描かれている。また、遠見番所も図示されている。村は楕円型で示し、城下町は赤色で実態に即した形で描かれているのに対して、陣屋は白色の長方形で描かれている。領主別に「い」「や」など平仮名の赤字を村名に付して、領主名は罫紙部分に凡例で示している。城は姫路と明石だけであり、赤穂は陣屋として扱われている。本図には明石海峡に面する淡路島の一部が描かれている。

ところで、新宮八幡神社（新宮町）には小型の正保図が伝えられている。新宮池田家によって慶安3（1650）

【図1】「慶長播磨国絵図」天理大学附属天理図書館蔵、223 × 400

【図2】「正保播磨国絵図」(部分)、松平乗命旧蔵本、国立公文書館蔵、176 - 282 - 178、390 × 355

【図3】「正保播磨国絵図」新宮八幡神社、177×239

【図4】「元禄播磨国絵図」、龍野市立歴史文化資料館、6-Ⅰ-に-25、356×394

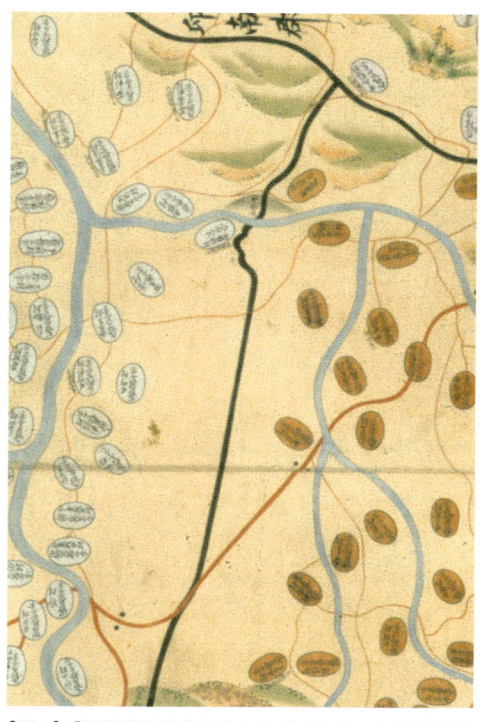

【図5】「元禄播磨国絵図」における加東・加西郡境界付近

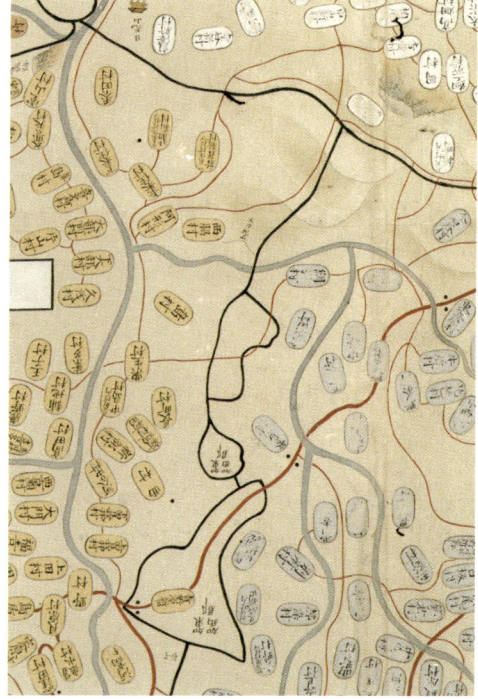

【図6】「天保播磨国絵図」における加東・加西郡境界付近、国立公文書館蔵、特83-1

年に作成されたものが、寛文10（1670）年の廃藩で同社に伝存することになったようで、同家の控図だったと考えられる。

八幡神社本は、慶長図と同様に山地は濃淡を持たせた緑色で彩色し、平地は無彩色である。その上に、丸型もしくは小判型で村々を描いている。村形は領主ごとに色分けがされているため、国立公文書館本よりも色彩豊かな絵図に仕上がっているだけではなく、播磨国の地勢が一目瞭然である。一方で村高と郡高の記載がないこと、国境線と郡境が同じ黒線で連続的に描かれたり、国境の山容は稜線などを無視して描かれたりするなど、国絵図仕様からすると異質な体裁となっている。また、船場川から飾磨津へ通じる運河（現・宮堀川）、姫路城下に含まれる龍野町と野里町が町域をほぼ正確に図示されているなど、ほかの国絵図に比べて姫路城下近辺の情報がより詳細になっている。国立公文書館本と異なり、古城は描かれていない。こうした特徴から、正保図ながらも国立公文書館本よりも天理本に近い体裁となっている。

〔元禄国絵図〕　赤穂浅野家、姫路本多家、龍野脇坂家、明石松平家の4家によって作成が命じられた。元禄12（1699）年に姫路で一国一枚に仕立てるために突き合せが行われ、翌年江戸龍野藩屋敷において狩野了信によって浄書された。しかし元禄14年に赤穂事件が起こり、最終的に赤穂藩を除く3藩によって翌年2月に城絵図と郷帳が幕府へ提出された。このときの控図が龍野市立歴史文化資料館に現存している。本図は播磨国郷帳2冊（表書「播磨国郷村高帳」）と同じ箱に納められていて、蓋には「播磨国絵図并郷帳　本多中務大輔　松平左兵衛佐　脇坂淡路守」と墨書されている。

全体的に正保図の体裁を継承しているものの、元禄図の方が見やすいものに仕上がっている。それは、隣接する国々が色分けされるようになったこと、小判型の村形も、領主ごとに色分けされて示されていること、そして、山や丘陵の描写はかなり省略されてしまい、線と点で描かれた情報（村や川、郡境、街道、古城など）が相対的に明瞭となったためである。

また、明石郡の印南野には正保図では記載のなかった30ほどの村々が描かれている。正保図の時期に比べて、印南台地上で開発が大きく進んだことがうかがわれる。貼紙部分に書かれている明石郡の高が4万8300石余であるのに対し、元禄図では5万2400余石となっていることもその傍証となろう。

〔天保国絵図〕　天保8（1837）年、明石松平家、姫路酒井家に調製が命じられた。龍野藩は脇坂安董が幕府の要職（寺社奉行、老中）にあったためか、この担当からはずされている。また、元禄図の調製を担った赤穂藩が天保図では担当をはずされたのは、赤穂事件による改易で元禄図調製を全うできなかった経緯と関係していたためと見られる。国立公文書館には天保9年に提出された清図と控図が残されている。控図は貼紙の凡例部分が空白になっているほか、赤穂、龍野、姫路、明石以外の陣屋には陣屋名も領主名も記されていない。

天保図では、加東郡と加西郡の郡境が元禄図とは異なっている。天保図において加東・加西両郡に属するエリアが、元禄図における両郡境上に囲い込まれて描かれている。たとえば、小野陣屋の西方にある野村の加古川対岸にある青野原新田はそのエリア内に記載されており、新田高は加東郡に含まれている。このような記載が生じた背景には、当該丘陵地の開発経緯によると考えられる。すなわち、青野原はもともと加東・加西郡21か村の入会秣場であったことと、開発が進み願主と百姓の対立が度々起こり、天明5（1785）年当新田は加東・加西両郡の区別なく一円で開発され、郡境を設定せずに一村を立ててできたとする百姓の主張が京都の代官所に認められたことが、この絵図に反映されていると考えられる。

また加東郡境線をよく見ると、加古川右岸の多可郡境から印南郡境にかけて、青野原を挟んで線に沿って北から「泣尾」「引尾」「赤山」「ヌカ塚山」という小さな文字が記されている。これらは加東郡西部で郡の境界になっていた場所である。これらの記載はすでに元禄図に見られ、「ヌカ塚山」から「赤山」が直線的に描かれているのは、両地点間の見通しによる郡境の設定が推察される。青野原開発により直線的郡境は崩れるが、基準となるポイントに変動はなかったことがうかがえる。

（工藤茂博）

【参考文献】
西播地域皮多村文書研究会編1979『慶長播磨国絵図』（中央出版）／伊藤延男・工藤茂博1998「中根家蔵「播州姫路城図」について」（『城郭研究室年報』8）／滝野町史編纂委員会編1989『滝野町史』／龍野市教育委員会編1991『描かれた龍野―絵図の世界―』（龍野市立歴史文化資料館）／姫路市史編集専門委員会編1991『姫路市史第3巻』／八木哲浩1979「播磨国絵図の成立年代について」（西播地域皮多村文書研究会編『慶長播磨国絵図』中央出版）

美作国

民間に伝えられた正保図

　関ヶ原戦後に美作国は備前国とともに小早川秀秋（のちに秀詮）に与えられたが、慶長8（1603）年に秀詮が急死した後に信濃国川中島から森忠政が入部、一国を領した。「森家先代実録」によれば、忠政は慶長9年に国中総検地を実施、「国主城主記」は慶長10年指出高として22万7000石を載せる。この指出と同時に忠政によって国絵図も作成されたと考えられるが、美作国の慶長図は現在まで確認されていない。

〔正保国絵図〕　「森家先代実録」に「同年（正保2）秋、稲垣甚左衛門江戸へ使者ニ参し帰りニ、井上筑後守正治より国絵図之儀被仰付、同三戌七月、霊光院様御屋敷におゐて国絵図狩野新兵衛・絵師嘉右衛門両人書立、事書中原久左衛門書之、筑後守内悪山市之丞ニ内見させければ、江戸町絵師ニ為書、公義へ落合勘三郎ニ今瀬市之丞差添差上る、絵師へ作料銀卅枚、悪山へ銀五枚被遣候」という記事があり、正保図調製の概略が分かる。「正治」は政重、「悪山」は惣山の誤り、「霊光院」は当時世嗣であった森忠継のこと。江戸の中屋敷で国絵図の調製が行われたのだろう。同じく「森家先代実録」巻20に正保郷帳の全文が掲載されている。朱印高は18万6500石、「新田畠」「荒川」を加えた惣高は23万7630石6斗であった。また、「美作国古城五十四ヶ城、外ニ津山城公義より御改有之、井上筑後守政治へ被参上」という記事が同所にあり、井上に提出した「帳面之写」が巻18に載せられている。

　正保図の控図ではないかと思われる「美作一国之絵図」（個人蔵）がある。縮尺は1里6寸、国界は山形、郡界は黒色で示され、隣国は色分けされている。西南隅𦥯紙部分に郡別の石高と一国の総高が記されている。郡名は枠囲いなしで図中に記され、右に石高、左に村数が記される。郡高は郷帳と全く一致する。村形は小判型で、郡別に色分けされ、村名と村高を記す。村高記載は「──石余」である。津山城は太い黒枠で囲って示され、ほかに城郭は見当たらない。その他、道・川・古城・山・里程などの記載は、正保図の一般的な特徴のとおりである。国境小書きは詳細で、「常ニ牛馬不通歩道大雪之時無通」といった記載も他の正保図に同じである。名山や峠の名称を細かく記すのも同様である。伝来の経緯は不明であるが、料紙や描写様式などから控図もしくはそれに近い写図と考えられる。

〔元禄図を基にした国絵図〕　元禄図の作成も当初は森家に命じられた。しかし、藩主の森長成が元禄10（1697）年6月20日に死去、新藩主の承認を得るために出府した養子の衆利も道中にて乱心したため、森家は断絶となった。美作一国はいったん幕府領とされ、翌11年正月、松平長矩（後に宣富と改名）に美作国のうち10万石が与えられた。同年5月津山城の引き渡しが行われ、元禄国絵図作成の業務も津山藩松平家に受け継がれた。その後津山藩は享保11（1726）年11月に5万石に減封されたが、文化14（1817）年10月に10万石に復した。残りの幕府領は、元禄14（1701）年8万石が甲府城主徳川綱豊領とされたが、綱豊が家宣として将軍に襲職した後は順次他国の大名家の飛地などに分割された。明和元（1764）年6月には三河国西尾から三浦明次が高田（勝山）に入部した。領知は真島郡全域と大庭郡の一部で2万3000石であった。また、幕府領の一部は、播磨三日月藩森家や龍野藩脇坂家などの預地とされた。

　津山藩文書は愛山文庫として津山郷土博物館に所蔵されているが、元禄図の控図・写図は現在のところ確認できていない。同館に所蔵される「美作国絵図」（分類記号なし）は、「国境不相知」という小書きや全体の様式から元禄図を基にしており、1里が2.5～3寸で描かれているから、約2分の1の縮図と考えられる。𦥯紙部分西南隅に枠囲いをして「美作国高郡分并郡色分目録」が書かれ、一国の総高は25万9352石7斗1合、村数は599か村となっている。村形は小判型で村名と村高を記し、郡別に色分けしている。郡名は枠囲いなしで図中に記し、右に郡高を書いている。国界・郡界・山・川・道をはじめ、その他の様式も元禄図の一般的な特徴をよく写している。図中の村形には、多数の付紙が貼られている。これらは、幕府領の管轄代官所と龍野藩預所を示したものであることが、𦥯紙部分の貼紙から分かる。美作国東部の幕府領が龍野藩預かりになったのは寛政6（1794）年のことであるから、その頃に付けられたものだろう。また、朱の丸印を付けられた村形は、同じ貼紙から津山藩領分の村とその分郷を示していることが分か

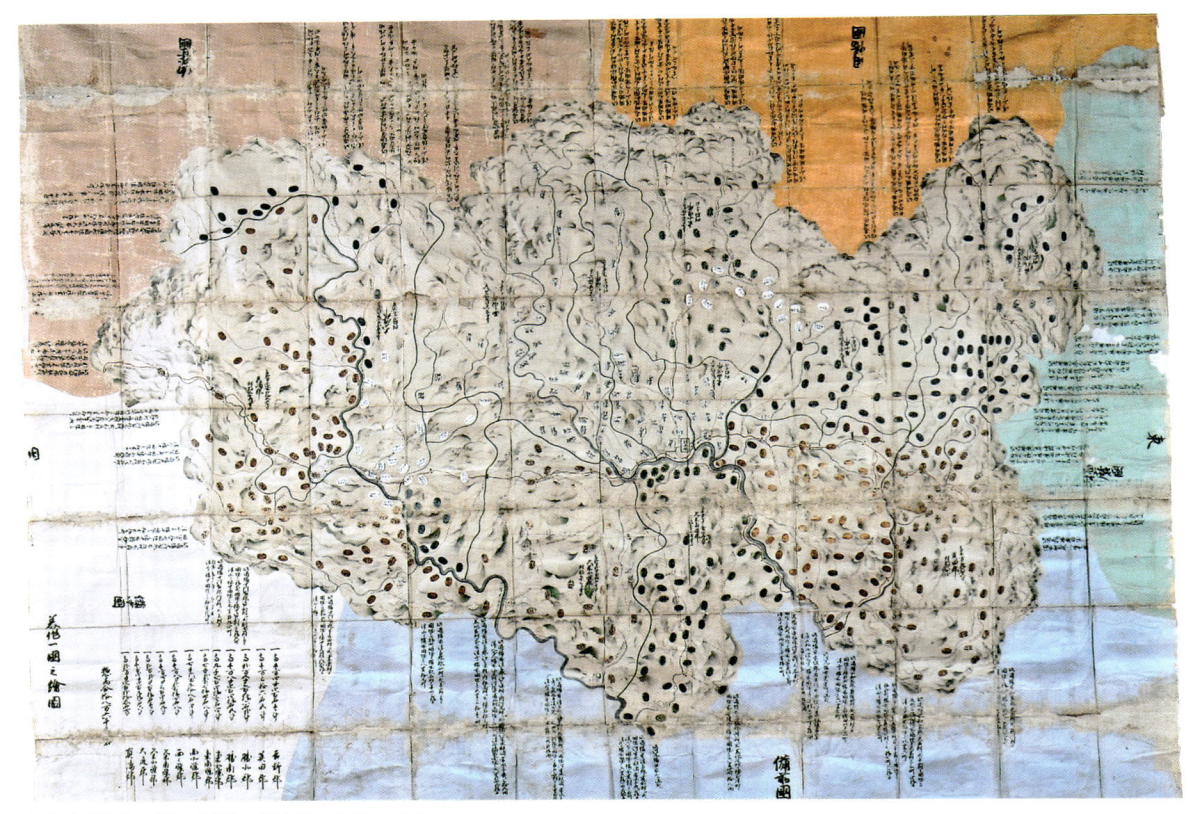

【図1】「美作一国之絵図」 個人蔵、273 × 360
正保図の写図もしくは控図か。村形は色分けされ、隣国も色分けされている。山景の描写も完成度が高い。国境の小書きは詳細で、因幡・伯耆国に抜ける峠道はほとんどが「常ニ牛馬不通歩道大雪之時無通」となっている。

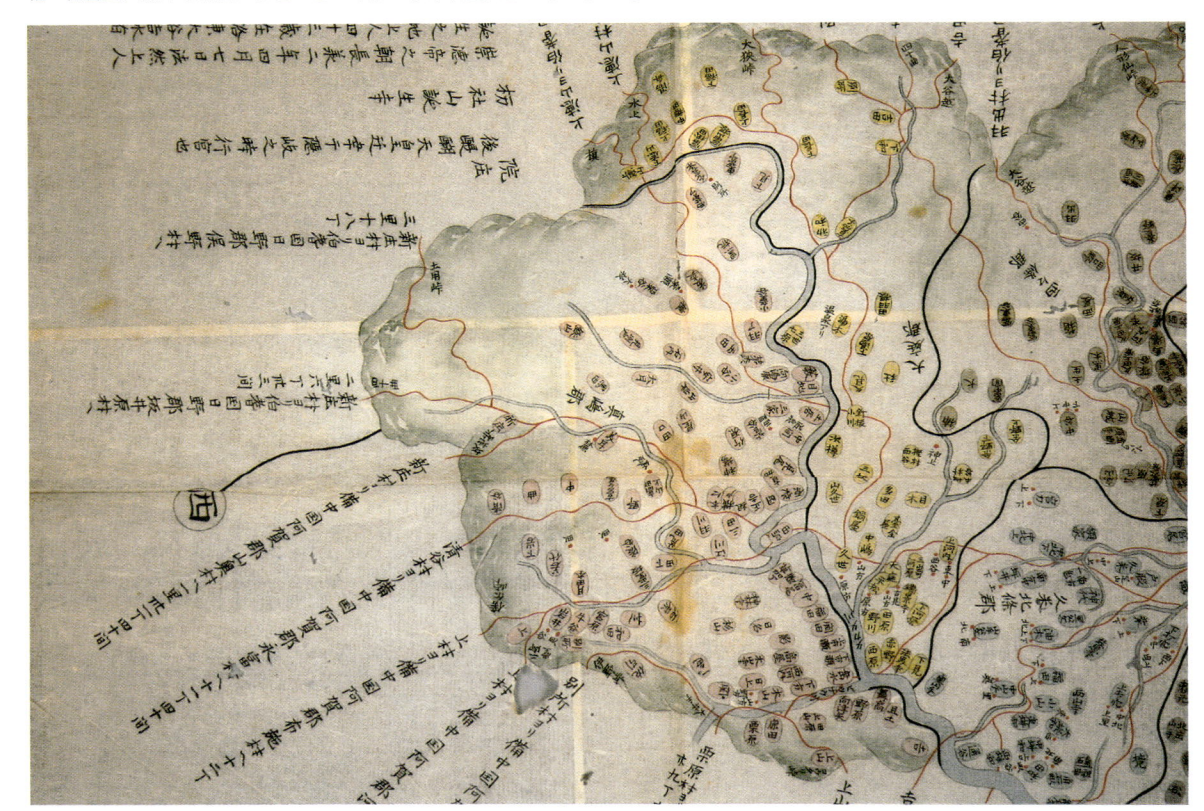

【図2】「美作国絵図」 部分　岡山県立博物館蔵（B）、60.5 × 96
作者は、「当国倉敷（現・美作市林野）住人野村十左衛門英至」。東南隅が欠損。余白に美作国高郡目録、院庄・誕生寺由緒、美作11社、名所などが所狭しと書かれている。村形は小判型で郡別に色分けされるが、村名のみで村高の記入はない。広く流布した刷本の原本に近い手書き彩色図である。

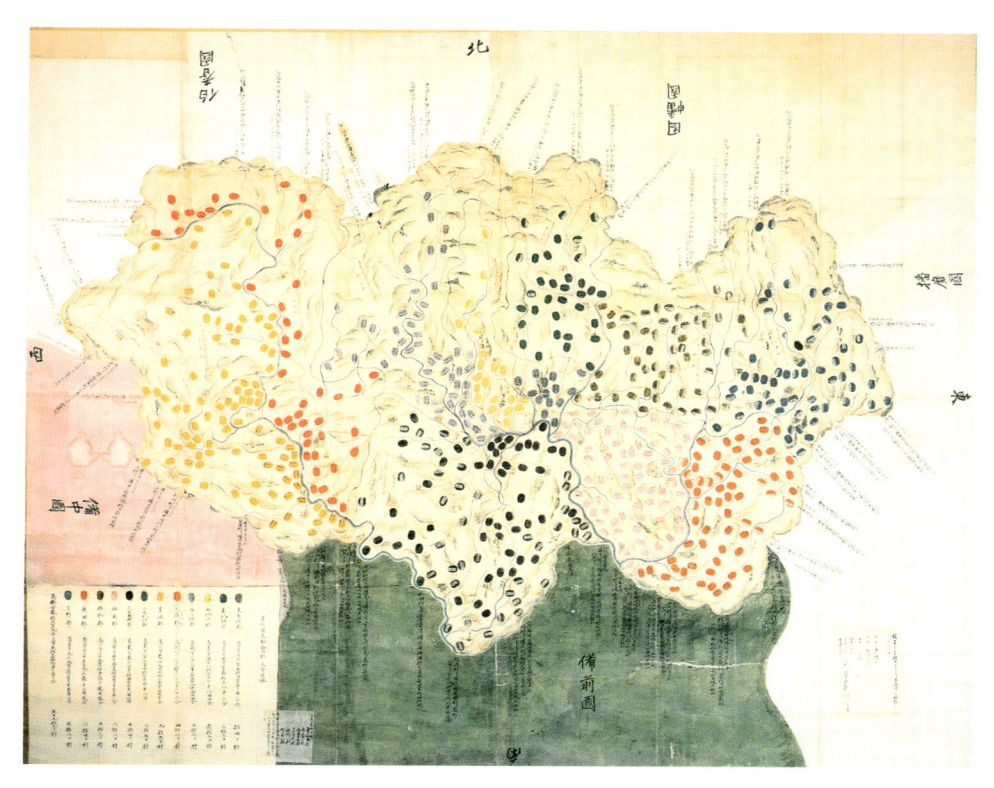

【図3】「美作国絵図」 津山郷土博物館蔵、145.5 × 182.5

元禄図の約2分の1の縮図。描写様式は元禄図をほぼ忠実に写している。村形の付紙は、津山藩領分の村々、幕府領の所轄代官所及び龍野藩預所を示している。

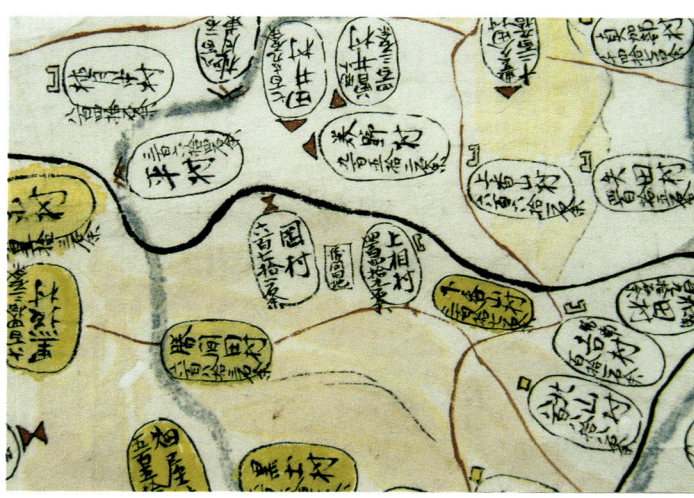

【図4】「美作国絵図」 部分 津山郷土博物館蔵、愛山文庫 M2-1、136 × 178.5

元禄図を基に文政元年以降に作られた絵図。村形のうち、赤色は5万石時代の津山藩領の村、黄色は10万石時代の同藩領の村、白色は他領。さまざまな記号で領主別が示されている。黒筋は郡界、朱筋は道を示す。勝間田池は、元禄図の縮図にも見える。

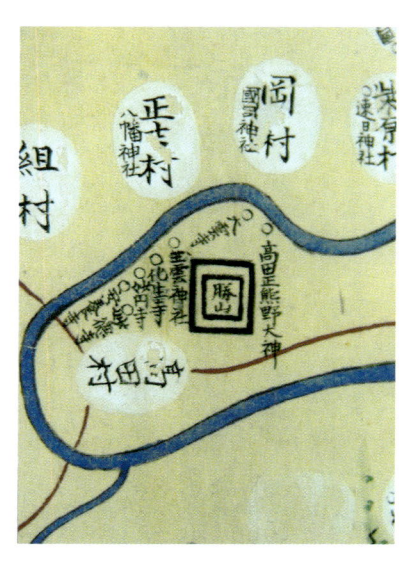

【図5, 図6】「美作国絵図」 部分 津山郷土博物館蔵、愛山文庫 M2-3、120.5 × 191.5

津山藩が明治政府の命を受けて作成した国絵図。端裏には「明治元年現在」とある。村形の赤色は御領（明治新政府直轄領）、白色は私領（津山藩領・勝山藩領など）を示す。◎は宿駅、凸は古城跡を示す記号である。村ごとに寺社を記す点が大きな特徴。

る。その村々は、5万石時代のものである。この絵図は津山藩の史料として松平家に伝えられたものではなく、伝来の詳しい経緯は不明である。郡方役所を通じて、民間に写が伝わったものか。

同じく「国境不相知」という小書きの様式から、元禄図を基にしたと考えられる「美作国絵図」が津山郷土博物館にある（愛山文庫M2-1）。郡界は黒筋、道は朱筋、川は水色で描かれ、村形は小判型で村名と村高が記されている。郡による色分けはなく、津山藩の古領分の村が赤色で、新領分が黄色で塗られているから、10万石復帰後のものである。津山藩領以外の村形には12種類の記号が付けられていて、それぞれがどの領主の領分を示すかは、畾紙部分に凡例が書かれている。その領主名から、この絵図は文政元（1818）年以降に作成されたものと思われる。領主のうちに三浦備後守の名はあるが、高田村には「勝山古城」とあり陣屋の表示はない。また、畾紙部分には郡別の石高と村数が書かれ、一国の総高・村数は先の縮図に同じ。津山藩に伝えられたものではあるが、国絵図やその作成と直接関わるところは全くないものである。

〔野村十左衛門作成の国絵図〕 岡山県立博物館には、「当国倉敷（現・美作市林野）住人野村十左衛門英至」を作者とする2点の「美作国絵図」がある。1点（A）は版本で、墨1色刷りに手彩色で郡の地が塗り分けられている。もう1点（B）は手書きで、彩色されている。畾紙部分には両者共に、美作国高郡目録、院庄（いんのしょう）・誕生寺由来、美作11社、土産・名所、などが所狭しと書き込まれている。図形や図中の書き込みを比べてみても、両図が同一系統の絵図であることは間違いない。国境の小書きは隣国の村との里程を記すのみで、正保図のような「牛馬不通」や元禄図の「国境不相知」などの文字はない。記載された美作一国の総高は、ともに25万9788石3斗4升9合である。

両図の大きな違いは、（i）（A）は小さな丸を書いてその下に村名を書くのに対して、（B）は小判型の村形を書いてその中に村名を書く。しかも（B）は、この村形を郡別に色分けして塗っている。（ii）（A）には「美作国絵図御領分者朱星分之／于時天明八戊申（1788）歳三月　小幡信篤」という書き込みがあり、津山周辺の村の小さな丸が赤で塗られている。これは5万石時代の津山藩領を示すものだが、こうした表示は（B）にはない。（iii）（A）は郡目録の最後に「津山御城主松平光丸康致（やすちか）公／勝山御城主三浦志摩守明次公」とあるが、こうした記載は（B）にはない。両者のうち松平康致は明和3年12月に従4位下越後守に叙任されているから、（A）が作成されたのは明和元年から同3年の間と考えられる。（iv）（A）には高田の横に城の絵が描かれ「勝山」と記されているのに対して、（B）は他の村と同じように村形に高田とあるのみである。しかし、（A）もよく見ると、勝山の部分を改刻して後で嵌め込んだことが分かる。つまり、（A）は再版で、原版は明和元年以前のものだと考えられる。

以上のことを総合して考えると、（B）の方が野村十左衛門が作った原本に近いと判断される。また、原本は少なくとも明和元年以前に作られたもので、時期的には元禄図を参照したのではないかと想像されるが、確かなことは分からない。野村の「美作国絵図」は改版・再版を繰り返したようで、「于時文政十二己丑歳五月再版／当国勝北郡田熊村井上氏蔵版」という刊記のある版本もある（津山郷土博物館・岡山県立図書館蔵）。

なお、天保国絵図に関係したものは津山藩文書のうちでは確認されていない。

〔明治初期の国絵図〕 端裏に「美作全地図　明治元年現在　旧津山藩郡政局蔵」と記した「美作国絵図」がある（津山郷土博物館蔵、愛山文庫M2-3）。一里塚の表記はないが、他の国絵図と比較して縮尺は1里3寸程度。村形は丸に近い小判型で、村名のみを記して村高は記さない。村形は赤・白・黄に色分けされ、東南隅の畾紙部分に枠囲いで示された凡例から、赤色は御領（新政府直轄領）、白色は私領（津山藩領・勝山藩領など）、黄色は寺領と分かる。城下は二重の四角枠で示され、津山と勝山が見える。宿駅には二重丸が付けられている。郡界は黒筋、道は赤筋で示されるが、渡河地点の書き込みはなく、国境小書きもない。この絵図の最大の特色は、村ごとに寺院や神社を細かく書き上げていることである。津山藩が明治新政府から命じられて作成した国絵図の控図だろう。

（倉地克直）

備前国

池田家文庫の豊富な国絵図

戦国・織豊時代に備前国は宇喜多氏の領地だったが、関ヶ原戦後に小早川秀秋（のちに秀詮）に与えられた。慶長8（1603）年に秀詮が急死した後は、池田忠継・池田忠雄が領有し、ついで寛永9年（1632）に池田光政が鳥取から転封され、以後廃藩まで池田氏の領国となった。池田家文庫（岡山大学附属図書館蔵）には、おおよそ20点の備前国絵図が所蔵されている。

〔慶長国絵図〕　この図の描法には古色が認められ、きわめて絵画的である。山形はほぼ海側から陸側をのぞむ南北方向で描かれる。村形は円型で、村名には平仮名が多く、村高の記載もない。郡別に色分けしてあるが、石高・村数・田畑員数・物成高の集計はなく、郡名の下に郡名・高・寺領を記した付紙があり、畾紙部分の付紙に慶長期の備前国の石高28万6200石が記されている。

岡山城と城下町が大きく描かれるが、旭川東部の町並みは実情とは異なる。下津井城と金川城及び播磨・美作の国境近くにある八塔寺の伽藍が絵画的に描かれるが、これらも後の図には見られない。児島郡の北中央部分に堤で囲われた入海が描かれるが、何を表現したものか不明である。道路は朱線で示されるが、街道と間道の区別や一里塚はなく、河川の川幅・渡河方法、海上交通路などの記載もない。三野郡と上道郡、上東郡と邑久郡では、郡境の位置が後の状況と異なっている。

岡山藩士の石丸平七郎（定良）が編纂した『備陽記』に「慶長十年備前国高物成帳」からの村名の引用がある。この「高物成帳」は幕府が国絵図と同時に作成を命じた郷帳との関連が深いものだが、その村名との違いも少なくない。幕府が提出を求めた慶長図との関連は不明である。

〔寛永国絵図〕　池田家文庫には「寛永古図」として伝えられる絵図がある。畾紙部分には「備前国九郡絵図」とあり、作成年代は記されていないが、同じ様式の「備中国絵図」が領主の在任期間により寛永15（1638）年頃に作成されたと推定されることから、この図も同じ頃のものと考えられる。川村博忠は、寛永10（1633）年の巡見使派遣の際に上納された中国筋の国絵図が簡略であったために、再提出を求められた際に作られたものと推定している。

記載内容は詳細で、図面構成は上下固定と四方対置の要素が混在している。村形は小判型で、村名・村高を書き入れてあり、記載内容は正保郷帳とほぼ一致する。南部海岸部に、寛永年間に開発されたと伝えられる新田村が記載されているが、村高の記載はない。平野部分が郡別に色分けされており、郡境は金泥で示される。村の所属は後の時代と同じで、白い枠囲いに郡名を記載し、村数・石高を書き上げてある。こうした様式は備中国絵図と同じである。畾紙部分に知行高28万200石の記載がある。これは、元和元（1615）年に池田忠雄が入国したとき以来の備前国の朱印高である。道筋は朱筋で示され、一里塚・里程・川幅・渡河方法など交通関係の記載は多いが、船路の記載は簡略である。岡山城は白地の上に「岡山古城」と書かれ、五層の天守閣と櫓1棟が描かれている。備前一宮（吉備津彦神社）も絵画的に描かれている。

これとは別に、裏に「松平新太郎殿より参候（後筆）「ヲ七兵衛殿より来候」備前国絵図」と書き込みのある絵図がある。描写は簡略になっているが、村高の記載がないことを除けば、記載内容は「備前国九郡絵図」と全く同じであり、幕府に提出した伺図ではないかと思われる。この絵図の写が秋田藩佐竹家の「六十余州図」（川村博忠が寛永10年の巡見使に提出された諸国国絵図の写と推定するもの）と一緒に伝えられていることも注目される。

〔正保国絵図〕　正保図は、「備前国九郡帳」（郷帳）・「城絵図」とともに正保2（1645）年幕府へ提出された。ただし、郷帳は難字に仮名を付けることなどが求められ、翌3年再提出した（『池田家履歴略記』）。また、「備前国道筋并灘道舟路帳」は奥書きによると、さらに遅れて正保4年に作成・提出されたようだ。これらはいずれも池田家文庫に控が残されている。

正保図の控図と思われるものは2点ある。うち1点は、袋の上書に「正保二年御献上御絵図之写」とある。幕府が示した作成基準を忠実に反映しており、地形の描写なども慶長・寛永期のものに比べて格段と正確になっている。山野の景観描写は絵画的で、主要な山には山名が記されている。船路を正確に記載することが求められ

【図1】「備前国図」 岡山大学附属図書館蔵、池田家文庫、T1－5、329.0×280.7
様式や表現に古色が感じられ、色彩も鮮やか。慶長期頃の絵図であることは間違いないが、幕府が提出を求めた慶長国絵図との関係は不明。岡山城下町の景観や児島の北側中央部に描かれた入海など謎が多い。

【図2】「備前国絵図」 部分 岡山大学附属図書館蔵、池田家文庫、T1－18、287.4×327.2

正保図の控図のうちの1枚。邑久郡の海上部分を示した。幕府の指示どおり、船路や湊についての情報が細かく記入されている。朝鮮通信使の接待場所ともなった牛窓には、燈籠堂が見える。

【図3】「備前国絵図」 岡山大学附属図書館蔵、池田家文庫、T1－16、188.8×188.6
「備中国」図1の「備中国絵図」と同時の寛永15（1638）年頃に作成されたと考えられる「備前国九郡絵図」（T1－14）の写。石高に関する情報が省かれている。絵図裏の書き込みによれば、岡山藩から幕府に伺いのため提出されたものか。

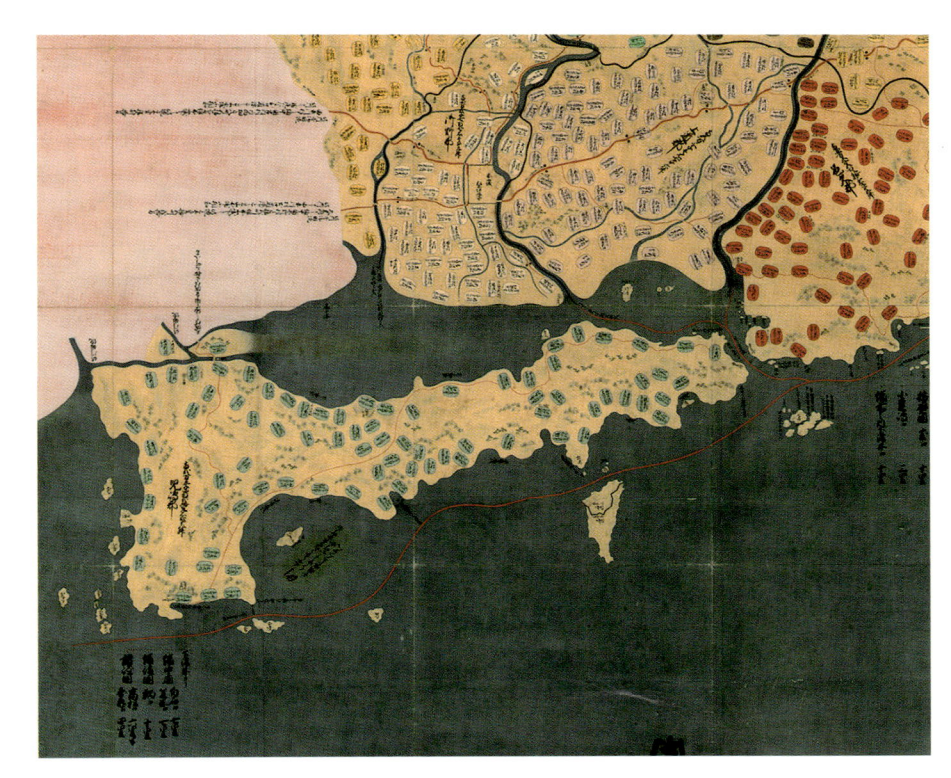

【図4】「備前国絵図」 部分　岡山大学附属図書館蔵、池田家文庫、T1－19－1、317.8×357.8

元禄図の控図のうちの1枚。箱蓋裏書きによれば、正保図を改めて元禄13（1700）年に提出したものを、同16年に加筆再提出した。国境争論で北側半分が備前領となった石島が書き載せられている。

備前国

たため、島の記載は正確になり、国境にかかわらず実情をそのまま描いている。畳紙部分には「備前国九郡」とあり、一国の知行高28万200石が書かれている。また、隣国を塗り分けるための色を示す貼紙がある。さらに図中には「正本」と照合したことを示す付紙が16枚ある。多くは村名の誤記や脱字に関するもので、「迄ノ字落カ、正本ノ通」「此字正本ノ通」などと記されている。「正本」とは幕府の手元にある正保図のことと思われる。つまりこの付紙は、元禄図作成に際して正保の控図で不審な点を幕府に提出した「正本」と照合して確認したものと思われる。実際に元禄図と比較してみると、これらの多くは訂正されていることが確認できる。また図の裏にも貼紙があり、「備前国絵図、此書付ハ此御方様より被遊候ニハ見ヘ不申候、若御絵図御預リ之衆覚ニ御書付かと見ヘ申候」、「松平新太郎、此書付も右同断」と記されている。幕府の「正本」の裏に「備前国絵図」「松平新太郎」と書き込まれていたことに対して、照合にあたった岡山藩の役人が念のために記したものかと考えられる。

もう1枚は「備前国上り絵図」と呼ばれている。描写は、前者同様幕府が指示したとおりの典型的な様式をとっているが、正保2年に勧請された岡山東照宮が絵画的に立派に描かれていたり、東山松客寺や半田山の詳細な描写なども前者とは異なっている。

この控図にも図中に16枚の付紙がある。いずれも主要な街道筋に貼られており、たとえば西片上村のものには「角原村より此筋」、小原村のものには「金川より此筋、此道ハ無之候へ共、加様仕候へと被仰候」とある。前者同様、元禄図を作る際に確認のために付けられたものと考えられるが、なぜ2つの控図に別の内容の付紙が付けられたかは不明である。

2枚の控図以外に閑谷学校に蔵されていたと伝えられる写図1枚もある。これは明和5（1768）年に「補緝」されたものだとの貼紙があるが、寛文期以降の情報に書き換えられた所が若干見受けられる。端裏には、「最不可他見」とか、「雖校中有司不許私第持去、又禁写取焉」などの文言が記されており、国絵図がどのように扱われていたかをうかがうことができる。

〔元禄国絵図〕 元禄図は3点所蔵されている。2点は同じ箱に収納されているが、うち1点には年紀が欠けている。もう1点は別の箱に郷帳とともに納められている。3点とも描写はほぼ同じで、元禄13（1700）年12月作成・提出されたものの控図である。池田家文庫には、元禄10年5月に幕府から示された「国絵図仕立様之覚」と「国境絵図仕立様之覚」の2通があり、その指示に基づいて作成されたと思われる。畳紙部分に枠囲みで「備前国高郡合并郡色分目録」が記されており、一国の総高は28万9224石7斗1升6合7夕2才、村数は672とある。

箱の裏書きによれば、この備前国絵図は元禄13年にいったんは提出されたが、児島郡石島については、同2年児島郡胸上村と讃岐国直島との争論の際、幕府が石島は残らず直島分と定めたので、13年の提出絵図には石島を除いていた。しかし、同15年に再び争論が起き、今度は石島の北面は前々のとおり備前領とされたため、備前国絵図に書き載せるよう絵図奉行から指示があり、それに従って石島を書き加えて同16年に再提出したとある。幕府から差し戻された正本に石島を書き加えて、年紀はそのまま提出したものの控図と思われる。岡山藩の奉公書によれば、元禄図の作成にあたったのは藩絵師である狩野幽直・同幽知・同自得・和田幽伯・荒井永喜の5人で、元禄16年に石島を加筆したのは荒井永喜であった。また国境縁絵図も作成されたと思われるが、今のところ所在は不明である。和田幽伯の奉公書によれば、備前国の縁絵図を描いたのは彼で、彼が独自に工夫した「菅想絵図」であったので隣国の図とよく合った。そのことを狩野良信が各地で宣伝したため評判になり、藩主から褒美が与えられたという。

正徳5（1715）年に藩主代替わりにあたって幕府が派遣した監使に差し出した備前国絵図の写図がある。元禄図をおおよそ2分の1に縮小して仕立てたものである。また、明和2（1765）年の幕府監使に提出した備前国絵図の写図2点も所蔵されている。同じく元禄図をおおよそ2分の1に縮小したもので、そのうち1点には、享保年間（1716～1736）に開発された福田新田があり、沖新田や倉田新田をいくつかに分村した懸紙がある。

このほか藩内の役所が職務遂行のために作成・保管した国絵図があり、郡方・鷹方のものが確認できる。いずれも元禄図を基にしたものである。これらの絵図は幕府に提出したものに比べて枝村の数が多く、本村と枝村とを同一の記号を付して示すなど、共通の特徴がある。

天保図作成に関わる絵図類は、池田家文庫では確認できていない。

（青木充子）

【参考文献】
川村博忠 1984『江戸幕府撰国絵図の研究』（古今書院）／片山新助 1993『岡山藩の絵師と職人』（山陽新聞社）／倉地克直 2004「近世前期の備前国絵図と村名」（『岡山大学文学部紀要』41）

備中国

小藩分立国の国絵図作成

織豊時代に宇喜多氏と毛利氏とで分割されていた備中国は、関ヶ原戦後多くの領主によって分有されることになった。徳川幕府は、領地分けとこの国の重要産物である鉄・銅や木材・紙などを掌握するために小堀正次を国奉行として派遣、後に子の政一（遠江守）が継いだ。慶長の備中国絵図・郷帳は、この小堀政一によって作られたが、現存しない。

〔寛永国絵図〕　池田家文庫（岡山大学附属図書館所蔵）に「備中国古図」として伝えられる「備中国絵図」が2点ある。𫞂紙部分に領主名と石高が記載されているが、そのうち寛永15（1638）年4月に備中国成羽から肥後国富岡に移された山崎甲斐守（家治）の知行地が「先知」とされ、翌16年6月に成羽に入る水谷勝隆の名が記されていないから、その間に作成されたものと考えられる。川村博忠によれば、寛永10年の諸国巡見使に提出された中国筋の国絵図が簡略であったために、再提出を求められた際に作られたものではないかという。池田家文庫には同じ様式の「備前国九郡絵図」も残されている。岡山藩は、備前一国とともに備中国のうちにも3万5000石の領知を与えられていた。

描写様式は後の国絵図と比べて絵画的で、色彩も鮮やかである。𫞂紙部分の凡例には、赤筋・道、黒丸・一里山、紺青・海河、金泥・郡境、緑青・山、金薄・古城、郡と村・色分、とある。一般に知られる慶長図や正保図とは異なる様式である。

郡名は図中に長方形の枠で囲まれて記され、村数・石高が書かれている。村形は小判型で、村高と領主名が記される。村名・村高共後の正保郷帳と大きな違いはない。連島・乙島・柏島・七島などは、海上に浮かぶ島として書かれている。街道は主要なもののみが書かれ、節所などの書き込みもあるが、国境の小書きは備中松山から隣国の最寄りの村までの距離を記すのみで、きわめて簡潔である。渡河地点には、川幅と渡河方法（舟渡など）が記される。船路は示されていないが、笠岡沖の海上に同所から他国の湊への里数が記されている。松山藩及び成羽藩の外港的な性格を持っていた倉敷村と連島には、それぞれ松山及び成羽からの里数が記される。備中松山城と吉備津宮が絵画的に描かれ、鷲峯山（捧澤寺）と舟木山（洞松寺）が村形で示される。

〔正保国絵図〕　正保の備中国絵図も岡山藩が絵図元を命じられた。作成にあたっては先の寛永図がベースにされたと思われるが、岡山藩では備中国内の各大名にも改めて絵図の提出を求めた。現在池田家文庫には、①備中国之内上房郡阿賀郡哲多郡川上郡四郡之絵図、②都宇郡之絵図、③備中賀屋郡絵図、④備中国十一郡之内下道郡之絵図、の4枚が関連図として残されている。これらには、𫞂紙部分の端に①「水谷伊勢守殿より被成候絵図」、②「戸川土佐守殿被成候絵図」、③「木下淡路守殿被成候絵図」、という書き込みがある。この部分はすべて同一の筆跡で、それぞれの絵図本体の文字とは異なっている。また④には端裏に「伊東甚太郎殿より参下道郡之絵図」と書いた貼紙がある。つまり、これらの絵図は国絵図作成のために各大名から岡山藩に提出されたもので、その提出時期は④の𫞂紙部分に「正保弐年乙酉六月吉日」とあることから、正保2（1645）年のことと思われる。

4枚の特徴としては、(i)自らの領知の村だけでなく、郡内のすべての村を書き上げており、その意味で領分図ではなく郡図として作成されていること、(ii)絵図の様式も記載内容も各絵図でバラバラであり、作成方法は各大名に任されたこと、(iii)岡山藩が作成した正保国絵図（池田家文庫にある控図）と比べると、郡図の方に豊富な内容が盛り込まれているものもあれば、逆に郡図にない情報が国絵図で補充されている場合もあること、などがあげられる。つまり、岡山藩では郡図の作成について統一的な指示は細かく行わず、各藩の裁量に任せておいて、集まってから決められた様式で国絵図を調製したと思われる。この4枚がカバーする7郡以外の4郡のうち、窪屋郡と浅口郡とは岡山藩の領知がもっとも多いことから岡山藩自身が担当し、同じような郡絵図はとくに作られなかったかもしれない。小田郡と後月郡とは幕府領が半分以上の石高を占め、他に万石以上の領知を持つ大名もいないから、この2郡も岡山藩が担当して情報を集めたのではないか。

岡山藩が最終的に作成した備中国絵図は、備前国絵図とともに正保2年中に幕府へ提出されたと思われる。郷帳（「備中国十一郡帳」）も同時に提出されたが、翌正保

【図1】「備中国絵図」 岡山大学附属図書館蔵、池田家文庫、T1-30、190×189
畳紙部分に記された領主名から、寛永15（1638）年頃に作成されたと考えられる。備中の形状は、実際よりも南北方向に短く歪んでいる。様式や表現も、慶長図や正保図と異なるところが多い。連島・七島・柏島・乙島が島として描かれ、南部の干拓が進んでいない状況が示されている。

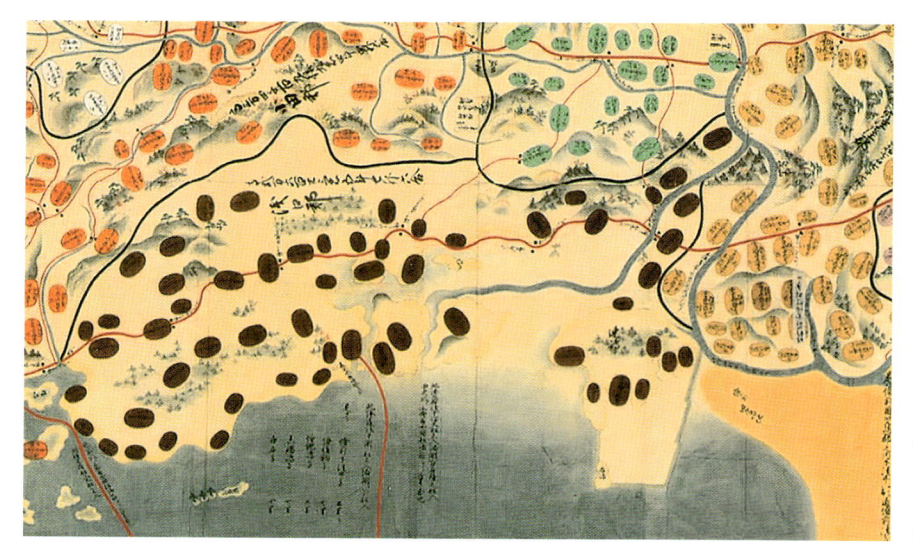

【図2】「備中国絵図」 部分 岡山大学附属図書館蔵、池田家文庫、T1-32、356×260

正保図の控図。南半分を示した。備中国の形状は実際に近付き、河川や道路の表示なども格段に正確になった。松山川が玉島方面へ西に大きく分流するように描かれる。干拓が進む様子が示され、亀島を取り囲む長大な潮留堤防が目を引く。

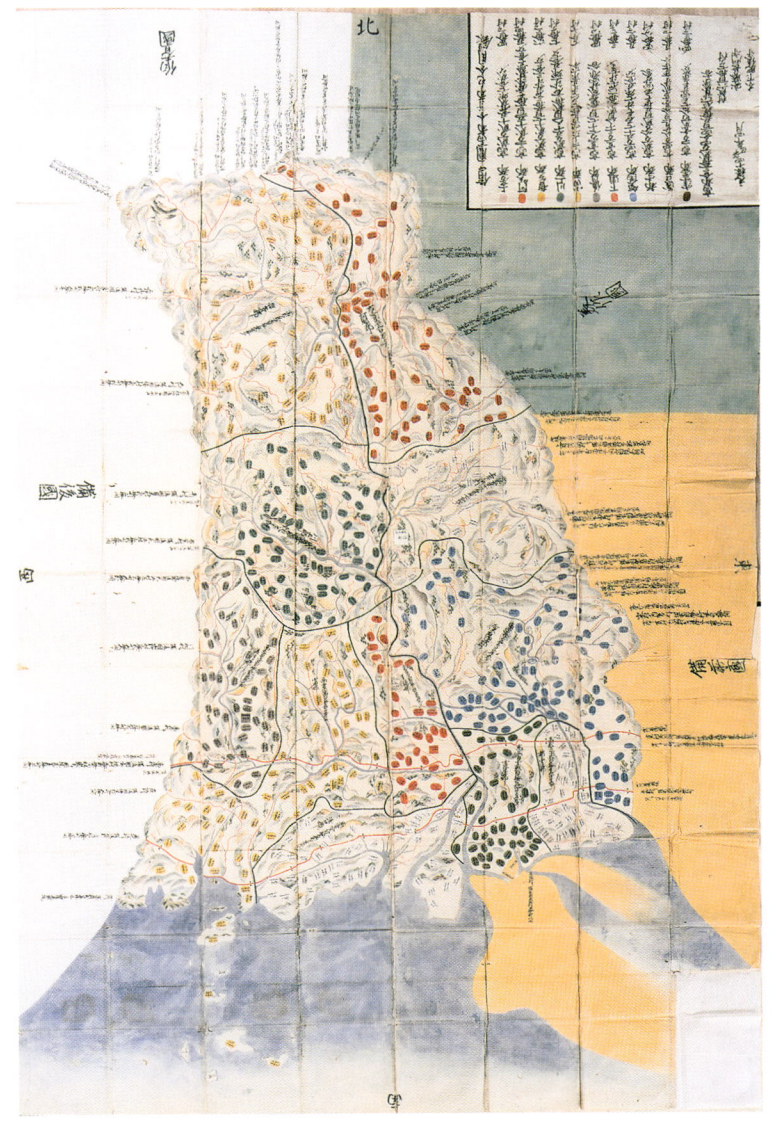

【図3】「備中国絵図」 高梁市歴史美術館蔵、363×246

元禄図の清図作成を担当した備中松山藩に、城付きの絵図として伝わった控図。松山城のほか、新見・成羽・岡田・西江原・足守・庭瀬の陣屋が四角の枠で示され、住者名が記されている。松山川は連島を囲むように東西に分流し、松山藩の外港であった玉島湊に至る高瀬通しや周辺の堤防・石垣が細かく描かれる。

【図4】「上房郡一橋家領分小絵図」 高梁市歴史美術館蔵、76.8×76.8

元禄図の上房郡の一部を写し、西江原知行所一橋家領分の村々にのみ彩色している。村形からは村高が省かれ、元禄期以降の変化が懸紙で示されている。天保図作成にあたって使われたものと考えられる。

3年8月井上筑後守政重より難字に仮名を付けるように指示があり、朱筆で補って再提出した（『池田家履歴略記』）。また、「備中国道筋并灘道舟路帳」は奥書きに「正保四年」とあり、さらに提出が遅れたようである。国絵図・両帳とも控が池田家文庫に残されている。

備中国絵図は、正保図の典型的な特徴を備えており、畾紙部分には備中国11郡の総石高を記した後、内訳を領主別の領知高として示し、領主名に「いろは」記号を付している。この記号は、村名・村高とともに村形の中に記される。正保備中国絵図のよく分かる特徴を一つだけあげるとすれば、他の国絵図では酒津村付近で東西に分かれる松山川（川辺川ともいう。現在は高梁川）を連島を囲うように描くのに対して、正保図では西側の流れを玉島方面に分流するように描くことである。当時川口部が未開発で流路が固定していなかったためである。

なお、控図と郷帳を比較した場合、村の記載に差違がある。また、控図には村形に「村名不見」「いろは付なし」などの付紙がある。元禄図作成と関連するものではないかと思われる。

〔元禄国絵図〕　絵図元は、備中松山藩（安藤長門守信友）と足守藩（木下肥後守㒶定）となった。国内の分担はよく分からないが、清絵図作成を担当した松山藩が中心で、足守藩は東南部の賀陽・都宇・窪屋郡程度を担当したか。控図は松山藩（高梁市歴史美術館蔵）と足守藩（個人蔵）に残されており、池田家文庫にも「備中国新御絵図写」がある。岡山藩のものは、宝永7（1710）年4月付けの別の書付に、「元禄十二年改り候備中国新御絵図、木下肥後守様御家来神原弥右衛門と申御絵図役人より借り寄せ候様ニと石丸平七郎え被仰付借り寄せ、荒井永喜・狩野自得・同人倅八十郎・井関理助四人として弐枚写、壱枚ハ御城御納戸え納り、壱枚ハ郡会所ニ納候也」とあることから、作成の経緯が分かる。荒井永喜・狩野自得は岡山藩の絵師である。松山藩の控図・岡山藩の写図共に元禄図の仕立様式を忠実に反映しているが、畾紙部分の目録の位置、郡ごとの色分け・隣国の色分けの色、陣屋の表示、など違いもいくつかある。

国境縁絵図は、備中国分1組4枚、隣国からの分2組8枚が木下家に残されており、備中国海辺縁絵図も1枚が同家に残されている。備中国の縁絵図は、民間にも伝えられた。その一つは備中国都宇郡妹尾村の大庄屋家に伝えられたもので（都窪郡早島町教育委員会蔵）、隣国から備中国への分1組4枚と美作への備中分1枚がある。もう一つは備前国児島郡藤戸村の大庄屋家に伝えられたもので（個人蔵）、備前備中境を双方から描いた1組2枚である。このうち後者は、岡山藩郡会所に「秘蔵」されていたものを漁場争論に際して特別に筆写を許されたもので、「不許他見」と注記されていた。また、同家には正保の備中国絵図のうち南部5郡を描いた絵図があり、これも同じときに郡会所「秘蔵」の絵図を写したものであった。

〔天保国絵図〕　担当は元禄図と同じ備中松山藩と足守藩。一般に天保図の作成にあたっては元禄図を反物状に細長く切り分けた絵図が作られるが、こうした5枚1組の備中国図が松山藩に2組、木下家に1組、それぞれ残されている。これらの絵図には村高や郡の合計高などが書かれていないことも、共通した特徴である。この切図が実際に使用されたことは、松山藩の1枚に元禄13（1700）年の岡山藩による備後福山藩領検地での村名の変更が懸紙で示されていることから確認できる。

また松山藩には、小田郡・後月郡・上房郡について領主別に書き分けた小絵図が残されている。それらはいずれも元禄図を基にしたものであり、村高・郡高を欠く点でも先の切図と同じである。現在のところ、鴨方藩池田家領分、庭瀬藩板倉家領分、井原知行所池田家分、西江原知行所一橋家分、布賀知行所水谷家分として計8枚が確認できる。これらのうちにも、元禄図以後の変化を懸紙で示したものがあり、天保図作成にあたって使用されたと思われる。また、これら3郡が松山藩の担当であったことも確認できる。

なお、1枚に調製された天保図の写図は、天保9（1838）年の年記を持つ「備中国大絵図」が木下家に残されている。また、浅口郡大谷村の大庄屋で和算家であった小野光右衛門が旗本蒔田氏知行所村々の変地図作成に携わったことが知られている。

〔備中国巡覧大絵図〕　刷本として広く流布したものに「備中国巡覧大絵図」がある。嘉永7（1854）年2月の刊行で、版元は「備中倉敷太田屋六蔵・大坂心斎橋通北久太良町河内屋嘉兵衛・同所河内屋儀助」であった。余白部分には枠囲いして神社・古利・名勝・名蹟・産物の書上げがあり、天保6年2月15日付の国学者藤井高尚の跋文がある。

（倉地克直）

【参考文献】
川村博忠 1984『江戸幕府撰国絵図の研究』（古今書院）／片山新助 1993『岡山藩の絵師と職人』（山陽新聞社）／倉地克直 1996「村方に伝えられた「国境縁絵図」」（『倉敷市史だより』7）／礒永和貴 2003「測量家小野光右衛門と天保備中国絵図」（『国絵図ニュース』13）

備後国

元禄国絵図での絵図元交替

　備後国は古代以来14郡で、藩政期においては御調・世羅・三谿・三上・奴可・甲奴・沼隈・深津・安那・品治・蘆田・神石・三次郡より成っていた。

　備後は現存する国絵図の少ない国の一つであって、地元での現存は皆無である。正規の備後国絵図としては国立公文書館の正保図写（中川忠英旧蔵本と松平乗命旧蔵本）と天保図全国分のうちの備後図2鋪（紅葉山本・勘定所本）があるのみである。

〔所領の構成と推移〕　関ヶ原の戦いのあと安芸と備後の2か国と備中の一部は広島城に拠る福島正則の領するところとなった。正則は居城を無断で修復したことをとがめられて元和5（1619）年に除封となり、その旧領は2分され広島には紀伊より浅野長晟が入って安芸1国と備後の北部を加えて42万石余、残る備後の南部6郡（深津・沼隈・安那・品治・蘆田・神石郡と甲奴郡の一部）及び備中の一部は大和郡山より入封した水野勝成10万石余の領するところとなって、備後深津郡の福山に城下町が誕生した。

　ところが福山藩主水野家は元禄11（1698）年無嗣断絶、その領地は収公されて2年後の同13年に出羽山形から松平（奥平）忠雅が入封したものの、わずか10年ばかりで宝永7（1710）年伊勢桑名へ転封、代わって下野宇都宮より安部正邦が入封し、安部氏の福山藩10万石が明治維新まで10代約150年続いた。

　他方備後国にある広島藩領のうち北部の5万石を浅野光晟は寛永9（1632）年に庶兄長治に分知し、三次支藩を成立させたが、同藩は享保5（1720）年無嗣断絶し、広島藩に返還された。

〔寛永巡見使国絵図〕　寛永10年に幕府が全国を6区に分けて派遣した国廻り上使（巡見使）によって諸国の国絵図が集められたが、その国絵図を原拠とする二次的な写本と見られる全国揃いの国絵図（「日本六十余州図」）が池田家文庫や毛利家文庫などに伝わっている。図2は岡山大学附属図書館の池田家文庫に所蔵される諸国国絵図（「日本六十余州図」）のうちの備後国絵図である。

　備後国の14郡が茶色の界線で明瞭に区分され、郡名が赤色の短冊型の枠をもって示されている。道筋は郡界線と同じ茶色であるが、やや細い線で筋引きしている。国内の村々は道筋など主要な村だけを小判型の村形を用いて図示しており、隣国へ通ずる道筋には必ず隣国の何村へいたるかを逐一注記するのが本図の特徴である。

　居城の福山城には付箋にて「拾万千石　水野民部」とあって、三原城には同じく付箋で「松平安芸守」とだけ記されている。水野民部は福山藩主の水野勝種であって同人の藩主在任は寛文3（1663）年～元禄10（1697）年であった。池田家文庫の諸国国絵図に付箋で記される城主の揃う時期は寛文11（1671）年頃と見られており、福山城主の「水野民部」（水野勝種）もこの時期に合致している。

　三原城に付箋で「浅野安芸守」とあるのは広島藩主の浅野光晟のことである。三原城は小早川隆景が永禄10（1567）年に備後国御調郡の沼田川河口に築城、慶長5（1600）年に広島城主福島正則の支城となり、元和5（1619）年に広島城主が浅野長晟に代わると、三原城には代々一門の家老（三原浅野氏）を配した。広島藩の支城であるため広島藩主の名前が記されたものと考えられる。

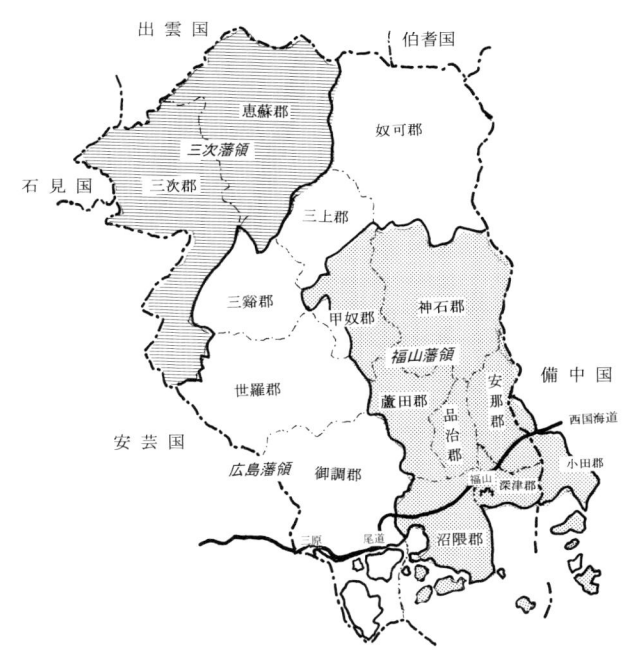

【図1】備後国の所領区分（元禄10年当時）

【図2】「寛永備後国絵図」 岡山大学附属図書館蔵、池田家文庫、T1-96、120×165

【図3】「天保備後国絵図」 部分 （芦田川流域・晶紙目録）国立公文書館蔵、特83-1、409×388

〔寛永15年国絵図〕　広島藩の『済美録』元禄15年6月9日の条によると「備後国絵図被差上候様、井上筑後守政重殿より水野日向守勝成（福山城主）君へ申来候旨ニ而、（中略）備後之内御領分并因幡守長治君御領分絵図、勝成君へ御渡し被成候様、此御方へも政重殿より申来候付、絵図出来之上、其元へ可進之付、勝成君より御一緒ニ江戸へ被差上候様、返書遣候」と記して、広島藩家老衆より福山藩家老衆へ宛てた次のような書状を載せている。

　御飛札拝見仕候、備後国中絵図を壱枚被御上候様ニと井上筑後殿より日向守様へ申来候付て、其写シ相添被下、御念入候段忝存候、安芸守・因幡守備内領分絵図、日向守様へ可相渡旨、筑後殿より安芸守方へも被仰越候間、此方之絵図仕、其へへ可進候条、日向守様より一所ニ被成、江戸へ御上ケ被成候、此由日向守様へ被仰上可被下候、恐惶
　　六月九日　　　　　　　　　上田備前守
　上田玄蕃様　　　　　　　　　上田主水助
　中山将監様　　　　　　　　　浅野甲斐守
　広田図書様

以上によると、寛永15（1638）年に備後国絵図の調進が幕府大目付井上政重より福山城主水野勝成へ命ぜられ、福山藩では備後国内に所領を有する広島藩（浅野安芸守光晟）とその支藩である三次藩（浅野因幡守長治）へもそれぞれの領分絵図の作成を依頼して、備後の一国絵図を総括調製して幕府へ提出したものと見られる。

寛永15年の国絵図は萩藩の『公儀所日乗』（福間牒）によると「今度、日本国中ノ本絵図被仰付候、然処ニ先年中国江被参候御上使仕被上候絵図少あらましに付而、只今中国之分斗絵図被仰付候、絵図之仕様追而御書立可被下候由被仰渡候、只今絵図被仰付候国者、播磨・備前・因幡・伯耆・備中・美作・備後・安芸・周防・長門、此国々ノ衆江被仰付候事」とあって、寛永15年の備後国絵図はその前の寛永10年の巡見使が集めた中国筋の国絵図が疎略であったために改めて調進が命ぜられたのであった。

備後国の正保国絵図は安芸国の広島藩主松平（浅野）安芸守光晟を絵図元にして調進されたようであるが、その作成経緯はよく分からず、現物の確認もできない。

〔元禄国絵図〕　元禄備後国絵図は広島藩主松平（浅野）安芸守綱長と三次藩主浅野土佐守長澄の相持にて調進されている。『広島藩御覚書帖』によると、次のような記載がある。

　一、安芸国備後国絵図郷村帳元禄拾四辛巳年於江戸左之通公儀江

御差上ケ被成
　　　　但、絵師　　狩野良信
　　　　　書付　　御祐筆并御勘定組
一、安芸国絵図一枚　　　　同月廿三日ニ上ル
一、同国境縁絵図三枚　　　同月廿五日ニ上ル
　同変地帳一冊
一、備後国絵図一枚　　　　七月四日ニ上ル
　同郷帳
一、備後国境縁絵図五枚　　七月廿二日ニ上ル
　同変地帳一冊
一、安芸国・備後国海手縁絵図弐枚　　同日ニ上ル
右之外正保三年慶安弐年公儀へ上り候得共委細ニ不知

元禄備後国絵図の調進は元禄10（1697）年閏2月4日幕府評定所において、福山藩主水野美作守勝種と三次藩主浅野土佐守長澄両者の相持により美作守の清絵図担当が命じられていた。ところが元禄12（1699）年9月23日になって、備後の絵図元を広島藩主の松平（浅野）安芸守綱長と三次藩主の相持とし、安芸守を清絵図（きよえず）担当とするように変更が申し渡された。

この変更の理由について広島藩の『済美録』に「按ずるに備後国御絵図ハ兼々長澄君并水野美作守勝種君おほせ合され勝種君より達せらるべきとの御事にてありしに勝種君十年丁丑八月御卒去、御嫡松之丞勝岑君十一年戊寅五月御早世にて御家絶ゆされ、いろいろ改めて命ぜられし御事成べし」と書いている。

元禄11（1698）年に福山藩主の水野家が嗣子なく断絶し、領地が収公されたことによって備後国絵図の絵図元が変更されたのであった。広島藩は安芸国一円に加えて備後国のうち御調・世羅・三谿・三上・奴可の5郡に領地を有しており（図1参照）、三次藩は5万石の小藩であったことから、断絶した福山藩に代わって新たに広島藩が備後国の主たる絵図元を命ぜられたのである。

〔天保国絵図〕　国立公文書館に所蔵される備後国の天保国絵図2鋪のうち図3は紅葉山本である。天保国絵図は元禄国絵図を基に諸国より提出の掛紙変地資料によって幕府が一手に仕立てたため、様式は全国共通である。天保度の備後国都合高は31万2054石余であって、元禄郷帳による国高28万9878石余と比べると2万3000石余の増加が認められる。

（川村博忠）

【参考文献】
川村博忠 1984『江戸幕府撰国絵図の研究』（古今書院）／木村礎他編 1990『藩史大事典第6巻』（雄山閣）

安芸国

現存の少ない安芸国絵図

　毛利輝元が太田川河口部に広島城を築いて、天正19（1591）年それまでの居城であった高田郡吉田の郡山城からここに入城し、中国地方9か国にまたがる領国の拠点とした。輝元は関ヶ原の戦いで西軍の総大将に祭りあげられたことから、周防・長門2か国に削封されて萩に移ったあと、広島には尾張清洲から福島正則が入封して安芸・備後両国と備中国の一部を領したが、元和5（1619）年に広島城の無断修築を理由に改易となった。それをうけて和歌山から浅野長晟（ながあきら）が広島に入封し、安芸一国および備後半国42万6000石余を領有するところとなった。

　正保以降の安芸国絵図はすべて広島藩主の浅野氏が絵図元を務めた。しかし、地元には安芸国絵図の控や写の現存は皆無である。他所を探せば国立公文書館の天保国絵図正本、正保国絵図写本（中川忠英旧蔵）がある。そのほかに伊能忠敬記念館に伊能忠敬が若年寄堀田摂津守の仲介で中川忠英所持の正保国絵図写本を写したと考えられる正保安芸国絵図（諸国大地図・草色表紙のうち）が現存している。

　また寛永10年巡見使が集めた全国の国絵図を様式を統一して描き改めたとみなされる諸国国絵図（日本六十余州図）の中に安芸国絵図が含まれていて、池田・佐竹・毛利などいくつかの大名家に伝わったものがある。

〔寛永国絵図〕　名古屋市蓬左（ほうさ）文庫蔵の図（図1）を紹介しておく。日本六十余州図の共通する特徴として隣国へ通ずる道筋にはすべて隣国のどこへいたるかを小書きしている。広島城はこの系統図に特有な黒の四角枠内を円で白抜きした居城図式で表現している。郡山、可部（かべ）、向なた、廿日市、小方（おがた）などをはじめ国内には多くの古城が示されている。

　郡境は太い墨線で明瞭に筋引きされていて、郡名は寛文4（1664）年印知以前の状況であって豊田・賀茂・高

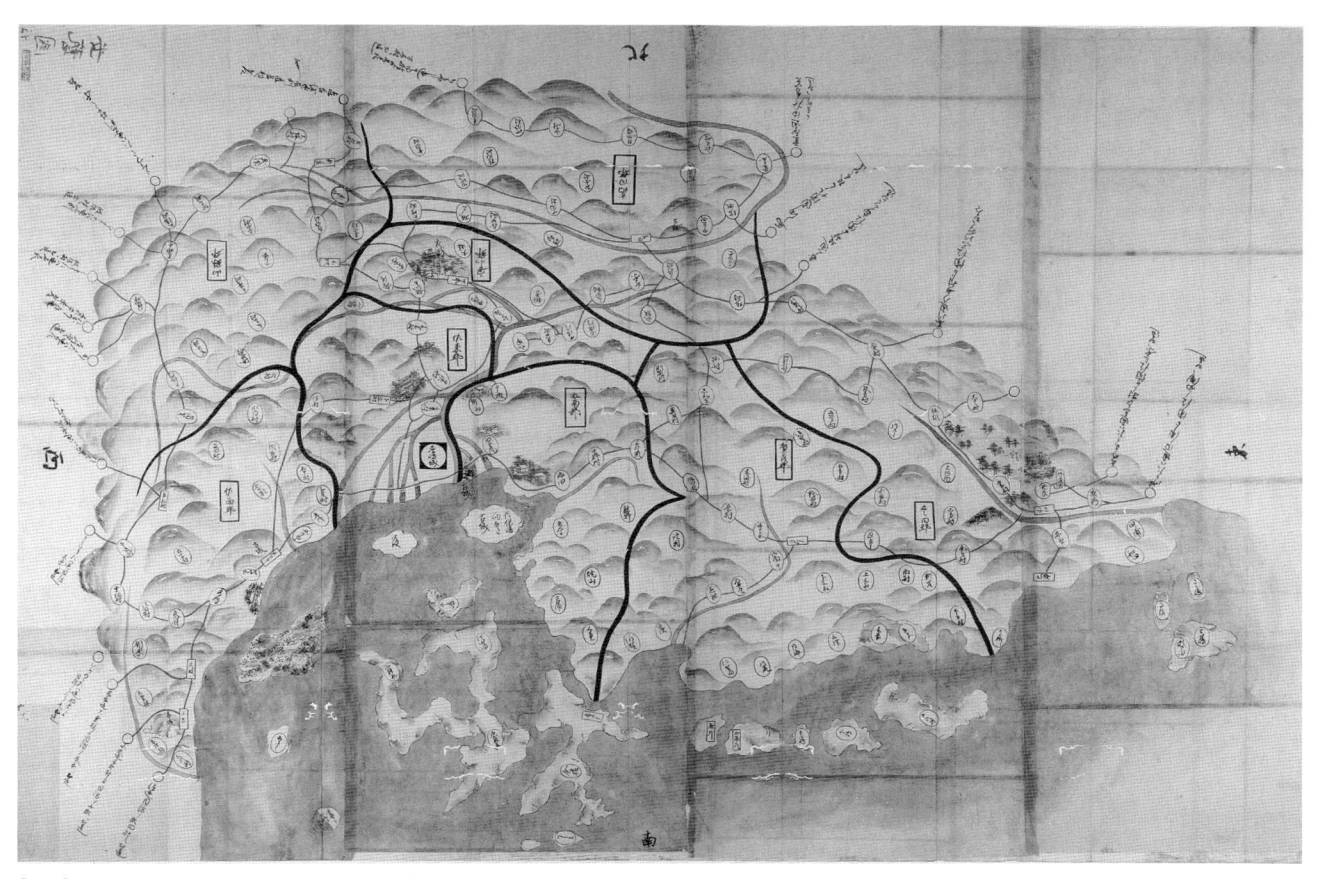

【図1】「寛永安芸国絵図」　名古屋市蓬左文庫蔵、五－728、143×114

【図2】「正保安芸国絵図」写　伊能忠敬記念館蔵、諸国大地図（草色表紙）のうち、374 × 320
伊能忠敬が御家人に取り立てられて幕府御用となった文化2（1805）年の第5次測量からは、それまでとは比較にならないほど便宜が得られるようになった。第5次以降の測量は中国、四国、九州に及ぶことから、忠敬が幕府若年寄堀田摂津守の仲介で中川忠英所持の正保国絵図模写本を借り受けて写したものは、いずれも西日本諸国の国絵図であって、それらは現在伊能忠敬記念館に現存している。

【図3】「天保安芸国絵図」 部分（東部地域）国立公文書館蔵、特83-1、390×364

安芸国

田・安南・安北・山県・佐東・佐西の8郡に分けられている。広島湾には仁保島や江波が沿岸から離れて完全な島として描かれていて、デルタの発達がいまだ不十分の状態を示している。

〔正保国絵図〕 中川忠英旧蔵本を写したと見られる伊能忠敬記念館蔵の図（図2）を紹介する。図面の大きさは374×320cmの大型であって、輪郭は原図に従っているものと考えられる。村形を小判型で表現していて、村形を郡別に色分けしており、郡界は黒線で明瞭に筋引きされている。朱線を引いて示される道筋には黒丸印の一里山が配されている。このように基本的には国絵図様式を保持しているが、村形の枠内には村名のみで村高の記入が省かれている。

郡分けは寛文印知前の8郡であって、郡付には郡高と村数が記されている。隣国の国別塗り分けはないものの、隣国の国名が大きく墨書されている。図中の描写では広島城下、太田川デルタのいちじるしい発達の様子を見ることができる（図4）。

正保国絵図では一般に畾紙目録は簡略であるが、本図の畾紙には郡別の色分け・石高・村数をはじめ領分高までも記す詳しい目録の掲載が見られる。このような整った畾紙目録は他国に例をみない特徴である。その畾紙目録を示すと以下の如くである。

安芸国絵図
○ 佐東郡　高一万六千五百五石二斗一升四合　村数三十ケ村
○ 佐西郡　高三万四千七百九十八石七斗　村数六十三ケ村
○ 豊田郡　高五万四千四百十四石八斗五升八合　村数五十六ケ村
○ 山県郡　高二万八千五百十八石六斗六升九合　村数六十四ケ村
○ 安北郡　高一万六千百九十三石七斗九升六合　村数卅二ケ村
○ 賀茂郡　高四万九千二百九十八石八斗九升二合　村数八十八ケ村
○ 安南郡　高二万五千三百五十六石六斗八升五合　村数卅八ケ村
○ 高田郡　高四万三千七十五石二合　村数六十二ケ村
高二十六万千九千四百七十八石三斗一升
　　内二十二万二千九十七石四斗四升六合　田方
　　　四万八千三百八十石八斗六升四合　畠方
　　二十六万六千六百石　　松平安芸守領分
　　外高五千二百廿二石六斗七升六合　新田
　　二千八百七十八石三斗一升　浅野因幡守領分
　　外高十九石四斗一升　新田　外
一、高九千八百八十九石四斗一升五合　切畑
一、銀七十三貫三百五十八匁四分　小物成

この畾紙目録に記載される松平安芸守は広島藩主浅野光晟である。浅野因幡守は備後三次藩主の浅野長治である。三次藩は寛永9（1632）年、広島藩主浅野光晟の領地高のうち5万石を庶兄の長治に分知して備後国の三次に立てられた広島藩の支藩である。三次藩は備後国を主にした領地のほかに安芸国の佐西・豊田・高田3郡にて2800余石を領していた。

〔天保国絵図〕 図3は国立公文書館に所蔵される天保安芸国絵図の東側部分である。瀬戸内海の島々のうち下端の横長の大きな島は東側が生口島、西側が大崎島である。生口島の右上および大崎島の上方で四方を小島に囲まれた海中に黒く特異な図柄が描かれている。図2の正保国絵図によると、これに「高藻」との記載がある。これは「藻場」とも呼ばれて海草の多く生えている場所のことである。図3の上部に添えた畾紙目録によると天保度の安芸国の総石高は31万648石4斗8升9合になっている。

（川村博忠）

【参考文献】
福井保 1978「内閣文庫所蔵の国絵図について（続）」（『北の丸 10』）／川村博忠 1979「明暦大火被災による正保国絵図の再提出について」（『歴史地理学会会報』103）

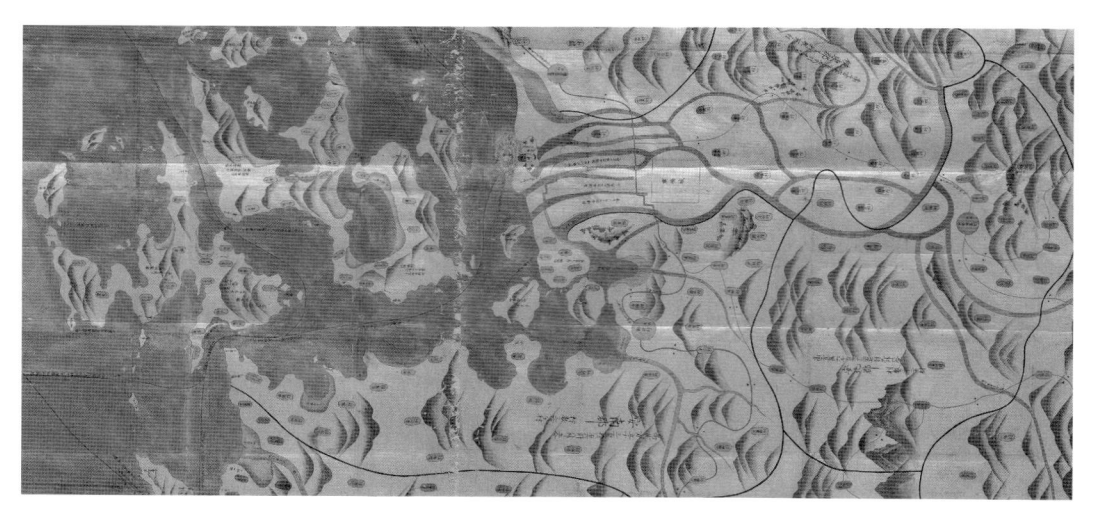

【図4】「正保安芸国絵図」（中川忠英旧蔵本）、部分（広島城付近）、国立公文書館蔵、176-286-58

周防国

絵図に見る萩藩の支配領域

　周防国と長門国は萩藩が一円を支配していたため、概して、両国の国絵図は対にして保管されている。

〔慶長国絵図〕　本図は宇部市立図書館附設資料館に所蔵されている。この図が慶長図であるとされる根拠は城郭の描写にある。図上には山口古城が石垣で表現されている。岩国には横田城も見られる。このように、同図上に複数の城が記されていることから、元和元（1615）年の一国一城令の公布以前に作成された図だと思われる。

　同図の裏書きには「上周防、京進ノ扣（控）」とあり、献上図の控であることが分かる。

　周防国図は国境筋で切り取られており、「合紋」と呼ばれる記号によって長門国図と接合するように仕立てられている。また、安芸・周防国境にある甲島については、島の中央で線引きされており、島の西部には「甲　周防ノ内」、東部には「甲　安芸ノ内」と注記されている。

　郡境は紫色の実線で表されている。各郡に関する記載については、朱と黒の長方形の二重枠の中に、郡名・郡高・田畑別面積・物成を明記している。

　街道筋は朱色で線引きされているが、一里山や交通注記はない。

　基本的に石高付きの村形は小判型をもって村落を示しているが、一部の地域では図像や文字注記が統一していない。たとえば、枝村に関しては、「○○ノ内▲▲」ないし「○○ノ内」と記されており、村形も一定の形をしていない。とりわけ周防大島周辺には不定形の小さな村形が多数見られる。これは集落の立地、ないし国や郡域の広さを示していると考えられる。こうした村形による視覚的効果により、毛利氏は自らの支配領域を誇示したのであろう。

　なおこの控図の模写図が山口県文書館に所蔵されている。同図は軸装で仕立てられている。

〔寛永国絵図〕　寛永図は寛永10（1633）年と同15（1638）年の2期にわたり作成された。『公儀所日乗』（山口県文書館蔵）によれば、後者は前者に比して、交通注記が詳述されているという。山口県文書館に残る図は街道筋や市町の描写は詳細であるものの、交通注記はほとんど見られず、船路の図示もない。このことから、寛永10年の図であるとされる。この図の特徴としては、以下の3点があげられる。すなわち、①慶長図の郡切を基調としていること、②村落の記載に関しては、村形を用いず、村名のみを用いており、平地部分は郡ごとに色分けされていること（図4）、③元和の一国一城令により、周防国内の城はすべて廃城になるが、本図では岩国の横山城が描写されていることである。

〔正保国絵図〕　正保図の編纂には萩藩の毛利秀就が担当した。山口県文書館に保管されている図の裏書きには「此絵図慶安二八月廿一日ニ井上筑後守様、同年十一月廿日曾祢源左衛門殿（様ヵ）被指上候扣　周防」とある。同図には針穴がみられることから、幕府へ献上した図を萩藩が書写し、控とした可能性がある。

　ところで、正保図の作成の幕命が下ったのは、正保元（1644）年である。このように萩藩は正保図の編纂に8年も要した要因について、『公儀所日乗』には次のように記されている。それは、①献上までの間にたびたび幕府側から訂正の要請があったこと、②周防・長門両国の国絵図を作成する際に、萩藩の支藩である長府藩領と下松藩領を本藩と区別して表記するよう幕府から指示されたことである。②に関しては、領地ごとに村形の縁の色を塗り分けることにより、各支配領を示した。下松藩領は村形の縁の色が緑色で示されたのに対し、岩国藩領のそれは萩藩と同じ黒色で仕立てられた。これは、幕府が岩国藩を萩藩の陪臣と考えていたからである。

　石高が記された村形は小判型が主流である。しかしながら、依然として不定形な村形が見られる。たとえば、正保図において伊予との国境上にある津和島には、村形は不定形であり、「此津和島ノ内周防大島郡ノ地少有之」とある。このことから、正保期の萩藩では津和島を周防国大津郡と伊予国の両者が支配する島嶼として認識しており、こうした村形にすることで、周防国大島郡であると同時に、周防国下の支配領域にあることを強調したのであろう。「○○郡ノ内」と肩書きのある村形も同様の理由から記されたものと思われる。

　主要街道の周辺には馬継が散見される。正保期の街道に関しては、正保図とともに幕府へ提出された『周防国大道小道并灘道舟路之帳』（山口県文書館蔵）に詳しい。

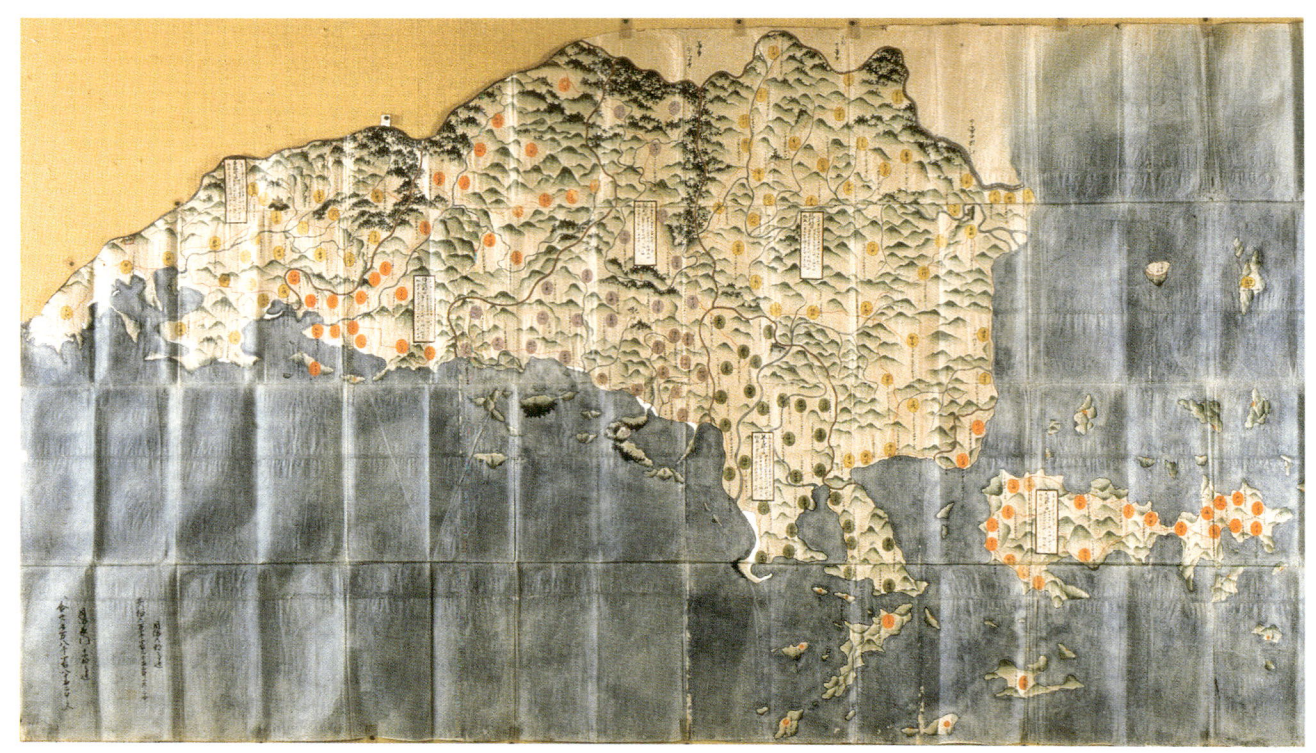

【図1】「慶長国絵図控図周防国長門国」、宇部市立図書館附設資料館蔵、紀藤家文書9、315×167
本図は、萩藩の永代家老福原氏の側近が保管していた献上図の控である。

【図2】「防長両国大絵図　箱」　山口県文書館蔵、毛利家文庫、絵図238、553×330
本図は、幕府へ献上された正保図の萩藩控である。

【図3】「周防長門大絵図」 山口県文書館蔵、毛利家文庫、絵図246、612×440
本図は、元禄12（1699）年に幕府へ献上された元禄図の萩藩控である。

【図4】「周防国絵図」 部分 山口県文書館蔵、袋入絵図3、322×176
本図は、寛永10（1633）年に幕府へ献上された図の控といわれている。図は現・周南市・徳地町周辺である。

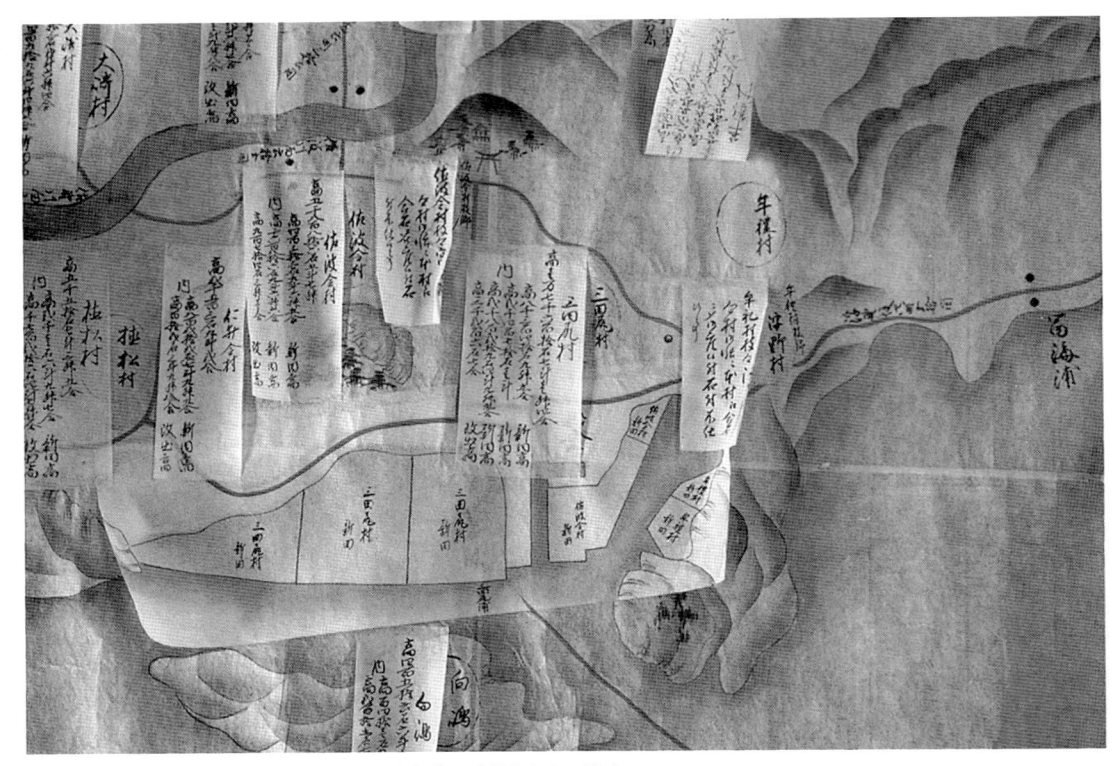

【図5】「御両国絵図　箱」部分　山口県文書館蔵、毛利家文庫、絵図244
本図は、元禄図を薄紙に模写し、萩藩が懸紙に修正をほどこし、幕府へ献上した図の控である。1枚の図を分割裁断した6本の巻物からなる。図は現・防府市の三田尻付近である。

同帳簿には、馬継間や舟路の里程、交通の難所、渡河についての情報、浦・津・島の家数などが記載されている。

このほか、国立公文書館には献上図の写（中川忠英旧蔵本・松平乗命旧蔵本）がある。前者は慶安期に献上されたもの、後者は明暦2（1656）年の大火後に萩藩が再提出したものの写図であることが、図上に記された領主名から分かる。伊能忠敬記念館には中川忠英旧蔵本の模写図がある。

〔元禄国絵図〕　周防国図は元禄12（1699）年5月に幕府へ上納された。しかしながら、同年12月に幕府は国境をより詳しく記すよう萩藩へ下命した。そのため、同14（1701）年に再提出している。山口県文書館に所蔵されている周防国図は元禄12年5月に幕府へ上納した図の控である。

正保図上に見られた馬継は元禄図では描かれていない。しかしながら、正保図において本村と同名で表記されなかった馬継に限っては「○○村ノ内▲▲」と枝村であることを示している。正保以来の新開地に関しては、家屋がないことを理由に記載されていない。

〔天保国絵図〕　天保6（1835）年8月に萩藩が幕府勘定所へ持参した下図が山口県文書館に収蔵されている。

同図は元禄期に幕府へ献上した図を薄紙に模写し、懸紙にかぶせて変化した箇所を修正した図である。周防国図は1枚仕立ての国絵図を東西方向に裁断した6本の巻物（図5）からなる。石掛けの方法、村落や新開地の変遷、街道や川筋などの変更などを把握するうえで、貴重な史料となろう。

以上、各期の国絵図の特徴を略記したが、周防国絵図や長門国絵図上の表現には萩藩の支配領に対する認識が示されている。こうした解読は萩藩による領国の統治状況を理解するうえで不可欠である。また、周防国や長門国には絵図の作成経緯を示した史料や国絵図とともに提出された帳簿類も豊富である。そのうえ、山口県文書館のホームページでは同館所蔵の正保図、国立公文書館では天保図（完成図）が公開されている。こうした史料を活用することで、地域史をさらに発展させることができよう。

（喜多祐子）

【参考文献】
黒田日出男1980「現存慶長・正保・元禄国絵図の特徴について―江戸幕府国絵図・郷帳管見（二）―」（『東京大学史料編纂所報』15）／川村博忠編2000『江戸幕府撰慶長国絵図集成』（柏書房）／喜多祐子2003「国絵図にみる絵図村の表現とその分布―周防・長門を事例に―」（『人文地理』55-2）

長門国
萩本藩と支藩の領分を明示した正保図

　慶長5（1600）年の関ヶ原の合戦で敗れたことを契機に、中国地方8か国を領した毛利輝元は周防・長門の2か国へ減封され、拠点を萩へ移すこととなった。以後、周防・長門両国は萩藩の一円支配となり、両国の国絵図の作成はいずれも同藩が担当した。

〔慶長国絵図〕　本図は、昭和36（1961）年に宇部市在住の紀藤閑之介氏から宇部市立図書館附設資料館へ寄贈、平成元（1988）年6月に国の重要文化財に指定された。なおこの図を複製した軸物が山口県文書館に収蔵されている。

　長門国図は周防国図と対をなしており、「合紋」と呼ばれる記号によって両図が接合できるように仕立てられている。裏書きには「上長州　京進ノ控」とある。

　図上には萩城と長府の串崎城の2つの城が見られることから、元和元（1615）年の一国一城令の公布以前に作成されたことが分かる。

〔寛永国絵図〕　長門国絵図は寛永10（1633）年と同15（1638）年の2期にわたり作成されており、後者は前者に比して、交通注記が詳しく記されているという（『公儀所日乗』、山口県文書館蔵）。このことから、山口県文書館の図は寛永10年の図であるとされる。そのためか、元和一国一城令の後に作成された本図は、萩城のみが描写されている。そのほかの特徴としては、慶長図を基調としながらも、村形は見られず、代わりに平地部分は郡ごとに着色されており、そこに村名が記されている点があげられる（図4）。

〔正保国絵図〕　正保図は阿武・大津・美祢・厚東・厚狭・豊田・豊東・豊西郡の8郡仕立ての図である。長門国の絵図元には萩藩が任命された。なお絵師に関しては、下絵図段階では雲谷派の萩藩御用絵師である狩野太郎右衛門、献上図では幕府側から推薦された江戸狩野派の八田助左衛門が担当した。

　本図は周防国図のほかに、両国の郷帳や道帳とともに、木箱に収納されている。箱の蓋裏に付された「入日記」には、同図が献上図の控であり、萩藩の役人である江木次郎右衛門がその調整に関わったとある。

　この入日記によれば、これら絵図や帳簿類は慶安2（1649）年から同5（1652）年にかけて順次提出された。ちなみに、正保図の作成の幕命が下ったのは、正保元（1644）年である。このように正保図の編纂が遅れた理由について、萩藩は次のように説明している。すなわち、①献上までの間に幕府側から再三訂正の要請があったこと、②周防・長門両国の国絵図を各国萩本藩一円の図に仕立てたところ、幕府より長府・下松両支藩領を明示するよう手直しが求められたためである。

　正保図では、村形の縁の色を塗り分けることにより、所領を区分している。萩藩領の村落には、村形の縁の色が黒色であるのに対し、長府藩領は赤色、下松藩領は緑色で示されている。同図を見る限りでは、1村を2人以上の領主が支配する「相給」であるかどうかは不明瞭であるが、その場合は郷帳と対照させると把握することができる。しかしながら、図の余白部分、すなわち贉紙に記された長門国の総石高に目を転じてみると、長府藩と下松藩の石高は萩藩に含まれており、両藩は萩藩の分知であることが分かる。

　城郭の描写については、萩藩の居城には城郭を中心とした景観的描写は見られないが、「松平長門守居城」という文字表記の周囲に、内堀や外堀が示されている（図5）。同時期に城絵図が調進されたため、城郭を詳細に表現する必要がなかったのであろう。一方、萩藩の支藩である長府藩主の居所は墨線の四角い枠で括られ、その城郭部の内側に「毛利甲斐守居所」という記載がある。萩藩と同じような城郭を示す景観描写はない。

　さて、国立公文書館（中川忠英旧蔵本・松平乗命旧蔵本）の長門国図は正保図の転写図であるとされる。しかしながら、国立公文書館に所蔵されているこれらの図は領主名が相違することから、正保図は2期にわたり作成された可能性がある。つまり、慶安年間の献上図と、明暦2（1656）年の大火の際に慶安期の献上本が焼失したため、再提出された献上図である。なお伊能忠敬記念館の伊能忠敬本は中川忠英本の写図である。

〔元禄国絵図〕　元禄図は、寛文4（1664）年の朱印改めの際に長門国は8郡から6郡に改められたことにより、元禄図は阿武・見島・大津・美祢・厚狭・豊浦の6郡で仕立てられている。この図も山口県文書館に所蔵さ

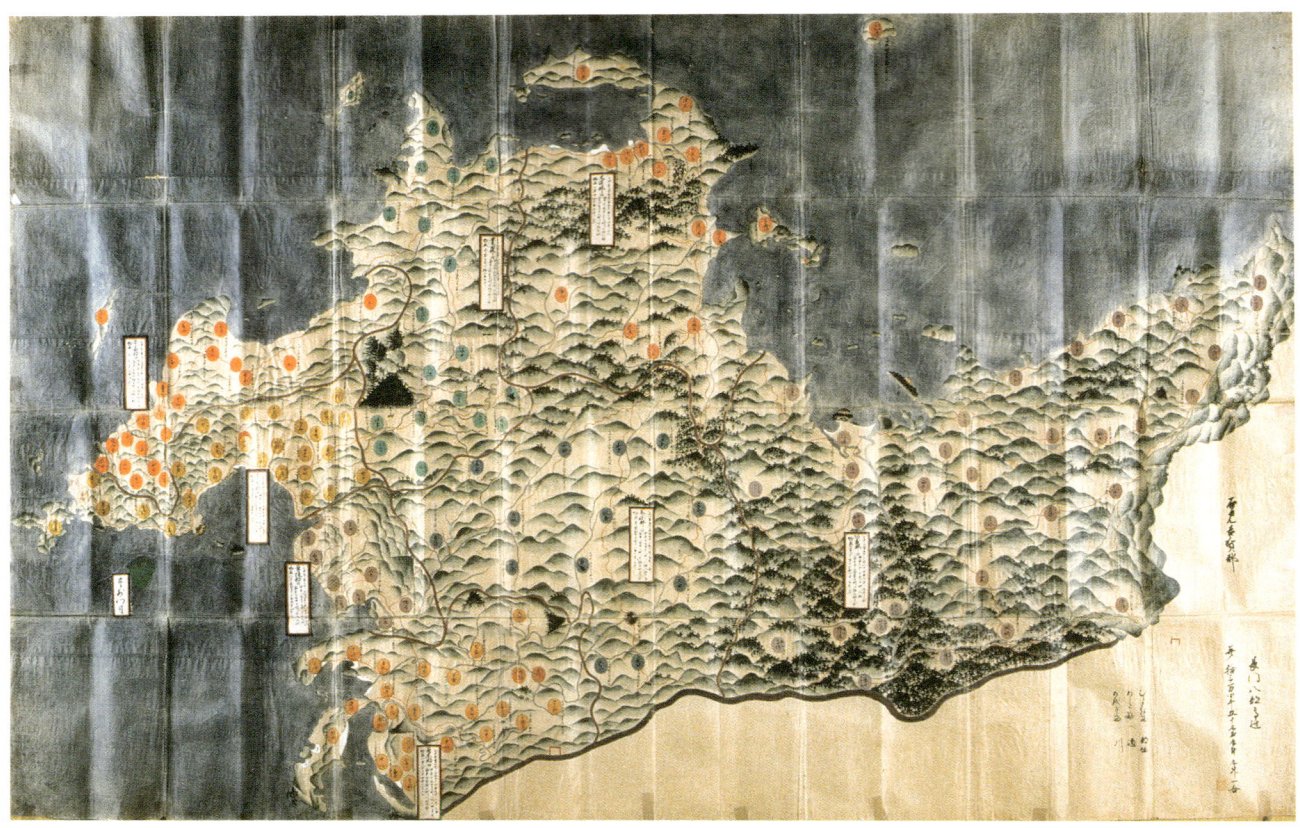

【図1】「慶長国絵図控図周防国・長門国」、宇部市立図書館附設資料館蔵、紀藤家文書9、264×171
本図は、萩藩の永代家老福原氏の側近が保管していた献上図の控である。

【図2】「防長両国大絵図　箱」　山口県文書館蔵、毛利家文庫、絵図238、480×335
本図は、幕府へ献上された正保図の萩藩控である。

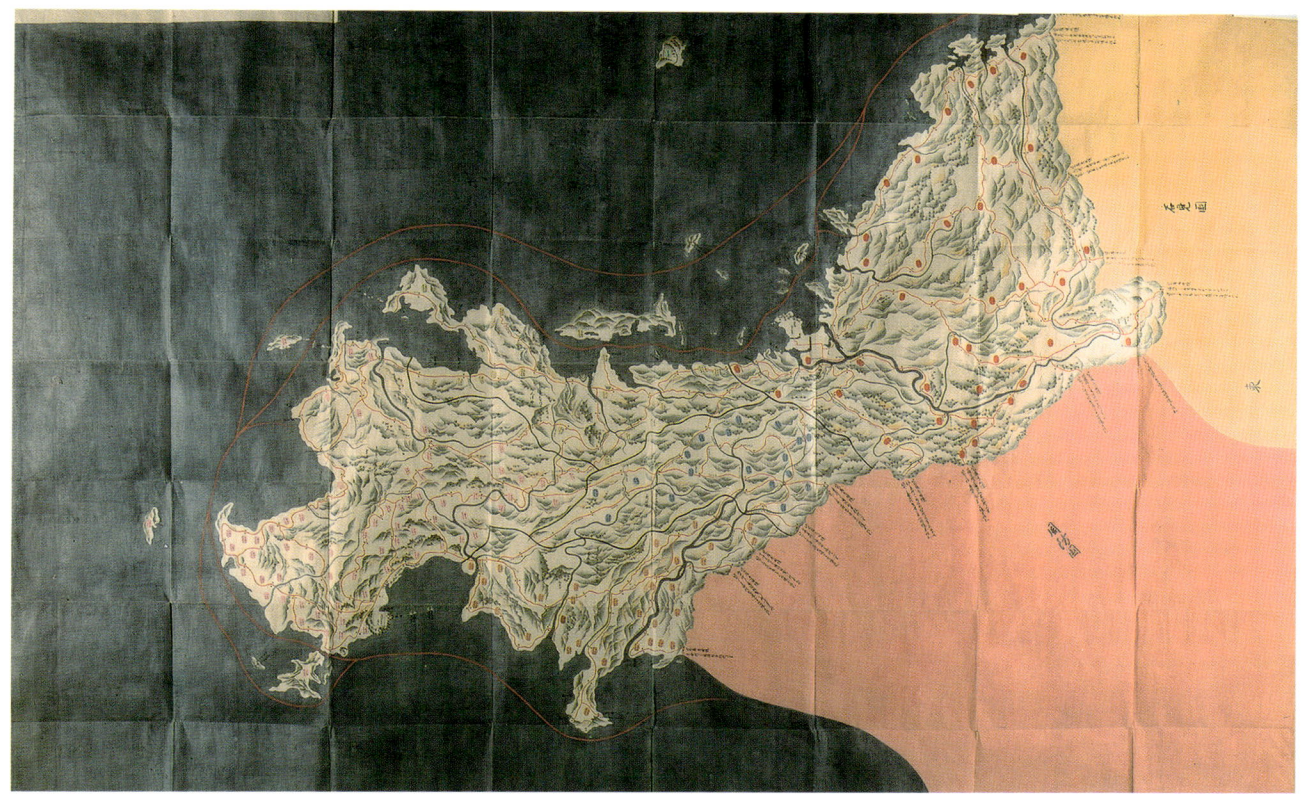

【図3】「周防長門大絵図」 山口県文書館蔵、毛利家文庫、絵図244、525×403
本図は、元禄14（1701）年に幕府へ献上された元禄図の萩藩控である。

【図4】「長門国絵図」 部分 山口県文書館蔵、袋入絵図4、174×266
本図は、寛永10（1633）年に幕府へ献上された図の控である。図は萩城周辺である。

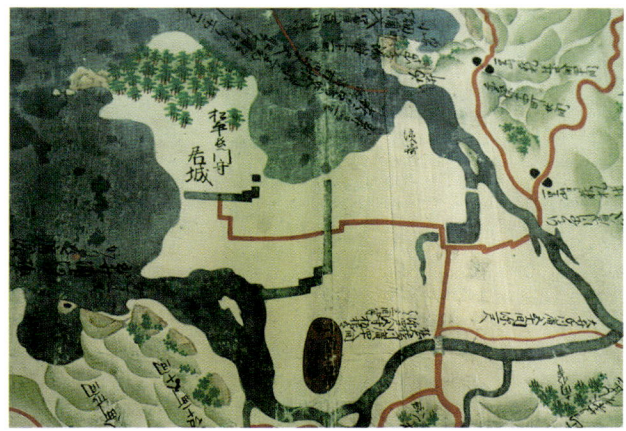

【図5】「周防長門大絵図」 部分 山口県文書館蔵、毛利家文庫、絵図244
図は正保図の萩城周辺である。

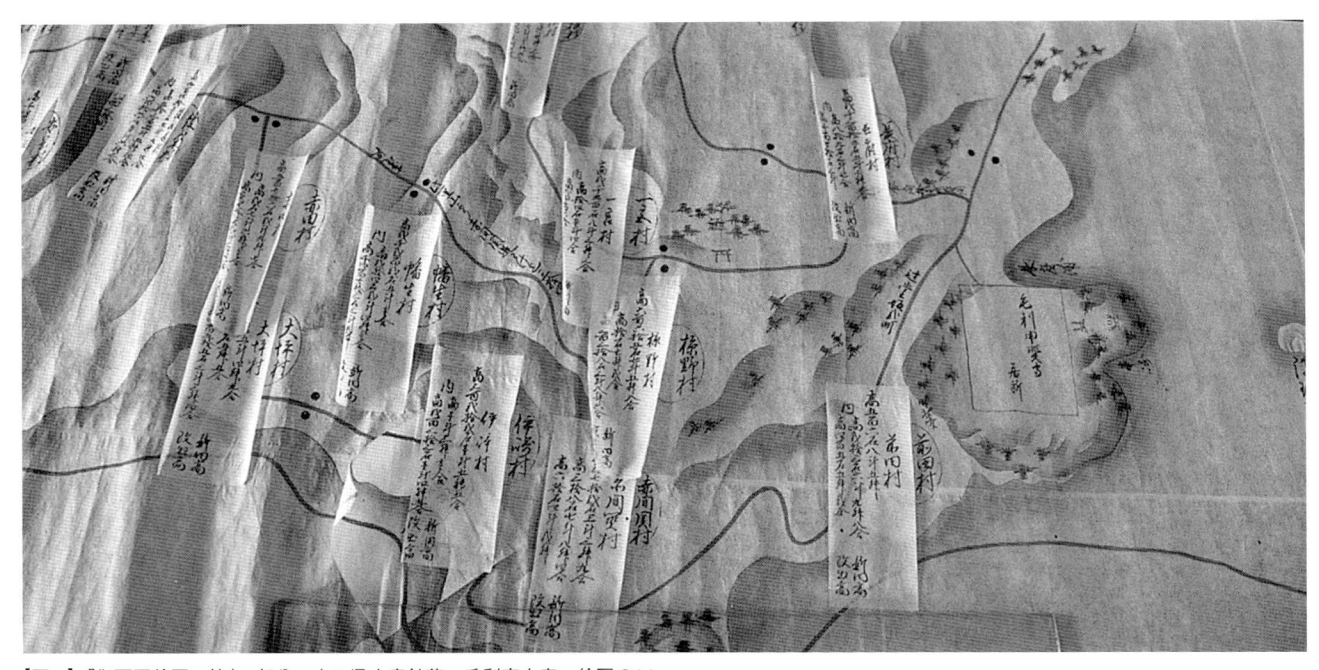

【図6】「御両国絵図　箱」部分　山口県文書館蔵、毛利家文庫、絵図244
本図は、元禄図を薄紙に模写し、萩藩が懸紙に修正をほどこし、幕府へ献上した図の控である。1枚の図を7枚に分割した巻物で、下図として使用された。図は長府藩居所周辺を示している。

れており、寛政3（1791）年2月の「入証文」と、文化3（1806）年の「入日記」共に木箱に収められている。控図の原本は安永元（1772）年に焼失したが、現存する絵図は絵図方（萩藩の絵図作成を専門とする役人）が所持していた図の写図である。同図の畾紙によれば、この図は元禄12（1699）年の図と記されているが、国境（くにざかい）の小書きが詳述されていることから、国境加文の要請後に調製された図である。

〔天保国絵図〕　山口県文書館蔵の「御両国絵図」（周防国六巻、長門国7巻）は萩藩が天保6（1835）年8月幕府へ提出した懸紙（かけがみ）修正図の控である。長門図は7枚に裁断された元禄図の切継に元禄以降の変地箇所を懸紙をかぶせて修正し、巻物の形態で保管されている。幕府勘定所によって完成した天保図は国立公文書館にあって、ホームページ上で公開されている。元禄国絵図の表現と対照することによって、新開地の開発状況を追うことができよう。

このほか山口県文書館には周防・長門両国を1枚の図に仕立てた縮小図が7点収蔵されている。そのうち3点は正保図及び元禄図がそれぞれ作成されたのと同じ時期に作成されたものと考えられる。これらの図は国元や江戸藩邸で使用されたのであろう。享保2（1717）年に調製されたものもあるが、これは幕府巡見使の来藩との関連性が指摘できよう。

正保期と元禄期の国絵図の作成にあわせて、城絵図も調製されており、その控図が山口県文書館や萩市歴史資料館に伝存している。なお正保期のそれは幕府へ献上したものの控、元禄期のものは江戸藩邸で使用するための図である（『元禄十年諸国江絵図調出候こと従公儀被仰渡候覚書』、山口県文書館蔵）。正保及び元禄の城絵図の描写内容を比較することで、萩城下町の発展過程を明らかにすることができる。正保国絵図・城絵図とともに作成された道帳（『長門国大道小道并灘道舟路之帳』、山口県文書館蔵）も現存しており、交通史の研究には貴重な史料である。

（喜多祐子）

【参考文献】
川村博忠1984『江戸幕府撰国絵図の研究』（古今書院）／同1984「寛永期の作成とみられる防長国絵図」（『山口県地方史研究』52）／河村克典1999「毛利家文庫「元禄周防・長門両国絵図」の性格」（『山口県文書館研究81』）

紀伊国
失われた紀伊徳川家旧蔵資料

　慶長5（1600）年、関ヶ原の戦いで徳川家康方に味方した、浅野幸長（長政の長男）が和歌山へ入国した。牟婁郡の田辺には浅野左衛門佐、新宮には浅野右近太夫が配置され、紀伊国を支配した。翌6年6月から10月にかけて紀伊国では惣検地が実施され、紀伊国高39万5262.75石が確定している。

　元和5（1619）年、浅野氏が安芸国（広島県）に転封すると、徳川家康の第10子である頼宣が55万5000石で入国し、田辺には附家老安藤氏（田辺領3万8800石）を、新宮には同水野氏（新宮領3万5000石）を配置した。両者（田辺領・新宮領）は、紀伊藩（本藩）の支藩的な性格をもつとされている。

　紀伊国の場合、一部が高野山寺領であったが、大半が紀伊藩領であったため、絵図元は紀伊藩が務めた。しかし、紀伊国絵図（献上図・写図）はほとんど現存せず、国絵図の作成過程を知る資料も、後述するように元禄国絵図に関する資料がわずかに残されている程度である。また、田辺領・新宮領で国絵図がどのように作成されたかについてもあまり分かっていない。ただ、高野山寺領の村々には元禄国絵図作成のための下図である「惣廻り絵図」（小絵図）が残されている。

〔国絵図の残存状況とその特徴〕　江戸幕府が収納した紀伊国絵図は現在、国立公文書館に正保・元禄の写図、天保の献上図が架蔵されている。

　土田直鎮は、献上図作成前に絵図元の藩で作成された控図・写図・下図の各地における残存状況を明らかにした。それらは国絵図の作成にかかわった諸藩に残され、各地に伝えられているとされる。しかし、紀伊国絵図については、江戸幕府への献上図、もしくはその系統の写図や控図は現在のところまだ発見されていない。

　紀伊徳川家が書写し伝えてきた国絵図類は、関東大震災後、徳川頼倫によって東京大学総合図書館南葵文庫に寄付された。しかし、『南葵文庫図書目録二』には「紀伊国絵図」として5鋪が掲載されているが、同館には現在は紀伊国絵図が所蔵されていない。

　和歌山県下では和歌山大学附属図書館、和歌山県立博物館、和歌山県立図書館、和歌山市立博物館、和歌山城などに、国絵図の縮小された写図が所蔵されている。

　紀伊国絵図が発見されないのは、紀伊国が近世を通じて一領主によって支配された面が強く、一部に高野山寺領があるが、他国のように国絵図作成にあたって他の大名と付き合わせる必要がなく、下図・控図を作り保管することが少なかったことや、今日にいたるまで公的機関に収蔵されてこなかったことなどが考えられる。

　ここでは、主に管見の和歌山県下に残存する小型の国絵図2点について述べ、江戸幕府国絵図との関係を検討することにしたい。

　幕府日本図の紀伊国　紀伊半島はリアス式海岸が多く出入りに富む。その海岸線は600km以上と長く、各時期の日本図を見ると、その形はかなり異なる。また、内陸部は大和国と国境を接するが、その国境線も国絵図によってかなり形状が異なっている。

　寛永日本図（国立国会図書館所蔵）では、海岸線が非常に出入りに富んでいるが、全体としては紀伊半島が四角形に近く、大和国との国境線も複雑に入り組んでいる。正保日本図（国立歴史民俗博物館所蔵）では、海岸線の出入りが小刻みで、紀伊半島は逆三角形をしており、大和国境線は舌状の滑らかな形となっている。元禄日本図（明治大学図書館所蔵）は、西海岸の枯木灘に比べて、東海岸の熊野灘の海岸線が長い。再編集した享保日本図（国立歴史民俗博物館所蔵）は今日の形に似ており、かなり正確な形となっている。天保日本図は製作されなかったが、天保の紀伊国絵図（国立公文書館所蔵）を見ると、ほぼ現在の形に近いといえる。

　紀伊国絵図写　紀伊国絵図写（図1）は、享保元（1716）年の年紀がある。村形は円形で、その中に村名を記し郡ごとに色分けしているが村高の記載はない。凡例・貼紙高頭目録はなく、郡名のみ墨書している。牟婁郡を「室郡」とし、郡境線は細い墨線、国境線は太い墨線、道筋は朱線で引かれている。海上には航路・小書きとも記載はない。城郭は、和歌山城が鳥瞰図的で、その他は方郭に「田辺城」・「新宮城」とある。

　紀伊半島の形は、正保日本図と類似するが、最南端の潮岬の東に位置する大島が小さく半島から離れているのが特徴である。以上のことから、形態的には古い国絵図の写図を基にして、新しい情報を付け加えたものと考えられる。

　紀伊之国絵図全　紀伊之国絵図全（図2）は、紀伊半

【図1】「紀伊国絵図写」 和歌山市立博物館蔵、2802、108×116

大島が小さく紀伊半島から離れておりその図形が正保日本図に近いこと、牟婁郡を「室郡」と記すこと、古い村名などから、和歌山県内に現存するなかではもっとも古いものと思われる。本図の裏書には「此御絵図はなれ候不残つき置申候　享保元年申十月」とあり、享保元（1716）年に継ぎ目が剝がれた状態を繋ぎ合せていることから享保以前の写図と考えられる。紀伊国には和歌山・田辺・新宮に3城があり、和歌山城には紀伊徳川家、田辺城には附家老安藤氏、新宮城には同水野氏が居城した。本図では和歌山城が鳥瞰図的に、そのほかは方郭に「田辺城」・「新宮城」と記されている。総村数は1146あり、慶長検地高目録の1075より多いが、元禄郷帳の1393や天保郷帳の1377より少ない。

【図2】「紀伊之国絵図全」 個人蔵、和歌山市立博物館寄託、115×151
和歌山城は大円形に「若山」と記され、田辺城と新宮城は惣構えの方郭で表されている。
凡例に高野領・田辺領・新宮領がある。村数は1268あり、口四郡（海部・名草・那賀・伊都）の計540は元禄郷帳の549とほぼ同数だが、奥三郡（有田・日高・牟婁）の計728は天保郷帳の733に近い。

【図3】「紀伊国絵図写」 部分（和歌山城付近）
和歌山城は天正13（1585）年羽柴秀吉の命で築城され、翌年完成、弟秀長の城代桑山重晴が入城した。関ヶ原の戦い後、慶長5（1600）年浅野幸長（37万4000石）が、元和5（1619）年徳川頼宣（55万5000石）が入城した。以後、明治維新まで、御三家紀伊徳川家の居城となった。

【図4】「紀伊国牟婁郡絵図」 部分（那智・新宮付近）、和歌山市立博物館蔵、4458-25、146×103
現在の和歌山県の東・西牟婁郡から三重県の南・北牟婁郡までの紀伊国牟婁郡全域を範囲とする。北牟婁郡は別図になっており、合わせる地点に朱で□と○の記号が半分ずつ付けられているが、その別図は残っていない。国絵図の部分的な写図か。一里山（一里塚）の記号はないが、縮尺はおおよそ1里3寸。那智の滝・熊野速玉大社などきわめて絵画的で、海岸地形もリアルである。紀伊半島の形は元禄国絵図に似ているが、凡例には「新宮上地」・「田辺上地」があり、上ヶ地が制度化される天保以降の新しい情報が付け加えられている。

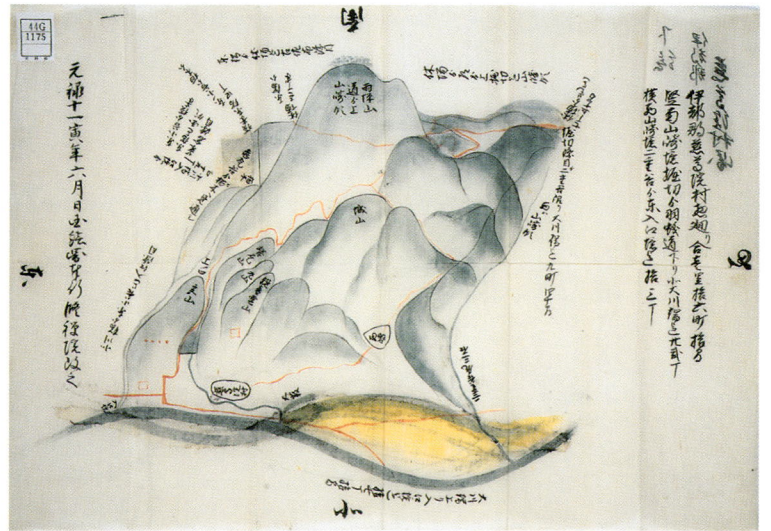

【図5】「慈尊院村図」 国文学研究資料館蔵（中橋家文書）、（44G）1175、42×30
元禄国絵図の編纂のため、高野山寺領で村単位に作成された小絵図（惣廻り絵図）の控図である。道は朱線で示され、村境付近の情報が詳細に記されている。北側には紀ノ川が描かれ、現河道とは別に、旧河道の描写も見られる。九度山町史編纂委員会写真提供

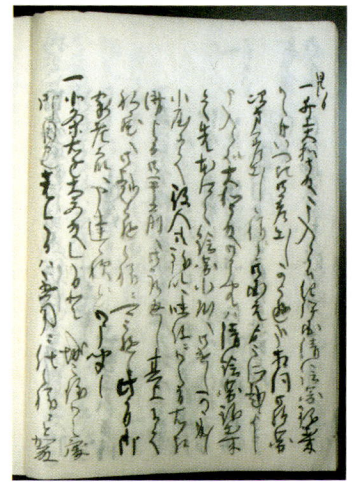

【図6】「年中日記（元禄14年8月6日条）」 和歌山大学紀州経済史文化史研究所蔵、三浦家文書146、29×21
紀伊藩家老・三浦為隆が記した日記。国元で清絵図が出来上がったことが記されている。

島の形が享保日本図に近いが、田辺湾はそれよりかなり大きく湾入している。また、牟婁郡が「熊野」となっており、熊野・日高郡内の田辺領・新宮領を△印で、伊都・那賀郡内の高野領を□印と別記号で表している。紀伊半島の主な岬の先端には「狼煙場」が記され、航路情報、街道（大辺路・中辺路・伊勢街道）の距離情報など江戸後期の情報が海洋部に詳述されている。

その他に「紀伊国絵図」・「紀州古絵図」・「紀伊之図」などの国絵図系統の絵図がある。それらの紀伊国の形状及び記載内容は元禄日本図のそれと類似するものが多いが、地元に残るこれらの紀伊国絵図は江戸幕府国絵図や諸国国絵図とは別系統の写図と考えられる。（額田雅裕）

〔元禄国絵図の作成過程〕　紀伊藩の家老である三浦為隆（1659～1732）が記した『年中日記』などによると、国絵図の作成は次のようにして行われた。元禄国絵図の絵図元は、紀伊藩2代藩主徳川光貞（元禄11（1698）年以降はその子で3代藩主となった綱教）が務めた。絵図元となる藩では、留守居の者が評定所で絵図の仕様などの指示を受けることになっていたが、御三家である紀伊藩は格別の取り扱いを受けることになっていた（元禄10年閏2月7日条）。実際に幕府から指示があったのは4月の終わりで、寺社奉行井上大和守正岑ら担当奉行から書付（仕様書というべきもの）3通が渡され、必要に応じて「古絵図」が貸し出された（4月26日条）。

国元で清絵図が出来上がるのは元禄14年7月のことで、江戸に運ばれた清絵図は「本郷之絵図小屋」で幕府の役人の「吟味」（下絵図改）を受けることになっていた（8月6日条）。吟味後、幕府へ献上される大部分の絵図は、幕府のお抱え絵師であった狩野良信が清書を行っている。一方、紀伊藩のお抱え絵師を務めた須藤家の「系譜書」（和歌山県立文書館蔵）には、3代目久甫が元禄11年に御書方に召し抱えられ、「高林院様（綱教）御前江毎度罷出御絵図御用等度々被仰付候」と記されている。紀伊国絵図の作成に、藩のお抱え絵師であった須藤久甫が関与していたことが分かる。しかし、幕府に献上された紀伊国絵図は現存せず、国元に残されるべきはずの控も現在のところ、確認されていない。

一方、高野山寺領（2万1300石）については、元禄期に編纂された『高野春秋』に、国絵図作成に関する記述が見られる。高野山に「天下国絵図」作成の命令が届くのは、元禄10年春で、6月に学侶方総代として親王院龍鑁が、修理領の絵図と大門再興漏銀のうかがいのため、江戸に赴いている（6月7日条）。その際国絵図事業の統轄者であった寺社奉行井上正岑に面会したとい

う（6月25日条）。翌11年5月12日修禅院懐英が学侶方絵図奉行に任命され、翌日には紀伊藩の担当者に対して具体的な内容についての問い合わせを行っている。6月に国絵図奉行の修禅院に「惣廻り絵図」（小絵図）が提出されている。7月15日には寺領の村々に対して9か条の廻文が出され、翌16日に懐英らの役人が村々を廻り、「小絵図并七ケ条相改」を行っている。幸いにも、前述した「惣廻り絵図」や村境の目印となる際目間の距離を記した「四方町間之覚」の写が、高野山寺領の村々には残されている。慈尊院村図（図5）は、慈尊院村（現・九度山町）の小絵図である。

ところで、元禄国絵図では境界の把握（国境や村境の確定）に重点が置かれたため、従来不明確であった境界（とくに山間部）をめぐる争論が表面化した。たとえば、大和国11か村と紀伊国9か村（藩領1か村、寺領8か村）の間では国境をめぐる争論、寺領の志賀村と天野村、西渋田村と星川村では村境をめぐる争論が起こっている（下天野区文書・西渋田区文書）。前者の争論では、元禄13年11月20日に大滝村（現・高野町）で、12月3日に平野村（現・橋本市）で、それぞれ関係する庄屋・年寄たちが集会を行っている。その詳細は不明であるが、7日には国境の問題が決着し、これによって一連の国絵図作成事業が終了した。書類は宝蔵に納められ、関係者に褒賞が与えられたようである（12月7日条）。国絵図作成と同時に郷帳の調製も行われた。高野山では、元禄11年7月に学侶・行人双方にあった水帳を写し、学侶惣中・行人惣中の奥判のうえ、元禄14年8月に御影堂の宝蔵に納められている。元禄14年8月の奥書のある天正検地帳が現存するゆえんである。

（前田正明）

【参考文献】
黒田日出男1998～2004「南葵文庫の江戸幕府国絵図」（『東京大学史料編纂所附属画像史料解析センター通信』1～24）／土田直鎮1981『現存古地図の歴史地理学的研究』（科学研究費報告書）／前田正明2000「諸藩で書写された「諸国国絵図」について―川村博忠・黒田日出男の国絵図研究に対する検討―」（『和歌山県立博物館研究紀要』5）

淡路国

蜂須賀家治世下の国絵図

淡路国は天正13（1585）年閏8月に、須本（洲本）城主の脇坂安治領3万石、志知城主（南あわじ市西淡町）の加藤左馬助（嘉明）領1万5000石、それに豊臣家蔵入地約1万8000石とに分領された。文禄4（1595）年7月に加藤氏が伊予国松前に転じた後、旧加藤領は豊臣家蔵入地となり、石川紀伊守らが代官に任じられた。志知城は鎌倉期の築城と伝えられる平城であったが、石川氏らが入城後まもなく三原川河口に築城した叶堂城に移ったため廃城となった。叶堂城は高野山真言宗派感応寺の移転跡地に築城されたが、関ヶ原の戦後に廃城となり、元和7（1621）年同地に感応寺が再建された。高さ7〜8mの高石垣の上に立つ感応寺は今も往時の城構えを偲ばせ、いずれの期の淡路国絵図にもその堂宇が必ず描かれている（図1、2）。

慶長15（1610）年2月には池田輝政3男の忠雄が淡路国約6万3000石の領主となり、池田氏は由良（洲本市）に成山城を築き淡路統治の根拠地とした。慶長20年の大坂夏の陣後に池田氏は備前岡山に転封し、同年5月には蜂須賀家に淡路国が加増された。徳島藩主蜂須賀氏は、筆頭家老の稲田家を洲本城代として淡路経営を任せ、明治維新にいたっている。

淡路国絵図については、淡路国が蜂須賀家に加増された慶長20（1615）年以降に作成された5種7舗の控図もしくは下図が、国文学研究資料館（以下資料館）と徳島大学附属図書館（以下徳島大学）とに確認できる。正保図を除いていずれも年紀の記載を欠くが、それぞれ寛永前期図・寛永後期図・寛文図・元禄図と推定され、いずれも同期の阿波国絵図と一対をなしている。

〔寛永前期国絵図〕　資料館には、絵図仕立てや記載内容がほぼ同じ2舗の寛永前期図が残されている。A図は海域のすべて、B図は島の周囲のみが藍色で着色されているが、記載内容からB図が正図に近いと見られる。

本図（B図、図3）では小判型の村形内の村名下字に「村」もしくは「浦」が添えられているが、村高の記載はない。絵図余白（﨟紙）の「淡路国二郡村数之覚」に記載された村数は津名郡が124か村、三原郡が115か村である。徳島藩では寛永4（1627）年に淡路国の総検地を行っており、村数はそれに依拠したものと見られる。街道は主街道と脇街道とが太細朱筋で描き分けられ、「岩屋より志筑まて五里八町」と地点間の里程が図中の随所に小書きされている。太朱筋は岩屋と福良を結ぶのちの東浦本道のみで、西浦道は細朱筋で表記され、諭鶴羽山地の山越道は記載されていない。

絵図の﨟紙に「郡堺ハ白筋／川ハ紺筋／道ハ赤筋／山ハ青し／古所及古城　加藤左馬助・石川紀伊守　城所ハがく／在所ハ丸／加藤左馬助城所　志知　石川紀伊守城所　感応堂」と記され、図中にも「加藤左馬助城所」や「石川紀伊守城所」が額（枠）付きで注記されている。この他に、北部山中に「天神」、中央部山中に「千光寺」、南部の洲本川上流に「あさの瀧」の書き入れがある。鮎原 南 谷村（五色町）には鮎原河上天満宮が鎮座し、周辺域は「天神」とも通称される。千光寺（洲本市上内膳）は、標高448mの先山山頂にある高野山真言宗派の古刹で、淡路における山岳信仰や修験道の中心となってきた。「あさの瀧」は洲本川支流の鮎屋川にかかる「鮎屋の滝」（高さ14.5m）と見られ、頼山陽や浦上春琴らの近世文人も訪れたとされる。同滝の東側に描かれている叢林は「樸樕林」と見られ、他の淡路国絵図にもしばしば描かれている。

徳島藩は寛永8〜12年にかけて、淡路国経営の拠点を由良成山城から須本城に移す「由良引け」を断行している。本図では、①須本城が「城」、由良・岩屋の両城が「古城」と表記され、②須本城下が「須本村」と村形表記されていることから、本図の作成時には須本城下がまだ整備段階であることをうかがわせる。それゆえ本図は、この間の寛永10年に来国した西国巡見使に提出された国絵図の控と見られる。

〔寛永後期国絵図〕　徳島大学蔵の本図は、対をなす阿波国絵図と同じく村形が短冊型で絵図仕立ても似ている。ただし、阿波図では西を頭として村形の向きが統一表記されているのに対して、淡路図は四方対置を示す。﨟紙の「淡路国二郡村数之覚」には、寛永前期図と同じく津名郡124か村・三原郡115か村とある。「郡堺ハ黒筋／道ハ赤筋／川ハ青シ／古城ハがく」とする凡例はあるが、阿波図のように田方・畠方反別や道法・里程の記載はない。さらに、岩屋〜福良にいたる東西2筋の主要街道が太朱筋で示され、細朱筋の脇街道とは区別されて

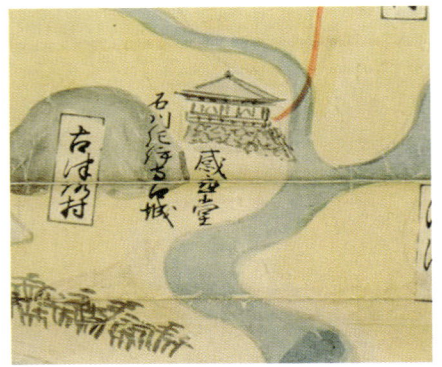

【図1】感応寺の石垣（南あわじ市西淡町）
感応寺は、永正5（1508）年に現在地に再興された高野山真言宗派寺院。叶堂城の築城時に志知城の石垣を利用したと伝えられる。

【図2】「寛永後期淡路国絵図」（感応堂付近）徳島大学蔵
三原平野を流れる三原川・倭文川（しとり）・大日川などが合流する要地に感応寺は立地する。手前は慶野（けいの）松原。（場所は図4の枠囲み）

図1

図2

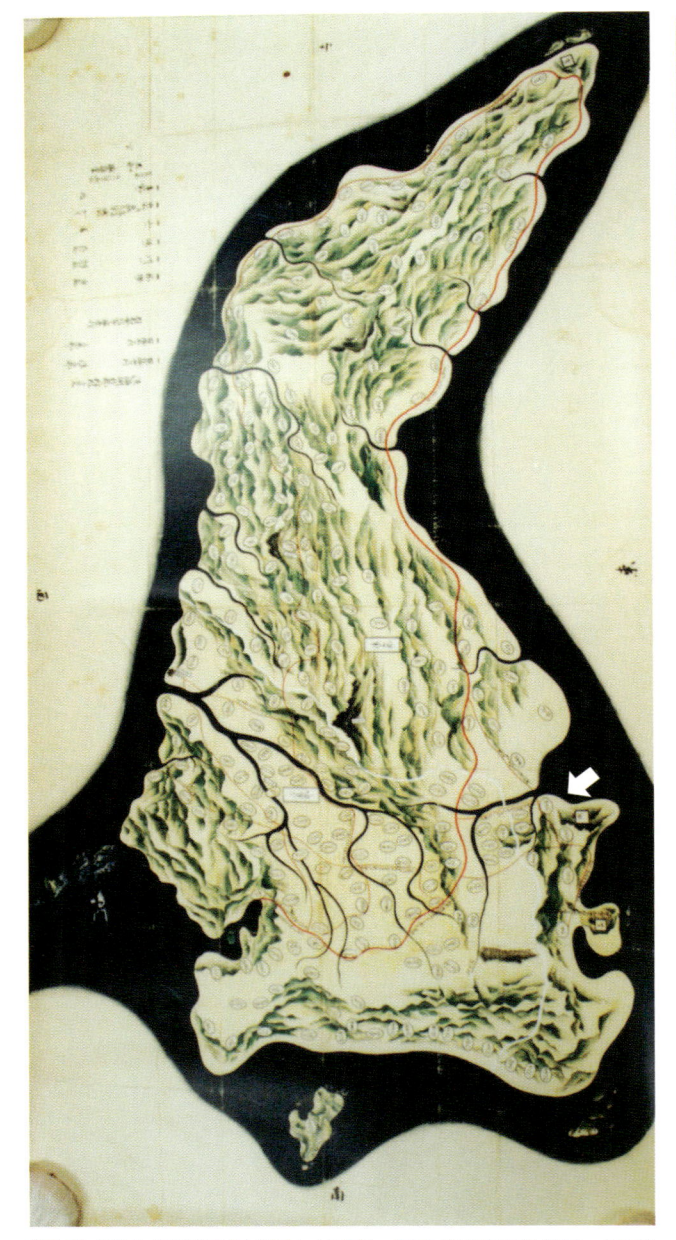

【図3】「寛永前期淡路国絵図」（B図）国文学研究資料館蔵、(27A)1197-3「阿波・淡路両国絵図（寛永カ）」、132×271
寛永10（1633）年の西国巡見使来国時に作成されたと見られる国絵図の控図。まだ洲本城下（図中の矢印）の整備が進んでいない。絵図仕立ては四方対置で、郡界には太白線が用いられている。

【図4】「寛永後期淡路国絵図」 徳島大学蔵、徳45、118×232
寛永18（1641）年に幕府に提出された国絵図の控図と見られる。村形は短冊型で、洲本城下の範囲が黒枠線で画されている。畺紙には「淡路国二郡村数之覚」と凡例が記載されている。

【図5】「正保淡路国絵図」(彩色図) 国文学研究資料館蔵、(27A) 1196-3「阿波・淡路両国絵図(正保3)」、186×276
正保3(1647)年に幕府に提出された国絵図の控図と見られる。津名郡の村形は水色、三原郡の村形は臙脂で色分け。寛永期の2図と比較して島の東西幅がやや延びている。

【図6】「正保淡路国絵図」(彩色図)(洲本城下付近) 国文学研究資料館蔵
左手が洲本城のある三熊山で、山麓に城館が置かれた。洲本城下は中堀を境に内町(「須本」とある手前部分)と外町とに分かれた。

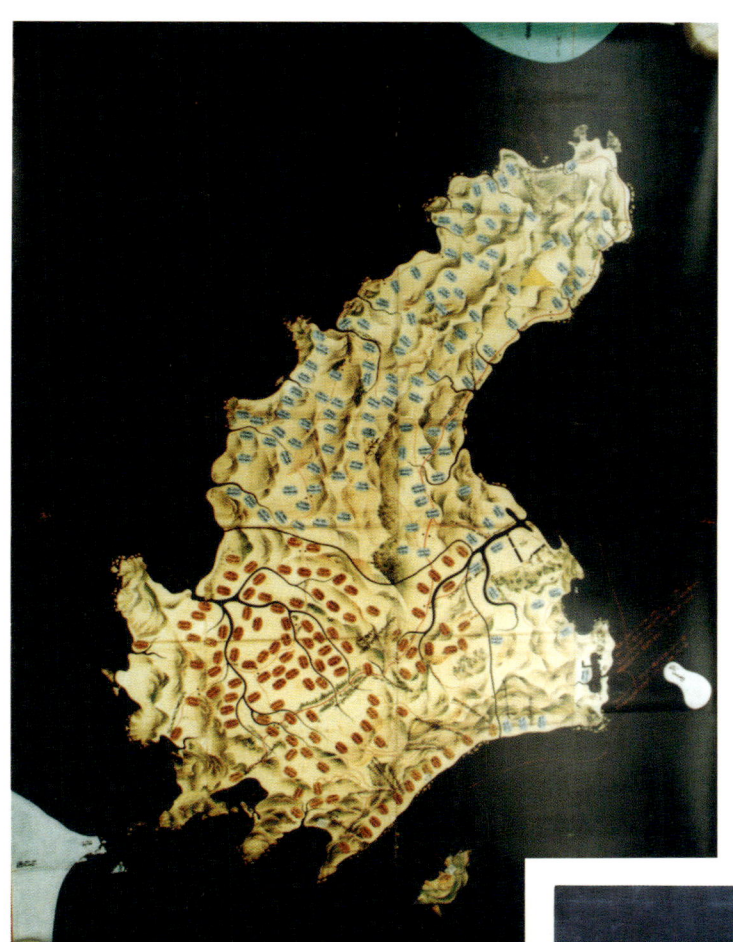

▶【図7】「元禄国絵図」 徳島大学蔵、徳44、205×267
元禄13(1700)年に幕府に提出されたと見られる淡路国絵図の控図もしくは下図。津名郡の村形は桃色、三原郡の村形は淡黄色で色分け。緑青や顔料などが用いられて美麗な絵図仕立てとなっている。

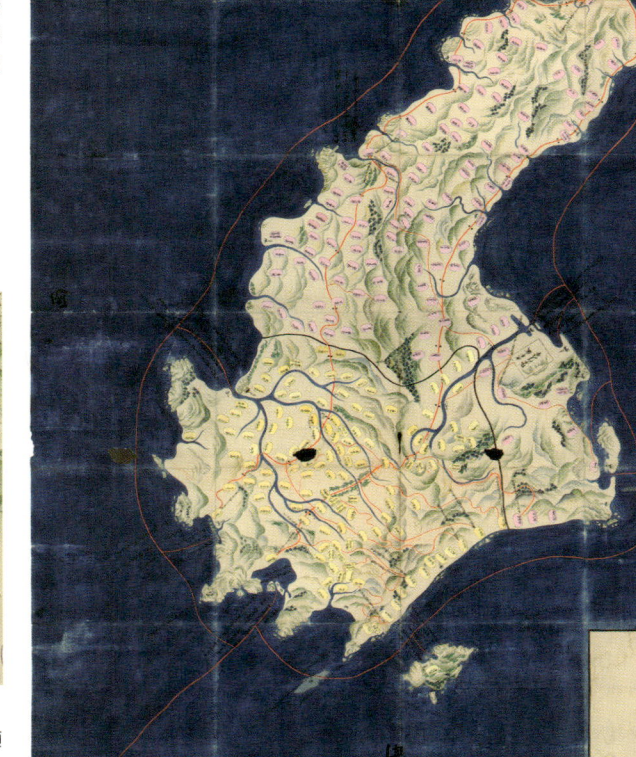

【図8】「元禄国絵図」(千光寺付近) 徳島大学蔵、徳44
淡路島中央部に位置する先山は淡路富士とも呼ばれる。山頂には延喜元(901)年開基とされる千光寺がある。

淡路国

はいるが、阿波図に見られる一里山（双黒点）や渡河点の注記、海路の表記などの情報を欠いている。

本図については、①黒枠線で画された須本城下の範囲が「由良引け」後の縄張りを示し（図4）、②対をなす阿波図が寛永16年以降の様子を描いていることから、阿波図とともに、『阿淡年表秘録』の寛永18年7月の項に「公儀御用ニ付御国御山下絵図御城内坪数等御指出」とある御図絵図の可能性が高い。岩屋・由良・須本付近には「古城」と記された城跡、三原川河口付近には高石垣の上に堂宇が描かれた「感応堂」と「石川紀伊守御城」の書き込み（図2）、三原郡西路村付近には「加藤左馬助城所」の注記がある。

〔正保国絵図〕 資料館蔵の正保度淡路国絵図は2種が確認できる。阿波国絵図と同様に着色されていない下図と、彩色された控図である。いずれも「正保三丙戌年十一月朔日　松平阿波守」との奥書きがあり、『阿淡年表秘録』の正保3（1647）年の項にも「今年、御領国絵図且御城下之図郷村帳家中分限帳依台命御指出」とある。正保図（彩色図、図5）は6寸1里（約2万1600分の1）で作成され、郡単位で色分けされた小判型の村形、双黒点による一里山、太黒筋による郡界、朱筋による街道・海路の表記、諭鶴羽山地越えの山道に付された「牛馬通」・「牛馬不通」の注記などは、正保図の作成基準に従っている。しかしながら、絵図作成基準が守られた結果、天神や樸楸林、あさの瀧などの表記・注記は退歩している。

正保図の調進にあたっては、郷帳（ごうちょう）、道帳（みちのちょう）、城絵図もあわせて幕府に提出された。道帳は「淡路国海陸度帳」（資料館蔵、蜂須賀家文書710-2）として提出され、湊の状況や「小川歩渡（かちわたり）」地点に関する記述内容は正保図の記載とほぼ一致する。本図では、岩屋浦〜福良浦にいたる東ルートの「東浦本道」のみが太朱筋で図示されており、須本（図6）から東浦本道へは「岩屋道」と「福良道」で結ばれている。また、沿岸要地に家型記号で示された川口番所が8か所確認でき、この他3か所（沼島（ぬしま）・下灘吉野村・阿万（あま）西村）が付紙で補追されている。

〔寛文国絵図〕 資料館蔵の本図は絵図仕立てが正保図とほぼ同じであるため、確証は得難いが、①本図が寛文年間作成と見られる阿波国絵図と一対をなすこと、②分間（縮尺）が4寸1里（約3万2400分の1）であることなどから、寛文5（1665）年頃の作成と見られる。なお、正保図において付紙で補追されていた番所は表記されていない。

〔元禄国絵図〕 対をなす阿波国絵図と同じく、本図（徳島大学蔵、図7）は分間6寸1里（約2万1600分の1）の美麗な仕立てとなっている。阿波図の国境縁絵図（くにざかいへりえず）（「讃岐伊予土佐国端絵図並裁廻絵図」資料館蔵）の作成年紀から、元禄13（1700）年8月に幕府に献上された正図の控図と見られる。村形内の石高や畾紙の高頭目録の表記は省略されているが、本図とともに幕府に提出された郷帳（資料館蔵）によれば、津名郡121か村、3万7207石9斗、三原郡116か村、3万3220石1斗であった。

阿波図の山並みや村形表記が西を頭にする方向で統一されているのに対して、本図は従来の淡路国絵図と同様に四方対置の構図をとる。地名の記載はないものの、先山、天神、樸楸林、慶野（けいの）松原（三原川河口）では樹木が描き分けられ（図8）、浅野の滝の水流には胡粉が用いられるなど、空間的象徴性が強調されている。これに対して、須本城下は徳島城下と同様に枡型に「須本城　松平阿波守」とのみ記載され記号化されている。なお、沿岸各地に設置された川口番所は20か所を数え、淡路島が海上交通の要地であったことを物語る。

この他、天保度の淡路国絵図（国立公文書館蔵）の絵図仕立ては元禄国絵図をほぼ踏襲しているが、天保図では天保郷帳に基づく実高が村高として記載され、村数は265か村、石高9万7164石7斗8升4合を数える。

以上のように、年紀が判明する正保図・天保図の他に、いずれも推定ではあるが、淡路国については4期の国絵図を確認でき、阿波国絵図と合わせて標式な国絵図群を構成しているといえる。徳島大学附属図書館ホームページの「貴重資料デジタルアーカイブ　高精細絵図データベース(http://www.lib.tokushima-u.ac.jp/~archive/index.html)」では、このうち寛永後期図と元禄図を紹介している。

（平井松午）

【参考文献】
川村博忠 1984『江戸幕府撰国絵図の研究』（古今書院）／徳島県史編さん委員会編 1964『阿淡年表秘録』（徳島県）／平井松午 1994「阿波の古地図を読む」（『阿波の絵図』徳島建設文化研究会）／平凡社地名資料センター編 1999『歴史地名大系29Ⅰ兵庫県の地名Ⅰ』（平凡社）

阿波国
各期の標式的国絵図

阿波国絵図については、国文学研究資料館（以下資料館）と徳島大学附属図書館（以下徳島大学）に、それぞれ作成時期の異なる6種7舗の控図もしくは下図が確認できる。正保図を除いていずれも年紀の記載を欠くが、それぞれ慶長図・寛永前期図・寛永後期図・寛文図・元禄図と推定されることから、全国的にも標式的な国絵図群として注目されている。

〔慶長国絵図〕　慶長図と推定されている阿波国絵図は、資料館本と徳島大学本の2舗がある。両図は記載内容や絵図仕立てがほぼ同じで、西辺部を欠損する徳島大学本の料紙が半紙であることから、徳島大学本は資料館本もしくは正図の写と見られる。

本図は、①慶長20（1615）年に徳島藩主蜂須賀家に加増された、対となる淡路国絵図が確認できないこと（他の時期の阿波国絵図はいずれも淡路国絵図と一対）、②郡分けが寛文4（1664）年の「十郡改め」以前の13郡からなること、③寛永15（1638）年に廃城となった「阿波九城」の所在地地名の村形が大きな丸輪で図示されていること、④徳島城下の福島を「地切」と称していることなどから、慶長20年以前の慶長図と推定される。

3寸1里（約4万3200分の1）の縮尺で描かれ、村名下字が用いられず、山間部の地名記載や交通注記が少ない、中世的な地名の名残が見られる、村形の位置に著しい誤認が見られるなど、慶長図に共通する特徴を持ち合わせている。

〔寛永前期国絵図〕　本図（図1）では、村形内の村名下字に「村」もしくは「浦」が添えられ、記載された村数が慶長図の414か村に比して752か村と著しく増加し、枝村までが記載されている。街道筋には一里山の図示はないものの、「上浦より徳嶋迄三里拾四町四拾八間」などと地点間の里程が図中に小書きされ、渡河点に「舟渡」と記されるなど、交通情報も盛り込まれている。

さらに、三好家・土佐家の「城所」や阿波九城を示す「古城」も記載されている（図1、図2）。三好長慶や長宗我部元親は、蜂須賀家政が天正13（1585）年に阿波国に入部する直前の支配者で、本図には両氏が根拠とした支城が示されている。

本図には作成年代を特定させる情報は意外に少ない。しかし、本図と対をなす淡路国絵図では、須本城が「城」、由良・岩屋の両城が「古城」と表記されている。徳島藩は寛永8（1631）年から同12年にかけて、淡路国の拠点を由良城から須本城に移したが、淡路国絵図では「須本」が村形で図示されていて、城下がまだ整備段階であることをうかがわせる。本図は、この間の寛永10年に来国した西国巡見使に提出された国絵図の控と見られる。

〔寛永後期国絵図〕　本図は村形が短冊型ではあるが、郡界には黒筋の太線が用いられ、絵図余白の罫紙には13郡別に石高と田方・畠方・切畠の反別、村数（522か村）、それに主要5街道や山道の里程が列記されている。朱筋で示された街道筋には黒丸点で一里山が図示され、渡河点には「舟渡」・「歩渡」の表記および川幅・水深の注記があり、河口・湾口名も記されている点で、前2図よりも交通情報が充実している。

図6中の徳島城下福島地先の安宅には、寛永16（1639）年に現在の常三島から移転した舟置場（安宅舟屋）が記載され、寛永16年以降に拡大された徳島城下の縄張りが示されている。さらに、讃岐・伊予・土佐の国境には、正保以降に設置が進む番所付近に、その設置と関係する「見切」と記載された付紙が付されている。

このような絵図仕立てや付紙の内容から、『阿淡年表秘録』寛永18年7月の項に、「公儀御用ニ付御国御山下絵図御城内坪数等御指出」とある国絵図が、本図である可能性が高い。

〔正保国絵図〕　13郡仕立ての阿波国絵図4種のうち、「正保三丙戌年十二月朔日　松平阿波守」と唯一作成年が記されており、『阿淡年表秘録』にも正保3（1646）年の項に「今年、御領国絵図且御城下之郷村帳家中分限帳依台命御指出」とある。この資料館蔵の正保図は、6寸1里（約2万1600分の1）で作成され、村形が小判型、一里山が双黒点、郡境は太黒筋、街道・海路は朱筋など、正保図の作成基準に従っているが、色付けされていない下図である。国立公文書館にも正保図を模写した中川忠英旧蔵本及び松平乗命旧蔵本があるが、村名や村高の表記を欠いている。

【図1】「寛永前期阿波国絵図」 国文学研究資料館蔵、(27A) 1197-2「阿波・淡路両国絵図(寛永カ)」、200×275
本図は寛永10(1633)年の西国巡見使来国時に提出された国絵図の控図と見られる。絵図仕立ては四方対置で、郡界には太白線が用いられている。山間部の村の表記が詳細で、慶長図と同様に南北に長い形状をなす。

【図2】「寛永前期阿波国絵図」(板西郡西条村付近) 国文学研究資料館蔵
「西条村」付近に「三好家城所」とある。戦国期には讃岐国の押さえとして三好長慶の支城、近世初頭にも阿波九城の出城が置かれていた。吉野川北岸には「芝原より柿原迄弐里□六町三拾間」の里程も記されている。

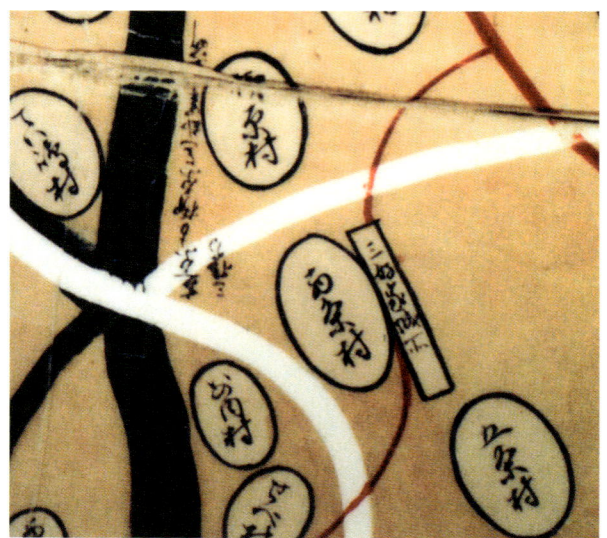

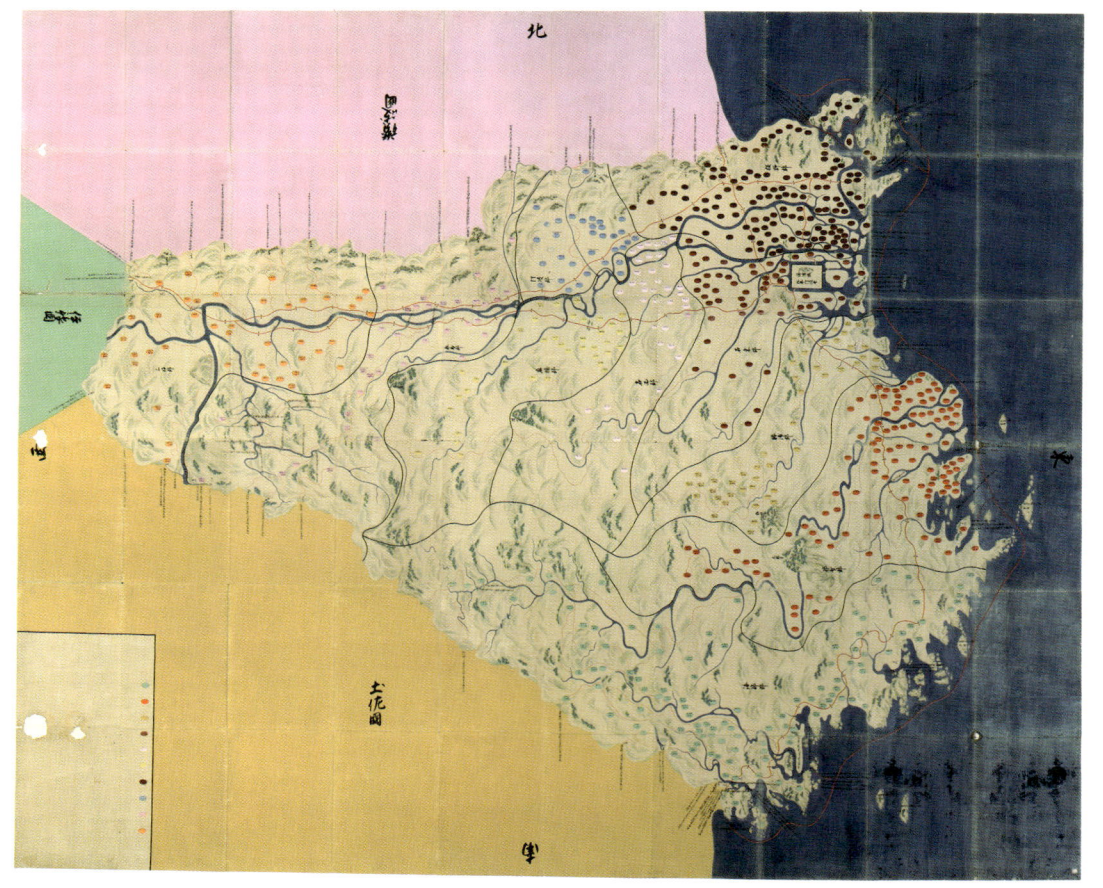

【図3】「元禄阿波国絵図」 徳島大学蔵、徳2、504×425
本図は、変地調査や讃岐・伊予・土佐3国との国端図(国境縁絵図)のもとに作成された元禄図(1700年)で、まだいくぶん南北方向が誇張されているものの、東西方向に長く今日の徳島県域に近い形状を呈している。

図4

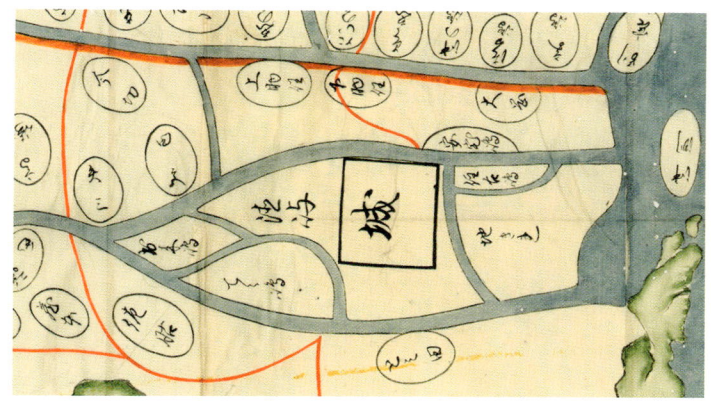

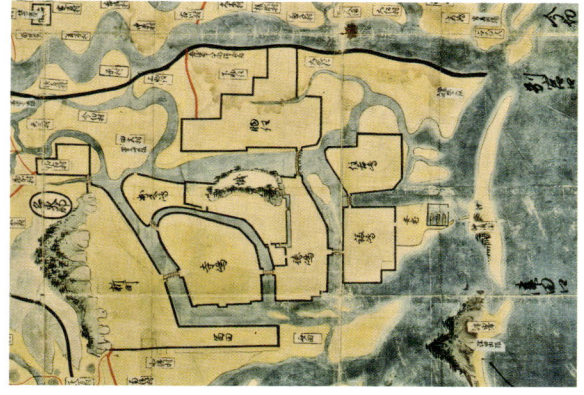

図6

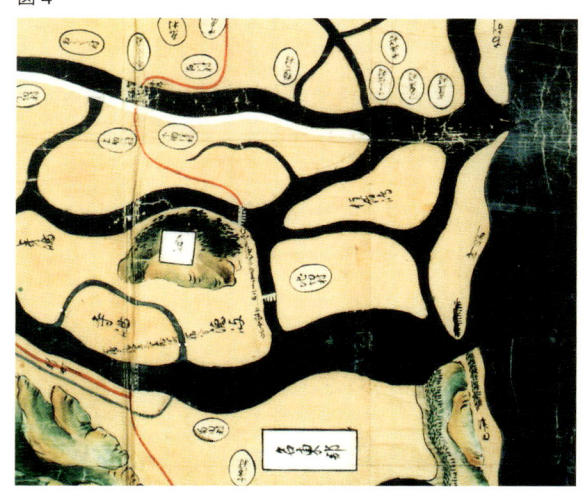

図5

【図4】「慶長阿波国絵図」(徳島城下付近)　徳島大学蔵、徳1、173×224
天正13 (1585) 年の四国平定戦後に、吉野川河口の三角州地帯に城下町徳島が建設された。城郭の徳島を中心に、寺島・出来島・住吉島・安宅島(のち常三島)に侍屋敷が配置された。

【図5】「寛永前期阿波国絵図」(徳島城下付近)　国文学研究資料館蔵
徳島城の置かれた城山(標高67m)が景観描写され、城郭の徳島・寺島にいたる街道と橋が描かれている。「地切村」は、寛永10 (1633) 年以降に侍町である「福島」に再編された。吉野川南岸の太白線は、板東郡と名東郡の郡界。

【図6】「寛永後期阿波国絵図」(徳島城下付近)　徳島大学蔵、徳3、263×283
寛永16 (1639) 年頃には、「舟屋」が福島東部の安宅に移転されるとともに、佐古や富田の一部が城下に組み込まれ、徳島城下町は拡大・再編された。本図では、そうした徳島城下の縄張りが黒枠線で図示されている。村形は短冊型。

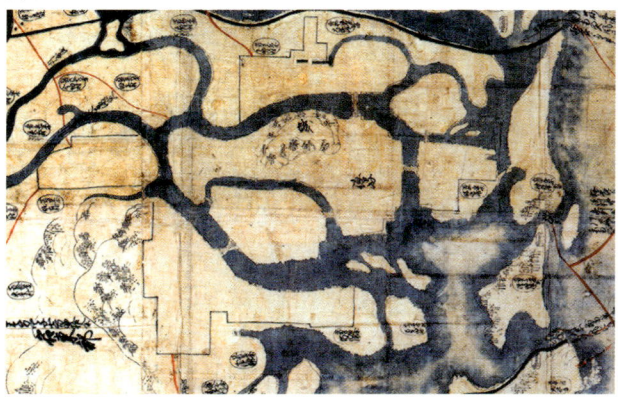

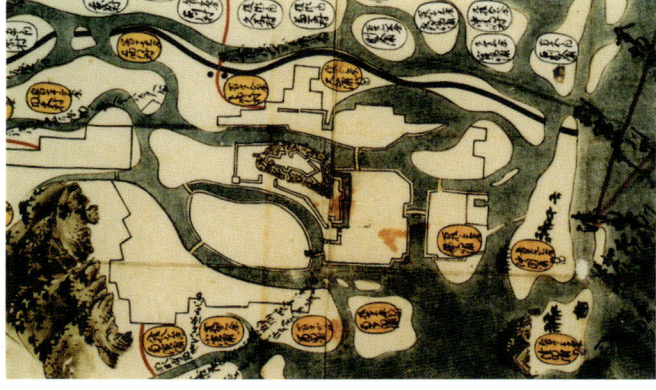

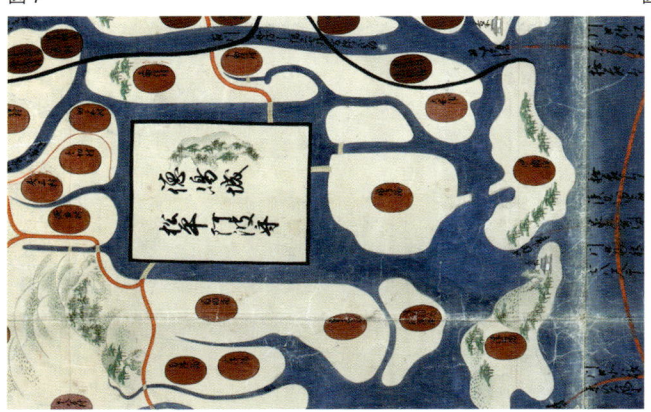

図7

図8

図9

【図7】「正保国絵図」(徳島城下付近)　国文学研究資料館蔵、(27A) 1196-2「阿波・淡路両国絵図(正保3)」、355×402
正保度の阿波国絵図は着色されていない下図であるが、村形・街道・一里山・海路などの表記は正保図の記載様式に合致している。

【図8】「寛文国絵図」(徳島城下付近)　国文学研究資料館蔵、(27A) 1198-1「御両国之図」、279×262
寛文図の記載内容はほぼ正保図を踏襲しているが、初めて10郡仕立てとして作成された国絵図である。橙の村形は名東郡、白の村形は板野郡の村を示す。

【図9】「元禄国絵図」(徳島城下付近)　徳島大学蔵
国境の表記が詳しい反面、他国の元禄図と同様に城下の表記はデフォルメされている。蜂須賀家は藩政期には「松平」姓を名乗ることが多かった。

阿波国

正保図の調進にあたっては、郷帳（ごうちょう）、道帳（みちのちょう）、城絵図もあわせて幕府に提出された。阿波国の場合、道帳は「正保四年阿波国陸度之帳」ならびに「阿波淡路海陸帳」（資料館蔵）として提出され、それらの内容は絵図の記載とほぼ一致し、城絵図も資料館・国立公文書館に所蔵されている。郷帳については、正保度の写とされる寛文4（1664）年の「阿波国十三郡郷村田畠高辻帳」が残されていて、正保国絵図の村形内の村高と一致する。

〔寛文国絵図〕　資料館蔵の本図の収納袋表書きに、「綱通様御代　年暦不知　御両国之図　二枚（阿波国・淡路国）　十郡ニテ渭津有之　寛文已後之図可有之　尤寛文已前之村名モ相見ル事　古物古櫃ヨリ出　天保十四年三月御留書入ニ被仰付」と記されていることから、本図は4代藩主綱通治世の寛文5～延宝4（1665～1676）年の作成と推定される。

　本図は、分間は4寸1里（約3万2400分の1）とやや小振りで、10郡仕立となっている。しかし、絵図の形状や山川の表現、村形の位置、交通注記などの記載内容は正保図に酷似しており、本図は正保図を基図として描かれたようである。幕府は、明暦3（1657）年の大火で正保図の正図を焼失したため、関係諸藩に対して寛文年間（1661～1673）に正保国絵図の再提出を命じている。本図は寛文4年の「十郡改め」の後に、こうした幕府の求めに応じて作成されたと見られる。その際に、正保図の下図か控図を模して郡界のみを新たにしたが、村名はそのままとしたため、「寛文已前」の村名も修正されずに残るという事態を招いたといえよう。

　なお、「享保元（1716）年十月」の裏書きのある徳島県立博物館蔵「阿波国大絵図」は本図の写である。

〔元禄国絵図〕　6寸1里（約2万1600分の1）で仕立てられた元禄図（徳島大学蔵、図3）の法量は横504×縦425cmで、国立公文書館蔵の天保図を除けばもっとも大きな阿波国絵図である。本図は、元禄13（1700）年8月に幕府に献上された正図の控と見られ、そのため村形内の石高や皿紙の高頭目録などの表記は省略されている。

　元禄国絵図の作成にあたって幕府は、幕府収庫の正保図を基準とするよう指示し、さらに正保図以降の新川、新道、新村、新池などの変化を正し、論所（ろんしょ）をも含めた国境の確定のために、郷帳、変地帳（かいちちょう）、国境縁絵図（へりえず）、海際縁絵図（うみぎわ）の提出を求めている。『阿淡年表秘録』にも、元禄10年4月27日に「公儀より御両国絵図正保二年御指上之所、川筋御国境等変り候分相改来ル六月中指出候様被仰出」とある。

　資料館には、こうした幕府の求めに応じて正保図（直接的には再提出の寛文図か）を10郡単位に7枚に切り分け、村形位置の修正箇所に懸紙（かけがみ）を付した郡切図が残されている。郡切図には「（加々須野村）此村正保弐年以後新村ニテ御座候」あるいは「（原田村）原田村元禄元年ヨリ吉田村ニ御改申ニ付奉存仕候」のように、正保期以降における村名の変更についても懸紙に付されている。元禄図には、こうした変地調査結果が反映されている。

　また資料館には、讃岐・伊予・土佐の絵図元諸藩から、元禄13年の4月及び7月に徳島藩に提出された「讃岐伊予土佐国端絵図並裁廻絵図」3枚が残されている。「国境縁絵図」とも称せられる阿波国と隣国との国境の形状を確認した絵図である。徳島大学本元禄図における国境の形状は、これらの国境縁絵図と一致する。

　この他に、幕府自らが作成した天保度阿波国絵図（国立公文書館）は、元禄図の仕立てを踏襲しているため、様式・色分けなどは元禄図に酷似している。ただし、天保図では元禄郷帳に基づく実高が村高として記載され、豊岡新田・長江新田・金磯新田などの新田村の村形が新たに付け加えられている。

　以上のように、年紀が判明する正保図・天保図の他にも、いずれも推定ではあるが、阿波国については慶長図、寛永前期図、寛永後期図、寛文図、元禄図の5期の国絵図が確認できる。点数は少ないものの、これだけ多種類の国絵図が残されているケースは全国的にも稀であり、その意味でも阿波国絵図は標式的な国絵図群をなしている。

　慶長図については川村博忠編2000『江戸幕府撰慶長国絵図集成』（柏書房）、正保図及び元禄度の郡切図7枚については徳島建設文化研究会編・発行1994『阿波の絵図』に複製版が納められているほか、徳島大学附属図書館ホームページの「貴重資料デジタルアーカイブ　高精細絵図データベース（http://www.lib.tokushima-u.ac.jp/~archive/index.html）」では、慶長図、寛永後期図、元禄図が紹介されている。

（平井松午）

【参考文献】
川村博忠1984『江戸幕府撰国絵図の研究』（古今書院）／徳島県史編さん委員会編1964『阿淡年表秘録』（徳島県）／羽山久男1994「江戸時代～明治初期の阿波国絵図について」（『史窓』24）／平井松午1994「阿波の古地図を読む」（『阿波の絵図』徳島建設文化研究会）／平井松午2004「国絵図にみる阿波五街道の成立」（『地形環境と歴史景観』古今書院）／藤田裕嗣1997「阿波国絵図に描かれた吉野川流域」（『歴史地理学』39-1）

讃岐国

海に面した溜め池王国讃岐の姿

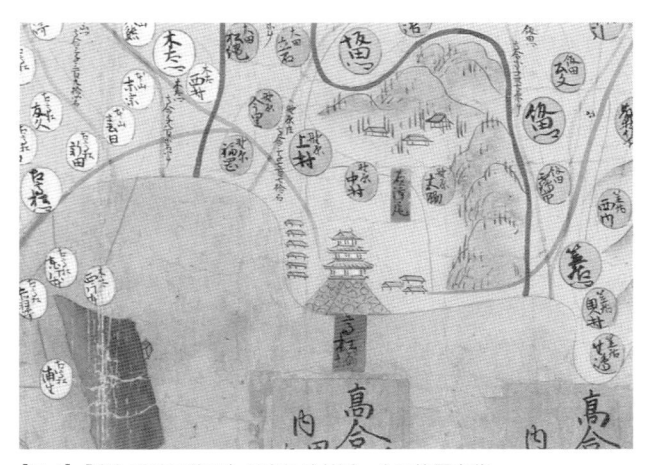

【図1】「寛永讃岐国絵図」の高松城付近。金刀比羅宮蔵

　讃岐の官撰の国絵図については、国立公文書館に保存されている「天保国絵図」以外は、その存在が現在のところ確認されていない。しかしながら、それ以外で作成された多彩な国絵図が存在し、讃岐国の景観を知るうえで、貴重な情報を提供している。ここでは旧讃岐国内の施設に収められている讃岐国全体を描いた絵図やそれに類する絵図を紹介し、これらからの研究の端緒としたい。

〔寛永讃岐国絵図〕　有力な戦国大名が登場しなかった讃岐国は、いくつかの勢力が拮抗する状態のなかで、土佐を基盤とする長宗我部氏の侵攻を受けることになるが、その直後に全国統一の途上にあった豊臣秀吉の四国平定により、讃岐国は豊臣政権下で成長した大名である仙石秀久、尾藤智宣の支配に属することになる。仙石・尾藤両氏は、短期間で讃岐を離れ、一定の安定した支配が展開するのは、生駒氏が天正15（1587）年に讃岐入を果たしてからである。豊臣から徳川へと政権が交代するなかで、生駒氏は親正、一正、正俊、高俊の4代にわたって讃岐国支配を続ける。

　その生駒政権下において作成されたのが、「寛永讃岐国絵図」である。寛永10（1633）年3月の年紀をもつ本絵図は、金毘羅大権現（現在の金刀比羅宮）に寛永17年に奉納品として納められた（裏書きによる）ものである（以下「奉納本」）。讃岐国絵図として、江戸期から著名なものであったらしく、この奉納本の写と目される絵図が県内にいくつか散見される。

　年紀から、幕府巡見使派遣に伴って作成された国絵図が原型となった絵図と考えられる。

　図は南を上として描かれ、地名表記などは上下固定で記載されている。描写は、正保以降の国絵図と異なり、絵画性が強く残っており、とくに島嶼部の表現にその傾向が見られる。海岸線の表現も正保図以降と比較すると出入りが緩やかな描き方になっており古い様式である。

　各郡の石高を示した郡付は正保以降の国絵図とは異なり、別紙に記載貼付されている。内容も総高と田畠高の内訳の両方を表記しており、ここにも違いが見られる。

　村名表記は、円形の中に表記する様式で、郡ごとに色分けがなされているが、表記内容は、「○○村」とは表現されず、「郷」「庄」など「村」以外の表記が数多く見られる。石高記載は村ごとではなく、「郷」「庄」単位で記され、石以下も詳細に記されている。これらの「郷」「庄」が年貢収納の単位として機能していたと考えられ、讃岐国における近世村の成立途上の状況を示す史料として指摘されている。

　讃岐国を描いた絵図を多数保存する鎌田共済会郷土博物館（以下鎌田博物館）に本絵図に関する興味深い絵図が存在する。鎌田博物館は、県内に存在するさまざまな古文書・絵図史料を筆写という形で多数収集しているが、そのなかに金刀比羅宮宮司琴陵家において筆写したという記載がある讃岐国絵図が存在している（以下「鎌田写本」）。写本も、奉納本同様に寛永10年3月の年紀をもっているが、両者には大きな相違がある。

　讃岐国は降雨量の少ない気候であり、また大河川を持たない地形であることとあわせ、用水の確保という点において、苦心を重ねてきた土地である。用水確保の手段として古くから溜め池の築造が行われていたのであるが、奉納本においても大規模な溜め池が描かれているのが目を引く。地図の縮尺に比して、かなり大きく溜め池が表現されているのである。

　写本においても、溜め池の表現に顕著な差異は認められないのであるが、問題は描かれている溜め池の数である。鎌田写本では、奉納本よりも少ない数の溜め池しか描かれていないのである。あくまで写であり、原本が確認されない現在では、断定はできないのであるが、これだけ目に付くものを筆写漏れするとは考えにくい。した

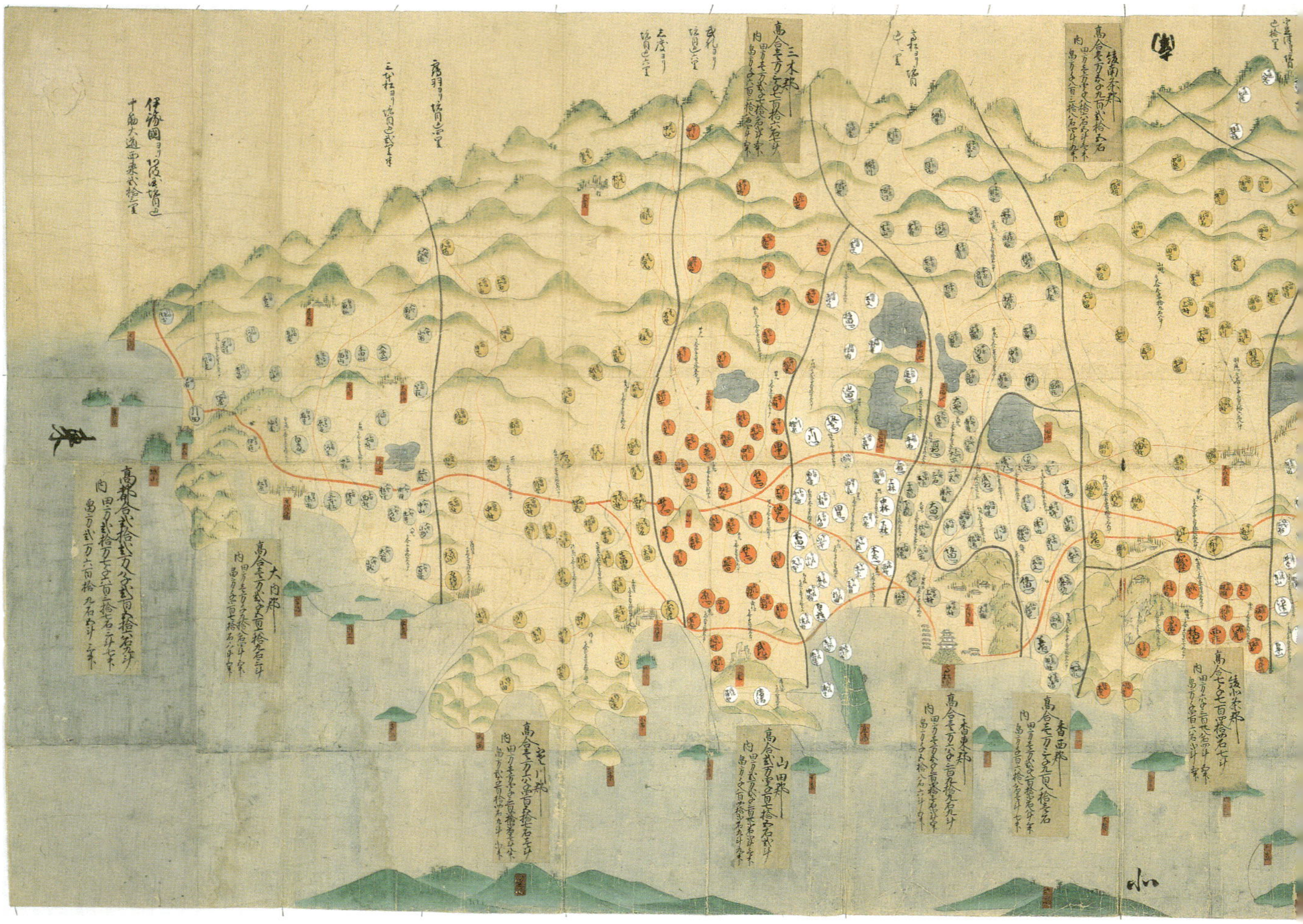

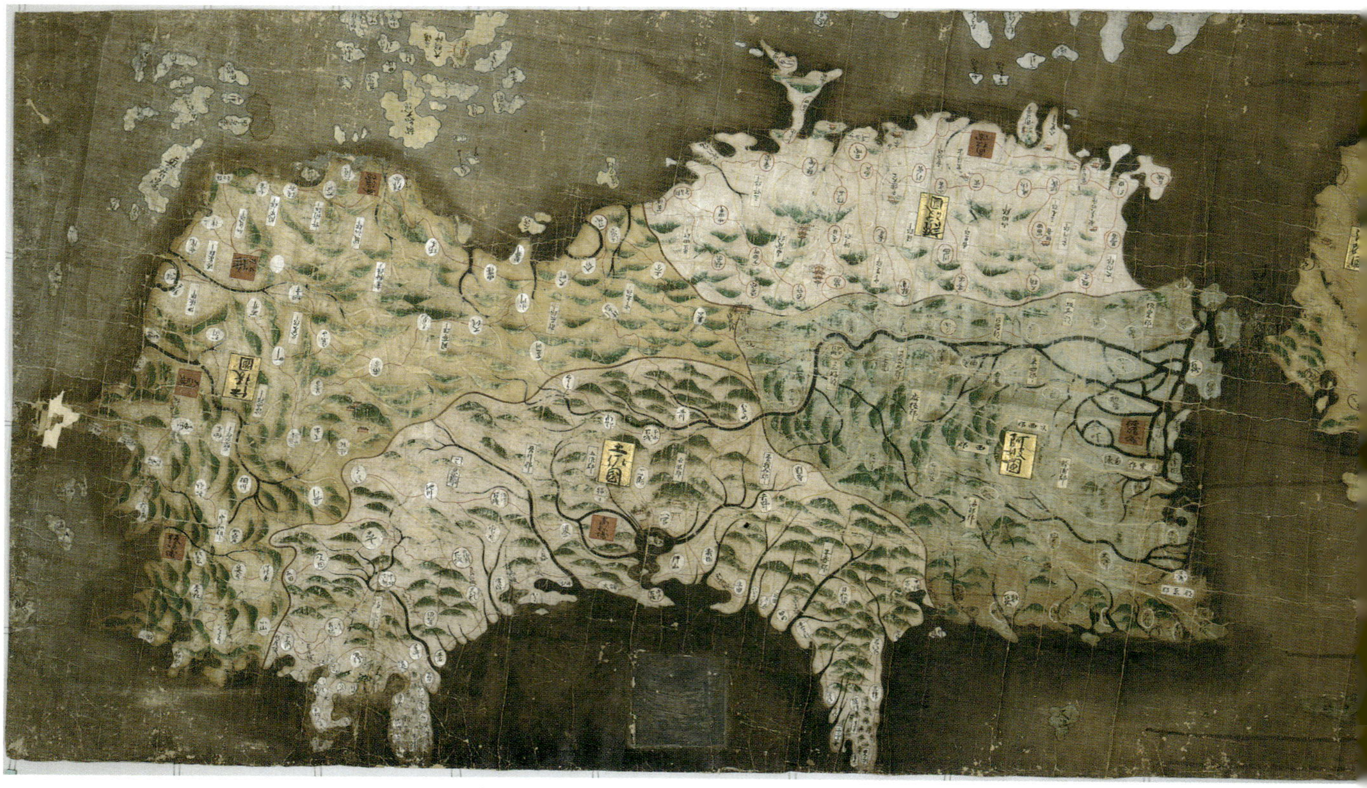

【図2】「寛永讃岐国絵図」 金刀比羅宮蔵、930×2240

近世初期に讃岐国を支配した生駒氏が作成し、金毘羅大権現（現・金刀比羅宮）に奉納した国絵図。年代から寛永の幕府巡見使派遣に伴い作成された寛永国絵図を原型とすると考えられる。後年の国絵図に比較し、城の表記や島嶼部の表記に絵画的な表現が強く見られる。溜め池が際立って表現されている点が注目される。

＊各図とも香川県立ミュージアム蔵写真提供

【図3】「慶長四国図」 鎌田共済会郷土博物館蔵、地図及絵図110、860×1660

現存最古と思われる四国全図。地名から17世紀初頭の成立と考えられる。地形表現や円形に村などの地名を表記する様式などから慶長国絵図との関連が想定されるもの。経年変化による褪色のため写真では確認しにくいが、郡境も表されている。主要街道沿いの地名を中心に掲載されている。

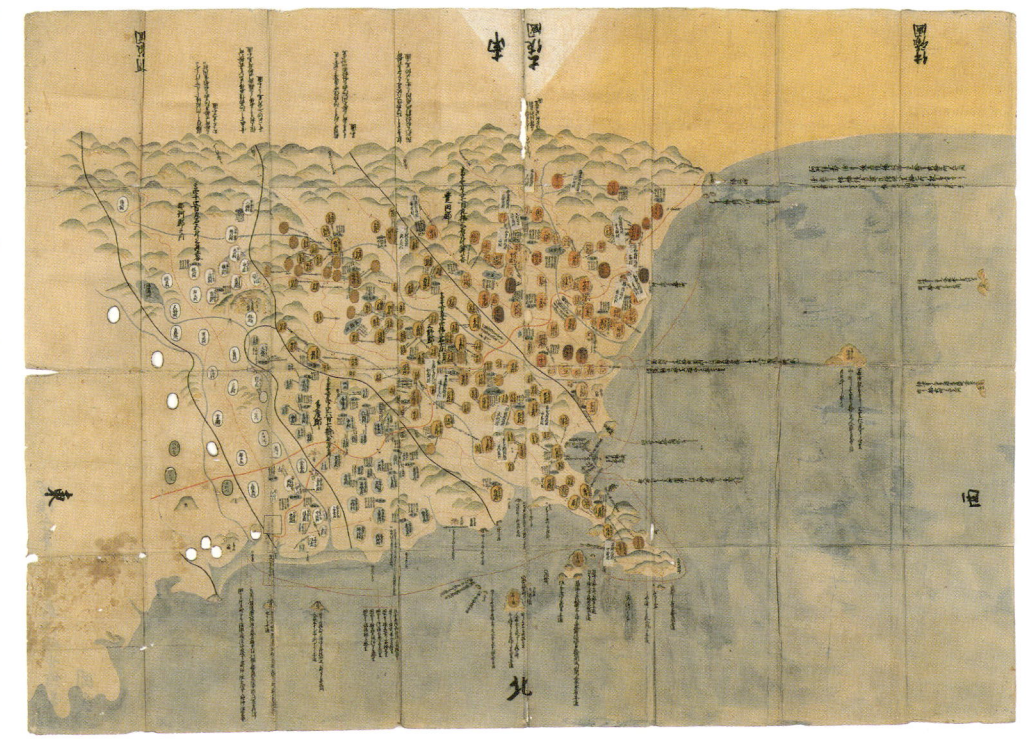

【図4】「讃岐国丸亀領国絵図」 香川県立ミュージアム蔵、157×211
元禄国絵図を原図として丸亀領部分を写した絵図。同様の絵図が数点県内で確認されている。

讃岐国

がって、寛永10年の年紀をもつ讃岐国絵図は2種類存在した可能性が考えられるのである。

今少し溜め池について注目をしてみよう。奉納本に描かれた溜め池は、西側から順に、福田池、一谷池*、岩瀬池、満濃池、亀越池*、渡池、小田池、立満池*、神内池*、三谷池、山大寺池*、河田（川田）池*の12か所である。このうち*を付した池が、鎌田写本に記載がない溜め池である。

生駒氏の分限帳には、「大池」の池守に対する知行ないしは扶持の給付が記載されている。そのうち「大池」として記されている溜め池は、寛永10年前後とされている分限帳での記載が鎌田写本の溜め池と、寛永16年の分限帳記載の溜め池が奉納本に描かれた溜め池とかなり合致している。

溜め池が特徴的に描かれ、上記のような差があることから、奉納本は溜め池築造事業＝領国内の治水利水事業に関連して奉納されたものであることが導き出されるのである。また、金毘羅への奉納本は、寛永10年の表記をもつが、景観年代は奉納年に近い時期のものであると考えられる。鎌田写本の基となった絵図が寛永10年頃に作成され、その絵図を基に、溜め池の増加などの増補を加えて、奉納本が完成されたと考えてよいであろう。

〔慶長四国図〕 鎌田共済会郷土博物館が所蔵する四国全土を描いた絵図。四国だけを表現した絵図の例は、希少であり、その点だけでも貴重な資料である。

四国本土の他、淡路島、瀬戸内諸島が描かれ、方形の金箔上に国名が記されている。主要な城郭は、赤色に着色された方形で表現され、高松城・今治城・松山城・大洲城・板嶋城・高知城・徳島城が掲載されている。郡名は方形の枠内、村や町、古城などを円形の枠内に記している。経年変化による褪色のため、判別しにくくなっているが、郡界も表現されており、また円形の地名をつなぐように朱線で道筋が記載されている。交通上の要衝となる地名を中心に表記されていることを予想させるものである。道筋上にはいくつかの主要な「坂」が表記されている点も注目される点である。この絵図の特徴として、石高記載がない点をあげておかなければならないであろう。その他、簡略な表現で寺社の建造物が描かれているが、寺社名の表記については不統一である。

絵図内に用いられている地名から絵図の成立は17世紀初頭と考えられており、絵図の様式の類似性とあわせ慶長国絵図との関連が想定され興味深い。紙質や箔の使用などかなりの費用がかけられた本絵図の作成目的や伝来経緯については不明な点も多く、今後の研究が待たれる。

〔讃岐国丸亀領国絵図〕 寛永17（1640）年、生駒騒動により生駒氏が讃岐国を去った後、讃岐は2分され、高松を居城とする松平氏と丸亀を居城とする山﨑氏によって支配されることとなる。丸亀城はさらに京極氏の居城となり、幕末まで京極氏が城主として支配を続ける。

香川県立ミュージアムが所蔵する「丸亀御領分絵図」は、京極氏の家老である岡家に伝来したとの裏書きをもつ、丸亀藩領の姿を描いた絵図である。南を上として描かれ、小判型の村形による各村表現、郡単位の色分け、朱書きによる道筋表記と一里山記号の附属など、官撰国絵図の特徴に合致する内容となっている。

隣藩である高松藩とは那珂郡において藩領を接しているが、那珂郡内の丸亀藩領村については村名と村高を併記し、高松藩領村については村名のみを表記しており、郡付についても、それにしたがって丸亀領分の村高の合計が記されている。溜め池は、かなりの数が表現され、そのひとつひとつに溜め池の名称と大きさや水深が付記されている。

本図には裏書きがあり、「万治三年 丸亀御領分絵図 岡氏」と記されているが、様式の特徴から元禄国絵図の写であると指摘されている。丸亀藩領の姿を描いた絵図としては、最古のものであり、貴重である。なお、同様の図が丸亀市立資料館、鎌田共済会郷土博物館にも所蔵されており、各図の比較検討が今後の課題である。

（御厨義道）

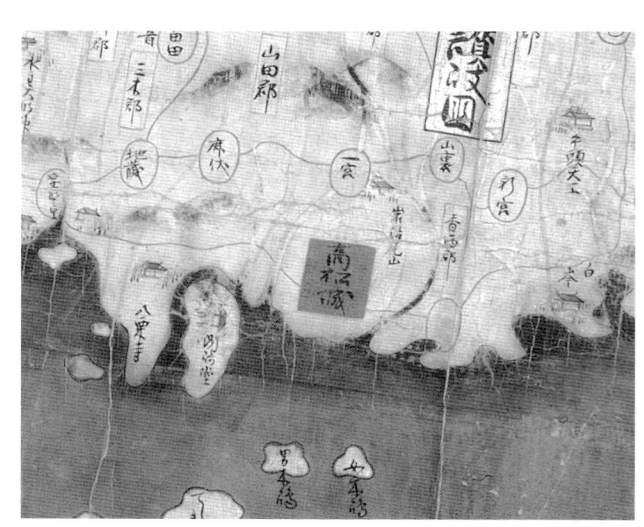

【図5】「慶長四国図」の高松城付近。
鎌田共済会郷土博物館蔵、絵図及地図110

【参考文献】
香川県1989『香川県史近世Ⅰ・Ⅱ』／琴平町1998『町史ことひら3』／大野原町2005『新編大野原町誌』

伊予国

地元に現存する数少ない領分絵図

　伊予国絵図は、愛媛県立図書館（以下県立図書館）と愛媛県歴史文化博物館（以下歴史文化博物館）に部分図が現存している。しかし、全体図についてはこれまで県内では発見されていない。国立公文書館所蔵の江戸幕府紅葉山文庫伝来の天保図は東西714cm 南北706cmで、これは天保図のなかでも最大のものとされているが、その開閉は困難であったことが想像される。実用の絵図として用いられた勘定所所蔵の天保図は、使いやすいように南北を2分しており、2舗で伊予一国分の絵図となっている。伊予国絵図の多くが領分絵図として伝わる要因の一つには、その巨大さがあったものと思われる。

〔寛永国絵図〕　伊予の寛永図が巡見使に提出されているかどうかについては、記録上定かではない。しかし、寛永期に作成されたと思われるいくつかの絵図があるので、その内容を紹介したい。

　その一つは大洲藩主加藤家に伝わったもので、絵図の裏隅に「伊予一国絵図」と記されている。この絵図には、宇摩・新居・周布・桑村・越智・野間・風早・和気・温泉・久米・伊予・浮穴・喜田（喜多）の13郡が描かれているが、宇和島藩領のある宇和郡は描かれていない。絵図の余白には国境・郡境・道・川の筋色と各大名領の村形色の色分凡例が記されている。村形は短冊型でその中に村名のみが記され、村高については記されない。

　また、凡例に記されている各大名を見ると、「加藤出羽守」（加藤泰興）「藤堂宮内少輔」（藤堂高吉）「松平中務大輔」（蒲生忠知）とある。このうち、蒲生忠知が松山に入封したのが寛永4（1627）年、忠知が卒去したのが寛永11年であるので、この絵図の成立時期をその間に絞り込むことができる。忠知の卒去後松山城在番となった加藤泰興は、大洲藩領であった桑村郡全体・風早郡一部と松山藩領の伊予郡一部・浮穴郡一部との交換を幕府に願い出て許可されている。この絵図はこの替地以前の所領の状況を示している。

　この絵図と非常に類似した絵図が、松山市に伝わっている。市役所所蔵の絵図には、表面の余白に書き込まれた凡例に「伊予一国絵図」とあり、加藤家伝来の絵図と全く同じタイトルである。両者はプロポーション、図式共にほぼ同一と判断できるが、大きく異なる点は、市役所所蔵の絵図が宇和郡も含めた伊予全体を描いた絵図になっていることである。それに伴い、凡例にも先の3名の大名に「伊達遠江守」（伊達秀宗）の名前が加わっている。また、郡名の記載は、加藤家伝来の絵図では枠なしでそのまま記されているが、市役所所蔵の絵図では短冊型に郡名を記しているなど、図式に微妙な相違点も見られる。すなわち加藤家伝来の絵図に、宇和島藩の情報を加えて図式を整えたものが市役所所蔵絵図とみなすことができる。いずれにしても、寛永の国絵図とほぼ同時期に作成された絵図であり、その関連が注目される。

〔正保国絵図〕　伊予の正保図は、松山藩主松平定行・宇和島藩主伊達秀宗・今治藩主松平定房・大洲藩主加藤泰興の4人の大名が絵図元を務めた。正保図の絵図元各藩の編纂過程については不明であるが、県立図書館に宇和島藩担当分と思われる正保図の領分絵図が伝わっている。

　この部分図は東西431cm 南北453cmで、絵図を詳しく見ていくと小判型の枠内に村名と村高が記入され、村高は何十何石余と石未満の斗・升・合を省略して記されている。宇和島藩領の村は橙色の村形の中に「の」の記号、吉田藩領の村は色が施されていない村形の中に記号なしで記されており、所領の区別が明確にされている。

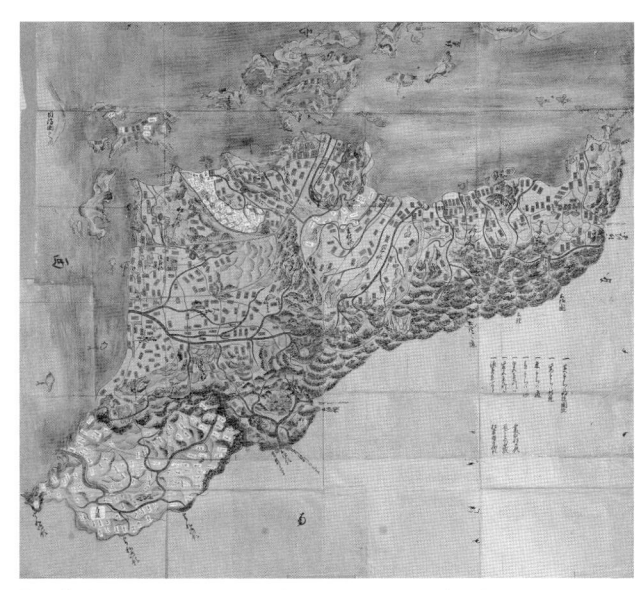

【図1】「伊予一国絵図」　加藤家蔵・大洲市立博物館保管、158×145

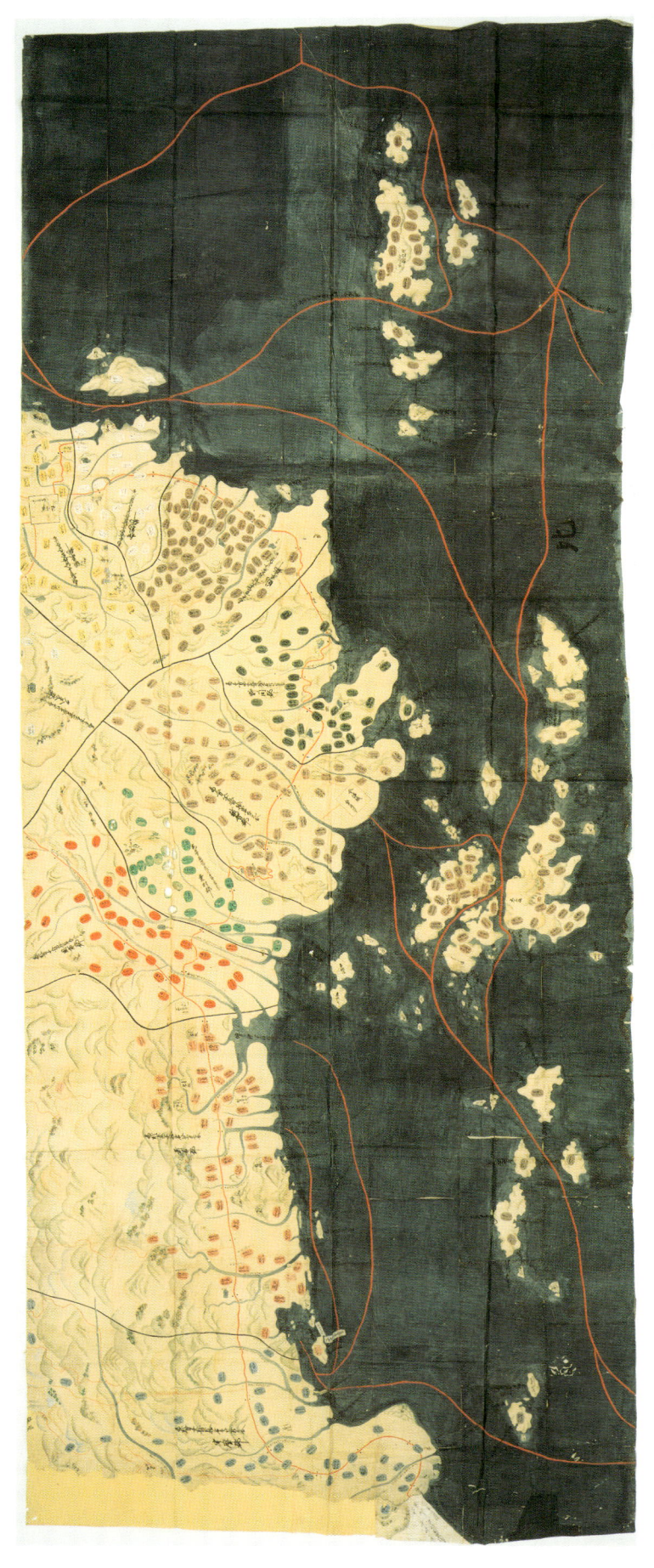

【図2】「元禄伊予国絵図」 部分　愛媛県歴史文化博物館蔵、452×182
本図は、元禄伊予国絵図の編纂にあたり、絵図元の大名家に残された下図と考えられる。松山から宇摩郡にいたる海岸線と瀬戸内海の島々が描かれた部分図である。温泉郡・久米郡・風早郡・野間郡・越智郡・桑村郡・周布郡・新居郡・宇摩郡の村々が郡ごとに色分けされている。本図は、西を天にして掲載されている。

【図3】「元禄伊予国絵図」部分　愛媛県歴史文化博物館蔵、336×185
本図は、元禄伊予国絵図を編纂する際に絵図元を務めた大洲藩加藤家に伝わったものである。宇和郡の全体ではなく、北側（図では左側）は卯之町・明石村（西予市）あたりから、南側は由良半島の南の柏村（愛南町）あたりまでが描かれている。

伊予国

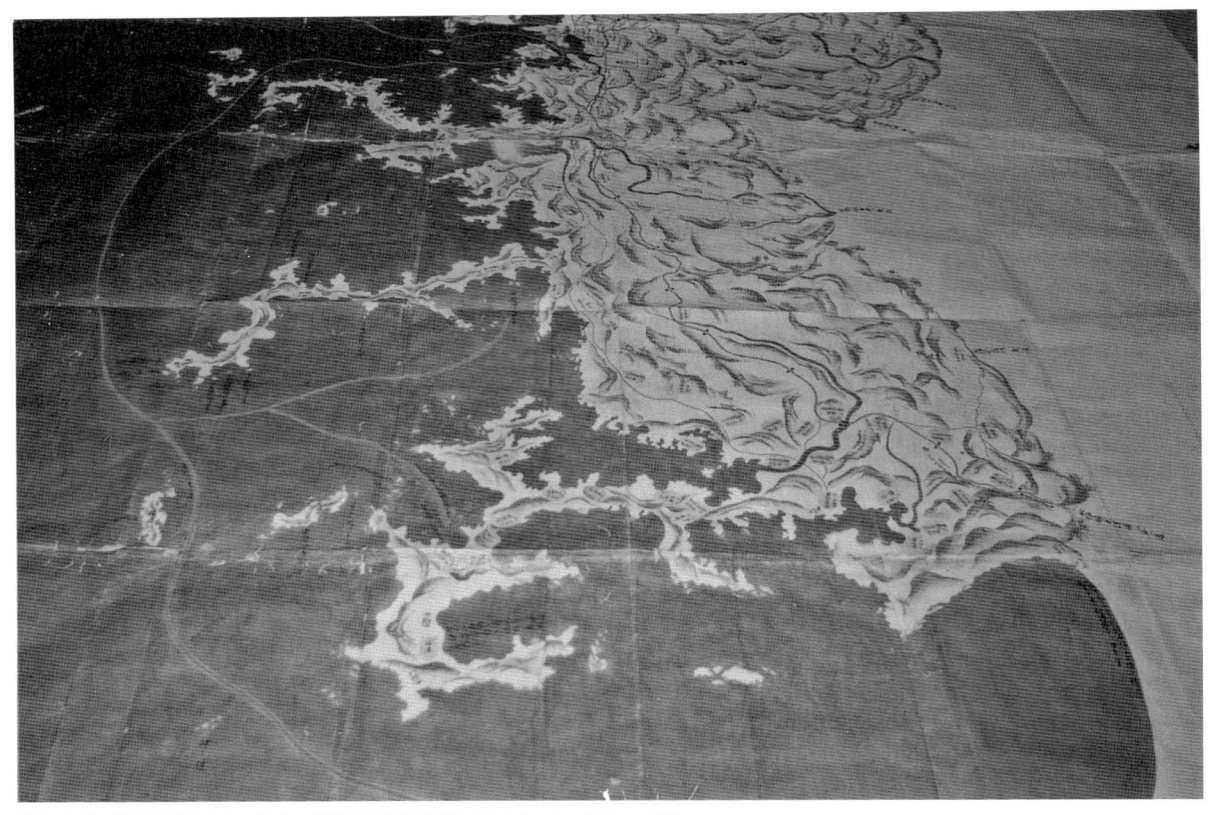

【図4】「正保伊予国絵図」 部分　愛媛県立図書館蔵、KM00-1、431×453

一里山は道筋を挟んで両側に黒丸点で図示され、「吉野川ハ、四十弐間深サ弐尺洪水之時渡りなし」など、川の名や渡りの大きさといった交通関係の注記が詳細である。舟道は朱筋で図示され、「是迄宇和嶋城下ヨリ十五里、此湊何風ニも舟懸り吉、海の深サ十三尋」（三崎ノ内佐田浦）など、湊についての注記もある。これらはいずれも正保図の特徴と一致しており、本図がその部分図であることは明らかである。

　なお、正保図については、宇和島藩と土佐藩との間で沖の島の境界に関わる争論が起きている。沖の島の沖合5kmにある姫島について、宇和島藩はすべてが宇和島分、土佐藩は「きれとう」より南が土佐藩とそれぞれ争論のなかで主張しているが、この部分図では姫島全体が宇和島分であるかのように描かれている。

〔元禄国絵図〕　伊予の元禄図は、松山藩主松平定直・宇和島藩主伊達宗贇・大洲藩主加藤泰恒・今治藩主松平定陳が絵図元を務めた。元禄図については、各大名家の記録に簡潔ではあるが、編纂に関わる記述があり、その過程を追うことができる。

　それによると、まず元禄10（1697）年閏2月4日に各大名の江戸留守居が幕府評定所に呼び出されて、国絵図改訂の割り当てが命じられた。宇和島藩では3月5日に、宇和島藩領だけが描かれた正保図の写を早速江戸に送っている。さらに、土佐藩との国境争論をかかえる宇和島藩は、5月17日に沖の島と篠山に関する一連の争論絵図を江戸に送っている。この頃から各絵図元での作業が本格化していったものと思われる。各絵図元が担当部分の絵図を清図受持の松山藩に提出した期日は定かでないが、松山藩では元禄12年9月に担当部分の絵図が郡奉行河端太郎右衛門により江戸に到着しているので、ほぼ同じ頃に提出されたものと思われる。松山藩に集められた元禄図は幕府御用絵師狩野良信の清書を経て、元禄13年6月に幕府評定所に上納された。元禄図については、愛媛県歴史文化博物館に領分絵図が2枚ある。詳しくは本書の図版を御覧いただきたい。

　今回ここで紹介した以外にも、国立歴史民俗博物館所蔵西条藩松平家文書の「東伊予国絵図」など、国絵図と思われるいくつかの資料があるが、取り上げることができなった。伊予国絵図については、絵図本体をはじめ作成過程に関わる資料が決定的に不足しており、不明な点が多い。今後そうした新たな資料が発掘されることを期待したい。
　　　　　　　　　　　　　　　　　　　　（井上　淳）

【参考文献】
愛媛県歴史文化博物館1996『伊予八藩の大名』／大洲市誌編纂会1996『増補改訂大洲市誌』上巻

土佐国

揺れ動く村数と石高

ここでは、土佐国慶長国絵図から元禄国絵図までを、主として絵図に記された村数と石高に注目しながら紹介する。

〔慶長国絵図〕　土佐国絵図関連資料で、まず注目されるのは徳川幕府初度の国絵図である慶長国絵図をめぐる資料の豊富さである。ただし、絵図自体は現存しない。

慶長9（1604）年8月26日付の津田小平次秀政と西尾隠岐守吉次の連署状は、「為御意申入候」と強い口調で始まる。そこでは「国郡田畠高之帳」と「国郡之絵図」を3部ずつ提出すること、絵図には郡高を記し、国境を念を入れて調査すること等が指示されている。この文書が、慶長国絵図徴収の現存する唯一の発令文書である。

また、慶長10年6月23日付の、伏見駐在の土佐藩士沢勘右衛門から国元に送られた書状には「大かた御国之絵図之覚」が添付されている。そこでは、村形を小さくすること、村名は墨書すること、村高は村形の脇に朱で記すこと、郡ごとに田畠員数と村数を記すこと、道川山を色絵にすること等々、西尾吉次が指示した国絵図の描き方が図例をもって記されている。

初代土佐藩主山内一豊は、慶長6年に9万8000石で土佐に入国するが、この石高は豊臣政権下における先主長宗我部氏の領知高である。慶長御前帳（郷帳）・国絵図の調製にあたり山内氏は改めて領知高を算出し直し、これによって336村（高付村238村）・20万2600石余の領知高が決定した。

この領知高は、将軍の代替わりごとに実施された朱印改めの際に提出された郷村高辻帳に一貫して採用され、江戸時代を通じて土佐藩の表高として機能、幕藩秩序の基数として重要な意味を持った（村数は寛文朱印改めで463村となる）。ただし、この村数・領知高は共に、長宗我部地検帳を基礎台帳として、机上操作によって創出されたものであり、必ずしも実態と合致するものではない点は注意を要する。

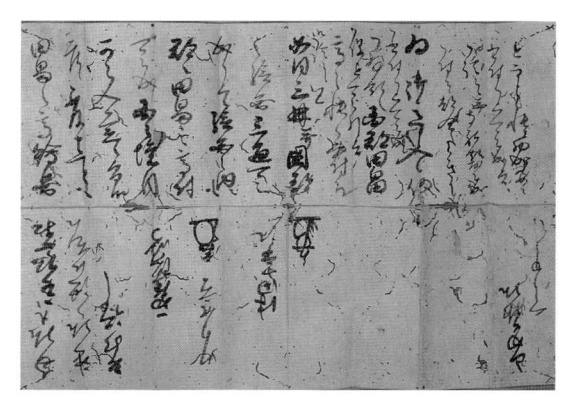

【図1】「津田秀政・西尾吉次連署状」　土佐山内家宝物資料館蔵

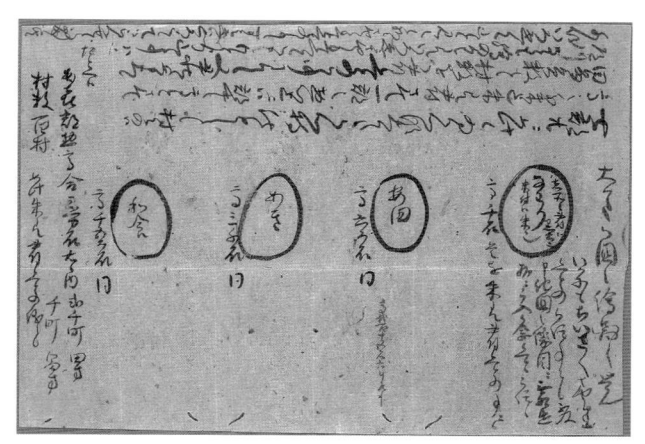

【図2】「大かた御国之絵図之覚」　土佐山内家宝物資料館蔵

〔寛永期国絵図〕　慶長期に続いて確認できる国絵図は、寛永期のものである。山内家に伝来したこの絵図は、肥後細川家、長州毛利家、紀伊徳川家、出羽佐竹家などで確認できる所謂「六十余州図」と同系統のもので、3代将軍家光が派遣した諸国巡見使が江戸帰還後に調製した国絵図を原図として、これが有力大名間で転写されたものと考えられている。藩側が上納したものでないためか、村高記載はなく、描かれる村も主要なものに限られ、しかも村名の誤記も散見する。浦戸・本山・窪川・佐川・中村・宿毛などは「古城」として登場し、元和の一国一城令からそう遠くない時代の雰囲気を醸し出している。現存する土佐国絵図のなかで、もっとも古い時代を反映させた絵図である。

〔正保国絵図〕　正保国絵図は、土佐藩江戸留守居が阿波蜂須賀氏や美作森氏の留守居と相談しながら調製したようであるが、絵図自体は現存しない。

正保国絵図に記されるのは975村、25万8536石である。これは、家光による寛永朱印改めの際に、領知高増石を企図して算出された数字であり、村数・石高共におそらく当時の実態に近い数字であったと思われる。ただ

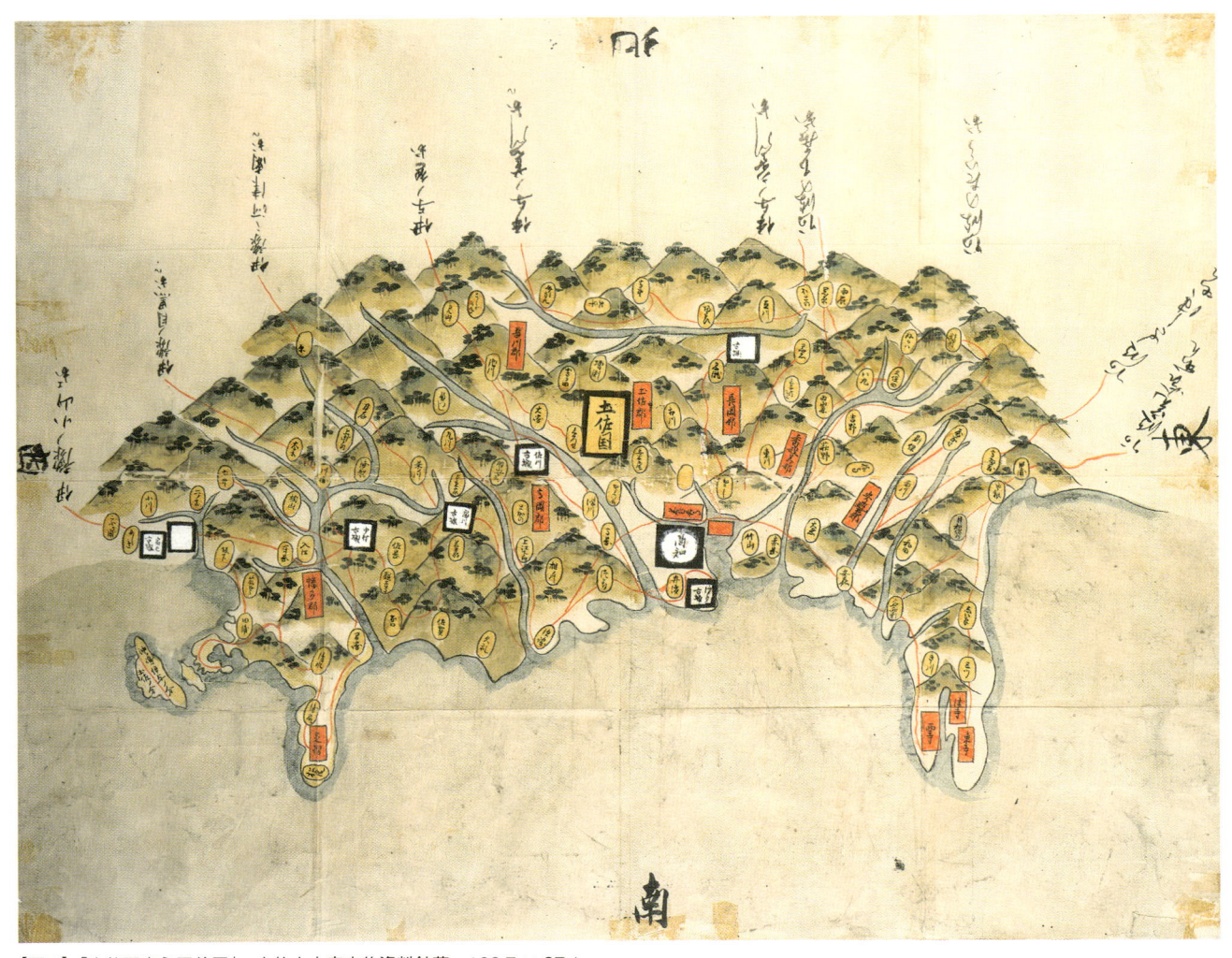

【図3】「土佐国寛永国絵図」 土佐山内家宝物資料館蔵、109.7 × 87.1
「倭邦国　六六枚　並二島図」と墨書された杉箱に、68枚の諸国国絵図が納められている。すべてが均等に畳まれ、27.8 × 22.0cmの薄茶色の表紙には国名、郡数、郡名を記した白紙が貼られている。

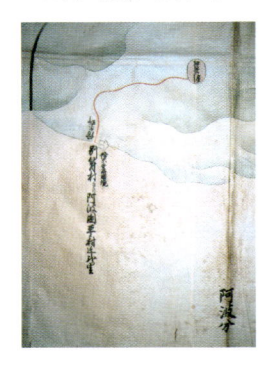

【図4】「阿波御国境土佐国端絵図控」 土佐山内家宝物資料館蔵

土佐から阿波へ送られた端絵図の控図に見られる両国の国境部分。国境にある傍示堂の真中を国境とした事例。この傍示堂は「四つ足堂」といわれ、土佐・阿波両国の均等負担で維持管理されていた。

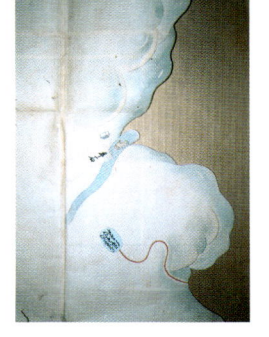

【図5】「土佐国境阿波国裁廻絵図」 土佐山内家宝物資料館蔵

端絵図を国境線の形に切ったもの。国境突き合わせのために作られたものであろう。川中にある岩の割れ目を挟んで、阿波側の岩を「牛石」、土佐側の岩を「馬石」と名付け、わずかな隙間を国境とした。

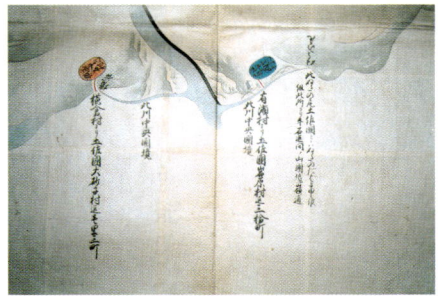

【図6】「土佐国境阿波国端絵図」 土佐山内家宝物資料館蔵

阿波から土佐へ送られた端絵図に見られる両国の国境部分。吉野川の「川中央」、山中の「嶺通」を両国の国境とするという、典型的な国境の事例。有瀬村に記される家屋は阿波藩の有瀬口国境番所。

【図7】「伊予国江遣ス証文之縁絵図控」 土佐山内家宝物資料館蔵

土佐から伊予へ送られた縁絵図の控図。海岸沖にある「ハエ（岩礁）」の真中を国境とした事例。「傍示はゑ」と記され、長大な土佐の国境線の最西端の国境標示。長宗我部地検帳にも登場する。

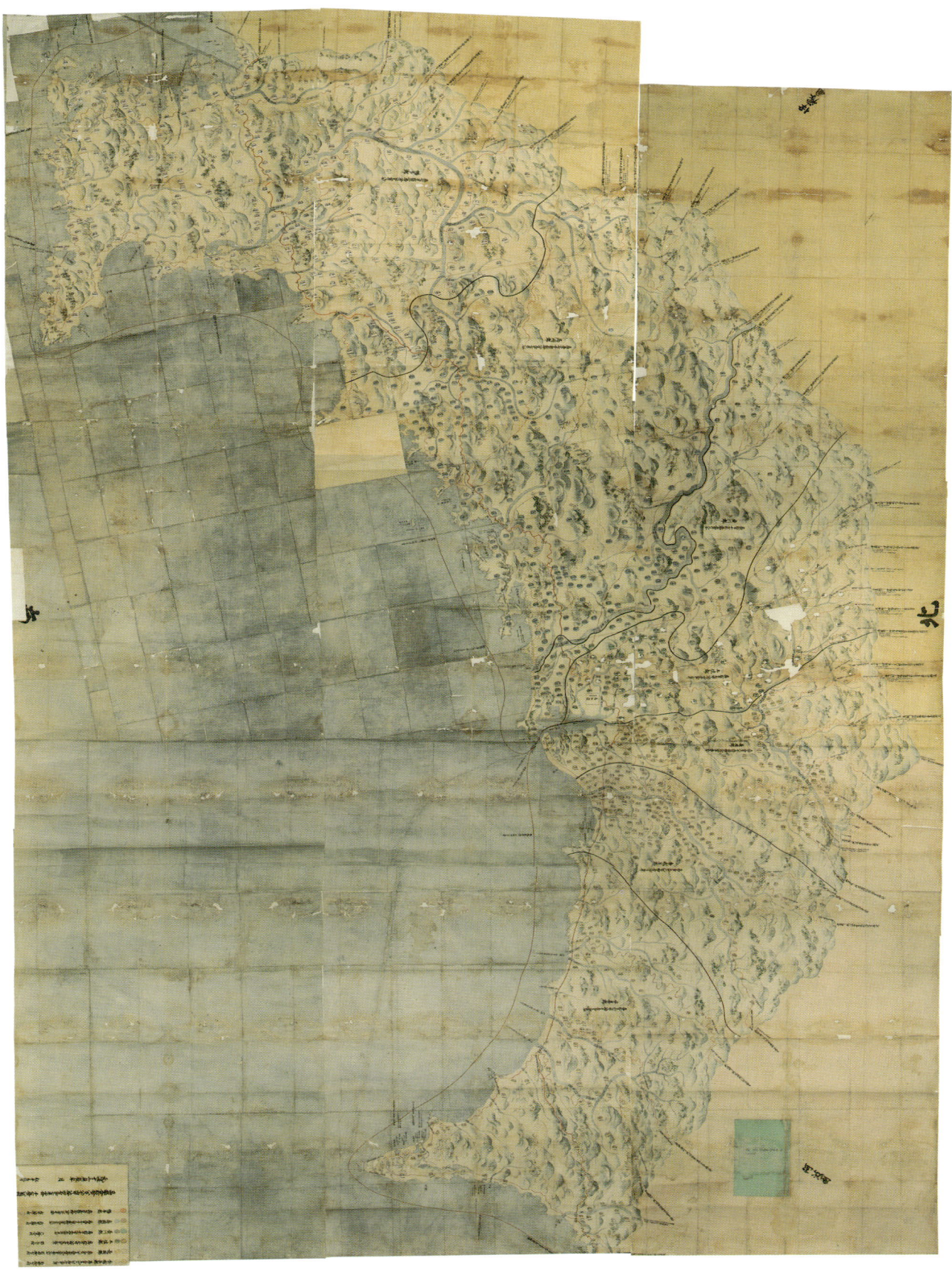

【図8】「土佐国元禄国絵図控」 高知市立市民図書館蔵、750 × 560
土佐国絵図で唯一現存する控。この絵図は、幕府の正保国絵図を模写した絵図を基本として情報改訂を行ったもので、「新御絵図之下書」と呼ばれている。情報は清絵図に一致するが、絵図全体の雰囲気は正保国絵図のそれを伝えている。

し、寛永朱印改めでは、この数字は幕府から却下されている。

つまり、正保国絵図において初めて、慶長国絵図の村数と領知高とが破棄され、新たな編成原理に基づく数字が幕藩間に登場したのである。後述の『御国絵図調様事』には「絵図之儀ニ御座候故枝村までも書付候事」とあり、国絵図が視覚的資料であるという点が強く意識されて、実態に近い数字が採用されたことが予想される。それ故に、絵図を伴わない朱印改め時の郷村高辻帳では、幕末まで慶長郷帳・国絵図に基礎をおく数字（463村〔寛文朱印改めで決定〕・20万2600石）が実態と乖離したまま生き続けている。

〔寛文国絵図・延宝国絵図〕 延宝9（1681）年の5代将軍綱吉による諸国巡見使に関する記録『御国絵図調様事』によれば、当時、土佐藩には寛文7（1667）年の4代将軍家綱による諸国巡見使に提出した国絵図の控があったらしい。それは正保国絵図を2寸1里に縮めたもので、長宗我部地検帳の地高を1反1石で換算した24万8300石（村数は不詳）が記されていた。

これに対し、延宝9年の巡見使用に調製された国絵図には、974村が描かれ、20万2600石が採用された。実態に近い村数と実態から乖離した朱印高が混合した組み合わせである。正保国絵図において、いったん実態に近い数字が登場したものの、国絵図における村数と石高の関係は、この時点ではいまだ安定していない。

〔元禄国絵図〕 土佐藩が作成した土佐国絵図で現存するものは、元禄国絵図が唯一のものである。清絵図は2丈9尺6寸4分×1丈8尺8寸5分という全国最大級の大きさであったらしいが、現物はなく控と思われるものが1鋪山内家に伝来した。

村数は1076村で、石高26万8484石である。これらの数字は、『本田新田地払帳』なる帳簿の、切添新田高を除いた本田村高と一村立新田村高の合計とほぼ一致する。この『本田新田地払帳』は、元禄10年～12年に成立したものと考えられ、一部地域を欠くが土佐国全域の村高と村内の領有関係を調査した、藩掌握の実態帳だといわれている。となれば、元禄国絵図の村数は、切添新田高を除くという基準のもとに、藩掌握の数字が反映されていることになる。『皆山集』には、「右ハ御国新絵図被仰付依之前代元親地検帳ヲ以テ地高相極メ一村立ノ本田新田並ニ村名文字等相改メ此度御絵図相添公儀御差上ニナル」と記され、領内の一村立の村を網羅していることをうかがわせている。この国絵図の数字と後の藩内機能帳『寛保御国七郡郷村帳』のそれが一致することからしても、元禄国絵図は、藩が機能させていた数字の相当程度を反映させた国絵図といえるのである。村数に限っていえば、元禄国絵図の村々は享和3（1803）年『土佐国郷村仮名付帳』にも確認でき、最終的には天保郷帳までを規定することとなる。

国絵図上では現実が反映される傾向にある一方で、朱印改めの郷村高辻帳では、一貫して慶長郷帳・国絵図の世界が継続、この2つの異なる論理が共存しながら幕末を迎えるのである。

ただし、留意すべきは元禄国絵図における実態の反映は、あくまで村と村高の段階であり、他の地理情報までもが実態を反映させたものと考えるのは早計である。『御国絵図一巻覚書』には「浦々遠見番所之儀絵図ニ記候上ハ御国ニ而御奉行共ニ申取立可然候旨被仰出事」とあり、現実に先行する国絵図の姿も確認できるのである。

（渡部 淳）

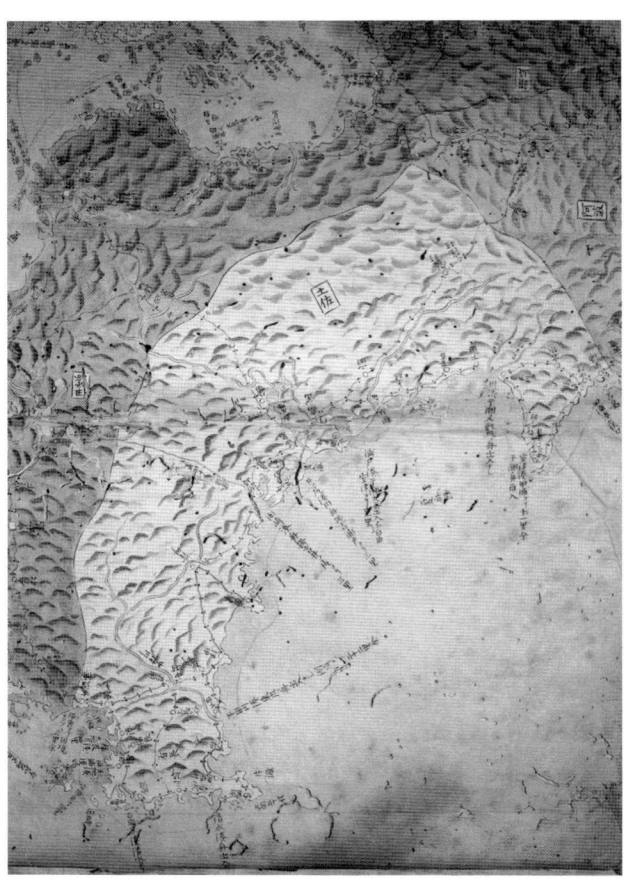

【図9】「正保日本図」 部分 （土佐国）、土佐山内家宝物資料館蔵

【参考文献】
秋澤繁1992、1993「慶長10年徳川御前帳について(1)(2)」（『海南史学』30、31）／大脇保彦1991「土佐国絵図について―元禄国絵図を中心とした若干の検討」（『高知大学学術研究報告』40）／渡部淳2001～2002「絵地図の世界(1)(2)(3)」（『海南千里』4、5、6）／同2002～2003「国境縁絵図を歩く(1)(2)(3)」（『海南千里』7、8、9）

筑前国
測量して作成された元禄図

〔まぼろしの国絵図〕 筑前国絵図は、昭和7（1932）年～同15年にかけて刊行の伊東尾四郎編『福岡縣史資料』（福岡県）に慶長・正保・元禄国絵図が所載（以下県史付図）されており、戦前において広く一般に知られた国絵図の一つであった。しかし、その原本は福岡県庁から福岡県立図書館に移管された後に行方不明となりまぼろしの国絵図となってしまったのである。恐らくは、昭和20年の福岡大空襲で焼失したと考えられてきた。

時は流れ昭和54年のこととなる。この年に市民待望の福岡市立博物館が大濠公園に新設され、旧福岡藩主黒田家より伝来の国宝の金印をはじめとした多くの古美術品や歴史資料が寄贈されることになった。そのなかに黒田家が江戸幕府に提出した慶長・正保・元禄図の控図が残されていたのである。

前述の福岡県庁の国絵図が福岡藩庁の実務に用いられた図で、黒田家のものは藩主のもとに伝来した図ということとなる。不意の火災などによる図の消滅を危惧した危機管理によって、筑前国絵図は再び蘇ったのである。また、元禄図の下図である測量図の「元禄十二年御国分間絵図」（以下分間図）も発見されたのであった。現在、これらの国絵図は、平成2（1990）年に福岡市立博物館が新設されてから同館の所蔵となっている。

ここでは、まず福岡市立博物館所蔵になる現存の慶長・正保図と今は失われた県史付図とを比較しながらその特徴に触れ、次に小林茂・佐伯弘次・磯望・下山正一「福岡藩の元禄期絵図の作製方法と精度」によりながら分間図の作成動機や測量技術や記載内容について紹介する。

〔各図の特徴〕 慶長図は整った絵図目録をはじめ梯子尺目盛、縮写値（1里を7寸2分＝1万8000分の1）を持ち、慶長図の特徴を示し記載や描写の様式も統一的で、完成度の高い図となっている。また、本図を入れる袋には、「慶長年中公儀江被差出候御国絵図扣（控）、壱枚」とあって紛れもない慶長図である。

福岡城とその城下町、そして博多が方形で区画して描かれ、国境防衛のために築城した六端城の若松・黒崎・鷹取・大隈・左右良城（小石原城がない）が山下町を伴って描かれ、古城も多く見られる。村は凡例に従って郡ごとに図柄や色分けの異なる丸印で示され、石高も記されている。郡界線はなく、長方形の枠で囲んで郡名を示すだけである。筑前国の中で怡土郡の唐津藩領が描かれていない（肥前国絵図に図示）。道路は朱線で表示され、道の両側の福岡城を起点にして1里ごとに築山の上に木が植えられた一里山が見られ、主要街道に宿駅が描かれている。またこの図には小倉から飯塚そして佐賀を経て長崎にいたる重要街道である長崎街道が描かれておらずいまだ整備がなされていなかったことが分かる。

正保図の絵図目録には、「松平右衛門佐」の記名がある。これに対して県史付図には、「松平筑前守」と記されている。「松平右衛門佐」と「松平筑前守」は、黒田（松平）忠之のことであるが、同人ははじめ「右衛門佐」を名乗り正保4年（1647）3月に「筑前守」に改め承応3（1654）年2月に没した。したがって、正保図は正保4年3月以前の作成となる。同図の裏面には「井上筑後守殿御奉行ニ而御調上ヶ被成御国中絵図扣、正保三年八月朔日」と記があり、まさにこの裏書きのとおり「正保三年八月朔日」に提出したものであることが分かる。また、『福岡縣史資料』の付図は、正保4年3月から承応3年2月までに作成した図となる。

正保図には、福岡藩の支藩の秋月藩主黒田甲斐守5万石と東蓮寺藩主黒田万吉の4万石、そして唐津藩の寺沢兵庫頭領2万96石5斗7升が示されている。図にも寺沢兵庫頭領の村形が色分けし、交通路の小書きも詳細で正保図の様式である。

九州文化史研究所は、元禄図の編纂時に幕府から貸与された正保郷帳の写である「筑前国中郷帳」（昭和9年に黒田家別邸で謄写）があり、その村高（長崎大学経済学会「経済と経営」79–3）とも本図は一致している。

次に元禄図とその県史付図との相違点を見てみよう。まず、絵図目録の藩主名を元禄図では「福岡城主松平肥前守綱政」とし、県史付図では「松平肥前守」としている。また、福岡城の表現が元禄図では城を四角で示しているが、県史付図では福岡城下全体を四角に囲むだけで城そのものは示されていない。幕府献上本では県史付図のように官名であり、城下全体を四角で囲むのみである。元禄図の幕府基準に合わない点を訂正したのが県史付図ということになる。なお、福岡市立博物館には元禄

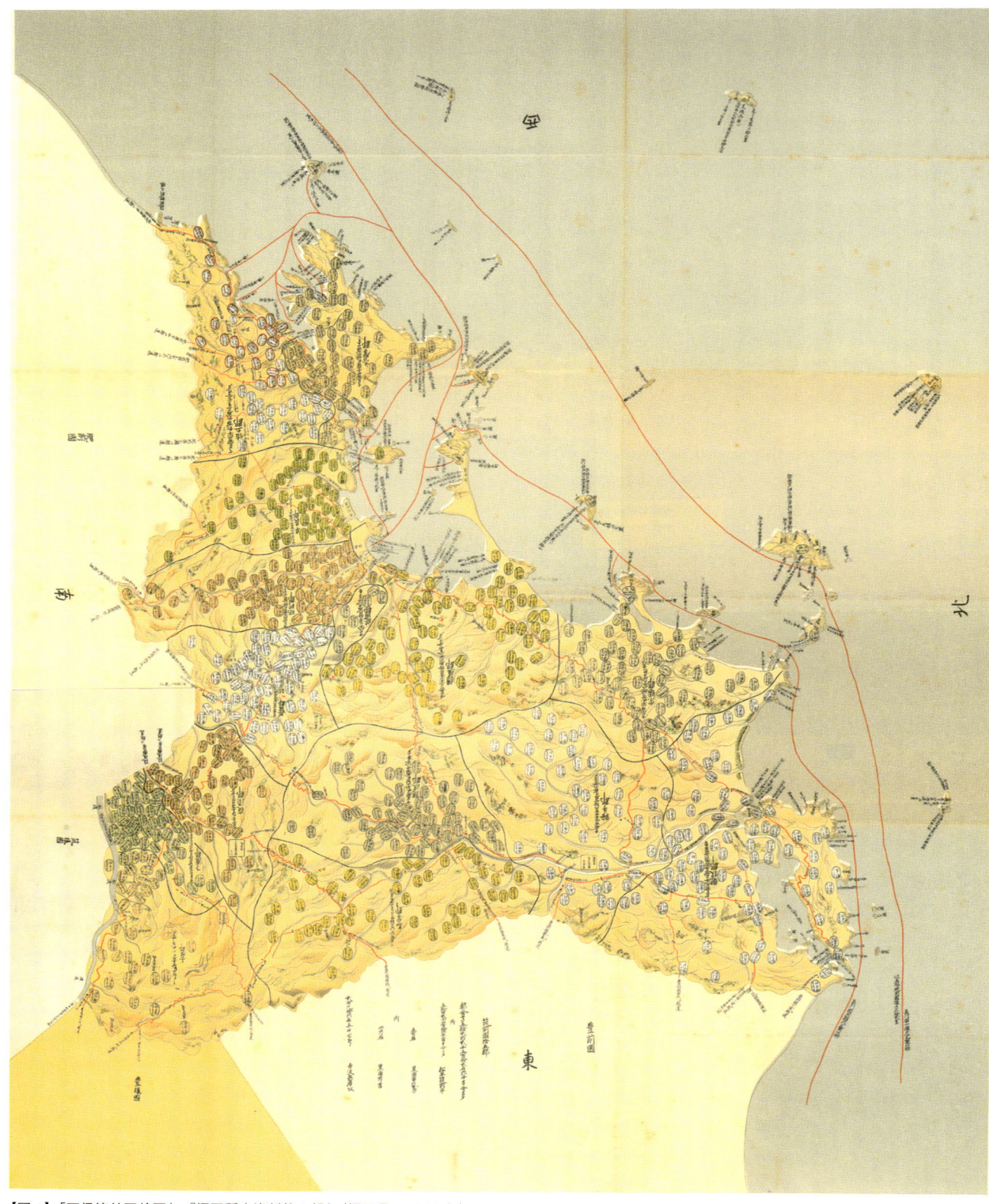

【図1】「正保筑前国絵図」『福岡縣史資料第六輯』(福岡県、1936年)

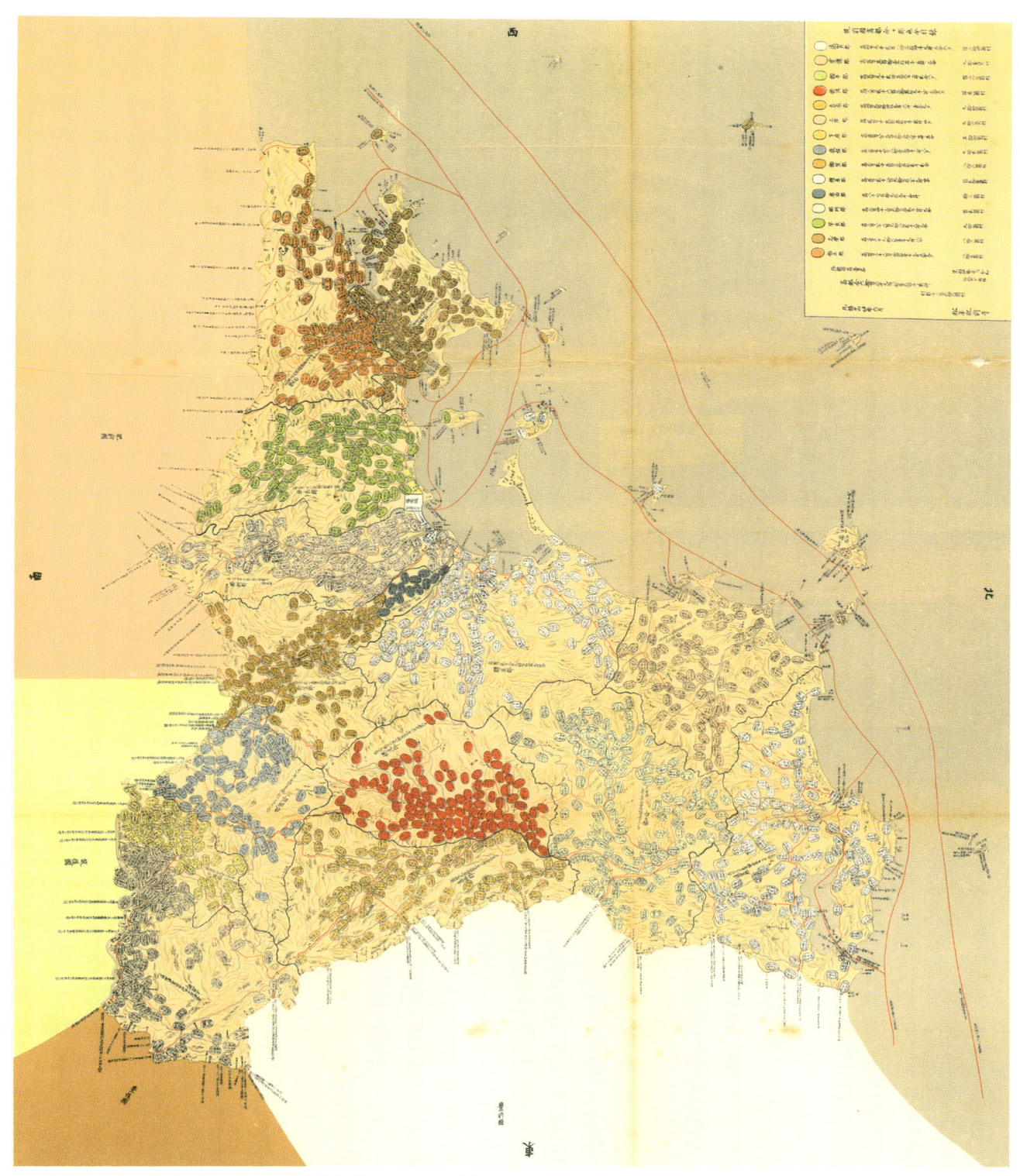

【図2】「元禄筑前国絵図」『福岡縣史資料第八輯』(福岡県、1937年)

筑前国

図編纂に用いられた国境縁絵図12枚も現存している。

〔分間図の作成動機〕　それでは、元禄11（1698）年から12年にかけて算学者の星野助右衛門と高畠武助、御用絵師の小方喜六と衣笠半助によって作成された測量図である分間図について検討することにしたい。

まず、この測量図を作成するにいたった経緯について述べることにする。筑前と肥前の国境に位置する背振山の二重平（佐賀藩では笹原）一帯の国境をめぐり、天和・貞享・元禄にわたって繰り返し国境争論が行われてきた。とくに元禄10年に始まる元禄図の編纂直前に5年前に起こった筑前国早良郡板屋・脇山・椎原村と肥前国神崎郡久保山村の農民達の争論は、福岡・佐賀両藩主の裁断によっても決着がつかず、同五年11月に幕府への裁許を願い出るという事態へと発展した。幕府裁許の際に判断の一つになったのは筑前正保国絵図に背振山の名前が見えず、肥前正保国絵図に上宮弁財天堂の記載があることであった。幕府官庫の国絵図が国土の基本図として、きわめて重要な証拠となったのである。その結果、元禄6年に幕府評定所の裁許は、肥前側の全面勝利という形で決着したのであった。この苦い経験が福岡藩の測量による元禄分間絵図の直接的な作成動機となったのである。

〔測量技術〕　この国境争論における福岡藩の完敗は、正保図の不備を痛感させるものであった。元禄10年に始まる元禄図の編纂にあたって正保図の精度が問題となったのは、当然のことであったといえよう。同年5月に宝満山（太宰府市）へ登り方位を測定し、翌11年の夏に福岡近郊の測量を行い正保図の精度が低いことを確認し、元禄図を測量図とすることが決定され、同年12月よりその下図となる元禄分間図の測量を開始することとなった。

測量に用いられた器具は、後世の記録からすると「丸規」と呼ばれる方位盤で、「二尺四方」（60.6cm四方）の方盤に磁石が付けられており、目標を定める「目込筒」があり、方位度数を測定するものであったという。近世の測量書に見られる磁石盤の最大級のものが1尺余であるから、かなり大型のものである。また、分間図に記された方位角度によると0.3度を測れる磁石盤と見られ、当時としてはもっとも精度の高いものであったと考えられる。

作業は、この「丸規」（方位盤）によって方位を測り、「間縄」（メジャー）によって距離を測り、その数値を「野取帳」（測量帳）に記録して元禄分間図の基になる部分図である「形相図」（福岡市立博物館所蔵「遠賀郡豊前境形相図」など）が作成され、さらにそれらを基に分間図が編集されたのであった。

元禄12年11月頃には分間図の測量がほぼ終了し、測量は福岡県立図書館に所蔵される「福岡御城下絵図」のための作業に移り、元禄13年6月に元禄分間図は江戸に運ばれ調整され清書されたのであった。

〔元禄分間図と元禄図の記載内容〕　前述のように元禄分間図は下図であり、元禄図が完成図ということとなる。両図の記載内容には、次のような違いがある。

分間絵図は、郡境を青線、道路を朱線で示している。山の表現は、筑前国のうち福岡藩領は詳しいが、怡土郡の幕府・唐津藩領は大雑把である。道路・郡界線・海岸線・国境には、小さな刻み目が見られ番号が付されている。国境では刻み目と番号に加え干支と数値を組み合わせた方位度数があり、この刻み目は測量の際の測点である。刻み目の間隔は道路や海岸・郡境では1～2cm、国境では数mm～1cmであり、前述した背振山の国境争論などを背景に国境の測量が精密になっている。

また、宝満山を起点にして図の周辺部に達する方位線（12支に対応）が朱線で引かれている。さらに、5cm（10町）間隔の方眼線も見られるのである。

これに対して、元禄図では分間図に見られる測量に伴う刻み目や方位度数、宝満山からの方位線、5cm間隔の方位線などが一切省略され郡界線も黒線となっているのである。

このように福岡藩では、元禄図を測量によって作成したことが明らかになった。近世中期の測量図はきわめて少なく、しかも筑前国全体に及ぶ広域図であり、重要かつ貴重なものである。今後は、正保図に比較してどの程度精度がよくなったかなどの検討が望まれるところである。

（礒永和貴）

【参考文献】
小林茂・磯望・佐伯弘次・高倉洋彰1998『福岡平野の古環境と遺跡立地―環境としての遺跡との共存のために―』（九州大学出版会）／川村博忠1984「現存した慶長・正保・元禄筑前国絵図」（『月刊古地図研究』15-2）／西日本文化協会編2002『福岡県史通史編福岡藩（二）』（福岡県）

筑後国

正保国絵図の編集過程と交通路

　筑後国絵図は、伊能忠敬記念館に正保図の書写図（以下「正保図」）が、また柳川古文書館に正保図の最初期に柳河藩命で作成された「三潴郡蒲池与絵図」（以下「与図」）とそれを基に柳河藩が編集した領分絵図である「御領内絵図」（以下「領図」）がある。また、元禄度の控図が久留米市の篠山神社文庫に、天保度のものが国立公文書館にそれぞれ保管されている。

　筑後の正保図は久留米藩と柳河藩の相持であったが、その編集段階で「与図」から「領図」が作られて一国図にまとめあげられた。ここではその編集過程と、柳河藩領の往還と一里山の現地復原を行ってみたい。

〔与図〕　柳河藩では、領内統治の手段として数十か村を一つの行政区画とし、大庄屋が統括する組（与）制（計9組）が敷かれ、蒲池与もその一つであった。蒲池与は、北を久留米藩、西を佐賀藩に接していた。この絵図は、蒲池与を範囲として正保2（1645）年に正保図の基図として作成された絵図である。

　䫇紙の絵図目録には、蒲池与を構成する14か村の惣畝数（面積）と惣高をはじめ竈数（世帯数）、土居（堤防）や井樋の総延長が記されている。

　色分凡例の記載はないが、筑後川・沖端川・有明海が青色、洲の部分が灰色に塗り分けられ、村境・藩境は薄緑色の線で引かれ、朱線で道が表現され太・細線で道を区別する。また、干拓地や河川などの土居も道路に利用されていたためか朱線で表現されている。

　絵図上には、井樋や堀に関しての詳細な測定値の記入がなされており目を引く。図には久留米藩の飛地が記され、筑後川の河口に位置する大野島の南半分が佐賀藩領であることも明示される。また、数多くの神社や他村の出作地などが記載されている。海岸には慶長年間に筑後一国を領していた田中吉政が築いた「本土居」が描かれており、この「本土居」より内側が「本地」、外側が「開地」と呼ばれた。本図からは、慶長から寛文にかけて行われた有明海干拓の様相もうかがうことができる。

〔領図〕　この図は、先述したように「与図」を基に柳河藩が作成した領分絵図である。

　凡例は北東隅にあり、郡・道・川・海・潟・洲・新田などの色分けが書かれている。また、絵図目録は南東隅に図全体の4分の1をも占めて書かれ、その内容は領内の石高とその内訳、さらには村数・寺社・井樋・橋・古城・溜池などと多岐にわたる。

　村形は郡別に色分けされ、小判型ではなく大小さまざまな形のものがある。これは村高や村の形状を反映したものであろうか。村形には村名と村高が記入され、新田は二重の丸輪型で区別される。

　一里山は国絵図一般に見られる道筋の両側に黒丸点を対置させる図示法ではなく、白色の長方形で表示し、「一里」などと書き込まれている。また、渡河点などの情報の注記がある。山地には山名と帰属する村名が記される。海辺には、潮汐干満の差・着岸可能な船の石高・他国の湊や番所までの里程などが記されている。

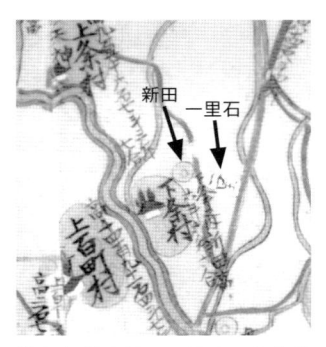

【図1】「領図」に見られる矢部往還の一里石（現・柳川市三橋町久末）。下久末村の新田が二重丸で記載されている。

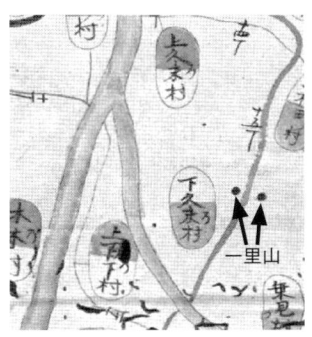

【図2】「正保図」に見られる一里山の表記。下久末村の新田の記載は消える。

〔正保図〕　この図は、伊能忠敬が文化8（1811）年に中川忠英の所蔵図を若年寄の堀田正敦を通じて書写したものである。村形に「いろは」記号で藩領が示されているが、村高の記載はない。

　しかしながら、現在する国立公文書館の中川忠英所蔵の国絵図には筑後国はなく、伊能忠敬記念館所蔵の筑後正保図が唯一のものであり貴重である。

　以上のように柳河藩では各組ごとに、「与図」のような絵図が作成され、それらを基にして柳河藩領の「領図」を作成した。この後、絵図元の柳河・久留米両藩は「領図」をさらに編集して伊能忠敬記念館所蔵のような「正保図」を完成させたのである。

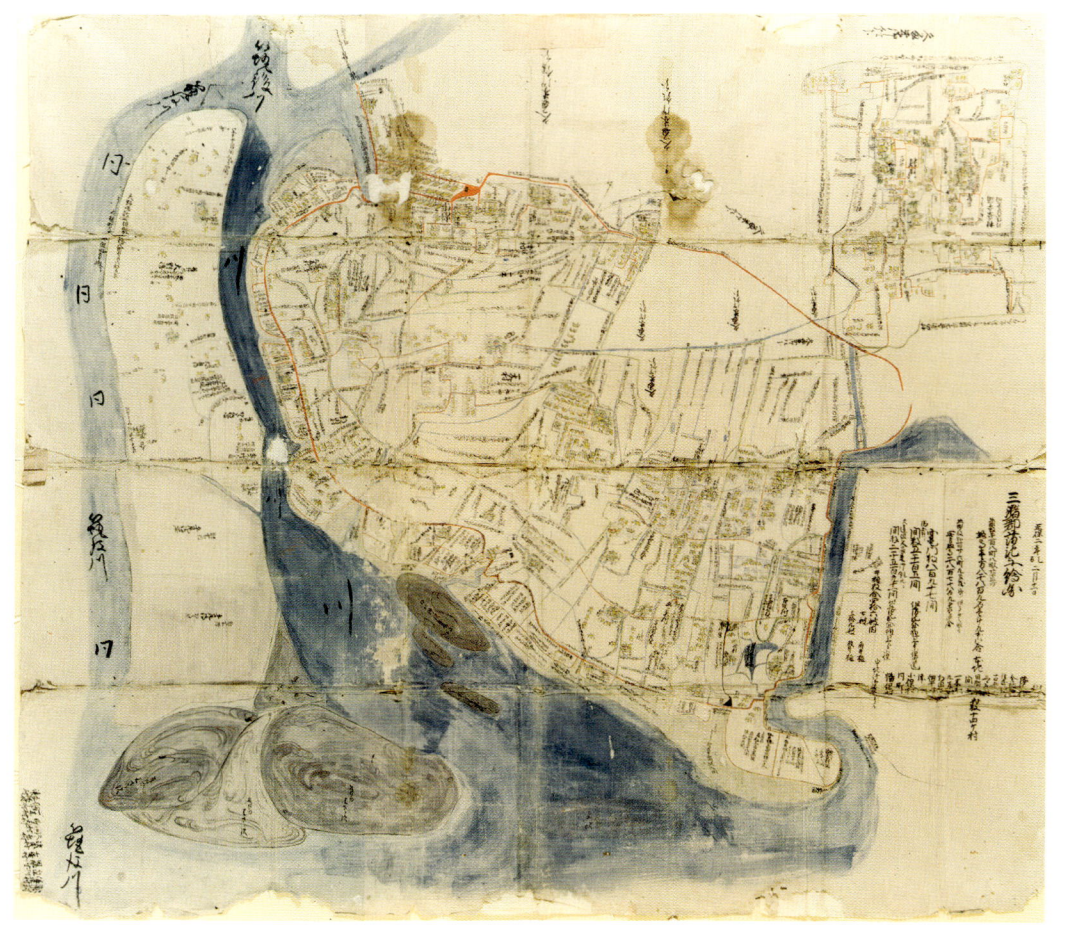

【図3】「三潴郡蒲池与絵図」 柳川古文書館蔵、伝習館文庫5229、140×156

絵図の範囲である蒲池与は、柳川市蒲池・昭代地区と大川市を区域とした。図の南に、日本一の干満差と干潟で知られる有明海が見られる。東端を沖端川が、西端を筑後川が流れる。有明海に面する平野は低平な干拓地帯が広がり、網の目のようにクリークが張り巡らされている。柳河藩が干拓と治水事業に力を注いだことが知れる絵図である。図の南東に絵図目録(この位置が柳河城下)が見られ、「正保二年乙酉二月十一日」とあり、正保図の編纂が始まってすぐに作成されたものである。この図が含まれる伝習館文庫の中核をなす柳河藩政史料は、平成16年に国の重要文化財に指定された。

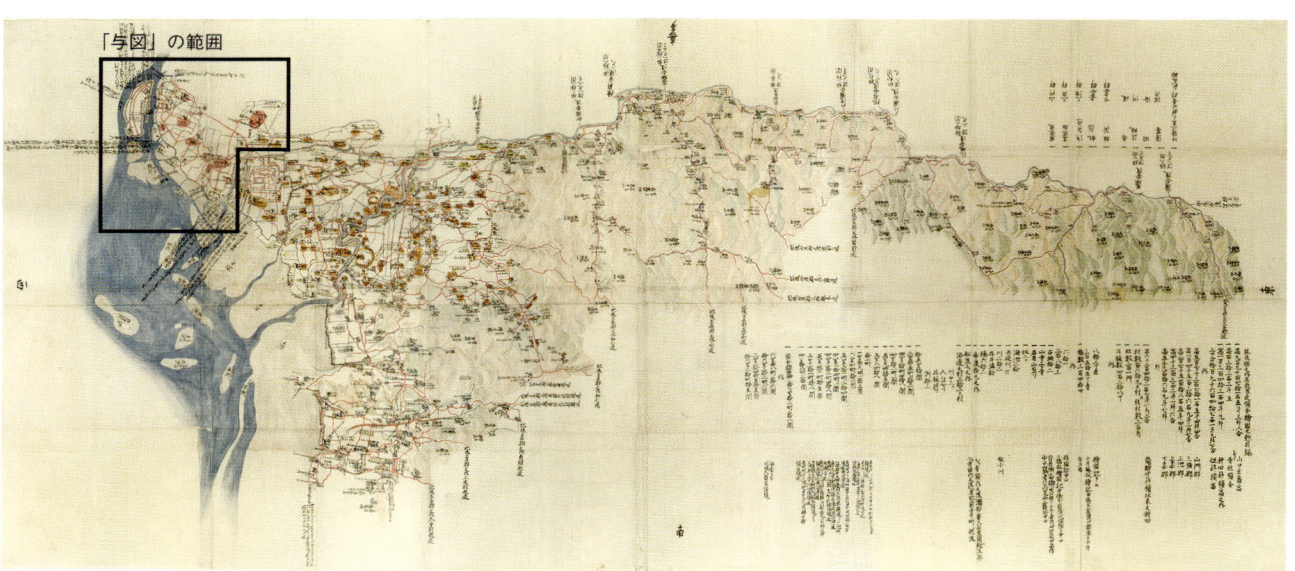

【図4】「御領内絵図」 柳川古文書館蔵、渡辺家史料418、103×232
図の西は有明海、東は筑後山地をへだて豊後国となる。北に久留米藩との境界をなす矢部川が流れ、南は肥後国に接している。柳河藩領のみを描き、三池藩領(現・大牟田市域の南半)は描かれていない。おそらく、三池藩も「領図」と同じような図を作成したのであろう。上掲の「三潴郡蒲池与絵図」の範囲は、図の北西隅の部分で、柳河城下がその南東に描かれている。
この図には、紙背に「寛保年中御領内絵図壹枚」とあることから、寛保年間(1741〜1744)に作成されたものとして『福岡縣史資料第1輯』や『旧柳川藩志』に付図として収録されてきた。しかし、『柳川市史地図編』が詳細な検討を行い、絵図様式や描かれた景観から正保図の編纂で作成された柳河藩領の領分絵図であることが明らかになった。

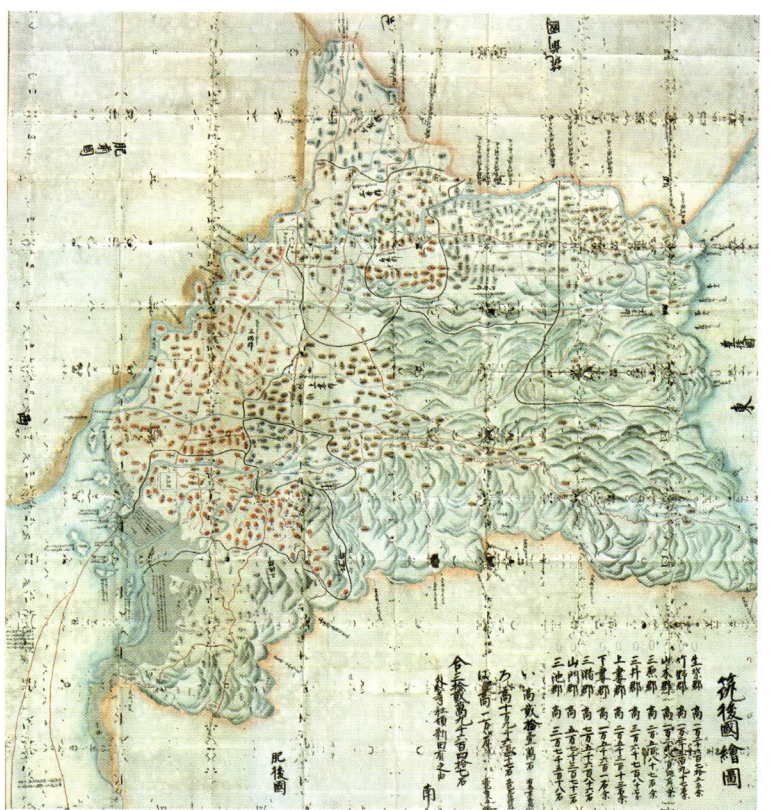

【図5】「正保筑後国絵図」 伊能忠敬記念館蔵、附・伊能忠敬手沢本107、281 × 356

村高の記載はないが、南東隅に絵図目録が見られ、郡高を知ることができる。この図の筑後国の惣石高は、「三拾貳萬九千六百四拾七石」とある。久留米市の篠山神社文庫に所蔵されている元禄筑後国絵図の惣石高は、「三拾三万千四百九拾七石七斗六升九合」である。「正保図」の石高は、元禄図よりも1850石あまり少なく、この点においても本図が正保国絵図であることを裏付けている。

「正保筑後国絵図」はこれまでその存在が知られなかったが、国絵図研究会の調査で発見され、「江戸幕府撰国絵図の画像データベース正保国絵図編」（CD-ROM版、2001年）に収録された。

この図は、同種の国絵図類とともに国の重要文化財に指定されている。

【図6】「正保図」に見られる柳河藩領の南部往還。

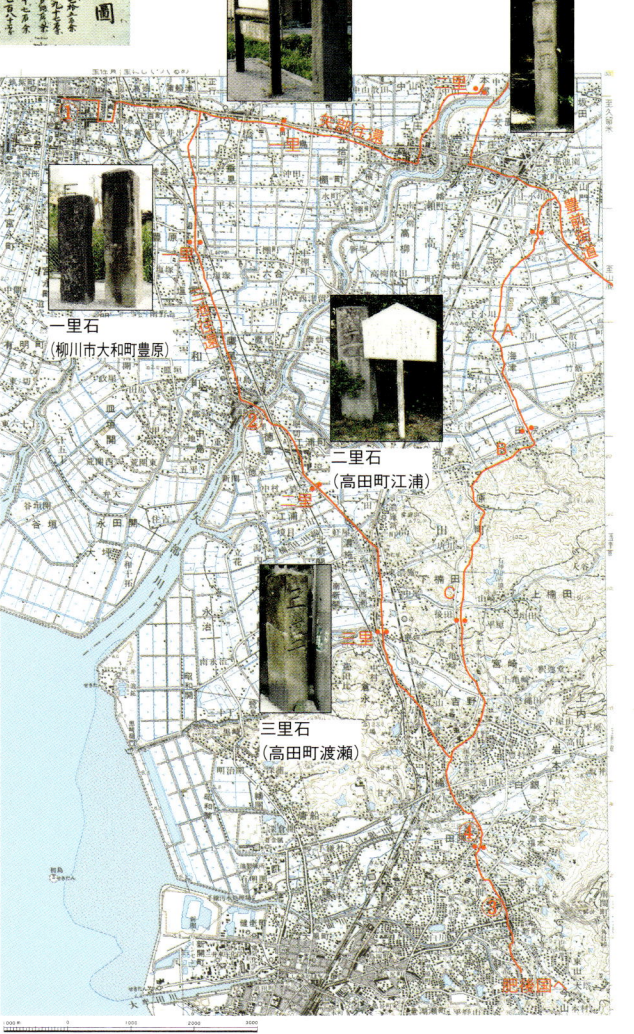

【図7】「正保図」の往還・一里石の復原図。国土地理院発行の5万分の1地形図（大牟田を縮小）。

筑後国

〔正保図の編集過程〕　ここでは、「与図」から「領図」さらには「正保図」にいたるまでに情報が省略・統一されていった編集過程を絵図から検討する。

まず、村形は「与図」の段階においては文字で村名を記載するだけであるが、「領図」では村高やその形状を示しその中に村名が書かれ新田は二重丸で表現されている。そして「正保図」では、小判型に統一され新田の記載は消える。村高はすべて「与図」と「領図」との間では大きく減少している。

家屋の表現は、「与図」では一軒一軒を絵画的に描き町並みも表現し、「領図」では町を屋並みで表現するほか柳河城の郭を描いている。それらの表現は「正保図」では見られない。また、「与図」では陸口・津口番所の建物を絵画的に描き、津口番所には竹竿を表記する。「領図」には津口番所の記載はなく、「正保図」では津口番所を遠見番所とし、同じ家型で示している。

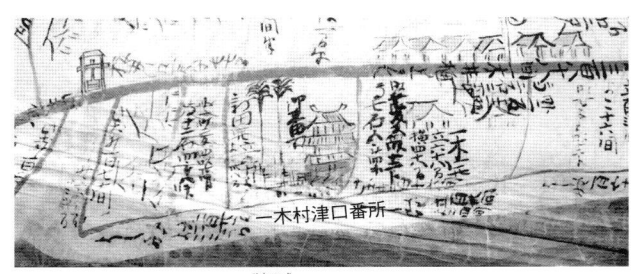

【図13】「与図」に見られる一木村津口番所（現・大川市一木）。

道路は「与図」では村内の小道までも描き距離も記載し、「領図」では主要な道を描くが距離の記載はない。「正保図」は他国への往還である大・小道を太・細で区別し距離も記載する。海上交通路は「与図」では記載はなく、「領図」では潮汐干満や海上距離を記載しており、「正保図」ではそれに加え舟路を朱引きしている。

この他、「与図」では網の目のように張り巡らされたクリークが詳細に描かれるが、「領図」では簡略化され、「正保図」では描かれなくなる。

このように、「与図」から「領図」、さらに「正保図」の段階にいたるまでに幕府の絵図基準に従い多くの事項が精査・省略され、編集されたのである。

〔国絵図に一里石と往還を探る〕　正保国絵図の作成に際して、幕府は一里塚が現地に設置されていなくとも距離基準としての一里山を絵図上に記載するよう求めた。

筑後国では、一般に慶長17（1612）年、田中忠政が領内の主要道に柳河城下札辻（現・柳川市辻町）を基点に一里石を設置したとされている。「領図」と「正保図」に見られる一里石の表記は一致しており、すでに設置されていたものを図示したと考えられる。そこで一里石や往還のルートについて矢部往還と三池往還の場合を検討してみたい。

矢部往還は、柳河城下の西に出て瀬高町で小倉〜熊本間を繋ぐ豊前街道と交差し、さらに矢部川に沿いながら北上し豊前国にいたる。矢部往還15か所の一里石のうち11か所が現存し、その位置は「領図」や「正保図」の図示箇所と一致するので、現存しない5・6・8・15里の一里石を復原することが可能である。

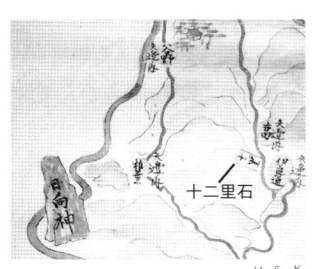

【図14】「領図」に見られる伊良道(いらどう)村の十二里石。 　【図15】現・矢部村蚪道(いどう)（旧・伊良道）にある十二里石。

三池往還（図7）は、①の柳河城下札辻を出て南下し途中で②矢部川を渡り、③の三池藩の陣屋町へいたり肥後国へ進むルートといわれる。しかし、「正保図」によると柳河城下から三池藩陣屋へのルートがもう一つ確認できた。すなわち、柳河から矢部往還を使い瀬高町で南下してA海津(かいづ)、B田尻(たじり)、C下楠田(しもくすだ)を通過し、橘(たちばな)で三池往還と合流して、三池陣屋町にいたるルートである。このAからCへの往還には、一里石は現存していない。

矢部往還や①〜③の三池往還は、柳河城下の成立によって新たに整備された往還であり、これらのルートに一里石が現存していることが明らかになった。

なお、三池往還の四里石の位置が不明であったが、「領図」・「正保図」で所在を確認したところ、④の大牟田市田隈(たくま)付近に設置されていたことが判明した。

以上のように、筑後国は正保国絵図に関係する図が、最初期の「与図」、それを編集した「領図」、さらに献上された「正保図」まで残存している貴重な例である。また、ここでは往還と一里石の一部について検討したが、この他にも「正保図」の詳細なデータを基にしたさまざまな景観復原研究が期待される。

（梶原伸介）

【参考文献】
柳川市1999『地図の中の柳川―柳川市史地図編―』

豊前国

長州征伐の戦禍をのがれた元禄図

豊前国絵図については、国立公文書館に天保の図が、また島原市立図書館松平文庫に元禄の図があることは、よく知られている。ところが、地元に元禄国絵図が遺されていることはほとんど知られていないのではないだろうか。この絵図は、平成14年に豊津町歴史民俗資料館で紹介展示されて以来、世間に知られるようになったものの、それ以前には、『福岡縣史資料第5輯』及び『歴史の道調査報告資料編』（大分県教育委員会）に掲載されたほかは、ほとんど刊行物にも載ることはなかった。ただし、『歴史の道調査報告』では、図版のタイトルが「豊前国小倉領絵図」となっている。

そのタイトルが示すように、この図に対しては国絵図であるという認識が薄かったことが、これまでそれとして調査研究される機会を妨げてきたものと考えられる。また、この国絵図を含む豊前小倉藩関係の史料群「小笠原文庫」が福岡県豊津町にあるという意外性もまた、本国絵図の存在があまり知られてこなかったことの背景にあるように思われる。

豊前小倉藩の文書は、伝存するものが少なく、そもそも「小笠原文庫」約1500点の他には、家譜類や散在する書状類を除き、史料群としてまとまって伝存するものはほとんど見当たらない。また「小笠原文庫」自身も明治4（1871）年以後の近代史料を多く含み、すべてが小倉藩の史料というわけではない。同藩は、慶応2（1866）年の第2次長州征討の折りに小倉城を焼いており、同時に関係文書の大半を焼失してしまったものと考えられる。このときかろうじて持ち出された史料が、この「小笠原文庫」なのである。その後同藩は藩庁を田川郡香春(かわら)に開き、明治3年にはさらに仲津郡豊津に移して明治4年の廃藩置県を迎えた。そのため、これらの史料群は、明治以後小笠原藩主家の所蔵史料として同家とともに豊津にとどまった。その後のことについては『小笠原文庫古文書目録』の「はしがき」に次のように記されている。

小笠原文庫は昭和二十四年七月十六日旧小倉藩主小笠原忠忱公の御孫に当られる忠統氏が豊津の別邸に秘蔵されていた旧藩主時代の諸記録、古文書、古地図、絵図面及び器物約五百点を寄贈されたものを基本としている。福岡県立豊津高等学校錦陵同窓会は収蔵庫を建設し、諸資料を所蔵管理して来た。

このように、本史料群は戦後まで小笠原家の別邸に留め置かれ、その後豊津高校に寄贈されて同校の同窓会が受贈管理することになったのである。

ただ、ここで問題とすべき点は、小笠原氏の寄贈資料点数を約500点としていることである。現在目録から確認できる本文庫の史料総点数は先述のとおり約1500点にのぼっており、その差が何を意味しているかについては、慎重に検討しなければならないが、明らかにいえることは、「小笠原文庫」中の資料だからといって、必ずしも旧小笠原家所蔵資料であったとはいえない、ということである。本図の来歴にも大きく影響する問題である。ただし、本絵図を収載した『福岡縣史資料』は、その例言に当時の絵図の所蔵者を「小笠原伯爵家」としており、いずれにしても、もともとは小笠原氏の所蔵であったことは間違いがないものと思われる。

一方、『福岡縣史資料第2輯』には、「正保年間豊前六郡図」という名の絵図が収載されている。川村博忠はこの絵図を正保国絵図の一つとして分析している。確かに、内題には「豊前国絵図」とあり、また、後述するように原図には正保年の上納絵図の写(うつし)である旨記されていたという。したがって、原図は正保国絵図であることは間違いないのだろう。しかし、本図には幾つかの問題点がある。詳細については後段にて述べるが、原図を参照しなければ判断がつかない点があり、原図を探し出すことが緊急の課題であろう。ただ、『福岡縣史資料』の同図解説には、所蔵を「小笠原家」としているが、現在の「小笠原文庫」のなかに同図を見出すことはできない。

〔正保国絵図〕　ここで紹介するのは、先述した『福岡縣史資料』収載の「正保年間豊前六郡図」である。

同図について先に問題ありとした点は、以下の2点である。一つには、これが写真ではなく手写(てうつし)の図であるため、原図の情報が忠実に伝わっているのか確証がない点である。二つ目に、豊前の国全体から現大分県部分が除外されており、収載にあたり加工が施された図だという点である。このあたりの事情について『福岡縣史資料』の「巻末附載地図解説」には次のように記されている。

第二図（本図）は正保年間豊前六郡図にして、原図に「正保年上

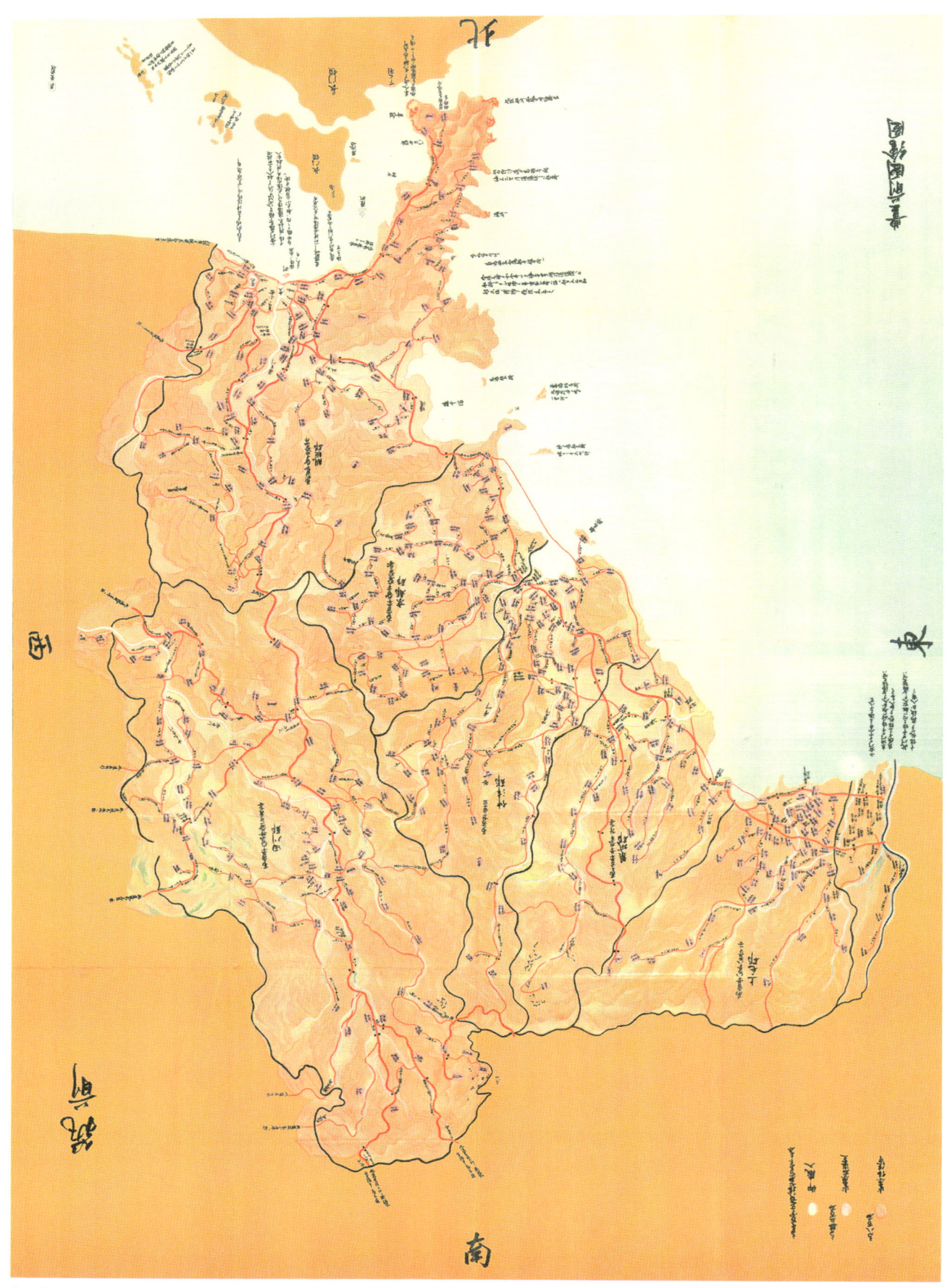

【図1】「正保年間豊前六郡図」
原図は豊前国正保絵図。『福岡縣史資料』に収載するにあたり、福岡県外の宇佐・下毛両郡を削除して手写された。原本所在不明。『福岡縣史資料第2輯』より収載。

【図2】「豊前国(元禄)絵図」 福岡県立豊津高等学校錦陵同窓会蔵、小笠原文庫1003、323×409
正保図(図1)に比べ、色分けが郡ごとになっている点、小倉城・中津城ともに白の四角で描かれている点、隣国の筑前・豊後を色分けしている点が注目される。

納絵図之写、豊前国絵図」とあり。此図堅一丈二寸、横一丈三寸にして、下毛、宇佐二郡も載せたれど、こゝには省けり。道路に沿へる二黒点は一里塚なり。此図は現存豊前国図の最も古きものなるべく、元禄図と比較して研究すれば、得る所極めて多かるべし。原図小笠原家所蔵。

　原図には「上納絵図之写」と記されていたことや法量・原蔵者等、貴重な記録となっているが、とくに注目すべきは下毛・宇佐二郡を省略するという加工が施されたことが、明確に記されている点である。

　以上のような本図の問題点を承知のうえで他の正保の国絵図との比較検討を試みると、次の点に注目される。先ずは、村形は小判型であるものの、郡ごとに色分けされてはいないという点である。本絵図はその色分目録に「御蔵入／小笠原右近大夫／小笠原信濃守」とあり、領主区分による色分けという古い形式を遺している。次に、小倉城の描き方が四角ではなく、囲郭の描写がある。最後に、隣国を国別に塗り分けていない点にも注目されよう。以上の点は、いずれも正保絵図の典型からは外れた性格として指摘すべき点である。よって、原図がそのまま本図と同じ特徴を持っているとするならば、完成絵図には程遠く、下絵図の類と判断すべきものかも知れない。しかし、たとえば隣国の国別色分けの点については、先述のように本図の性格を考えたとき、原図にもなかったとは断じられないのである。したがって、原図を参照できない現時点においては、先の記録を尊重して、原図は上納絵図の写であったと考えておきたい。

〔元禄国絵図〕　元禄図は、これまで知名度の低かった、「小笠原文庫」のものを紹介することにした。

　本図には、郡ごとの高目録・色分目録があり、村形が郡ごとに色分けされている。また、小倉・中津両城が四角で記されており、景観描写は一切ない。また、隣国の筑前・豊後を色分けしている。これらの特徴は、先の正保絵図と対比し際だっており、国絵図の統一規格に沿うものである。従って、本図は完成した献上図の内容を伝える小倉藩側の控図と考えてよいのではないだろうか。

　一方、松平文庫の元禄の「豊前国絵図」との突き合わせは、今回できていないことをお断りしておく。

　最後に、今回の調査で確認できた豊前国絵図と関わると思われる関係絵図の情報を以下に掲げておく。なお、本リストは、岡藩関係の史料等の情報を欠いており、決して現存する関係史料を網羅したものではない。また、臼杵市の絵図資料については、平成17年3月に『臼杵市所蔵絵図資料群調査報告書』（臼杵市教育委員会）が出された。当報告書には本稿執筆後の成果も網羅されており、豊前・豊後国絵図関係絵図資料は約80点にのぼっている。

1　臼杵市立臼杵図書館所蔵（冒頭は整理番号）
　　390　豊前国境豊後国境図
　　396　豊後国境豊前国境図
　　406　豊前豊後国縁絵図写
　　408　豊後国海辺端絵図（元禄）
　　①-66　豊前国端絵図
　　②-43　豊前国境豊後国境図
　　222　（豊前豊後国境縁絵図）

2　福岡県立豊津高等学校錦陵同窓会所蔵「小笠原文庫」
　　1002　豊前国海手縁絵図（元禄14年）
　　1004　豊前八万石御領絵図
　　1047　豊前国縁海図
　　1077　豊前小倉領絵図
　　1079　豊前国境豊後国際絵図（元禄4）

3　山口県文書館所蔵
　　58絵図237-3　安芸国・石見国・豊前国縁図

（平井義人）

【参考文献】
福岡県1971年復刻『福岡縣史資料』（名著出版）／大分県教育委員会1986『歴史の道調査報告資料編』／豊津高等学校錦陵同窓会1991『小笠原文庫古文書目録』／川村博忠1984『江戸幕府撰国絵図の研究』（古今書院）

＊付記
脱稿後、朝日新聞平成17年6月4日付朝刊に、北九州市立自然史・歴史博物館が「小笠原家文書」を所蔵している事実が報道された。北九州市立大学の協力によりデジタルアーカイブ化され、同館内で公開される予定であるという。国絵図研究の分野においても、貴重な資料になるものと期待される。

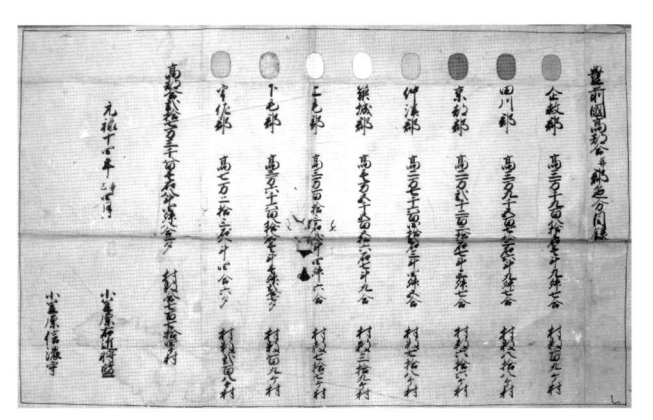

【図3】「豊前国高都合并郡色分目録」（図2「豊前国（元禄）絵図」の部分）

豊後国

分割支配の複雑な所領構成

豊後国は鎌倉時代以来おおよそ400年もの間、大友氏による一円支配が続いたが、文禄2(1593)年豊臣秀吉による大友吉統(よしむね)の改易によって一円支配は終わり、豊臣大名たちの入封による分割支配が始まった。慶長5(1600)年の関ヶ原の戦いで徳川家康が天下の実権を握ると豊後でも大名の改易、転封があって豊臣色は後退したものの、小藩分立は変わらず所領構成はいたって複雑であった。

元禄国絵図が作成された頃の所領分布を見ると、岡藩の7万石を最大にして次いで臼杵藩の5万石余、杵築(きつき)藩3万2千石、その他3万石未満の日出(ひじ)、府内、佐伯、森藩があって全部で7藩に分かれていた。その他に熊本藩と島原藩の領地があり、御料(幕府領)、日出と杵築の分知領、公家領(萩原員従)、寺領(岳林寺)に細分化された複雑な所領構成であった。このような所領の細分化された国における国絵図の作成には苦労の伴ったことが推察される。

豊後の国絵図は天保を除いて慶長・元禄・正保度のものがいずれも臼杵市立臼杵図書館(以下「臼杵市立図書館」)に現存している。旧臼杵藩主稲葉家に伝来したものである。稲葉氏は元禄度の国絵図事業において岡藩主中川氏との相持(あいもち)で絵図元を任じていた。

〔慶長国絵図〕 これまでにも「慶長豊後国絵図」(図1)1鋪の現存が知られていたが、平成12〜16年度の臼杵市立図書館所蔵の近世絵図調査(文化庁補助事業)によって、新たにもう1鋪の慶長国絵図の存在が明らかになった(図2)。両図の内容は基本的に同じであるが、新しく見つかった図には罨紙(らいし)に「豊後国八郡絵図」の題目を記し、図4に示すような領主別の高目録を掲げている。

両図とも豊後国8郡の全体を描き、郡ごとに地面を色分けした極彩色絵図である。縮尺はおおよそ3寸1里程度(2万1600分の1)とみなされる。国境(くにざかい)には「豊前

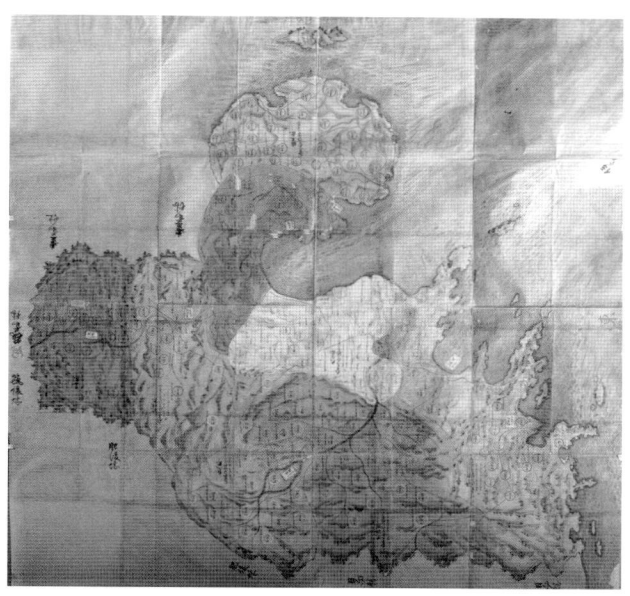

【図1】「慶長豊後国絵図」 臼杵市立臼杵図書館蔵、NO.82、228×234

境」「日向境」のように隣接5か国と境することを大きく墨書で示している。道筋は朱線で明瞭に示しているが一里山の図示は見られない。城は青色の縁枠を設けた方郭図式を用い、枠内を白く塗りつぶしていて、その上に城名と城主名を墨書している。山の名称、里程や海辺の注記などは朱書きしている。村形は丸輪型を用いて村名と領主名を記入し、領主ごとに村形の縁を別色で塗り分けている。村の石高は村形の側に添え書きされている。ただし慶長国絵図・郷帳(ごうちょう)の一般的な特徴である物成りの記載は本図においては見られない。

〔正保国絵図〕 臼杵市立図書館に写本1鋪「豊後一国之図」(図7)が正保郷帳とともに現存する。この正保豊後国絵図は元禄年間の国絵図改訂の折に幕府より借用した古国絵図(正保国絵図)を写したものと考えられる。そのため本図は正保度の国絵図事業に際して幕府が令した絵図基準に全く準拠している。

縮尺は1里6寸で、道筋は大道と小道を朱線の太細で区別しており、大道には黒星を対置した一里山が描かれている。四角形の城形には城名と城主名が記入され、郡別に色分けされた小判型の村形には村名と村高を記入するほかに、いろは記号をもって逐一領主の区別が示されている。

正保国絵図の一般的な特徴として領主の支配地区分があるほかに海辺には遠見番所が多く描かれていて、海辺の小書きが多く、かつ詳細である。隣国を別色で塗り分けており、国境を越える道には隣国の何村へいたる道かを示すほか、峠道などの難所には「牛馬不通」などの注記を加えている。

【図2】「豊後国八郡絵図」（慶長豊後国絵図）　臼杵市立臼杵図書館蔵、No.②-155、235×220

【図3】「豊後国八郡絵図」　部分　（大分郡付近）

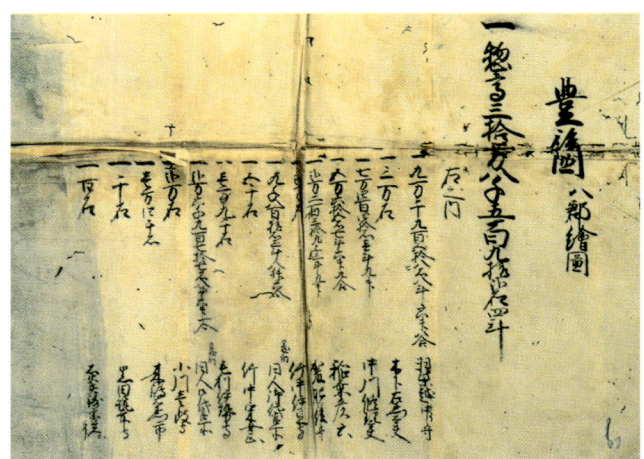

【図4】「豊後国八郡絵図」　部分　（畳紙目録）

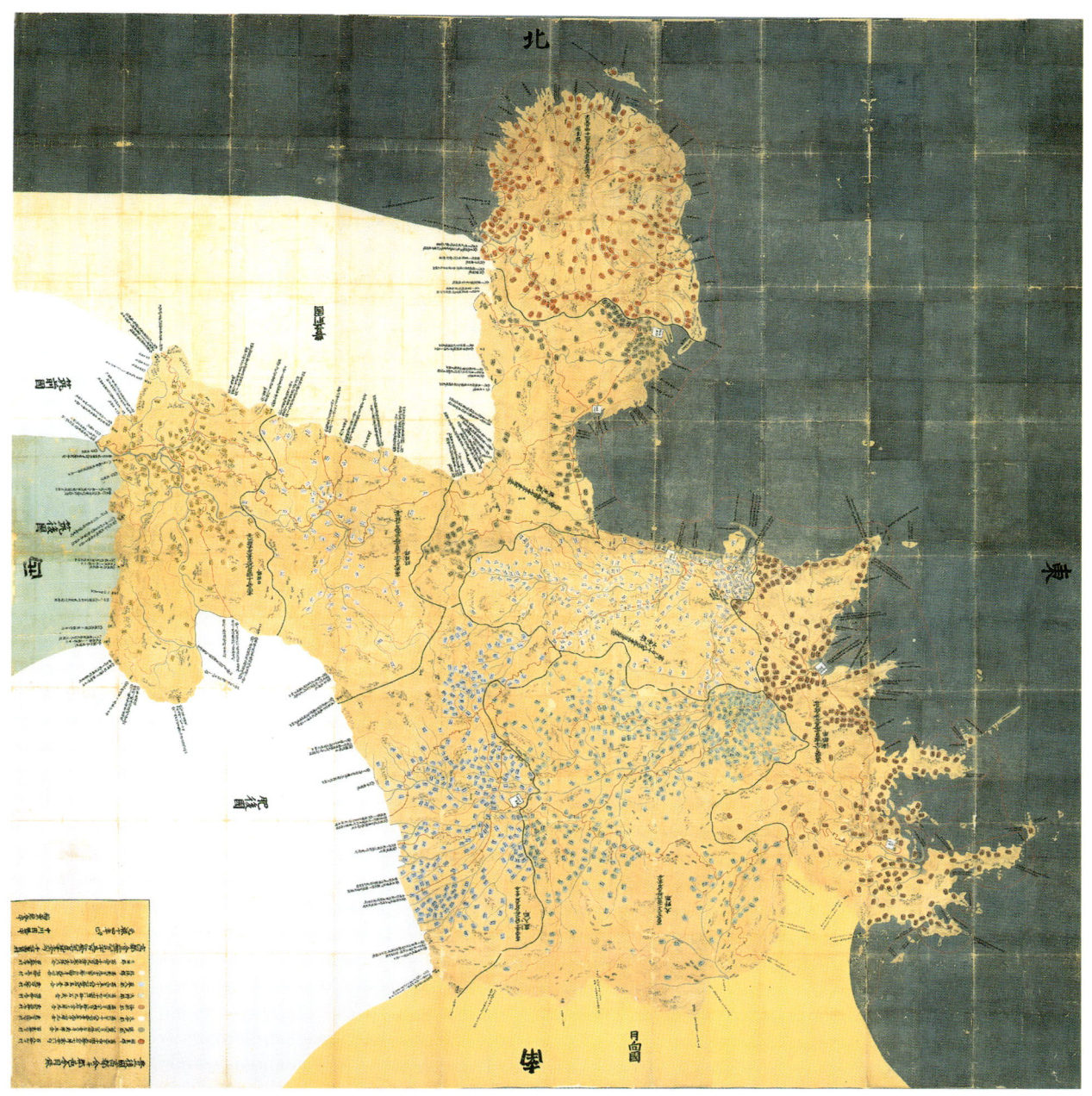

【図5】「元禄豊後国絵図」(「元禄年中御改豊後国絵図控」) 臼杵市立臼杵図書館蔵、NO.85-1、516 × 532

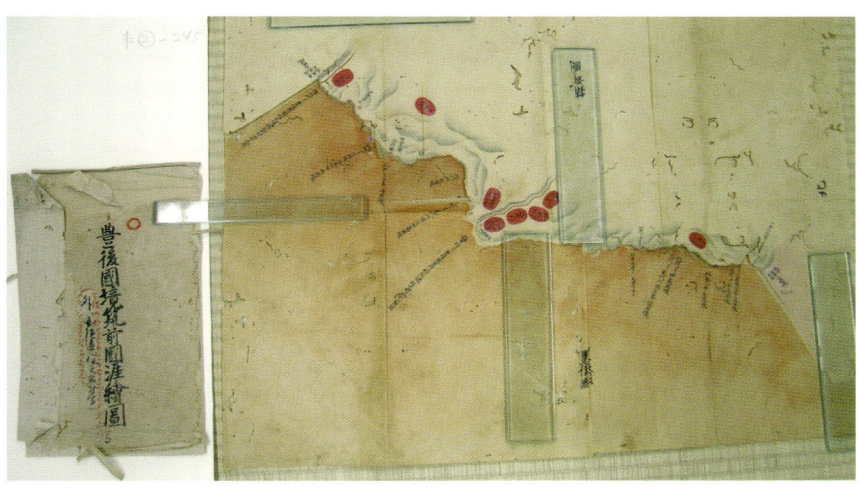

【図6】「豊後国境筑前国涯絵図」 臼杵市立臼杵図書館蔵、NO. ②-312、55 × 68

豊後国

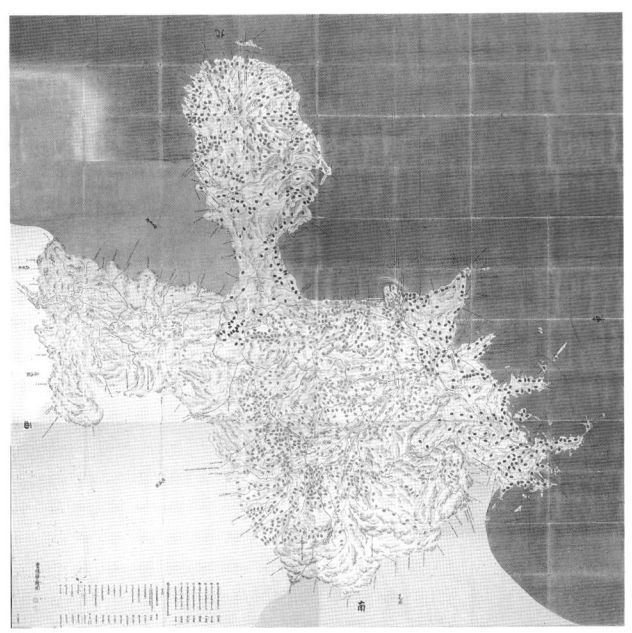

【図7】「正保豊後国絵図」 臼杵市立臼杵図書館蔵、NO.86、541×555

【図8】「正保豊後国絵図」 部分（日向境梓山付近）

また、この国絵図の裏には貼紙があって「此御絵図何方より御借り被成候共、此儘御借有之間鋪、先許ニ而御入用之所斗切絵図ニ而御借可被成事」との記載があって、他見を警戒していた様子がうかがえる。

〔元禄国絵図〕 臼杵市立図書館には元禄豊後国絵図である「豊後国之図」（元禄年中御改豊後国絵図控、図5）が元禄郷帳とともに現存する。元禄度の国絵図改訂において豊後国では岡藩主の中川因幡守（久通）と臼杵藩主の稲葉能登守（知通）が相持で絵図元を担当した。元禄豊後国絵図の作成に関しては臼杵藩の絵図役人が詳細な記録『豊後国絵図御改覚書』5冊を書き残している。本来は6冊であったはずであるが、残念ながら第1冊（元禄10年〜11年4月）が紛失している。しかし作業が具体的な段階に入った頃から事業が完了するまでの記録がすべて含まれていて、元禄豊後国絵図の作成過程を詳しく知ることができる。

豊後8郡のうち日田・玖珠・直入・大野の4郡を岡藩が、国東・速見・大分・海部の4郡を臼杵藩が分担して受持ち、各々の四郡絵図を仕立てたあと一国の下絵図に継ぎ立てた。幕府御用絵師の清書によって完成した元禄豊後国絵図は元禄14年7月4日に幕府に上納されている。

豊後の国絵図改訂作業の過程で絵図元の絵図役人がもっとも苦労したのは隣国との国境折衝であった。豊後国は豊前・筑前・筑後・肥後・日向の5か国と国境を接していることから、これらの国々と国境の端絵図付合せを行い、証文を付して端絵図の取交わしを行う必要があった。

国境筋のうちとりわけ問題化したのは、日向境のうち梓山の境論であって、ついには公訴へと発展した。豊後と日向の国境筋は東は日向灘に突き出た宇土崎から西は豊後・日向・肥後の3国境である嵐峠（日向では箱峯、肥後では賀子原山）までの約80kmに及ぶ祖母・傾山山系の険しい山岳境界である。この国境筋のうち豊後から日向に抜ける道筋は東から黒沢越え、矢ケ峯越え、梓山越え、杉ケ越え、三本松越えの5筋であったが、このうち梓山越えは古代の官道を中世、近世へと踏襲した「豊後街道」と呼ばれるもっとも重要な路線であって、現在の国道10号へも継承されている。

この梓山峠付近の山稜をはさんで北側は豊後国大野郡宇目郷（岡藩領）、南側は日向国臼杵郡（延岡藩領）であった。この付近の豊日境界は近世初頭から不明確でしばしば論争を繰り返していた。元禄度の国絵図改訂では国境筋の相互確認が必要となり、豊後岡領と日向延岡領の双方地元庄屋らによる話し合いが重ねられたものの、地元での解決がつかず、幕府の裁決を仰ぐ結果となった。

豊後側によると梓峠を越えて日向側へ13町ほど下ったところに「豊後杉」「日向杉」と呼び慣わされた2本の古木があって、その間が両国の境界であると主張した。これに対して日向側の主張は梓山とその西に連なる国見峠までの稜線が国境であるというのであった。元禄12年10月に受理されたこの訴訟は、同13年9月にいたってようやく裁決が下され、日向側の主張が容れられて豊後側が敗訴となった。

（川村博忠）

【参考文献】
川村博忠 1933「豊後国慶長国絵図の様式と内容」（『山口大学教育学部研究論叢』43-1）／渡部淳 1933「豊後国慶長御前帳・国絵図関連史料をめぐって」（『海南史学』31）／上原秀明 2004「慶長豊後国絵図の歴史地理学的研究」（『専修人文論集』74）／宇目町誌編集委員会編 1991『宇目町誌』

肥前国

複雑な海岸線と所領関係を表現した大国の国絵図

　肥前国絵図は、慶長国絵図、正保国絵図及び元禄国絵図が、佐賀県立図書館（鍋島家文庫・鍋島報效会蔵）等に所蔵されている。このうち、慶長国絵図は全国的には数が少ないなかで、肥前慶長国絵図は、長崎県平戸市の松浦史料博物館（松浦家文庫）にも別に1舗が現存する。正保と元禄の国絵図は、長崎県立図書館にも各1舗が存在する。肥前国は大国で、複雑な海岸線と壱岐・五島列島をはじめとした離島を含み、佐賀・唐津・平戸・島原・大村・福江の諸藩、及び幕府領の長崎などの複雑な所領関係を表現した国絵図が作成された。

〔慶長国絵図〕　佐賀県立図書館（鍋島家文庫）の慶長国絵図は、その裏書きに「慶長年中肥前国絵図、延宝八年大久保加賀守忠朝公所持之図、岩田七兵衛借請写之、右天保八丁酉四月国絵図御改之節、大村役人中村如平持参候借請写、御境目方」とあり、佐賀藩御境目方が大村藩の役人より借り受けて、天保8（1837）年に転写したものである。一方、松浦家文庫の慶長図（「竜造寺駿河守分領・寺沢志摩守分領・松浦式部卿法印分領・五島淡路守分領・大村丹後守分領・有馬修理太夫分領・羽柴対馬守分領絵図」）は、鍋島家文庫図よりも描写や色彩が丹念であり、唐津城主寺沢広高の領地である筑前国怡土郡の西半分を含む点では鍋島家文庫のものと同じであるが、さらに松浦鎮信領分の壱岐国と寺沢広高領分の肥後天草郡をも含み、肥前国内の全所領が図示範囲に含まれているため鍋島家文庫図より大型である。また、国絵図中の佐賀の領主が鍋島家文庫図では鍋島加賀守（鍋島直茂）であるのに対して、松浦家文庫図では竜造寺駿河守（竜造寺高房）と記されていることなどから、松浦家文庫の国絵図が正統な肥前慶長国絵図であり、慶長年間当時のものと考えられている。

　両図とも、縮尺（約2寸1里）、有明海・玄海・東シナ海からそれぞれに俯瞰した山稜線の描き方（四方対置）の構図、及び天地表現などの絵図様式や記載内容は基本的に一致するが、松浦家文庫図では、基肄郡、養父郡、及び彼杵郡で村高の記入がなく、郡付の枠内は空白となっている。また、鍋島文庫図には凡例がないが、松浦文庫図には図中の北西端に、国之境（黒筋）、郡之境（白筋）、分領境（紫筋）、道（赤筋）、川（青筋）、そして公領と各大名領の村形色の色別凡例が示されている。さらに、鍋島文庫図では村形を郡別に色分けして郡ごとに領主名と領高をまとめ、松浦家文庫図では、村形の色分けが領分別で、郡付には領主名は記載されていないなどの相違点が認められる。いずれにせよ慶長国絵図の現存数が少ないなかで、肥前国については2種類の慶長国絵図が伝存し、慶長国絵図の系統を知るうえで貴重なものである。

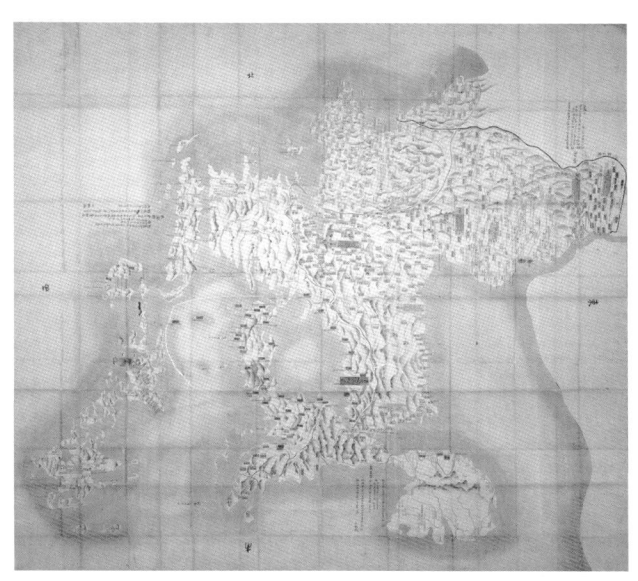

【図1】「慶長年中肥前国絵図（写）」　鍋島報效会蔵、鍋050・1・1、234×249

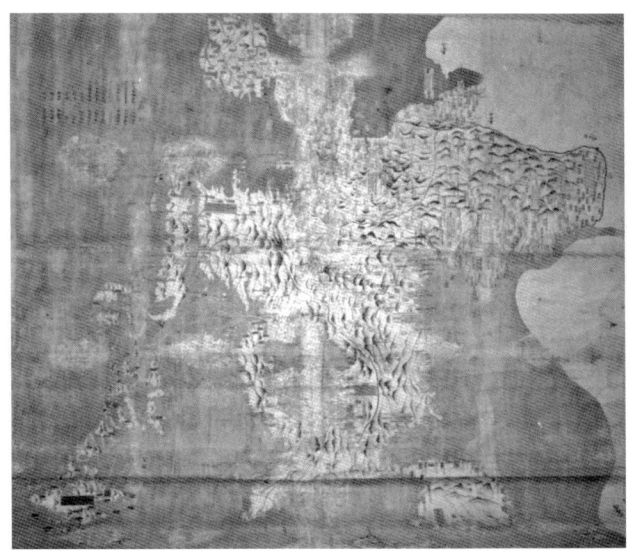

【図2】「慶長肥前国絵図」　松浦史料博物館（旧平戸松浦家）蔵、Ⅸ-2-15、260×293

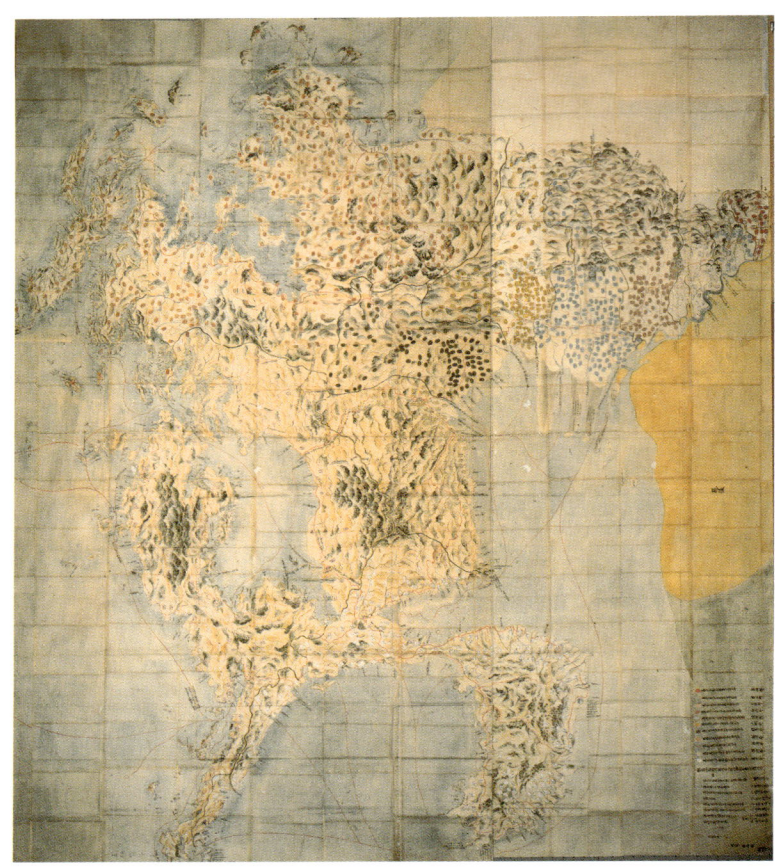

【図3】「正保肥前国絵図」 鍋島報效会蔵、鍋050・3・1、435×496

【図4】「元禄肥前国絵図」 鍋島報效会蔵、鍋050・4・1、700×513

〔正保国絵図〕　正保肥前国絵図は、元禄肥前国絵図とともに佐賀県立図書館（鍋島家文庫）と長崎県立図書館に各1鋪が所蔵されている。鍋島家文庫の正保・元禄国絵図は、幕府献上の正式控図が享保11（1726）年の佐賀城火災により消失したため、別の控図と考えられる。肥前国は、鍋島（佐賀）・寺沢（唐津）・松浦（平戸）・高力（島原）・大村（大村）・五島（福江）の大名によって分割知行され、かつ基肄郡と養父郡に対馬領、長崎に幕府領があり、佐賀藩が幕府から絵図元を命ぜられた。

絵図元の佐賀藩（藩主・鍋島勝茂）は、各領主に領分絵図の作成を求めたが、五島については幕府の指示により、肥前国絵図から切り離して五島図として別図に調製された。これは、本土から遠い五島を6寸1里（2万1600分の1）の基準縮尺で仕立てると、図幅が大きくなりすぎるというのが理由であった。したがって、正保国絵図には五島列島が含まれていない。

正保国絵図においては、絵図様式の統一化が図られたことが知られているが、正保肥前国絵図においても国郡図を基調としており、黒線で郡境を示し、郡別にすべての村々が色分けされ、小判型の村形を用いて図示されている。村形の中には村名と村高、「い」「ろ」「は」の符号による領分区分が記されている。藩境には城下までの里程も示されており、領分図的性格を有している。郡ごとの石高は郡付ではなく、図枠下に郡ごとの凡例をつけて集計されて記載されている。地形の起伏は、鳥瞰図の方法で立体的に描写されるが、村落や道路などの内容上の主要な要素は平面的に描写される。

正保国絵図の絵図基準では、交通路の図示とそれに関連する注記が求められたが、正保肥前国絵図では道路と航路が朱筋で示され、道路筋には一里山が朱の丸点で示されているが、道法の距離記載がほとんど見られない。しかし、道筋の渡河地点における「舟渡」や「歩渡」、海上航路の湊の着船状況などについての小書きは豊富である。国境付近についての小書きは少ないが、筑後国との藩境河川である筑後川河口部と有明海に延びる干潟部分には、州名や潮の干満、船入りなどの詳細な注記が見られる（図6）。

〔元禄肥前国絵図〕　元禄肥前国絵図は、佐賀藩主鍋島綱茂が絵図元となり、相良求馬・武田権右衛門を責任者として、国内の諸藩と幕府領から領分図の提出を求めて調製し、元禄14（1701）年7月に幕府へ献上した。6寸1里の縮尺は正保国絵図を踏襲したが、元禄度においては五島列島を含めたため、5×7mの大型の絵図面となった（図4）。絵図の内容は、縮尺以外にも村形・一里山などの記載様式が踏襲されたが、正保肥前国絵図に見られたような領分に関連する記載が払拭され、郡界のみが黒筋で示され、国郡図的性格が強く、領域概念としての国の把握が意図されている。

「肥前国高都合并郡色分目録」として、郡ごとの石高

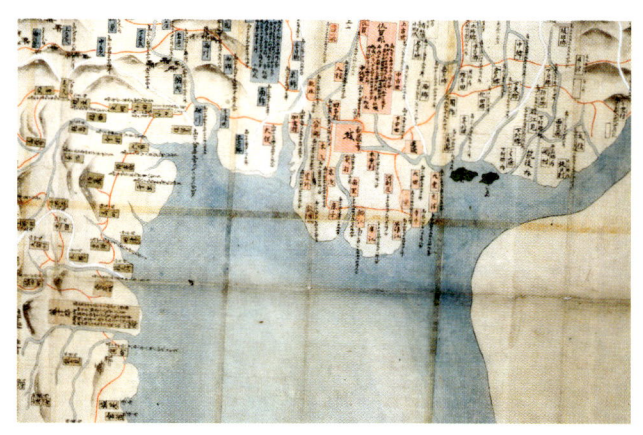

【図5】「慶長年中肥前国絵図（写）」　有明海湾奥部、部分図。鍋島報效会蔵。干潟の記載が見られない。

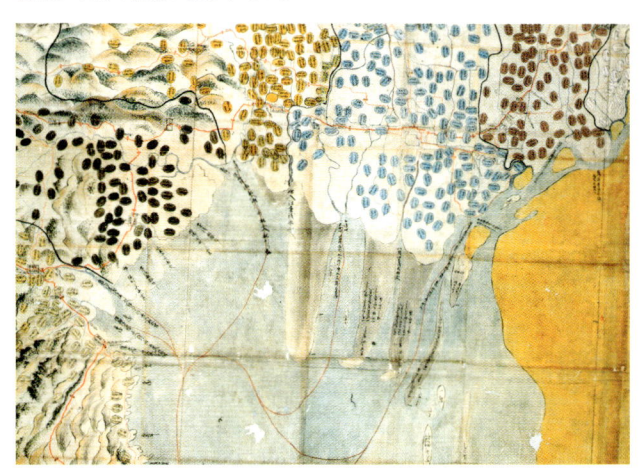

【図6】「正保肥前国絵図」　有明海湾奥部、部分図。鍋島報效会蔵。干拓地の前進と有明海に舌状に延びる「州」（干潟）や国境によって2分された大野島が確認される。

【図7】「元禄肥前国絵図」　有明海湾奥部、部分図。鍋島報效会蔵。干拓地の前進と有明海に舌状に延びる「州」（干潟）と西岸に発達する干潟が記載されている。

数と村数、各郡の村形の色別凡例が図隅に記載されている。これらは、元禄国絵図の基準様式に従ったもので、国絵図様式の全国的な統一に基づいている。元禄の国絵図改定では、国境記載の厳正化が幕府より求められたが、筑後国との国境を曲流して流れる筑後川沿いと筑前国との国境をなす背振山系に、国境を示す文字注記が多く記載されている。この国境の記載には、隣国との間で作成・交換された国境縁絵図が用いられたが、佐賀藩側には縁絵図が現存していない。

〔肥前国絵図に見る有明海の干潟表現と開発〕 国絵図の研究には多様な研究課題があるが、地理学的には図像表現から見る意味論的分析や国絵図を利用した広域的な開発史研究も重要な課題である。ここでは、正保・元禄の肥前国絵図から、5mを超える国内最大の干満差を有し、広大な干潟を発達させる有明海の表現と開発（海面干拓）について考察する。

筑後川河口部の中洲（川中島）である大野島は、大託間島ともいい、正保肥前国絵図に「大多久間、長サ廿八町、横十三町」として筑後柳川藩領と色分けして国境線を示している。元禄国絵図では村形に大多久間村と村名が記載されている。大野島は、慶長6（1601）年に柳河藩士によって干拓されたが、寛永年間に島の南に発達した干潟をめぐって佐賀藩との間で境界争論がおこったが、正保の国絵図調製時に島を2分することで決着した。

正保と元禄肥前国絵図には、筑後川河口部から西の佐賀郡にいたる部分で、「州」が舌状に描かれている。正保度においては、海辺の絵図基準「絵図書付候海辺之事」によって、海上交通に関する小書きが多くなるが、正保肥前国絵図には、大小合わせて11の州と1つの砂地（「大洲砂地」）が記載される。このうち大きな州として、東から「しらかた州」、「がんどう州」、「ざんどう州」、そして州名のない最大の州（元禄図では「白戸崎

州」）の4つが描かれている。それぞれの州の間には、船入の便が記載されている。これらの州間の「八田江」、「今津江、嘉世江」の航路は澪筋にあたり、通船の難所であったため、実際の干潟よりも細長い表現になっている（図8、9）。

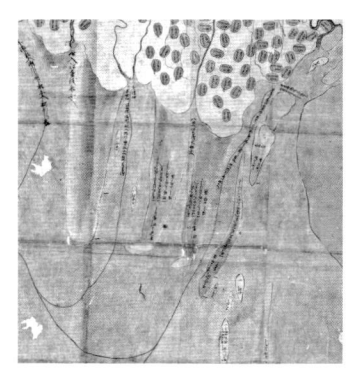

有明海の湾奥部の北岸では、筑後川・矢部川・嘉瀬川に代表される諸河川から搬出される土砂が浮泥となって有明海の沖合に運ばれ、潮汐によって逆搬され、反時計周りの潮流によって、湾奥部に広大な泥質干潟を発達させる。筑後川河口部では、潮流と筑後川の土砂供給によって干潟は砂質を含むが、西に向かうにしたがって泥質となる。正保・元禄肥前国絵図では、有明海西岸の干潟が北岸とは異なる表現となっているのは、このためであろう（図10、11）。しかしながら、元禄肥前国絵図に描かれた南西部の干潟は、実際よりも誇張されている感がある。

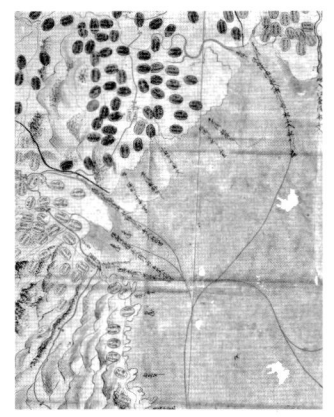

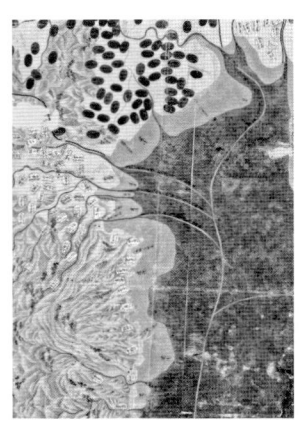

（左）【図10】「正保肥前国絵図」 有明海西岸の干潟部分。
（右）【図11】「元禄肥前国絵図」 有明海西岸の干潟部分。

このような干潟は、干潟漁撈の場であるとともに新田開発の場でもあった。新田開発による干拓は、佐賀藩では小規模な村受干拓が多かったが、元禄慶長絵図と比べて陸地の大幅な拡大が確認される。同時に、正保と元禄の国絵図に描かれた干潟空間は、広大な開発可耕地でもあった。国絵図は、調製のたびに様式化が進んだが、図像表現から解読すべき課題も多く残されている。

（五十嵐勉）

（左）【図8】「正保肥前国絵図」 有明海北岸の干潟部分。
（右）【図9】「元禄肥前国絵図」 有明海北岸の干潟部分。

【参考文献】
川村博忠1984『江戸幕府撰国絵図の研究』（古今書院）／同1990『国絵図』（吉川弘文館）／福岡博1985「肥前国絵図にみえる石高について―とくに慶長・正保図を中心として」（『肥前史研究』日之出印刷）

肥後国
地元に残る細川家の各期国絵図

　肥後国絵図は、熊本大学附属図書館寄託永青文庫（以下永青文庫）と熊本県立図書館（以下県立図書館）に多くの図が所蔵されている。ここでは時代順に図の編纂の状況と関係史料を紹介し、図の特徴を述べる。なお、天保図は、国立公文書館に所蔵の幕府官庫の図が現存するのみであるから触れない。

〔慶長国絵図〕　慶長5（1600）年、関ヶ原の戦いで徳川軍に味方した加藤清正は、小西行長領と豊後国に領地を得、天草は肥前唐津の寺島広高が領有することになった。このほか、球磨郡の相良氏はそのまま所領が安堵された。清正は肥後国の大半を領したため、慶長図の編纂は彼の手で進められたものとみなされる。

　このとき作成された慶長図の写図が永青文庫に所蔵されている。この写図は、寛永9（1632）年に加藤忠広の改易で肥後に転封してきた細川忠利が、翌10年にはじめて江戸幕府が派遣した御国廻り上使（寛永巡見使）に対応するため慶長図を書写したものである。

　この図には、元和5（1619）年に地震で倒壊した八代城が現在地に移動する前の麦島に位置しているほか、元和の「一国一城令」で破却される以前の城が描かれ、それらをつなぐ主要道路が描かれている。また最近、麦島時代の八代城をはじめ佐敷城、関ノ城（鷹原城）などが次々と発掘され、国絵図に見られる石垣・櫓を持つ城の存在が明らかになった。このほか、本図の寺島領であった天草の図法は、加藤領と異なっており、領分関係に左右された慶長図の特徴を示している。

　ところで本図は、前述のように寛永巡見使のときに書写されたもので、巡察ルートや宿泊に関する付け紙が残されている。付け紙から巡見使が古城や国境に興味を持っていたこと、1日の巡察行動距離が約20kmであったことが分かる。また、図の描法に水墨画の表現が見られ、雪舟の流れをくむ肥後藩御用絵師の矢野派が書写したものと考えられる。

〔正保国絵図〕　編纂は、正保元（1644）年12月に肥後・細川藩の江戸留守居へ作成要綱が渡され開始された。絵図元の細川藩では、人吉藩領や天領の天草、豊後の細川領の調査をどうするか、村高を検地の結果とするかなどが問題となった。また、大分県九重町と久住町の境界に位置する三俣山の境界をめぐり細川・岡・森藩の間で争論が勃発、江戸で大目付の裁断を受ける事件も起きている。

　こうして完成した正保図には、永青文庫に正保3（1646）年、幕府へ内容の伺いをたてた図（伺図、図1）と元禄図の作成に際して幕府官庫に献上された国絵図を書写した図（元禄写図）があり、さらに県立図書館には永青文庫の伺図と同じ内容を持つ図がある。また、永青文庫には、郷帳のほかに伺図と同じ内容を阿蘇郡のみを描いた図や天草郡を除外した正保図を4分の1に縮小した図などが所蔵されている。また、県立図書館には道帳もあり、これらの関係の究明が待たれている。

　さて、正保図でもっとも注目されるのは、伺図と元禄写図という2種の図が現存する点である。伺図は城を絵画的に描き、各村形の外に「荘」や「郷」の名を記し村高を合の単位まで略せずに書き、郡付けを短冊の枠の中に示している。これらは、いずれも一般的な慶長図の特徴と一致しており、正保図の編纂で慶長図が手本とされたことが分かる。また、伺図は絵図目録を欠如し、方位は墨書ではなく方位盤を描き、朱線で示す海路がなく、山に木の種類と権利を持つ村の名前が見られる。いずれも正保図の一般的特徴と異なる表現であり、元禄写図ではそれが削除され幕府の作成基準に合致している。このように伺図と元禄写図によって編纂の経緯を図そのものから読み取ることができる。

〔国目付派遣時の正保図〕　このほか、2代藩主細川光尚が慶安2（1649）年に幕府に領地返上を願い出たまま急死し、幕府から国目付が派遣された際に細川藩が対応した正保図の写図2点が県立図書館にある。

　そのうちの「肥後国の絵図」（002）には茶色の付箋が見られ、大津町に「〇昼御休　松田善右衛門様・水野庄左衛門様」、高瀬町に「△御泊　多賀左近様・朝倉仁左衛門様」とある。松田と水野は、承応1（1652）年に肥後国の国目付に着任し、翌年の1月に江戸へと帰着、それと交替した多賀と朝倉は承応3年3月熊本に着任し、同年11月に江戸へ帰任している。

　肥後藩の御用絵師であった矢野三郎兵衛吉重は、国目付が肥後を訪れる1年前の慶安4（1651）年に「肥後国大絵図」と「正保道帳」を書写している。この正保道帳

【図1】「正保肥後国絵図」(熊本城下付近) 永青文庫蔵、八・四・甲三、540×595
本図は、正保図編纂のときに幕府に提出したものの、さまざまな指摘を受けて返却された図（伺図）である。熊本城が絵画的に描かれ、郡付が短冊型に囲まれるなど慶長図の一般的様式を残している。正保図の作成にあたり、慶長図が利用されたことを示している。

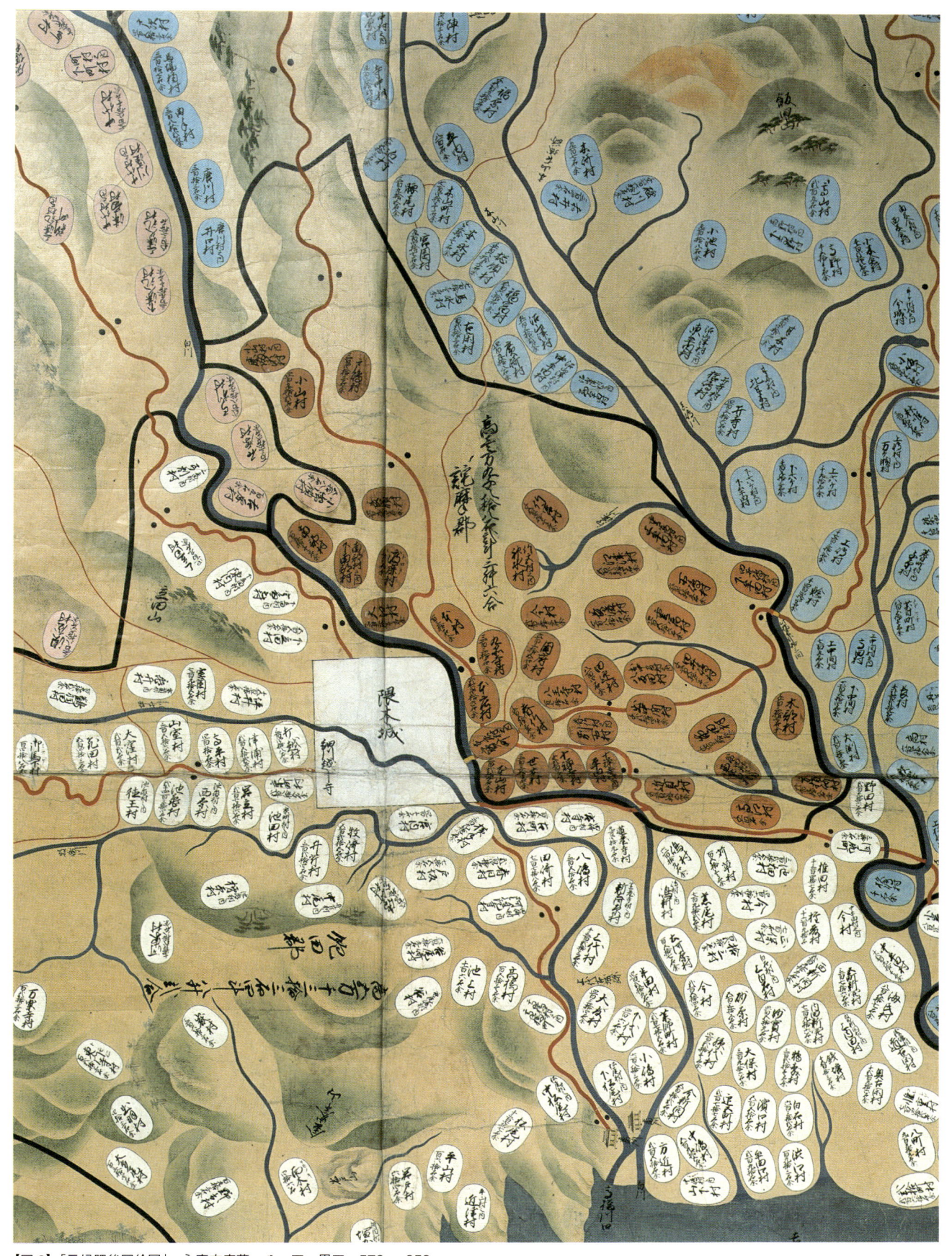

【図2】「元禄肥後国絵図」 永青文庫蔵、八・四・甲四、579 × 659
本図は、元禄肥後国絵図のもっとも献上図に近い図である。元禄肥後国絵図は2枚作成され、江戸藩邸と熊本藩庁に置かれた。これは火災などから守るためと、江戸と熊本で同じ図を所蔵することにより、情報の共有をはかったものと思われる。この図は熊本藩庁に所蔵されてきたものである。

肥後国

には、矢野の署名とともに「江戸江差上御帳之控」と記されており、これから派遣される江戸の国目付に正保図と道帳が書写され提出されたことが分かる。

県立図書館の正保図の写図2枚は、国目付に提出された国絵図の肥後藩の控で、これに国目付の宿泊や休憩などの情報を付箋で示したものとみなされるのである。

ここで注目されるのは、この2枚の図の様式が先述した元禄図作成の際に幕府から貸与され、それを書写した元禄写図と同じ内容と様式を持っていることである。

このように残された図を比較することによって、慶安4年当時に矢野が書写したもう1枚の正保図の存在が浮かび上がってくる。このもう1枚の図は現存しないが、それを書写した国目付派遣に対応した県立図書館の2枚の国絵図によって元禄写図と同じ内容を持つ献上された控図の存在が明らかになったのである。また、正保図が慶長図と同じく対幕府用に使われたことと、対幕府用には幕府に献上された正保図の肥後藩の正式な控図を書写して用いられたことが分かった。

〔元禄国絵図〕　その編纂の経緯は、永青文庫の「御国絵図御改付而覚書」によって知られる。注目される点は、①元禄10（1697）年に細川藩は幕府に枝村を描いた絵図を提示していかに窮屈な記載なるかを訴え、30軒以上の枝村を描き枝村の石高を書かなくてよいとの回答を得て絵図を編纂したこと、②幕府の国境に関する基本姿勢は、藩間で解決できない場合「幕府評定所へ提訴すべし」であったが、細川藩が隣藩との間に評定所に訴えずに内々に解決する密約を結び、問題を先送りしたのである。

こうして作成された元禄国絵図は、江戸藩邸の図と熊本藩庁旧蔵図（図2）の2点が永青文庫に伝来し、あわせて郷帳・国境縁絵図（へりえず）・海際縁絵図（うみぎわへりえず）も現存している。国絵図が江戸と熊本に1点ずつ保管されたのは、火事や盗難に対しての予防策ともに江戸と熊本に同じ図があることで情報が常に共有できるようにとの配慮であった。また、県立図書館には、元禄図の編纂と関係があると思われる球磨郡図や天草郡図、正保図からの変化をまとめた変地帳（かいちちょう）も残されており、これらの総合的な検討が課題となる。

ところで先述したように元禄図では幕府から国境の確定が求められ、隣藩や幕府との間でさまざまな交渉が行われた。中世豪族の菊池氏は日向国米良（めら）に逃れて米良氏を名乗り、隣接する肥後国相良氏の支配を受けていた。元禄国絵図では日向国米良領が肥後国図に描かれ、米良領と相良領の間には黄色線が引かれている。こうした他に類例を見ない元禄肥後国絵図の国境と領をめぐる特殊な表現の解明も残された課題である。

このように、肥後国には国絵図ばかりでなくその作成に関わる図や関係諸資料が豊富に残されている。また、巡見使や国目付のために書写された図もある。これらの史料の存在は、幕府の強力な監視下におかれた遠国外様大名の性格を反映したものであり、幕府の大名統括の道具としての政治地図として国絵図の作成の意義や過程、その具体的利用が分かる点で優れている。また、熊本県では熊本・玉名・宇土（うと）・荒尾市史、南関町史が絵図・地図編を刊行し図版を紹介しているので大変役に立つ。肥後国絵図の研究は、こうした自治体史を利用した地域に即した景観復原への進展、さらには全国的視野に基づく他国との比較研究によって今後多くの成果が期待されているところである。

(礒永和貴)

【参考文献】
城後尚年1991「元禄肥後国絵図にみられる枝村・新村」（『市史研究くまもと』2／肥後国絵図展実行委員会1991『肥後の絵図』（熊本日日新聞社）／松本寿三郎1994「国絵図を読む」（『入門江戸時代の熊本』三章文庫）

日向国

国絵図史料が豊富な島津家文書

日向国絵図は、臼杵市立臼杵図書館、宮崎県総合博物館、日南市飫肥城歴史資料館、国立公文書館、東京大学史料編纂所に関連の図が所蔵されている。ここでは時代順に図の現存状況を紹介し、それぞれの特徴を述べる。

〔慶長国絵図〕 慶長日向国絵図は幕府提出本、控図は現存していないが、関連の国絵図（図1）が臼杵市立臼杵図書館に所蔵されている。

日向国は江戸初期は県、財部、佐土原、飫肥、鹿児島の各藩からなっていた。1つの国に複数の藩が存在する場合には、1つまたは2つの藩が絵図元となり、各藩から提出された領分図を編集した。慶長度の国絵図調進においては日向の絵図元をどの大名が担ったかは明確でない。後続の正保・元禄度においては、鹿児島の島津氏が薩・隅・日3か国の絵図元を任じている。

臼杵市立臼杵図書館所蔵の国絵図は、日向国全域を記載範囲としている。ただ、本図では江戸時代においては肥後国に帰属するようになり、正保・元禄・天保度の日向国絵図には描かれていない一ツ瀬川上流間地を範囲に含めている。また、「志ふし城」を描いており、現在では鹿児島県曾於郡に入っているかつての南諸県地方を含めている。図面の大きさは、縦（東西）118×横（南北）298cm、本図の縮尺はおおよそ2寸1里（6万4800分の1）程度である。本図は、慶長日向国絵図の作成に関連して県藩の高橋元種と財部藩の秋月種長が共同で作成して絵図元へ提出した両藩領分絵図の控であろうと考えられる。

〔寛永国絵図〕 寛永国絵図は、藩が幕府に提出した慶長、正保、元禄、天保各期の国絵図と異なり、巡見使に差し出されたものである。山口県文書館毛利家文庫には68か国の寛永国絵図があり、そのなかに日向国が含まれている（図2）。

寛永日向国絵図には、日向国のおおよその輪郭が描かれている。また、図中には村形、道筋、隣国への記事が見られるが、慶長、正保、元禄、天保各期の国絵図と比べると少ない。

〔正保国絵図〕 正保国絵図の提出本、その控は現存していないが、写図が東京大学史料編纂所（島津家文書）と宮崎県総合博物館に所蔵（図3）されている。

正保元（1644）年に、鹿児島藩の江戸留守居新納右衛門久詮を通じて台命が下り、日向国絵図は鹿児島藩が主導で作成されることになった。日向国内諸大名は、まず、自国領内図を作成して、鹿児島藩へ提出し、突き合わせを行った。鹿児島藩は日向一国に調整して、慶安2（1649）年に幕府へ提出したが、飫肥藩と鹿児島藩の牛の峠論所などは残されたままであった。

〔元禄国絵図〕 日向国絵図は、国立公文書館に所蔵されている（図4）。また、高鍋藩及び飫肥藩から絵図元へ差し出された藩領の控図、飫肥領国絵図（1鋪、日南市立図書館所蔵）、高鍋領内絵図（3鋪、宮崎県総合博物館所蔵）が残されている。

日向国の元禄国絵図作成は、正保とは違って鹿児島・飫肥両藩が相議して共同で提出することを幕府から命じられた。しかし、鹿児島藩側は正保（1644～1648）のものと同様に単独で作成するように幕府に働きかけた。その結果、正保国絵図と同様に、鹿児島藩が絵図元になって編集されることとなった。この国絵図事業は、元禄10（1697）年閏2月に開始され、元禄15年に日向国絵図は薩摩・大隅・琉球の国絵図とともに、幕府に提出された。

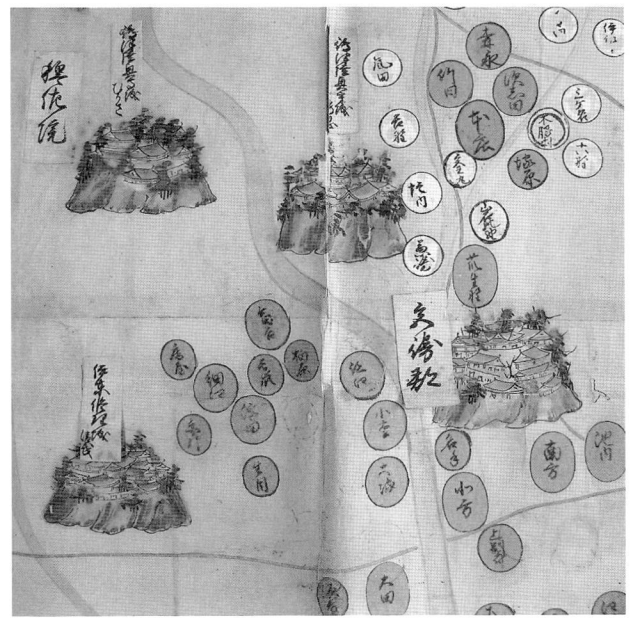

【図1】「日向国絵図」 部分 臼杵市立臼杵図書館蔵、118×298

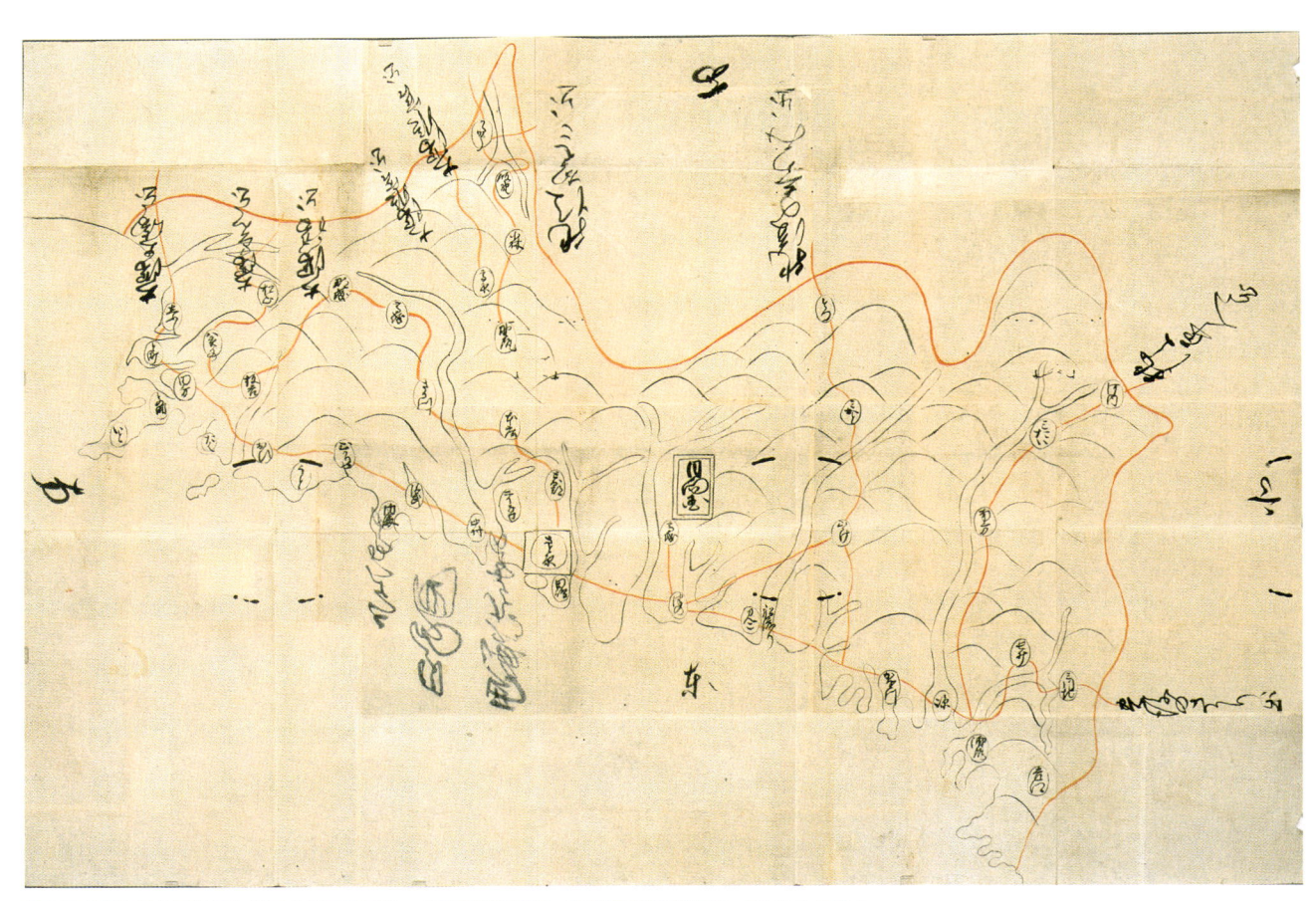

【図2】「寛永日向国絵図」(「日本図日向国」) 山口県文書館蔵、毛利家文庫絵図26、72.0 × 105.5

【図3】「正保国絵図」 部分 宮崎県総合博物館蔵

【図4】「元禄国絵図」 国立公文書館蔵、特83-1、423×726

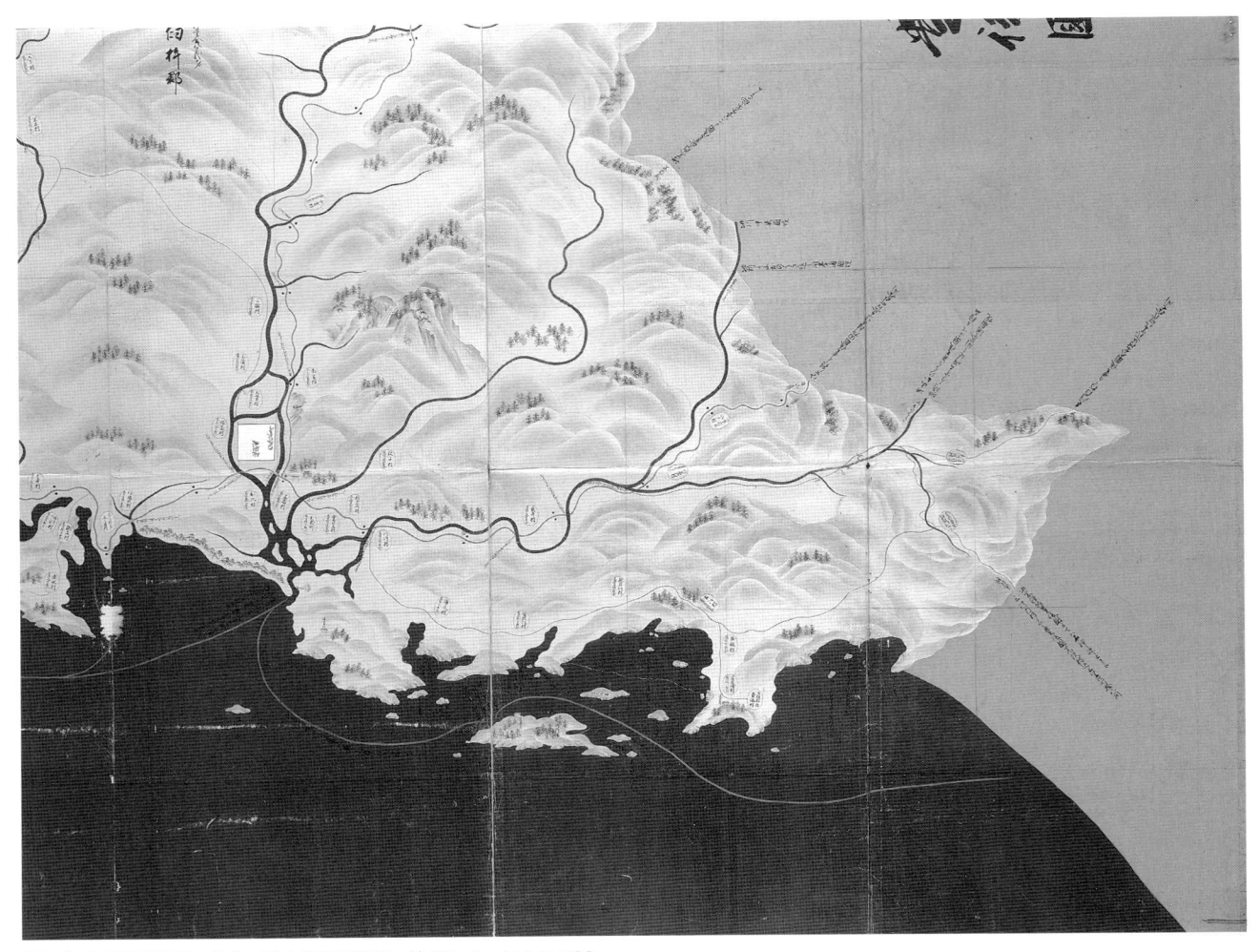

【図5】「天保国絵図」 部分 国立公文書館蔵、特83-1、418×709

　国立公文書館の元禄日向国絵図は、幕府が保管していたものであるが、裏書きに「公儀江被差出候御絵図之控也」とあることから、提出本か控図かを含めて、この絵図の性格については検討が必要であろう。

〔天保国絵図〕　国立公文書館には、紅葉山文庫と勘定所伝来の天保国絵図119舗と郷帳85冊が現存しており、このなかに、日向国も含まれている（図5）。国立公文書館の閲覧室で、この絵図のポジフィルムを閲覧することができる。この国絵図の寸法は、東西419×南北709cmである。

　天保国絵図は慶長・正保・元禄度とは作成手順が異なり、幕府勘定所が全国のものを一手に作成した。天保日向国絵図に関しては、幕府勘定所へ提出した「懸紙修正図」、また、その控は確認されていないが、日向国飫肥領天保国絵図控（262×182cm）などが現存している。

　天保国絵図は、天保6（1835）年に作成が命じられ、同9年に完成した。これらの図隅には、全国一律に「天保九年戊戌五月」の年月が記載されている。天保国絵図は、1里を6寸とする縮尺（2万1600分の1）で、山、川、道路等が描かれいる。郡別に色分けされた村形（楕円型）には村名と石高が、城下町（白四角）には地名と城主の名前が記されている。

　日向国絵図に関する絵図、文書は、東京大学史料編纂所の島津家文書にまとまったものが見られるが、全体についてはまだ詳細に分析されていない。これらはマイクロフィルムに撮影されており、史料の利用が容易になっている。今後の研究に期待したい。

（河村克典）

【参考文献】
宮崎県史編纂室1988「県高橋・財部秋月領内図大分県臼杵図書館所蔵の絵図（表紙写真）」（『宮崎県史だより』8）／川村博忠・河村克典2003「臼杵市立図書館所蔵の慶長期作成『日向国絵図』についての一考察」（『歴史地理学』45-5）／永井哲雄1974「日向の元禄領国絵図について―とくに高鍋藩の元禄国絵図作成を中心として―」（『宮崎県総合博物館研究紀要』2）／宮崎県2000『宮崎県史、通史編、近世上』／宮崎県2000『宮崎県史、通史編、近世下』／鹿児島県教育委員会1997「元禄十五年『薩摩國・大隅國・日向國』国絵図解説書」／東京大学史料編纂所2000『島津家文書目録Ⅲ』

大隅国・薩摩国

島津家と国絵図

〔守り通された、国宝・島津家文書〕 島津家は、鎌倉時代以来の家柄を誇る南九州の雄であり、薩摩国守護・大隅国守護・日向国守護に任じられた由緒を持つ。戦国期にはこの３国を統一し、肥後・肥前・豊後などにも侵攻した。江戸時代には薩摩国・大隅国・日向国の一部及び琉球を支配しており、江戸幕府から、薩摩・大隅・日向・琉球の国絵図作成・調査を命じられている。

これらの国絵図関係史料を含む、東京大学史料編纂所所蔵国宝島津家文書（以下史料本）は、江戸時代には、非常時に持ち出すべき重書として鹿児島城本丸御番所に収蔵されていた。廃藩置県後は同三の丸内御廐裏手にある岩崎六ヶ所蔵に移されたが、鹿児島県令の旧習打破の方針のもと、家老座以下の史料が焼却された。

さらに、西南戦争時、収蔵された蔵は戦場のただなかとなった。島津家家扶・東郷重持は、開門を拒む政府軍番兵に対し「斬ルベケレバ斬ラレヨ」と生命を賭して開門させ、約50名が銘々背負って文書を搬出、船を雇って、当時島津久光・忠義が避難していた桜島に搬送した。島津家文書はこのようにして守り通されたのである。

〔幕府に提出した国絵図と「御内証」の国郡図〕 薩摩藩は、元禄国絵図作成時、別に、薩摩・大隅・日向国諸県郡絵図各１枚の「御内証御絵図」を作成した。この絵図は、国絵図が１里を６寸で表現していたのに対し、１里を１尺２寸で描いており、単に国絵図から藩領部分を書き抜いたものではなかった。

そして、天保３（1832）年にも、上記の「御内証御絵図」を基として新たに作成した郡別の藩領図を作成した。この作業のため、「御内証御絵図」の写が１里４寸で作成された。この写は、川・池・海といった水に関わる部分だけでなく、山も「藍浪」で彩色するという異色の絵図であった。さらに、墨引きの郡境、朱引きの道筋（左右に里塚を墨で星付）のみならず、渋引きの郷境を記し、野を「草の汁」（緑）で表現した。

そのほか、この写には、以下のものが描写された。
* 神社・仏閣・寺院・崇廟・菩提所・祈願所
* 古城山・古陣跡
* 橋＝10間以上は、形を表現。10間以下でも、古い川または谷などに架かっているものは書き表す。
* 山＝「藍浪」で隈取り、上に濃い「藍浪」でチョボを付ける。親山の名を記す。
* 野原＝「草の汁」で彩色。名があれば記す。
* 池＝古来名のあるものは、申し伝えのとおり記す。

こうして、次のような絵図や台帳が作成された。
1　薩摩・大隅・日向諸県郡の郡分の切絵図 14 枚
2　総絵図（郷の接合を表すための略絵図）１枚
3　郷村帳（元禄以来の変化に対応）３冊
4　村高帳（文政６年の郡方帳に基づく）３冊
5　神社仏閣古城趾村附帳（絵図面に描いた神社などがどの村に関係するのか示す）１冊

薩摩藩は、幕府には国絵図・郷帳を提出する一方、それとは異なる「御内実」の絵図・台帳を作成して、領内支配を行っていったのである。

〔薩摩藩の絵図保存箱〕 天保頃（1830〜1844）薩摩藩記録所が作成したと思われる『御文書目録』によると、当時、１番から５番までの絵図保存箱が作られており、このうち、１〜４番箱に元禄国絵図作成関係、５番箱に天保国絵図作成関係の諸絵図や関係書類が納められていた。

１番箱には、まず、元禄 15（1702）年８月 12 日、薩摩藩絵図役人が幕府評定所において大目付・勘定奉行に提出した薩摩・大隅・日向・琉球国絵図・郷帳などの諸提出物の控、国境端絵図などが収められた。また、前述した「御内証」の元禄国郡図も、幕府に提出した国絵図の控とならんでこの箱に保管された。

２番箱には、日向国絵図作成の諸書類が収められていた。元禄時作成されたが彩色が悪いため提出しなかった薩摩国絵図（図１、２）は、正保国絵図写（図３）、論所裁許絵図写などとともに、３番箱に収蔵されている。４番箱には、縄引帳・里糺帳などが納められた。５番箱に収められたのは、天保時、幕府勘定奉行から国絵図改定のために渡された薩摩・大隅・日向・琉球各国の元禄国絵図写をさらに模写して、元禄時とは変化したところを懸張した絵図などである。幕府から渡された写図が切絵図を巻いた形態であったのに対し、この模写図は、裏打ちし折本に仕立てられたものであった。

【図1】「元禄薩摩国絵図」 東京大学史料編纂所蔵、島津家文書 76 - 2 - 1、400 × 800
本図は、彩色不備のため、薩摩藩が幕府に提出を見合わせた国絵図である。元禄国絵図では、多くの国々が幕府の推奨する将軍家御用絵師狩野良信（根岸御行松狩野）に国絵図を清書させた。しかし、御三家や大藩では、独自に選んだ絵師に描かせた。島津家も、狩野常信（木挽町狩野）の門人・坂本重賢（養伯・勘兵衛）に担当させた。狩野家諸家は、将軍や諸大名の御用絵師として画壇の覇権を握り、400年余りも世襲体制を貫いた。根岸御行松家はそのなかで門弟筋にあたり、一方木挽町家は、諸家のうちで中心となる三家の一つであった。

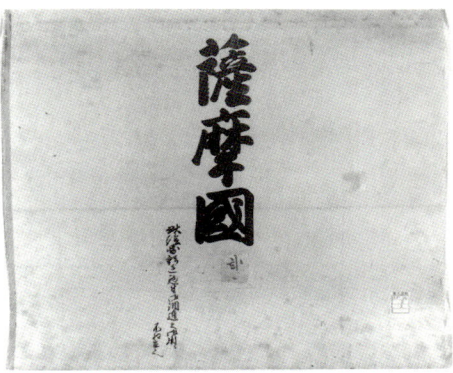

【図2】「元禄薩摩国絵図」(絵図裏表記・絵図を畳んだ状態)、
東京大学史料編纂所蔵、島津家文書 76-2-1

「此絵図彩色悪付、御調進之御用不相立也」と記されている。

【図3】「正保薩摩国絵図写」(鹿児島城付近)、東京大学史料編纂所蔵、島津家文書76-2-2、820×450

本図は、元禄時に国絵図改訂のため写された正保国絵図の写であると考えられる。
裏打ちを欠き、彩色はやや粗い。絵図面上に多数の付箋がつけられ、町・浦・村名や「此所古城不知候」などの文言を持つ付箋が貼付されている。
鹿児島城は、方形で囲まれた中に、「鹿児島、松平薩摩守、住所」と書き込まれている。

【図4】「元禄薩摩国絵図」(鹿児島城付近)、国立公文書館蔵、特83-1、414×781

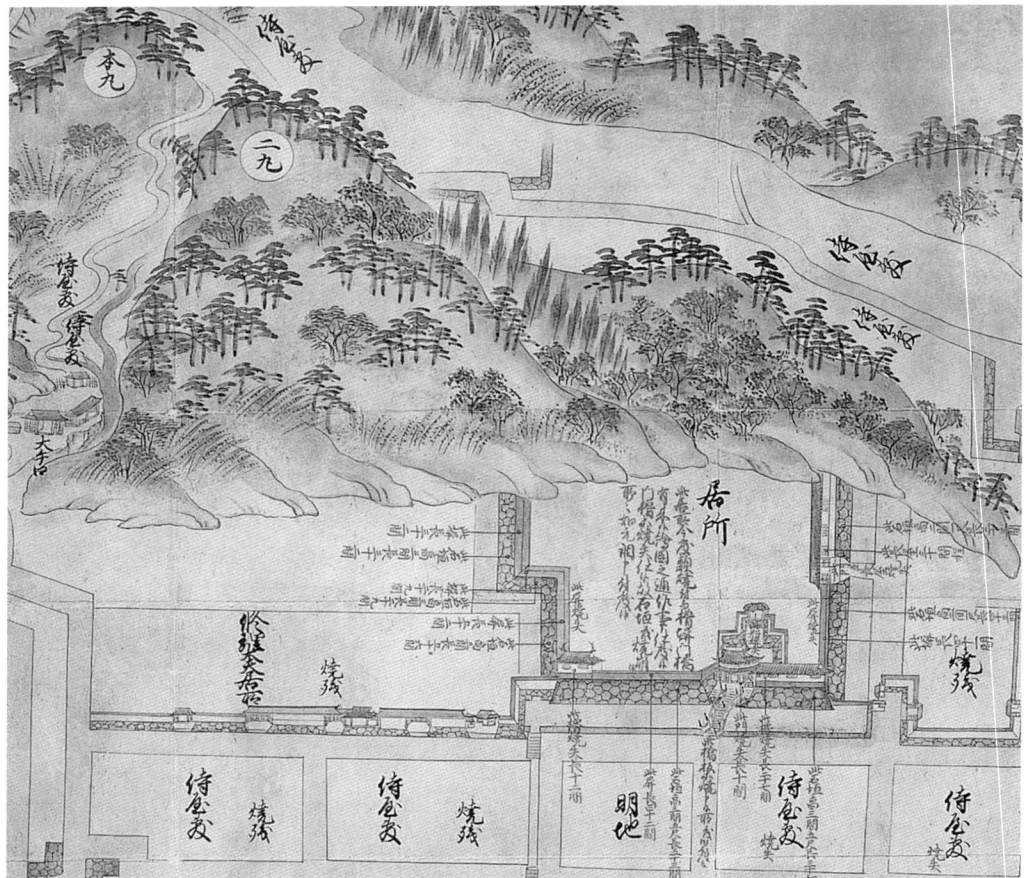

【図5】「鹿児島城絵図写」部分 東京大学史料編纂所蔵、島津家文書47-16-2、78.7×93.7

元禄9(1696)年、鹿児島城の焼失を幕府に届けた絵図の写。このときの火事は、町屋から出火、城内藩主居所は、全焼し、まるで原のようなありさまとなった。鹿児島藩主島津吉貴の届け出によると、鹿児島城は山城で、番の侍を置いているだけで、櫓・塀などは設置されていなかった。外曲輪の山下に藩主等の居所を置いていた。
この絵図は、塀・櫓は焼失したものも含め、復元して描いている一方、城内の建造物は、焼け残ったものも含め、描いていない。
正徳元(1711)年、城修復の際に幕府に提出する絵図は、この元禄9年図と齟齬しないようにとの指令が藩主から出され、元禄9年図の写が、江戸家老座・記録所・国許家老座の3か所に保管されることとなった。

【図6】「元禄薩摩国絵図」(薩摩・大隅国境部分)、国立公文書館蔵、特83-1-137、414×781

元禄国絵図では、幕府は、国境についての説明書と山形(山を側面から絵画風に描く)によって国絵図上に表現しようとした。

図中に記された国境についての説明書では、

①国境地点が村々でどういった名前で呼ばれているか、

②村から国境までどのくらいの距離があるか、

③国境が山の地形のどこに位置するか(たとえば山腹か峰通かなど)

という具体的記載が要請された。

説明書を付した地点と地点の間については、「山国境あい知れず」と記すようにとの指示がなされた。

しかし、薩摩藩では、領内の国境については年中境廻りを命じているとして、「山国境あい知れず」と記すことには難色を示した。現在、公文書館本・史料本にはこの文言は記されていない。萩藩では、「山国境あい知れず」という記載を付したが、薩摩藩は、自己の主張を通したといえる。

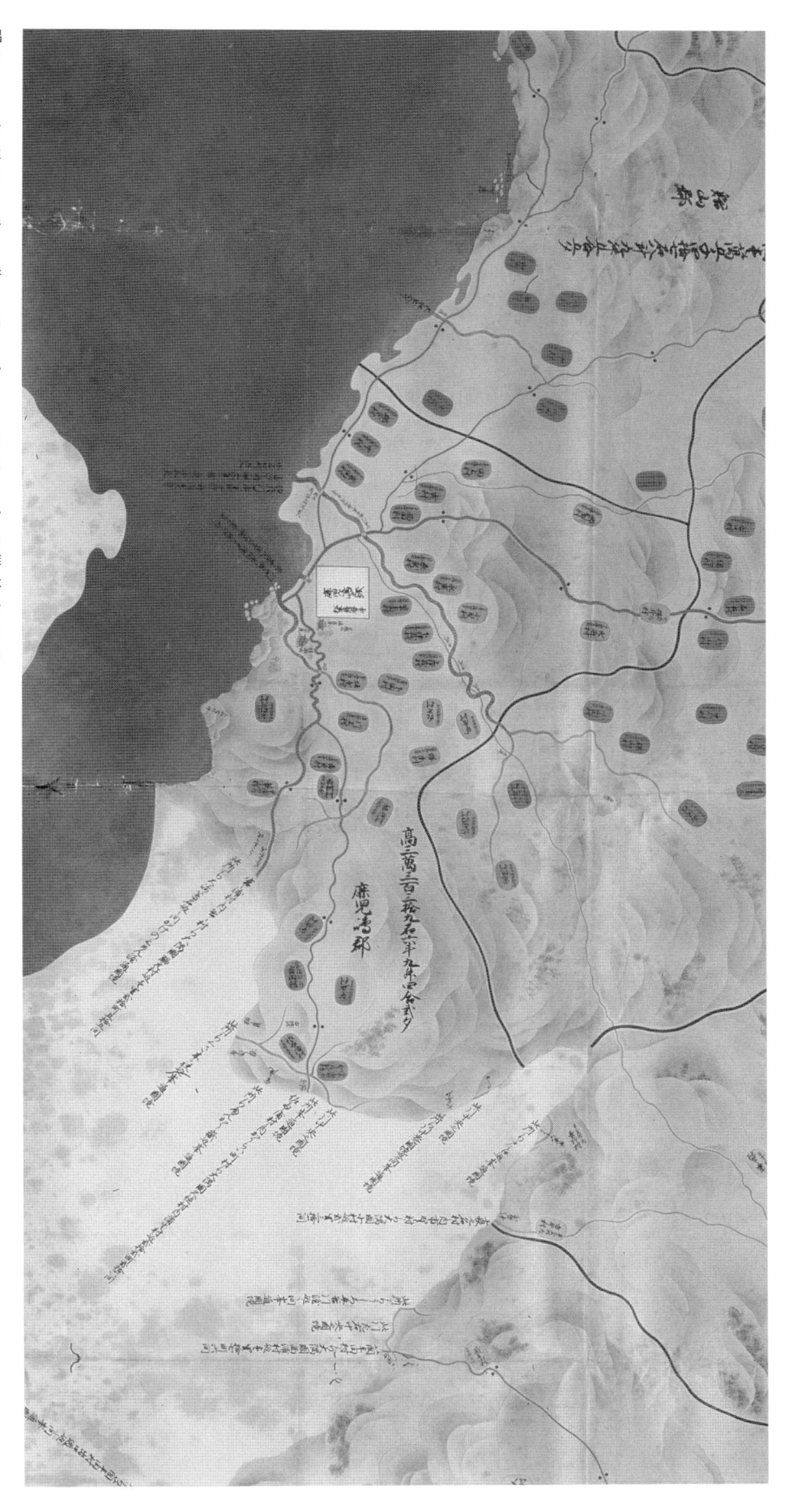

大隅国・薩摩国

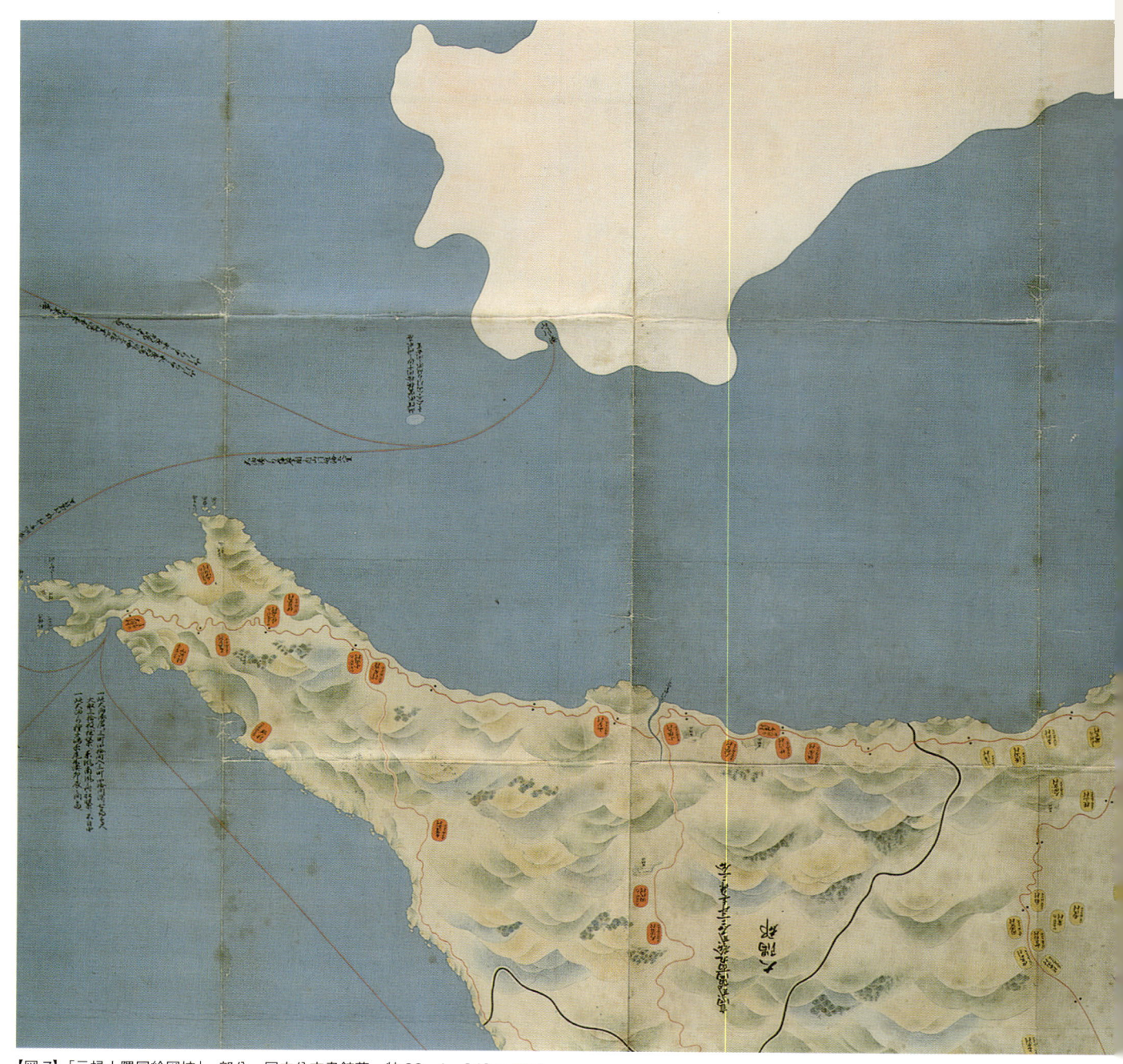

【図7】「元禄大隅国絵図控」 部分 国立公文書館蔵、特83-1、349×750
国立公文書館に現在残されている元禄国絵図のうち薩摩藩が担当した、薩摩・大隅・日向・琉球(3鋪)の国絵図は、裏書きによると幕府に提出した絵図の控図である。

大隅国・薩摩国

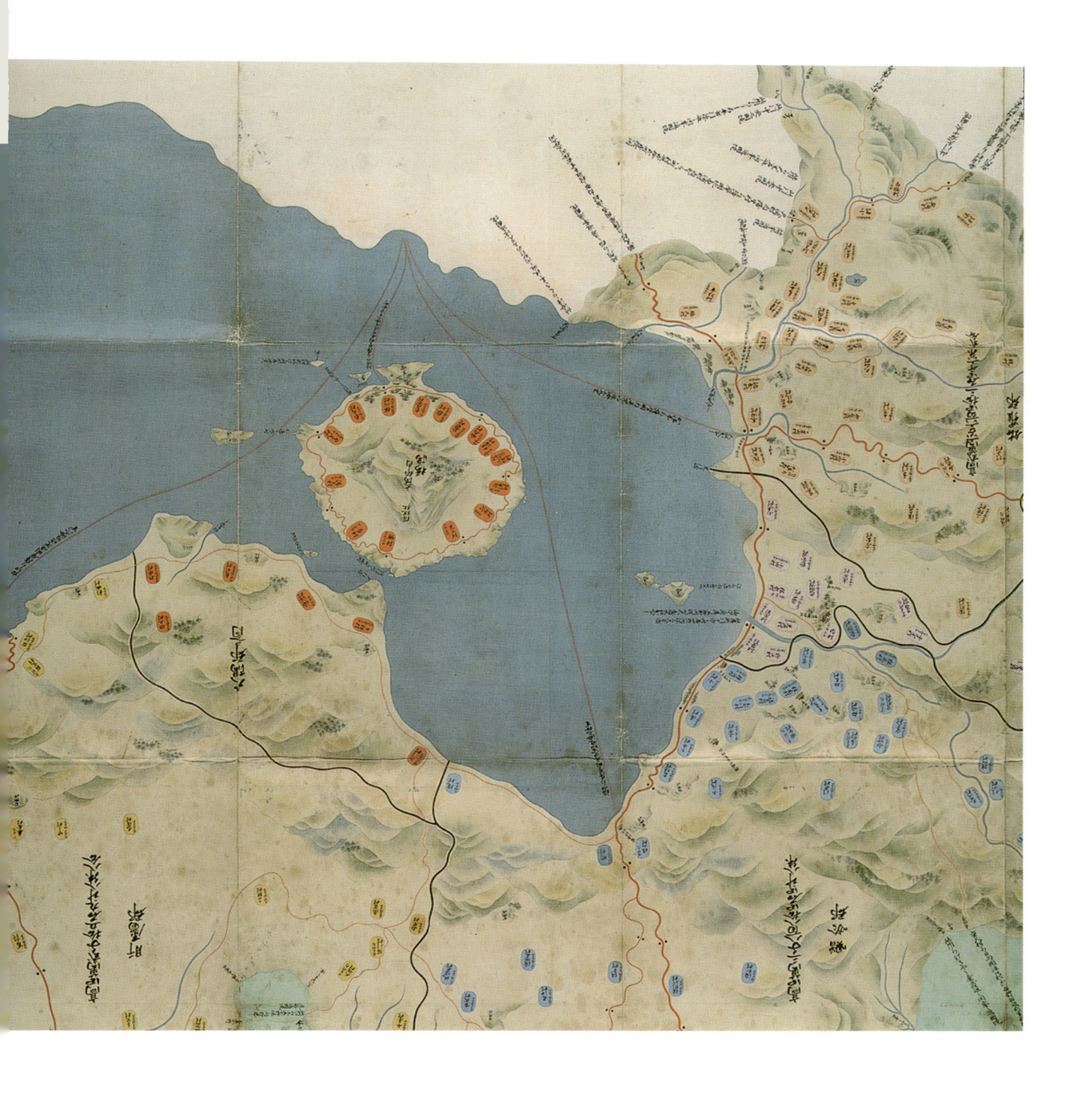

[架空の国を描いた絵図]　元禄国絵図作成時には、国絵図に記入すべき事物や文字について、文章や口頭で、幕府から各国担当者に指示が出された。幕府はさらに、事業途中で、複数の手本絵図を示した。これらの手本絵図は、国絵図はどのように描かれるべきか、幕府自ら具体的に視覚表現したものとして注目される。

この手本絵図を写したものは、現在、島津家文書のほか仙台藩伊達家文書などから発見されている。下に掲載したものは、島津家文書に残された手本絵図写のうちの一枚であり、架空の国を一国絵図に仕立てたものである。各種の地形における国境描写、山・川・道・村など形が示されている。しかし、伊達家文書に残された図と比較してみると、城をはじめとして、絵図目録・村形の中身・郡名などの記載がこの図からは省かれていることが分かる。故意に省略したのか、不完全な写なのか、あるいは、幕府の示した手本絵図の内容は一様だったのか、今後に残された興味深い課題といえる。（**杉本史子**）

【参考文献】
阿部俊夫 2000「元禄十二年十二月「御加文調様御本之小絵図」〜絵図内容とその特質」（『福島県歴史資料館研究紀要』22）／川村博忠 2000「元禄国絵図における国境筋の表現要領について」（『歴史地理学』42-3）／五味克夫 2000「島津家文書伝来の経緯」（『奇跡の至宝「島津家文書」』鹿児島県歴史資料センター黎明館）／杉本史子 1999『領域支配の展開と近世』（山川出版社）／同 1994「国絵図」『岩波講座日本通史近世2』／武田恒夫 1995『狩野派絵画史』（吉川弘文館）／山本博文 1997〜2000「解題」（『島津家文書目録Ⅰ〜Ⅲ』東京大学史料編纂所）

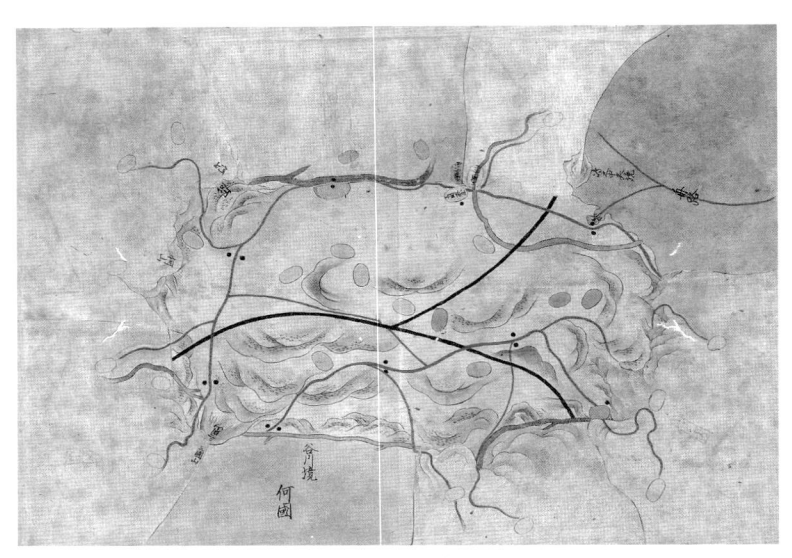

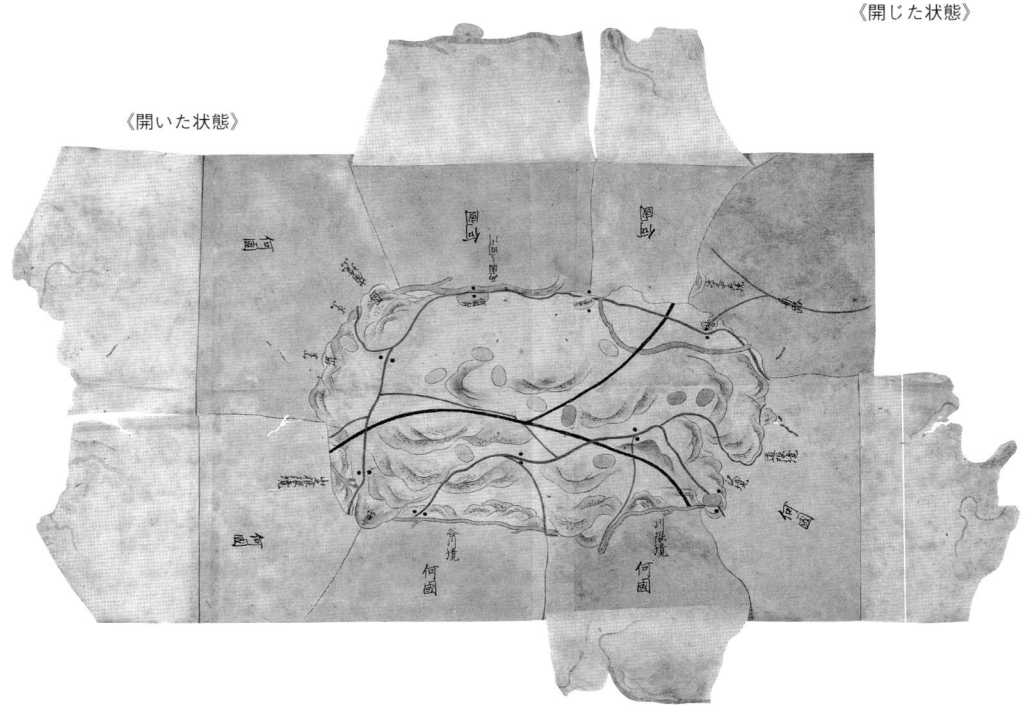

《開じた状態》

《開いた状態》

【図8】架空の国を描いた絵図（本文参照）。東京大学史料編纂所蔵、島津家文書60-13-3［幕府絵図方役人ヨリ来ル手本絵図］のうち。

壱岐国
全国一番に上納した元禄図

　壱岐国は古来一島で一国をなし、島内は壱岐・石田の2郡に分けられていた。近世において壱岐国は一貫して平戸(ひらど)藩6万石余の松浦(まつうら)氏の支配下にあった。松浦氏は肥前国の平戸島に藩庁をおき、肥前国の北松浦地方のほかに壱岐国（島）を合わせて領有していた。したがって藩は壱岐のうち平戸との交通の利便な郷ノ浦に館を築いて城代をおき、郡方・浦方などの役所もここにおいて、この島を支配していた。

　壱岐の国絵図は当然ながら、この国の支配者である平戸藩主を絵図元として作成された。ところで地元に現存する単独の壱岐国絵図としては元禄国絵図1舗が平戸の松浦史料博物館の松浦家文庫に所蔵されているほかには、天保国絵図が国立公文書館にあるのを知るのみである。

〔慶長国絵図〕　松浦史料博物館には慶長肥前国絵図「龍造寺駿河守分領・寺沢志摩守分領・松浦式部卿法印分領・五嶋淡路守分領・大村丹後守分領・有馬修理太夫分領・羽柴対馬守分領絵図」（松浦家文庫Ⅸ-2）が所蔵されていて、この国絵図には壱岐をも含めて図示している。慶長度に壱岐は単独の国絵図としては作成されなかったものと考えられる。慶長肥前国絵図は壱岐国ばかりでなく、当時の唐津城主寺沢広高の所領であった肥後の天草及び筑前怡土(いと)郡の一部までも含めているなど、肥前国内に居城を有する大名の全領域を図示範囲に入れており、慶長国絵図では必ずしも一国の範囲を厳密に1舗にして作成されたわけではなかったことを物語っている。

　慶長肥前国絵図は松浦家文庫のほかに佐賀県立図書館の鍋島家文庫にも1舗が所蔵されているが、この図には壱岐国は描かれていない。鍋島家文庫図は裏書きによって、元来旧唐津藩主所持のものを、佐賀藩が天保国絵図作成の折に模写したものであることが分かっているので、模写の際に肥前以外の部分を省いて写したのであろ

【図1】松浦家文庫蔵「慶長肥前国絵図」に描かれる壱岐国部分、松浦史料博物館蔵、Ⅸ-2-15、260×293

う。

　松浦家文庫の慶長肥前国絵図に描かれる壱岐国（島）は図1に示すとおりである。島内には26の村が短冊型の村形をもって図示される。この島の門戸でもある武生(むしょうず)水村の郷ノ浦湊を見下ろす丘陵上に四角の枠内に「城」と記して城郭の所在が図示されている。

　この城は最初永仁元（1293）年に唐津の岸岳(きしだけ)城主の波多氏が築いたと伝えられる亀尾城であって、慶長期には松浦鎮信の持城となっていたはずである。天正19（1591）年豊臣秀吉は朝鮮出兵にあたり、松浦鎮信にたいして壱岐国に中継基地としての普請を命じた。松浦氏は有馬・大村・五島氏らの応援をえて、それを短期間のうちに成しとげたとされており、この亀尾城がその役割を果たしたものと考えられる。この絵図には武生水村（郷ノ浦）から平戸と名護屋へ向けて舟路が朱引きされている。名護屋への舟路は石田村の印通寺(いんどうじ)浦を経てのびている。

〔元禄国絵図〕　正保度及び元禄度共に壱岐国絵図は平戸藩主を絵図元にして上呈されている。城下の平戸を含む肥前国松浦郡内の領分については肥前国の絵図元である佐賀藩主の鍋島氏に領分絵図を提出したものの壱岐国絵図については自らが清絵図(きよえず)を作成したのである。

　松浦史料博物館の「松浦壱岐守領分絵図」（松浦家文庫Ⅸ-4）が元禄壱岐国絵図の控であって絵図元を担当した松浦壱岐守棟(たかし)は、幕命をうけて2年後の元禄12（1699）年3月には幕府への上呈を済ませている。これは元禄15（1702）年12月に完了した全国83舗の国絵図のなかでもっとも早い上納であった（図2）。

【図2】「松浦壱岐守領分絵図」（元禄壱岐国絵図）　松浦史料博物館蔵、松浦家文庫Ⅸ－4、184×188

【図3】「松浦壱岐守領分絵図」　部分　（郷ノ浦付近）

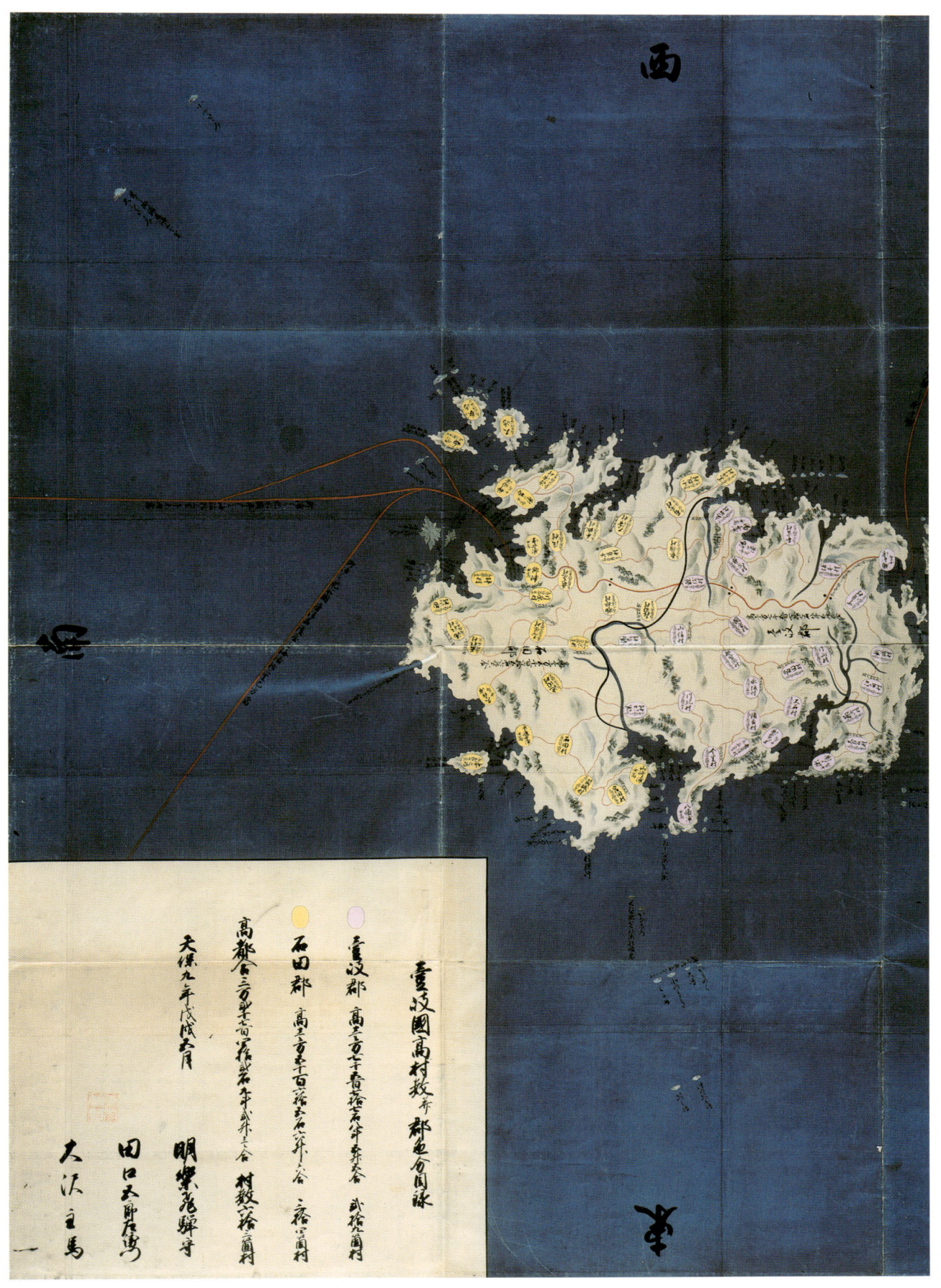

【図4】「天保壱岐国絵図」 部分　国立公文書館蔵、特83-1、186×186

元禄国絵図の作成にあたっては隣国との国境筋を縁絵図の付き合わせをもって確認する必要があった。そのため多くの国では隣国との国境折衝に手間どったが、壱岐は島国であって隣国との折衝の必要がなかったために早期の上納を済ませることができたのである。

　石田郡と壱岐郡の村々が小判型の村形で色分けして図示され、郡界は太い墨筋で明瞭に線引きされている。周辺の島々が小島までも細やかに図示され、湊の干満や舟掛り、海辺の小書きがいたって細やかである（図3）。慶長の壱岐図にて亀尾城のあった箇所には建物を描いて「船見番所」と記している。

　郷ノ浦から勝本浦にいたる主要道は太い朱筋を引いて一里塚の黒星記号が付されている。肥前の平戸と唐津・名護屋へは郷ノ浦から朱筋の舟路が引かれ、勝本浦からは対馬に向けて舟路が引かれている。平戸への舟路には「壱岐国郷ノ浦から肥前国平戸江海上拾三里、午未ノ間当」と記すように、舟路にはいずれへも相手の湊までの海上里数と方角を示している。

　元禄壱岐国絵図に記される郡別の高・村数の罫紙目録は次のとおりである。

壱岐国高都合并郡色分目録
　○壱岐郡　高壱万四拾九石四斗七升壱合　　弐拾三ケ村
　○石田郡　高八千弐拾三石三斗三升五合　　弐拾七ケ村
　高都合壱万八千七拾弐石八斗六合　　　　　五拾ケ村
　　　元禄十二年巳卯三月　　　　　　　　松浦壱岐守

　松浦史料博物館蔵の『元禄八年以来御意書留』の元禄12年の記によると、「今度壱岐国新絵図被仰付候、古絵図ニ記有之村、浦々名当時之名御吟味之処、中奥より村之名改り、且又文字違候村有之ニ付、旧記ニも有之名并文字迄古来之通、向後可相改旨候、仰出候村々、左ニ記」とあり、文字を改めた村が記載されている。それによると、壱岐郡のうち香椎村が可須村、中ノ郷村が那賀ノ郷村、住吉村が鯨伏村、石田郡のうち桜江村が物部村へ、それぞれ旧記にしたがって改められた。

〔天保国絵図〕　天保国絵図は諸国の絵図元からの上呈ではなく幕府勘定方によって全国の分が一手に作成された。元禄国絵図の成立より130年余を経過しており、その後に変地の生じた箇所を調べるため、幕府より渡された元禄国絵図の切図に懸紙をもって修正をほどこした懸紙修正図が諸国から提出された。壱岐国の場合は平戸藩からこの資料が幕府へ提出されたはずである。

　天保度の事業は最初天保2（1831）年に郷帳改訂から始まり、それが終了したあと同7（1836）年より国絵図改訂に着手している。国絵図改訂を完了したのは天保9（1838）年であって、罫紙目録の奥書きには全国一律に「天保九年戊戌五月」と記し、勘定奉行明楽飛騨守をはじめ勘定方3名が名を連ねている。

　天保壱岐国絵図（図4）の内容は、村形の色分けを壱岐郡を桃色、石田郡を黄色で区別するなど基本的には元禄国絵図を踏襲している。ただ、天保度は石高が表高ではなく実高で示されたため、村々の石高は増加しており、壱岐国の都合高は3万2742石9斗2升1合となって、元禄度の倍近くにまで増加している。村数も元禄度には50か村であったものが天保度は63か村に増えている。

　図5は寛永年間の「九州之図」（臼杵市立臼杵図書館蔵、143）に描かれた壱岐国である。肥前の東松浦半島にある「なこや古城」から13里で武生水（郷ノ浦）にいたり、壱岐国を陸路で縦断し、勝本から対馬へいたる舟路の通じていることがよく分かる。　　　（川村博忠）

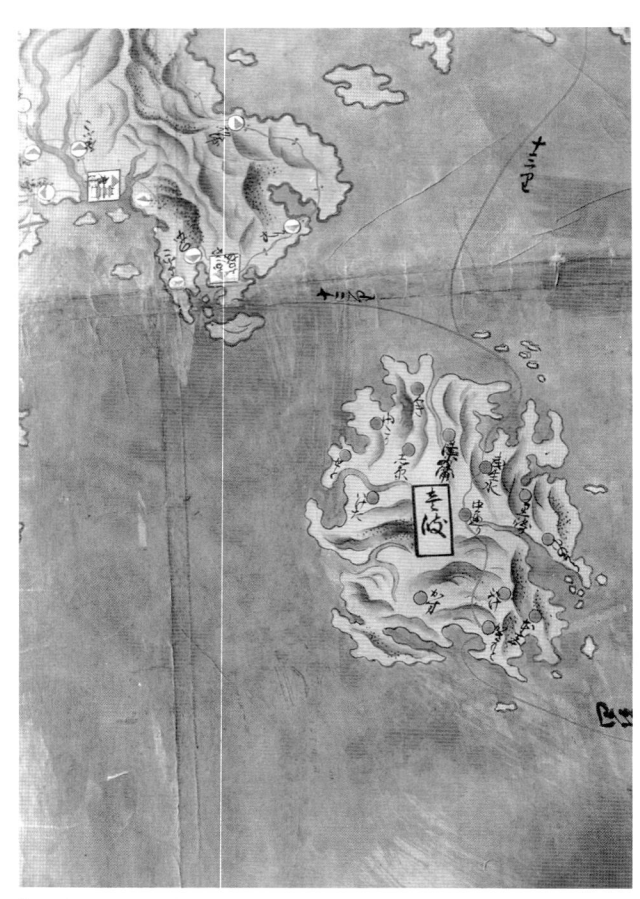

【図5】寛永年間「九州之図」の壱岐国部分、臼杵市立臼杵図書館蔵

【参考文献】
長崎県史編集委員会1973『長崎県史藩政編』（吉川弘文館）／川村博忠1984『江戸幕府撰国絵図の研究』（古今書院）

対馬国

日朝交流が見える絵図

　現存する江戸幕府撰対馬国絵図としては、伊能忠敬記念館（佐原市）所蔵の正保図（中川忠英本の写、216×393cm）、長崎県立対馬歴史民俗資料館所蔵の元禄図（168×368cm）、国立公文書館所蔵の天保図（170×375cm、図1、図2）が知られている。このほかに、東京国立博物館に元禄図が所蔵されているとの情報もある。

　対馬国絵図を特徴づける点は元禄図及び元禄図を踏襲した天保図の、当時としては異例なほどの正確さと、石高不記載の国絵図であったこと、朝鮮通信使の往来や貿易を通して日朝外交を担っていたという対馬ならではの情報が記載されていることである。

〔元禄図の測量と作成〕　対馬藩が元禄図を幕府に献上したのは元禄13（1700）年2月のことである。対馬藩国許における元禄図の作成作業は元禄10年7月20日に始まり、島内の測量を経て、元禄11（1698）年9月15日に終わった。対馬島内の測量は上県郡・下県郡をそれぞれに担当する2組があたり、元禄10年7月下旬の海辺の試測、8月初旬の城下札ノ辻から始まった道筋の試測（図3）の後、8月14日に府中を出船し、翌14日に上県郡・下県郡境の鼻藻崎から分かれて11月下旬まで海辺の測量を行っていった。次いで山川・道筋の測量が元禄11年2月〜4月に行われた。測量過程の詳細は不明であるが、各組とも5か月を費やして測量を完了している。このように測量に長時間を要したのは、新たに測量に基づいた絵図の作成を目指したこと、その絵図は縮尺3尺6寸1里（約3600分の1）というきわめて詳細な大絵図であったことなどによる。この大絵図は藩用絵図として作成されたもので、国絵図作成を契機にして対馬絵図の全面改定が企図されたといってよかろう。幕府へ献上する国絵図はこの大絵図をベースに縮尺6寸1里（約2万1600分の1）に仕立て直したもので、国絵図は編集図として作成されたのである。編集図とはいえ、対馬藩が作成した元禄図は正保写図に比べて格段に正確で、当時の対馬藩の測量技術水準の高さを現在に伝えるものになっている。

〔高辻不記載の国絵図〕　地図としての正確さとは裏腹に、元禄図には村高はもちろん、郡・国の石高集計など、幕府にとってもっとも重要な対馬国の基本的情報が欠けている（図2）。高辻不記載は、対馬国のほかにも松前領と伊勢国絵図の神宮領に見られるが、一国単位で記載がないのはきわめて異例である。ところが、『御系図　御国絵図　御知行　御格式』（元禄10年7月19日付け江戸出状扣（控））には「正保三年　公儀へ被差上候御国絵図并郷村帳ニ者、高辻悉相見候ニ付、此度者如何被成可然哉」という記載があり、幕府に提出した正保絵図及び正保郷村帳に高辻記載があったと記録している。また、国絵図研究会データベース作成委員会2002『江戸幕府撰国絵図の画像データベース　正保国絵図編　対馬国絵図・解説編』によれば、村ごとの記載はないが、郡単位で高辻が集計されていた。したがって、元禄図作成の当初から高辻不記載が認められていたわけでなく、対馬藩は高辻不記載の作成方針を貫くために、貞享元（1684）年の朱印状における高辻不記載を根拠にして、井上大和守家臣や勘定所役人との数度にわたる折衝を行ったのである。

〔日朝通交の航路〕　対馬を領有していた宗氏は江戸時代の日朝交流の仲介者として重要な役割を果たしていた。対馬国絵図にも日朝交流をうかがわせる記載が見られるのは当然のことである。その一つが、対馬を周回する航路とは別に、対馬の北端部分に直線で引かれた航路である。この航路の一端は佐須奈浦である（図4）。『対馬記事』には「佐須奈浦　在村西、寛文十二年壬子十二月始以此浦、為両国往来之津。崖上置関」とあり、佐須奈浦が寛文12（1672）年（元禄11年『御国絵図記録』によれば、寛文11年）から対馬に入った朝鮮通信使の最初の寄港地となったことが分かる。絵図中には群青に彩色された海の中に引かれた朱線の傍らには「佐須奈浦より朝鮮和館迠四十八里」という注記がある。和館とは明治維新まで対馬藩が朝鮮国釜山に設置していた日本人居住区である。この朱線は佐須奈浦と和館、ひいては対馬・日本と釜山・朝鮮を結ぶ江戸時代の日朝航路なのである。

　佐須奈浦が朝鮮通信使の最初の寄港地に指定された寛文12（11）年といえば、大船越瀬戸が開削された年でもある。対馬は南北に長く、地形が複雑である。なかで

北

対馬海峡西水道

対馬海峡東水道

郡界

【図1】「天保対馬国絵図」 部分（上県郡） 国立公文書館蔵、特83-1、170×346
同図の目録によれば、上県郡は65か村である。元禄郷村帳では57か村で、8か村が増加している。村形は黄色に彩色され、村名のみが記載されている。村高の記載がないのは元禄図と同じであるが、元禄図の上県郡村形の色は白であった。

【図2】「天保対馬国絵図」 部分（下県郡） 国立公文書館蔵
同図では下県郡は75か村である。元禄郷村帳には67か村あり、8か村が増加している。村形内は元禄図と同じく桃色に彩色されている。

も中央部は出入りの激しいリアス式海岸で、地峡部分が島内の南北陸上交通の要になっていたが、それは対馬の東西海上交通を阻むものでもあった。現在の対馬は上島（かみしま）と下島（しもしま）の2島に分かれている。明治35（1902）年に竹敷（たけしき）軍港と朝鮮海峡や対馬海峡を結ぶ最短航路を確保することを目的に、万関（まんぜき）地峡に人工水路の万関瀬戸が開削されたためである（図5）。しかし、対馬が人工水路によって2島に分かれたのはこれが最初ではない。寛文12年（元禄11年『御国絵図記録』では寛文11年）に万関地峡の南に対馬藩の手によって大船越瀬戸が開削されているのである。天保図にもこの大船越瀬戸を通過する航路がはっきりと記載されている（図5）。大船越瀬戸の開削は南北に長い対馬の東西を中央部で結び、航路上の難所であった鰐（わに）浦を避ける新たな航路の開発であり、対馬藩はそれにあわせて「朝鮮渡口之関所」を最北端の鰐浦から佐須奈浦に移転させた（『御国絵図記録』）。天保図を見ると、旧所在地である鰐浦に加え、佐須奈浦に改番所と遠見番所が描かれている（図4、図6）。

（渡邊秀一）

【参考文献】
杉本史子1999『領域支配の展開と近世』（山川出版社）／国絵図研究会データベース作成委員会2002『江戸幕府撰国絵図の画像データベース 正保国絵図編』／渡邊秀一2004「対馬藩における元禄国絵図の作成過程」（『佛教大学文学部論集』88）

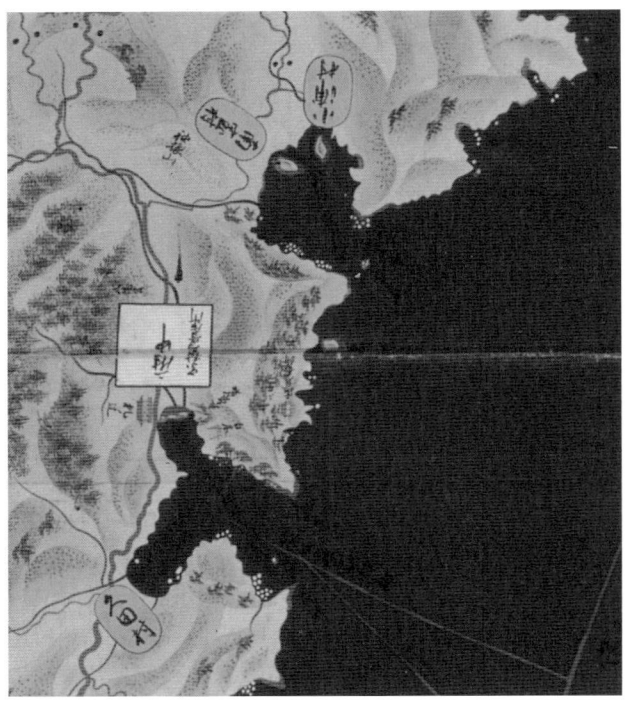

【図3】対馬府中（現・厳原）
港湾の施設や札辻が描かれている。札辻は陸路の測量基点になった場所である。

【図4】佐須奈浦周辺
寛文11〜12（1671〜1672）年に朝鮮通信使の寄港地になった佐須奈浦には改番所と遠見番所が置かれていた。

【図5】対馬中部のリアス式海岸
大船越を通って西岸へ入る航路が描かれている。

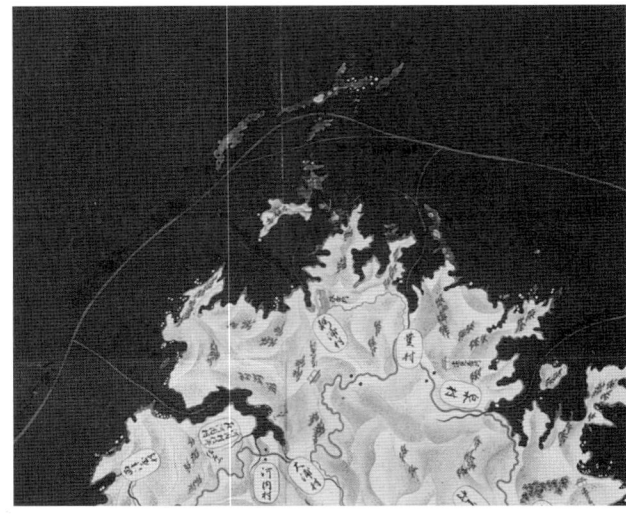

【図6】鰐浦と沿岸の岩礁
鰐浦の村形に隣り合わせて改番所が、山地や中腹に遠見番所が見える。

琉球

海と島々の絵図

琉球国絵図は、正保国絵図の写とされる「琉球国絵図」が東京大学史料編纂所島津家文書（以下東大史料）に、元禄国絵図と天保国絵図が国立公文書館に所蔵されている。この絵図群には、琉球、奄美の島々と海が描かれているように、他に類を見ない特徴を持つ。ここでは、沖縄県教育委員会編の琉球国絵図史料集に依拠しながら、図の編纂状況と関連絵図及び絵図の見所について紹介する。琉球国絵図は、大島から与論島の奄美諸島（図1）、悪鬼納嶋と周辺離島の沖縄島（図2）、宮古嶋と石垣嶋・入表嶋などの八重山島（図3）の3部から構成される。

〔正保国絵図〕 琉球国絵図の調進は、慶長14（1609）年の島津侵入後に行われた正保国絵図からである。その編纂は、寛永21（1644）年12月に幕府から封国の地図の提出を命じられた薩摩藩を絵図元として開始された。正保2（1645）年1月に薩摩藩は琉球国絵図の主取に在番奉行を任命し、筆者・算者・絵書を渡島させた。絵書の簗瀬は、幕府が推薦した江戸の狩野派の絵師とされる。『（悪鬼納島）絵図帳』は翌3年に、『宮古八重山両島絵図帳』を翌4年に完成された。「絵図帳」などの調査資料を基に、鹿児島では国絵図調製基準に沿って国絵図が調製された。慶安2（1649）年7月に「琉球地図」「大島地図」「八重山島絵図」ができ上がり、8月に国絵図と琉球の「図田帳」「路程帳」が献上された。この際に幕府へ献上された正式の正保国絵図は現存しないが、東大史料には『琉球国絵図』（728×348cm。鬼界島・大島・徳之島・永良部島・与論島など）、『琉球国悪鬼納絵図』（351×572cm。悪鬼納島・計羅摩島・戸無島・久米島・粟島・伊恵島・伊是那島・恵平屋島など）、『琉球八山嶋絵図』（340×625cm。宮古島、八重山嶋など）が存在し、縮尺は6寸1里（約2万1600分の1）である。元禄の国絵図改定は正保国絵図を基準として行われたが、琉球の場合、元禄9（1696）年に鹿児島鶴丸城が炎上し絵図や郷帳の類が焼失した。そのため幕府へ借覧を願い出て書き写したものが、この東大史料所蔵絵図とされる（黒田日出男・杉本史子1989）。描かれた地形はかなり正確で、海外交易の盛んだった薩摩藩が航海のための天体観測技術をベースに高度な測量技術を持っていたと推測されている（松尾千歳2005）。

〔元禄国絵図〕 元禄10（1697）年に国絵図の改定事業が始まり、正保の「琉球国絵図」を基準に改定が進められた。元禄13年には琉球に変地等の改検使が派遣され、下絵図の調製にかかり、ほぼ正保図のとおり下絵図を調製した。薩摩藩は、薩摩・大隅・日向及び琉球の下絵図と郷帳下書きが完成すると、下絵図改のために古絵図・古郷帳の写、変地改目録、国境縁絵図を添えて元禄14（1701）年11月に江戸本郷の絵図小屋に提出した。下絵図改が済むと薩摩藩は清絵図を幕府の御用絵師に依頼せず、自前の絵師に描かせ、元禄15年8月12日に琉球国絵図6枚を薩隅日絵図6枚とともに幕府評定所に提出した。国立公文書館が所蔵する元禄国絵図は『琉球国沖縄島』（305×584cm）、『琉球国大島』（312×597cm）、『琉球国八重山島』（261×589cm）である。幕府に提出された元禄期の「琉球国郷帳」は現存しないが、宮内庁書陵部には『琉球国郷村帳及付図』と題された3冊の「郷村帳」と3鋪の「元禄国絵図」の縮図がある。これは、①『琉球国沖縄島并島々絵図』（縦106.0×横188.4cm）『琉球国沖縄島・計羅摩島・戸無島・久米島・粟島・伊恵島・伊是那島・恵平屋島郷村帳』、②『琉球国大島并島々絵図』（縦105.6×横195.3cm）と『琉球国鬼界島・大島・徳之島・永良部島・与論島郷村帳』、③『琉球国八重山島并島々絵図』（縦87.0×横196.5cm）と『琉球国八重山島・宮古島郷村帳』である。

次に正保図からの表現の変化について見ていく。村形は正保度の楕円型から元禄度には小判型へ、村形の中の数字も一を壱に二を弐に三以降はそのまま、廿は弐拾、卅は三拾というように変化している。また、正保図の「悪鬼納嶋」を元禄図で「沖縄嶋」と書き改めるなどの文字違いや書き違いの訂正もほどこされている。悪とか鬼とかの悪名（忌まわしい地名）表記を改める傾向がうかがわれるが、それは琉球の中心部の沖縄島のみにとどまり、それに類する鬼界島（現・喜界島）などはそのままとなっている。国絵図の地名表記の変化は、時代ごとの地名認識の違いを少なからず示している。

〔天保国絵図〕 天保国絵図の作成事業は、天保2

【図1】「天保国絵図琉球国大島」国立公文書館蔵、315×575

【図2】「天保国絵図琉球国沖縄島」国立公文書館蔵、320×543

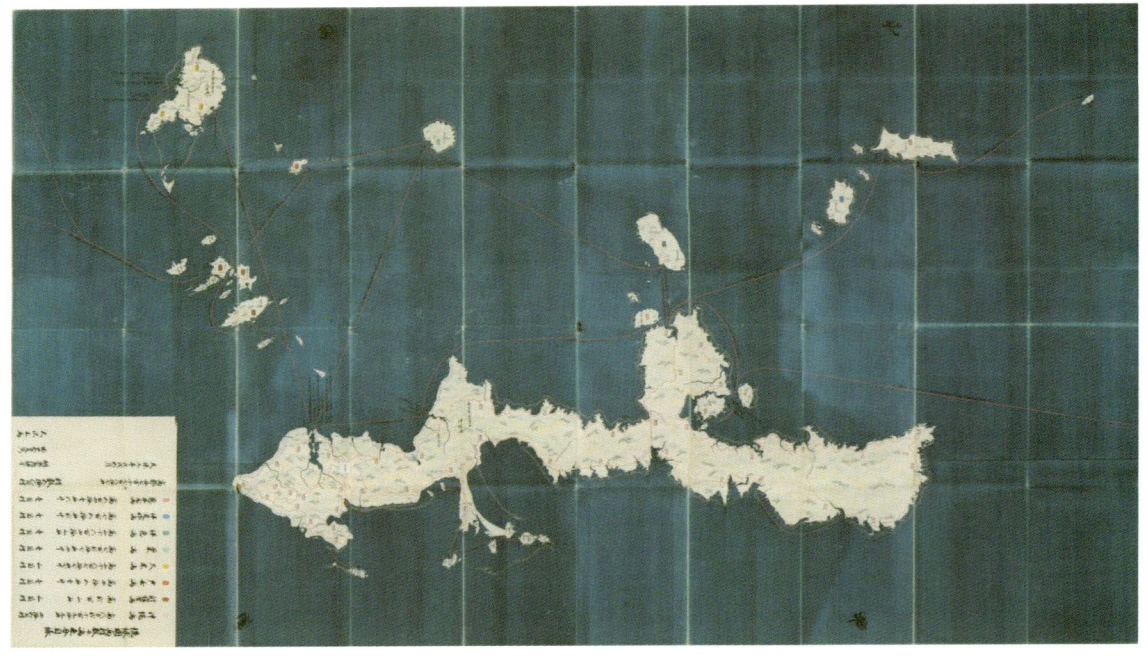

【図3】「天保国絵図琉球国八重山島」国立公文書館蔵、261×566

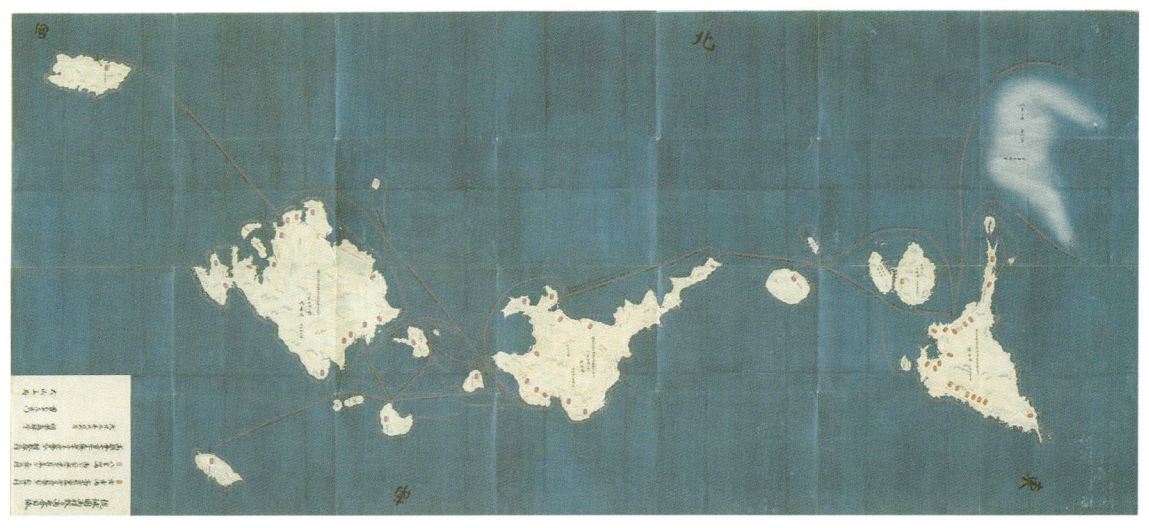

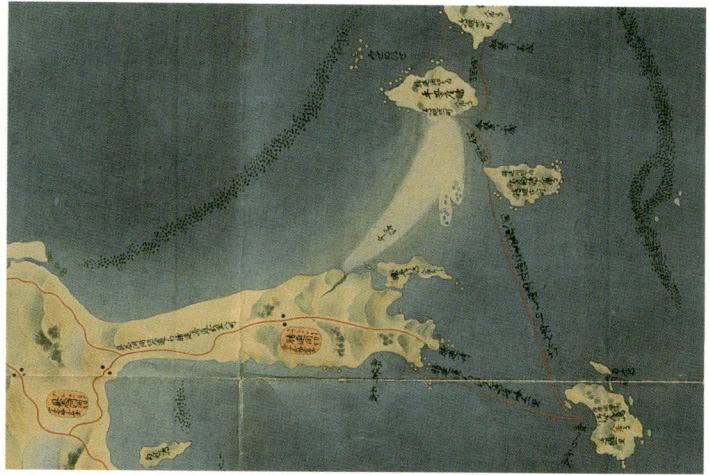

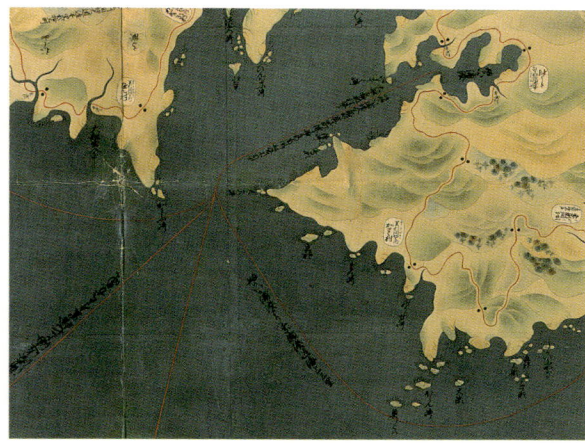

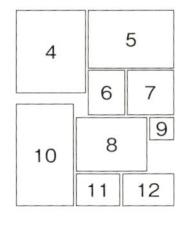

【図4、5】「元禄国絵図琉球国沖縄島」 部分 国立公文書館蔵、特83-1（以下各図とも同じ）、305×584
【図6、7、8、9】「元禄国絵図琉球国大島」 部分 国立公文書館蔵、312×597
【図10、11】「元禄国絵図琉球国八重山島」 部分 国立公文書館蔵、261×589
【図12】「天保国絵図琉球国大島」 国立公文書館蔵、315×575

図4：沖縄本島南部の首里城周辺と久高島（上側）。沖縄島に平行して黒点が斑状に描かれ、裾礁を示す。図5：沖縄本島中部のイノー、サンゴ礁、干潟。図6：鬼界島。「おかミ山」「八幡」の記載あり。図7：永良部島。池が多い。「おかミ山」あり。図8：大島北部の立神と航路：岬や海岸地名の記載が細かい。図9：大島南部の立神。図10：八重干瀬（岩礁）と宮古島。図11：石垣島の権現。図12：与論島の異国船遠見番所。

(1831)年の幕府から諸藩への領内の新田開発その他による変地に伴う石高変化などの郷帳改訂の命を受け動き出した。薩摩藩でも天保5年に郷帳を提出し、引き続き改正箇所を踏まえた国絵図改定が行われ、天保8年12月に懸紙(かけがみ)修正図が幕府へ提出された。その修正図を基に幕府勘定所で雇い入れた絵師によって国絵図が調製された。縮尺は元禄図同様1里6寸（約2万1600分の1）で、厚手の料紙に極彩色に山・川・道筋・一里山・村形が描かれている。天保度琉球国絵図の法量は『琉球国沖縄島』が320×540cm、『琉球国大島』は315×575cm、『琉球国八重山島』は261×566cmである。

〔その他の関連絵図〕　国立公文書館には宝暦度琉球国絵図がある。これは宝暦6年（1756）10月に元禄度の琉球国絵図を基に調製したもので、元禄同様に3鋪に仕立てられている。図はいずれも300×168cmで縮尺は約4万7000分の1である。この図は同年11月に薩摩藩主島津重豪(しげひで)の在薩中に地誌編纂が命じられた際に調製されたものとされる。他に『琉球并諸島図』（都城島津家蔵）、『琉球明細総図』（沖縄県立博物館蔵）、『琉球国細図』『琉球諸島地図　乾・未申』（国立公文書館蔵）などがある。また、近年奄美群島の史料群も注目されていて、幕末期（嘉永期）に薩摩藩によって作成された『大島古図』『徳之島絵図』『沖永良部絵図』などが紹介されている（平岡昭利2001）。形状は国絵図と関係する可能性を持つ。絵図は、海岸線のみならず内陸部の地形や田畑などの詳細な描写をしている。

〔琉球国絵図の見所〕　まず、本絵図で注目されるのは、海岸地形の詳細な描写である。海岸描写は、島々の海岸線と平行して黒点が帯状に描かれる部分（図4、図5）と宮古島の沖にある八重干瀬(びし)のように多くの岩礁帯の全体を島のような形状で表現するもの（図10）に区分される。後者は「南北五里　東西壱里半」と岩礁帯の範囲を示す文字注記もなされている。本絵図の海岸地形に注目している目崎茂和によると、これらの描写はサンゴ礁を表現し、その表現の違いとして、八重干瀬の「台礁」と他の「裾礁」による地形のタイプを反映したのではと推測している。また、「瀬」が大島などで数多く記載されたのに対し、「悪鬼納嶋」以南からは、八重干瀬などの「干瀬」を除くと皆無となると指摘する（目崎茂和2004）。このように本土では珍しいサンゴ礁の沿岸地形を描いた本絵図は、今後も多方面からの研究の対象になり得る。

また、民俗学的観点からも興味深い記述がある。たとえば立神が奄美大島のみに12箇所見られる（図8、図9）。立神はおおむね港口や岬の先に突立った岩山の名称で、薩摩半島南部（たてがみ）と奄美大島（たちがみ）に多く、海の神の寄る場所とされ、航海神や漁業神として信仰の対象となっている。国絵図の記載を見ると、「立神」の他に「奥立神」「赤立神」「大立神」などさまざまな立神地名が見られる。沖縄の立神地名は、現在の久米島、西表島などにもあるが（上江洲均1987）、国絵図では確認できない。なお、奄美大島の海岸地名の記載は他の島と比べて詳しい。また、山の名称は「おかミ山」「おかミ崎」「おかみ島」の神の去来、存在を示す地名が鬼界島（図6）と大島、大島沿岸の小島、永良部島(おきの)（沖永良部島、図7）、久米島、八重干瀬、宮古島、石垣島、西表島に見られる。権現の記載と建物描写は石垣島（図11）、宮古島で見られる。

ほかに「池」が大島の名音(なをん)（海岸1）、東間切(ひがまきり)（海岸1）、請島(うけしま)（海岸1）、沖永良部（海岸8、川の源流4、山間部1）、与論島（海岸2）にある。川の源流の池や海岸付近の池が描写される沖永良部島（図7）は、琉球石灰岩におおわれた耕作不適地とされる（小林茂2003）。池の描写の意味を灌漑の面からも検討する必要がある。図12に示した与論島には、正保17（1644）年の遠見番制度によりできた異国船遠見番所が描かれている。

また、湊は、広さ、深さ、停泊できる船数、風の影響、主要な湊間の距離、朱線の航路、干瀬の記載がある。陸路は赤の実線で描かれていて、一里山や橋の有無、歩渡(かちわたり)、島廻りの距離、間切間の距離がある。このように本図には南西諸島の近世史を考えるうえで注目すべきさまざまな問題が秘められている。

なお本絵図の描く琉球は薩摩藩の管轄下にあったとはいえ、対外的には独立国であった。この絵図を国絵図の範疇以外（たとえば航海図）でも扱える可能性を検討することで、東アジアの中での国絵図の位置づけという興味深い問題が浮かび上がるのではないかと思われる。

（橋村　修）

【参考文献】
上江洲均1987『南島の民俗文化』（ひるぎ社）／沖縄県教育委員会文化課琉球国絵図史料集編集委員会編1992～1994『琉球国絵図史料集第一集～第三集』（金城善執筆、榕樹社）／黒田日出男・杉本史子1989「島津家文書国絵図調査報告」（『東京大学史料編纂所報』24）／松尾千歳2005「正保薩摩国絵図」（『地図中心』392）／平岡昭利2001「琉球に関する古絵図資料」（『下関市立大学論集』44-3）／小林茂2003『農耕・景観・災害―琉球列島の環境史―』（第一書房）／目崎茂和2004「国絵図にみる海辺景観（上）（下）」（『沖縄タイムズ』朝刊2004年11月15日、11月16日）

国絵図研究のために

日本および世界地図史における国絵図

通時的意味と共時的意味

　地図と政治あるいは権力の相互関係を象徴的に表出したのが国絵図である。国絵図の日本地図史上の意義についてはすでに定式化されており、文献でのみ確認される、古代の3回にわたる国郡図作成命令が国絵図の淵源とされる。「大化の改新」直後の大化2 (646) 年、「宣観国々壃堺。或書。或図。持来奉示。」との命令が下され、それに基づき多禰国と信濃国が図を貢進した。奈良時代初期の天平10 (738) 年と平安時代冒頭の延暦15 (796) 年にも同様な勅書が出るが、後者の命令では、「夫郡国郷邑。駅道遠近。名山大川。形体広狭。」と具体的な記載内容まで指示される。こうした政治的変革期に国郡図作成が企図されたことは、地図による権力の可視化の実践例といえよう。

　これらの事業の結果、行基図と総称される日本図が編纂されたと考えられる。現存最古と確認される仁和寺蔵「日本図」(図1) をはじめ、14世紀前半の南北朝期に数種の行基図が作成されたのは、当時の国家意識の高揚と無関係ではない。ただ、中世に国郡図作成の指示が幕府権力から出されたという記録は存在せず、古代の国郡像ないし国家像が承継されたと考えられる。

　再び国家的事業としての国郡図作成が脚光を浴びるのは、江戸幕府の成立を待たなければならない。家康は開幕2年後の慶長10 (1605) 年に、諸大名に対し国絵図徴集令を下すが、その単位が藩領ではなく、国郡であったことに古代との連続性がうかがわれる。また調進された国絵図を江戸において編纂し、日本総図を作成していることは、国絵図の政治的コンテクストを象徴している。

　さらに本来は紅葉山文庫に秘匿されたはずの国絵図類が民間に流出し、流宣や赤水の日本図、各地の国絵図として木版で刊行、流布したことも社会的に注目される。

　こうした日本地図史における通時的意味づけと同時に、世界地図史上での共時的意味づけも可能である。ヨーロッパにおいて初めて測量に基づく全国図作成を実施したのはイギリスであり、それは国絵図よりわずか30余年を遡る時期であった。その発端は、1573年7月28日のエリザベス1世の開封勅書にあり、「ヨークシャのウェークフィールド生まれのクリストファー・サクストン Christopher Saxton は優れた測量者であり、……町・村を含む全イングランドを9年間休むことなく旅行［測量］し、全国図および各州図として製図し、銅板に彫版して、最後にそれを出版する」よう指示している。またその目的は、「事業の永遠の記憶、彼の栄誉および国家の利益」にあると明言している。こうした公開性、国益のための地図作成は、絶対王政の確立を表象しており、女王と大蔵卿 W. セシルの施策、法律家 T. セクフォードの資金提供という3者の連携の所産といえる。

　この命令に従いサクストンは全国測量を実施し、1574～1578年の5年間でイングランドとウェールズ全52州を、合併図を含む34図幅で刊行した。この事業の遂行のため、彼は枢密院から通行証の交付を受け、1576年7月10日付け命令では、ウェールズの治安判事らに対し、①城、塔、丘陵などの高所に案内、②助手の提供、③つぎの地点までの案内人の随行、を指示している。またこの功績によりサクストンは、土地、役職のほか、10年間の地図出版権、貴族紋章などを授与されており、国家がいかにこの事業を高く評価していたかが明白である。

　州図の事例として、1575年に刊行された典型的な合併図である「ケント・サシクス・サリー・ミドルセクス図」(図2) を取り上げる。周囲には四方位、デバイダー付縮尺などの基本要素のほかに、タイトルや説明を囲うカルトゥーシュ、帆船・海獣などが海域中にデザイン化され、中央上にはエリザベスの、また右下にはセクフォードの紋章が刻まれて、装飾性を高めている。こうした側面は情報量の少ないウェールズでより顕著となり、カーナーフォンシャ図 (図4) では、海上に海神ネプチューンとマーメードのキスシーンが挿入されて、サクストンないし彫版者の遊び心を反映している。

　地図そのものには絵画と記号が混在している。まず自然表現としては、等高線発明以前のため山地は「モグラ丘」型となる。半円型に左上からの仮想光線による陰影を右下に加えて、立体的な円錐とし、それを連続させる手法であるが、規模や意味によって大小の差異をつけ、大きな場合はキツネ狩などの絵画で空白を埋める工夫を凝らしている (図8)。また森林は類型化された樹木をグループ化することで表現され (図9)、河川は下流部で水流を付加している。いずれも銅板刷のため彩色できず、ハッチでの表現となるが、印刷後は手彩されること

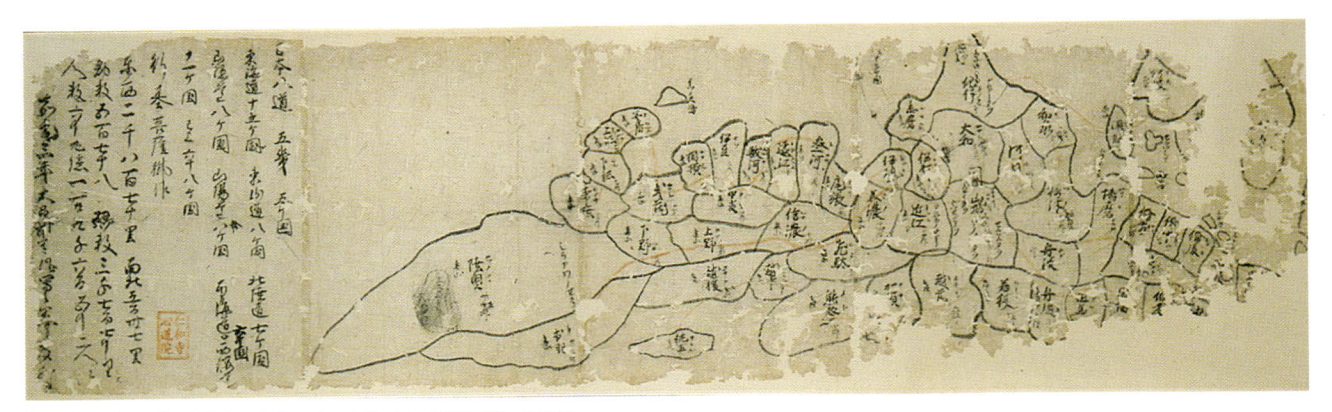

【図1】行基型「日本図」、嘉元3（1305）年。仁和寺蔵。南が上。

【図2】サクストンの「ケント・サシクス・サリー・ミドルセクス図」（1575年）。
W. Ravenhill（introd.）（1992）:*Christopher Saxton's 16th Century Maps*, Shrewsbury より。
イングランド南東部4州の合併図であり、左上のミドルセクスにあるロンドンは赤で彩色され、その南をテムズ川が東流している。南部のサシクスにはリボン状パーク（狩猟園）が多い。

【図3】サクストンの「アングリア（イングランド・ウェールズ）図」（1579年）。
W. Ravenhill（introd.）（1992）:*Christopher Saxton's 16th Century Maps*, Shrewsbury より。
34図幅の州図を編集した全国図。ここでも右上にエリザベス、右下にセクフォードの紋章が刻まれ、左上に州名リストが掲げられている。四周に経緯度が付され、全体の精度は高いが、南西部のコーンワル半島は歪みが大きい。

【図4】サクストンの「カーナーフォンシャ・アングレシー図」（1578年）。W. Ravenhill（introd.）（1992）:*Christopher Saxton's 16th Century Maps*, Shrewsbury より。
ウェールズ北西部のカーナーフォンシャと対岸のアングレシー島を含む。州中央部にイングランド・ウェールズの最高峰、スノードン山（1085 m）がそびえ、山地が多いため情報量は少なく、装飾的要素が強い。

【図6】スピード『大英帝国劇場』のタイトル頁（1616年版）。N. Nicolson（introd.）（1988）: *The Counties of Britain; A Tudor Atlas by John Speed*, London より。
複雑なファサード形式となり、中央上にはブリトン人、周囲にはその後イギリスを侵略した4民族が描かれる。

【図5】サクストン『アトラス』のタイトル頁（1579年）。W. Ravenhill（introd.）（1992）:*Christopher Saxton's 16th Century Maps*, Shrewsbury より。
ファサード形式の中央にエリザベスの肖像が描かれるためタイトルがなく、『アトラス』と仮称される。左右には天文学者と地理学者を配置。

【図7】スピードの「ミドルセクス図」（1616年版）。N. Nicolson（introd.）（1988）: *The Counties of Britain; A Tudor Atlas by John Speed*, London より。
中央にミドルセクスが単独で描かれ、右下の赤く彩色されたロンドンや多数のパーク（狩猟園）が目立っている。しかし州図より周囲の挿入図の方がスピード図の特色であり、右上のロンドン（シティ）、左上のウェストミンスターの各市街図、右下のセント・ポールと左下のセント・ピーターの各教会、また書物をデザインした説明文が大きなスペースを占めている。

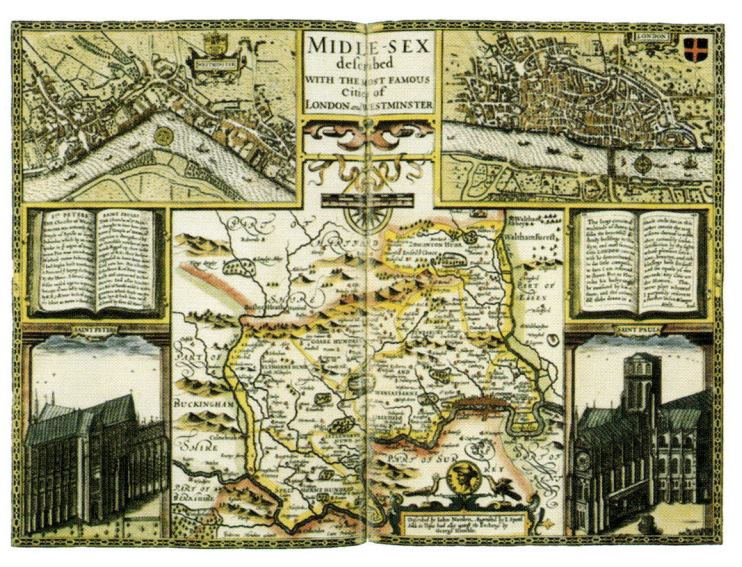

も多く、色彩による判読はより容易である。

次に人工事物としては、州境や橋もあるが、最大の特色はパーク（狩猟園）と集落の表現にある。前者はリボン状木柵で描かれ、内部には樹木やロッジもあり（図9）、当時のエンクロージャ運動の広がりを示す史料としても重要である。また後者は、都市を3つ以上の教会と塔、さらに三重円の記号で、町を2つの教会とその間の円、村を1つの教会と円、というように図像と記号を組み合わせてランク化している（図10）。総じてサクストンの州図は、絵画図像と地図記号の競演といえ、近代への遷移的地図の様相を呈している。

サクストンは1579年に州図を編集した全国図（図3）を追加し、エリザベスの肖像を中心にしたタイトル頁（図5）を巻頭に添えて、州別地図帳を刊行した。全国図は州図以上に装飾性が高く、後者はタイトルが不明ではあるが、オルテリウスの近代初のアトラス『世界劇場』をモデルにしたことは疑いない。サクストン州図は歴史書、文学書の付図あるいはトランプの図柄などに広範に利用されていったが、州別地図帳としての完成は、J. スピードの『大英帝国劇場』（初版1611年）にある。タイトル頁（図6）はイギリスに渡来した5民族を象徴し、また1州1図幅の原則により、ミドルセクス州も独立した（図7）。地図では郡境が付加された程度であるが、周囲には都市図、建築図、戦場図、紋章等が加えられ、より装飾性に重点が置かれるようになった。

日本とイギリスのほぼ時期を同じくする地図作成事業に、当然ながら直接的な関連は見いだせない。ただ、天正遣欧使節が将来した『世界劇場』や『世界諸都市』など、最新の地図情報がヨーロッパからもたらされ、それをモチーフにした地図屏風が残存することを思えば、地図情報の東西交流が活発となり、また権力によるツールとしての地図の認知、社会への地図の横溢が、洋の東西で共時的に開始していたのも事実である。

（長谷川孝治）

【参考文献】
N. Nicolson (introd.) (1988): *The Counties of Britain; A Tudor Atlas by John Speed*, London／W. Ravenhil (introd.) (1992): *Christopher Saxton's 16th Century Maps*, Shrewsbury／D. Buisseret (ed.) (1992): *Monarchs, Ministers, and Maps: The Emergence of Cartography in Early Modern Europe*, Chicago.

【図8】サクストンの「マンマスシャ図」部分（1577年）

【図9】サクストンの「ヨークシャ図」部分（1577年）

【図10】サクストンの「サフォーク図」部分（1575年）

刊行国絵図

〔刊行国絵図の概要〕

(1) 分国図帖（国絵図アトラス）

刊行された国絵図には刊本中の挿図を別にすれば、全国を一括した分国図帖（国絵図アトラス）と各国別の単独一枚図の2種類がある。

分国図帖の嚆矢は寛文6（1666）年、京都の吉田太郎兵衛刊「日本分形図」（図1）である。全1冊、見開き1丁に1国ないし数か国の簡略な図を載せ、全体で16図の構成である。内容的には各図ともほぼ同一の縮尺であり、各国の形・図中の記号などからかつて幕府撰慶長日本図と称されてきた寛永日本図（国会図書館蔵図系）に拠ったものとされている。

次に現れた新本「人国記」は享禄～天文頃（1528～1555）に成立した旧本「人国記」に関祖衡が元禄14（1701）年に各国図を加えて改編した分国図帖である。ここでは一国一図が原則で、2ないし数頁にわたる図もある。関祖衡は元禄9（1696）年に詳細な「日本分域指掌図」（写本）を編み、その内容を分割簡略化したのがこの図で図形は正確である。復刻本や後刷本があり多く流布した。

その後、分国図帖刊行は1世紀以上の空白の後、「大日本興地便覧」（文政5年／1822）、「国郡全図」（文政11年／1828）、「日本州名解」（嘉永5年・1852）、「大日本分境図成」（安政2年／1855）、「銅鐫大日本国細図」（元治2年／1865／銅版）、「大日本国郡便覧」（明治8年／1875／銅版）などさらに内容の詳細なものが生まれた。明治の廃藩置県後は分国図帖には県名も併記されるようになり、さらに分県図帖（県図アトラス）が生まれた。

(2) 単独一枚図

単独一枚図（組図を含む）の刊行国絵図の嚆矢は宝永6（1709）年、大坂の吉田五郎右衛門刊・林浄甫撰「河内国絵図」（図2）である。分国図帖の刊行と比較すればかなり遅い。世界図・日本全図・道中図・三都（京都・江戸・大坂）町図などと比較しても50年以上遅れているのは、上記の地図と比べて民間の需要が大きくなかったからと考えられる。

宝永6年版「河内国絵図」は町名・村名と主要道路のほか川筋・山のみを簡略に示し、村の位置は郡名の区分符号を用いている。河内の国から他国への山越えを23か所掲げ、その詳細を記すなど道中図の性格が強い。この図も幕府撰日本総図が基とされている（栗田元次1953）。刊行国絵図の表現形式はその後独自に多様に発展し（図3、図4）、掲載情報も多くなり、安永頃には色刷図も生まれた。

本稿をまとめるにあたって、神戸市立博物館の南波コレクションのリスト（三好唯義1987）に岐阜県図書館の山下和正コレクションのものを追加して刊行国絵図（明治期は未完）のリストを作成したが、それによれば刊行点数は江戸期だけで約200点、全国68か国中41か国、すなわち約60パーセントの国の国絵図が刊行されている。江戸期に刊行された図の種類の多い国は越後、甲斐、山城などである。一般に畿内、東海道、東山道の諸国では多く、北陸道（越後以外）、南海道、西海道などの諸国ではほとんど刊行されていない。奥羽・防長など2国を1図におさめたものもある。なお藩領図の単独刊行は1点（陸奥平藩）見られるが、郡図のそれはない。

刊行時期を見ると文化から安政頃（1804～1860）の約60年間と明治9（1876）年以降25年間に多くが集中している。

刊行書肆は三都が中心であるが、安永年間までは京・大坂のみで、江戸の書肆は天明7（1787）年を初出とし、その後幕末・明治には江戸に集中しているが、これは他の出版活動の傾向とも一致している。

また諸国城下の地方書肆は多くの場合その名を図中の刊記に三都の書肆とともに並べているが、販売面での提携関係を表したものと考えられる（三好唯義1988）。

刊行国絵図が何時をもって終焉するかという点については明確に特定しにくい。江戸期に長く続いた木版形式の図は明治4～9年の廃藩置県頃までに終わったが、かわって銅版、続いて石版のものが続々と生まれたのである。

長い歴史をもつ国名は県が置かれても並行して使われていたので、地図の題名として国名は明治中頃まで普通に登場し、観光案内図（伊豆・淡路・佐渡など）では昭和前期にまで見ることができる。廃藩置県は廃国置県ではないので、内容や題名が国絵図形式のものはそれが何時の刊行であっても、分類上国絵図といえよう。

明治10年前後から20年代後半にかけて各県は独自に詳細な銅板の大型図「○○県管内図」を次々と刊行する

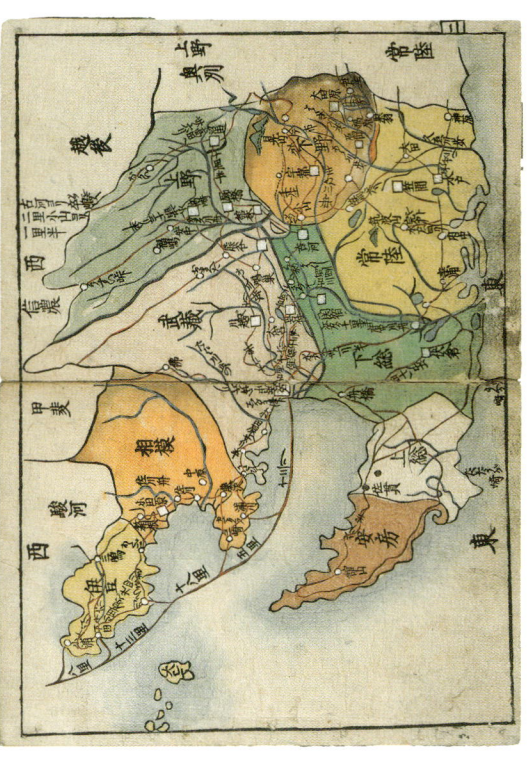

【図1】「日本分形図」 寛文6（1666）年、神戸市立博物館蔵、分国図No.9、18.7×13.5
日本全図を16場面に分割して地図帳としたもの。
左：下関付近　右：関東地域。便宜上、北を上に見開きにしている。

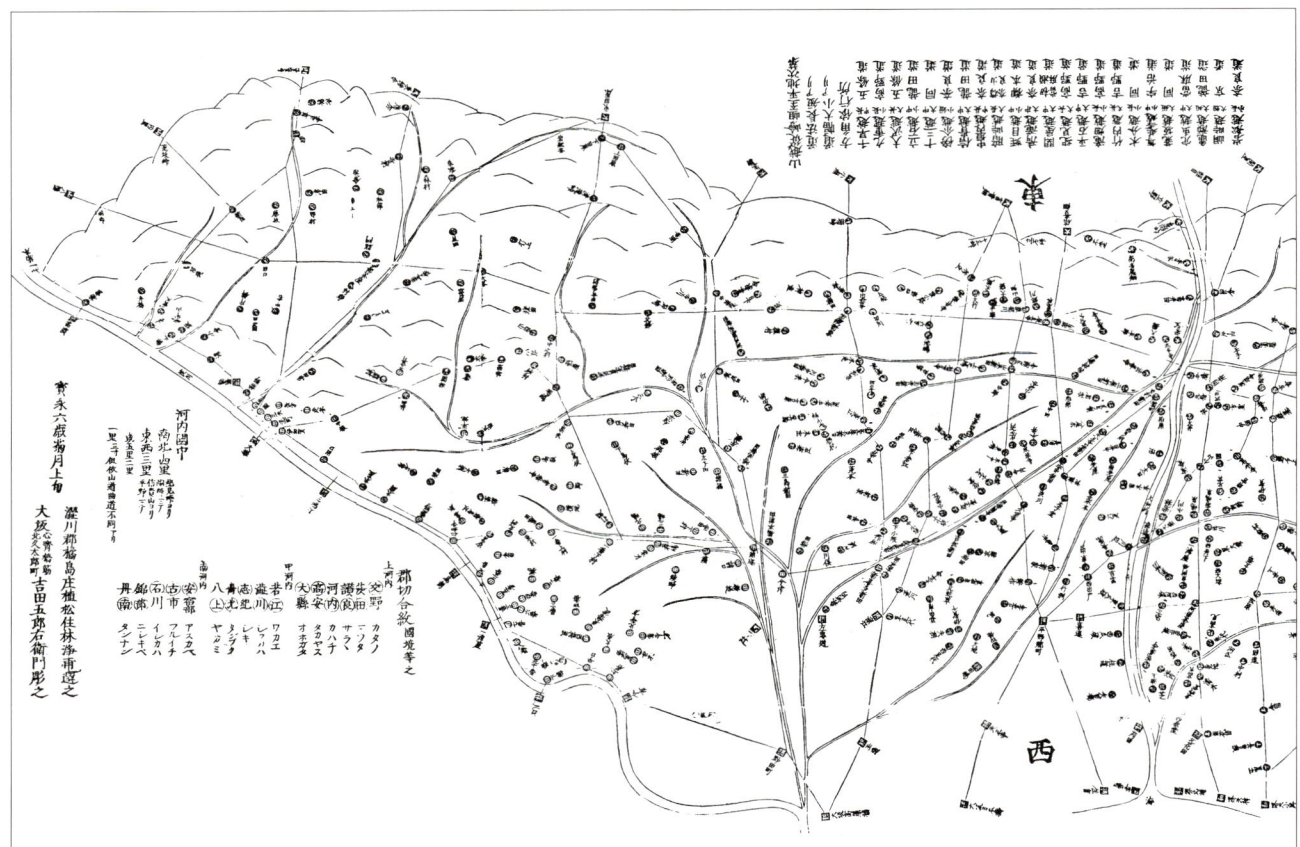

【図2】「河内国絵図」 部分（左半分）　外題「河内国絵図」、刊年宝永6（1709）年、作者林浄甫（選）・吉田五郎右衛門（彫）、版元不明、寸法534×1,287、木版筆彩、所在　山下和正コレクション
単独に刊行された国図としては日本最初。村落名と主要道路のみを示す簡略化された独特の図形表現が珍しい。村落の表示に、郡名の符号を付す。河内国から他国へ出る山越えを23か所掲げ、その道のりの長短、道幅の大小を一覧表とするのも、この図の道中図的な性格を物語る。縮尺は3寸1里（4万3200分の1）と記され、川筋・山並みに黄褐色の淡彩が施される。幕府撰国図を基に作図したとされる。

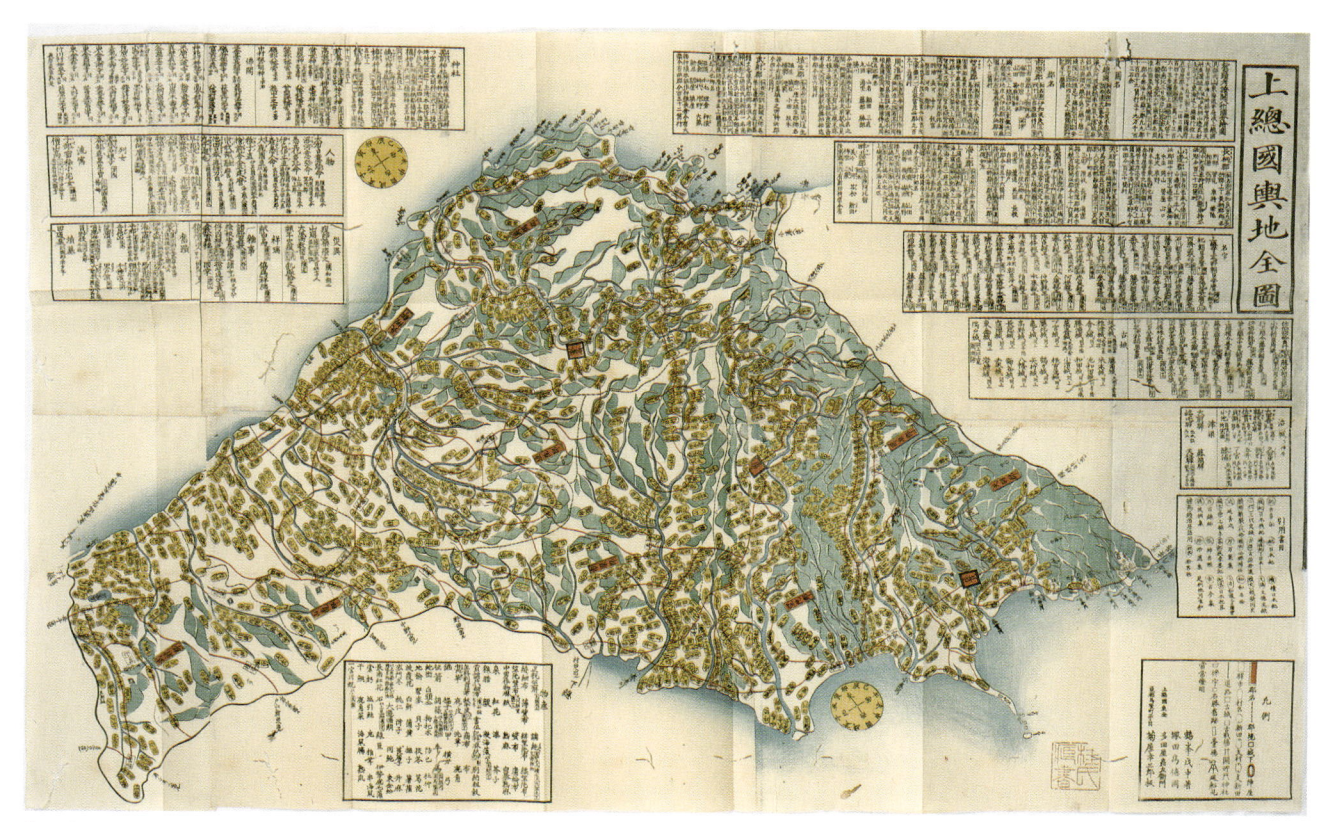

【図3】「上総国輿地全図」 嘉永2（1849）年、神戸市立博物館蔵、諸国図東海道 No.99、74.8 × 119.0
鶴峰彦一郎と版元菊屋幸三郎がコンビを組んで出した上総国図。菊屋は幕末に関東一円の国図を美しい彩色でもって刊行した。

【図4】「安房国全図」 嘉永2（1849）年、神戸市立博物館蔵、諸国図東海道 No.94、45.6 × 68.5
鶴峰彦一郎と版元菊屋幸三郎がコンビを組んで出した安房国図。

刊行国絵図

が、これが従来の幕撰国絵図・藩領図を内容的に継承した刊行国絵図であろう。

明治初年の民間の刊行国絵図で特筆すべきものは茨城県士族の酒井彪三編輯の「大日本一統輿地分国図」シリーズ（明治9年版権免許・同11〜13年出版・萬笈閣蔵版）である。これは全国の全ての国（未確認であるが）の国絵図を詳細で美しい銅版手彩色で個別に刊行したもので、これにより今まで全く単独刊行図のなかった多くの国の単独刊行国絵図がはじめて生まれた。（山下和正）

〔研究対象としての刊行国絵図〕

刊行国絵図に関しては、かつて栗田元次や矢守一彦が包括的な調査報告を行ったものの、それ以後は幕府撰国絵図の調査研究の隆盛と比べると、ほとんど手付かずというような状態である。

その主たる原因は、刊行国絵図の数や種類の総体が判明していなかったことだと思われるが、本書によって幕府撰国絵図に代表される手書き大型図とともに、市井に流布していた刊行国絵図にも視線が向けられ、今後の調査研究の進展が期待される。

では、刊行国絵図を研究対象とした場合、どのような視点から分析が可能であろうか。

第一に思いつくのは、幕府撰国絵図との関連を探ることであろう。これは栗田元次なども触れてはいるが（栗田元次1953）、最近では小田匡保と礒永和貴が享保20年（1735）刊『大和国細見図』をめぐって、その中身の情報がどの幕府撰国絵図（具体的には正保国絵図か元禄国絵図か）から受け継いでいるのかという問題が論じられた。

意外なことではあるが、それ以前には刊行国絵図内部の詳細な比較検討というものは行われておらず、ようやく内部情報への分析の眼が開かれたというべき段階である。今後は調査の手を伸ばし、対象とする国と図の範囲を広げなければならない。

ただ国絵図に限らず、刊行地図の原本を探ることは関連資料の不足からも困難なことが多く、ぴったりと合致する原本が見つかることなどは稀である。また、幕府撰国絵図といっても制作と模写にはさまざまな段階が存在するため、どの図をもって比較の基準とするかは容易な問題ではない。

たとえば、「元禄国絵図」などは献上本8点が国立公文書館に保管されている。そのなかで刊行図と一致する国は下総と常陸であるが、両国の図は江戸時代末期になってようやく刊行されるため、比較対象資料とはなりえないだろう。しかし当然のことながら、基礎作業としてなすべきことは、伝来等がはっきりしている図、幕府撰図の原形に限りなく近いものと刊行図との比較であり、そこにこそ研究価値が見出せる。本書には各国の代表的な国絵図が紹介されており、刊行国絵図との比較研究は大いなる進展が見られるだろう。

刊行国絵図の内部調査という点では、地図本体の研究もさることながら、その周囲に付属する諸情報（石高、名所旧跡、土産、神社仏閣、名所和歌、里程標などの道中案内情報、等々が記される）の分析と変遷なども、調査対象となろう。これらは利用者側が欲していた地域情報を反映したものであろうから、別に流布していた地誌書等と併せて考察を加えると、当時の人々が求めた地理情報・知識が判明するのではなかろうか。

第二には、近世における出版史と絡めての考察がある。前述したように書誌学的な調査があるものの（三好唯義1987、1988）、その後の成果はやはり多くはない。

書誌学的な観点からは、次のようなことが考えられるであろう。たとえば国別の刊行数を整理すれば、国ごとによって出版数の多寡があることが分かり、そこから利用者側の需要の強弱を考えることができる。また、その刊行年を整理すれば、国絵図刊行の盛んな時期とそうでない時期が判明し、そこから地域情報への関心の高まりなどが読み取れよう。

さらに各図を個別に眺めれば、図幅中には作り手側の情報である版元や書肆の名前や住所が記されている。そこに名を記す版元は、江戸時代の出版事情から三都（江戸・京・大坂）の店がほとんどであるが、それ以外の各地で活躍した店の名前も見える。制作と販売に関わったこれら版元・書肆の分析は、刊行国絵図がどこで制作され消費されたかを解明するであろう。

ただ注意を要することは、刊行年が同一でも版元の名前や数が異なるものがある。これは版木が時期を替え複数回利用されたことを意味し、版権の移動や一部改正の重版なども考慮しなければならない。

これらの刊行国絵図に含まれている諸情報は所蔵品目録などに記載されることも少ない。その抽出は基礎作業であり、今後は留意されなければならないだろう。繰り返しになるが、刊行国絵図の調査研究は緒についたばかりで、本書の活用により一層の進展を望むものである。

（三好唯義）

【参考文献】
栗田元次1953「江戸時代刊行の国郡図」（『歴史地理』84-2）／三好唯義1987「南波コレクション中の刊行諸国図について」（『神戸市立博物館研究紀要』4）／三好唯義1988「近世刊行国絵図の書誌的検討」（『絵図のコスモロジー上巻』地人書房）／小田匡保2001「大和国絵図諸本の系譜について」（『歴史地理学』43-5）

国絵図関連文書 1
国絵図とともに献上された史料

　国絵図の関連文書は、図の編纂を担当した絵図元から幕府に国絵図が献上された際に同時に提出された史料と絵図元の調進にかかわる史料に大きく分けられる。

　ここでは国絵図に付属して献上された史料を中心に検討し、ついで「国絵図関連文書2」において陸奥国の盛岡・仙台・会津藩、出羽国の米沢藩を具体例に編纂にかかわる文書について解説することにしたい。

〔慶長郷帳〕　この郷帳は、慶長図とともに献上されたものである。幕府は、慶長郷帳のことを「国郡田畠之高帳」（山内家所蔵江戸幕府発給文書「西尾吉次・津田秀政連署奉書」）と称している。慶長図を「国郡之絵図」といい慣らわしていることに呼応するものである。また、慶長図と慶長郷帳は3セット作成され、禁中・江戸・伏見に献上されたものとみなされている。これはすでに豊臣政権下において「御前帳」と「郡図」が禁中献上を名目に徴収されたことにならうものであった。慶長郷帳は、このような意味において慶長10（1605）年作成の「徳川御前帳」といった性格を帯びたものであった。

　慶長図には、郡の集計として石高・村数・田畑面積・年貢高を記しているが、慶長郷帳はこれに対応して村ごとに村名・村高・田畑面積とそれぞれの年貢高を記し、それらの郡の合計をまとめたのが基本的記載項目であった。また、その帳面は青藍色の表紙（青表紙本）で、郡別に一冊にまとめられていたようである。現存するものとしては美濃・豊前・肥後などのものが知られているが、このほかにも大名家文書などに現存しているものとみなされ発見が期待される。

〔正保図の付帯史料〕　正保図には、郷帳のほかに城絵図・道帳が作成され献上された。

　正保郷帳は、領主名、村別の田・畑別石高とその合計高、旱損（旱魃の損害のある村）・水損（水害の損害のある村）の有無、村所有の林野の有無と植生などが記され幕府撰郷帳のなかでもっとも豊富な内容となっている。その様式はかなり全国的に統一的ではあるが、国によって記述が幾分か異なる場合がある。

　正保郷帳が作成された頃は、天候に大きく左右される農業を主体とした社会であり何よりも年貢に直接影響することとなった。したがって、正保郷帳は、田畑の地目や災害の起こる村の把握を行った点に特徴が見られる。また、耕地だけでなく、山野の把握が行われたことも正保郷帳による農村把握の空間的拡大として注目されよう。正保郷帳はかなりの数を散見するが、後に書写したものも少なくない。たとえば、正保山城郷帳などは上述した詳しい項目はなく、村名と村高を記しているに過ぎない。このような後世に書写された正保郷帳については、詳細な検討が求められる。

　城絵図は、国立公文書館に63舗が所蔵されている。大名の軍事的拠点である城郭と城下町の把握は、幕府にとってきわめて重要であった。とくに島原の乱で苦戦した経験から、軍事的観点を重視して郭の大きさや堀の深さや広さ、地形などの詳細な記載が求められた。また、幕府は図の大きさを1間四方と統一しており、図幅の大きさが揃えられた点も特徴の一つである。

　道帳は、国絵図に記された陸上・海上交通の小書きを一覧としたものである。陸上交通については道路の距離や難所、渡河点などが、海上交通については船路の距離、目的地、各湊の船掛りの善し悪しなどが記入された。これらは、国絵図の記載とほぼ一致する内容となっている。陸海交通の把握は、軍事的観点とともに経済的な掌握もあわせもったものであろう。道帳は周防・長門では「大道、小道並灘道、船路之帳」、阿波国では「陸海道度之帳」などと称している。

〔元禄図の編纂にかかわる史料〕　今回の元禄図の編纂で献上されたのは元禄図と元禄郷帳のみであったが、元禄図編纂事業の開始とともに「領主別所付書付」が提出されたのをはじめ、幕府の総責任者であった若年寄の井上正岑に変地帳・国境縁絵図が差し出されたり、さらには元禄図を基にして日本図が作成される際に海際縁絵図が提出されている。ここでは、これらの史料も含めて解説を加えたいと思う。

　元禄図では、正保図に見られる村ごとに領主を記すことが省略された。しかし、幕府は元禄10（1697）年の元禄図の作成基準を示達すると同時に領主別の村名一覧（「領主別所付書付」）を全国のすべての領主に提出させている。幕府はこれらを集約して、各国の編纂責任者で

ある絵図元に届けた。この帳面の作成は、各領主へ元禄図編纂事業を周知させることと絵図元が村を把握する基準として利用させることにあったものとみなされよう。

元禄11年に幕府は、各国の絵図元に正保図からの変化（変地）を各領主に問い合わせている。各領主から提出された資料を基にして国全体の変化をまとめた変地帳がまとめられ提出されている。これは、幕府が江戸の絵図小屋で元禄図を点検するために利用した帳面とみなされている。これらの変地の内容が反映した絵図が元禄図ということになる。また、幕府は元禄図の編纂にあたって幕府官庫の正保図を各絵図元に書写させたが、これに正保以降の変化を付紙で表示した場合（肥後国など）が見られた。この付紙の内容は、変地帳と一致している。

国境縁絵図は元禄図の国境確定作業に用いられたもので、元禄図の性格をもっとも反映した図ということがいえよう。国絵図と同縮尺で国境部分のみが描かれ、一般に国境で切り抜いた形をとっていた。この縁絵図を隣国の絵図元双方で作成し、これをつき合わせて国境の確認が行われたのである。最終的には、双方の絵図役人が証文の上に捺印して取り交わしたのであった。

これらの国境縁絵図は、「崖絵図」「際絵図」「端絵図」などとも称されており、絵図元によって名称が異なっている。隣国との国境折衝はどの絵図元も難航しており、数種の国境縁絵図が作成された場合も見られる。また、問題のある国境部分を描いた「国境小絵図」なども作成されている。さらに現地の農民からの国境の位置を記した同意書を提出させた場合も見られた。

海際縁絵図は、元禄14年に日本総図の編纂が開始され急遽作成が命じられた図である。いまだ完成していない国絵図もあり将軍の上覧も済んでいないので、国絵図の海岸部分だけ描いた絵図を提出させ、それで日本総図を完成させようという企画のもとで作成された。この海際縁絵図と国境縁絵図をうまく繋げれば、日本総図が完成するという手はずであった。海際縁絵図は、「海岸絵図」「海手縁絵図」「海辺縁絵図」などと称されている。

〔天保郷帳〕　天保図の作成は、これまでの国絵図編纂と異なり郷帳を徴収した後に絵図を作成するというものであった。また、これまで各国の絵図元に図の編纂を任せていたが、今回は郷帳や絵図の修正箇所の提示だけで済ませ、清書は幕府の勘定所で行うという方法をとった。

天保郷帳は実際の生産高である実高記載が求められた。そのため諸藩から提出された領分高帳は、村高とともに新田高、改出高（検地などによって増加した高）が記されたものであった。

天保郷帳は、国立公文書館に全国のものがすべて揃っている。幕府勘定所で完成された郷帳は、上述した新田高や改出高などの村高の内訳は記されておらず、村名と村高が一覧となり、郡高と一国総高が記されている。

以上、国絵図とともに献上された史料を中心に見てきた。ここで検討してきた史料以外にも、正保図や元禄図を3分の1程度に縮小した図なども見られる。

国絵図の編纂はまず領主が絵図や郷帳を作成し、それを絵図元が編集して一国の郷帳や国絵図へと仕上げていったのである。したがって、各領主の作成した領分の郷帳や絵図も存在している場合が見られる。これら領主の作成した郷帳や絵図は、完成した絵図元のものと様式や数値が異なるものもあり、作成の過程で修正が重ねられたことが知られるのである。

国絵図とともに献上された史料は、各領主から絵図元に提出されたものと最終的に幕府に献上されたものとを総合的に検討する必要性が認められる。　　（礒永和貴）

【参考文献】
川村忠博1984『江戸幕府撰国絵図の研究』（古今書院）／黒田日出男1977「江戸幕府国絵図・郷帳管見（一）」（『歴史地理』93-2）／同1981「現存慶長・正保・元禄国絵図の特徴について―江戸幕府国絵図・郷帳管見（二）」（『東京大学史料編纂所報』15）

国絵図関連文書 2

国絵図の研究には、描かれた図像の解読に加えて、国絵図の調進過程、幕府と絵図元諸藩の交渉などを内容とする史料の分析が不可欠である。以下、陸奥国の盛岡・仙台・会津藩、出羽国の米沢藩を事例に、基本とすべき史料とその内容について、簡単に紹介してみたい。

〔諸藩正史の記録〕　正史は諸藩の修史事業による編年体の記録である。歴代藩主の治績、藩政の事跡などを編年にした正史には、正保・元禄・天保国絵図調進の記録が散見する。米沢藩『上杉家御年譜』（米沢市立上杉博物館）によれば、その記録は次のようである。①正保3（1646）年10月8日「奥州伊達信夫御領分ノ絵図并御在城其外小城絵図三箱、及ヒ御領分高村付帳二通井上筑後守政重ヘ指出サル」②元禄10（1697）年閏2月4日「大目付仙石伯耆守演達趣ニハ、先年指出サル、国絵図委細ニ此ナキ故、新規ニ相改ヘキ旨台命ノ趣ヲ伝達アリ」③天保7（1836）年4月18日「元禄ノ度御差上ノ御国絵図郷帳年暦相立ニ付御改被仰出、元禄ノ御絵図写被相渡、往還並ニ海岸通川筋其外新田村々ニ至ルマテ不洩様、当時ノ地模様ニ掛紙ニテ相直シ早速可差出旨達シアリ」。正保出羽国絵図は秋田藩が諸藩作成の領内絵図を一国絵図に仕立てた。米沢藩30万石は出羽国置賜郡・陸奥国信夫伊達両郡を藩領としていた。①は信夫伊達両郡の正保図献上を伝える。②は元禄図調進、③は天保図調進の幕命である。同様の国絵図調進の記録は仙台藩『伊達治家記録』（仙台市立博物館）、会津藩『家政実紀』（ただし、文化3年までの記録。会津若松市立図書館）でも確認することができる。正保図調進については、『伊達治家記録』正保元年12月16日「井上筑後守殿政重・宮城越前守殿和甫ヨリ御評定所ヘ御家来一人出サルヘキノ旨御触ニ就テ、矢野甚左衛門重成ヲ差出サル」、『家政実紀』3年8月「会津之惣絵図并御城下之絵図、其外高辻帳公儀江被差出」とある。盛岡藩『雑書』（盛岡市中央公民館）は家老の政務日記である。同書のような藩庁の日記類も必見である。

〔調進過程の記録〕　盛岡・仙台藩は国絵図献上後、調進過程を編修している。その記録が盛岡藩①元禄16（1703）年『御絵図御用覚書』（『諸国絵図御改被仰付依之御領分御絵図被指上覚書』盛岡市中央公民館、図1）、②『御国御絵図并脇往還筋書上取調御用留』（同、図2）、仙台藩③元禄15年『御国絵図記録』全10巻（宮城県図書館、図3）、④弘化4（1847）年『御国絵図記録』全5巻（同）である。①は元禄10年閏2月4日「従仙石伯耆守様以御触状御留守居被呼候付、柴田藤左衛門御評定所え罷出候処」に始まり、16年4月国絵図・際絵図・郷帳などの控を列記して終わる。②は天保7（1836）年「御国絵図写十三巻達書并御役方名付共二通二重袋之上箱入ニ〆、内蔵殿御下ヶ被成候旨」に始まり、嘉永2（1849）年「御国絵図并脇往還筋御書上公辺御納済ニ相成候ハ、御控早俄御下シ御渡相成候様、御用部屋え伺書を以申上候事」で終わる。③の1～5巻は幕府との交渉記録。元禄10年閏2月の幕命に始まり、15年2月「御国絵図御用惣様相仕舞御国絵図并御用之物所々江相納之候事」で終わる。6巻は11年3月～14

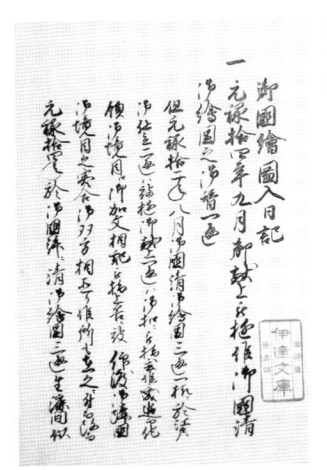

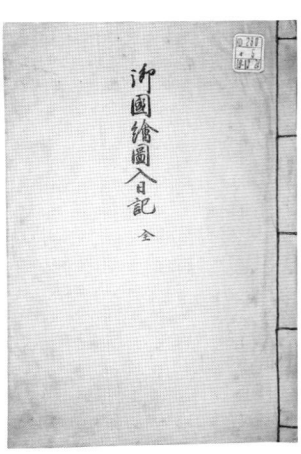

【図4】

年7月、藩領南端に接する絵図元中村藩との交渉記録。7〜9巻は10年10月〜14年12月、中村藩を除く隣接の絵図元6藩（陸奥国の盛岡・福島藩、出羽国の秋田・新庄・山形・米沢藩）との交渉記録である。10巻は江戸屋敷・国許に収納された絵図・文書類の細目で、『御国絵図入日記』（同、図4）とされる。④の1〜4巻は天保7〜9年天保図調進の記録。5巻は『御国絵図入日記』である。これらの記録は国絵図調進の全過程を網羅しており、国絵図研究のもっとも基本的な史料である。

〔絵図役人の文書〕　米沢藩15万石の元禄図（出羽国置賜郡）献上は元禄13（1700）年3月4日である。国絵図調進の絵図役人を務めたのは絵図方岩瀬小右衛門政秀であった。『上杉家御年譜』同月23日は「岩瀬小右衛門絵図御用出精相調滞ナク此ヲ納ラル、依テ岩瀬前蹤ノ勤仕ヲ賞セラレ加秩百石総計百五十石ヲ玉フ」と述べている。現存する岩瀬家文書（米沢市立図書館）には、元禄図調進に関する次のような史料が残されている。①幕府国絵図担当奉行の大目付安藤重玄・寺社奉行井上正岑・勘定奉行荻原重秀からの書状、②国絵図調進を統括した井上正岑の家臣、長浜治左衛門からの書状、③隣接絵図役人からの書状、④後年の絵図目録である。たとえば、治左衛門は11年9月29日書状で「明晦日五時迄自宅江御出候様ニと大和守申候」、13年2月26日書状では「御絵図致出来候間御持参可被成候、明廿七日八ツ時迄御出奉持候」と政秀に指示している。④は文政2（1819）年『御絵図目録』5年10月『御絵図入日記帳』嘉永5（1852）年7月『御絵図由来書』などで、絵図方岩瀬氏が職務とする絵図管理の台帳である。それには調進過程で作成された絵図が列記されている。幕府貸与の正保出羽国絵図、献上図の下図・控図、隣接絵図元5藩（山形・仙台・福島・会津・村上）と交換した際絵図な

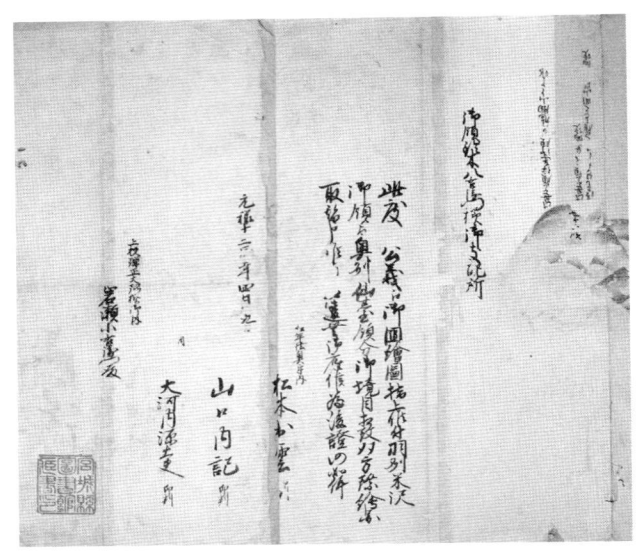

【図5】国境証文　米沢藩絵図役人岩瀬政秀宛　（元禄13年4月『仙台領際絵図　米沢領境』　部分　宮城県図書館伊達文庫蔵、KD291－セ1、42×100）

どである。米沢藩の元禄図調進のありさまは①〜④により具体的に検証できる。

〔国境争論の記録〕　元禄図調進に際して、幕府は絵図元諸藩に国境の画定を要請していた。米沢領と福島領を画する出羽・陸奥国の国境は従前より論所となっていた。米沢藩は論所を解消して、国境を画定しなければならなかった。その国境は幕府評定所の裁許により画定している。元禄12（1699）年2月『奥羽両郡山境論一巻覚書』（米沢市、宗川家文書）は米沢領3か村の惣代宗川名右衛門による、評定所への出訴から裁許にいたる争論の記録である。福島領3か村の出訴は10年9月。福島領3か村・米沢領3か村の立会絵図作成は9月25〜30日。数次にわたる評定所対決は11月〜11年12月。老中・三奉行の裁許は12月22日である。裁許は米沢領3か村を勝訴としていた。争論は出訴から1年余りで決着しており、元禄図調進の元での論所裁許はきわめて迅速であった。また「江戸ニ而岩瀬小右衛門殿被仰付候者此度願相叶」「米沢ニ而右小右衛門様思召御相談ニも御座候哉」とあるように、絵図役人岩瀬政秀の関与も確認することができる。

（阿部俊夫）

【参考文献】
川村博忠 1992『近世絵図と測量術』（古今書院）／阿部俊夫 2001「仙台藩の元禄国絵図と絵図・文書群」（『福島県歴史資料館研究紀要』23）／本田伸 2001「弘前藩『御絵図目録』の発見とその意義」（『弘前大学国史学研究』110）

国絵図調査法

はじめに

　我が国の近世を代表とする絵図の一つとして、江戸幕府撰国絵図があげられる。この国絵図は幕府が慶長を初回に、（寛永）、正保、元禄、天保のおおよそ5回にわたって、主として全国の大名に命じて、一斉に作成させたものである。正保期以降になると、ほぼ2万1600分の1の統一的な縮尺で作成されている。現在、国立公文書館に所蔵される天保国絵図を例にあげると、もっとも小さい伊賀国でも195×199cm（京間2畳分）、最大の伊予国では714×706cm（京間32畳分）と大型である。そして、その内容たるや極彩色で彩られ、交通路をはじめとして、城下町や村、港や海岸の状況、国・郡境界、寺社や名所旧跡などの詳細な地誌的情報を有している。

　近年では、急速に国絵図の文化財としての価値が認められつつある。これまでにも上記の献上国絵図（国立公文書館蔵）のほかに、周防・長門慶長国絵図（宇部市立図書館附設資料館蔵）、伊勢国絵図（国文学研究資料館蔵）などが国の重要文化財に指定されている。また、地方自治体史の編纂に際しても、絵図・地図編が加わることも多くなり、そのなかで国絵図も紹介される機会が多くなってきている。しかし、各地には、いまだその価値を見い出されずに所蔵されている国絵図も多いことであろう。かつて東京大学史料編纂所が実施した国絵図調査の報告書[1]からは、かなりの数の現存国絵図の所在が確認されるが、完璧なものとはいえない。

　また、各地に残された現存国絵図の研究が進展していない理由の一つには、この国絵図が大型でかつ詳細な内容をもっていることとも深い関連がある。さらには文化財としての指定をうけるとなると、熟練した取り扱いを要求されてくるのである。筆者らはこれまでにも所蔵機関関係者（学芸員の方々など）や一般の研究者から、その具体的な調査方法を尋ねられるケースを少なからず経験してきた。本稿では、そうした要望に応えるためにも試作段階ではあるが、現存国絵図を調査研究していくた

めの調査票を、実験的に活用した際の問題点も含めて提示をしていきたい[2]。

1　調査の基本事項

（1）基礎的知識

　国絵図の調査は、文字の解読のみならず、地勢などの図像表現や構図、縮尺や地図としての精度、さらにはその入れ物や表装などの広範かつ総合的な領域にわたる。ここではまず、調査に必要とされる基礎的な知識について述べておきたい。

　文字解読については、当然のことながら古文書の読解・解読力の養成が求められるが、とくに国絵図では村名や村高、地名などについての知識が必要となってくる。これらの解読には、『日本歴史地名体系』（平凡社）の付録部分にある「行政区画変遷・石高（戸口）一覧」や「輯製二〇万分一図」が参考となろう。前者には代表的な郷帳（ごうちょう）の村名や村高が、そして後者に載せられている町や村は、近世期のものとほぼ一致している。

　しかし、一般的にいって、郷帳は本村を対象にしており、一方、国絵図においては枝村や小（端・はし）村などまでも記されている場合がある。したがって対象地域の近世地誌類を参照するように心がけたい。こうした資料を参照することによって、原本では磨滅して判読不可能な地名などを解読することができる。

　また、絵図はさまざまな機会を通じて活用されてきたであろうし、のちの時代の絵図作成のための基図になることもあったであろう。そうした理由から後筆や異筆が見られることもある。いわゆる筆跡鑑定の作業は、絵図の作図方法やその段階を判定したり、後世での利用について明らかにする手がかりとなるのである。

　図像表現の検討に際しては、まずは現行の地形図などによって、対象地域の地勢の概要や距離感を把握しておくとよい。時間的余裕がある場合は、おおまかな巡検を行ってみるのも地域の理解につながるであろう。たとえば、国絵図には距離を示す一里山が記されている。これは現実には一里塚がなくとも記される場合がまま見られるが、現地で実見できるケースもある。さらには描かれた山稜線の意味が解明されることも少なくないのである。巡検を通じて、絵図で表現された場が、現実にはどのような場所であるかを確認することができる。

　図像分析に関しては、日本画の歴史やその技法に関する知識が必要となってくる[3]。国絵図作成には測量技術者とともに日本画家の関与が知られている。元禄国絵図の清書（きよがき）段階では、幕府の御用絵師狩野派が重要な役割を果たしていたのである。また具体的な検討内容で重要な

事柄は、描画方法や空間表現法についてであろう。たとえば、空間の持つ意味の軽重は文字とともに図像の量や大小、色から迫ることもできるのである。表現内容が重要であれば、文字や図像は実際以上に大きく描かれるであろうし、目立つ色合いを使用することが予想される。そこで個々の図像の大きさ（規模）などを測定し、その序列関係や図像要素の連結関係などを明らかにする作業がでてくる。こうした作業こそがまさしく絵図そのものを読む作業に相当しよう。さらにこうした基礎的作業を総合化する過程で、国絵図の作成目的、ときにはその当時の人々の地域・空間認識にまで、迫ることも可能となってくるのである。

このほかにも紙の種類や質、裏打ち・表装の方法、修理の技術、そして顔料にいたるまで多様な調査項目があげられるが、これらについては後述することにしよう。いずれにしても調査内容は多岐にわたるので、できれば本調査の前段階で、当該国絵図の写真版などを入手し、できうるかぎりの分析を進めておいた方が無難であろう[4]。

（2）調査期間と用具

国絵図調査にはかなりの時間を要する。したがって用意周到な準備がなされなければならない。大型でかつ記載内容の豊富な国絵図は、所蔵機関にあっても全面的に広げて閲覧することが不可能な場合も多い。たとえ広げることができたとしても、閲覧室を独占する事態になりかねない。しかも、原本調査や撮影についても、数日を要することも少なくないのである。われわれが実施した臼杵市立臼杵図書館における国絵図調査の場合、熟練した研究者2名で、慶長豊後国絵図と関連国絵図の計3点の調査を、3日間で済ませるのはかなりハードなスケジュールであった。このように閲覧場所の確保や調査期間の長さなどの関係から、所蔵機関との綿密な打ち合わせが必要かと思われる。

次に調査のための用具について述べておこう。第1表は臼杵図書館における調査で、実際に使用した用具の一覧である。

巻尺類から見ていこう。金属製のメジャー（コンベックス）は国絵図そのものを傷つける原因ともなるので、布製のものを採用し、何種類かの長さのものを用意している（寸目盛のものも含む）。また、裁縫用の布製テープを10cmに裁断したものは、個別図像の撮影の際に入れると、大きさの比較のためには便利である。定規では撮影時に反射してしまう恐れがでてくるので、避けた方がよいであろう。屈曲した道筋を計測するのに使用するたこ糸は、やや太いものが扱いやすい。

所蔵機関に国絵図をじかに広げるスペースがない場合も多い。その場合は、下敷きが必要となる。大型のビニールシートは何度も利用できる利点をもつが、折りの箇所で浮いてしまったり、破損箇所を持つ国絵図を撮影する際に、シートの色が目立つことがある。そこでわれわれは、厚手の模造紙を貼り合わせて下敷きにした。

絵図を扱う際の基本的態度は、現状の状態をできるかぎり維持していくことが大切である。そのためには図の展開にあたっても、手袋を着用し、絵図の表面には極力触れないことが望ましい。また、記録や撮影時には、絵図上に物を落としたりして、傷めることのないように細心の注意が必要である。

原本の観察でもっとも困難をきわめるのが、図の中央部分である。絵図上に直に乗ることは厳に、慎まなければならない。国絵図の折れを利用して、徐々に、展開しながら観察をおこなうことは可能である。こうしたケースでは、ときに双眼鏡を用いて文字などの解読作業を進めた。

なお、地図は村、町、そして交通路の位置の確認、さらには地勢状況を比較するのに必要でもあるし、個々の図像の位置などを書き込むことにも活用できる。実際の調査は長時間に及ぶ。クッションやスリッパなどを持参して、ゆったりした無理のない姿勢で調査能力をあげる工夫も必要であろう。

2 調査票

国絵図調査表は、Ⅰ.基本調査表、Ⅱ.装丁・法量、Ⅲ.彩色・描法・罫紙・構図、Ⅳ.図像と小書の4枚（B4判）からなる。

調査項目は、江戸幕府撰国絵図の中でもっとも詳細な記載・表現内容を有する正保国絵図を標準にして、元禄国絵図などの内容も参考にしながら、国絵図一般の調査票として使用できるように工夫してある。これまでのわれわれの調査経験に基づいて、項目立てについては調査の順序についても考慮してある。また、原本調査でなくては得られない内容にも踏み込んで作成されている。

上述しているように国絵図は記載内容が豊富であるので、実際の調査では、見落とす項目もでてくる。また、調査項目にない、新しい発見に直面することも生ずる。そこで、調査では最初に気がついた点を、下欄に設けた記入欄（グラフ用紙になっている部分をさす）にスケッチをすることも大切な作業といえる。そして、調査項目ごとにメモや疑問点までも記録しておき、そのうえで、この調査票の作成にあたるとよい。そういった意味で

第 1 表　国絵図の調査用具リスト

	個　数　・　仕　様		用　途　な　ど
記録用具	☐巻き尺	寸目盛り付き 1（3 メートル）	紙の寸法や一里山間の距離計測に便利
	☐巻き尺	布製 1（10 メートル）	国絵図は大きいので長いものが必要
	☐巻き尺	布製 1（2 メートル）	裁縫用のものでよい
	☐巻き尺	布製 1（10 センチメートル）	裁縫用のものを切ったもの、撮影時に写し込む
	☐文鎮	反射しないもの 4（製図用）	金属のものは紙や布で包む
	☐調査カード	15 セット	Ⅰ～Ⅳの調査票参照
	☐ノート	2 冊	記載内容や撮影メモ
	☐画板	2	調査カードをのせる
	☐たこ糸	1（太めのものがよい）	距離の計測に使う
	☐模造紙	50 枚（内現地調達 30 枚）	絵図の下敷き
	☐ガムテープ	1（布製）	下敷を貼ったり、クリップを留めるときに使う
	☐虫眼鏡	1（いわゆる天眼鏡）	絵の具や文字の調査に使う
	☐手袋	2（未使用）	白で綿製のもの
	☐薄紙	10 枚	絵図の移動や下敷きに使う
	☐鉛筆	10	シャープペンシルよりも鉛筆がよい
	☐色鉛筆	1 セット	裏打ちや修理の記録に使う
	☐定規	1（30 センチ）	裏打ちや修理の記録に使う
	☐懐中電灯	1	裏打ちで隠れた字や元来の絵を透かす
	☐双眼鏡	1	絵図中央の観察に使う
撮影用具	☐デジタルカメラ　2 台（35 ミリ 1 眼レフ）		故障を想定して同じメーカーのものがよい
	☐レンズ　1（マクロレンズ）		拡大や接近の際に便利
	☐ターゲット　国絵図の数分		文書名、絵図名、寸法、撮影日などを記入
	☐三脚　2		ブレ防止
	☐レリーズ　1		ブレ防止
	☐カメラ電池　2		撮影量が多いので持参したほうがよい
	☐カラーチャートとグレースケール　2		大型と小型
	☐クリップ　30		絵図の折り目を引っぱる際に使う
	☐紐　20 メートル		絵図を吊したり引っぱる際に使う
	☐絵図の留具　20		プラスチックの板に穴をあけたもの
	☐画鋲　50		絵図の留具をはるためのもの
その他	☐地図（該当の国全体）		5 万分の 1 及び 20 万分の 1
	☐参考文献		石高表や関係の研究論文など
	☐スリッパ		靴を脱いだりしなくて済む
	☐クッション		膝をついたりする時にあると疲れない
	☐印鑑		閲覧や写真撮影の申請に必要

I．基本調査票

番号	分類（日本図・国絵図・領分絵図＜　　　領＞・その他＜　　　＞）		
写真	写真番号＜　　～　　＞	撮影者＜　　＞	撮影年＜　年　月　日＞
A史料名	1名称＜　　　　　　　　　　　　　　　＞2登録番号＜　　　＞ 3文書名＜　　　　　＞4目録名＜　　　　　＞		
B寸法	（縦・東西）＜　　　　mm＞ × （横・南北）＜　　　　mm＞		
C種類	事業時期（慶長以前・慶長・寛永・正保・元禄・天保・その他＜　　＞） 判断理由＜　　　　　　　　　　　　　　　　　　　　　　　　　＞ 作製段階（下絵図・窺絵図・控絵図・清絵図・写・その他＜　　＞） 判断理由＜　　　　　　　　　　　　　　　　　　　　　　　　　＞		
D現所蔵者	所蔵者（機関）名＜　　　　　　　　＞担当者＜　　　　＞ 住所＜〒　　　　　　　　　　　　　　　　　　　　　＞ 電話＜　　　　　　　　＞FAX＜　　　　　　　　　＞		
E旧所蔵者・寄託者	旧所蔵者・寄託者名＜　　　　　　　　　　　　　　　　　＞ 住所＜〒　　　　　　　　　　　　　　　　　　　　　＞ 電話＜　　　　　　　　＞FAX＜　　　　　　　　　＞		
F伝来の経緯	＜　　　　　　　　　　　　　　　　　　　　　　　　　　＞		
G発見の経緯	〔出所の明記〕＜　　　　　　　　　　　　　　　　　　　＞		
H閲覧許可	〔その方法や調査の可否〕＜　　　　　　　　　　　　　　＞		
I閲覧場所	（有・無）〔その広さや利用方法〕＜　　　　　　　　　　＞		
J閲覧の注意	〔保存や破損状態など〕＜　　　　　　　　　　　　　　　＞		
K写真版	（有・無）〔写真版の種類・写真が研究に耐えうるか否か・版権の許可〕 ＜　　　　　　　　　　　　　　　　　　　　　　　　　＞		
L関連史料	（有・無）〔所蔵先・写真版・資料化・他の絵図との関連性など〕 ＜　　　　　　　　　　　　　　　　　　　　　　　　　＞		
M関連文献	（有・無）〔所蔵先や入手方法〕 ＜　　　　　　　　　　　　　　　　　　　　　　　　　＞		
N特記事項	＜　　　　　　　　　　　　　　　　　　　　　　　　　　＞		
調査年月日	年　月　日 ～ 年　月　日	調査者	

は、本票の項目は、調査リストと考えていただいた方が無難であろう。なお、調査票の中の（　）は選択を、〈　〉は記入欄、そして〔　〕は調査を示している。以下では、調査票の順序にしたがいながら、具体的な記入方法を述べることにしよう。

（1）基本調査票（I）

本票は原本調査に先だって、当該国絵図に関する事前の情報を整理し、実際の調査に役立てるものである。また、国絵図の所在情報の概要を収集しようとする調査票としても利用できるように考えられていることから、基本調査票と命名した。

Aの史料名とは、目録名や所蔵機関などにおいてつけられた図の呼称をいう。一般には原題を尊重して史料名は付けられている場合が多いが、原題のないケースもあり、そのような場合はあらためて図名を付けることもあろう。目録では、原題がない場合、文書名は〔　〕に、写（うつし）や控、推定年代については（　）をつけて補っているのが通常である。また、登録番号も記入し、寸法（記されていないケースが多い）などの情報がある場合は、これらも記録しておこう。名称が同じ史料名の場合には、こうした情報が国絵図を分類する有力な手がかりとなる。江戸幕府撰国絵図の特徴の一つに大きさがあげられる。

Bの寸法とは、目録や文献によって確認されるものを記す。国絵図では計測する場所でかなり相違することもあり、裏打ちや修復などによって紙の皺や折れが延ばされて長くなることも生じる。

Cの事業時期や作成段階の推定は、研究の結論の部分に相当するので、調査の最後に記すことになろう。

D・Eは、収蔵機関と所蔵者が異なることが多いことから記入欄を分けた。本来の所蔵者が博物館などに寄託

している場合があり、調査や撮影、成果の公表にはかれらの許可を必要とするケースもあるので注意が必要である。

Fの伝来の経緯は、国絵図に限ると大名やその有力家臣に特定される場合がほとんどといえる。たとえば熊本大学附属図書館寄託永青（えいせい）文庫の国絵図は、もとは熊本藩の史料であり、慶長長門・周防国絵図は、萩藩家老宅に伝来していたものである。また、伝来のはっきりしていないものについては、蔵書印などを手がかりに判明する場合も少なくない[5]。

Gの発見の経緯には、目録や論文名、紹介者なども記しておくと、のちのち便利である。

H（閲覧許可）、I（閲覧場所）、J（閲覧の注意）の3点は、国絵図の大きさに左右される。実際の閲覧状況などを撮影し、裏面に参考資料として添付しておくと、のちの調査者にとって有益な情報になろう。また、閲覧の注意の項目には、破損箇所などの情報を記しておくとよい。

Kの写真版は、研究に耐えうる大型の写真機で撮影された、たとえば4×5インチ以上のものがあるか否かを所蔵機関に問い合わせておこう。前述したように、事前段階で、写真版を用いた分析をしておくか否かによって、本調査そのものの時間の短縮のみならず、充実した原本調査となるかを決定づけることにもなるのである。

L（関連史料）については、国絵図の添献上物であった郷帳（ごうちょう）、道帳（みちのちょう）、国境縁絵図（くにざかいへりえず）などのほかに、作成過程が知られる記録、各在方からの提出物にいたるまで目をむけてほしい。そのためには各自治体史の史料編などを検索しておく必要性がでてくる。このほかに他の絵図群との関連性にも注目しておこう。複数の国絵図が所蔵されていることも、決して稀ではない。また、領分絵図や郡図、そして縁絵図なども重要な資料である。残されたこれら絵図群との関連性のなかから、対象とした国絵図の作成時期や作成段階などが解明できることもある。

（2）装丁・法量（Ⅱ）

本票は、絵図の記載内容の検討に入る前の、いわば書誌的内容の調査項目といえる。

Aの入れ物とは、国絵図を入れる木箱や袋などをさす。これには絵図の来歴や作成者、作成年などが記されていることも少なくない。また、同時に郷帳などの添え物が入っている場合もある。材質（板であれば杉や桐など）や付属品（紐や金具など）も記録し、写真をとっておくとよい。

Bの表紙は、絵図に厚紙を貼っている場合もあるが、折り畳んでみておもてになる部分をさし、おもてにじかに書いてあったり、別紙を貼っている場合も見られる。また、かつての表紙部分が、その後になんらかの理由で改編されてしまっていることもある。こうした際には、図面の裏を点検し、表紙であったと思われる箇所を探してみることも必要である（多くの場合、汚れなどが見られたりしている）。さらに、文字の異筆や後筆にも注意しよう。表紙部分は、新たに紙を貼っていたり、後になってから書き込まれるケースも少なくなく、なかには原題や図の内容を直接に示していないものもあるので注意が必要である。なお、絵図の裏面を調査する際には、表の絵図面が傷むことのないように、細心の注意をし、できれば薄紙を敷くなどして配慮をしてほしい。

Cの折りの状態は、展開をするときに記録をとるとよい。折り畳みにはそれ自体意味を持っている場合もあるので、元どおりに折り畳むようにしたい。一般には、図の中央で2つ折りにしてから折っていく方式と、いずれかの端の部分から順序良く折っていくものとが見られる。また、細長く切図方式にして巻かれているものには、天保国絵図がある。いずれにしても折り畳み方にも考慮して記録をとってほしい。

Dの裏打では、紙1枚ごとの大きさとその接続状況などについて記録する。紙種や紙質についても分かれば記録しておきたい。たとえば元禄国絵図の作成基準では「厚き美濃紙」の使用が要求されている。採寸では、必ずしも同一の長さの紙で裏打ちがなされていないこともあり、なかには何度も裏打ちがされているケースも見られた。このようなときにはその前後関係についても確認しておくことが必要であろう。また、後世の裏打ちによって、元の紙の接合状態などが分からなくなっていたり、裏書きの文字記載が隠れてしまっていることもある。このような場合は、懐中電灯などを照らして透かしてみるとよい。新しい発見ができるかもしれない。なお、これらについても写真撮影を忘れないようにしてほしい。

Eの破損と修理は、できるかぎり詳細な記録をとっておこう。とりわけ破損状態の記録は、閲覧や写真撮影、展示、修理の際の参考資料として活用できる。紙の折れ部分の傷み、裏打ちからのめくれ、顔料の剥離や磨滅、押紙や貼紙の状態なども、その位置も含めてデータ化しておこう。修理箇所の多少は、それ自体意味を有していることもある。そこから元々の折り畳み方を復元することも可能となるのである。

Fの法量は絵図の大きさや紙種や紙質についての検討である[6]。一紙とは張り付ける以前の紙の状態で、一紙

II．装丁・法量

項　目	調　査　内　容
A入れ物	1 有（箱・袋・その他）・無　2 寸法＜　　×　　mm＞3 材質・附属品＜　　＞ 4 表題（有・無）5 蔵書印・ラベル（有・無）6 作成者・作成年（有・無）
B表紙	1 畳んだ寸法＜縦　　×横　　　mm＞2 外題（有・無・直書き・厚紙） 3 補修（有・無）4 紙種・紙質＜　　＞5 蔵書印・ラベル（有・無） 6 作成者・作成年（有・無）
C折りの状態	1（有・無・不明）2 一折れ＜東西　　mm×南北　　mm＞ 3＜東西　折×南北　折＞4 折り畳み方＜　　＞
D裏打	1（有・無・不明）2 一紙＜縦　mm×横　mm 縦　尺　寸×横　尺　寸＞ 3＜縦　紙×横　紙＞4 紙種・紙質＜　　＞ 5 糊しろ＜　　mm＞6 技法＜　　＞ 7 作成者・作成年　8 裏書（有・無）
E破損・修理	1 破損（有・無）破損状態とその理由＜　　＞ 2 修理（有・無）修理の状態＜　　＞補修者＜　　＞補修年＜　　＞
F法量	1 一紙（有・無・不明）2＜縦　mm×横　mm＞3＜縦　紙×横　紙＞ 4 糊しろ＜　　mm＞5 紙種・紙質＜　　＞ 6 展開（整形・不整形）＜東西　mm×南北　mm 縦　尺　寸×横　尺　寸＞

【(1)入れ物，(2)表紙，(3)裏打・破損・修理・法量の見取図】

の大きさとその繋ぎ状況を、接続部分も含めて記録しておきたい。紙種は元禄国絵図の作成基準では「越前生漉間似合上々紙」の使用を求められている。間似合とは、襖や屏風を貼るときに半間の長さに継ぎ目なしに間に合う大きさで作られた大型の紙である。大間似合は縦1尺3寸、横3尺2寸4分、屏風間似合になると縦1尺2寸8分、横2尺2寸2分程度になる。一般の紙は縦1尺3寸、横1尺7寸前後であるので、これと比べても大型の紙が使用されていることが分かる。この紙は水墨画や大和絵の画材用紙でもあった。紙の分析には、各地の紙見本を収集しておくことも心がけておこう。なお、展開とは、絵図を開いたときの大きさをさしている。

以上のC～Fについては下欄に図面をとっておこう。こうした記録をとる作業は、絵図の裏打や修復の状態によっては、随分と時間を要することもあろう。したがってあまりに破損や修理箇所の多い絵図については、スケッチ程度の記録に留めておくことも考慮されてよいであろう。

(3) 彩色・描法・晶紙・構図（Ⅲ）

ここからは絵図そのものの内容分析に入る。ここでは日本画やとりわけ近世絵図についての知識も必要とされる。

Aの彩色や描法の検討については、絵画に関する深い知識が要求されてくる[7]。まず、色の重なり具合では、着色順の先後関係を識別しよう。これまでの調査経験から川⇒山⇒道筋⇒図像⇒文字の順に着色している場合が多かった。また、こうした着色順序に統一性が見られない場合は、絵図そのものがオリジナルではなくして、後の写である可能性もでてくる。さらに絵図の一部分を写している場合には、描かれている範囲が完結せずに、途中で切りとられている形になってくる。

III. 彩色・描法・らい紙・構図

項　目	調　査　内　容
A 彩色・描法	1 色の重なり具合〔オリジナル川→山→道→図像→文字〕＜　　　　　＞ 2 色調の印象（明・暗・春・夏・秋・冬・理由＜　　　　　＞） 3 着色の状態＜　　　　　＞ 4 下書き（有・無　墨線・角筆・針穴・その他＜　　　　　＞） 5 技法（極彩色・墨絵風・しゅん法・その他＜　　　　　＞）
B らい紙	1 表題（有・無）　2 蔵書印・ラベル（有・無）　3 目録（有・無） 4 作者名（有・無）　5 作成年（有・無）　6 所領記載（有・無） 7 方位（有・無）（四辺内向・四辺外向・四隅内向・四隅外向） 8 縮尺（有・無）＜　　　　　＞ 9 隣国名・色分（有・無）　10 来歴などの記載（有・無）
C 構図	（固定式・上方の方位東・西・南・北・四方対置） 山方向（東・西・南・北・まちまち）小書方向（東・西・南・北・まちまち）

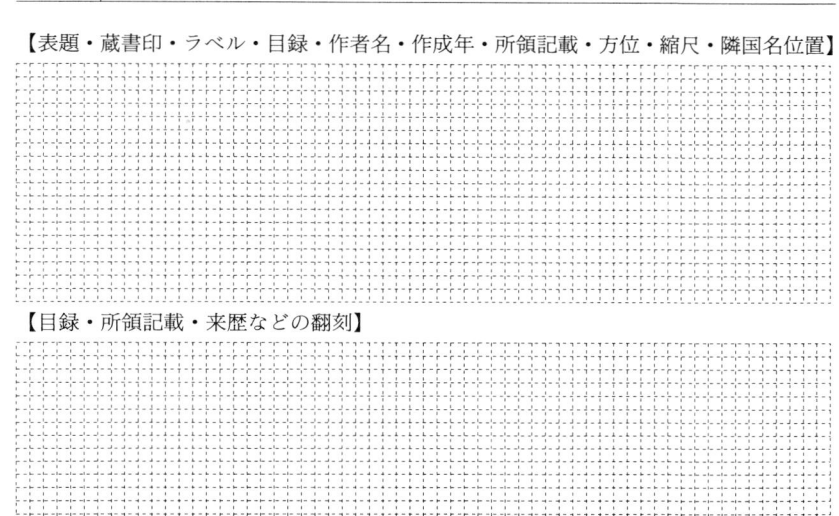

【表題・蔵書印・ラベル・目録・作者名・作成年・所領記載・方位・縮尺・隣国名位置】

【目録・所領記載・来歴などの翻刻】

　ここでいう色調は、全体的な明暗の印象や樹種の着色から感じられる季節感である。正保国絵図は初春の、元禄国絵図は秋の景色を描写しているという見解もあるが、元禄大和国絵図のように一枚の絵図のなかに、吉野の部分に名所である桜を表現しているケースもあり、全体と部分の色調は相違することもあるので一概に断定できない。

　着色の状態では、顔料の定着や剝離について記録する。胡粉はよく剝離することからも正保国絵図では使用しないように指示されている。しかし、実際には広く利用されており、そのために剝離によって記されていた文字までも消えてしまっているケースも見られる。

　下書きは墨によるもののほかに、角筆や針穴などが用いられている。角筆とは動物の角などで作った筆で、絵図面に薄紙などをあてて紙面を強く押しあて、型をとっていくときなどに使用する。紙面を注意深く観察すると、凹面を確認することができる。針穴は図の要所に穴をあけて、それを線で結んで下書きするときに用いる。このほかにも薄い紙をあてて写しとったり、方眼紙を用いて縮小する方法などがある。

　技法については、荘園絵図などにも見うけられる皴法（しゅんぽう）を使った山稜表現などに注目して観察してみよう。

　Bの﨟紙とは、絵図の余白部分のことである。﨟紙には表題、目録、作成者、作成年、所領記載のほかにも方位、縮尺、隣国名、隣国色分、蔵書印などが記されている。表題は国名だけが記される場合が多い。目録については、元禄国絵図では全体を黒枠でもって囲み「何国高都合並郡色分目録」という題名が付けられて統一されている。また、国絵図は郡ごとに村形の色を変えて示しているので、識別するための郡色分けのための凡例もある。そのほかには郡ごとの石高・村数、一国総石高・同村数などが列記されている。さらに作成年月日や作成者

名までも記されている。これらの情報を手がかりにして元禄国絵図以前か、あるいはそれ以後かの判定が可能となる。なお、天保国絵図も元禄期と同じ様式をとるので、作成年が判明しないときには注意を要する。また、正保国絵図の特徴の一つに所領記載があげられることも記憶しておこう。

方位は、紙の四辺か四隅に文字で内向きもしくは、外向きに記すのが一般的のようだが、記載されていない場合や一箇所に記されたり、特定の方位の文字が大きく記されたりしている場合が見られる。文字の大きさは絵図の構図を文字によって強制している可能性もうかがえる。正保肥後国絵図のように方位磁石を書いている例も見られる。

縮尺は正保国絵図段階には1里6寸に統一されたが、なかには正保山城国絵図のように1里7寸と、通常とは異なった縮尺を使用するものもある。また、慶長筑前国絵図や小豆島図には縮尺を示す距離目盛が描かれている。

晶紙には、隣国名やその色分け、さらには図の作成経緯が記されていることもある。また、蔵書印やラベルは、絵図の伝来を知るうえで参考になるので是非とも記録しておきたい。

以上の項目は、下欄にスケッチを描き、その位置も記しておこう。また、目録類についても、翻刻するように心がけたい。

Cの構図は、絵図の天地の在り方のことをさす。日本の絵図は、西欧のように壁にかけて見る方式のものは少ない。むしろ畳上に広げて周囲から見ることが一般的のようだ。したがって四周のいずれの方向からも見ることができるように、四方対置のものが多い。しかし、なかにはすべての記載文字が一定の方向に向けられていたり、山を天に、海を地として描き、読むものに方向性を強制するものも見られる。ここでは分析の手順として、図像の示す構図と文字記載の方向性を区別して分析を進め、最終段階で、総合的に絵図の構図を考えてみるとよいであろう。

(4) 図像と小書き（Ⅳ）

国絵図の主要な構成要素は、図像表現と文字注記に大別できる。図像は村形、境界線、地勢、植生、交通、そして人工物に分類できよう。そしてこれらすべてについて、その色と顔料、大きさ（規模）などについて観察・記録する作業がある。色や顔料は見本を持参して比べてみるとよい。たとえば海・河・湖沼などの水系には藍を、道筋には朱を、そして樹木には緑青・紅殻を使用することが多い。このほかにも色分けには、多様な顔料を用いて、微妙な色の相違を工夫している。色名については、即座に判定しがたい場合がでてくるので、持参した色鉛筆を利用して、近い色名をつけてみるのもよいであろう[8]。

小書きの記載様式は、統一化がなされている場合も多い。ここでも文字の大きさや色などに差異があるか、検討が必要である。

Aの村や町の表現は、国絵図の基本的な内容である。絵図には郷帳にない枝村や小村までもが記載されている。一般に村形は、小判（俵）型で、町は矩形で描かれている。村形の大小や村の呼び名なども記録しておきたい。枝村では「○○村之枝村○○村」と、小村は「○○村之内○○村」と記す場合が多いようだ。相給表現にも注目しておこう。村高については、元禄以降になると石以下の単位については省略され、石余という表現になる。概して元禄期を境にして領主名も消え、在所名も村に統一されて村形内に記される。

Bの境界線は、色や幅についても注目しよう。下書き用の線と境界線とを混同しないようにしたい。国境は山稜線を鳥瞰風に描く一方で、平野部では線で表現している。国境を地形図などで確認しておく作業も必要であろう。郡色分は、村形の色分によるものと、下地を着色することで区別する場合とが見られる。このほかに稀に境界争論の箇所に、書き込みが見られたり、別紙が貼り付けてある場合もある。境界争論部分では色合いの差異や、線の太さも含めて、注意深い観察が必要であろう。

Cの地勢表現には、山地や平地、川・池、海岸などが見られる。地勢表現の確定には、現行の地形図などと照合してみるとよい。とくに霊山や滝などの図像表現にも注目して欲しい。海岸は波や奇岩・岩礁、砂浜などが描き分けられている。正保国絵図の作成基準では、舟道にあたる部分の岩礁を描き分けるように指示されており、黒色で示されている場合がある。

Dの植生では、図像のみならず小書きにも注意したい。樹木の集合的表現である広葉樹や針葉樹の描き分け、なかには松や杉という樹種まで区別されている。境界を意味する独立樹や霊山を意識させる杉の群生表現のほかには草原、林、葦原などの表現も見られる。とくに正保国絵図では、はへ山や芝（柴）山の区別も指示されている。そのほか著名な山や峠、坂の名称、河口の幅などについての小書きが見られる。

Eの交通は、陸上と海上とに分けられる。道筋では大道と小道の描写の差異、一里山間の距離の計測などを行いたい。たこ糸を用いて屈曲した道筋を計測してみては

Ⅳ. 図像と小書

項目	調査内容
A 村・町	1 村形（丸・小判・矩形・大小区別＜大　　×　　mm　小　　×　　mm＞ 2 相給表現（有・無） 3 色分（有・無） 4 村高（村形の内・外・石余・石・斗・升・合・夕・才・色＜　＞） 5 領主名（有・無・記号・領主名文字・色分・村形の内・外・縁・色＜　＞） 6 在所名（村形の内・外・郷・庄・村・枝村・小村） ふりがな（有・無） 7 町形（丸・小判・矩形・その他＜　＞＜　mm＞） ふりがな（有・無）
B 境界線	1 国境（有・無）＜色　線種　幅　mm＞ 2 領境（有・無）＜色　線種　幅　mm＞ 2 郡境（有・無）＜色　線種　幅　mm＞ 4 領境（有・無）＜色分・下地・村形＞ 5 争論（有・無）＜色　線種　幅　mm＞ 6 飛地（有・無）＜色　線種　幅　mm＞ 1 その他＜　　　　　　　　　　　色　線種　幅　mm＞ 8 線幅の序列＜　＞　＜　＞　＜　＞　＜　＞　＜　＞
C 地勢	1 山（岩山・台地・名称・平面・鳥瞰） 2 霊山などの表記（有・無・平面・鳥瞰・名称） 3 平地の区分（有・無） 4 川・池（平面・鳥瞰・名称） 5 海（波・奇岩・砂浜・岩礁・島・名称） 6 その他（火山・裾野・温泉・干潟・名称＜　＞）
D 植生	1 図像（有・無・平面・鳥瞰・群生・独立樹木・境木・草原・林・芦原） 2 樹種（針葉樹・広葉樹・松・杉・その他＜　＞） 3 小書（有・無・色＜　＞山・峠坂名・川・はへ山芝山・樹種・林野所有村名）
E 交通	1 道（太＜　＞mm・細＜　＞mm・道法・国境越道・難所・渡河・その他＜　＞） 2 一里山（有・無・太細・形＜　＞＜　＞mm） 3 一里山の間隔＜　mm＞＜一里　寸＝　分の１＞ 4 航路（有＜色　＞太細・距離・目的地・その他＜　＞mm） 5 港（名称・舟掛善悪・風向・港名・難所・舟人数・その他＜　＞＜　mm＞）
F 人工物	1 城郭（有・無・鳥瞰・矩形・文字・色と描画＜　＞＜　mm＞） 2 古城（有・無・鳥瞰・矩形・文字・色と描画＜　＞＜　mm＞） 3 寺社（有・無・鳥瞰・矩形・文字・色と描画＜　＞＜　mm＞） 4 橋（有・無・鳥瞰・矩形・文字・色と描画＜　＞＜　mm＞） 5 名所・旧跡（有・無・鳥瞰・矩形・文字・色と描画＜　＞＜　mm＞） 6 番所（有・無） 図法（鳥瞰・矩形・文字・色と描画＜　＞＜　mm＞） 7 その他（塩浜・関所・その他＜　　　　　　＞鳥瞰・矩形・文字 色と描画＜　＞＜　mm＞） 8 大きさの序列関係＜　＞　＜　＞　＜　＞　＜　＞　＜　＞
G 郡付	（有・無）・郡名・石高・その他＜　＞・色＜　＞枠（有・無・色＜　＞）
H その他	1 国境小書（有・無） 内容＜　＞ 2 押紙・押札・貼紙（有・無） 内容＜　＞
I 図像と小書の序列	〔絵図全体での文字と図像の序列関係や地形のデフォルメなど〕

【郡付の翻刻】

どうだろうか。

陸上交通では道法（道筋距離）をはじめとして、畾紙部分に記される国境越道、冬季における牛馬や人の往来の可否を記す難所、渡河点部分には橋の材質・幅・長さ・水深・歩渡・舟渡などについての小書きがある。こうした道法の起点としては、城下の札の辻や近くの橋が基準となっている場合が多いようである。この点にも注目して観察しよう。

海上交通では、港と航路に関する情報が記されている。港には接岸状況についての情報が多い。たとえば港名のほかに風向きによる接岸の善し悪し、遠浅などの港湾としての自然条件のほかに、入船する舟の種類や数などについての情報も記されている。航路には目標とする港までの里程が、またこのほかには岬や島についての小書きが見られる。

Fの人工物には、城郭、寺社、橋などの建造物やその付属施設が含まれる。また、地域によっては名所・旧跡があまた描かれている。ここでは建造物の構造的な特徴までも記録しておこう。正確に描いているものから、なかには記号的に同じパターンを用いて繰り返し描いているものもある。こうした表現的な特徴以外にも、色や図像の大きさも意味をもっている場合があるので、村形・町形（城下町を含む）とともに、その大きさについても計測しておくと、後の分析に有益なデータを提供することになるであろう。

Gの郡付は絵図面に郡ごとに記載される郡名・郡高、村数などである。これら全体を囲む郡枠の有無や、枠の色などの検討である。これについても翻刻しておきたい。

Hの国境小書きは、国境越道の小書きと並行して記されている。正保段階では、必ずしも線として国境をとらえているわけではなく、元禄期にいたって、国境が線と

して明確化される。また、押紙・押札・貼紙は、下図などの作業段階や、後の利用に際して付される場合があるので、正確に記録をとるとともに、はずれることのないように、その取り扱いにも注意を要する。

Ⅰは図像と小書きの関係を検討することにある。ここでは総合的に見た印象で、Ⅲ票のC（構図）と関連させて考察してみよう。

3 写真撮影

国絵図調査では、原本の熟覧以外に、確認された内容を写真撮影して記録に残すことがのちの研究のためにも有効な方法であろう[9]。すでに所蔵機関に撮影されたものがある場合は、調査前に入手しておくようにしたい。また、撮影は調査票の記入が終了してから実施したほうが、より問題点も明確にされており、効果的である。

撮影は全体写真、分割写真、そして部分写真という手順で進めていきたい。全体写真の撮影は、これまでに国絵図の撮影経験をもっている専門のカメラマンに依頼した方がよい。多くは所蔵機関などから紹介してもらうことができる。撮影にあたっては綿密な協議を必要とする。撮影場所、分割写真の範囲やその順序などについては、調査者側で決定しておかねばならない。大型の国絵図は、その寸法と撮影場所の広さの確認が必要で、事前に、カメラマンに下見をしてもらうか、部屋の見取図くらいは情報を提供しておきたいものである。

撮影は、壁面に絵図を張り付けるのがもっとも手軽な方法である。プラスチック製の板を絵図にあてて、画鋲でもって止める方法や、絵図を傷つけることのないように工夫を施したクリップで挟んで、吊す方法もある。スチール製の壁であれば、磁石を用いることも可能である。絵図の撮影で問題となる箇所は、折れの部分の膨らみをどう処理するかであろう。われわれは上述したクリップを使用して皺の部分を伸ばした。また、軸がついているような絵図は、軸の下に支えをおくようにしたい。国絵図は重量があるので、張り付ける際の強度の問題や落下を防がなくてはいけない。

しかし、絵図が大型で破損箇所がある場合は、平面に広げた状態で撮影することになる。こうした場合は、スタジオで撮影するか、工事用の足場を組み立てるなど、工夫を必要とする。全体写真を撮るには相当の高さを必要とするし、絵図上に物を落下させない注意も怠らないようにしたい。全体写真を撮影することが不可能な場合は、分割写真を撮影し、コンピュータ上で接合する方法をとることになろう。

フィルムは4×5インチ以上のポジフィルムで撮影する。撮影時には文書名・撮影年月日・史料番号・絵図の題目・大きさを書き込んだターゲットを準備して写しておくとよい。さらに大きさの比較のためのメジャーを、絵図の縦横に入れておくと、あとで距離や画像の比較に活用できる。カラーチャートやグレースケールを入れることも忘れてはならない。

焼き付けの引き伸ばしは、B4の用紙2枚でコピーが可能となる半折サイズにするとよい。また、写真の保存を考慮に入れると、ラミネート加工を施せば、上からトレースやコピーもでき便利である。

分割写真撮影の要領も、全体写真の場合とほぼ同じであるが、どの程度の範囲を写せば、文字の解読や図像分析といった研究資料として耐えうるのかが考慮されねばならない。臼杵図書館での調査では、宇治市歴史資料館における正保山城国絵図の撮影を参考にした。本図は南北387×東西275cmで、1里7寸（1万8400分の1）の縮尺である。全体図で読みとれない部分を9分割し、接合やレンズの歪みを考慮して、3分の1程度ダブらせて撮影した。

半折に引き伸ばした分割写真1枚の絵図上での長さは117×95cmとなる。この範囲でも肉眼での文字や図像の解読、顔料の濃淡などについても十分に読み取ることができる。1里6寸の縮尺の絵図で解読が可能な撮影範囲は、おおよそ一辺が180cmまでであろう。この数字を基準に、撮影計画を立てるとよい。なお、平面撮影で分割写真を撮る場合は、そのつど絵図をカメラの中心に合わせる必要があり、思いのほか時間を要することも念頭においておこう。

自分自身で撮影する場合は、大型の国絵図は分割あるいは部分撮影に限定されるであろう。部分撮影にはマクロレンズの使用が効果を発揮する。文化財に指定されている場合などはフラッシュが使用できない場合がある。

撮影時は、カラー・グレースケール、メジャー、そしてターゲットを入れることを忘れないでほしい。ターゲットには撮影対象やその位置を示したメモを入れておくと、あとの整理が便利である。これまでの経験では、郡単位に撮影をすると整理しやすいことが判明した。また、部分撮影には10cmほどに切断した布テープを入れておくと図像の比較検討に有益である。なお、1カットごとに撮影した内容をノートしておくことも大切なことである。また、国絵図のような大型なものでは、中央部分の撮影に苦心をする。折れの部分の撮り残しがないように十分注意しよう。

近年は、デジタルカメラでの撮影が一般的になり、その場でコンピューターに接続して確認できるようになっ

た。ただ、出版物にする場合は、大型ポジフィルムの精度には及ばないので注意したい点である。

おわりに

国絵図は、繰り返し述べたように、大きいことと情報量の豊かさに特色がある。本調査票も、われわれの数回のテスト使用を経て、改編を加えたものであるが、まだまだ、十分とはいえない。実際、調査を行ってみると、調査項目にない事柄を発見することもある。また、調査内容が多いこともあって、しばしば記入漏れを生じる。短時間の観察では、われわれの鑑識眼が未熟なために、判断がつかない場合も多々でてくる。これらの諸課題を解決していくには今のところ熟覧の機会を積み重ねていく以外に方法はないであろう[10]。

本調査票は閲覧場所や時間的余裕が十分に確保された場合を前提に作成されている。実際の調査にあたっては写真で分析可能な事柄については後回しにして、原本調査でしか獲得できない調査項目を優先する事態も生じてこよう。たとえば、法量・装丁・紙質、彩色と描法、図像の顔料、文字の後筆・異筆などの情報はできるだけその場で記録することが望まれる。

国絵図の調査方法はいまだ、模索の段階である。調査表の基本的調査では、現存国絵図を調査し、目録化する作業である。つづく、調査項目では、個別国絵図の記載内容を資料化するという基礎的作業にあたる。そして、最終的には、江戸幕府撰国絵図とその他の国絵図群との区別・関連を究明して、現存国絵図のマニュアル的なものを提出することにある。　　　　（上原秀明・礒永和貴）

注

1) 科学研究費報告書（代表土田直鎮）（1980、1981）：『現存古地図の歴史地理学的研究』。
2) 本研究は、上原と礒永の共同制作によるものである。これまで両者は個別に国絵図研究を進めてきた。本稿は、そうした経験を生かし、臼杵市立臼杵図書館に所蔵されている稲葉家史料中の国絵図共同調査を実施（1998年2月24～27日）する過程で、数度にわたる意見交換を行い作成したものである。

    臼杵図書館の馬締愼一館長をはじめ神田政明氏ほか図書館関係者、ならびに板井清一先生には心より深謝いたします。
3) 吉岡堅二ほか著（1953）：『日本画の技法』美術出版社。
4) とくに、正保国絵図などのように大型の国絵図の原本調査では、全体写真ないしは少なくとも、予備調査段階で、スナップ写真を撮影し、その解読をすませておくことが望ましい。
5) たとえば、竹田市立図書館（大分県）の正保摂津国絵図は、蔵書印から藩校由学館所蔵のものと判明した。
6) 紙質調査については、以下の文献に詳しいので参照されたい。久米康生（1975）：『手漉和紙精髄』講談社。
7) 科学研究費報告書（代表高橋昌明）（1985）：『荘園絵図の史料学および解読に関する総合的研究』。
8) 顔料調査には、肉眼観察のほかに、顕微鏡写真、X線写真などを利用したものがある。絵図では赤（朱・辰砂・丹・朱土）、青（藍）、緑（緑青）、黄（黄土）、白（鉛白・白土・貝殻胡粉）が使用され、高価な顔料（金銀泥・群青）はあまり用いられないようである。表具師岡岩太郎氏の「絵図の素材分析」と題する講義（1989年の葛川絵図研究会）ノートによる。
9) 撮影方法については、鈴木昭夫ほか共著（1991）：『研究者のための資料写真の撮り方』理工学社。
10) 絵図研究の第一歩は、数多くの本物を熟覧する機会をつくることある。そして、絵図そのものの中に問題を解く鍵を見い出すことであろう。絵図研究の方法論については、以下の文献を参照されたい。

    葛川絵図研究会編（1988・1989）：『絵図のコスモロジー』上巻・下巻（地人書房）

国絵図の修復・保存・公開

〔巨大な国絵図―公開・閲覧の難しさ（1）〕　現在、幕府勘定所及び紅葉山文庫に伝来した幕府献上国絵図は、旧内務省図書局を経て、国立公文書館において元禄国絵図8舗、天保国絵図83舗（勘定所・紅葉山原蔵分あわせて全119舗）が保管され、天保郷帳85冊とともに一括して、昭和58（1983）年に重要文化財の指定を受けている。

周知のように、これらの国絵図は、6里を1寸とする約2万1600分の1の縮尺で作成されたもので、別表に示したように、国ごとにそのサイズをうかがうと、かなり大小の差異があることが理解できるであろう。

天保国絵図を例にすれば、7舗からなる陸奥国（36〜44）、5舗の出羽国（45〜51）、2舗の越後国（59・60）の3か国は、一国規模にすれば巨大な国絵図となるが、これらは所領ごとに作成されたものである。それらを除くともっとも大きな国絵図は、東西・南北ともに7mを超え、その面積も50㎡にものぼる伊予国絵図（96）となる。また、琉球国絵図（116〜118）についても大島、八重山諸島、沖縄島が3舗に分けて仕立てられている。一方で、最小の国絵図は、一島一国からなる壱岐国絵図（114）である。ただし、これも東西が186cm、南北が186cmにも及ぶ。この他、別表を一瞥すると一辺が5mを超える国絵図も少なくないことが分かるが、なかでも信濃国（33）や土佐国（99）では、850cmを超える大きさを有していることが特筆できる。

縮尺の明確な基準が定められていなかった慶長国絵図や、正保・元禄・天保各時期の国絵図の縮尺は別としても、本書に所収の各機関が所蔵する国絵図の写図や控図などについても、ほぼ同等の大きさと判断してよい。

これらの国絵図は、各所蔵機関ではもともとの装丁である折仕立装で保存されているのが現状である。この点に限れば、大きな保存スペースを要することはない。ただし、資料の公開・閲覧という点においては、大きな問題が介在している。

その一つとしては、巨大な国絵図を公開するためのスペースの確保という問題がある。少なくとも、国絵図を広げるためには、そのサイズの1.5倍から2倍の空間は必要となるであろう。つまり、巨大な国絵図全体を俯瞰するために公開するとなると、小さな体育館程度は必要となってくる。実際、国立公文書館が昭和34（1959）年に国絵図を公開した際には、皇居内にある武道場済寧館を借りてその場としている。また、昭和58年に名古屋市博物館が尾張国図（12・13）を展示する際には、既存の展示ケースではなく、特設の展示ケースを用いたという。

ところが、このようにスペースを確保できる博物館や資料館などの公開施設は、多くはないのが現状である。また、このスペースの確保ができる施設でも、折仕立装で重量もある国絵図を広げるためには、複数の人員を要する。そして、扱いに際しては顔料の剝落や資料の破損状況などを熟知した、古地図や歴史資料に専門に携わっている職員の存在も必要となってくる。

残念ながら、多くの所蔵機関においては実際にこのスペースと職員を確保することが困難なために、公開・閲覧が一般に制限されているのが現状といえよう。換言するならば、国絵図が巨大であるが故に、所蔵機関が有する物理的な制約により、公開が制限されているのである。

また、実際に公開された場合でも国絵図の全体像といったものをうかがうことは可能であるが、そこに記載されたさまざまな情報を読みとることは、はなはだ困難でもある（そもそも、幕府作成の国絵図を含む地図資料は、公開を念頭において作成されたものではないことを認識しておく必要があろう）。

これらの制約を克服する試みとしては、別稿「国絵図のデジタル化」で記載されているように、画像資料による公開も進みつつある。資料の保存そして情報の読みとりという点では、有効な手段であることは否定しない。ただデジタル資料を作成するまでに要する時間及び経費が嵩むことが、所蔵機関においてネックとなっていることは否めないであろう。加えて、デジタル資料では実際の大きさを認知することが難しく、幕藩制国家の編纂事業としての国絵図事業の偉大さを看過する可能性もないとはいえない。実物資料を見ることは、国絵図という巨大な資料にふれるという意味で、大きな意義を有しているものと考えられる。

〔身分呼称記載の問題―公開・閲覧の難しさ（2）〕
国絵図の公開が進んでいないのは、前述した物理的な制

約に加えて、被差別部落問題を含めた地域社会に根ざした人権問題に関わる身分呼称の記載が、少なからず含まれていることも大きな一因となっている。

　これは単に国絵図だけに限った問題ではなく、地図・絵図資料、そして歴史資料すべてに関わることでもあるが、国絵図に即せば、以下のことが指摘できるであろう。

　国絵図には、景観の描写とともに、もっとも基礎的な地理情報として、各村落名や山・川・湊などの名称と名所を記す。なかでも個々の村落には、小判型の村形によって図示され、村の名称とその村の生産高である村高をそこに記載している。この村落名は、行政村落としての名称を用いるのが通常である。しかし、当時の身分制社会のなかに位置づけられた呼称として、村落名に変えて、「皮多村」や「夙村」をはじめとするさまざまな身分呼称を用いて示す村落が含まれている。

　このような身分呼称による村落の記載は、なにも、官撰の国絵図ばかりではなく、民間に流布した刊行国絵図にも見られることでもある。確かに、これらの被差別身分に関する情報は、国絵図が作成された当時の社会認識や身分認識からすれば、当然記されるべきものとしても、それを現代社会において、不特定多数の観覧者などに公開することは、慎重な配慮が求められるであろう。

　国絵図が、作成された時代における地域を知るための具体的でかつきわめて可視的（ビジュアル）な資料として位置づけられていることは、市町村史のなかに、挿図として用いられることが近年多くなってきていることからも実感できるであろう。これは、個々人が認識している身近な地域・空間に置けば、なおさらである。換言すれば、資料に描かれた場所が、現在のどの地域に該当するのか、場所の特定が容易にできることを意味している。

　このことが、身分呼称の記載を含む国絵図をはじめとする絵図・地図資料の公開について、歯止めをかけてきたのである。

　それでは、このような資料の内部情報を念頭において国絵図をはじめとする絵図・地図資料を公開するためにはどのような配慮が求められているのであろうか。

　まず、さまざまな差別が歴史のなかで形成され、かつそれが歴史の流れのなかで変容を遂げてきたという史実を認識することが肝要である。そのうえで、国絵図をはじめとする絵図・地図資料のなかに確認できる人権問題も含めた表記において、差別の歴史が示されていることを理解し、真摯にそれを直視することができるかどうか、公開に際して当事者間での活発な議論、そして共通の理解が出来ているかどうか、が求められるのではないだろうか。

　これらの点は、当然のことながら公開する側、観覧する側、研究者なども含めた諸人に共通する課題であることは、今更議論を要しないであろう。

〔国絵図の修復・保存〕　国絵図の公開という面に紙数を割きすぎたが、最後に修復・保存という点について簡単にふれておきたい。

　国絵図をはじめとする絵図・地図資料の修復については、一般的に文化財修理などに精通した修復所で行われている。しかし、所蔵機関においては頻繁には資料の修復は実施されていないのが現状といえよう。それは、修復作業による資料の「蘇生」が、伝存してきた資料の形態との乖離を生み出す可能性があり、それをいかに埋めるかという問題と密接に関連しているからだと思われる。

　基本的には、紙料を用いた絵図・地図資料は、畳めば持ち運びと保存にスペースを割かない小さい状態、広げれば数畳にも及ぶという我が国特有の形態である折仕立装で保存されている。

　これを鑑みれば、資料の毀損や滅失する箇所は、折れ目の部分や料紙の継ぎ目部分ということになる。それは長年利用に供されてきた資料において、まま見られる状態でもある。また公開や閲覧に際しては、この折仕立装という装丁から資料を広げる際に、折れ目の箇所に施された顔料の剥落や破損の原因となる可能性を少なからず含んでいる。

　このほか、長年人目にふれずかつ環境が一定しない場所で保存されてきた絵図・地図資料は、破損や虫損そして湿気を帯びた状態で新たに発見されることもある。

　これらの蘇生については、近年の修復技術をもってすれば、比較的に容易な作業となっている。しかし問題は、国絵図という巨大な資料をどのようにして今後保存していくのかという点にも重点が置かれるべきだと思う。

　国絵図の公開展示を主眼に考えれば、既存の保存形態にとらわれることなく、軸装の装丁での保存が考えられる。また、料紙に裏打ちを施し、紙面を広げた状態での簡易の太巻きによる保存も行われている術でもある。しかし、巨大な国絵図が軸装という装丁で保存されていくことが良いかどうかについては議論が分かれるところであろう。

　当然のことながら、資料は伝存されてきた様式・形態のままで、次の世代へと伝えることが望ましい。折仕立

(別表) 国立公文書館所蔵献上国絵図のサイズ

		原蔵	東西(m)	南北(m)	面積(㎡)			原蔵	東西(m)	南北(m)	面積(㎡)
〔元禄国絵図〕						67	因幡国絵図	勘	3.07	2.71	8.3197
1	下総国絵図		5.01	3.91	19.5891	68	伯耆国絵図	紅	4.02	2.78	11.1756
2	常陸国絵図		4.05	5.50	22.2750	69	出雲国絵図	紅	3.54	3.50	12.3900
3	日向国絵図		4.23	7.26	30.7098	70	出雲国絵図	勘	3.70	3.57	13.2090
4	大隅国絵図		3.49	7.50	26.1750	71	石見国絵図	紅	5.64	3.68	20.7552
5	薩摩国絵図		4.14	7.81	32.5818	72	石見国絵図	勘	5.64	3.72	20.9808
6	琉球国大島絵図		3.12	5.97	18.6264	73	隠岐国絵図	紅	2.31	2.55	5.8905
7	琉球国八重山島絵図		2.61	5.89	15.3729	74	播磨国絵図	紅	4.15	3.73	15.4795
8	琉球国沖縄島絵図		3.05	5.48	16.7140	75	播磨国絵図	勘	4.20	3.80	15.9600
〔天保国絵図〕						76	美作国絵図	紅	3.89	2.72	10.5808
1	山城国絵図	勘	2.77	3.55	9.8335	77	美作国絵図	勘	4.03	2.80	11.2840
2	大和国絵図	紅	3.43	5.18	17.7674	78	備前国絵図	紅	3.34	3.10	10.3540
3	大和国絵図	勘	3.55	5.33	18.9215	79	備前国絵図	勘	3.73	3.19	11.8987
4	河内国絵図	紅	1.74	3.10	5.3940	80	備中国絵図	紅	2.48	3.63	9.0024
5	河内国絵図	勘	1.75	3.19	5.5825	81	備中国絵図	勘	2.51	3.69	9.2619
6	和泉国絵図	紅	1.80	2.97	5.3460	82	備後国絵図	紅	4.09	3.88	15.8692
7	摂津国絵図	勘	3.06	3.04	9.3024	83	備後国絵図	勘	4.19	3.94	16.5086
8	伊賀国絵図	勘	1.95	1.99	3.8805	84	安芸国絵図	紅	3.90	3.46	13.4940
9	伊勢国絵図	勘	3.44	5.80	19.9520	85	周防国絵図	紅	6.19	4.09	25.3171
10	志摩国絵図	紅	1.64	2.34	3.8376	86	周防国絵図	勘	6.23	4.13	25.7299
11	志摩国絵図	勘	1.71	2.39	4.0869	87	長門国絵図	紅	4.86	3.91	19.0026
12	尾張国絵図	紅	2.95	4.19	12.3605	88	長門国絵図	勘	5.33	4.09	21.7997
13	尾張国絵図	勘	2.84	4.17	11.8428	89	紀伊国絵図	紅	5.78	4.91	28.3798
14	三河国絵図	紅	3.85	4.44	17.0940	90	紀伊国絵図	勘	5.79	5.01	29.0079
15	遠江国絵図	勘	3.94	3.92	15.4448	91	淡路国絵図	紅	2.06	2.64	5.4384
16	駿河国絵図	紅	4.45	3.85	17.1325	92	淡路国絵図	勘	2.11	2.77	5.8447
17	駿河国絵図	勘	4.45	3.86	17.1770	93	阿波国絵図	紅	5.12	4.25	21.7600
18	甲斐国絵図	紅	3.99	3.57	14.2443	94	阿波国絵図	勘	5.17	4.36	22.5412
19	伊豆国絵図	紅	4.14	4.57	18.9198	95	讃岐国絵図	紅	4.55	3.01	13.6955
20	伊豆国絵図	勘	4.12	4.60	18.9520	96	伊予国絵図	紅	7.14	7.06	50.4084
21	相模国絵図	紅	3.59	3.12	11.2008	97	伊予国絵図	勘	7.29	3.16	23.0364
22	相模国絵図	勘	3.65	3.23	11.7895	98	伊予国絵図	勘	7.29	3.56	25.9524
23	武蔵国絵図	勘	5.37	5.12	27.4944	99	土佐国絵図	紅	8.56	5.69	48.7064
24	安房国絵図	紅	3.01	2.67	8.0367	100	筑前国絵図	紅	4.13	3.46	14.2898
25	上総国絵図	勘	3.74	4.16	15.5584	101	筑前国絵図	勘	4.14	3.54	14.6556
26	下総国絵図	紅	4.66	3.62	16.8692	102	筑後国絵図	紅	3.19	3.22	10.2718
27	下総国絵図	勘	4.77	3.75	17.8875	103	筑後国絵図	勘	3.29	3.27	10.7583
28	常陸国絵図	紅	4.03	4.36	21.6008	104	豊前国絵図	紅	3.10	3.22	9.9820
29	近江国絵図	紅	3.37	5.11	17.2207	105	豊前国絵図	勘	3.93	3.36	13.2048
30	美濃国絵図	紅	5.87	4.92	28.8804	106	豊後国絵図	紅	5.19	5.32	27.6108
31	美濃国絵図	勘	5.92	4.97	29.4224	107	肥前国絵図	紅	7.11	5.32	37.8252
32	飛騨国絵図	紅	3.83	4.85	18.5755	108	肥前国絵図	勘	7.25	5.29	38.3525
33	信濃国絵図	勘	4.80	8.57	41.1360	109	肥後国絵図	紅	6.09	5.61	34.1649
34	上野国絵図	勘	5.53	5.08	28.0924	110	日向国絵図	紅	4.18	7.09	29.6362
35	下野国絵図	勘	3.92	4.68	18.3456	111	日向国絵図	勘	4.19	7.08	29.6652
36	陸奥国南部領絵図	紅	4.16	7.76	32.2816	112	大隅国絵図	紅	3.53	7.35	25.9455
37	陸奥国仙台領絵図	勘	5.23	7.48	39.1204	113	薩摩国絵図	紅	3.67	7.68	28.1856
38	陸奥国津軽領絵図	紅	4.40	3.71	16.3240	114	壱岐国絵図	紅	1.86	1.86	3.4596
39	陸奥国会津領絵図	紅	4.52	5.54	25.0408	115	対馬国絵図	紅	1.70	3.46	5.8820
40	陸奥国会津領絵図	勘	4.52	5.49	24.8148	116	琉球国大島絵図	勘	3.15	5.75	18.1125
41	陸奥国白河、二本松、三春領絵図	勘	3.35	3.67	12.2945	117	琉球国八重山島絵図	勘	2.61	5.66	14.7726
42	陸奥国磐城、棚倉、相馬領絵図	勘	3.30	5.30	17.4900	118	琉球国沖縄島絵図	勘	3.20	5.43	17.3760
43	陸奥国福島領絵図	紅	2.55	2.55	6.4005	119	松前国絵図	紅	5.01	6.65	33.3165
44	陸奥国福島領絵図	勘	2.59	2.55	6.6045	〔元禄国絵図写〕					
45	出羽国庄内領絵図	紅	2.98	4.44	13.2312	1	山城国絵図		2.33	3.28	7.6424
46	出羽国庄内領絵図	勘	3.16	4.49	14.1884	2	大和国絵図		2.45	4.42	10.8290
47	出羽国新庄領絵図	勘	3.07	2.51	7.7057	3	河内国絵図		1.37	2.95	4.0415
48	出羽国米沢領絵図	紅	2.99	2.71	8.1029	4	和泉国絵図		1.10	2.40	2.6400
49	出羽国山形領絵図	紅	3.58	3.53	12.6374	5	摂津国絵図		2.74	2.46	6.7404
50	出羽国山形領絵図	勘	3.67	3.52	12.9184	6	近江国絵図		3.43	5.16	17.6988
51	出羽国秋田領絵図	紅	5.82	7.09	41.2638	7	丹波国絵図		3.71	3.06	11.3526
52	若狭国絵図	紅	2.73	3.90	10.6470	8	播磨国絵図		3.74	3.10	11.5940
53	越前国絵図	勘	4.59	4.23	19.4157	〔天保国絵図縮図写〕					
54	加賀国絵図	紅	3.84	4.89	18.7776	1	伊賀国絵図		0.976	1.15	1.1224
55	加賀国絵図	勘	3.95	4.94	19.5130	2	伊賀国絵図		1.09	1.02	1.1139
56	能登国絵図	紅	3.17	4.93	15.6281	3	伊勢国絵図		1.86	3.04	5.6544
57	越中国絵図	紅	4.38	5.01	21.9438	4	美濃国絵図		2.94	2.75	8.0850
58	越中国絵図	勘	4.48	5.01	22.4448	5	上野国絵図		2.88	2.57	7.4016
59	越後国新発田・村上領絵図	紅	3.67	6.14	22.5338	6	越前国絵図		2.40	2.26	5.4240
60	越後国高田・長岡領絵図	紅	6.08	5.21	31.6768	7	越中国絵図		2.10	2.47	5.1870
61	佐渡国絵図	勘	1.79	3.09	5.5311	8	播磨国絵図		2.39	2.17	5.1863
62	丹波国絵図	紅	3.99	3.11	12.4089	9	土佐国絵図		4.67	2.42	11.3014
63	丹後国絵図	紅	3.47	3.02	10.4794	10	豊後国絵図		2.17	2.72	5.9024
64	丹後国絵図	勘	3.50	3.02	10.5700	11	肥前国絵図		5.20	2.67	13.8840
65	但馬国絵図	紅	3.10	3.30	10.2300	12	蝦夷国絵図		2.30	3.19	7.3370
66	因幡国絵図	紅	3.04	2.66	8.0864						

出典) 大塚英明 1983「内閣文庫保管国絵図、郷帳一管見」(『三浦古文化』33)
　　　長澤孝三 1984「国立公文書館内閣文庫所蔵国絵図・郷帳の重要文化財指定について」(『北の丸』16)
〔天保国絵図〕中、97伊予国絵図及び98伊予国絵図は、南北に2分割されている。本来は、2鋪で伊予国1鋪となる。
原蔵欄の「勘」は勘定所、「紅」は紅葉山文庫の蔵をさす。
〔天保国絵図縮図写〕中、1伊賀国絵図、2伊賀国絵図、10豊後国絵図、12蝦夷国絵図の4鋪は4分の1の縮図である。

装であるならば、裏打ち紙等を取り除き新たな和紙で補修した後に、元々の折り方どおりに畳まれるべきである。これならば、形態の保存とともに、軸装や太巻き仕様にするよりも収納容積が格段に少なくてすむ。

ただし、このような補修方法だと、折れ目部分を再び破損の危険にさらすことになるが、それはさらに将来の補修作業に委ねるべきことで、資料の形状を大きく変えないに越したことはない。

このような補修の例として、文化財保存修理所（京都国立博物館内）が「日本国地理測量之図」（390 × 425 cm、神戸市立博物館蔵）を全面修復後に元の折仕立装へと戻したことがある。経費はともかくとすれば、原理的にはもっと大型の古地図であっても作業可能である。

今後の公開方法や展示・閲覧の都合で、やむなく形状を変える場合もありうるが、その際には詳細な現状記録を残すことが絶対的な前提となろう。記録という点では、資料はその補修直後がもっとも良好な状態であるから、写真撮影等をその機会に併せて行うとことが合理的である。

また国絵図は、地図資料であるとはいいながら、清絵図や伺絵図の作成については絵師が介在していることからも明らかなように、顔料も多様に用いられた彩色が施されている。つまり、すこぶる絵画的な要素が強いものである。この点からも、長い期間にかけて一定の照度のもとで展示することは、顔料の褪色の問題も抱えていることについて注意を喚起しておきたい。

いずれにせよ、資料の修復・保存については、現状の資料形態を損なわず、後世に伝えていくことがわれわれに課された当然の責務でもある。そのためには、折りにふれて、絵図・地図資料の状態を常日頃から把握しておくような体制が整えられていることが必要であろう。

（三好唯義・小野田一幸）

【参考文献】
福井保 1972「内閣文庫所蔵の国絵図について」（『国立公文書館年報』創刊号）／同 1983「内閣文庫所蔵の国絵図について（続）」（『北の丸』10、のち同 1980『内閣文庫書誌の研究』青裳堂書店に所収）／長澤孝三 1984「国立公文書館内閣文庫所蔵国絵図・郷帳の重要文化財指定について」（『北の丸』16）／小野田一幸 2002「［展示評］特別展「絵図に描かれた被差別民によせて」－古地図資料のタブーからの脱却」（『ヒストリア』179）

国絵図の
デジタル化

〔高精細画像データの作成〕　インターネットの普及に伴い、ここ10年ほどの間に公立の図書館や博物館、大学図書館を中心に、ウェブ上で古地図・絵図に関する各種情報が提供されるようになってきた。ハードウェアやネットワーク環境の制約もあって、これまでは図中の記載内容を充分に読み取れるだけの画像データの作成・配信は難しかったが、ここ2～3年の間に国絵図の高精細画像データをインターネットを通じて閲覧することが可能になってきた。

伊能図10点や阿波国絵図3点（本書参照）を含め、約200点に及ぶ古地図・絵図を所蔵する徳島大学附属図書館では、平成9（1997）年度より所蔵絵図のデジタル化に着手した。その主眼は、これまで所蔵機関や研究者が抱えてきた、資料の「保存」と「利用」という相反する要求を満たす高精細画像データの作成にあった。「高精細画像」については技術的に定義されてはいるが、ここでは国絵図のような大型絵図に記載された最小文字の判読が可能な大容量の画像データを指すことにしたい。

徳島大学附属図書館では、元禄度阿波国絵図（原図法量508.8×425.6cm）のような大型絵図の場合には15分割、伊能図「南海」（同151.5×114cm）のように記載文字が細かい精緻図の場合にも9分割で8×10インチカラーポジフィルム撮影を行い、それぞれの分割撮影フィルムを約500MBの画像データにスキャニングして合成画像化した。そのままでは、阿波国絵図が約7.5GB、伊能図南海が約4.5GBという巨大なデータ量となるため、圧縮して約1～2GBの高精細統合画像データを作成している。

高精細画像データの作成に際しては、原図法量だけでなく、図中に記載された最小文字の大きさの計測が必要となる。これにより、絵図画像データの解像度・データ量や撮影分割カット数が決まってくるからである。

こうした高精細画像データの作成は専門業者に委託することになるが、課題もある。第一に、大型絵図・精緻図の場合には分割撮影が望ましいが、分割数が多くなるほど撮影費やデータ作成費が嵩むことである。第二に、作成技術の問題である。多くの場合、撮影は従来のアナログ方式、データ作成はデジタル方式が採られている。その際には、カメラレンズがもつ歪みの矯正や撮影方法、色調補正、画像接合などの技術によって、高精細画像データの完成度が異なる場合がある。

〔国絵図関係の高精細画像データ〕　高精細画像データは容量が大きく、一般の画像処理ソフトではデータの立ち上げや閲覧に時間を要するため、徳島大学ではこれまで、高速ブラウジングソフトを搭載した附属図書館内のパソコンで閲覧に供してきた。川村博忠・小野寺淳らを中心に制作された「江戸幕府撰の国絵図画像データベース」（平成13・15年度科学研究費データベース研究）に収録されている東北・畿内の国絵図類も、同方式によるCD-ROM版によって情報提供されている。

近年では、ブロードバンドの普及にあわせて高精細画像のネット配信が可能となってきた。管見の限りでは、山口県文書館・鳥取県立博物館・岡山大学附属図書館・愛知県図書館・島根県立図書館・宮城県図書館などで、国絵図高精細画像が配信されている。徳島大学附属図書館でも、平成15年9月より元禄度の阿波国絵図1点（画像サイズ24,281×28,868ピクセル＝約7億画素、1.95GB）を試験配信している。また、平成17年4月からは国立公文書館所蔵で重要文化財に指定されている天保国絵図89点が、正保城絵図16点と併せて公開されている。まだ一部の地域・国絵図に限られるが、国絵図の高精細画像をパソコン上で誰もが閲覧することが可能となった。ただし、配信画像の中には、拡大範囲が制約されている場合もある。また、原図名や法量は示されているケースは多いが、書誌的情報を欠いている場合も少なくない。デジタル画像のメタデータに関する情報提供と併せて、今後の課題である。

〔高精細画像データのGISへの活用例〕
原資料の忠実な復元が可能になった高精細デジタル絵図画像データの最大の長所は、電子媒体による資料の恒久的「保存」と「利用」にある。利用面では「閲覧」が簡便になった点が注目されるが、新たな活用法も模索されている。その一つが、GIS（地理情報システム）分析への応用である。

古地図・絵図の画像データは座標系を持たないため、そのままでは数値地図や空間データ基盤との重ね合わせは難しい。清水英範ら（1999・2003）は、古地図と現代

図との双方で位置が変更されていない地点・地物を対象にTIN（Triangulated Irregular Network）を設定し、古地図の画像データを幾何補正（アフィン変換）することで、GISに適用可能な古地図データの作成を試みている。これにより、数値標高データを用いて絵図に等高線を書き入れ、国土景観を復原することも可能となる。

図1は、清水英範らの手法を参考に、原寸50cm間隔のメッシュを入れた元禄度の阿波国絵図高精細画像データを幾何補正（三次多項式変換）し、20万分の1地勢図（数値地図）に重ね合わせたものである。作業としては、国絵図と数値地図上の同一地点約130か所に、ArcGIS8.3のジオリファレンス機能を用いてコントロールポイントを設定している。見取図である国絵図と数値地図との同一地点の比定は現実的には難しいが、国境や峠、国境・郡境と河川・街道の交点、河川・街道の分岐点などを採用している。ポイントが取りにくい地域については村形の位置を用いている。このような細かい作業を行うには、絵図中の文字が判読できる高精細画像データが不可欠となる。

図2は、同様の手法で補正（アフィン変換）した国絵図データを、ArcGIS8.3（ArcScene）の3D Analyst機能により、1km間隔のDEMデータからTINデータを生成させて3次元表示したもので、高さの比を距離の5倍にとって3D化している。画像データの表示や精度は粗いものの、国絵図に示された表象空間と現実の地表空間との対比、等高線の発生、あるいは距離計測などがある程度可能となる。

GIS分析の有効性については、記載内容が稚拙で誤記も多い慶長度の国絵図のような場合には今後の課題となるが、高精細絵図画像データから明らかになる地名・村名・石高・交通路・注記などの記載情報をデータベース化し、GIS地図上に表示することもできる。元禄国絵図とともに幕府に提出された国境縁絵図では、国境の山名などが隣接する国の縁絵図ごとに異なる場合がある。複数のテーマを多元表示できるGISソフトを活用すれば、絵図作成過程や境界争論などの分析に応用することも期待される。この点で、GISソフトがもつデータベースとの親和性もおおいに活用すべきであろう。国絵図のような大型絵図の場合には原本調査が難しいが、著作権やデータの入手などの問題は徐々に改善されつつあり、今後は高精細画像データのさらなる活用が望まれる。

（平井松午・小野寺淳・瀬戸祐介）

【参考文献】
小野博2003「デジタル画像データの応用・その可能性」（『情報の科学と技術』53-7）／清水英範1999「古地図の幾何補正に関する研究」（『土木学会論文集』625／Ⅳ-4）／清水英範・布施孝志2003「国土の原景観を探る」（『測量』10）／平井松午2004「国絵図・城下絵図の高精細画像を活用する」（『地理』49-1）

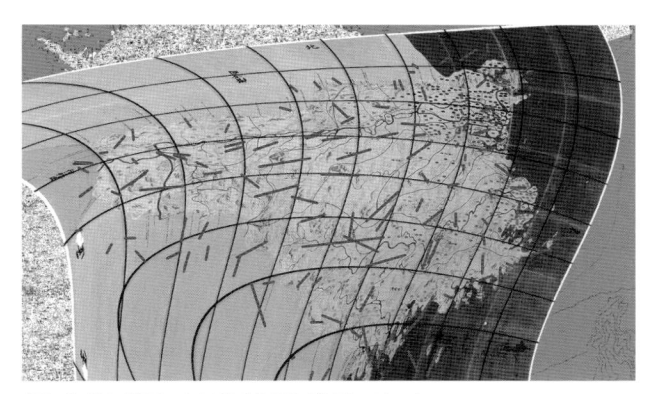

【図1】幾何補正した元禄度阿波国絵図のデータ
（徳島大学附属図書館蔵、徳2）

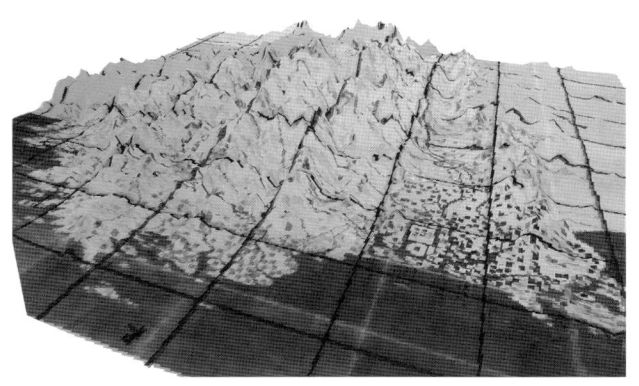

【図2】元禄度阿波国絵図の3次元表示

用語解説

相係（相掛） 天保の国絵図改訂では絵図元のことを国絵図掛と呼び、相持の場合を相掛と呼んだ。

相持 諸国の国絵図調進を受け持つ大名は国ごとに決められていたが、絵図元は単独とは限らず、複数の場合もあった。絵図元が複数の場合を相持と呼んだ。

合紋 本来一枚に描くべき絵図を複数枚に分割して仕立てられた絵図で、継ぎ合わせの目安となるように双方に折半した印（記号）を割印のようにつけたもの。

麁絵図 絵図作成過程における下書き段階の絵図。

伺絵図（窺絵図） 国絵図改訂の際に、諸国の絵図元が下書き段階で幕府へ内見を願い出た下絵図のこと。

海際縁絵図 元禄度の国絵図改訂の際に国ごとに作成された海岸線部分の絵図。日本総図編集のために沿岸諸国にのみ作成が要請された。国絵図と同一縮尺。海際端絵図、海手縁絵図などとも呼ばれた。

絵図小屋 元禄の国絵図改訂のとき、幕府が江戸本郷の具雲寺に設置した絵図役所である。幕府の勘定方役人平野次郎左衛門、町野新兵衛、細田伊左衛門の3名が詰めて国絵図の改訂を指導した。諸国の国絵図は清書の前にこの絵図小屋にて下絵図改を受けることが義務づけられていた。

絵図突合 元禄の国絵図改訂の際の国境確認の方法で、隣接国双方の切抜縁絵図（国境筋を切り抜いた境界筋の絵図）を突き合わせて国境筋の確認が行われた。

絵図目録 絵図面の片隅の余白部分（喦紙）に凡例や石高、村数などを集計して掲載したもの。元禄国絵図では様式が統一された。

絵図元 各国の国絵図調進の担当者。絵図本と書くこともある。絵図元が複数の場合を相持と呼んだ。相持の場合はそのうちのいずれかが清絵図受持を命じられた。

変地帳 元禄度の国絵図改訂の際、先の正保国絵図を基にして改定した箇所を記載した一国ごとの帳面である。本郷絵図小屋での下絵図改のときに提出が求められており、幕府絵図役人が絵図改を能率的に行うのに利用された。読み方は必ずしも確かではなく、一般には「へんちちょう」とも呼ばれる。米沢藩の史料『御絵図由来書』にはこの語に「カイチ」の振り仮名を付している。

懸紙（掛紙） 古い国絵図の内容を改正する場合に、川筋、海岸線など地形の変化した箇所（変地）を上から薄紙をかぶせて部分的に修正することをいう。天保度の国絵図改訂の際には、幕府から元禄国絵図を写した切絵図が諸国の絵図掛に渡され、それを懸紙にて修正したものが幕府へ提出されて、それに基づいて幕府は天保国絵図を作成した。

歩渡 徒歩で川を渡ること。正保国絵図では主要道の渡渉点には「歩渡」か「舟渡」かの区別、さらには川幅、水深などの注記が求められた。

生漉間似合紙 「生漉」とは楮、三椏、雁皮ばかりで粘剤のほかには他の物を混ぜないで漉いた和紙のことである。「間似合紙」とは横幅を長く漉いて半間の間に合うように製した大型の紙であって、屏風や襖の貼紙に用いられる。福井県（越前）今立町の特産。元禄国絵図では絵図紙に越前産の「生漉間似合上々紙」の使用が命じられていた。

清絵図 幕府へ献納される国絵図のこと。正保の国絵図改訂では、絵図奉行を務めた井上政重の下絵図内見、元禄の国絵図改訂では本郷絵図小屋での下絵図改を受けたあと清絵図が仕立てられた。清書、清貼などと類似の読み方。「せいえず」ともいう。

涯絵図（際絵図） 国境筋のみを図示した境界絵図のこと。「縁絵図」「端絵図」に同じであるから、それを参照のこと。

郡付 国絵図の図中、各郡のほぼ中央に郡名と一緒に当該郡の石高や村数を記載したもので、郡見出しの役割を果たす。慶長国絵図では長方形（短冊型）の枠を設けるのが一般的であるが、正保国絵図以降では枠付けは見られなくなる。

郡分 国絵図の図中にて郡を区分して図示すること。正保の絵図基準に「絵図、帳共ニ郡分之事」とあるように、郡分は必須の国絵図要領であった。

公裁 幕府によるさばき。元禄国絵図の作成に際しては国境・郡境での論地はすべて決着をつけることが必要であった。双方の内談によって解決がつかない場合は幕府の公裁を仰ぐことになり、元禄のときは全国で100件以上の公裁が行われた。

郷帳 郡村別に石高を列挙した一国単位の石高帳である。国絵図と一緒に幕府文庫（紅葉山文庫）に収納され、もう一冊が実務用として勘定所にも保管された。一般には「郷村帳」と呼ばれる。正保郷帳は内容が詳細で、村ごとに知行領主が記されるほか自然災害を受けやすい村には「旱損」「水損」など、山には「はへ（生え）山」「芝山」などの種別まで示される。元禄、天保郷帳は内容が簡潔で、村高を列記し郡ごとの石高、最後

に一国都合高を集計するのみである。元禄郷帳までは表高（公称高）、天保郷帳は諸国より報告の表高（実高）にての記載である。

小書 小文字による図中注記のこと。正保国絵図では海辺、港、渡渉箇所などに小書の多いのが特徴である。元禄国絵図では国境筋の注記が多い。

胡粉 貝殻を焼いてつくった白い粉末。白色の顔料として用いられるが、絵図紙の下地に胡粉を塗り、その上に着色すると美しくひきたち鮮明な色合いが得られる。ただし、年数を経て乾燥すると顔料が剥げ落ちやすいので、正保の絵図基準では「郷村其外、絵取ニこふん入申間敷事」と令して、国絵図の彩色には用いないよう指示していた。

下絵図改 元禄の国絵図改訂のとき、諸国の国絵図は清書の前に本郷絵図小屋にて幕府絵図役人による下見分を受けることが必要であった。この事前の見分のことを下絵図改と呼んだ。

城形 四角形で表現する城郭の図示記号。慶長国絵図では城郭は景観描写が一般的であるが、正保以降は簡略化され、単に構を囲郭するか、城形の記号を用いるようになる。支藩領主などの居所は城形より小さい四角形が用いられ「屋敷形」と称した。

新国絵図 天保国絵図成立以前においては元禄国絵図のことを指す。元禄国絵図が成立して、それが「新国絵図」と呼ばれるようになると、先の正保国絵図は「古国絵図」と呼ばれるようになった。

切所 山道などの難所のこと。国絵図の図中には「切所、冬牛馬往還不成」などの注記が見受けられる。

高頭・色分目録 国絵図の図中余白（罨紙）に掲載される絵図目録のことで、郡あるいは領主別の石高を高頭目録といい、村形の郡別色分の凡例を色分目録と呼ぶ。正保国絵図までは目録様式が不揃いであったが、元禄国絵図にいたって目録題目には「何国高都合并郡色分目録」と記し、郡ごとの色分、石高、村数を列記し、一国合計を掲げ、末尾に上納年月と献上者（絵図元）名を記すように記載形式が全国統一された。

詰絵図 縮小した絵図のことで、国絵図は図幅が大きくて一覧しにくいため、必要によっては詰絵図が作成された。これに対して拡大絵図のことを「延絵図」と呼んでいる。

礬砂 明礬をとかした水ににかわを混ぜたもので、絵図紙の下地に引いて墨や絵具のにじみ散るのを防ぐのに用いられる。

取替縁絵図 元禄の国絵図改訂では隣国との国境の相互確認が義務づけられた。その確認の方法として、双方で作成した切抜縁絵図を互いに突き合わせて照合し、合意にいたれば絵図役人間で証文を記して取交わした絵図のこと。取替縁絵図は一般には切り抜きはなく、証文は裏書きにされた。

灘道 海岸沿いの道。正保道帳では道路を「大道」「小道」「灘道」に分けて、それぞれの道筋に沿って交通環境の説明書きが求められた。

古国絵図 一般には正保国絵図を指す。元禄の国絵図改訂のあと新訂図を「新国絵図」と呼んだのに対して、先の正保国絵図が古国絵図と呼ばれるようになった。「こくにえず」ともいう。

分割 分間（距離）の割の意味で、縮尺のこと。正保国絵図以降、江戸幕府の国絵図は道筋6寸1里（2万1600分の1）が基準であった。元禄のとき幕府が示した絵図基準条令に「分割之儀は、古絵図之分割ニ仕、勿論道筋は一里六寸之積りニ、墨ニ而星可被仕事」とある。

縁絵図 国絵図の縁（国境筋）の部分だけを図示した絵図で、陸側の国境縁絵図と海辺の海際縁絵図がある。縁絵図は元禄の国絵図改訂のとき、隣国との国境の相互確認のために作成されたもので、縮尺は国絵図に同じ。呼称は統一がなく国によって「涯絵図」「際絵図」「端絵図」などとも呼ばれた。

方角紙 四方位の十字線のみを記した紙。建部賢弘が享保日本図の編集のために、隣国の見当山の方角を調査するに際に諸国の担当者に渡して、この紙に見当山への望視線を朱引きさせた。

見当山 自国より遠望できる隣国の山。享保日本図の編集に際して、隣国の見当山の調査が諸国の大名に命じられた。建部賢弘はこの見当山の方角資料を用い、国々の国絵図を接合して享保日本図を集成した。

道帳 正保度の国絵図事業にては国絵図・郷帳のほかに城絵図と道帳を添えて幕府へ上納された。国絵図に図示した道路を大道・小道・灘道・舟路に区別して、それぞれの道筋に沿って宿場、馬継間の距離や山坂、渡渉点での渡河方法など交通環境を説明した一国ごとの帳面で「道程帳」とも称された。

道法 交通路の距離、つまり「道程」のこと。道路の里程のほか、舟路の里程も含む。国絵図では一般に小書にて、陸・海の道筋に道法が記された。

道度 「道程」「道法」に同じ。正保日本図の編集を担当した北条正房（氏長）は諸国へ道度の報告を求めて「諸国道度」をまとめ、日本総図編集に利用した。

村形 国絵図の図中に示される村の記号である。一般には小判型（楕円形）で描かれ、その枠内に村名と村高が記載される。慶長国絵図では丸輪型、短冊型（長方形）

などの村形が見られる。小判型の標準図式は正保国絵図において定まった。

紅葉山文庫（もみじやまぶんこ） 江戸城内におかれた江戸幕府の文庫。慶長7（1602）年に設置された幕府文庫が寛永16（1639）年に紅葉山に移されてから、紅葉山文庫と呼ばれるようになった。国絵図・郷帳（ごうちょう）など重要史料はこの文庫に収納されて、書物奉行が管理していた。

宿形（やどがた） 国絵図の図中に宿場町を図示する図式のこと。宿場を一般の村とは区別して図示する場合に、村形に対して宿形と呼ぶ。宿形には方形、円形などが用いられ、その図式は必ずしも一定していない。

山絵形（やまえがた） 山の形を描くための雲形定規。

罫紙（らいし） 国絵図の図面余白のこと。元禄国絵図では絵図基準にて罫紙に一定形式の高頭（たかがしら）・色分（いろわけ）目録を掲載することが指示された。これを「罫紙目録」ないしは「絵図目録」と呼んでいる。

論所（ろんしょ） 境界争いの箇所で、論地ともいう。元禄の国絵図改訂では国境（くにざかい）の論地を未解決のままでの国絵図調製は認められなかった。内談で解決がつかない場合は公訴にして幕府の裁決を仰ぐことになっていた。「ろんじょ」ともいう。

（川村博忠）

国絵図研究関連文献リスト

　本リストは、2009年7までに刊行された国絵図研究関連文献を、一般・地域別・付図等・国絵図関連資料に大別し、著者・編を五十音別に順に列記したものである。付図については、【　】で関連する国絵図を示した。文献の情報は、国絵図研究会の会員ならびに本書の執筆者を基にしたので、全ての文献を見たものではない。なお、本リストは、喜多祐子がとりまとめたものである。

【一般】

秋岡武次郎 1955『日本地図史』河出書房.
秋岡武次郎編 1972『日本古地図集成』鹿島研究所出版会.
和泉清司 2008『近世前期郷村高と領主の基礎的研究—近世前期郷村高と領主の基礎的研究—』岩田書院.
礒永和貴 1999「江戸幕府撰国絵図の縮図について」国絵図ニュース4，5-7頁.
岩田豊喜 1977『古地図の知識100』新人物往来社，87-94頁.
上原秀明・礒永和貴 1998「国絵図調査法」熊本学園大学論集総合科学4-2，29-53頁.
─── 1993「江戸幕府撰国絵図」（久武哲也・長谷川孝治編『改訂増補　地図と文化』（初版1989）地人書房）70-73頁.
─── 2001「国絵図」（有薗正一郎・遠藤匡俊・小野寺淳・古田悦造・溝口常俊・吉田敏弘編『歴史地理ハンドブック』古今書院）213-218頁.
臼杵市教育委員会編 2005『臼杵市所蔵絵図資料群調査報告書』臼杵市教育委員会.
海野一隆 1979「人間記の版本と地図」月刊古地図研究117，2-5頁.（→後，うんのかずたか 1985「ちずのしわ」雄松堂出版に再録）
─── 1984a「埋もれている江戸時代の官選地図（前）」月刊古地図研究15-9，2-11頁.（→後，同1998『ちずのこしかた』小学館スクウェアに再録）
─── 1984b「埋もれている江戸時代の官選地図（後）」月刊古地図研究15-10，10-11頁.（→後，同1998『ちずのこしかた』小学館スクウェアに再録）
─── 1996『地図の文化史—世界と日本—』八坂書房，134-139頁.
大野瑞男 1987「国絵図・郷帳の国郡石高」白山史学23，1-50頁.
織田武雄 1972「江戸幕府撰の国絵図と日本図」（中村拓編『日本古地図大成』講談社）21-25頁.
小野寺淳 2008「近世絵図史料論の課題—国絵図研究会の活動を通して—」歴史学研究842，25-32頁.
河田羆 1895a「本邦地圖考」史学雑誌6-4，32-41頁.
─── 1895b「本邦地圖考（承前）」史学雑誌6-5，41-50頁.
川村博忠 1984『江戸幕府撰国絵図の研究』古今書院.
─── 1990『国絵図』吉川弘文館.
─── 1992『近世絵図と測量術』古今書院，306頁.
─── 1997「国絵図について」（『江戸時代「古地図」総覧』新人物往来社）128-135頁.
─── 1998「畳の文化と国絵図」国絵図ニュース1，2頁.
─── 2001「ライ紙と変地帳（かいちちょう）の読み」国絵図ニュース10，2頁.
栗田元次 1953「江戸時代刊行の国郡図」歴史地理84-2，1-16頁.
黒田日出男 1980「江戸幕府国絵図・郷帳管見2—現存慶長・正保・元禄国絵図の特徴について」東京大学史料編纂所報15，1-21頁.
─── 1986a「国絵図についての対話」歴史評論433，27-39頁.
─── 1986b「境界の色彩象徴—国郡の境—」（同『境界の中世　象徴の中世』東京大学出版会）99-108頁.
─── 1998-2004「南葵文庫の江戸幕府国絵図」東京大学史料編纂所附属画像史料解析センター1-24.
杉本史子 1992「国絵図研究の位置と課題—川村博忠氏「国絵図」によせて—」日本歴史529，84-94頁.（→後，同1999『領域支配の展開と近世』山川出版社に再録）
─── 1994「国絵図」（朝尾直弘ほか編『岩波講座日本通史　第12巻　近世2』岩波書店）301-325頁.
─── 1999『領域支配の展開と近世』山川出版社，152-254頁.
杉本史子・村岡ゆかり・国木田明子・高島晶彦 2009「シーボルトが収集した国絵図・出版図と和紙見本帳について—蒐集と公開の十九世紀—」東京大学史料編纂所研究紀要19，45-79頁.
白石克 1980「人国記の版本について」月刊古地図研究120，9-10頁.
高木信吉 1970「生き続ける地図」月刊古地図研究4，1-3頁.
高木菊三郎 1931『日本地図測量小史』古今書院，39-41・44-49・54-57・76-77頁.
─── 1966『日本に於ける地図測量の発達に関する研究』風間書房，25・34-44頁.
土田直鎮編 1980「現在古地図の歴史地理学的研究（一般研究A）」東京大学史料編纂所報14，45-53頁.
─── 1981「現在古地図の歴史地理学的研究（一般研究A）」東京大学史料編纂所報15，70-95頁.

─────── 1982「現在古地図の歴史地理学的研究（一般研究 A）」東京大学史料編纂所報 16，25－35 頁．
中村哲編 1972『古地図大成』講談社
福井保 1966「内閣文庫と国絵図・郷帳」日本古書通信 31－2，1 頁．
─────── 1983「国絵図（慶長・正保・元禄・天保国絵図）」（同『江戸幕府編纂物　解説編』雄松堂出版）47－61 頁．
藤田覚 1991「国絵図について」歴史と地理（日本史の研究）436，1－14 頁．
藤田元春 1942「近代の日本總圖」（同『改訂増補　日本地理学史』刀江書院）250－263 頁．
松本寿三郎 1994「国絵図を読む」（同編『熊本市立大学セミナー　入門江戸時代の熊本』三章文庫）257－277 頁．
三好唯義 1987「南波コレクション中の刊行諸国図について」神戸市立博物館研究紀要 4，27－52 頁．
─────── 1988「近世刊行国絵図の書誌的研究」（葛川絵図研究会編『絵図のコスモロジー上巻』地人書房）206－225 頁．
─────── ・小野寺一幸 2004「図説　日本古地図コレクション」河出書房新社．
師橋辰夫 1971「和本アトラス（承前）」月刊古地図研究 14，9－11 頁．
山下和正 1996『江戸時代古地図をめぐる』NTT 出版．
矢守一彦 1977「幕府撰国絵図と板行諸国図」（児玉幸多・原田伴彦・森谷尅久・矢守一彦編『江戸時代図誌別巻 1　日本国尽』筑摩書房）166－175 頁．（→後，同 1992『古地図への旅』朝日新聞社に再録）
─────── 1984「書評『江戸幕府撰国絵図の研究』川村博忠著」歴史地理学 127，45－47 頁．

● 慶長国絵図

礒永和貴 2000「慶長国絵図の献上に関する疑問」国絵図ニュース 7，2 頁．
川村博忠編 2000『江戸幕府撰慶長国絵図集成　付・日本初期日本総図』柏書房，全 135 丁．
黒田日出男 1977「江戸幕府国絵図・郷帳管見 1—慶長国絵図・郷帳について—」歴史地理 93－2，19－42 頁．
藤井譲治 2004「江戸幕府の地域把握について—徳川将軍発給の領知判物・朱印状—」福井県立文書館研究紀要 1，3－17 頁．
吉田敏弘 1996「シーボルトがもちかえった慶長和泉国絵図」國學院雑誌 97－4，36－37 頁．
歴史地理編 1918「慶長圖」歴史地理 31－2，81－82 頁．

● 寛永国絵図

礒永和貴 1998「長澤家文庫の九州図と寛永巡見使」熊本地理 8・9，1－10 頁．
川村博忠 1982「寛永期における国絵図の調製について」（石田寛教授退官記念事業会編『地域—その文化と自然—』福武書店）484－494 頁．（→後，同 1984『江戸幕府撰国絵図の研究』古今書院に再録）
─────── 1995「寛永国絵図の縮写図とみられる『日本六十八州縮写国絵図』」歴史地理学 37－5，1－17 頁．
─────── 1996「毛利家文庫「日本図」中の周防・長門国について」エリア山口 25，1－9 頁．
─────── 2002『日本六十余州図—寛永十年巡見使国絵図』柏書房，全 71 丁．
─────── 2007「寛永日本図の改訂とその実像」（藤井譲治編『大地の肖像　絵図・地図が語る世界』京都大学学術出版会）298－325 頁．
黒田日出男 1982「寛永江戸幕府国絵図小考—川村論文の批判的検討—」史観 107，49－62 頁．
白井哲也 1998「「日本六十余州国々切絵図」の地域史的考察—下総国絵図を事例に—」駿台史学 104，117－130 頁．
前田正明 2000「諸藩で書写された『諸国国絵図』について—川村博忠・黒田日出男の国絵図研究に対する検討—」和歌山県立博物館研究紀要 5，53－72 頁．
渡部淳 2005「寛永十五年国絵図徴収に関する史料をめぐって」土佐山内家宝物資料館研究報告 3，17－25 頁．

● 正保国絵図

阿部眞琴 1932「江戸時代の「地理學」（下）—地誌と地圖—」歴史地理 60－6，42－48 頁．
礒永和貴 1996「正保国絵図の調査と『村差出帳』—山城国・相模国を中心に—」鷹陵史学 22，61－100 頁．
川村博忠 1979a「正保国絵図の調進と絵図様式の統一化について」歴史地理学紀要 21，55－84 頁．（→後，同 1984『江戸幕府撰国絵図の研究』古今書院に再録）
─────── 1979b「明暦大火被災による正保国絵図の再提出について」歴史地理学会会報 103，11－16 頁．（→後，同 1984『江戸幕府撰国絵図の研究』古今書院に再録）
国絵図研究データベース作成委員会編 2002『江戸幕府撰国絵図の画像データベース　正保国絵図編』全 10 巻．（平成 13 年度科学研究費補助金データベース研究）
山本博文 1995『鎖国と海禁の時代』校倉書房，103－118 頁．

● 元禄国絵図

阿部眞琴 1932「江戸時代の「地理學」（下）—地誌と地圖—」歴史地理 60－6，42－48 頁．
荒野泰典 1988「近世史部会—山本博文「幕藩権力の編成と東アジア」，杉本史子「国絵図作成事業と近世国家」，豊見山和行「近世琉球の外交と社会」（1988 年度歴史学研究会大会報告批判）」歴史学研究 588，48－51 頁．
川村博忠 1977「元禄年間の国絵図改訂と新国絵図の性格について」人文地理 29－6，28－54 頁．（→後，同 1984『江戸幕府撰国絵図の研究』古今書院に再録）
─────── 1978「新国絵図清書の報告書—「元禄国御絵図仕立覚」について—」歴史地理学会会報 97，19－22 頁．

─────1980「元禄年間国絵図改訂の際の変地帳・国境縁絵図・海際縁絵図について」(西村嘉助先生退官記念事業実行委員会編『西村嘉助先生退官記念地理学論文集』古今書院) 590–595頁.(→後,同1984『江戸幕府撰国絵図の研究』古今書院に再録)
─────1994「『伊賀御国絵図後鑑』にかかわる思い出」三重県史だより9,1–2頁.
─────2000「元禄国絵図における国境筋の表現要領について」歴史地理学42–3,22–36頁.
─────2008「元禄国絵図事業における道程書上とその徴収目的」歴史地理学50–4,1–15頁.
国絵図研究データベース作成委員会編 2004『江戸幕府撰国絵図の画像データベース 元禄国絵図編』全10巻.(平成15年度科学研究費補助金データベース研究)
栗田元次 1942「元禄の國繪圖」歴史地理80–2,83–84頁.
杉本史子 1988「国絵図作成事業と近世国家」歴史学研究増刊号,126–138頁.(→後,同1999『領域支配の展開と近世』山川出版社に再録)
─────1994「国絵図」(朝尾直弘ほか編『岩波講座日本通史 第12巻 近世2』岩波書店)301–325頁.

● 天保国絵図

海野一隆 1978「天保国絵図の仕上げ費用」月刊古地図研究9–5,2–4頁.(→後,同1985『ちずのしわ』雄松堂出版に再録)
川村博忠 1980「天保国絵図・郷帳の成立とその内容」山口大学教育学部研究論叢第1部人文科学・社会科学30,1–15頁.
杉本史子 1990「天保国高・国絵図改訂事業の基礎過程」人民の歴史学106,12–26頁.(→後,同1999『領域支配の展開と近世』山川出版社に再録)
─────1994「国絵図」(朝尾直弘ほか編『岩波講座日本通史 第12巻 近世2』岩波書店)301–325頁.
藤田覚 1980「天保国絵図の作成過程について」東京大学史料編纂所報15,22–36頁.

● 日本総図

芦田伊人 1930「日本総図の沿革」国史回顧会紀要2,17–59頁.
上原秀明 2005「国絵図から日本総図へ」(長谷川孝治編『地図の思想』朝倉書店)12–15頁.
海野一隆 2000「いわゆる「慶長日本総図」の源流」地図38–1,3–12頁.
─────2001a「図形成立年代と描画年代─川村氏の拙稿批判論文を読んで─」地図39–1,28–30頁.
─────2001b「寛永年間における幕府の行政査察および地図調製事業」地図39–2,1–17頁.(→後,同2005『東洋地図学史研究 日本篇』清文堂出版に再録)
─────2002「中井家旧蔵の『日本国中図』」地図40–4,1–9頁.(→後,同2005『東洋地図学史研究 日本篇』清文堂出版に再録)
川村博忠 1979「享保日本図の編成について」史学研究145,39–59頁.
─────1981「江戸幕府日本図の編成について」人文地理33–6,43–63頁.
─────1995「江戸時代の日本地図」月刊しにか6–2,50–57頁.
─────1997「江戸初期日本総図をめぐる問題」地理科学52–1,65頁.
─────1998a「池田家文庫所蔵の寛永日本総図について」地図36–1,1–8頁.
─────1998b「江戸初期日本総図再考」人文地理50–5,1–24頁.
─────2000「江戸初期日本総図をめぐって─海野氏の見解に応えて─」地図38–4,42–48頁.
─────2007「寛永日本図の改訂とその実像」(藤井讓治編『大地の肖像 絵図・地図が語る世界』京都大学学術出版会)298–325頁.
─────2008a「最初に作製された正保日本図(写)の現存」国絵図ニュース21,4頁.
─────2008b「いわゆる「慶長日本図」の誤認を解く」日本歴史723,91–98頁.
─────2008c「正保日本図と北条氏長の作図技術に関する若干の考察」地図46–4,11–26頁.
佐藤賢一 2005『コレクション数学史5 近世日本数学史─関孝和の実像を求めて─』東京大学出版会.
高木崇世芝 1998「正保日本総図の北方図地名」アイヌ語地名研究1,81–88頁.
武井弘一 2007「享保日本図編纂事業の特質─人吉藩を事例に─」熊本史学87・88,45–62頁.
塚本桂大 1985「江戸時代初期の日本図」神戸市立博物館研究紀要2,19–40頁.
土田良一 1998「毛利家文庫「日本図」所蔵の尾張国絵図─原図作成時期をめぐる疑問─」国絵図ニュース2,3–4頁.
中村拓 1969「欧米人に知られたる江戸時代の実測日本図」地学雑誌78–1,1–18頁.
羽賀與七郎 1957「享保日本図作製に関する新資料について─弘前藩の場合─」歴史14,35–41頁.
─────1959「享保日本図作製に関する新資料について─盛岡藩の場合─」科学史研究51,7–12頁.
深井甚三 2003「近世初期日本図の作成について─越中国からの検討─」富山大学教育学部紀要57,129–140頁.
─────2006「幕府撰日本図に見る近世越中の地域像」富山大学人間発達科学部紀要1–1,221–233頁.
藤井讓治 2004「正保日本図について」(藤井讓治・杉山正明・金田章裕編『絵図・地図からみた世界像:京都大学大学院文学研究科21世紀COEプログラム「グローバル化時代の多元的人文学の拠点形成」「15・16・17世紀成立の絵図・地図と世界観」中間報告書』京都大学大学院文学研究科).
─────2007「二つの正保日本図」(同編『大地の肖像 絵図・地図が語る世界』京都大学学術出版会)326–344頁.
藤田元春 1942『改訂増補 日本地理学史』刀江書院,250–262頁.
渡部淳 1994「土佐山内家伝来『正保日本図』の紹介」海南史学32,61–63頁.

─── 2001「絵地図の世界（2）」海南千里　土佐山内家宝物資料館だより 5，4－5 頁．
国際地理学会・国際地図学会・国立国会図書館編 1980『日本の地図―官撰地図の発達―』国立国会図書館．

【地域別】
●紅葉山文庫・内閣文庫
阿部俊夫 2004「中川忠英旧蔵本『岩代国絵図』について」福島県歴史資料館研究紀要 26，67－74 頁
礒永和貴 1999「紅葉山文庫収蔵「献上国絵図」の管理と利用―八代将軍吉宗の在職期間を中心に―」史学論集―佛教大学文学部史学科創
　　　　　　設三十周年記念―．127－139 頁．
─── 2000「伊能忠敬記念館所蔵の国絵図小考」国絵図ニュース 9，2－3 頁．
─── 2001「日光社参と国絵図」国絵図ニュース 11，2－3 頁．
─── 2005「献上国絵図の修復について」国絵図ニュース 16，2－4 頁．
大塚秀明 1983「内閣文庫保管国絵図・郷帳一管見」三浦古研究 33，19－38 頁．
小野寺淳・青木幸代・橋本暁子・横山貴史 2009「伊能忠敬記念館所蔵の国絵図群」国絵図ニュース 23，2－4 頁．
黒川直則 1983「京都府立総合資料館所蔵「国絵図」について」文化財報 43，13－15 頁．
長澤孝三 1984「国絵図・郷帳の重要文化財指定について」北の丸 16，9－44 頁．
福井保 1972「内閣文庫所蔵の国絵図について」国立公文書館年報 1，39－50 頁．（→後，同 1980『内閣文庫書誌の研究』青裳堂書店に再録）
─── 1978「内閣文庫所蔵の国絵図について（続）」北の丸 10，3－23 頁．（→後，同 1980『内閣文庫書誌の研究』青裳堂書店に再録）
文化庁文化財保護部編 1983『国絵図幷郷帳目録』文化庁文化財保護部美術工芸課．
師橋辰夫 1976「内閣文庫所蔵の国絵図」月刊古地図研究 78，2－3 頁．

●畿内（山城・大和・河内・和泉・摂津）
朝尾直弘 1995「和泉国の分間絵図と国絵図」（同『都市と近世社会を考える―信長・秀吉から綱吉の時代まで―』朝日新聞社）186－270
　　　　　　頁．（→後，同ほか編 2004『朝尾直弘著作集第 2 巻―畿内からみた幕藩制社会―』岩波書店に再録）
泉大津市史編さん委員会編 1998『泉大津市史　第 1 巻　下』泉大津市．87－107 頁．
泉佐野市史編さん委員会編 2000『新修　泉佐野市史　絵図地図編』泉佐野市史編さん室．
礒永和貴 1994「宇治市歴史資料館本「正保山城国絵図」の記載内容」歴史地理学 36－3，23－45 頁．
─── 1996b「西宮市立郷土資料館蔵「慶長十年摂津国絵図」の描写内容と表現様式」人文地理 48－6，70－85 頁．
─── 1998「談山神社所蔵の正保大和国絵図編纂に伴う村差出絵図」国絵図ニュース 3，2 頁．
─── 1999「江戸幕府撰大和国絵図の現存状況と管見した図の性格について」奈良県立民俗博物館研究紀要 16，1－14 頁．
伊丹市立博物館編 1982『伊丹古絵図集成（絵図集）伊丹資料叢書 6』伊丹市役所．841－843 頁．
出田和久 1999「近世の絵図」（泉佐野市史編纂委員会編『新修泉佐野市史第 13 巻　絵図地図編（解説）』泉佐野市）5－41 頁．
─── 2000「和泉国絵図とそのかたち―近世における広域図の作成に関する技術的問題に関連して―」（足利健亮先生追悼論文集編纂委
　　　　　　員会編『地図と歴史空間―足利健亮先生追悼論文集―』大明堂）382－392 頁．
上原秀明 1989「元禄九年和泉国分間絵図の調整過程とその構造」（葛川絵図研究会編『絵図のコスモロジー下巻』地人書房）77－91 頁．
大阪狭山市立教育委員会・狭山池調査事務所編 1992『絵図に描かれた狭山池』大阪狭山市立教育委員会・狭山池調査事務所．
大阪狭山市立郷土資料館編 1998『特別展　近世の絵図―狭山池の世界―』大阪狭山市立郷土資料館．19 頁．
大宮守人 1999「特別陳列『江戸幕府撰元禄 12 年大和国絵図』について―その展示と写真収録」奈良県立民俗博物館 16，15－22 頁．
岡本正心ほか編 1968『尼崎市史　第 2 巻』尼崎市役所．462－470 頁．
小田匡保 1998「大和国絵図に描かれた大峰―山岳聖域に関する地理的地域伝播の一例―」駒沢地理 34，47－64 頁．
─── 2001「大和国絵図諸本の系譜について―大和国絵図に描かれた大峰・再論」歴史地理学 43－5，1－20 頁．
─── 2003「明治初期作製の大和国絵図について」国絵図ニュース 14，2－4 頁．
─── 2009「ライデン大学所蔵の大和国絵図について」駒沢地理 45，37－42 頁．
小野田一幸 1989「天保郷帳・国絵図の改訂とその問題―近江国を事例に―」千里山文学論集 39，1－26 頁．
─── 1993「天保国絵図改訂事業の一齣」千里地理通信 29，1－3 頁．
小葉田淳編 1971『堺市史　続編第 1 巻』堺市役所．702－718 頁．（→後，朝尾直弘 2004『朝尾直弘著作集第 2 巻―畿内からみた幕藩制社
　　　　　　会―』岩波書店に再録）
河内長野市史編纂委員会編 1998『河内長野市史　第 2 巻』河内長野市．149－158 頁．
川村博忠 1989「近世の地図 12　正保国絵図」地理 34－8．裏表紙．
黒川直則 1983「京都府立総合資料館所蔵『国絵図』について」文化財報 43，13－15 頁．
古地図研究会編 1970「国図と安永版山城国図」月刊古地図研究 1，10 頁．
杉本壽 1981「官製国絵図における行政界認定」歴史と神戸 20－5，28－31 頁．
太子町立竹内街道歴史資料館編 2003『平成 15 年度企画展解説書　最古の官道竹内街道と間道の軼轢―松尾芭蕉の覚峰を巡って』太子町立
　　　　　　竹内街道歴史資料館．36－41・53 頁．

宝塚市史編集専門委員編 1976『宝塚市史　第2巻』宝塚市.
──────── 1978『宝塚市史　第5巻』宝塚市.
田中敏雄 1993「絵師伊藤長兵衛の二つの画業」日本美術工芸 658, 36-42頁.
富田林市史編纂委員会編 1998『富田林市史　第2巻』富田林市, 452-467頁.
羽曳野市史編纂委員会編 1985『羽曳野市史　別巻』羽曳野市, 118-167頁.
春原源太郎 1966「町村境と元禄の御国絵図改め」自治研究 42-9, 156-166頁.
福島雅蔵 1987a「慶長十年九月和泉国絵図について」(同『幕藩制の地域支配と在地構造』柏書房) 105-125頁.
──── 1987b「泉州北部における近世前期の村落—郷村帳・古絵図類を素材として—」(同『幕藩制の地域支配と在地構造』柏書房) 126-139頁.
──── 1987『幕藩制の地域支配と在地構造』柏書房).
──── 1997「天保国郷帳・国絵図の調進と在地村落—御三卿上方領を中心として—」花園史学 17, 21-68頁（→後, 同 2003『近世畿内支配体制の諸相』に再録）
──── 1999a「河内国天保郡絵図—国絵図の作成と関連して—」国絵図ニュース 4, 2-4頁.
──── 1999b「河内国天保国郷帳・絵図の調進—村方史料を中心として（大会特集 2. 巨大都市大阪と摂河泉—新しい地方史研究方法を求めて—）—」地方史研究 49-5, 34-59頁.（→後, 同 2003『近世畿内支配体制の諸相』和泉書院に再録）
──── 2003『近世畿内支配体制の諸相』和泉書院, 147-264・289-300頁.
──── 2004「元禄国絵図と堺上神谷地域の村むら」朝尾直弘著作集　第2巻月報 4, 3-4頁.
藤井寺市史編集委員会編 1991『藤井寺市史第 10 巻　史料編 8上（地理）』藤井寺市.
藤田和敏 2002「近世前期の国絵図・郷帳と村」洛北史学 4, 21-43頁.
藤本清二郎 1997「和泉国のかわた村—登録と社会的認知の位相—」(同『近世賤民制と地域社会—和泉国の歴史像—』清文堂) 81-120頁.
美原町史編纂委員会編 1999『美原町史　第1巻』美原町, 513-527頁.
八尾市立歴史民俗資料館編 2000『絵図が語る八尾のかたち』八尾市立歴史民俗資料館.
八木哲浩 1980「慶長十年摂津国絵図」地域史研究 10-1, 13-29頁.
──── 1981「国絵図と村絵図」(川西市史編集室編『川西史話』川西市役所) 131-139頁.
──── 1985「近世西宮地方の街道と宿駅」(西宮市立郷土資料館編『西宮市立郷土資料館紀要　西宮の歴史と文化』西宮市立郷土資料館) 33-47頁.
矢守一彦 1980「大阪古地図小史」(原田伴彦・矢守一彦・矢内昭編『大阪古地図物語』毎日新聞社) 57-76頁.
矢田俊文 1994「摂津国絵図と村」市史研究とよなか 2, 2-37頁.（→後, 同 2002『日本中世戦国期の地域と民衆』清文堂出版に再録）
吉田敏弘 1996「シーボルトがもちかえった慶長和泉国絵図」國學院雑誌 97-4, 36-37頁.

●東山道（近江・美濃・飛騨・信濃・上野・下野・武蔵・陸奥・出羽）

阿部俊夫 1993「会津藩における元禄国絵図の作成と会津布引山争論」福島県歴史資料館研究紀要 15, 13-61頁.
──── 1994「元禄国絵図と論所の「和談」」福島史学研究 59, 1-12頁.
──── 1995「寛文十二年『白河・石川・岩瀬・田村・安積・安達六郡絵図』の史料的性格—正保国絵図から元禄国絵図へ」福島県歴史資料館研究紀要 17, 1-40頁.
──── 1997a「明治の国絵図（1）」文化福島 29-4, 11頁.
──── 1997b「明治の国絵図（2）」文化福島 29-5, 11頁.
──── 2001「仙台藩の元禄国絵図と絵図・文書群—解題　元禄 15 年 2 月『御国絵図入日記』—」福島県歴史資料館研究紀要 23, 1-42頁.
──── 2004「中川忠英旧蔵本『岩代国絵図』について」福島県歴史資料館研究紀要 26, 67-74頁.
──── 2005「布引山争論の論所裁許と元禄国絵図—会津藩の国絵図作成（上）」福島県歴史資料館研究紀要 27, 13-30頁.
──── 2006「布引山争論の論所裁許と元禄国絵図—会津藩の国絵図作成（下）」福島県歴史資料館研究紀要 28, 1-14頁.
岩手県立博物館 1994『絵図にみる岩手』岩手県文化振興事業団.
岩鼻通明 1994「国絵図にみる東北日本の環境変化」山形大学特別研究報告書『東北日本における環境変化に関する研究』山形大学, 58-76頁.
──── 2004「小野寺淳：出羽国絵図考—絵図学構築のために（2003 年度〔人文地理学会〕大会特別研究発表—報告・討論の要旨および座長の所見）」人文地理 56-1, 77-82頁.
小穴芳實 2004「新刊紹介　滝澤主税著『復元・信濃國繪圖（更級・埴科郡篇）』」信濃〔第3次〕56-11, 861-864頁.
大島延次郎 1946「元禄の仙臺領色分繪圖」仙台郷土研究 15-5, 22-27頁.
尾﨑久美子 2003「天保陸奥国津軽領絵図の表現内容と郷帳」歴史地理学 45-3, 1-17頁.
小野田一幸 1989「天保郷帳・国絵図の改訂とその問題—近江国を事例に—」千里山文学論集 39, 1-26頁.
小野寺淳 1995「絵図に描かれた自然環境—出羽国絵図の植生表現を例に—」歴史地理学 37-1, 21-35頁.
──── 1999『平成 9・10 年度科学研究費補助金　基盤研究 C（1）画像処理による出羽国絵図の研究』茨城大学.
──── 2001『平成 11・12 年度科学研究費補助金　基盤研究 C（2）国絵図の画像処理による東北地方の環境・景観変化に関する研究』茨城大学.
──── 2003「出羽国絵図考—絵図学構築のため—」2003 年度人文地理学会大会発表要旨, 8-11頁.
加藤浩 2006『歴史道探索紀行　家康の道を歩く』風媒社.

鹿沼市史編さん委員会編 2003『鹿沼市史　地理編』鹿沼市，234-246頁．
川村博忠 1983「元禄年間の国絵図改訂と「加文」要請―陸奥国仙台領国絵図の場合―」地理科学38-1，36-44頁（→後，同 1984『江戸幕府撰国絵図の研究』古今書院に再録）．
─── 2000「元禄国絵図における国境筋の表現要領について」歴史地理学42-3，22-36頁．
─── 2005「元禄仙台領国絵図および関連資料について」『平成17年度宮城県図書館貴重資料専門調査報告書』，22-26頁．
岐阜県立図書館編 2003『古地図の世界Ⅲ　国絵図』岐阜県立図書館，51頁．
木村東一郎 1987「近江国絵図の展開」（同『近世地図史研究』古今書院）149-157頁．
草津市史編さん委員会編 1992『草津市史　第7巻』草津市，271-278頁．
工藤温子 2004「仙台藩の国絵図に関する主な参考文献」（宮城県図書館）叡智の杜1，23-25頁．
倉科明正 2002『信濃国筑摩郡安曇郡元禄国絵図調整資料集録』倉科明正．
郡山周祐 1961「正保年代の伊達藩領絵図面」日曜随筆6-3，8-10頁．
埼玉県立文書館編 1987『絵図と地図にみる「埼玉県の成立」―国絵図から県地図へ―』埼玉県立文書館．
埼玉県立図書館編 2008「最古の武蔵国絵図写本 "関東で初の発見"」さいたまけんりつ図書館だより93，1頁．
斎藤司 1992a「元禄期，上武国境論の展開過程について」群馬歴史民俗13，1-14頁．
─── 1992b「元禄期，上信国境証文の作成過程について」群馬歴史民俗13，15-19頁．
坂内三彦 2007「『会津旧事雑考』天文五年六月廿八日条の再検討―正保国絵図に描かれた鶴沼川を論じて応永二十六年洪水に及ぶ―」会津若松市史研究9，4-35頁．
佐藤憲一 1983a「正保年間製作「奥州仙台領国絵図」について」仙台市博物館調査研究報告3，12-26頁．
─── 1983b「仙台藩から幕府に提出された仙台領国絵図」グラフみやぎ8-4，22-23頁．
佐藤宏一 1977「仙台領国絵図覚書」東北歴史資料館研究紀要3，89-105頁．
─── 1979「史料紹介・仙台領国絵図関係資料にみる領内の干拓と架橋の事情」石巻市立女子高等学校研究集録10，2-25頁．
─── 1981「元禄度仙台領国絵図」（宮城県図書館編『創立100周年記念特別展』宮城県図書館）1-7頁．
佐藤隆 2009「元禄国絵図（出羽七郡絵図）について」秋田県公文書館だより23，2頁．
重田正夫 2006「武蔵国における天保国絵図の調査過程（小特集 埼玉 古地図を読む）」（埼玉県立）文書館紀要19，26-49頁．
信濃史料刊行会編 1979『新編信濃史料叢書　第23巻』信濃史料刊行会，1-277頁．
白井哲也 1992「枝郷と小名（コーチ）をめぐる問題点」群馬歴史民俗13，20-36頁．
鈴木一哉 1992「元禄期前後における三波川村の「枝郷」と「郡」―元禄上野国絵図関係文書を手がかりに―」双文9，1-34頁．
田嶋亘 1992「『上野国の国絵図展』（平成三年度文書館企画展）の国絵図調査について」双文9，35-52頁．
種田祐司 1994「濃州御領私領　子之年堤絵図」名古屋市博物館研究紀要17，27-60頁．
富岡守 2008「元禄上野国絵図と群馬県」双文25，1-35頁．
─── 2009「郷帳、国絵図から見た江戸時代の群馬県」双文26，1-55頁．
中井博 1991「信州伊奈郡之絵図」飯田市美術博物館研究紀要2，49-54頁．
長野市立博物館編 1998『信濃国絵図の世界』長野市立博物館．
新堀道生 2006「国絵図と藩政―秋田藩を事例に」秋田県立博物館研究報告31，45-60頁．
羽賀奥七郎 1956「元禄國絵図に関する新資料について―弘前藩の場合―」弘前大学國史研究2，29-44頁．
─── 1957「津軽沿岸地方の上知問題と国絵図改正」弘前大学國史研究7，18-33頁．
長谷川成一 2004a「国絵図の鉱山情報」本郷51，25-27頁．
─── 2004b「国絵図等の資料に見る江戸時代の白神山地」（弘前大学）白神研究1，6-16頁．
─── 2007「近世初期の鉱山開発と「天下之御山」論―北日本を中心に―」（同ほか編『北方社会史の視座　歴史・文化・生活　第1巻』清文堂出版）59-88頁．
半田和彦 1981「元禄国絵図作製覚書―収蔵資料の紹介をかねて―」秋田県立博物館研究報告6，23-36頁．
福島県歴史資料館編 2002『明治の古地図―福島県の成立―』福島県文化振興事業団，23頁．
斎藤（千川）明子 1989「元禄上野国絵図の記載内容について」双文6，1-54頁．
千川明子 1991a「天保上野国絵図控図の記載内容について」双文8，49-102頁．
─── 1991b「国絵図における枝郷の性格―緑埜郡三波川村を事例として―」群馬文化226，11-15頁．
福島幸八 1962a「上武山中領秩父領国境論争について（二）」埼玉史談9-2，28-34頁．
─── 1962b「上武山中領秩父領国境論争について（三）」埼玉史談9-3，22-29頁．
本田伸 2001「弘前藩「御絵図目録」の発見とその意義」弘前大学國史研究110，39-51頁．
─── 2008「消えた松前―未発見の津軽領国絵図に関する小考―」（浪川健治・佐々木馨編『北方社会史の視座　歴史・文化・生活　第2巻』清文堂出版）67-95頁．
誉田宏 1985「相馬藩の国絵図」相馬郷土3，18-24頁．
松岡浩一 1992「元禄国絵図系統の美濃国図について」岐阜史学85，29-32頁．

松渕真洲雄 1980「出羽一国絵図の問題点」歴史地名通信 4, 3-5 頁.
―――― 1991「秋田藩の国絵図と郷帳」(新野直吉・諸戸立雄両教授退官記念会編『秋田地方史の展開』みしま書房) 123-145 頁.
馬淵旻修 2002「古地図の中の地名―国絵図にみられる郡上の村名を例として―」(安積紀雄ほか編『地理の研究　創立 50 周年記念誌』地理研究会) 117-122 頁.
湊敦代 1982「元禄度仙台領国絵図および坤輿万国全図―宮城県図書館「創立 100 周年記念特別展」より―」地図情報 1-2, 17-19 頁.
盛岡市中央公民館郷土資料展示室編 1998『南部盛岡藩の大絵図―甦る江戸時代の風景―』盛岡市中央公民館.
――――――――――――――― 1999『盛岡城下の街づくり』盛岡市中央公民館. 師橋辰夫 1989「改正　美濃国全図（無刊記）東地堂蔵版　尾張　岡田啓　識」地図ニュース 203, 15-18 頁.
山中良二郎 1979「出羽一国ならびに出羽七郡絵図」秋田県立秋田図書館報けやき 79, 3 頁.
山形県立博物館編 1994『ザ・絵図―近世やまがたの風景―』山形県立博物館.
矢守一彦 1978『昭和 51・52 年度科学研究費補助金　一般研究（B）国絵図の地理学史的・歴史地理学的研究』大阪大学.
横浜市歴史博物館ほか編 1997『江戸時代の横浜の姿―絵図・地誌などにみる―』横浜市歴史博物館・横浜市ふるさと歴史財団, 5 頁.
米沢市立上杉博物館編 1992『絵図でみる城下町よねざわ』米沢市立上杉博物館.
米山一政 1961a「元禄国絵図関係史料（一）」信濃第三次 13-9, 59-65 頁.
―――― 1961b「元禄国絵図関係史料（二）」信濃第三次 13-10, 54-59 頁.
―――― 1961c「元禄国絵図関係史料（三）」信濃第三次 13-12, 62-69 頁.
米沢市史編さん委員会編 1993『米沢市史　第 3 巻　近世編 2』米沢市, 303-322 頁.
渡辺英夫 2002「秋田藩街道史料と国絵図―正保道帳と天和道程―」国史談話会雑誌 43, 124-140 頁.

●東海道（伊賀・伊勢・志摩・尾張・三河・遠江・駿河・伊豆・甲斐・相模・安房・上総・下総・常陸）

會澤潤子 2000「中近世の景観と交通」(東海村歴史資料館検討委員会編『常陸国石神城とその時代』東海村教育委員会) 3-20 頁.
石井昇三 1993「安房国絵図について」郷土文化（東条公民館郷土文化教室）2, 23-25 頁.
石川健三 2005「コラム（1）駿河国絵図」駿河 59, 34 頁.
磯貝正義 1982『文政十三年甲斐国絵図（解説）』昭和礼文社.
礒永和貴 2000「三重県上野市立図書館所蔵「伊賀国元禄国絵図変地帳」」国絵図ニュース 6, 4-7 頁.
岩田豊樹 1975「伊賀の国絵図」月刊古地図研究 60, 6 頁.
大谷貞夫 2002「下総国絵図写部分（房総の近世 1）」千葉県史研究 10 号別冊, 巻頭.
小野寺淳 2006「正保常陸国絵図を写す人々」国絵図ニュース 17, 2-3 頁.
―――― 2008「絵図を写す人々―正保常陸国絵図を例に―」地方史研究 58-5, 22-26 頁.
加藤浩 2006『歴史道探索紀行　家康の道を歩く』風媒社.【三河ほか】
―――― 2007「国絵図の道を訪ねてみませんか？―尾州江之新道・駿河街道と信州飯田街道―」郷土文化 61-3.
神奈川近世史研究会編 1994『江戸時代の神奈川―古地図でみる風景―』有隣堂, 5-9 頁.
川村博忠 1974「元禄伊賀国絵図の調製について」史学研究 121・122 合併号, 105-116 頁.（→後, 同 1984『江戸幕府撰国絵図の研究』古今書院に再録）
―――― 1976「元禄年間の伊賀国絵図改訂に際する国境論地の処理について」佐世保工業高等専門学校 13, 95-102 頁.（→後, 同 1994『江戸幕府撰国絵図の研究』古今書院に再録）
―――― 1994「『伊賀御国絵図後鑑』にかかわる思い出」三重県史だより 9, 1-2 頁.
神崎彰利 1985「伊勢国元禄国絵図について―伊勢国亀山藩文書から―」明治大学刑事博物館年報 16, 1-37 頁.
木塚久仁子 1993「元禄期作成常陸国絵図の記載内容について」土浦市立博物館紀要 5, 15-54 頁.
―――― 1997「『改正常陸国図雑記』について―水戸藩国絵図役人の常陸国調査の足跡―」土浦市立博物館紀要 8, 31-54 頁.
群馬県立文書館編 1991『上野国の国絵図―群馬県立文書館企画展―』群馬県立文書館.
斉藤司 1994「相模国絵図と「相模一国之図」」(神奈川近世研究会編『江戸時代の神奈川―古地図でみる風景―』有隣堂) 86-89 頁.
桜井芳昭 2001「尾張国絵図の記載事項について」(名古屋) 郷土文化 55-3, 26-38 頁.
―――― 2002「春日井をとおる街道 19　尾張国絵図の交通路」郷土誌かすがい 61.
佐々木克哉 2002「伊能忠敬記念館所蔵下総国絵図の検討」国絵図ニュース 11, 2-3 頁.
静岡県編 1997『静岡県史　通史編 4』静岡県.
杉本史子 1989「国絵図作成事業と伊勢神宮領」日本歴史 498, 56-71 頁.（→後, 同 1999『領域支配の展開と近世』山川出版社に再録）
土浦市立博物館編 1992『絵図の世界―ふるさとの風景の移りかわり―』土浦市立博物館, 8-9・16-17・46 頁.【常陸】
名古屋市博物館編 1983『特別展　日本の地図―古地図にみる文化史―』名古屋市博物館.
―――― 2000『特別展　尾張徳川家の絵図―大名がいだいた世界観／蓬左文庫名古屋市移管 50 周年―』名古屋市博物館.
幕末と明治の博物館編 2005『国絵図の世界―古地図にみる茨城―』幕末と明治の博物館.
藤沢市文書館編 2007「連載　古文書の読み方　第 12 回」(藤沢市文書館) 文書館だより文庫 12, 4 頁.
富士吉田市歴史民俗博物館編 2004『国絵図・郡絵図・村絵図―富士図との交流―』富士吉田市教育委員会

三重県編 1994『三重県史　別編　絵図・地図』三重県，3-17 頁・279-284 頁．
横浜市歴史博物館ほか編 1997『江戸時代の横浜の姿―絵図・地誌などにみる―』横浜市歴史博物館・横浜市ふるさと歴史財団，5 頁．
吉田敏弘 1992「元禄伊勢国絵図の作成過程（一）」四日市市史研究 5，79-103 頁．
――――― 1993「元禄伊勢国絵図の作成過程（二）」四日市市史研究 6，17-71 頁．
四日市市編 1992『四日市市史第六巻　史料編　絵図（解説）』四日市市，3-55 頁．

●北陸道（若狭・越前・加賀・能登・越中・越後・佐渡）

穴沢吉太郎編 1977「慶長 2 年の越後国絵図」（同編『新潟県大和町史　上巻』大和町役場）749-752 頁．
池澤鉄平 2008「GIS を用いた絵図分析研究―越中国絵図を事例に―」茨城地理 9，1-22，口絵 1-6 頁．
板倉町史編纂委員会編 2003「慶長 2 年越後国郡絵図」（同会『板倉町史　自然・通史編』板倉町）465-466 頁．
市村清貴 2004「『越後国郡絵図』『頸城郡絵図』における柿崎領」新潟県立歴史博物館研究紀要 5，93-106 頁．
伊東多三郎 1959「越後上杉氏領国研究の二史料―慶長二年越後国絵図と文禄三年定納員数目録―」日本歴史 138，2-14 頁．（→後，同 1984『近世史の研究　第 5 冊』吉川弘文館に再録）
伊藤正義 1995「越後国「郡絵図」史料論―瀬波郡荒川の朱線領境と漁業権―」（網野善彦・石井進・谷口一夫編『帝京大学山梨文化財研究所シンポジウム報告集　中世資料論の現在と課題―考古学と中世史研究 4』名著出版）9-77 頁．
――――― 2001「破城と破却の風景　越後国「郡絵図」と中世」（藤木久志・伊藤正義編『城破（わ）りの考古学』吉川弘文館）．
井上慶隆 2001「西蒲原の歴史と風土」弥彦郷土誌 16，3・11-35 頁．
奥田淳爾 2000『黒部奥山の扇状地の歴史』桂書房，63-67・74-81・109-122 頁．
小浜市役所編 1993『小浜市史　絵図地図編（図版・解題）』小浜市役所，13-32 頁．
海道静香 1991a「慶長越前国絵図をめぐって」自然と社会 57，43-50 頁．
――――― 1991b「越前若狭国絵図史」北陸都市史学会誌 2，74-75 頁．
――――― 2000「2 種類の慶長越前国絵図」（足利健亮先生追悼論集編纂委員会編『地図と歴史空間―足利健亮先生追悼論文集―』大明堂）393-402 頁．
――――― 2001「越前国絵図にみる近世の街道」（福井県教育委員会編『福井県歴史の道調査報告書　第 1 集』福井県教育委員会）21-30 頁．
――――― 2002「若狭国絵図にみる近世の街道」（福井県教育委員会編『福井県歴史の道調査報告書　第 2 集』福井県教育委員会）4-11 頁．
笠松重雄 1971a「松平文庫越前国絵図（慶長絵図と仮称す）の研究（一）」若越郷土研究 16-5，81-105 頁．
――――― 1971b「松平文庫越前国絵図（慶長絵図と仮称す）の研究（二）」若越郷土研究 16-6，116-127 頁．
――――― 1972a「松平文庫越前国絵図（慶長絵図と仮称す）の研究（三）」若越郷土研究 17-2，27-38 頁．
金沢市編 1999『金沢市史　資料編 18　絵図・地図』金沢市，134 頁，別刷絵図・地図など 27 葉．
――――― 1972b「松平文庫越前国絵図（慶長絵図と仮称す）の研究（四）」若越郷土研究 17-3，57-63 頁．
川村博忠 1999「国絵図」（金沢市史編さん委員会編『金沢市史資料編 18 絵図・地図』金沢市）55-62 頁．
――――― 2000「正保・元禄国絵図にみる白山麓公領一八カ村の国郡帰属」市史研究かなざわ 6，97-105 頁．
桑原孝 1994「魚沼郡の一里塚」魚沼文化 38，1-13 頁．
佐藤利夫 2003「「佐渡国絵図」について」地図情報 23-2，表紙・22-23 頁．
新湊市博物館編 2003『加賀藩の絵図展』新湊市博物館．
杉原丈夫・松原信之 1971「越前国絵図」（同編『越前若狭地誌叢書　上巻』松見文庫）1-26 頁．
鈴木秋彦 1998「「正保越前国絵図」の作成―幕府に提出された 5×10 メートルの絵図―」（大場喜代司ほか編『図説新発田・村上の歴史』郷土出版社）131-132 頁．
高田市文化財調査委員会編 1965『高田市文化財調査報告書第 7 集―慶長二年越後国絵図―』高田市文化財調査委員会．
高橋一樹 2000「「瀬波郡絵図」を読む」（国立歴史民俗博物館編『天下統一と城』読売新聞社）28-30 頁．
中之島村公民館編 1957『中之島村郷土史　前』中之島村公民館，66-69 頁．
新潟県人文研究会編 1996「有形文化財（古文書）正保越後国絵図（元禄年間写）1 鋪　附　古絵図　3 鋪―文化財記事　文化財の指定　県指定」越佐研究 53，76-78 頁．
野積正吉 2002「加賀藩における正保国絵図と道程帳」富山史壇 138，1-24 頁．
――――― 2003a「正保加賀国絵図の特徴」加能史料研究 15，37-57 頁．
――――― 2003b「加越能における明治国絵図の作製とその歴史的意義」富山史壇 141，1-19 頁．
――――― 2004「江戸時代後期加賀藩における領国絵図の作製―御次田辺吉平と石黒信由―」越中史壇 142・143，28-49 頁．
――――― 2006「南葵文庫蔵越中・加賀・能登国絵図について」富山史壇 150，15-32 頁．
野々市町編 2006「慶長国絵図にみる野々市」（同編『野々市町史　通史編』野々市町）．
日越の大地編さん委員会編 2004「年代の異なる地図にみられる地名」（同編『日越郷土史―日越の大地―』日越の大地編さん委員会）108-114 頁．
氷見市史編さん委員会編 2004『氷見市史 8　資料編 6　絵図・地図』氷見市，14-18・155-167・267-284 頁・別刷①．
深井甚三 1990『図翁　遠近道印　元禄の絵地図作者』桂書房，71-78 頁．
――――― 2006「近世初期越中国絵図の作成時期とその内容・情報について―慶長国絵図を中心に―」富山史壇 150，1-14 頁．

福井県編 1985「正保国絵図・城絵図」（同編『越前・若狭いまむかし―福井県史編さんの歩み―』福井県）．
福井県編 1990『福井県史　資料編 16 上　絵図・地図』福井県，11 – 20 頁．
福井市編 1988『福井市史　資料編　別巻　絵図地図』福井市，17 – 29 頁．
堀健三 2007「三輪長泰『改正越後国佐渡国全図並付録』について」（新潟大学）資料学研究 4，1 – 19 頁．
堀之内町編 1997「正保国絵図にみられる三国街道」（同編『堀之内町史　通史編　上巻』堀之内町）785 – 787 頁．
松原信之 1960「越前国大絵図と近世村落の石高村名変遷に就いて」若越郷土研究 5 – 6，77 – 83 頁．
――― 1972「慶長越前国絵図について―笠松氏に対する反論―」若越郷土研究 17 – 6，109 – 114 頁．
師橋辰夫 1984「越後国絵図　江戸末期　彩刷（1/2）」月刊古地図研究 172，10 頁．
大和町史編集委員会編 1991『新潟県大和町史　中巻』南魚沼郡大和町役場，77 – 80・83 – 96・107 – 108 頁．
横山貞裕 1975「慶長 2 年瀬波郡絵図」郷土村上 18，1 – 4 頁．
――― 1988「徳川初期の佐渡越後の二地図「佐渡国絵図」と「村上城下絵図」」越佐研究 45，25 – 29 頁．
横山貞裕ほか編 1975「上杉景勝時代の越後国絵図」（同編『越佐歴史物語』新潟日報事業社）97 – 108 頁．
渡邊秀一 1999a「正保若狭国絵図の作成過程」立命館地理学 11，63 – 74 頁．
――― 1999b「若狭敦賀之絵図の記載内容について」敦賀論叢 14，59 – 80 頁．
――― 2005「「国」への視線―場所から空間へ―」（長谷川孝治編『地図の思想』朝倉書店）8 – 11 頁．
渡辺昭二 2004「頸城村史における「慶長二年越後国頸城郡絵図」の疑問」頸城文化 52，56 – 66 頁．

● 山陽道（播磨・美作・備前・備中・備後・安芸・周防・長門）
井上通泰 1929「播磨の古地圖に就いて」歴史地理 53 – 6，73 – 75 頁．
礒永和貴 2003「測量家小野光右衛門と天保備中国絵図」国絵図ニュース 13，2 – 3 頁．
――― 2007「絵図の方位表現―周防・長門国絵図を例に―」（東亜大学総合人間・文化学部）総合人間科学 7，31 – 37 頁．
――― 2008「正保長門・周防国絵図を収納した箱について」国絵図ニュース 22，2 – 3 頁．
大森映子 1982「元禄期に於ける備讃国境争論―石島一件に関する岡山藩政史料の分析を中心に―」史艸 23，25 – 47 頁．
――― 1996「訴訟からみた幕藩関係―備讃国境争論を中心に―」（山本博文編『新しい近世史①　国家と秩序』新創社）273 – 307 頁．
岡山県立博物館編 1982『昭和 57 年度特別展　古地図　地図が語る歴史と文化』岡山県立博物館，口絵・17 – 30 頁．
岡山大学附属図書館編 2000『池田家文庫等貴重資料展　備前慶長国絵図の不思議』岡山大学附属図書館．
河村克典 1999a「周防長門両国「国絵図」関係史料」山口県文書館研究紀要 26，73 – 88 頁．
――― 1999b「毛利家文庫「元禄周防・長門両国国絵図」の性格」山口県地方史研究 81，38 – 46 頁．
――― 1999c「毛利家文庫『長門周防両国絵図』の記載内容」山口県地方史研究 82，37 – 43 頁．
――― 2000「国絵図との関連で作成された防長両国一枚絵図について」山口県地方史研究 84，21 – 26 頁．
――― 2008「慶安五年「周防国絵図」「長門国絵図」の記載内容について」エリア山口 37，45 – 53 頁．
川村博忠 1976「元禄年間の国絵図改訂と下絵図点検―周防・長門両国の場合―」地理科学 25，27 – 33 頁．
――― 1981「周防・長門の両慶長国絵図について」エリア山口 10，12 – 18 頁．
――― 1984「寛永期の作成とみられる防長国絵図」山口県地方史研究 52，1 – 9 頁．
――― 1989「近世の地図 11　慶長国絵図」地理 34 – 7，裏表紙．
――― 1997『防長の近世地図史研究』川村博忠教授退官記念事業会編
喜多祐子 1998「各地の国絵図と関連史料　周防・長門国―正保期の場合―」国絵図ニュース 3，3 頁．
――― 1999「正保国絵図における支配領記載について―周防・長門両国を事例に―」歴史地理学 41 – 5，9 – 18 頁．
――― 2001「防長両国一枚絵図の表現と系譜―国絵図との比較を中心に―」兵庫地理 46，9 – 18 頁．
――― 2003「国絵図にみる絵図村の表現とその分布―周防・長門を事例に―」人文地理 55 – 2，46 – 64 頁．
倉地克直 2004「近世前期の備前国絵図と村名」岡山大学文学部紀要 41，162 – 188 頁．
桑村寛 1972「播磨国古地図についての一考察」兵庫県社会科研究会会誌 19，18 – 23 頁．（→後，同 2000『近世村落の成立と展開―北播磨地方を中心に―』明石書店に再録）
情報サービス課編 2001「池田家文庫等貴重資料展「備前慶長国絵図のふしぎ」について」岡山大学附属図書館報　楷 32，10 – 11 頁．
西播地域皮多村文書研究会編 1979『慶長播磨国絵図』中央出版．
竜野市教育委員会編 1991『描かれた竜野―絵図の世界―』龍野市立歴史文化資料館
龍野市史編纂専門委員会編 1981『龍野市史　第 2 巻』龍野市，106 – 113・154 – 161・464 – 469 頁．
建部恵潤 1986「宍粟郡における村名の変遷」歴史と神戸 136，16 – 23 頁．
建部恵潤 1989「地名研究資料としての私刊絵図―播磨国細見図・文政古図を中心に―」歴史と神戸 28 – 2，25 – 27 頁．
兵庫県史編集専門委員会編 1979『兵庫県史第 4 巻』兵庫県，36 – 42・72 – 79・221 – 226 頁．
山本博文 1991『江戸お留守居役の日記―寛永期の萩藩邸―』読売新聞社，208 – 218 頁．

● 山陰道（丹波・丹後・但馬・因幡・伯耆・出雲・石見・隠岐）
池橋達雄 1999「正保・元禄・天保の国絵図について」（斐川町教育委員会編『「出雲の歴史講座」講演記録集　本文編』斐川町教育委員会）

──── 1998「大社町神光寺蔵の「元禄国絵図」について―大社の宝物（9）―」大社の史話 117，1-2 頁．
──── 2003「野津隆氏蔵「元禄国絵図・出雲」について」（山陰歴史研究会）山陰史談 31，31-40 頁．
──── 2007「出雲の近世国絵図」出雲塩冶誌研究紀要 2．
礒永和貴 1998「各地の国絵図と関連史料　丹波国」国絵図ニュース 1，3-4 頁．
──── 2002「明治政府撰国絵図の編纂事業―丹波国を中心に―」国絵図ニュース 12，2-3 頁．
大田市教育委員会編 2000『大田市大森銀山伝統的建造物群保存地区保存事業概報』大田教育委員会．
神山典之 1994「石見国絵図と村々郷高帳―（附録）石見国元禄郷帳―」（浜田市文化財愛護会）亀山 21，76-91 頁．
川村博忠 1999「元和年間作成の石見国絵図について」歴史地理学 41-3，口絵・40-54 頁．
──── 2000「元和石見国絵図の作成目的について」（浜田市文化財愛護会）亀山 27，4-14 頁．
──── 2006「豊臣政権下毛利氏領国時代の石見国絵図―その内容と作成目的―」歴史地理学 48-5，30-44 頁．
──── 2009「現存「正保石見絵図の成立に関する一考察―津和野・シーボルト・松本諸本の比較を通して―」エリア山口 38，1-8 頁．
坂本敬司・松尾容孝 1996「鳥取県立博物館所蔵の国絵図」鳥取県立博物館研究報告 33，23-38 頁．
鳥谷芳雄 2002「国絵図の中の石見銀山・山内表現」（石見銀山歴史文献調査団編『石見銀山　研究論文篇』思文閣出版）144-164 頁．
──── 2003「国絵図の中の石見銀山・領内表現」（島根県古代文化センター）古代文化研究 11，121-137 頁．
藤原茂 2007「近世隠岐国絵図の変遷」（島根県松江工業高等学校）研究紀要 25，1-8 頁．
松尾容孝 2005「因伯国絵図の読解」専修大学人文科学研究所月報 218，1-37 頁．
油浅耕三 1994「東京大学附属総合図書館蔵『因幡国図』の表現内容についての考察」『岐阜工業高等専門学校紀要』29，43-48 頁．
横田冬彦 1985「元禄郷帳と国絵図―丹波国を中心として―」（神戸大学）文化學年報 4，169-201 頁．
歴史地理学会島根大会実行委員会図録編集委員会・島根県立博物館編 2004『絵図でたどる　島根県の歴史』島根県立博物館．

●南街道（紀伊・淡路・阿波・讃岐・伊予・土佐）
安芸市立歴史民俗資料館編 1998『絵図の世界』高知県安芸市．
大野充彦 1979「国絵図・御前帳に関する史料」海南史学 17，49-52 頁．
大脇保彦 1991「土佐国絵図について―元禄国絵図を中心とした若干の検討―」高知大学学術研究報告人文科学 40，83-97 頁．
黒田日出男 1978「小豆島絵図」日本歴史 362，口絵．
志度町史編さん委員会編 1986『新編　志度町史　上巻』香川県大川郡志度町，147-148 頁．
善通寺市図書館編 1988『善通寺市史　第 2 巻』善通寺市．
羽山久男 1988「阿波・淡路国絵図―寛文～延宝期の交通史を中心として―」徳島県立博物館開設準備調査報告書 2，59-76 頁．
──── 1993「江戸時代～明治初期の阿波国絵図について」史窓 24，25-50 頁．
──── 1994「国境縁絵図と元禄度阿波分郡図」史窓 25，22-39 頁．
──── 2004「江戸時代阿波国絵図の歴史地理学的研究」史窓第 26 回公開研究大会特集，107-148 頁．
平井松午 1994「阿波の古地図を読む」（徳島建設文化研究会編『阿波の絵図』徳島建設文化研究会）89-106 頁．
──── 1998a「吉野川流域についての地図的情報」（丸山幸彦編『デルタにおける古代の開発に関する地図的情報の収集と解析（科研報告書）』徳島大学）93-101 頁．
──── 1998b「絵図にみる吉野川」（東潮・平井松午ほか編『川と人間―吉野川流域史―』渓水社）294-319 頁．
──── 2001「近世古地図・絵図コレクションの来歴」徳島地理学会論文集　第 4 集，179-191 頁．
──── 2004「国絵図にみる阿波五街道の成立」（日下雅義編『地形環境と歴史景観―自然と人間の地理学―』古今書院）171-179 頁．
────・根津寿夫 2007「阿波・淡路国絵図の世界」徳島市立徳島城博物館
藤田裕嗣 1997「阿波国絵図に描かれた吉野川流域（シンポジウム「水と歴史地理」特集号）」歴史地理学 39-1，53-71 頁．
──── 1998「江戸幕府撰阿波国絵図にみる吉野川下流デルタと村」（丸山幸彦編『デルタにおける古代の開発に関する地図情報の収集と解析（科研報告書）』徳島大学）65-92 頁．
藤本清二郎 2001「明治二年頃「和歌山藩領絵図」について」紀州経済史文化史研究所紀要 21，1-12 頁．
森下友子 1993「鎌田共済会郷土博物館所蔵の讃岐国絵図」香川県埋蔵文化財調査センター研究紀要 2，115-133 頁．
渡部淳 2001「絵地図の世界（1）」海南千里　土佐山内家宝物資料館だより 4，4-5 頁．

●西海道（豊前・豊後・筑前・筑後・肥前・肥後・日向・大隈・薩摩・壱岐・対馬）
荒尾市史編集委員会編 2001『荒尾市史　絵図・地図編』荒尾市，76-97・104-105 頁．
有田町史編 1986『有田町史　政治・社会編 I』有田町．
──── 2004「正保筑後国絵図編纂史料の紹介」国絵図ニュース 15，2-3 頁．
稲葉継陽 2005「鬮引きで決まった藩領境―近世初期肥後・竹田領境相論を事例に」（熊本大学）文学部論叢 86，87-123 頁．
岩田豊喜 1976「筑前国図」月刊古地図研究 7-6，2 頁．
上原秀明 1992「慶長肥後国絵図の記載内容について」熊本短大論集 43-1，1-40 頁．
──── 1993「慶長肥後国絵図の歴史地理学的研究―その構造と表現法―」熊本短大論集 43-2，1-41 頁．

────── 1996「慶長肥後国絵図の押紙に関する考察」熊本学園大学論集総合科学 3-1, 1-39 頁.
────── 2002「豊後慶長国絵図の記載内容について」専修人文論集 71, 185-207 頁.
────── 2004「慶長豊後国絵図の歴史地理学的研究─その構造と表現方法」専修人文論集 74, 87-103 頁.
大分県教育委員会編 1986『歴史の道調査報告資料編』大分県教育委員会.
大分県編 1990『大分県史　近世篇Ⅳ』大分県, 22-34 頁.
大分市歴史資料館編 1991「正保国絵図の作成過程」大分市歴史資料館ニュース 15, 1 頁.
長田弘通 1991「日根野時代府内藩領絵図について」大分市歴史資料館年報 1991, 15-19 頁.
甲斐素純 2003「大名小川左馬助と「豊後国慶長国絵図」」大分県地方史 188, 54-74 頁.
鹿児島県教育委員会編 1997『元禄 15 年「薩摩図・大隈図・日向図」国絵図解説』徳田屋書店.
────── 1998『天保 9 年「薩摩図・大隈図・日向図」国絵図解説』徳田屋書店.
鴨川卓 2004「平戸街道」(遠藤薫編『伊能九州図と平戸街道』図書出版のぶ工房) 58-61 頁.
川村博忠 1973「正保肥後国絵図の作成経緯について」佐世保工業高等専門学校研究報告 10, 173-186 頁.（→後, 同 1984『江戸幕府撰国絵図の研究』古今書院に再録）
────── 1975「元禄国絵図の調製と国境整備─筑前福岡藩の場合─」歴史地理学紀要 17, 61-75 頁.（→後, 同 1984『江戸幕府撰国絵図の研究』古今書院に再録）
────── 1977「地元に残る肥前国絵図作成の関連資料」佐世保工業高等専門学校研究報告 14, 137-148 頁.
────── 1978「電算機利用による慶長肥前国絵図の精度測量の試み」地理科学 30, 55-56 頁.
────── 1984「現存した慶長・正保・元禄筑前国絵図」月刊古地図研究 15-4, 2-4 頁.
────── 1993「豊後国慶長国絵図の様式と内容」山口大学教育学部研究論叢　第 1 部　人文科学・社会科学 43, 1-24 頁.
────── ・河村克典 2003「臼杵市立図書館所蔵の慶長期作成「日向国絵図」についての一考察」歴史地理学 45-4, 19-28 頁.
────── 2008「名護屋城博物館が購入した「慶長肥前国絵図」(写)」国絵図ニュース 21, 2-3 頁.
城後尚年 1991「元禄肥後国絵図にみる枝村・新村」市史研究くまもと 2, 21-35 頁.
新熊本市史編纂委員会編 1993『新熊本市史　別編　第 1 巻　絵図・地図　上』熊本市, 6-19 頁.
黒田日出男・杉本史子 1989「島津家文庫国絵図調査報告」東京大学史料編纂所報 24, 59-63 頁.
古賀敏朗 1976「元禄国絵図よりみた県境紛争─佐賀・福岡県の場合─」新地理 24-3, 25-35 頁.
古賀幸雄 1975「元禄十四巳三月筑後国変地其外相改目録控について─正保国絵図から元禄国絵図へ─」久留米郷土研究会誌 4, 108-115 頁.
後藤恵之輔・崔勝弼・全炳徳 1995「元禄 13 年（1700 年）献上・対馬国絵図に関する技術的考察」土木史研究 15, 587-591 頁.
小林茂・佐伯弘次・磯望・下山正一 1992「福岡藩作製の元禄期絵図にみられる地磁気方位」地図 30-3, 24-33 頁.
────────────────── 1998「元禄期絵図の作製方法と精度」(小林茂ほか編『福岡平野の古環境と遺跡立地』九州大学出版会) 259-274 頁.
佐賀県立図書館編 1973『古地図絵図録─佐賀県立図書館所蔵─』佐賀県史料刊行会, 91-93・131 頁.
玉名市史編集委員会編 1992『玉名市史資料篇 1 絵図・地図』玉名市, 191-195 頁.
津田友彦 1993「筑前国絵図と巡見使（表粕屋から博多への道筋）」福岡県地域史研究所　県史だより 65, 4-5 頁.
永井哲雄 1974「日向の元禄領国絵図について─とくに高鍋藩の元禄国絵図作成を中心として─」宮崎県総合博物館研究紀要 3, 38-55 頁.
────── 1998『元禄期の日向飫肥藩─日高浅右ヱ門が生きた時代─』鉱脈社, 170-175 頁.
西田博 1996「国絵図が語る都市景観─初期の福岡・博多─」福岡県地域史研究所　県史だより 84, 2-4 頁.
深井甚三 2002「幕末期, 富山売薬薩摩組売薬商による「薩州国絵図」作成と地域認識」国史談話会雑誌 43, 174-188 頁.
福岡県編 1933～1937『福岡県史資料　第 1・2・6・8 輯』福岡県.
福岡博 1985「肥前国絵図にみえる石高について─とくに慶長・正保図を中心として─」(三好不二雄先生傘寿記念誌編『肥前史研究─三好不二雄先生傘寿記念誌─』三好不二雄先生傘寿記念誌刊行会) 137-226 頁.
増村宏 1967「薩摩・大隈の国絵図, 享保図など」(鹿児島大学法文学部紀要) 文学科論集 3, 35-64 頁.
松浦党研究連合会編『松浦党関係諸家系図　第 1 集』芸文堂.
松尾千歳 2005「正保薩摩国絵図（特集　鹿児島の歴史と伝統）」地図中心 392, 18-20 頁.
────── 2006「国絵図関係資料」鹿児島地方史研究 3, 20-35 頁.
松下志朗 2008「慶長期の石高と慶長国絵図」(同『幕藩体制下の被差別部落─肥前唐津藩を中心に─』明石書房) 17-29 頁.
松本寿三朗 1980「肥後国検地帳の再検討 1─天正 17 年検地帳をめぐって─」(熊本大学) 文学部論叢 1, 1-23
────── 1985「肥後国検地帳の再検討 2─「慶長国絵図」と慶長期の村高─」(熊本大学) 文学部論叢 17, 29-56 頁.
────── 2006「肥後慶長国絵図の世界」(谷川健一編『加藤清正─築城と治水─』冨山房インターナショナル, 109-153 頁.
宮崎克則 2003「九大が所蔵する記録史料の状態と活用 (5) 天和 2 年（1682）「御国絵図」（筑前国絵図）について」(九州大学附属図書館報) 図書館情報 39-2, 30-31 頁.
────── 2007「九大付属図書館にある天和二年「御国絵図」の来歴について」市史研究ふくおか 2, 20-26 頁.
宮崎県史編さん室編 1988「「日向国絵図」の解説」宮崎県県史だより 8.

森周造 1979『正保肥前国絵図郡別村高一覧』佐賀県立図書館．
柳川市編 1999『地図のなかの柳川―柳川市史　地図編』柳川市．
山本博文 2003「島津家文庫の内部構造の研究」東大史料編纂所研究紀要 13，129－147 頁．
渡部淳 1993a「豊後国元禄国絵図の村について」日本歴史 546，64－79 頁．
─── 1993b「豊後国慶長御前帳・国絵図関連史料をめぐって」海南史学 31，1－24 頁．
─── 2000「臼杵藩元禄国絵図関係資料の管理体制について」国絵図ニュース 6，4－7 頁．
渡邊秀一 2004「対馬藩における元禄国絵図の作成過程」（佛教大学）文学部論集 88，35－51 頁．

● 蝦夷地
伊藤武雄 1935「蝦夷地の先覚　秦檍丸―一名村上島之允に就て―」傳記 2－8，45－52 頁．
柏谷与市 1994『松前藩国絵図の謎』蝦夷島国絵図研究会．
高木崇世芝 1998「正保日本総図の北方図地名」アイヌ語地名研究 1，81－88 頁．
─── 1999「寛文 8 年前後の国絵図系蝦夷図に見える地名」アイヌ語地名研究 2，100－107 頁．
─── 2000「享保 3 年の国絵図系蝦夷図に見える地名」アイヌ語地名研究 3，94－104 頁．
─── 2006「江戸幕府の国絵図作成と松前藩の対応」（北海道史研究協議会編『北海道の歴史と文化―その視点と展開（北海道史研究協議会創立四十周年記念論集）―』北海道出版企画センター）139－155 頁．
高倉新一郎編 1987『北海道古地図集成』北海道出版企画センター．
船越昭生 1976『北方図の歴史』講談社，242－249 頁．

● 琉球
安里進 1996「もう 1 つの正保前後の国絵図」がじゅまる通信 7，7－10 頁．（→後，同 1998『グスク・共同体・村―沖縄歴史考古学序説―』榕樹書林に再録）
─── 1998「琉球国絵図にみる近世村・間切と小地域」（同『グスク・共同体・村―沖縄歴史考古学序説―』榕樹書林）209－214 頁．
糸満市役所総務部企画開発課広報統計係編 1983『糸満市史研究資料 2　琉球国国絵図及び「郷帳」関係資料』糸満市役所．
岩田豊樹 1971「添付地図　琉球国全図」月刊古地図研究 18，1－3 頁．
上里隆史・深瀬公一郎・渡辺美季 2005「沖縄県立博物館所蔵『琉球國圖』―その史料的価値と『海東諸国紀』との関連性について―」古文書研究 60，24－45 頁．
海野一隆 1994「『琉球国絵図史料集』第一集（正保国絵図及び関連史料）」地図 32－1，49－50 頁．（→後，同 2001『ちずのこしかた』小学館スクウェアに再録）
沖縄県教育委員会文化課琉球国絵図史料集編纂委員会編 1992『琉球国絵図史料集第 1 集―正保国絵図及び関連史料―』榕樹社．
─── 1993『琉球国絵図史料集第 2 集―元禄国絵図及び関連史料―』榕樹社．
─── 1994『琉球国絵図史料集第 3 集―天保国絵図・首里古地図及び関連　史料―』榕樹社．
沖縄県教育庁文化課 1985『沖縄県歴史の道調査報告書』沖縄県教育委員会．
金城善 1995「江戸幕府の国絵図調製事業と琉球国絵図の概要」沖縄県史研究紀要創刊号，43－74 頁．
黒田日出男 2002「『琉球国絵図』とは何か」図書 633，30－32 頁．
─── ・杉本史子 1989「島津家文庫国絵図調査報告」東京大学史料編纂所報 24，59－63 頁．
平和彦 1980「琉球国絵図と中山伝信録」アジア・アフリカ資料通報 18－4，29－32 頁．
田名真之 1984『南東地名考―おもろから沖縄市誕生まで―』ひるぎ社，27－115 頁．
津波清 1994「琉球国絵図と近世の交通事情」（沖縄県）史料編集室紀要 19，55－80 頁．
得能寿美 2007「国絵図にみる航路と道路」（同『近世八重山の民衆生活史―石西礁湖をめぐる海と島々のネットワーク―』榕樹書林）25-36 頁．
松尾千歳 2005「正保薩摩国絵図」地図中心 392
平岡昭利 2001「琉球に関する古絵図資料」下関市立大学論集 44－3

【付図等】
愛知縣編 1913『愛知縣紀要』愛知県，付図（複製）．【三河】
愛知県史編さん委員会編 2003『愛知県史　資料編 18　近世 4　西三河』愛知県．【三河】
青森県史編さん近世部会編 2001『青森県史　資料編 1　近世 1（近世北奥の成立と北方世界）』青森県，付図．【陸奥国津軽領】
─── 2003『青森県史　資料編 4　近世 4（南部 1 盛岡藩領）』青森県，付図．【陸奥国南部領】
秋田県立博物館編 1996『絵図をよむ：描かれた近世秋田の地理』秋田県立博物館．【出羽】
我孫子市史編さん委員会編 1988『我孫子市史資料　近世篇 1』我孫子市教育委員会，付図（複製）．【下総】
石垣市 1999『八重山古地図展-手書きによる明治期の村絵図-』石垣市，1－2 頁．【琉球】
石川県教育委員会編 2004a『石川県中世城館跡調査能登 I 地区古絵図』石川県教育委員会，付図．【能登】
─── 2004b『石川県中世城館跡調査加賀 II 地区古絵図』石川県教育委員会，付図．【加賀】
伊万里市史編さん委員会編 2007『伊万里市史　資料編』伊万里市．【肥前国平戸領】

今尾恵介 2004『タイムスリップ・マップ四国四都　高知　松山　高松　徳島』日本地図センター.
遠藤薫編 2000『伊能九州図と平戸街道』図書出版のぶ工房, 口絵・58−59頁.【肥前国松浦壱岐守領】
大田区編 1976『大田区史　資料編　平川家文書2』大田区, 付図11.【御国絵図狂い場所取調村絵図（天保7年6月）】
岡山県編 1986『岡山県史　第21巻』岡山県, 付図.【備前】
─── 1989『岡山県史　第23巻』岡山県, 付図.【美作】
─── 1982『岡山県史　第24巻』岡山県, 付図.【備前・備中】
─── 1981『岡山県史　第25巻』岡山県, 付図.【美作】
奥田家文庫研究会編 1971『奥田家文庫　第4巻』大阪府立図書館, 付図.【和泉】
小野市史編纂専門委員会編 2003『小野市史　第2巻　本編Ⅱ』小野市, 付図.【播磨（部分）】
小浜市史編纂委員会編 1983『小浜市史　藩政史料1』小浜市, 付図.【若狭】
香川県編 1987『香川県史9　資料編　近世資料1』香川県, 付図.【讃岐】
加古川市史編さん専門委員編 1987『加古川市史　第5巻　史料編2』加古川市, 付図.【播磨（部分）】
門真市編 1997『門真市史　第3巻　近世史料編』門真市, 付図.【河内】
神岡町編 1975『神岡町史　史料編　中巻』神岡町, 付図.【飛騨】
神林（かみはやし）村史編纂委員会編 1982『神林村誌　資料編　上巻』神林村, 付図.【越後国瀬波郡】
北東北三県共同展実行委員会編 2004『描かれた北東北―北東北三県共同展2004―』北東北三県共同実行委員会.【陸奥国津軽領ほか】
吉備群書集成刊行会編 1970『吉備群書集成　第2輯』歴史図書社, 巻末.【備前】
岐阜県編 1965『岐阜県史　史料編　近世1』岐阜県, 付録.【美濃・飛騨】
高知県文化財団歴史民俗資料館編 1993『土佐古絵図展―描かれた土地の歴史―』高知県歴史民俗資料館.【土佐】
江東区編 1997『江東区史』江東区, 付図【武蔵】
埼玉県編 1992『新編埼玉県史　第3巻』埼玉県, 付図.【武蔵】
堺市博物館編 1996『シーボルト・日本を旅する―外国人が見た日本の原風景―』堺市博物館.【和泉など】
静岡県編 1993『静岡県史　資料編3』静岡県, 付図.【遠江・駿河・伊豆】
─── 1997a『静岡県史　資料編10　近世2』静岡県, 付図.【駿河】
─── 1997b『静岡県　通史編4』静岡県, 付図.【遠江・駿河・伊豆】
上越市編さん委員会編 2004『上越市史　別編2　上越市文書集』上越市, 付図.【越後国頸城郡・越後国瀬波郡】
昭和礼文社編 1980『細見伊勢国絵図』昭和礼文社, 付図.【伊勢】
新修名古屋市史編集委員会編 1999『新修名古屋市史　第3巻』名古屋市, 付図.【尾張（部分）】
杉原丈夫・松原信之編 1971『越前若狭地誌叢書　上巻』松見文庫, 付図.【越前】
高崎市史編さん委員会編 1999『新編高崎市史　資料編7　近世3』高崎市, 付図.【上野（部分）】
高田市文化財調査委員会編 1965『高田市文化財調査報告書　第7集(1964年度)慶長二年越後国絵図』高田市文化財調査委員会, 付図.【越後】
垂井町編 1996『新修垂井町史　通史編』垂井町, 付図.【美濃】
千葉県史料研究財団編 2007『千葉県の歴史　通史編　近世1』千葉県, 付録.【下総】
鶴岡市史編纂会編 1996『図録　庄内の歴史と文化』盛岡市.【庄内領】
東京国立博物館・東京大学史料編纂所編 2001『東京大学史料編纂所史料集発刊100周年記念　時を越えて語るもの―史料と美術の名宝―』東京大学史料編纂所.【琉球ほか】
東京市編 1928『東京市史稿　市街篇　第6付録（3）』東京市.【武蔵】
東北歴史博物館編 2007『町絵図・村絵図の世界―絵図の時代・江戸時代―』東北歴史博物館, 付図.【陸奥国仙台領】
徳島建設文化研究会編 1994『阿波の絵図』徳島建設文化研究会.【阿波】
徳田浩淳編 1981『復刻嘉永二年下野国絵図』昭和礼文社.【下野】
鳥取県編 1972『別冊鳥取藩史絵図』鳥取県.【因幡・伯耆】
富山県「立山博物館」編 2002『絵図に見る加賀藩と黒部奥山―富山県「立山博物館」平成14年度特別企画展―』富山県「立山博物館」.【越中】
長野県編 1984『長野県史　近世史料編　第9巻』長野県史刊行会, 付図.【信濃】
長野県古地図刊行会編 1985『精選長野県古地図集　第1集』昭和礼文社.【信濃】
長野県地名研究所編 1994『信濃国絵図復元　第1巻』小県郡町村会.【信濃】
新潟県編 1984『新潟県史　資料編10』新潟県.【越後】
八開村史編さん委員会・八開村史調査編集委員会編 1990『八開村史　資料編1　村絵図集』八開村, 付図.【尾張】
八戸市史編纂委員会編 2007『新編八戸市史　近世資料編1』八戸市, 付録.【陸奥】
日立市郷土博物館編 2004『村絵図にみる日立』日立市郷土博物館.【常陸】
福井保・林英夫編 1975『天保国絵図武蔵国』勉誠社, 地図17枚.【武蔵】
平凡社編 1985『長野県アトラス―風土・生活・歴史―』平凡社, 付図.【信濃】
松阪市史編さん委員会編 1979『松阪市史　第8巻　史料編　地誌1』蒼人社, 付図.【伊勢】

松下志朗 1983『南島文化叢書5　近世奄美の支配と社会』第一書房，図版.【琉球国奄美諸島】
松田清編 1981『古代中世奄美史料』JCA出版，付図.【琉球国大島国】
宮城県図書館編 1981『創立100周年記念特別展』宮城県図書館.
宮崎県編 2000『宮崎県史　通史編　近世下』宮崎県.【日向】
宮津市史編さん委員会編 2005『宮津市史　絵図編』宮津市.【丹後国絵図】
三好町立歴史民俗資料館編 2004『秋季特別展　国境―三河と尾張―』（愛知県）三好町立歴史民俗資料館.【三河・尾張】
柳沢清士 1984『北国街道一里塚一覧』柳沢清士，付図.【信濃】
山北町町史編さん室編 1999『山北町史　別冊　江戸時代がみえるやまきたの絵図』山北町.【相模】
山口県立山口博物館編 1984『防長の古地図』山口県立博物館.【周防・長門】
山田勝弘 1993『美濃の漢詩人とその作品』研文社，付録.【美濃】
山梨県編 1998『山梨県史　資料編8　近世1領主』山梨県，付図.【甲斐】
湯沢町史編纂室編 2004『湯沢町史　資料編　付図　上巻』湯沢町教育委員会，付図.【越後（部分）】
ユーメディア編 2000『復刻仙台領国絵図』（渡辺信夫監修）ユーメディア.【仙台領】
横浜市歴史博物館ほか編 2004『東海道と戸塚宿　戸塚宿400周年記念企画展』横浜市歴史博物館.【相模】
四日市市編 1982『四日市市史　第6巻　史料編』四日市，付図.【伊勢】
米子市史編さん協議会編 1997『新修米子市史　第12巻　資料編　絵図・地図』米子市.【伯耆】

【国絵図関連資料】
●郷帳類
秋澤繁 1977「天正十九年豊臣政権による御前帳徴収について」（「中世の窓」同人編『論集中世の窓』，吉川弘文館）207-241頁.
―――― 1978「御前帳と検地帳」年報中世史研究3，56-61頁.
―――― 1992「慶長十年徳川御前帳について（一）」海南史学30，28-46頁.
―――― 1993「慶長十年徳川御前帳について（二）」海南史学31，25-70頁.
朝倉有子 1982「津軽藩の郷帳について―宝永八年朱印改時の郷帳を中心として―」弘前大学國史研究73・74合併号，15-46頁.
綾部市史編纂委員会編 1994『綾部市史　資料編』綾部市役所.
綾部史談会編 1954『郷土史料集　第8集　知行所高付帳』綾部史談会.
和泉清司 2002『文部省科学研究費補助金研究成果報告書　基盤研究(C)近世初期一国郷帳の設立過程―正保郷帳を中心に―』高崎経済大学.
―――― 2005「近世初期一国郷帳の研究―正保郷帳を中心に―」（高崎経済大学）地域政策研究8-2，1-19頁.
丑木幸男 1992「上野国寛文郷帳諸写本の検討」史料館研究紀要23，71-128頁.
丑木幸男編 1992『上野国郷帳集成』群馬県文化事業振興会.
岩手県編 1961『寛永惣検地（正保郷帳）及び検地帳目録並びに解説』岩手県.
梅田三千雄・橋本智宏 2004「背景領域の細線化に基づく古文書の文字切り出しと認識(画像情報)」情報処理学会論文誌45-4，1188-1197頁.
宇山孝人 2002「阿波藩における幕府への報告石高の内実―天保郷帳を中心として」徳島県文書館研究紀要3，14-26頁.
大分県総務部総務課編 1980『大分県地方史料叢書4―元禄・天保豊後国・豊前国郷帳―』大分県総務部総務課.
落合重信 1974「「摂津一国高御改帳」の年代考証に関連して」地方史研究（尼崎市史研究紀要）4-1，34-38頁.
小椋淳一 2006「日本の草地面積の変遷」京都精華大学紀要30，160-172頁.
小野市史編集委員会編 1998『小野市史　第5巻　史料編Ⅱ』小野市.
史籍研究会編 1984a『内閣文庫所蔵史蹟叢刊　第55巻　天保郷帳1』汲古書院.
―――― 1984b『内閣文庫所蔵史蹟叢刊　第56巻　天保郷帳2』汲古書院.
海道静香 1993「越前国郷帳の村高修正について」（福井）県史資料3，21-30頁.
―――― 1994a「若狭国郷帳について」小浜市史紀要8，20-57頁.
―――― 1994b「「越前国之図」（貞享二年）と「元禄郷帳」「天保郷帳」の村名と村高について（1）」若越郷土研究37-2，19-29頁.
―――― 1994c「「越前国之図」（貞享二年）と「元禄郷帳」「天保郷帳」の村名と村高について（2）」若越郷土研究37-3，42-48頁.
―――― 1994d「「越前国之図」（貞享二年）と「元禄郷帳」「天保郷帳」の村名と村高について（3）」若越郷土研究37-5，70-78頁.
―――― 1994e「「越前国之図」（貞享二年）と「元禄郷帳」「天保郷帳」の村名と村高について（4）」若越郷土研究37-6，90-98頁.
―――― 1995a「「越前国之図」（貞享二年）と「元禄郷帳」「天保郷帳」の村名と村高について（5）」若越郷土研究37-3，47-51頁.
―――― 1995b「「越前国之図」（貞享二年）と「元禄郷帳」「天保郷帳」の村名と村高について（6）」若越郷土研究37-5，74-86頁.
―――― 1996「「越前国之図」（貞享二年）と「元禄郷帳」「天保郷帳」の村名と村高について（7）」若越郷土研究37-3，48-62頁.
川村博忠 1978「正保郷帳にみる防長両国における旱・水損村の分布」エリア山口8，33-35頁.
神崎彰利 1977「資料紹介（1）郷帳」明治大学刑事博物館年報8，40-73頁.
関東近世史研究会／校訂 1988『関東甲豆郷帳』近藤出版社.
木越隆三 1980「加賀藩郷帳新田高について」日本海文化7，39-85頁.（→後，同2000『織豊期検地と石高の研究』桂書房に再録）.

岸上宰士 1990a「摂津国郷帳について―元禄十五年対幕差出帳の研究―」海南史学 28, 20-44 頁.
――――― 1990b「拝領高・対村機能高と慶長内検地高―播磨国を素材として」ヒストリア 129, 55-77 頁.
――――― 1992「摂津国元禄郷帳―柿衛文庫所蔵摂津国高附帳―」地方史研究 22-2, 45-72 頁.
木村礎校訂 1969『旧高旧領取調帳　関東編』近藤出版社.
――――― 1975『旧高旧領取調帳　近畿編』近藤出版社.
――――― 1977『旧高旧領取調帳　中部編』近藤出版社.
――――― 1978『旧高旧領取調帳　中国・四国編』近藤出版社.
――――― 1979a『旧高旧領取調帳　九州編』近藤出版社.
――――― 1979b『旧高旧領取調帳　東北編』近藤出版社.
岐阜県編 1965『岐阜県史　史料編　近世1』岐阜県, 1-412 頁.
熊本女子大学郷土文化研究所編 1985『熊本県史料集成第2巻―肥後国郷帳―』(初版 1952) 熊本女子大学郷土文化研究所, 52 頁.
古文書を読む会編 1987『仙台藩の正保・元禄・天保郷帳』古文書を読む会.
佐藤満洋 1976「正保四年『豊後郷帳』にみる豊後国の分割支配の実態」大分県地方史 83, 29-44 頁.
静岡県編 1992『静岡県史　資料編 9』静岡県.
信濃史料刊行会編 1975『新編信濃史料叢書　第 11 巻』信濃史料刊行会, 3-140 頁.
柴多一雄 1997「筑前国郷帳および福岡藩郷村高辻帳の石高」(長崎工業経営専門學校大東亞經濟研究所年報)経営と経済 77-3, 191-226 頁.
須田茂 1994「天保郷帳作成過程をめぐる農民闘争―下総国旗本戸田氏知行村を素材として―」(千葉歴史学会編『近世房総の社会と文化』高科書房) 151-176 頁.
高倉淳 1986「〈資料紹介〉正保郷帳について」仙台郷土研究　復刊 11-2, 30-32 頁.
建部恵潤 1986「宍粟郡における村名の変遷」歴史と神戸 136, 16-23 頁.
田野町編 1990『田野町史』田野町.
長岡市史編集委員会編 1964『長岡市史資料集第二集』長岡市史編集委員会, 103-119・231-249・251-272 頁.
橋本智広・梅田三千雄 2002「天保郷帳における石高表記文字の個別認識」情報処理学会研究報告 2002-8, 55-62 頁.
兵庫県史編集専門委員会編 1989『兵庫県史　史料編　近世 1』兵庫県.
枚方市史編纂委員会編 1984『河内国正保郷帳写』枚方市.
福井保 1983「郷帳(慶長・正保・元禄・天保郷帳)」(同『江戸幕府編纂物解説編』雄松堂出版) 59-61 頁.
福田千鶴 1995「尾張藩士茜部相嘉と『諸国郷帳』の成立―史料論覚書, その一―」史料館研究紀要 26, 143-196 頁.(→後, 同 2005『江戸時代の武家社会―公儀・鷹場・史料編―』校倉書房に再録)
藤沢市文書館編 1975『藤沢市史料集 1』藤沢市文書館.
藤田覚 1984「国高と石高―天保郷帳の性格―」千葉史学 4, 86-109 頁.
細川章 1980「「天保郷帳」の村名に関する一考察―肥前国佐賀藩多久邑について―」(西南地域史研究会編『西南地域史研究　第 3 輯』文献出版) 271-274 頁.
三重県編 1993『三重県史資料編近世 1 別冊―天保郷帳(三重県関係分)・村別石高一覧表―』三重県, 162 頁.
水本邦彦 2003「草山の景観」(同『草山の語る近世』山川出版社) 19-41 頁.
明治大学刑事博物館編 1977『明治大学刑事博物館資料　第 1 集』明治大学刑事博物館.
――――― 1978『明治大学刑事博物館資料　第 2 集』明治大学刑事博物館.
――――― 1979a『明治大学刑事博物館資料　第 3 集』明治大学刑事博物館.
――――― 1979b『明治大学刑事博物館資料　第 4 集』明治大学刑事博物館.
――――― 1981『明治大学刑事博物館資料　第 5 集』明治大学刑事博物館.
――――― 1984『明治大学刑事博物館資料　第 6 集』明治大学刑事博物館.
――――― 1985『明治大学刑事博物館資料　第 7 集』明治大学刑事博物館.
――――― 1986『明治大学刑事博物館資料　第 8 集』明治大学刑事博物館.
――――― 1987『明治大学刑事博物館資料　第 9 集』明治大学刑事博物館.
――――― 1988a『明治大学刑事博物館資料　第 10 集』明治大学刑事博物館.
――――― 1988b『明治大学刑事博物館資料　第 11 集』明治大学刑事博物館.
――――― 1989『明治大学刑事博物館資料　第 12 集』明治大学刑事博物館.
――――― 1990『明治大学刑事博物館資料　第 13 集』明治大学刑事博物館.
八木哲浩 1972「近世初期における摂津の領有」地域史研究(尼崎市史研究紀要) 1-3, 1-27 頁.
――――― 1974「摂津一国高御改帳の年代考証」地域史研究(尼崎市史研究紀要) 3-3, 24-37 頁.
山口県編 2001『山口県史　史料編　近世 3』山口県, 95-163・215-228 頁.
由利町教育委員会編 2003『由利町文化財調査報告書　第 21 集　天保郷帳―蒲田　木内小三郎家文書調査報告書―』由利町教育委員会.
若林泰 1987『灘・神戸地方史の研究　若林泰著作集』若林泰を偲ぶ会.

●城絵図

井上宗和 1972「正保城絵図顛末―幻の絵図を求めて―」歴史と人物 2-12, 150-163 頁.
──── 1989「正保城絵図顛末―日本築城ものがたり―」文芸春秋, 258 頁.
海野一隆 1977「「正保城絵図」の原色複製」地図 15-3, 38 頁.
大塚実 1993「会津の正保城絵図の謎」(同『奥会津大内宿　心のふるさと』歴史春秋出版) 48-50 頁.
岡崎市美術博物館編 2002『平成十三年度収蔵品展　岡崎城―城絵図と発掘資料―』岡崎市美術博物館.
小和田哲男 1967a「近世初期城下町絵図の一考察―いわゆる『正保年間』絵図について―」地方史研究 17-4, 51-61 頁.（→後，同 2002『小和田哲男著作集　戦国城下町の研究』清文堂出版に再録）
──── 1967b「内閣文庫所蔵　城下町絵図」人文地理 19-5, 84-88 頁.
掛川市史編纂委員会編 1984『掛川市史　中巻』掛川市, 付図.
神山仁 1997「江戸時代初期の城郭絵図―正保城絵図と城郭修理願絵図の成立について―」城郭史研究 17.
木越隆三 2003「資料紹介　古より公儀江被上候御城絵図・御国絵図改申品々之帳」研究紀要金沢城研究創刊号, 46-56 頁.
講談社編 1979『常陸国笠間之城絵図―幕府撰正保城絵図―』講談社.
国立公文書館編 1976-1993『正保城絵図-内閣文庫所蔵―』国立公文書館.
白峰旬 2005「城郭修補願絵図データベース」史学論叢 35, 53-83 頁.
新修名古屋市史編集委員会編 1999『新修名古屋市史　第 3 巻』名古屋市, 付図.
須賀忠芳 2003「教室レポート　絵図を用いた地域史共同授業の試み―「若松正保城絵図」・「享保 5 年向島地図」を素材に―」歴史と地理 565, 14-24 頁.
関戸明子・木部一幸 1998「館林城下町の歴史的変遷と地域構成」歴史地理学 40-4, 19-37 頁.
仙台市土木部都市計画課編 1956『仙台市都市計画附図』仙台市.
仙台市編 1993『仙台市史　第 9 巻　別冊 2-1』仙台市, 付図（複製）.
千田嘉博 2001『図説正保城絵図』新人物往来社.
高倉淳編 1994『絵図・地図で見る仙台（解説）』今野印刷, 1-5 頁.
千葉県立関宿城博物館編 1997『描かれた世喜宿城―城絵図の世界―』千葉県立関宿城博物館, 8-21 頁.
徳島市立徳島城博物館編 2000『徳島城下絵図　図録』徳島市立徳島城博物館.
長沢孝三 1987「「国立公文書館内閣文庫所蔵」「正保城絵図」の刊行について」古文書研究 28, 96-98 頁.
中山吉秀 1991「関宿城の絵図」(千葉県立中央図書館編『資料の広場 21　千葉県関係地図資料』千葉県立中央図書館) 1-7 頁.
羽山久男 2001「寛永～元禄期の徳島城下絵図の復元的考察」(小林勝美先生還暦記念論集刊行会編集委員会編『徳島の考古学と地方文化』小林勝美先生還暦記念論集刊行会) 239-258 頁.
原田伴彦・矢守一彦編 1983『日本城下町繪圖集　東海・北陸篇』昭和礼文社.
──── 1984『日本城下町繪圖集　中国・四国篇』昭和礼文社.
──── 1985『日本城下町繪圖集　九州篇』昭和礼文社.
東根市史編集委員会編 1980『東根市史編集資料　第 8 号―正保城絵図東根城―』東根市.
姫路市立城郭研究室編 1998『姫路城世界遺産登録 5 周年記念　姫路城絵図展―雄藩姫路の城下と城郭―』姫路市立城郭研究室.
平井芳男 1976「正保城絵図の刊行について」北の丸（国立公文書館報）7, 40-42 頁.
深井甚三 1990『図翁　遠近道印　元禄の絵地図作者』桂書房, 71-78 頁.
三原市役所編 1986『三原市史　第 6 巻』三原市, 付図.
三好昭一郎 2003「徳島城下町絵図に見る都市構造の変貌―寛永～元禄期における比較を中心に―」四国学院論集 111・112, 17-52 頁.
村井益男編 1981『日本城下町繪圖集　関東・甲信越篇』昭和礼文社.
村田修三 2000「城下町の総構の土塁について」(国立歴史民俗博物館編『天下統一と城』読売新聞社) 158 頁.
安田初雄 1986「近世初頭における米沢・福島および大森城下の歴史地理的管見」東北地理 38-2, 99-114 頁.
矢守一彦 1979「幕府へ提出の城下絵図について」待兼山論叢 13, 1-16 頁.
──── 1986a「概説　正保城絵図について（上）」(同『名城絵図集成　東日本之巻』小学館) 4-7 頁.
──── 1986b「概説　正保城絵図について（下）」(同『名城絵図集成　西日本之巻』小学館) 4-7 頁.
矢守一彦編 1982『日本城下町繪圖集　近畿篇』昭和礼文社.
湯浅耕三 1982a「『出羽国秋田郡久保田城書図』の都市的考察―正保城絵図による都市研究の試み」都市研究別冊 17, 385-390 頁.
──── 1982b「「奥州之内南部領盛岡平城絵図」の都市的考察」名古屋工業大学学報 34, 333-339 頁.
──── 1983「正保城絵図の表現内容に関する一考察」名古屋工業大学学報 35, 233-242 頁.
──── 1985a「正保城絵図による城下町の集住地域における道路幅の特質」都市計画 136, 81-87 頁.
──── 1985b「正保城絵図による城下町の面積規模に関する考察」都市計画　別冊 20, 7-12 頁.
──── 1987a「正保城絵図による城の内部面積の規模に関する考察」名古屋工業大学学報 39, 253-259 頁.
──── 1987b「流出した旧紅葉山文庫蔵会津・仙台・高田の正保城絵図についての一考察」日本建築学会計画系論文報告書 377, 119-128 頁.

―――― 1991「正保城絵図による城下町の道路の交差形態と交差点密度に関する考察」都市計画 167, 89–99 頁.
―――― 1999「正保城絵図の最終提出年に関する考察」新潟工科大学研究紀要 4, 23–28 頁.
―――― 2000「正保城絵図の朱番号についての考察」新潟工科大学研究紀要 5, 25–30 頁.
―――― 2004「国立公文書館蔵『楓山貴重書目』の正保城絵図の記述内容についての考察」新潟工科大学研究紀要 9, 43–48 頁.
―――― 2005「正保城絵図の内題に関する考察」新潟工科大学研究紀要 10, 51–56 頁.
結解治 1977「正保二年の「笠間城絵図」について」(茨城県) 郷土文化 18, 60–63 頁.
渡辺信夫編 1980『日本城下町繪圖集　東北篇』昭和礼文社.
渡辺理絵 2000「米沢城下町における拝領屋敷地の移動―承応・元禄・享保の城下絵図の分析を通して―」歴史地理学 42-4, 23–42 頁.

● 道程帳

茨城県立歴史館史料部編 2002『茨城県立歴史史料叢書 5　近世地誌 I』茨城県立歴史館, 19–40 頁.
沖縄県教育庁文化課編 1985『沖縄県歴史の道調査報告書』沖縄県教育委員会.
―――――――― 1992『沖縄県歴史の道調査報告書 9 ―久米島及び周辺諸島の道―』沖縄県教育委員会.
神山典之 1999「石見地方及び浜田の街道」(浜田市文化財愛護会) 亀山 26, 96–106 頁.
河村克典 1999「正保年間周防国「道帳」」エリア山口 28, 25–36 頁.
―――― 2000「正保年間長門国「道帳」」エリア山口 29, 30–42 頁.
児玉幸多 1971「元禄の道程書上」文部省史料館報 14, 2–3 頁.
当真嗣一 1987「沖縄県の歴史の道調査について」日本歴史 466, 94–102 頁.
野積正吉 2002「加賀藩における正保国絵図と道程帳」富山史壇 138, 1–24 頁.
福井敏隆 1983「慶安二年二月成立の「津軽領分大道小道磯辺路并船路之帳」(弘前市八木橋文庫蔵)」弘前大学國史研究 75, 23–47 頁.
―――― 1985「慶安二年八月五日成立の「大道筋（奥州之内南部領海陸道規帳）」(岩手県立図書館蔵)」弘前大学國史研究 78, 41–60 頁.
山口県編 2001『山口県史　史料編　近世 3』山口県, 164–201 頁.
渡辺英夫 2002「秋田藩街道史料と国絵図―正保道帳と天和道程―」国史談話会雑誌 43, 124–140 頁.

● 縁絵図（際絵図）

青森県環境生活部県史編さん室 1999「絵図にみる「境」―近世藩境の確定―」青森県史だより 7, 2–5 頁.
阿部俊夫 1994「元禄年間における高倉山争論の特質―山野利用と陸奥・出羽両国の国境「おほか沢」―」福島県歴史資料館研究紀要 16, 30–66 頁.
―――― 1996「米沢藩の会形・際絵図について」福島史学研究 62, 9–22 頁.
―――― 1997「元禄国絵図と仙台・中村両境の「領境」―際絵図作成をめぐる藩と村―」福島県歴史資料館研究紀要 19, 17–60 頁.
―――― 1999「元禄十三年仙台・山形両藩作成の際絵図―絵図内容とその特質」福島県歴史資料館研究紀要 21, 31–80 頁.
―――― 2000「元禄十二年十二月『御加文様御本之小絵図』―絵図内容とその特質」福島県歴史資料館研究紀要 22, 1–56 頁.
―――― 2001「明和五・六年の際絵図」福島史学研究 72, 37–54 頁.
河村克典 1997「元禄国絵図に伴って作成された周防・長門両国の縁絵図」山口県地方史研究 77, 52–56 頁.
羽山久男 1994「国境縁絵図と元禄度阿波国分絵図」史窓 25, 22–39 頁.
本田伸 1998「近世の北奥と藩領域―八戸藩・盛岡藩境絵図の検討を通して―」弘前大学國史研究 105, 54–69 頁.
―――― 2004「近世の北奥と藩領域―八戸藩・盛岡藩境絵図の検討を通して―」(地方史研究協議会編『歴史と風土―南部の地域形成―』雄山閣) 68–97 頁.
渡部淳 2001「絵地図の世界 (3)」海南千里　土佐山内家宝物資料館だより 6, 4–5 頁.
―――― 2002「国境縁絵図を歩く (1)(2)(3)」海南千里　土佐山内家宝物資料館だより 7・8・9, 各 4–5 頁.

【画像解析・高精細画像】

池澤鉄平 2008「GIS を用いた絵図分析研究―越中国絵図を事例に―」茨城地理 9, 口絵 1–6・1–22 頁.
岡田恵子 2000「徳島大学附属図書館における近世絵図史料の超高精細画像化とその利用公開」大学図書館研究 59, 26–39 頁.
後藤恵之輔・崔勝弼・全炳徳 1996「対馬国絵図の資料調査と画像解析」土木史研究 16, 375–380 頁.
馬場章 2003「ケース・スタディ　南葵文庫国絵図のデジタル化と iPalletnexus の開発」(日本画像情報マネジメント協会誌) 月刊 IM42-3, 10–16 頁.
平井松午 1999a「徳島大学附属図書館所蔵絵図の高精細デジタルアーカイブ」国絵図ニュース 5, 1 頁.
―――― 1999b「本学付属図書館所蔵絵図の画像データベース化事業」徳島大学総合情報処理センター広報 6, 7–11 頁.
―――― 2002「絵図資料論―絵図デジタル画像化とその可能性」史窓 32, 35–43 頁.
―――― 2004「過去を知るための GIS (6) 国絵図・城下絵図の高精細画像を活用する」地理 49-1, 86–91 頁.
吉田成・谷昭佳 2000「ディジタル化を前提とした大型カメラによる精密撮影技術に関する報告―南葵文庫国絵図の撮影」東京大学史料編纂所研究紀要 12, 129–137 頁.

(喜多祐子)

国絵図所在一覧

　本一覧には、江戸幕府ならびに明治政府が作成を命じた国絵図の原本、控図、下図、縁絵図（際絵図）、国絵図事業で作成された郡絵図、元禄図作成に関わる裁許絵図、後年の写本、模写本（図形は異なるが、参照したと考えられるもの）を掲載した。江戸幕府の国絵図事業では、日本図、正保城絵図、また天保期の村絵図なども作成されたが、これらについては割愛し、刊行国絵図も省略した。また、寛永国絵図については、『寛永十年巡見使国絵図　日本六十余州図』（川村博忠編、柏書房 2002）を参照していただきたい。

　本一覧は、国絵図研究会会員ならびに本書執筆者の調査によって知り得た国絵図の所在である。会員・執筆者からは詳細な情報が寄せられたが、紙面の関係で一覧表には「絵図名称」「年記」「作成時期（推定）」「所蔵機関・整理番号」「寸法」に限って収録した。「年記」は国絵図に記された年号のみとし、「作成時期」は原本作成の時期を推定したものであり、後年の写本であるものも少なくない。「作成時期（推定）」は目安として示しており、推定の誤りの指摘は意味がない。なお、未調査または推定困難なものは空欄とした。「所蔵機関」は公的ではない場合は「個人蔵」とし、公表はしないこととした。

　「図名」は、基本的には、国絵図所蔵機関の目録に記されたものを採用しており、読者の便宜を考慮した本文解説掲載の図名とは一致しない場合も多い。その場合は、目録番号や寸法で照合・確認をしていただきたい。所蔵機関などで目録が公刊されていない場合などは、遺漏があるであろう。逆に、所蔵機関の目録には掲載されていなくても、会員・執筆者の調査で知り得た国絵図は、本一覧に含めた。本一覧は総数1500点にのぼっており、かつてない情報量である。とはいえ国絵図研究会では、さらに所蔵機関での確認を進め、より正確なものとしていきたい。一覧が国絵図に関心を持たれる方々の研究の一助になれば幸いである。また、第2刷刊行にあたって、新たに判明した事実、情報を加味した。

国名	絵図名称	年記	作成時期(推定)	所蔵機関・整理番号	寸　法	備　考
山城	正保山城国絵図		正保	宇治市歴史資料館	387×275	
	山城国絵図（中川忠英旧蔵本）		正保	国立公文書館／176－286－1	326×225	
	山城国図（松平乗命旧蔵本）		正保	国立公文書館／176－282－1		
	山城国絵図		正保	ライデン大学図書館／UB255	157×243	
	山城国写		元禄	国立公文書館	328×233	
	山城国之図	文化13		高成寺		
	山城国（勘定所旧蔵本）	天保9		国立公文書館／148－特083－0001	355×277	
	山城国絵図（松平乗命旧蔵本写）		明治5、6年頃写	京都府立総合資料館／館古044 国絵図－33	227.0×364.3	
	山城の国			臼杵市立臼杵図書館／228	129×195	
	山城			臼杵市立臼杵図書館／②－201	126×186	
	山城国絵図			京都府立総合資料館／館古044 国絵図－87	219.5×297.0	
大和	大和之国図写		元和	東京大学総合図書館南葵文庫／BJ－45	117×179	
	山城国・伊賀国絵図		正保	新発田市立図書館／X01－21	200×310	絵図名不適切
	大和国絵図		正保	天理大学附属天理図書館		
	大和国絵図		正保	ライデン大学図書館／UB258	235×372	
	大和国図写		正保	東京大学総合図書館南葵文庫／BJ－44	223×149	古写
	大和国（松平乗命旧蔵本）		正保	国立公文書館／176－282－7	186×118	
	大和国大絵図	元禄12		奈良県立図書情報館／T－3－146	586×389	
	大和国々境諸峠道図	元禄15		天理大学附属天理図書館		
	大和伊勢境界図	元禄15		奈良県立図書情報館／T－3－189	121×252	
	元禄国絵図大和国		元禄	国立公文書館／特083－0001	442×245	
	大和国図	文政2	元禄	国立国会図書館／別4－6	232×150	
	大和五郡大絵図		元禄	奈良県立図書情報館／T－3－164	136×120	
	大和国絵図	享保4		奈良女子大学附属図書館／88－120	479×336	
	大和国（紅葉山文庫旧蔵本）	天保9		国立公文書館／148－特083－0001	518×343	
	大和十五郡図	享保元		名古屋市蓬左文庫／636	132.3×83.7	
	大和大地図		天保	奈良県立図書情報館／T－2－117	9枚各55×315	
	大和国（勘定所旧蔵本）		天保	国立公文書館／148－特083－0001	533×355	
	大和国絵図（松平乗命旧蔵本写）		明治5、6年頃写	京都府立総合資料館／館古044 国絵図－31	116.5×187.3	巨勢小石絵
	大和国図		寛文（正保写し）	名古屋市蓬左文庫／635－1	483.5×308	
	大和国絵図			京都府立総合資料館／館古044 国絵図－85		5分割
河内	河内国図写		慶長	東京大学総合図書館南葵文庫／BJ－79	153.6×285.8	新写

国名	絵図名称	年記	作成時期(推定)	所蔵機関・整理番号	寸法	備考
(河内)	河内国図写		慶長	東京大学総合図書館南葵文庫／BJ-84	121×285	古写
	河内国絵図（中川忠英旧蔵本）		正保	国立公文書館／176-286-2.3	144×335	2分割
	河内国図（松平乗命旧蔵本）		正保	国立公文書館／176-282-10		
	河内国図		正保	臼杵市立臼杵図書館／414	412×190	
	河内国絵図		正保	臼杵市立臼杵図書館／②-217	196×429	
	河内国写		元禄	国立公文書館／149-特083-0001	137×295	
	河内石川郡・古市郡・安宿部郡三郡絵図	天保8		平井家文書（富田林市）・千早赤阪村役場・建水分神社・個人蔵（羽曳野市）	183×85	
	河内茨田郡絵図	天保8		大阪歴史博物館旧鬼洞文庫		
	河内丹南・丹北・志紀・八上四郡絵図	天保8		個人蔵	128×113	
	河内錦部郡絵図	天保8		大谷家文書	81×111	
	河内交野郡絵図	天保8		三宅家文書		
	河内国（紅葉山文庫旧蔵本）	天保9		国立公文書館／148-特083-0001	174×310	
	河内国（勘定所旧蔵本）	天保9		国立公文書館／148-特083-0001	175×319	
	河内国絵図（松平乗命旧蔵本写）		明治5、6年頃写	京都府立総合資料館／館古044国絵図-35	161.7×405.5	林耕雲絵
	河内摂津図			臼杵市立臼杵図書館／②-178	115×158	
	河内国絵図			京都府立総合資料館／館古044国絵図-89	128.0×259.5	
和泉	和泉国絵図	慶長10		ライデン大学図書館／UB262	124×340	
	和泉慶長国絵図		慶長	個人蔵		
	和泉国図写		慶長	東京大学総合図書館南葵文庫／BJ-82	218×132.4	古写
	和泉国図		慶長	東京大学総合図書館南葵文庫／BJ-83	235.2×148.6	新写
	泉州一国之図		正保	大阪歴史博物館	128.7×204	
	正保和泉国絵図写		正保	神戸市立博物館／地図の部3、諸国図、畿内41	138×249	
	和泉国絵図（中川忠英旧蔵本）		正保	国立公文書館／176-286-4.5	204×415	2分割
	和泉国図（松平乗命旧蔵本）		正保	国立公文書館／176-282-11		
	和泉国和泉郡・郡絵図	元禄9		個人蔵		
	和泉国大鳥郡絵図	元禄9		個人蔵		
	和泉国図	元禄9		個人蔵	156.3×306	
	和泉国日根郡郡絵図	元禄9		和歌山大学		
	和泉国絵図	元禄15		大阪市立博物館		
	和泉国写		元禄	国立公文書館／148-特083-0001	110×240	
	和泉国（紅葉山文庫旧蔵本）	天保9		国立公文書館／148-特083-0001	180×297	
	和泉国絵図（松平乗命旧蔵本写）		明治5、6年頃写	京都府立総合資料館／館古044国絵図-36	134.5×229.5	羽田月洲絵
	和泉州之図			大阪歴史博物館	56.2×134	
	和泉国図			大阪歴史博物館	132.8×77.4	
	和泉国図			大阪歴史博物館	83.2×266.8	
	泉州細見之大図画			大阪歴史博物館	94.3×226.6	
	和泉国絵図			京都府立総合資料館／館古044国絵図-90	131.0×252.0	
摂津	慶長十年摂津国絵図	慶長10		西宮市立郷土資料館	225×249	
	摂津国図写		慶長	東京大学総合図書館南葵文庫／BJ-80	255×243	古写
	摂津国図写		慶長	東京大学総合図書館南葵文庫／BJ-81	224.3×310	新写
	摂津正保国絵図	正保2		亀岡市文化資料館／長澤家文書	250×200	
	摂津国絵図（中川忠英旧蔵本）		正保	国立公文書館／176-286-6～9		4分割
	摂津国図（松平乗命旧蔵本）		正保	国立公文書館／176-282-13	223×273	
	摂津国大地図		正保	竹田市立図書館／絵A1-8		
	摂津国絵図	元禄15		個人蔵		
	摂津国写		元禄	国立公文書館／148-特083-0001	274×246	
	(摂津河内和泉紀伊伊賀山城大和伊勢志摩国図)		宝永元年以前	臼杵市立臼杵図書館／417	168×173	
	摂津国（勘定所旧蔵本）	天保9		国立公文書館／148-特083-0001	306×304	
	摂津国絵図（松平乗命旧蔵本写）		明治5、6年頃写	京都府立総合資料館／館古044国絵図-34	283.5×278.0	
	摂河両国大絵図			竹田市立図書館／絵A1-7	290×273	

国名	絵図名称	年記	作成時期（推定）	所蔵機関・整理番号	寸　法	備　考
	摂津国絵図			京都府立総合資料館／館古044国絵図-88		2分割
伊賀	伊賀国絵図		寛永	東京大学総合図書館南葵文庫	170.4×147	
	伊賀国絵図		正保	上野市立図書館	250×210	
	伊賀国絵図		正保	三重県県史編さんグループ／8-3-12	180×203	
	伊賀国絵図（中川忠英旧蔵本）		正保	国立公文書館／176-286-10	184×235	
	伊賀国図（松平乗命旧蔵本）		正保	国立公文書館／176-282-17		
	伊賀国近江境縁絵図	元禄13		上野市立図書館	77×106	
	伊賀国山城境縁絵図	元禄13		上野市立図書館	38×49	
	伊賀国大和境縁絵図	元禄13		上野市立図書館	91×106	
	伊賀国伊勢境縁絵図	元禄13		上野市立図書館	51×154	
	山城国伊賀境縁絵図	元禄13		上野市立図書館	52×61	
	伊賀国絵図		元禄	三重県立図書館	170.4×147	
	伊賀国絵図		元禄	上野市立図書館	201×177	
	伊賀国絵図		元禄	三重県立図書館	187.8×144	
	近江国伊賀境縁絵図		正保	三重県県史編さんグループ／9-9-3		
	伊賀国（勘定所旧蔵本）	天保9		国立公文書館／148-特083-0001	195×199	
	伊賀国（四分一縮図）	天保9		国立公文書館／148-特083-0001	97.6×115	
	伊賀国（四分一縮図）	天保9		国立公文書館／148-特083-0001	109×102	
	伊賀国絵図		慶応4年6月写	京都府立総合資料館／館古044国絵図-83	148.5×180.5	
	伊賀国絵図（松平乗命旧蔵本写）		明治5、6年頃写	京都府立総合資料館／館古044国絵図-29	180.5×264.8	久保田米僊絵
	伊賀国図写			東京大学総合図書館南葵文庫／BJ-85	170.4×147	
伊勢	伊勢国		正保	鎮国守国神社	355×510	
	伊勢国図（松平乗命旧蔵本）		正保	国立公文書館／176-282-19		
	伊勢国絵図（正保カ）		正保	国文学研究資料館／(35W) 2	353.5×503.6	
	勢州亀山領絵図	元禄11		明治大学刑事博物館板倉家文書／冊115	299×94.8	
	伊勢国伊賀境縁絵図	元禄13		三重県県史編さんグループ／8-6-10	94×176	
	伊勢国		元禄13	鎮国守国神社	347×580	
	伊勢国絵図（元禄13年）	元禄13		国文学研究資料館／(35W) 1	324.3×584.2	
	伊勢国志摩境端絵図	元禄13		明治大学刑事博物館板倉家文書／冊118	69×185	
	伊勢国伊賀境縁絵図	元禄13		三重県	94×176	
	伊勢国近江境縁絵図控	元禄13		国文学研究資料館	93×222	
	近江国伊勢境縁絵図	元禄13		国文学研究資料館		
	伊勢国大絵図	文政13		和歌山大学附属図書館	104.5×142.5	文政13年の刊本
	伊勢国（勘定所旧蔵本）	天保9		国立公文書館／148-特083-0001	344×580	
	伊勢国（下図）（縮図）	天保9		国立公文書館／148-特083-0001	186×304	
	伊勢国絵図（松平乗命旧蔵本写）		明治5、6年頃写	京都府立総合資料館／館古044国絵図-27	79.6×118.2	中西耕石絵
	伊勢国絵図		明治	三重県県史編さんグループ	222×287	
	伊勢国全図			三重県県史編さんグループ	214×304	
	伊勢国絵図			個人蔵	118.4×171.7	
	伊勢国抄図　写		明治	和歌山大学附属図書館	228.2×242.7	
	伊勢伊賀志摩			臼杵市立臼杵図書館／②-175	116×131	
	伊勢国図			臼杵市立臼杵図書館／②-35	153×151	
	伊勢国絵図			京都府立総合資料館／館古044国絵図-81		5分割
志摩	志摩国図（松平乗命旧蔵本）		正保	国立公文書館／176-282-28	80×126	
	志摩国伊勢境端絵図	元禄13		国文学研究資料館	57×205	
	志摩一ヶ国図	天保4		鳥羽市立図書館	68×85	
	志摩国図（紅葉山文庫旧蔵本）	天保9		国立公文書館／148-特083-0001	164×234	
	志摩国（勘定所旧蔵本）	天保9		国立公文書館／148-特083-0001	171×239	
	志摩国絵図（松平乗命旧蔵本写）		明治5、6年頃写	京都府立総合資料館／館古044国絵図-28	76.8×117.0	久保田米僊絵
	志摩国絵図			ライデン大学図書館／UB265	90×125	
	志摩国図			神宮文庫	36×52	
	志摩国絵図			京都府立総合資料館／館古044国絵図-82	147.6×208.5	

国名	絵図名称	年記	作成時期（推定）	所蔵機関・整理番号	寸　法	備　考
尾張	尾張国絵図		正保4	徳川美術館	383×246	
	尾張国絵図		正保	ライデン大学図書館／UB266－Ⅰ	125×385	2分割
	尾張国絵図		正保	ライデン大学図書館／UB266－Ⅱ	120×385	2分割
	尾張図　西		正保	愛知県図書館／001	128×191	享保12年に作成
	尾張一国図		正保	名古屋市博物館／573－1	460×350	
	尾張国図（松平乗命旧蔵本）		正保	国立公文書館／176－282－30	117×195	
	尾張国絵図（下絵図）	元禄14		愛知県図書館／002	400×267	
	尾張国絵図（控図）	元禄14		愛知県図書館／904	443×292	
	尾張三河境縁絵図	元禄14		徳川美術館	110×428	
	尾張国三河国境縁絵図（正本）	元禄14		愛知県図書館／005	115×328	
	尾張国（紅葉山文庫旧蔵本）	天保9		国立公文書館／148－特083－0001	295×419	
	尾張国（勘定所旧蔵本）	天保9		国立公文書館／148－特083－0001	284×417	
	尾張国絵図		慶応4年6月写	京都府立総合資料館／館古044国絵図－74	254.0×374.0	
	尾張絵図		江戸後期	愛知県図書館／698	153×165	
	尾張国明細図		江戸後期	愛知県図書館／643	209×116	
	尾張美濃参河飛騨信濃五ケ国絵図		江戸後期	愛知県図書館／641	172×199	
	尾張国絵図（松平乗命旧蔵本写）		明治5、6年頃写	京都府立総合資料館／館古044国絵図－19	113.8×180.5	山田文厚絵
	尾張国図			臼杵市立臼杵図書館／①－33	241×測定不能	
	尾張国図			臼杵市立臼杵図書館／①－49	265×196	
三河	三河国地図（森幸安旧蔵本）		正保	国立公文書館／177－1－102	180×156	
	参河国図（松平乗命旧蔵本）		正保	国立公文書館／176－282－34		
	正保三河国絵図		正保	岡崎市美術博物館	183×178	
	元禄三河国絵図	元禄14		愛知県図書館／003	441×370	
	美濃国参河境縁絵図	元禄14		愛知県図書館／007	89×176	縁絵図（元禄14年7月付）
	遠江国三河境縁絵図	元禄14		愛知県図書館／004	103×288	縁絵図（元禄14年6月付）
	尾張国三河国境縁絵図（控図）	元禄14		愛知県図書館／006	115×328	
	三河国絵図		元禄	刈谷市教育委員会寄託刈谷頌和会蔵	397×337	
	改正参河国全図	天保8		小浜市立図書館酒井家文庫	65.3×48.5	
	参河国全図		天保8年	愛知県図書館／544	52×70	
	三河国（紅葉山文庫旧蔵本）	天保9		国立公文書館／148－特083－0001	385×444	
	三河国図		江戸後期	愛知県図書館／642	109×120	
	参河国絵図		元禄14年（明治2年5月写）	京都府立総合資料館／館古044国絵図－72		4分割
	参河国絵図（松平乗命旧蔵本写）		明治5、6年頃写	京都府立総合資料館／館古044国絵図－16	161.0×182.0	菱田日東絵
	三河国図写			東京大学総合図書館南葵文庫／BJ－95	187.6×201.4	
	三河国絵図			ライデン大学図書館／UB267	200×190	
	三河国図			臼杵市立臼杵図書館／275	176×186	
	三河国図			臼杵市立臼杵図書館／②－188	180×194	
遠江	遠江国（昌平坂学問所本）		正保	国立公文書館	176×201	
	正保遠江国絵図		正保	篠山市青山歴史村／篠山藩史料目録2688		
	遠江国図（松平乗命旧蔵本）		正保	国立公文書館／176－282－40	157×186	
	遠江国（勘定所旧蔵本）	天保9		国立公文書館／148－特083－0001	394×392	
	遠江国絵図（松平乗命旧蔵本写）		明治5、6年頃写	京都府立総合資料館／館古044国絵図－15	189.0×159.8	石原蘭石絵
	遠江国			徳島大学附属図書館／諸18	400×410	縮図写
	遠江国			徳島大学附属図書館／諸17	1380×1710	
	遠江国郡図			高成寺		
	遠江国絵図			小浜市立図書館酒井家文庫	66×78	
	遠江国図			臼杵市立臼杵図書館／419	427×392	
	遠江			臼杵市立臼杵図書館／②－200	380×412	
	遠江国絵図			京都府立総合資料館／館古044国絵図－71	238.0×186.5	

国名	絵図名称	年記	作成時期（推定）	所蔵機関・整理番号	寸 法	備 考
駿河	駿河国絵図（中川忠英旧蔵本）		正保	国立公文書館／176－286－11		半欠
	駿河国図（松平乗命旧蔵本）		正保	国立公文書館／176－282－44	117×220	
	駿河國　新	元禄15		明治大学図書館／54－35	東387.7×194.6、西390.5×262.8	
	駿河国（紅葉山文庫旧蔵本）	天保9		国立公文書館／148－特083－0001	445×385	
	駿河国（勘定所旧蔵本）	天保9		国立公文書館／148－特083－0001	445×386	
	駿河国絵図（松平乗命旧蔵本写）		明治5、6年頃写	京都府立総合資料館／館古044国絵図－14	224.7×129.5	野村文挙絵
	駿河			臼杵市立臼杵図書館／①－58	106×227	
	駿河国図			臼杵市立臼杵図書館／②－39	222×103	
	駿州国絵図			臼杵市立臼杵図書館／②－187	108×241	
甲斐	甲斐国図（松平乗命旧蔵本）		正保	国立公文書館／176－282－50		
	甲斐国絵図　甲斐国高都合并色分目録	元禄15		柳沢文庫	435×364	
	甲斐国絵図		元禄	柳沢文庫	130×177.5	
	甲斐国（紅葉山文庫旧蔵本）	天保9		国立公文書館／148－特083－0001	399×357	
	甲斐国絵図（松平乗命旧蔵本写）		明治5、6年頃写	京都府立総合資料館／館古044国絵図－12	91.3×82.4	加納黄文絵
	甲斐国			徳島大学附属図書館／諸20	395×543	縮図写
	甲斐国絵図			臼杵市立臼杵図書館／305	234×230	
	甲斐国絵図			臼杵市立臼杵図書館／306	253×240	
伊豆	伊豆国絵図（中川忠英旧蔵本）		正保	国立公文書館／176－286－12		
	伊豆国図（松平乗命旧蔵本）		正保	国立公文書館／176－282－55	118×155	
	人無島（小笠原諸島図）	延宝3		臼杵市立臼杵図書館／②－95	106×80	
	伊豆国（紅葉山文庫旧蔵本）	天保9		国立公文書館／148－特083－0001	414×457	
	伊豆国（勘定所旧蔵本）	天保9		国立公文書館／148－特083－0001	412×460	
	伊豆国絵図（松平乗命旧蔵本写）		明治5、6年頃写	京都府立総合資料館／館古044国絵図－11	122.1×161.2	秦金石絵
	（伊豆国絵図）			臼杵市立臼杵図書館／①－24	225×438	
	（伊豆国絵図）			臼杵市立臼杵図書館／①－89	224×429	
	伊豆国図			臼杵市立臼杵図書館／②－210	109×66	
	伊豆国三郡図			臼杵市立臼杵図書館／300	82×110	
	伊豆七島全図			臼杵市立臼杵図書館／387	76×107	
	人無絵図（小笠原諸島図）			臼杵市立臼杵図書館／②－127	77×112	
	伊豆国絵図			東京大学史料編纂所／3	170.4×283.4	
相模	相模国図（松平乗命旧蔵本）		正保	国立公文書館／176－282－56	135×159	
	相模国一国之図		正保	神奈川県立金沢文庫	285×342	
	相模全図（内務省旧蔵本）		正保	国立公文書館／177－1176	280×336	
	相模国（紅葉山文庫旧蔵本）	天保9		国立公文書館／148－特083－0001	312×359	
	相模国（勘定所旧蔵本）	天保9		国立公文書館／148－特083－0001	323×365	
	相模国絵図（松平乗命旧蔵本写）		明治5、6年頃写	京都府立総合資料館／館古044国絵図－10	162.3×133.9	今尾景年絵
	相模国絵図			小浜市立図書館酒井家文庫	31×41.6	
	相模			臼杵市立臼杵図書館／②－183	80×83	
	相模国図			臼杵市立臼杵図書館／②－209	79×81	
武蔵	武蔵国絵図（中川忠英旧蔵本）		正保	国立公文書館／176－286－13	289×383	
	武蔵国図（松平乗命旧蔵本）		正保	国立公文書館／176－282－60		
	武蔵国絵図		正保	埼玉県立文書館寄託堀口家文書1699	211×244	
	武蔵常陸甲斐信濃上野下野上総下総安房相模伊豆		寛文10年か	臼杵市立臼杵図書館／307	194×202	
	武蔵常陸甲斐信濃上野下野上総下総安房相模伊豆		寛文10年か	臼杵市立臼杵図書館／②－9	188×201	
	武蔵国（勘定所旧蔵本）	天保9		国立公文書館／148－特083－0001	537×512	
	武蔵国絵図（松平乗命旧蔵本写）		明治5、6年頃写	京都府立総合資料館／館古044国絵図－9	177.4×187.5	村上和光絵
	武蔵国図	文化8		徳島大学附属図書館／諸13	834×1028	
	武州絵図			小浜市立図書館酒井家文庫	27.6×38.2	
	武蔵国図			伊能忠敬記念館	224.5×249	

国名	絵図名称	年記	作成時期（推定）	所蔵機関・整理番号	寸法	備考
（武蔵）	武蔵國			臼杵市立臼杵図書館／②-158	42×55	
	武蔵			臼杵市立臼杵図書館／②-159	41×54	
安房	安房国図（松平乗命旧蔵本）		正保	国立公文書館／176-282-65	158×197	
	安房国絵図（中川忠英旧蔵本）		正保	国立公文書館／176-286-14		
	安房国全図（昌平坂学問所旧蔵本）		正保	国立公文書館／177-766	203×171	
	安房国（紅葉山文庫旧蔵本）	天保9		国立公文書館／148-特083-0001	301×267	
	安房国絵図（松平乗命旧蔵本写）		明治5、6年頃写	京都府立総合資料館／館古044国絵図-8	197.0×161.7	塩川文麟絵
	安房・上総国			徳島大学附属図書館／諸7	390×535	縮図写
上総	上総国図（松平乗命旧蔵本）		正保	国立公文書館／176-282-66	197×220	
	上総国図（昌平坂学問所旧蔵本）		正保	国立公文書館／177-765	211×213	
	上総国（勘定所旧蔵本）	天保9		国立公文書館／148-特083-0001	374×416	
	上総国絵図（松平乗命旧蔵本写）		明治5、6年頃写	京都府立総合資料館／館古044国絵図-7	221.0×197.6	重春塘絵
下総	下総国図（松平乗命旧蔵本）		正保	国立公文書館／176-282-68	240×176	
	下総国絵図（中川忠英旧蔵本）		正保	国立公文書館／176-286-15・16		2分割
	下総国絵図		正保	明治大学図書館／蘆田文庫本35-28	167×225	
	下総国		元禄	国立公文書館／148-特083-0001	501×391	
	下総国（紅葉山文庫旧蔵本）	天保9		国立公文書館／148-特083-0001	466×362	
	下総国（勘定所旧蔵本）	天保9		国立公文書館／148-特083-0001	477×375	
	下総国絵図（松平乗命旧蔵本写）		明治5、6年頃写	京都府立総合資料館／館古044国絵図-6	242.5×180.9	鈴木瑞彦絵
	下総国			徳島大学附属図書館／諸4	393×534	縮図写
	下総国			徳島大学附属図書館／諸5	1920×1668	
	下総国			徳島大学附属図書館／諸6	1410×1357	
	下総国図			伊能忠敬記念館	192×185.5	
常陸	常陸国図写		寛永	東京大学総合図書館南葵文庫／BJ-51	184×319	
	常陸国絵図（中川忠英旧蔵本）		正保	国立公文書館／176-286-17～19		3分割
	常陸国図（松平乗命旧蔵本）		正保	国立公文書館／176-282-72		
	常陸国絵図		元禄	国立公文書館／148-特083-0001	550×405	
	常陸国（紅葉山文庫旧蔵本）	天保9		国立公文書館／148-特083-0001	436×403	
	常陸国絵図（松平乗命旧蔵本写）		明治5、6年頃写	京都府立総合資料館／館古044国絵図-5	173.7×235.8	八木雲渓絵
	常陸国（昌平坂学問所旧蔵本）			国立国会図書館／177-862	221×155	
近江	〔近江国〕古御図〔写〕（近江国各郡町村絵図）　正保近江国絵図		正保	滋賀県立図書館／M000-18	534×337	
	正保近江国絵図		正保	滋賀県立図書館／M000-17	531.5×334.7	
	近江国絵図（松平乗命旧蔵本）		正保	国立公文書館／176-282-77		
	近江国絵図		正保	ライデン大学図書館／UB271	153×375	2分割
	近江国絵図		正保	ライデン大学図書館／UB271	155×375	2分割
	近江国絵図（近江国各郡町村絵図）〔元禄〕	元禄14		滋賀県立図書館／M000-20	543×342	
	近江国写		元禄	国立公文書館	516×343	
	縮写元禄近江国絵図		元禄	栗東歴史民俗博物館里内文庫	175.3×241.5	
	元禄近江国絵図		元禄	滋賀県立図書館／M000-19	533.8×347.6	
	近江国伊賀境縁絵図		元禄	三重県庁／9-9-3		
	近江国絵図（近江国各郡町村絵図）〔天保〕	天保8		滋賀県立図書館／M000-21	504.3×330.6	
	天保近江国絵図	天保8		滋賀県立図書館／M000-22		
	近江国（紅葉山文庫旧蔵本）	天保9		国立公文書館／148-特083-0001	511×337	
	近江国絵図		慶応4年6月写	京都府立総合資料館／館古044国絵図-84		5分割
	近江国絵図（松平乗命旧蔵本写）		明治5、6年頃写	京都府立総合資料館／館古044国絵図-30	299.5×339.5	岸竹堂絵
	近江国絵図		天保	神戸市立博物館／地図の部3、諸国図、東山道1	54.5～55×240.2～329	5巻
	近江国図写			東京大学総合図書館南葵文庫／BJ-99	341.5×495.3	
	近江国絵図			臼杵市立臼杵図書館／233	88×98	
	江州郡分之図			臼杵市立臼杵図書館／②-33	81×93	

国名	絵図名称	年記	作成時期（推定）	所蔵機関・整理番号	寸法	備考
美濃	美濃国絵図	正保2		岐阜県歴史資料館／明治期岐阜県庁事務文書 3.30-10	495×550	
	美濃全図	正保2	明治写	岐阜県歴史資料館／明治期岐阜県庁事務文書 3.30-11	497×547	
	美濃国図（松平乗命旧蔵本）		正保	国立公文書館／176-282-84	180×170	
	美濃国図		正保	徳川林政史研究所	各240×300	4鋪
	美濃国（紅葉山文庫旧蔵本）	天保9		国立公文書館／148-特083-0001	587×492	
	美濃国（勘定所旧蔵本）	天保9		国立公文書館／148-特083-0001	592×497	
	美濃国（下図）（縮図）		天保	国立公文書館	294×275	
	美濃国絵図（松平乗命旧蔵本写）		明治5、6年頃写	京都府立総合資料館／館古044国絵図-17	190.5×170	
	美濃国			徳島大学附属図書館／諸19	405×540	縮図写
	美濃国絵図			岐阜県歴史資料館		
	美濃国図			臼杵市立臼杵図書館／246	357×469	
	美濃国図			臼杵市立臼杵図書館／416	462×360	
	（美濃国図）			臼杵市立臼杵図書館／②-190	143×128	
	（美濃国図）			臼杵市立臼杵図書館／②-199	185×240	
	美濃国絵図			京都府立総合資料館／館古044国絵図-73		5分割
飛騨	飛騨国絵図（中川忠英旧蔵本）		正保	国立公文書館／176-286-20～22		3分割
	飛騨国図（松平乗命旧蔵本）		正保	国立公文書館／176-282-91	79×93	
	飛騨国絵図	元禄8		岐阜県立飛騨高山高等学校	89×107	
	飛騨国（紅葉山文庫旧蔵本）	天保9		国立公文書館／148-特083-0001	383×485	
	飛騨国絵図（松平乗命旧蔵本写）		明治5、6年頃写	京都府立総合資料館／館古044国絵図-18	80.2×95.8	吉阪鷹峰絵
	飛騨国			徳島大学附属図書館／諸21	406×406	縮図写
	飛騨国絵図			個人蔵	69×90.5	
信濃	信濃国絵図	正保4		上田市立博物館	464×854	
	戸隠山・高妻山国境小絵図	元禄13		個人蔵	54.4×39.8	
	出石御領分絵図	元禄13		上田市立博物館／松平家文書No289		
	元禄信濃国絵図	元禄15	縮図	上田市立博物館／松平家文書No別置	195×104	
	信濃国絵図	元禄15		松代藩文化施設管理事務所	495×875	
	信濃国絵図（内務省旧蔵本）		元禄	国立公文書館／177-792	105×225	
	飛騨国縁絵図		元禄	個人蔵	66.6×314.6	
	郡境変更図		元禄	個人蔵	27.6×39.9	
	信濃全国切絵図	天保8		上田市立博物館／松平家文書No8	55×450	15巻
	信濃国（紅葉山文庫旧蔵本）	天保9		国立公文書館／148-特083-0001	480×857	
	信濃国切絵図16巻		天保	松代藩文化施設管理事務所		
	信濃国絵図		元禄15年12月（明治2年2月写）	京都府立総合資料館／館古044国絵図-70		8分割
	信濃国絵図（松平乗命旧蔵本写）		明治5、6年頃写	京都府立総合資料館／館古044国絵図-13	416.8×408.8	村瀬玉田絵
	明治初期信濃国絵図		明治	長野県立歴史館	256.2×426	
	信濃国			徳島大学附属図書館／諸22	542×844	縮図写
	信濃国図			徳島大学附属図書館／諸23	1234×2362	
	信濃国筑摩郡安曇郡図13鋪			国立歴史民俗博物館／秋岡コレクション	各29.1×181.8	
	信濃国図			臼杵市立臼杵図書館／①-10	367×227	
	信濃国			臼杵市立臼杵図書館／②-219	390×285	
	信濃国絵図			京都府立総合資料館／館古044国絵図-69	236.5×548.0	
上野	上野国絵図（中川忠英旧蔵本）		正保	国立公文書館／176-286-23・24		2分割
	元禄上野国絵図	元禄15		群馬県立文書館寄託P8710	520×555	
	天保上野国控図	天保8		群馬県立文書館（旧群馬県議会図書館蔵）		
	上野国（勘定所旧蔵本）	天保9		国立公文書館／148-特083-0001	508×553	
	上野国（下図）（縮図）	天保9		国立公文書館／148-特083-0001	257×288	
	上野国絵図（松平乗命旧蔵本写）		明治5、6年頃写	京都府立総合資料館／館古044国絵図-4	363.0×364.0	浅井柳塘絵
	上野国			徳島大学附属図書館／諸8	400×537	縮図写
	上野国絵図			臼杵市立臼杵図書館／317	104×116	

国名	絵図名称	年記	作成時期（推定）	所蔵機関・整理番号	寸　法	備　考
下野	下野国絵図（中川忠英旧蔵本）		正保	国立公文書館／176－286－25～27	248×319	3分割
	下野国図（松平乗命旧蔵本）		正保	国立公文書館／176－282－108		
	下野国九郡絵図		元禄10年	秋田県公文書館／県C－382	84×107	
	下野国（紅葉山文庫旧蔵本）	天保9		国立公文書館／148－特083－0001	392×468	
	下野国絵図（松平乗命旧蔵本写）		明治5、6年頃写	京都府立総合資料館／館古044国絵図－3	176.2×185.8	吉阪鷹峰絵
	下野国			徳島大学附属図書館／諸9	405×540	縮図写
	下野国絵図（内務省旧蔵本）		明治初期	国立公文書館／177－779	98×149	
	下野国図			小浜市立図書館酒井家文庫	30.2×41.4	
	下野国図（昌平坂学問所旧蔵本）			国立公文書館／177－863	197×180	
陸奥	奥州　西		元和	東京大学総合図書館南葵文庫／BJ－68	202.2×267.3	
	南部領内総絵図	正保4		盛岡市中央公民館／28・8－3	745×381.6	
	岩代国絵図（中川忠英旧蔵本）		正保	国立公文書館／176－286－32～34		3分割
	仙台領絵図（中川忠英旧蔵本）		正保	国立公文書館／176－286－35		
	磐城国絵図（中川忠英旧蔵本）		正保	国立公文書館／176－286－28～31	609×561	4分割
	陸奥国絵図（中川忠英旧蔵本）		正保	国立公文書館／176－286－40		
	南部領内図（写図）		正保	盛岡市中央公民館／28・8－4	288×166.5	
	領内図（正保の控）		正保	盛岡市中央公民館／28・8－6	740×388	
	奥州南部拾郡之図　上（南部領）		正保	東北歴史博物館	102×225	
	奥州南部拾郡之図　下（津軽領）		正保	東北歴史博物館	122×145	
	奥州之内南部領十郡之図		正保	弘前市立弘前図書館／TK290.3－55	103×223	
	南部領惣絵図		正保	盛岡市中央公民館／28・8－1	848×381.6	
	南部領惣絵図		正保	盛岡市中央公民館／28・8－2	848×381.6	
	奥州仙台領絵図		正保（元禄期の写）	仙台市博物館	837×517	
	陸前国図（中川忠英旧蔵本）		正保	国立公文書館／176－286－36		
	陸中絵図（中川忠英旧蔵本）		正保	国立公文書館／176－286－37～39		3分割
	御郡中絵図		正保（慶安年中）	弘前市立弘前図書館／TK290.3－3	360×433	
	白川・石川・岩瀬・田村・安積・安達六郡絵図	寛文12	正保	須賀川博物館	360×380	
	弘前全図	寛文13		弘前市立弘前図書館／Gk290.3－31		
	陸奥国津軽郡之絵図	貞享2	正保	青森県立郷土館／1594	393×488	
	陸奥国（松平乗命旧蔵本）		正保	国立公文書館／176－282－112		
	陸奥国南部領高都合領郡色分目録	元禄11		税務大学校租税史料館／昭43　仙台　0039－001		
	南部家ニテ取調タル端絵図	元禄11		税務大学校租税史料館／昭43　仙台　0054－000		
	陸奥国南部領高都合領郡色分目録	元禄12		税務大学校租税史料館／昭43　仙台　0039－002		
	絵図調様御本之小絵図	元禄12		宮城県図書館／伊291.09－5・M2－10	107(89)×100(69)	
	仙台領国絵図	元禄12		宮城県図書館／KD290－セ4・29	871×535	
	仙台領国絵図	元禄12		宮城県図書館／KD290－セ3・29	888×535	
	仙台領国絵図	元禄12		宮城県図書館／KD290－セ5・29	888×535	
	仙台領国絵図	元禄12		宮城県図書館／KM290－セ14	516×841	
	南部領高都合并色分目録	元禄12		盛岡市中央公民館／28・8－7	848×424.2	
	仙台之方陸奥国南部領際絵図仙台絵図役人与為取替候絵図之扣	元禄13		税務大学校租税史料館／昭43　仙台　0056－000		
	［秋田領際絵図　仙台領境］　秋田藩製図	元禄13		宮城県図書館／KD294－ア2・M1－12	118×180	
	［秋田領際絵図　仙台領境］　秋田藩製図	元禄13		宮城県図書館／KM294－ア1・M3－3	120×188	
	［遠田郡桃生郡境　塚図］	元禄13		宮城県図書館／KM294－ト1・M5－1	121×166	

国名	絵図名称	年記	作成時期(推定)	所蔵機関・整理番号	寸法	備考
	仙台領際絵図　秋田領境　仙台藩製図	元禄13		宮城県図書館／KD294－セ1・M－14	121×209	
	［仙台領際絵図　秋田領境］仙台藩製図	元禄13		宮城県図書館／KD294－セ2・M1－14	124×216	
	［仙台領際絵図　福嶋梁川領境］仙台藩製図	元禄13		宮城県図書館／KM291－セ2・M2－12	125×245	
	［仙台領際絵図　山形領境］仙台藩製図	元禄13		宮城県図書館／KD290－セ6・M1－2	157×340	
	［仙台領際絵図　米澤領境］仙台藩製図	元禄13		宮城県図書館／KM291－セ1・M2－12	42×100	
	［米澤領際絵図　仙台領境］米澤藩製図	元禄13		宮城県図書館／KD291－ヨ1・M1－7	46×71	
	［山形領際絵図　仙台領境］山形藩製図	元禄13		宮城県図書館／KM290－セ1・M2－12	58×311	
	［福嶋領際絵図　仙台領境］福嶋藩製図	元禄13		宮城県図書館／KM291－フ6・M2－13	66×185	
	［新庄領際絵図　仙台領境］仙台藩製図	元禄13		宮城県図書館／KD294－シ1・M1－13	76×97	
	［仙台領際絵図　相馬領境］仙台藩製図	元禄13		宮城県図書館／KM291－セ3・M2－12	80×140	
	［相馬領際絵図　仙台領境］相馬藩製図	元禄13		宮城県図書館／KM291－ソ1・M2－13	84×121	
	［仙台領際絵図　新庄領境］仙台藩製図	元禄13		宮城県図書館／KM290－セ13・M2－11	93×126	
	仙台領境図	元禄13		盛岡市中央公民館／28・8－95		
	仙台役人江仰合済御取替被成候端絵図	元禄14		税務大学校租税史料館／昭43　仙台　0055－000		
	秋田家より南部家際絵図	元禄14		税務大学校租税史料館／昭43　仙台　0057－001		
	南部家ヨリ秋田家際絵図	元禄14		税務大学校租税史料館／昭43　仙台　0057－002		
	秋田之方陸奥国南部領際絵図　秋田絵図役人与為取替候際絵図之扣	元禄14		税務大学校租税史料館／昭43　仙台　0058－000		
	陸奥国内南部領海辺際絵図(南浜)	元禄14		税務大学校租税史料館／昭43　仙台　0059－001		
	陸奥国内南部領海辺際絵図(北浜)	元禄14		税務大学校租税史料館／昭43　仙台　0059－002		
	仙台家より南部家へ送ラレタル際絵図	元禄14		税務大学校租税史料館／昭43　仙台　0060－000		
	陸奥国仙台領際絵図　出羽国秋田領之方　仙台藩製図	元禄14		宮城県図書館／KD294－ム1・M1－15	106×173	
	陸奥国仙台領際絵図　陸奥国福嶋領之方　仙台藩製図	元禄14		宮城県図書館／KD291－ム1・M1－6	131×222	
	陸奥国仙台領際絵図　陸奥国南部領之方　仙台藩製図	元禄14		宮城県図書館／KD297－ム1・M2－6	134×379	
	［仙台領際絵図　南部領境］仙台藩製図	元禄14		宮城県図書館／KM297－セ2・M3－3	135×384	
	南部領海際絵図	元禄14		盛岡市中央公民館／28・8－8	158×527	
	［南部領際絵図　仙台領境］南部藩製図	元禄14		宮城県図書館／KD297－ナ2・M2－5	274×405	
	陸奥国仙台領際絵図　出羽国山形領之方　仙台藩製図	元禄14		宮城県図書館／KD290－ム4・M1－3	307×117	

国名	絵図名称	年記	作成時期(推定)	所蔵機関・整理番号	寸法	備考
(陸奥)	陸奥国仙台領際絵図　出羽国米澤領之方　仙台藩製図	元禄14		宮城県図書館／KD291-ム2・M1-7	65×73	
	陸奥国仙台領海際絵図	元禄14		宮城県図書館／KD290-ム1・M1-2	670×288	
	陸奥国仙台領際絵図　出羽国新庄領之方　仙台藩製図	元禄14		宮城県図書館／KD293-ム1・M1-12	68×114	
	陸奥国仙台領際絵図　陸奥国岩城棚倉相馬領之方　仙台藩製図	元禄14		宮城県図書館／KD291-ム3・M1-7	97×130	
	仙台領境仙台方図	元禄14		盛岡市中央公民館／28・8-101		
	仙台領境仙台方図	元禄14		盛岡市中央公民館／28・8-102		
	秋田領境絵図	元禄14		盛岡市中央公民館／28・8-70		
	秋田領境図	元禄14		盛岡市中央公民館／28・8-73		
	秋田領境図	元禄14		盛岡市中央公民館／28・8-74		
	秋田領境図	元禄14		盛岡市中央公民館／28・8-75		
	秋田領境秋田方絵図	元禄14		盛岡市中央公民館／28・8-76		
	秋田領境秋田方絵図	元禄14		盛岡市中央公民館／28・8-77		
	秋田領境秋田方絵図	元禄14		盛岡市中央公民館／28・8-78		
	秋田領境秋田方絵図	元禄14		盛岡市中央公民館／28・8-79		
	秋田領境秋田方絵図	元禄14		盛岡市中央公民館／28・8-80		
	津軽領境図	元禄14		盛岡市中央公民館／28・8-84		
	津軽領境図	元禄14		盛岡市中央公民館／28・8-87		
	津軽領境図	元禄14		盛岡市中央公民館／28・8-88		
	津軽領境津軽方絵図	元禄14		盛岡市中央公民館／28・8-89		
	津軽境図	元禄14		盛岡市中央公民館／28・8-90		
	津軽領境津軽方絵図	元禄14		盛岡市中央公民館／28・8-92		
	津軽領境津軽方絵図	元禄14		盛岡市中央公民館／28・8-93		
	仙台領境図	元禄14		盛岡市中央公民館／28・8-96		
	仙台領境図	元禄14		盛岡市中央公民館／28・8-97		
	仙台領境図	元禄14		盛岡市中央公民館／28・8-98		
	南部領元禄国絵図控	元禄14		盛岡市中央公民館		
	陸奥国磐城領棚倉領相馬領絵図	元禄15		明治大学博物館	240×560	
	御郡司方ヨリ相出候扣切絵図	元禄15		宮城県図書館／KD294-オ1・2	195×330	栗原・登米郡
	御分領中御村分絵図	元禄15		宮城県図書館／KD290-コ2・3	217×148	
	御郡司方ヨリ相出候扣切絵図	元禄15		宮城県図書館／KD297-オ2・2	219×245	胆沢・磐井郡
	仙台領内道程絵図	元禄15		宮城県図書館／KD685-セ1・21-2	255×169	
	御郡司方ヨリ相出候扣切絵図	元禄15		宮城県図書館／KD295-オ1・2	258×220	牡鹿・桃生郡
	御郡司方ヨリ相出候扣切絵図	元禄15		宮城県図書館／KD292-オ1・2	270×160	宮城・黒川郡
	御郡司方ヨリ相出候扣切絵図	元禄15		宮城県図書館／KD293-オ1・2	290×160	加美郡他
	御郡司方ヨリ相出候扣切絵図	元禄15		宮城県図書館／KD297-オ1・2	287×172	江刺・磐井郡
	御郡司方ヨリ相出候扣切絵図	元禄15		宮城県図書館／KM291-オ1・2	344×354	宇田郡他
	御郡司方ヨリ相出候扣切絵図	元禄15		宮城県図書館／KD296-オ1・2	355×212	本吉・気仙郡
	［山形領際絵図］		元禄	宮城県図書館／KD291-ヤ1・M1-7	(18-33)×53	
	［仙台領境絵図　福嶋領境］		元禄	宮城県図書館／KD291-セ4・M1-5	115×193	
	［仙台領際絵図　山形領境］		元禄	宮城県図書館／KD291-セ1・M1-5	117×145	
	相馬御役人ヨリ参候際絵図之写切形絵図		元禄	宮城県図書館／KD291-ソ1・M1-6	120×63	
	南部御役人方ヨリ参候際絵図之写切形絵図		元禄	宮城県図書館／KD297-ナ1・M2-5	125×388	
	秋田御役人方ヨリ参候際絵図之写切形絵図		元禄	宮城県図書館／KD294-ア1・M1-12	167×80	
	［仙台領陸際絵図］		元禄	宮城県図書館／KD290-セ1・M1-1	215×332	
	福嶋御役人方ヨリ参候際絵図之写切形絵図		元禄	宮城県図書館／KD291-フ1・M1-6	32×53-92×181	

国名	絵図名称	年記	作成時期（推定）	所蔵機関・整理番号	寸法	備考
	［南部領際絵図］		元禄	宮城県図書館／KD297－ナ3・M2－6	56×366	
	［仙台領際絵図］		元禄	宮城県図書館／KM290－セ15・M2－14	719×502	
	［仙台領際絵図　相馬領境］		元禄	宮城県図書館／KD291－セ3・M1－5	79×146	
	［仙台領際絵図　上山領置賜郡天領境］		元禄	宮城県図書館／KD291－セ2・M1－5	87×37	
	盛岡藩海辺際絵図(2舗のうち南部)		元禄	盛岡市中央公民館		
	奥州南部領図	寛保3		八戸市立図書館／南11－1－2	41×85.0	
	津軽領画図	安永8		弘前市立弘前図書館／M18	470×400	
	陸奥国津軽郡之図	文政7		弘前市立弘前図書館／M22	232×230	
	盛岡藩天保国絵図控	天保7		盛岡市中央公民館	55×390	
	陸奥国福島領絵図	天保9		福島県立博物館	110×201	2枚
	陸奥国福島（紅葉山文庫旧蔵本）	天保9		国立公文書館／148－特083－0001	255×251	
	陸奥国福島（勘定所旧蔵本）	天保9		国立公文書館／148－特083－0001	259×255	
	陸奥国磐城棚倉相馬（勘定所旧蔵本）	天保9		国立公文書館／148－特083－0001	330×530	
	陸奥国白河三春二本松（勘定所旧蔵本）	天保9		国立公文書館／148－特083－0001	335×367	
	陸奥国南部（紅葉山文庫旧蔵本）	天保9		国立公文書館／148－特083－0001	416×776	
	陸奥国津軽（紅葉山文庫旧蔵本）	天保9		国立公文書館／148－特083－0001	440×371	
	陸奥国会津（勘定所旧蔵本）	天保9		国立公文書館／148－特083－0001	452×549	
	陸奥国会津（紅葉山文庫旧蔵本）	天保9		国立公文書館／148－特083－0001	452×554	
	陸奥国仙台（勘定所旧蔵本）	天保9		国立公文書館／148－特083－0001	523×748	
	御領内絵図	天保9		八戸市立図書館／南11－1－4－1	161.0(長)×218.0(幅)	
	南部国絵図	天保15		弘前市立弘前図書館／Gk290.3－15	53×75	
	陸奥国福島領絵図		天保	福島県立図書館	54×192	4枚
	陸奥国白川・二本松・三春領絵図		天保	福島県立図書館	57×320	6枚
	南部藩天保国絵図		天保	税務大学校租税史料館／昭43　仙台　0032－001〜014		13点
	陸奥国津軽領絵図		天保	弘前市立弘前図書館／M19	55×360	
	陸奥国津軽領絵図		天保	弘前市立弘前図書館／M20	55×360	
	陸奥国津軽領絵図		天保	弘前市立弘前図書館／M21	55×360	
	御国絵図（写）		天保	国文学研究資料館／津軽家文書(22B)2178－4		
	南部領内図	安政2		盛岡市中央公民館／28・8－12		
	奥州南部全図	安政5		八戸市立図書館／南11－1－10	61×100.0	
	南部御領郡村全図	慶応元		八戸市立図書館／南11－1－11	129×233.0	
	御領分絵図	慶応元		宮城県図書館／KM290－コ7・M2－11	134×209	
	陸奥国絵図（松平乗命旧蔵本写）		明治5、6年頃写	京都府立総合資料館／館古044国絵図－1	152.3×243.6	嶋田雅喬絵
	磐城国絵図		明治	福島県立図書館	208×354	
	岩代国絵図		明治	福島県立図書館	208×362	
	岩代国絵図		明治	福島県立図書館	221×357	
	仙台領内絵図			松島博物館	500×	
	仙台領内絵図			松島博物館	500×	
	封内細見大絵図			宮城県図書館／KM290－ホ5	131×209	
	御領分絵図			宮城県図書館／KM290－コ7・M2－11	134×209	
	［御領分絵図］			宮城県図書館／KM290－コ9・M2－11	134×222	
	［御領分磁石見当図］下画			弘前市立弘前図書館／M24	290×298	
	御領内絵図			八戸市立図書館／南11－1－1	41×69.0	
	御郡内惣図			弘前市立弘前図書館／TK290.3－4	68×100	
	領内絵図			八戸市立図書館／南11－1－9	97×109.0	
	南部領内絵図			弘前市立弘前図書館／Gk290.3－16		
	南部領之図			弘前市立弘前図書館／Gk290.3－17		
	三郡御邑絵図（一関藩）			宮城県図書館／KM297－サ1	200×233	

国名	絵図名称	年記	作成時期（推定）	所蔵機関・整理番号	寸法	備考
(陸奥)	御領分絵図			宮城県図書館／KM290－コ8・M2-12		
	仙台領弐拾壱郡之図			徳島大学附属図書館／諸2	580×1060	
	御領分磁石見当図			弘前市立弘前図書館／M23	290×298	
	奥州　東			東京大学総合図書館南葵文庫／BJ－68	270.5×209	
	陸奥国図			臼杵市立臼杵図書館／349	233×435	
	陸奥国図			臼杵市立臼杵図書館／350	242×434	
	陸奥国　4葉1組			徳島大学附属図書館／諸1－1	40×81	縮図写
	陸奥国　4葉1組			徳島大学附属図書館／諸1－2	39×40	縮図写
	陸奥国　4葉1組			徳島大学附属図書館／諸1－3	40×68	縮図写
	陸奥国　4葉1組			徳島大学附属図書館／諸1－4	40×75	縮図写
出羽	秋田・仙北御絵図野書	正保2		秋田県公文書館／No.151	480×660	
	出羽一国御絵図	正保4		秋田県公文書館	509×1108	
	出羽六郡絵図		正保	秋田県公文書館／No.145	547×681	
	佐竹右京大夫領分出羽六郡絵図		正保	秋田県公文書館／A290－58	98×103.8	
	佐竹修理大夫領分出羽六郡絵図		正保	秋田県公文書館／No.152	100×108	
	佐竹修理大夫領分出羽六郡絵図		正保	秋田県立博物館	143×118	
	正保国絵図		正保	千秋文庫	(15坪)	
	出羽国絵図		正保	秋田県公文書館／A270－257	48×161	
	出羽一国之絵図		正保	致道博物館	501×1089	
	庄内三郡絵図		正保	致道博物館	248×439	
	「庄内三郡絵図」		正保	致道博物館（目録未掲載）	280×443	
	正保年中御絵図写		正保	新庄ふるさと歴史センター	236×238	
	出羽一国御絵図		正保	酒田市光丘図書館	81×179	
	正保荘内絵図		正保	本間美術館	207×360.5	
	荘内一円古絵図		正保	本間美術館	176×357	
	置賜古絵図		正保	山形大学附属博物館	251×271	
	出羽一国御絵図		正保	米沢市上杉博物館／No.1778	541×546	
	羽後一円大絵図		正保	米沢市上杉博物館／No.1936	621×547	
	出羽一円御絵図		正保	米沢市上杉博物館／No.1779	80×192	
	羽州米沢領御絵図写増補正保		正保	米沢市立米沢図書館／K291－U	78×104	
	御領内絵図		正保	米沢市立米沢図書館／K291－ご	100×94	
	米沢三拾万石之節御国絵図		正保	米沢市上杉博物館／No.1771	73×145	
	六郡絵図		正保	秋田県立博物館	149×144	
	出羽一国御絵図		正保	山形県立図書館	76×192	
	出羽国絵図（中川忠英旧蔵本）		正保	国立公文書館／176－286－41		
	出羽国絵図（内務省旧蔵本）		正保	国立公文書館／177－430	156×292	
	出羽国図（松平乗命旧蔵本）		正保	国立公文書館／176－282－127		
	出羽国秋田領六郡絵図		寛文	秋田県立博物館	185×272	
	出羽国庄内領二郡絵図	元禄3		個人蔵	130×177.5	
	生駒主殿知行所由利郡矢島	元禄10		秋田県公文書館／A290－114－131	190×172	
	生駒主殿知行所由利郡矢島	元禄10		秋田県公文書館／A290－114－132	187×172	
	生駒主殿知行所仙北郡大沢	元禄10		秋田県公文書館／A290－114－137	50×70	
	由利郡矢島近辺絵図	元禄10		秋田県公文書館／No.283	54×283	
	由利郡本庄近辺絵図	元禄10		秋田県公文書館／No.283	54×274	
	由利郡下村近辺絵図	元禄10		秋田県公文書館／No.283	57×192	
	由利郡鳥海山近辺絵図	元禄10		秋田県公文書館／No.283	193×57	
	由利郡内絵図	元禄10		秋田県公文書館／No.283	193×57	
	六郷伊賀守領絵図	元禄11		秋田県公文書館／No.293	139×142	
	米沢伊達信夫郡大絵図	元禄11		米沢市上杉博物館／No.42.2－16	272×430.6	
	福島領米沢領境論判決絵図	元禄11		米沢市上杉博物館／No.1807	177×253	
	米沢領福島領境界絵図	元禄11		米沢市上杉博物館／No.1785	108×114	
	米沢領内村高付絵図	元禄12		米沢市上杉博物館／No.1773	268×293	
	米沢領、山形領会形絵図之写	元禄12		米沢市上杉博物館／No.1782	61×77.1	

国名	絵図名称	年記	作成時期（推定）	所蔵機関・整理番号	寸法	備考
	山形領米沢領境絵図並合形図	元禄12		米沢市上杉博物館／No.1783	74×59	
	仙台江相渡際絵図御控	元禄12		米沢市上杉博物館／No.1787	71×50	
	山形江相渡際絵図御控	元禄12		米沢市上杉博物館／No.1788	61×219	
	会津江相渡際絵図御控	元禄12		米沢市上杉博物館／No.1789	59×190	
	福島江相渡際絵図御控	元禄12		米沢市上杉博物館／No.1790	111×68	
	福島ヨリ相渡サレシ際絵図御控	元禄12		米沢市上杉博物館／No.1791	126×73	
	米沢領端絵図但仙台境通会形	元禄12		米沢市上杉博物館／No.1803	53×54.5	
	米沢領端絵図但仙台境通会形控	元禄12		米沢市上杉博物館／No.1794	53×27.6	
	米沢領端絵図但山形境通会形	元禄12		米沢市上杉博物館／No.1802	83×198	
	米沢領端絵図但山形境通会形控	元禄12		米沢市上杉博物館／No.1795	181×54	
	米沢領端絵図但会津境通会形	元禄12		米沢市上杉博物館／No.1800	108×176	
	米沢領端絵図但会津境通会形控	元禄12		米沢市上杉博物館／No.1796	50×179	
	米沢領端絵図但福島境通会形	元禄12		米沢市上杉博物館／No.1801	153×81	
	米沢領端絵図但福島境通会形控	元禄12		米沢市上杉博物館／No.1797	50×108	
	米沢領端絵図但村上境通会形控	元禄12		米沢市上杉博物館／No.1798	179×49	
	仙台ヨリ送ラレシ際絵図（境目改）	元禄13		米沢市上杉博物館／No.1792	99×42	
	仙台ヨリ送ラレシ会形（境目改）	元禄13		米沢市上杉博物館／No.1793	54×27	
	米沢領村高大絵図	元禄13		米沢市上杉博物館／No.1772	252×287.4	
	出羽国置賜郡領主別絵図	元禄13		明治大学刑事博物館	81×99	
	戸沢家より被遣ノ控国絵図	元禄13		秋田県公文書館／No.158	71×206	
	御改六郷仁賀保生駒境絵図	元禄13		秋田県公文書館／No.294	98×162	
	仙台領境秋田領縁絵図	元禄13		秋田県公文書館／No.159	136×180	
	秋田領仙台領国境改正絵図	元禄13		秋田県公文書館／No.349	137×178	
	秋田領新庄領境界改正絵図	元禄13		秋田県公文書館／No.353	80×210	
	新庄領縁絵図	元禄13		秋田県公文書館／A290-114-75	70×203	
	仙台領秋田領縁絵図	元禄13		秋田県公文書館／No.348	111×200	
	庄内領秋田領縁絵図	元禄13		秋田県公文書館／No.351	76×170	
	秋田新庄仙台南部境絵図	元禄13		秋田県公文書館／No.429	100×191	
	御郡中絵図	元禄13		致道博物館／No.29B7	131×181.2	
	羽州山形領縁絵図並切形入	元禄13		致道博物館／No.29C10	81×195	
	荘内分間絵図	元禄13		本間美術館	107×177.5	
	津軽領秋田領縁絵図	元禄14		秋田県公文書館／A290-114-76	132×342	
	南部領秋田領切絵図	元禄14		秋田県公文書館／A290-114-77	245×535	
	南部領秋田領縁絵図	元禄14		秋田県公文書館／A290-114-78	160×535	
	南部領より参候縁絵図写	元禄14		秋田県公文書館／A290-114-79	238×541	
	津軽領国境改正絵図写	元禄14		秋田県公文書館／No.336	113×385	
	羽州秋田領国境改正絵図控	元禄14		秋田県公文書館／No.337	225×451	
	新庄藩領内絵図	元禄14		新庄ふるさと歴史センター	250×260	
	新庄領際絵図	元禄14		宮城県図書館		
	米沢領際絵図	元禄14		宮城県図書館		
	出羽七郡絵図	元禄15		秋田県公文書館／No.172	558×737	
	出羽七郡絵図	元禄15		秋田県公文書館（旧図書館蔵）	781×627	
	由利郡之内岩城伊予守領内絵図	元禄15		秋田県公文書館／No.284	184×230	
	米沢福島ニテ三拾万石之御絵図	元禄15		米沢市上杉博物館／No.1770	162×243.4	
	山形領端絵図但米沢境通会形		元禄	米沢市上杉博物館／No.1804	219×78	
	上杉領内絵図		元禄	米沢市立米沢図書館／K291-Ue	80×99	
	羽前国置賜大絵図		元禄	米沢市立米沢図書館／高橋家10	75×117.2	
	領内図		元禄	米沢市立米沢図書館／K291-R	72×92	
	米澤之図		元禄	米沢市立米沢図書館／K291-Yo		
	「庄内領内絵図」（庄内二郡絵図）		元禄	致道博物館（目録未掲載）	254×430	
	羽州新庄領縁絵図・切形絵図		元禄	致道博物館／No.29C11		
	鳥海山切形絵図		元禄	致道博物館／No.29B5		
	出羽国庄内領切形縁絵図		元禄	致道博物館／No.29B6		

国名	絵図名称	年記	作成時期(推定)	所蔵機関・整理番号	寸法	備考
(出羽)	越後国村上領縁絵図・切形絵図		元禄	致道博物館／No.29D1		
	米沢伊達信夫郡大絵図		元禄	米沢市上杉博物館／No.1775	152×233	
	米沢領端絵図		元禄	米沢市上杉博物館／No.1786	197×100	
	六郷領絵図		元禄	秋田県公文書館／No.291	160×154	
	六郷家領絵図		元禄	秋田県公文書館／No.292	52×160	
	秋田領国境絵図（津軽領境縁絵図）		元禄	秋田県公文書館／No.334	90×388	
	秋田領国境絵図（南部領境縁絵図）		元禄	秋田県公文書館／No.335	96×343	
	秋田領雄勝平鹿郡仙台境絵図		元禄	秋田県公文書館／No.350	150×228	
	秋田領南部領国境絵図		元禄	秋田県公文書館／C346	111×493	
	由利領新庄領秋田領縁絵図		元禄	秋田県公文書館／No.156	231×267	
	南部津軽境絵図		元禄	秋田県公文書館／No.342	223×118	
	山本郡津軽境絵図		元禄	秋田県公文書館／No.138	224×157	
	新庄庄内仙台領境絵図		元禄	秋田県公文書館／No.412	104×391	
	御国図（秋田領）		元禄	秋田県公文書館／A290-258	64×75.2	
	本庄藩領全図		元禄	個人蔵		
	出羽国秋田領		元禄	東北大学附属図書館狩野文庫	253×429	
	出羽国七郡絵図		元禄	秋田県公文書館／No.431～433		
	出羽国秋田領秋田郡山本郡境絵図	享保5		秋田県公文書館／No.133	124×195	
	米代川以北津軽領国境絵図	享保5		秋田県公文書館／No.139	120×280	
	江戸より参候七郡小絵図写	享保9		秋田県公文書館／A290-114-74	52×74	
	川辺郡新屋村至由利郡女米木村	享保10		秋田県公文書館／No.252	74×216	
	秋田郡絵図	享保10		秋田県公文書館／A290-114-118	151×121	
	山本郡絵図	享保10		秋田県公文書館／A290-114-116	104×150	
	御料所絵図	享保10		米沢市上杉博物館／No.1808	92×80	
	秋田領絵図	享保14		秋田県公文書館／No.147	282×440	
	御国絵図本図	享保18		秋田県公文書館／No.148	292×419	
	森吉嶽陰通絵図		享保	秋田県公文書館／No.253		
	秋田六郡絵図		享保	秋田県公文書館／A290-81		
	六郡御絵図（佐竹領）		享保	秋田県公文書館／A290-114-73	175×242	
	出羽国秋田領絵図		享保	秋田県公文書館／AH291-1	81×133.4	
	秋田六郡全図		享保	秋田県公文書館／19-140	79×127.6	
	享保御改六郡絵図（佐竹領）		享保	秋田県公文書館／A290-114-72	355×540	
	六郡御絵図		享保	秋田県公文書館／A290-59	142×230.4	
	出羽国秋田領（図）		享保	秋田県公文書館／A290-60	81×132.2	
	秋田領津軽領絵図		享保	秋田県公文書館／No.338	70×166	
	秋田領津軽領境縁絵図		享保	秋田県公文書館／No.340	55×413	
	秋田六郡絵図		享保	大館市立図書館／M844	77×125	
	出羽国秋田六郡之図		享保	大館市立図書館／M841	49×37	
	秋田六郡略図		享保	大館市立図書館／M842	49×37	
	六郡之絵図		享保	大館市立図書館／M843	40×28	
	六郡坪割之図		享保	大館市立図書館／M843	40×28	
	出羽六郡絵図		享保	秋田県公文書館／No.153	141×213	
	六郡仮下御絵図	延享3		秋田県立博物館	177×160	
	六郡下絵図		延享	秋田県公文書館／No.154	123×160	
	庄内二郡絵図	明和7		鶴岡市郷土資料館	175×250	
	米沢伊達信夫御絵図	寛政6		米沢市上杉博物館／No.1775		
	御国絵図	文化10		米沢市上杉博物館／No.1776	117×120	
	米沢藩領図	天保2		個人蔵	59×78.4	
	羽州庄内領分絵図	天保9		致道博物館／No.29b27	162×261	
	庄内領（紅葉山文庫旧蔵本）	天保9		国立公文書館／148-特083-0001	298×444	
	庄内領（勘定所旧蔵本）	天保9		国立公文書館／148-特083-0001	316×449	
	新庄領（勘定所旧蔵本）	天保9		国立公文書館／148-特083-0001	307×251	
	米沢領（紅葉山文庫旧蔵本）	天保9		国立公文書館／148-特083-0001	299×271	

国名	絵図名称	年記	作成時期（推定）	所蔵機関・整理番号	寸　法	備　考
	山形領（紅葉山文庫旧蔵本）	天保9		国立公文書館／148－特083－0001	358×353	
	山形領（勘定所旧蔵本）	天保9		国立公文書館／148－特083－0001	367×352	
	秋田領（紅葉山文庫旧蔵本）	天保9		国立公文書館／148－特083－0001	582×709	
	秋田六郡絵図		天保	秋田県公文書館／庵－185	67×107	
	秋田領六郡絵図	嘉永2	嘉永	秋田県公文書館／No.149	435×264	
	御郡中分間百聞一分縮絵図	文久元		鶴岡市郷土資料館		
	出羽国絵図（松平乗命旧蔵本写）		明治5、6年頃写	京都府立総合資料館／館古044国絵図－2	114.1×164.4	嶋田雅喬絵
	明治初期庄内絵図		明治	山形大学附属博物館		
	本荘絵図			秋田県公文書館／No.295	144×150	
	羽州村山郡之図			山形大学附属博物館		
	出羽十一郡絵図			秋田県公文書館／No.150	117×167	
	出羽国　2葉1組			徳島大学附属図書館／諸3－1	60×67	縮図写
	出羽国　2葉1組			徳島大学附属図書館／諸3－2	59×67	縮図写
若狭	若狭国図（松平乗命旧蔵本）		正保	国立公文書館／176－282－137	132×79	
	若狭敦賀之絵図		正保	小浜市立図書館酒井家文庫／1－2	239.7×479.8	
	若狭国図写		正保	東京大学総合図書館南葵文庫／BJ－52	201×296	古写
	若狭国図写		正保	東京大学総合図書館南葵文庫／BJ－53	224.3×310	新写
	若狭国絵図		元禄13年11月写	京都府立総合資料館／館古044国絵図－77	205.5×360.0	
	若狭国絵図	享保元		福井県立図書館／H097－W－1	105.2×78.9	
	若狭国図写		享保元年写	名古屋市蓬左文庫	79.6×116.7	
	若狭国・越前国（中川忠英旧蔵本）	寛延4		国立公文書館／176－286－42	444×222	二幅
	若狭国大絵図		天明8年6月写	京都大学文学部地理学研究室	96.5×191.4	
	若狭国図	天保2		高浜町教育委員会	57.7×133.4	
	天保度国絵図　若狭国（紅葉山文庫旧蔵本）	天保9		国立公文書館／148－特083－0001	273×390	
	若狭国絵図	天保13		福井県立図書館／H096－W－1	134.3×57.7	
	若狭国全図		嘉永5年〜安政2年	小浜市立図書館酒井家文庫／1－4	40.5×75.6	
	小浜藩領之絵図		嘉永5年〜安政2年	小浜市立図書館酒井家文庫／1－5	96×186	
	若狭国絵図（松平乗命旧蔵本写）		明治5、6年頃写	京都府立総合資料館／館古044国絵図－26	135.2×77.5	羽田月洲絵
	越前国・若狭国略図			京都大学文学部地理学研究室	39×54.7	
	若狭国絵図写			国立公文書館／177－685	80×38	
	若狭国興地全図			国立国会図書館／119－187（古典籍）	51.4×77.7	
	若狭国図			東京大学総合図書館	201.7×298.5	
	若狭国図			東京大学総合図書館	225.6×310.6	
	若狭国図写			三井文庫	103.9×86.3	
	若狭図			岩瀬文庫	28.1×39.5	
	若狭国図写			名古屋市蓬左文庫	133.8×195	
	若狭国図写			名古屋市蓬左文庫	67.4×96	
	若州図			京都大学文学部博物館古文書室	48.5×79.4	
	若狭国絵図（若狭諸図1）			京都大学文学部博物館古文書室	94.5×161.3	
	若狭之図			神戸市立博物館	48.2×96.1	
	若狭之図			神戸市立博物館	53.8×91.7	
	若狭国絵図			小浜市立図書館酒井家文庫／1－1	52.5×91.5	
	若狭図			福井大学	53.3×96.7	
越前	越前国絵図		慶長10年頃	福井県立図書館松平文庫／1177M71 ロ－1	276.5×228.5	
	越前国図写		慶長	東京大学総合図書館南葵文庫／BJ－74	410.5×501	新写
	越前国絵図		慶長	名古屋市蓬左文庫／685		
	越前国絵図（正保A図）	正保2		福井県立図書館松平文庫／1178M71 ハ－1	441×403.5	
	（越前国絵図）（正保B図）	正保4		福井県立図書館松平文庫／1179M71 ロ－2	483×464.5	
	越前国図（松平乗命旧蔵本）		正保	国立公文書館／176－282－139		
	御国大絵図		承応〜明暦2年	福井県立図書館松平文庫／1180M71 イ－1	424×376.5	
	越前国ノ図（寛文図）	寛文9		福井県立図書館松平文庫／1181M71 イ－2	435×402.5	

国名	絵図名称	年記	作成時期(推定)	所蔵機関・整理番号	寸法	備考
(越前)	越前国之図	貞享2		福井県立図書館松平文庫／1182M71 ハ-2	398×410	
	越前国之図	元禄10		福井県立図書館松平文庫／1183M71 イ-3	178×172	
	越前・近江国境之図	元禄14		福井県立図書館松平文庫／1185M71 ホ-8	181×87	
	越前国之図	元禄14		福井県立図書館松平文庫／1184M71 ロ-3	424×481	
	越前・美濃国境之図	元禄14		福井県立図書館松平文庫／1186M71 ホ-9	269×183.5	
	越前・飛騨国境之図	元禄14		福井県立図書館松平文庫／1187M71 ホ-10	71.5×95	
	越前・加賀国境之図	元禄15		福井県立図書館松平文庫／1188M71 ホ-11	309.5×142.5	
	御領分之図		元禄	小浜市立図書館酒井家文庫	40.4×76.6	
	越前・若狭国境之図		元禄	福井県立図書館松平文庫／1189M71 ホ-12	148×65.5*	
	越前国図写		享保元年10月6日写	名古屋市蓬左文庫	111.5×80.2	
	越前国福井領より加賀国若狭国見当山見通図		享保3	福井県立図書館松平文庫／1191M71 ホ-6	145.5×114.5	
	(越前国絵図)(享保図)	享保10		福井県立図書館松平文庫／1190M71 ニ-1	434×480	
	松平千次郎領地越前国御預所并領分絵図	享保10		福井県立図書館松平文庫／1191M71 イ-4	214.5×214.5	
	越前国絵図		元文	福井県立図書館松平文庫／1192M71 ホ-1	155.5×147.2	
	正保国絵図 若狭国・越前国(中川忠英旧蔵本)		寛延4年10月7日	国立公文書館／176-286-42	444×222	二幅
	越前国絵図写		宝暦2年11月12日	国立公文書館／177-434、敦賀県	269×250	
	越前国四ツ割之絵図 東北		文化2～3年	福井県立図書館松平文庫／1193 M 71 イ-5	202.5×196.5	
	越前国四ツ割之絵図 西北		文化2～3年	福井県立図書館松平文庫／1193 M 71 イ-5	203×195	
	越前国四ツ割之絵図 東南		文化2～3年	福井県立図書館松平文庫／1193 M 71 イ-5	203×196.5	
	越前国四ツ割乏絵図 西南		文化2～3年	福井県立図書館松平文庫／1193 M 71 イ-5	202×195	
	越前国興地全図		文政元年～5年	国立国会図書館／119-178(古典籍)	131.5×135	
	南越八郡地理之図		天保3年8月	福井県立図書館／H091-N-1	121.2×129.2	
	越前国図写		天保3年夏	三井文庫	144.3×140.1	
	越前国之図	天保7		福井県立図書館松平文庫／1194M71 ニ-2	415.5×455.5	
	越前国之図(天保図)	天保7		福井県立図書館松平文庫／1195M71 ニ-3	411×448	
	越前国(勘定所旧蔵本)	天保9		国立公文書館／148-特083-0001	459×423	
	天保度国絵図 越前国 (下図)(縮図)	天保9		国立公文書館／148-特083-0001	240×226	
	日本各国絵図 若狭 越前		天保	東北大学		
	越前国絵図		嘉永5年～安政2年	神戸市立博物館／地図の部3、諸国図、北陸道4	125.5×133.7	
	越前国地理全図	安政2		福井大学	146.4×129.9	
	越前国絵図(松平乗命旧蔵本写)		明治5、6年頃写	京都府立総合資料館／館古044国絵図-25	134.5×99.6	秦金石絵
	越前国絵図写			国立公文書館／177-490	91.7×102	
	越前国七郡絵図写			国立公文書館／177-451(2-1)	103.1×80	
	越前国七郡絵図写			国立公文書館／177-451(2-2)	105.4×87.2	
	越前国絵図写			国立国会図書館／をニ-77(古典籍)	144×160.2	
	越前国全図写			三井文庫	129.9×129.4	
	越前国全図			三井文庫	78.8×98.9	
	越前国図写			名古屋市蓬左文庫	73.6×100.5	
	越前国図写			名古屋市蓬左文庫	230.8×148.6	
	越前国図			京都大学文学部地理学研究室／366V ト 35	145.5×95.5	
	越前国図			神戸市立博物館	202.8×197	
	越前国全図			福井県立大野高等学校	245×240	
	越前国全文大野藩			福井県立大野高等学校	187×194	
	越前国絵図			大野市郷土歴史館	145.4×147.1	
	越前全国図			勝山市育委員会		
	越前国絵図			小浜市立図書館酒井家文庫	122.8×132.1	
	越前国新御領絵図			小浜市立図書館酒井家文庫	53×77.8	

国名	絵図名称	年記	作成時期(推定)	所蔵機関・整理番号	寸　法	備　考
	越前国公領並各藩領地図			鯖江市資料館	176.5×309.4	
	越前国各藩領土絵図（越前国絵図）			土井家文庫	153.8×133	
	越前国絵図			福井県立図書館／H091-E3-1	474.8×364.1	
	越前国八郡図			福井市立郷土歴史博物館	203×205.2	
	越前国絵図乾			福井市立郷土歴史博物館	91.5×108.4	
	越前古図			福井市立郷土歴史博物館	100.4×95.2	
	中根雪江旧蔵越前略図			福井市立郷土歴史博物館	69.7×64.8	
	越前国大絵図			福井市立郷土歴史博物館	135.2×135.4	
	越前国全図			福井大学	144×142.3	
	越前国全図			福井大学		
	越前国地理全図			福井県立図書館松平文庫／1196M71 ホ-2	203×204.5	
	越前国図写			東京大学総合図書館南葵文庫／BJ-73	367×480	古写
	越前国・若狭国略図			京都大学文学部地理学研究室／365V ト 43	39×54.7	
	越前国図			臼杵市立臼杵図書館／②-30	170×240	
	越前国絵図			京都府立総合資料館／館古 044 国絵図-79	231.3×261.0	
	越前国絵図			京都府立総合資料館／館古 044 国絵図-80	223.2×264.5	
加賀	加賀国図		慶長	東京大学総合図書館南葵文庫／BJ-66	196×301	古写
	加賀国図		慶長	東京大学総合図書館南葵文庫／BJ-67	190×311.5	新写
	加越能三箇国絵図（加賀国正保国絵図）		正保	金沢市立玉川図書館加越能文庫／16.20-97 ①	380×481	
	加賀国正保国絵図		正保	石川県立歴史博物館／村松コレクション絵画書籍の部42	290×514	
	加賀国四郡絵図（中川忠英旧蔵本）		正保	国立公文書館／176-286-43・44		2分割
	加賀国　（松平乗命旧蔵本）			国立公文書館／176-282-144		
	加越能三箇国絵図（延宝国絵図）		延宝6	金沢市立玉川図書館加越能文庫／16.20-98 ①	324×489	
	飛騨国境絵図　加賀国飛騨境際絵図	元禄10		石川県立歴史博物館	28×78	
	飛騨国加賀境縁絵図	元禄14		石川県立歴史博物館	72×92	
	加越能三州絵図（加賀）	元禄15		成巽閣	395×474	
	元禄国絵図	元禄15		石川県立図書館	500×365	
	加賀国飛騨境際絵図		元禄	石川県立歴史博物館	×100	
	加越能三箇国絵図控　加賀　9巻	天保9		金沢市立玉川図書館加越能文庫／16.20-106 ①	56×390	
	加越能三箇国絵図写　加賀　9巻	天保9		金沢市立玉川図書館加越能文庫／16.20-107 ①	56×288	
	加賀国（紅葉山文庫旧蔵本）	天保9		国立公文書館／148-特 083-0001	384×489	
	加賀国（勘定所旧蔵本）	天保9		国立公文書館／148-特 083-0001	395×494	
	加越能三州細密絵図（加賀）		文化10〜天保11	金沢市立玉川図書館加越能文庫／16.20-108 ①	189×263	
	加賀国絵図		明治2	射水市新湊博物館高樹文庫／C3	227.4×168.8	
	加賀国絵図		明治2	射水市新湊博物館高樹文庫／C4	216.3×163.2	
	加賀国絵図		明治2	射水市新湊博物館高樹文庫／C5	222.4×171.3	
	加賀国絵図（松平乗命旧蔵本写）		明治5、6年頃写	京都府立総合資料館／館古 044 国絵図-24	73.3×98.5	岡嶋清曠絵
	加賀国絵図（内務省旧蔵本）		天保	国立公文書館／177-429	185×226	
	加賀国絵図			京都府立総合資料館／館古 044 国絵図-78		9分割
能登	能登国図写		慶長	東京大学総合図書館南葵文庫／BJ-64	143.5×336.3	古写
	能登国図写		慶長	東京大学総合図書館南葵文庫／BJ-65	151×360	新写
	加越能三箇国絵図（能登国正保国絵図）		正保	金沢市立玉川図書館加越能文庫／16.20-97 ③	316×495	
	能登国図（松平乗命旧蔵本）		正保	国立公文書館／176-282-148	80×190	
	正保国絵図		正保	石川県立歴史博物館／村松コレクション絵画書籍42	476×285	
	延宝国絵図		延宝6	金沢市立玉川図書館加越能文庫／16.20-98 ③	296×520	
	元禄国絵図	元禄14	元禄	石川県立図書館	480×250	
	加越能三州絵図（能登）		元禄	成巽閣		
	加越能三箇国絵図写　能登　8巻		元禄	石川県立歴史博物館岡部家文書／3685		天保7年の写
	加越能三箇国絵図控　能登　8巻	天保9		金沢市立玉川図書館加越能文庫／16.20-106 ③	56×390	

国名	絵図名称	年記	作成時期（推定）	所蔵機関・整理番号	寸　法	備　考
（能登）	加越能三箇国絵図写　能登　8巻	天保9		金沢市立玉川図書館加越能文庫／16.20－107③	56×288	
	能登国（紅葉山文庫旧蔵本）	天保9		国立公文書館／148－特083－0001	317×493	
	加越能三州細密絵図（能登）		文化10〜天保11	金沢市立玉川図書館加越能文庫／16.20－108③	200×265	
	能登国絵図		明治2	射水市新湊博物館高樹文庫／D4	325×168	
	能登国絵図		明治2	射水市新湊博物館高樹文庫／K仮102	331×179	
	能登国絵図		明治2	国立公文書館／177－426		
	能登国絵図		明治2	石川県立歴史博物館	328×173	
	能登国絵図（松平乗命旧蔵本写）		明治5、6年頃写	京都府立総合資料館／館古044国絵図－23	82.0×196.5	岡嶋清曠絵
	能登国絵図			ライデン大学図書館／UB273	148×345	
	能登国絵図			京都府立総合資料館／館古044国絵図－76		4分割
越中	越中国図写		慶長	東京大学総合図書館南葵文庫／BJ－71	367×229	新写
	越中国図写		慶長	東京大学総合図書館南葵文庫／BJ－72	345.8×218.1	古写
	加越能三箇国絵図（越中国正保国絵図）	正保4		金沢市立玉川図書館加越能文庫／16.20－97②	399×527	
	越中四郡絵図		正保	小矢部市民図書館	220×400	
	越中国絵図（中川忠英旧蔵本）		正保	国立公文書館／176－286－45・46		2分割
	越中国（松平乗命旧蔵本）			国立公文書館／176－282－149		
	延宝国絵図		延宝6	金沢市立玉川図書館加越能文庫／16.20－98②	457×524	
	飛騨絵境図　越中国飛騨境際絵図	元禄10		石川県立歴史博物館		
	越中国信濃境際絵図		元禄	石川県立歴史博物館		
	信濃国越中境縁絵図	元禄14		石川県立歴史博物館	62×162	
	飛騨国越中境縁絵図	元禄14		石川県立歴史博物館	107×293	
	越中元禄国絵図	元禄15		石川県立図書館／290.3－67	420×500	
	加越能三箇国絵図（越中）	元禄15		成巽閣		
	越後国越中境絵図	元禄15		石川県立歴史博物館	97×163	
	越後国越中境絵図	元禄15		石川県立歴史博物館	55×162	
	越中国越後境際絵図	元禄15		石川県立歴史博物館	90×145	
	越中国飛騨境縁絵図	元禄15		石川県立歴史博物館	200×222	
	越中国飛騨境際絵図	元禄15		石川県立歴史博物館		
	越中国信濃境際絵図	元禄15		石川県立歴史博物館	43×39	
	越中国越後境際絵図		元禄	石川県立歴史博物館	41×147	
	越中国境飛騨国新端絵図		元禄	石川県立歴史博物館		
	越中国海辺端絵図		元禄	石川県立歴史博物館	165×312	
	加越能三箇国絵図写　越中　8巻		元禄	射水市新湊博物館高樹文庫	55.5×554	天保7年の写
	加越能三箇国絵図写　越中　4巻		元禄	射水市新湊博物館金山家絵図／13	56×493.5	天保7年の写
	加越能三箇国絵図写　越中　8巻	天保9		金沢市立玉川図書館加越能文庫／16.20－107②	56×288	
	加越能三箇国絵図控　越中　8巻	天保9		金沢市立玉川図書館加越能文庫／16.20－106②	56×390	
	越中国（紅葉山文庫旧蔵本）	天保9		国立公文書館／148－特083－0001	438×501	
	越中国（勘定所旧蔵本）	天保9		国立公文書館／148－特083－0001	448×501	
	越中国（下図）（縮図）	天保9		国立公文書館／148－特083－0001	210×247	
	加越能三州細密絵図（越中）		文化10〜天保11	金沢市立玉川図書館加越能文庫／16.20－108②	218×280	
	越中国絵図下図		明治2	射水市新湊博物館高樹文庫／追加B3	177×233	
	越中国絵図下図		明治2	射水市新湊博物館高樹文庫／K仮42	228.5×254	
	越中国絵図（松平乗命旧蔵本写）		明治5、6年頃写	京都府立総合資料館／館古044国絵図－22	94.9×80.6	山岡墨仙絵
	越中国絵図			京都府立総合資料館／館古044国絵図－75		4分割
越後	正保弐年高田江被遣候当御領御絵図控	正保2		新発田市立図書館／(2)X01－20	173×416	
	御領分絵図	正保4		新発田市立図書館／(2)X01－9	184×419	
	正保越後国絵図		正保	新発田市立図書館／(2)X01－12	502×1003	元禄期の写し
	正保越後国絵図		正保	新発田市立図書館	502×1003	
	正保越後国絵図		正保	新潟県立図書館／000－378	308×315、297×370	乾・坤の2鋪

国名	絵図名称	年記	作成時期（推定）	所蔵機関・整理番号	寸法	備考
	正保越後国絵図		正保	新潟県立図書館		明治19年写。箱書きは「越後国全図」
	越後国御絵図		正保	個人蔵		
	正保越後国絵図		正保	新発田市立図書館		明治以降写
	越後国図（松平乗命旧蔵本）		正保	国立公文書館／176-282-151		
	元禄御国絵図	元禄13		新発田市立図書館／(2)X01-6	675×432	
	「会津・新発田両藩の交換絵図」	元禄13		新発田市立図書館／(2)X01-7	30×42	2枚
	縁絵図	元禄13		新発田市立図書館／(2)X01-17	52×350	4枚
	越後国魚沼郡古志郡三嶋郡縁図	元禄13		新発田市立図書館／(2)X01-18	313×118	
	元禄度御国絵図		元禄	新発田市立図書館／(2)X01-5	39×73	出羽国境略図
	新発田領内絵図	明和6年		新発田市立図書館／(2)X01-26	192×413	
	庄内米沢江領境引合せ絵図	天保8年		新発田市立図書館／(2)X01-13	39×76	
	越後村上・新発田領絵図	天保8年		新発田市立図書館／(2)X01-30	333×440	
	越後国（新発田・村上）（紅葉山文庫旧蔵本）	天保9		国立公文書館／148-特083-0001	367×614	
	越後国（高田長岡領）（紅葉山文庫旧蔵本）	天保9		国立公文書館／148-特083-0001	608×521	
	越後国絵図（松平乗命旧蔵本写）		明治5、6年頃写	京都府立総合資料館／館古044国絵図-20	232.5×329.0	小沢文隆絵
	越後国大絵図			徳島大学附属図書館／諸24-1	1453×3017	
	越後国大絵図			徳島大学附属図書館／諸24-2	1345×2985	
	越後国図			臼杵市立臼杵図書館／325	266×338	
	越後国図			臼杵市立臼杵図書館／418	269×349	
佐渡	佐渡国絵図（中川忠英旧蔵本）		正保	国立公文書館／176-286-47		
	佐渡国図（松平乗命旧蔵本）			国立公文書館／176-282-157	93×118	
	佐渡国絵図		元禄	新潟県立相川高等学校	161.5(155)×314.5(308)※	天保7年写か
	佐渡国（勘定所旧蔵本）	天保9		国立公文書館／148-特083-0001	179×309	
	佐渡国絵図（松平乗命旧蔵本写）		明治5、6年頃写	京都府立総合資料館／館古044国絵図-21	92.2×117.0	土佐光文絵
	佐渡国図			徳島大学附属図書館／諸37	533×786	
	佐渡国絵図			ライデン大学図書館／UB275	211×280	
丹波	丹波国絵図（中川忠英旧蔵本）		正保	国立公文書館／176-286-48	439×335	
	丹波国図（松平乗命旧蔵本）		正保	国立公文書館／176-282-158	132×118	
	丹波国図		正保	丹波市立柏原町歴史民俗資料館	120×143	
	丹波国図写		正保か	東京大学総合図書館南葵文庫／BJ-61	209×160	古写
	丹波国図写		正保か	東京大学総合図書館南葵文庫／BJ-62	117×179	新写
	丹波国写		元禄	国立公文書館／148-特0001	306×371	
	元禄丹波国絵図		元禄	丹波市立柏原歴史民俗資料館	319×389	
	丹波国縁絵図		元禄	国立歴史民俗博物館／秋岡コレクション	92×209	
	丹波国縁絵図		元禄	国立歴史民俗博物館／秋岡コレクション	53×161	
	丹波国縁絵図		元禄	国立歴史民俗博物館／秋岡コレクション	58×198	
	丹波国縁絵図		元禄	国立歴史民俗博物館／秋岡コレクション	93×114	
	丹波国縁絵図		元禄	国立歴史民俗博物館／秋岡コレクション	54×148	
	丹波国縁絵図		元禄	国立歴史民俗博物館／秋岡コレクション	77×241	
	丹波国（紅葉山文庫旧蔵本）	天保9		国立公文書館／148-特083-0001	309×399	
	丹波国絵図（松平乗命旧蔵本写）		明治5、6年頃写	京都府立総合資料館／館古044国絵図-37	134.0×115.0	
	丹波之国絵図			臼杵市立臼杵図書館／188	116×89	
	（丹波国図）			臼杵市立臼杵図書館／②-180	101×120	
	丹波国絵図			京都府立総合資料館／館古044国絵図-91		4分割
	丹波国絵図			京都府立総合資料館／館古044国絵図-92	206.5×186.0	
	丹波国絵図			京都府立総合資料館／館古044国絵図-93		破損大
丹後	丹後国絵図（中川忠英旧蔵本）		正保	国立公文書館／176-286-49・50		2分割
	丹後国図（松平乗命旧蔵本）		正保	国立公文書館／176-282-164	155×118	
	丹後国大絵図		正保	京丹後市教育委員会（峰山図書館）	288×240	

※額装のため額を含めた寸法。（ ）内は額を除いた寸法

国名	絵図名称	年記	作成時期（推定）	所蔵機関・整理番号	寸　法	備　考
(丹後)	丹後国大絵図		正保	京丹後市教育委員会（峰山図書館）	224×251	
	丹後国大絵図		正保	京都大学文学部地理学教室		
	丹後国図写		正保	東京大学総合図書館南葵文庫／BJ－56	156×210	古写
	丹後国図写		正保	東京大学総合図書館南葵文庫／BJ－57	149×227.8	新写
	丹後国（紅葉山文庫旧蔵本）	天保9		国立公文書館／148－特083－0001	347×302	
	丹後国（勘定所旧蔵本）	天保9		国立公文書館／148－特083－0001	350×302	
	丹後国絵図（松平乗命旧蔵本写）		明治5、6年頃写	京都府立総合資料館／館古044国絵図－38	154.0×117.5	土佐光文絵
	丹後・但馬国			徳島大学附属図書館／諸29	400×542	縮図写
	丹後絵図			ライデン大学図書館／UB277	114×156	
	丹後国絵図			京都府立総合資料館／館古044国絵図－94		3分割
但馬	但馬国絵図		寛永	個人蔵		
	但馬国絵図（中川忠英旧蔵本）		正保	国立公文書館／176－286－51・52	310×330	2分割
	但馬国図（松平乗命旧蔵本）		正保	国立公文書館／176－282－167		
	但馬国絵図		正保	個人蔵		
	但馬国絵図	元禄13		上田市立博物館／松平家文書 No.288		
	但馬国絵図	元禄13		兵庫県史編集室		
	但馬国絵図		元禄	個人蔵		
	国境付合手本図（但馬丹後国縁絵図）		元禄	臼杵市立臼杵図書館／②－283	50×42	
	但馬国（紅葉山文庫旧蔵本）	天保9		国立公文書館／148－特083－0001	310×330	
	但馬国絵図（松平乗命旧蔵本写）		明治5、6年頃写	京都府立総合資料館／館古044国絵図－39	96.5×105.5	幸野楳嶺絵
	但馬絵図	寛永15		臼杵市立臼杵図書館／185	107×114	
	但馬国絵図			京都府立総合資料館／館古044国絵図－95		3分割
	但馬			徳島大学附属図書館／諸27	800×1300	
因幡	因幡国絵図		寛永	ライデン大学図書館／UB280	135×161	
	因幡国絵図		寛永	東京大学総合図書館南葵文庫	95×144	
	因幡国絵図		正保	鳥取県立博物館鳥取藩政資料／759	342×374	
	因幡国図（松平乗命旧蔵本）		正保	国立公文書館／176－282－169	310×310	
	因幡国図写		正保	東京大学総合図書館南葵文庫／BJ－58	221×204	新写
	因幡国図写		正保	東京大学総合図書館南葵文庫／BJ－59	202.2×198.5	古写
	因幡国絵図	元禄11		鳥取県立博物館鳥取藩政資料／740	317×344	
	因幡国絵図 5枚	天保7		鳥取県立博物館鳥取藩政資料／750～754	54×386	
	因幡国絵図 5枚	天保7		鳥取県立博物館鳥取藩政資料／12775～12779	54×386	
	因幡国（紅葉山文庫旧蔵本）	天保9		国立公文書館／148－特083－0001	304×266	
	因幡国（勘定所旧蔵本）	天保9		国立公文書館／148－特083－0001	307×271	
	因幡国絵図（松平乗命旧蔵本写）		明治5、6年頃写	京都府立総合資料館／館古044国絵図－40	304.5×311.5	中島有章絵
	因幡・伯耆・美作・出雲・隠岐			徳島大学附属図書館／諸43	605×820	縮図写
	因幡国絵図		寛永15	臼杵市立臼杵図書館／177	107×119	
	因幡国絵図		寛永15	臼杵市立臼杵図書館／178	108×117	
伯耆	伯耆国絵図		寛永	東京大学総合図書館南葵文庫		
	伯耆国絵図		正保	鳥取県立博物館鳥取藩政資料／760	348×469	
	伯耆国絵図（中川忠英旧蔵本）		正保	国立公文書館／176－286－53	462×306	
	伯耆国図（松平乗命旧蔵本）		正保	国立公文書館／176－282－171		
	伯耆国図写		正保	東京大学総合図書館南葵文庫／BJ－54	237×369	新写
	伯耆国図写		正保	東京大学総合図書館南葵文庫／BJ－55	355.5×228.5	古写
	伯耆国絵図			鳥取県立博物館鳥取藩政資料／758	249×398	
	伯耆国絵図	元禄11		鳥取県立博物館鳥取藩政資料／741	342×433	
	伯耆国之内出雲国境縁絵図写	元禄14		鳥取県立博物館鳥取藩政資料／773	84×98	
	伯耆国絵図 5枚	天保7		鳥取県立博物館鳥取藩政資料／750～754	5枚、54×386	
	伯耆国絵図	天保7		鳥取県立博物館鳥取藩政資料／12775～12779	5枚、54×386	
	伯耆国（紅葉山文庫旧蔵本）	天保9		国立公文書館／148－特083－0001	402×278	
	伯耆国絵図（松平乗命旧蔵本写）		明治5、6年頃写	京都府立総合資料館／館古044国絵図－41	391.5×243.0	望月玉泉絵
	伯耆国絵図			ライデン大学図書館／UB281	135×160	

国名	絵図名称	年記	作成時期（推定）	所蔵機関・整理番号	寸　法	備　考
	伯耆国図		寛永15	臼杵市立臼杵図書館／176	133×94	
	（伯耆国図）		寛永15	臼杵市立臼杵図書館／①−01	130×98	
出雲	出雲国十二郡図		寛永13年	島根県立博物館	78×109	
	寛永出雲国絵図		寛永	島根県古代文化センター	100×117	
	出雲国・隠岐国絵図（中川忠英旧蔵本）		正保	国立公文書館／176−286−54	363×283	
	隠岐・出雲両国図（松平乗命旧蔵本）		正保	国立公文書館／176−282−173		
	正保出雲・隠岐国絵図		正保	島根県古代文化センター	292×338	
	出雲国之内伯耆国境縁絵図写2枚	元禄14		鳥取県立博物館鳥取藩政資料／774	77×96	
	出雲国絵図		元禄	国立歴史民俗博物館／秋岡コレクション	174.8×167.6	
	元禄出雲国絵図（縮図）		元禄	個人蔵	180×180	
	出雲国（紅葉山文庫旧蔵本）	天保9		国立公文書館／148−特083−0001	354×350	
	出雲国（勘定所旧蔵本）	天保9		国立公文書館／148−特083−0001	370×357	
	出雲之国図		寛永15	臼杵市立臼杵図書館／173	119×107	
	出雲之国図		寛永15	臼杵市立臼杵図書館／174	121×107	
石見	紙本著色石見国絵図		元和	浜田市教育委員会	173×350	
	紙本著色石見国絵図	正保2		津和野町教育委員会	205.3×509.8	
	紙本著色石見国絵図		正保	津和野町教育委員会	203.9×500	
	石見国絵図		正保	国立国会図書館／WB39−4	208×514	
	石見国図（松平乗命旧蔵本）		正保	国立公文書館／176−282−175		
	石見国絵図		正保	ライデン大学図書館／UB282	94×510	三分割
	（石見国）		天和	秋田県公文書館		
	（石見国）		天和	熊本大学附属図書館永青文庫	71×85	
	（石見国）		天和	東京大学総合図書館南葵文庫		
	紙本著色津和野藩領絵図	元禄10		津和野町教育委員会	188×346	
	安芸・石見国・豊前国縁図		元禄	山口県文書館／毛利家文庫58絵図237−2		
	石見国（勘定所旧蔵本）	天保9		国立公文書館／148−特083−0001	564×372	
	石見国（紅葉山文庫旧蔵本）	天保9		国立公文書館／148−特083−0001	564×368	
	石見国図	安政3		国土地理院	36.3×51.2	
	石見国絵図（松平乗命旧蔵本写）		明治5、6年頃写	京都府立総合資料館／館古044国絵図−43	508.5×273.5	鈴木百僊絵
	石見国藩領絵図			個人蔵	72×115	
	石見興地			なかむら館	54×117	
	石見国六郡			なかむら館	40.5×76	
	石見国絵図			石見安達美術館	80×170	
	石見国絵図			石見銀山資料館	55×100	
	石見国絵図			島根県立図書館	174×360	
	石見国全図			津和野町教育委員会	50×72	
	石見国天保国絵図懸紙改切絵図			浜田市教育委員会	227.8×550	
	石見国浜田藩領図			浜田市教育委員会	104.5×157	
	（石見図）			江津市立図書館	47×108	
	（石見国）			個人蔵	40×50	
	石見国			徳島大学附属図書館／諸40	400×540	縮図写
	（石見図）			岡山大学附属図書館池田家文庫		
	石見国絵図		寛永15	臼杵市立臼杵図書館／161	133×109	
	石見之国全図			山口県文書館／毛利家文庫58絵図208	35.5×78.5	
	石見国絵図			山口県文書館／毛利家文庫58絵図209	52×138.5	
隠岐	寛永隠岐国絵図		寛永	島根県古代文化センター	93×143	
	寛永隠岐国絵図		寛永	名古屋市蓬左文庫	77×112	
	出雲国・隠岐国絵図（中川忠英旧蔵本）		正保	国立公文書館／176−286−54	363×283	
	隠岐・出雲両国図（松平乗命旧蔵本）		正保	国立公文書館／176−282−173		

国名	絵図名称	年記	作成時期（推定）	所蔵機関・整理番号	寸　法	備　考
（隠岐）	隠岐国絵図		正保	ライデン大学図書館／UB283	112×94	
	正保出雲・隠岐国絵図		正保	島根県古代文化センター	292×338	
	文政隠岐国絵図		文政	島根県立図書館	79×180	
	隠岐国（紅葉山文庫旧蔵本）	天保9		国立公文書館／148-特083-0001	231×255	
	隠岐・出雲国絵図（松平乗命旧蔵本写）		明治5、6年頃写	京都府立総合資料館／館古044国絵図-42	296.0×315.5	伊沢九皐絵
	隠岐国図		寛永15	臼杵市立臼杵図書館／175	96×158	
	隠岐		寛永15	臼杵市立臼杵図書館／②-6	92×145	
播磨	慶長播磨国絵図		慶長	天理大学附属天理図書館	223×400	
	播磨国絵図		寛永15	臼杵市立臼杵図書館／181	161×118	
	播磨国絵図（中川忠英旧蔵本）		正保	国立公文書館／176-286-55	396×370	
	播磨国（松平乗命旧蔵本）		正保	国立公文書館／176-282-178	390×355	
	正保播磨国絵図		正保	新宮八幡神社	177.5×239	
	正保国絵図（揖西・赤穂郡）		正保	個人蔵		
	播磨国絵図		正保	ライデン大学図書館／UB284	218×228	
	播磨国絵図		正保	神戸市立博物館／地図の部13、昭和59年度8	117.0×133.0	
	元禄播磨国絵図	元禄15		龍野市立歴史文化資料館	356×394	
	元禄国絵図播磨国		元禄	国立公文書館／148-特083-0001	374×310	
	播磨国飾西・揖東・揖西郡絵図		元禄	龍野市立歴史文化資料館／6-Ⅰ-に-25	313.3×154.5	
	播磨国（紅葉山文庫旧蔵本）	天保9		国立公文書館／148-特083-0001	415×373	
	播磨国（勘定所旧蔵本）	天保9		国立公文書館／148-特083-0001	420×380	
	播磨国（下図）（縮図）	天保9		国立公文書館／148-特083-0001	239×217	
	御領分郡境絵図		天保	龍野市立歴史文化資料館	197×233	
	播磨国絵図（松平乗命旧蔵本写）		明治5、6年頃写	京都府立総合資料館／館古044国絵図-44	312.5×360.6	永瀬雲山・□（判読不能）山松泉絵
	播磨国			徳島大学附属図書館／諸26	396×540	縮図写
	播磨国輿地全図			徳島大学附属図書館／諸25	1043×1430	
	播磨国図		寛永図の写	姫路市立城郭研究室（酒井家資料）／E2-1	160×126	
	播磨国絵図		明治	姫路市立城郭研究室（酒井家資料）／E2-2	190×200	
	播磨（ママ）国図		寛永15	臼杵市立臼杵図書館／②-26	158×120	
	播磨国絵図			京都府立総合資料館／館古044国絵図-96		4分割
美作	美作国図（松平乗命旧蔵本）		正保	国立公文書館／176-282-184		
	美作国絵図		正保	ライデン大学図書館／UB287	245×380	
	美作一之絵図		正保	個人蔵	273×360	
	美作国絵図		元禄	津山郷土博物館／分類記号なし	145.5×182.5	
	美作国絵図		元禄	津山郷土博物館愛山文庫／M2-1	136×178.5	文政以降に作成
	美作国（紅葉山文庫旧蔵本）	天保9		国立公文書館／148-特083-0001	389×272	
	美作国（勘定所旧蔵本）	天保9		国立公文書館／148-特083-0001	403×280	
	美作国絵図（松平乗命旧蔵本写）		明治5、6年頃写	京都府立総合資料館／館古044国絵図-45	381.0×365.0	森寛斎絵
	美作国絵図		明治	津山郷土博物館愛山文庫／M2-3	120.5×191.5	
	美作国絵図			徳島大学附属図書館／諸39	1400×1018	
	美作国図			伊能忠敬記念館		
	美作国絵図			岡山県立博物館	60.5×96	刷本の原本に近い手書彩色図
	美作国図		寛永15	臼杵市立臼杵図書館／②-177	116×106	
備前	備前国図		慶長	岡山大学附属図書館池田家文庫／T1-5	329.0×280.7	
	備前国九郡絵図	寛永15		岡山大学附属図書館池田家文庫／T1-14	193.4×188.5	
	備前国絵図		寛永	岡山大学附属図書館池田家文庫／T1-16	188.8×188.6	
	備前国絵図	正保2		岡山大学附属図書館池田家文庫／T1-18	287.4×327.2	
	備前国図（松平乗命旧蔵本）		正保	国立公文書館／176-282-186		
	備前国絵図		正保	神戸市立博物館／地図の部3、諸国図、山陽道12	182.2×216.2	

国名	絵図名称	年記	作成時期（推定）	所蔵機関・整理番号	寸法	備考
	備前国絵図		正保	神戸市立博物館／地図の部3、諸国図、山陽道12	102.4×108.2	
	備前国絵図控		正保	岡山大学附属図書館池田家文庫／T1-3	283.0×323.5	
	備前国図		正保	岡山大学附属図書館池田家文庫／T1-1	285.6×292.8	
	備前国絵図	元禄16		岡山大学附属図書館池田家文庫／T1-20-1	316.0×357.0	
	備前国絵図	元禄16		岡山大学附属図書館池田家文庫／T1-19-1	317.8×357.8	
	備前国絵図	元禄16		岡山大学附属図書館池田家文庫／T1-19-2	313.8×355.0	破損補修
	備前国絵図	正徳5	元禄（縮図）	岡山大学附属図書館池田家文庫／T1-15	167.6×202.6	
	備前国絵図	明和2	元禄（縮図）	岡山大学附属図書館池田家文庫／T1-11	164.8×202.4	
	備前国絵図	明和2	元禄（縮図）	岡山大学附属図書館池田家文庫／T1-2	163.2×199.8	
	備前国（紅葉山文庫旧蔵本）	天保9		国立公文書館／148-特083-0001	334×310	
	備前国（勘定所旧蔵本）	天保9		国立公文書館／148-特083-0001	373×319	
	備前国絵図（松平乗命旧蔵本写）		明治5、6年頃写	京都府立総合資料館／館古044国絵図-46	311.5×266.5	邱瀬双石絵
	備前国絵図			ライデン大学図書館／UB288	250×225	
	備前国図			臼杵市立臼杵図書館／170	116×108	
	備前国八郡		寛永15	臼杵市立臼杵図書館／171	119×104	
備中	備中国絵図	寛永15	寛永15	岡山大学附属図書館池田家文庫／T1-31	188.6×185.2	
	備中国絵図		寛永	岡山大学附属図書館池田家文庫／T1-30	190.0×189.2	
	備中国絵図	正保2		岡山大学附属図書館池田家文庫／T1-32	356.0×260.0	
	備中国絵図（中川忠英旧蔵本）		正保	国立公文書館／176-286-56	363×228	
	備中国図（松平乗命旧蔵本）		正保	国立公文書館／176-282-188		
	水谷伊勢守より参四郡之絵図		正保	岡山大学附属図書館池田家文庫／T1-34	209.2×173.0	
	備中国絵図屏風		正保	岡山県立博物館		
	備中国新御絵図写	元禄14		岡山大学附属図書館池田家文庫／T1-21	371.4×268.0	
	備中国絵図	元禄14		高梁市歴史美術館	363×246	
	備中国絵図	元禄14		個人蔵	544.0×374.0	
	備中国（紅葉山文庫旧蔵本）	天保9		国立公文書館／148-特083-0001	248×363	
	備中国（勘定所旧蔵本）	天保9		国立公文書館／148-特083-0001	251×369	
	備中国大絵図	天保9		個人蔵	520.0×385.0	
	備中国絵図		天保	神戸市立博物館／地図の部3、諸国図、山陽道18	73.3×102.5	
	備中国絵図（松平乗命旧蔵本写）		明治5、6年頃写	京都府立総合資料館／館古044国絵図-47	215.5×353.5	中島華陽絵
	備中国絵図			ライデン大学図書館／UB289	259×200	
	備中国図		寛永15	臼杵市立臼杵図書館／169	118×109	
	備中国図			臼杵市立臼杵図書館／①-56	103×118	
	備中之国絵図			臼杵市立臼杵図書館／381	176×204	
備後	寛永備後国絵図		寛永	岡山大学附属図書館池田家文庫／T1-96	120×165	
	備後国絵図（中川忠英旧蔵本）		正保	国立公文書館／176-286-57	363×343	
	備後国図（松平乗命旧蔵本）		正保	国立公文書館／176-282-191		
	備後国（紅葉山文庫旧蔵本）	天保9		国立公文書館／148-特083-0001	409×388	
	備後国（勘定所旧蔵本）	天保9		国立公文書館／148-特083-0001	419×394	
	備後国絵図（松平乗命旧蔵本写）		明治5、6年頃写	京都府立総合資料館／館古044国絵図-48	346.5×372.5	前川文嶺絵
	備後国			徳島大学附属図書館／諸42	400×530	縮図写
	備後之国図		寛永15	臼杵市立臼杵図書館／165	134×105	
	備後国拾四郡			臼杵市立臼杵図書館／①-47	104×138	
安芸	安芸国絵図（中川忠英旧蔵本）		正保	国立公文書館／176-286-58	396×313	
	安芸国図（松平乗命旧蔵本）		正保	国立公文書館／176-282-194		
	安芸国・石見国・豊前国縁図		元禄	山口県文書館／毛利家文庫58絵図237-1		周防国境安芸国
	安芸国（紅葉山文庫旧蔵本）	天保9		国立公文書館／148-特083-0001	390×364	
	安芸国絵図（松平乗命旧蔵本写）		明治5、6年頃写	京都府立総合資料館／館古044国絵図-49	384.5×293.4	桜井百嶺絵
	安芸国佐伯郡略図			山口県文書館／毛利家文庫58絵図235		周防国境安芸国
	岩国領地和木村其外芸防境明細絵図			山口県文書館／毛利家文庫58絵図269-3		周防国境安芸国
	安芸国図			伊能忠敬記念館		

国名	絵図名称	年記	作成時期（推定）	所蔵機関・整理番号	寸　法	備　考
（安芸）	芸州図（安芸国絵図）		寛永15	臼杵市立臼杵図書館／162	117×109	
	安芸国図		寛永15	臼杵市立臼杵図書館／163	119×104	
	正保安芸国絵図			伊能忠敬記念館	320×374	
	寛永安芸国絵図			名古屋市蓬左文庫／五-728	114×143	
周防	周防長門十四郡高辻絵図		慶長	宇部市立図書館附設資料館／紀藤家文書9	315×167	
	周防国絵図		寛永	山口県文書館／袋入絵図3	176×322	
	長門周防両国絵図		正保（縮図）	山口県文書館／毛利家文庫58絵図240	164.5×261.5	
	防長両国全図		正保（縮図）	山口県文書館／袋入絵図2	271×156	
	防長両国大絵図　箱		正保	山口県文書館／毛利家文庫58絵図238	330×553	長門国
	周防国図		正保	伊能忠敬記念館		
	周防国絵図（中川忠英旧蔵本）		正保	国立公文書館／176-286-59	530×330	
	周防国（松平乗命旧蔵本）		正保	国立公文書館／176-282-196・197		2分割
	安芸国境周防国縁図		元禄	山口県文書館／毛利家文庫58絵図264		
	岩国領地和木村其外芸防境明細絵図		元禄	山口県文書館／毛利家文庫58絵図269-2		
	石見国境周防国縁図		元禄	山口県文書館／毛利家文庫58絵図263		
	御両国縁絵図		元禄	山口県文書館／袋入絵図14		石見国境周防国
	長門国境周防国縁図		元禄	山口県文書館／毛利家文庫58絵図262		
	御両国縁絵図		元禄	山口県文書館／袋入絵図13		長門国境周防国
	周防国海手縁絵図		元禄	山口県文書館／毛利家文庫58絵図261-1	221×239	玖珂・大島・熊毛郡
	周防国海手縁絵図写		元禄	山口県文書館／毛利家文庫遠用物2342		玖珂・大島・熊毛郡
	周防国海手縁絵図		元禄	山口県文書館／毛利家文庫58絵図261-2	116.5×148.5	熊毛・都濃郡
	防長海岸図		元禄	山口県文書館／袋入絵図30	102×188	都濃・佐波・吉敷郡
	周防国海手縁絵図		元禄	山口県文書館／毛利家文庫58絵図261-3		都濃・佐波・吉敷郡
	周防長門一枚絵図	元禄12	元禄（縮図）	山口県文書館／毛利家文庫58絵図239	156×271	
	周防長門大絵図	元禄14		山口県文書館／毛利家文庫58絵図246	440×612	長門国
	周防長門両国絵図	元禄14	元禄（縮図）	山口県文書館／毛利家文庫58絵図242	253×155.5	
	防長両国絵図		元禄（縮図）	山口県文書館／袋入絵図1	246×154.5	
	周防長門国郡色分絵図（写）		享保	山口県文書館／袋入絵図9	245.5×154.5	
	周防長門両国絵図		享保	山口県文書館／毛利家文庫58絵図243	180×153.5	
	周防国（紅葉山文庫旧蔵本）	天保9		国立公文書館／148-特083-0001	619×409	
	周防国（勘定所旧蔵本）	天保9		国立公文書館／148-特083-0001	623×413	
	御両国絵図　箱		天保	山口県文書館／毛利家文庫58絵図244	（巻本）	
	周防国絵図（松平乗命旧蔵本写）		明治5、6年頃写	京都府立総合資料館／館古044国絵図-50	521.5×310.5	福島半儞絵
	周防国		縮図写	徳島大学附属図書館／諸41	400×540	
	防長瀬戸内沿岸絵図			山口県文書館／毛利家文庫58絵図256		玖珂～吉敷郡～豊浦郡
	防長両国図写			東京大学総合図書館南葵文庫／BJ-86		
	周防国絵図		寛永15	臼杵市立臼杵図書館／160	131×93	
	周防		寛永15	臼杵市立臼杵図書館／②-176	99×120	
長門	周防長門十四郡高辻絵図		慶長	宇部市立図書館附設資料館／紀藤家文書9	264×171	
	長門国絵図		寛永	山口県文書館／袋入絵図4	174×266	
	長門国図		正保	伊能忠敬記念館		
	長門国絵図（中川忠英旧蔵本）		正保	国立公文書館／176-286-60	462×320	
	長門国図（松平乗命旧蔵本）		正保	国立公文書館／176-282-199		
	石見国境長門国縁図		元禄	山口県文書館／毛利家文庫58絵図343		石見国境長門国
	周防国境長門国絵図		元禄	山口県文書館／毛利家文庫58絵図342		石見国境長門国
	長門国海手縁絵図		元禄	山口県文書館／毛利家文庫58絵図344-1	140×248	厚狭・豊浦郡
	長門国海手縁絵図		元禄	山口県文書館／毛利家文庫58絵図344-2	110×186	豊浦・大津郡
	防長海岸図		元禄	山口県文書館／袋入絵図31	105×186	豊浦・大津郡

国名	絵図名称	年記	作成時期(推定)	所蔵機関・整理番号	寸法	備考
	長門国海手縁絵図		元禄	山口県文書館／毛利家文庫58絵図344-3	189×207.5	大津・阿武郡
	防長海岸図		元禄	山口県文書館／袋入絵図32	187×214	大津・阿武郡
	長門国（紅葉山文庫旧蔵本）	天保9		国立公文書館／148-特083-0001	486×391	
	長門国（勘定所旧蔵本）	天保9		国立公文書館／148-特083-0001	533×409	
	長門国絵図（松平乗命旧蔵本写）		明治5、6年頃写	京都府立総合資料館／館古044絵図-51	426.5×348.0	狩野永詳絵
	防長瀬戸内沿岸絵図			山口県文書館／毛利家文庫58絵図256		玖珂～吉敷郡～豊浦郡
	防長両国図写			東京大学総合図書館南葵文庫／BJ-86		
	長門国図		寛永15	臼杵市立臼杵図書館／159	115×105	
	長防二州絵図			臼杵市立臼杵図書館／378	205×126	
	防長二州絵図			臼杵市立臼杵図書館／380	188×127	
紀伊	紀伊国絵図（中川忠英旧蔵本）		正保	国立公文書館／176-286-61・62		2分割
	紀伊国図（松平乗命旧蔵本）		正保	国立公文書館／176-282-202		
	元禄11年御多分様有之御国絵図写	元禄11		個人蔵		
	紀伊国絵図　写	享保元		和歌山市立博物館／2802	116×108	
	紀伊国全図	文化4		和歌山県立図書館	68×61	白木久敬写
	天保国絵図（紅葉山文庫旧蔵本）	天保9		国立公文書館／148-特083-0001	491×578	
	紀伊国（勘定所旧蔵本）	天保9		国立公文書館／148-特083-0001	501×579	
	紀伊之図	安政5		和歌山市立博物館／637	90.5×103	
	紀伊国絵図（松平乗命旧蔵本写）		明治5、6年頃写	京都府立総合資料館／館古044国絵図-32	250.5×116.8	鈴木百年絵
	紀伊国絵図			和歌山城管理事務所	105.0×91.5	
	紀伊古地図			和歌山大学附属図書館	98.7×130.4	
	紀伊国絵図			和歌山市立博物館／2919	110.2×100.4	
	紀伊之国絵図　全			和歌山市立博物館寄託（個人蔵）	151×115	
	紀伊国海岸之図			和歌山市立博物館寄託（個人蔵）	75.9×66.3	
	紀伊国郡部全図（有田郡）			和歌山市立博物館寄託（個人蔵）	58.5×27.5	
	紀伊国郡部全図（奥熊野）			和歌山市立博物館寄託（個人蔵）	81×27.5	
	紀伊国郡部全図（日高郡）			和歌山市立博物館寄託（個人蔵）	67.5×27.5	
	紀伊国郡部全図（口熊野）			和歌山市立博物館寄託（個人蔵）	55×40	
	紀伊国郡部全図（伊都郡）			和歌山市立博物館寄託（個人蔵）	43×27.5	
	紀伊国郡部全図（海士・名華郡）			和歌山市立博物館寄託（個人蔵）	54×27.5	
	紀伊国郡部全図（那賀郡）			和歌山市立博物館寄託（個人蔵）	46×27.5	
	紀州古絵図			和歌山市立博物館寄託（個人蔵）	70.6×67.6	
	紀伊国図			和歌山県立博物館	114.7×134.1	
	紀伊国図			伊能忠敬記念館	59×69.5	
	紀伊国絵図			臼杵市立臼杵図書館／231	238×281	
	紀伊国絵図			臼杵市立臼杵図書館／①-84	287×135	
	紀伊国牟婁郡絵図			和歌山市立博物館／4458-25	146×103	
	紀伊国絵図			京都府立総合資料館／館古044国絵図-86	266.5×265.5	
淡路	阿波・淡路両国絵図（寛永カ）		慶長（寛永か）	人間文化研究機構国文学研究資料館／蜂須賀家文書（27A）1197-3	132×271	
	阿淡御両国絵図（淡路国）		寛永前期	人間文化研究機構国文学研究資料館／蜂須賀家文書（27A）1197-1	163×304	
	寛永後期淡路国絵図		寛永後期	徳島大学／特45	118×232	
	阿波・淡路両国絵図（正保3）	正保3		人間文化研究機構国文学研究資料館／蜂須賀家文書（27A）1196-3	276×186	
	淡路国絵図	正保3		人間文化研究機構国文学研究資料館／蜂須賀家文書（27A）1195	224×280	
	淡路国絵図（中川忠英旧蔵本）		正保	国立公文書館／176-286-63	285×227	
	淡路国図（松平乗命旧蔵本）		正保	国立公文書館／176-282-205		
	淡路国絵図		正保	ライデン大学図書館／UB290	185×208	
	淡路之古絵図		正保	神戸市立博物館／地図の部3、諸国図、南海道7	237.4×172.5	

国名	絵図名称	年記	作成時期（推定）	所蔵機関・整理番号	寸法	備考
(淡路)	御両国之絵図（淡路国）		寛文	人間文化研究機構国文学研究資料館／蜂須賀家文書 1198-2	242×170	
	淡路国（紅葉山文庫旧蔵本）	天保9		国立公文書館／148-特083-0001	206×264	
	淡路国（勘定所旧蔵本）	天保9		国立公文書館／148-特083-0001	211×277	
	淡路国絵図（松平乗命旧蔵本写）		明治5、6年頃写	京都府立総合資料館／館古044 国絵図-52	192.5×255.5	田中有美絵
	淡路御図			国文学研究資料館／蜂須賀家文書 1199	52×103	
	淡路国絵図			徳島大学附属付属図書館／徳44	205×267	
	淡路国図			臼杵市立臼杵図書館／186	188×256	
	淡路国図			臼杵市立臼杵図書館／412	259×198	
阿波	阿波国大絵図		慶長	徳島大学附属図書館／徳1	173×224	
	阿波之国図写		慶長（元和か）	東京大学総合図書館南葵文庫／BJ-90	147.7×180.7	古写
	阿淡御両国絵図（阿波国）		慶長（寛永か）	人間文化研究機構国文学研究資料館／蜂須賀家文書（27A）1197-4	185×211	
	阿波淡路両国絵図（寛永カ）		寛永前期	人間文化研究機構国文学研究資料館／蜂須賀家文書（27A）1197-2	275×200	
	阿波国大絵図		寛永後期	徳島大学附属図書館／徳3	263×283	
	阿波淡路両国絵図（正保3）	正保3		人間文化研究機構国文学研究資料館／蜂須賀家文書（27A）1196-2	355×402	
	阿波国絵図（中川忠英旧蔵本）		正保	国立公文書館／176-286-64	396×373	
	阿波国絵図（松平乗命旧蔵本）		正保	国立公文書館／176-282-207		
	阿波国絵図		正保	ライデン大学図書館／UB270	300×270	
	御両国之図（阿波国）		寛文	人間文化研究機構国文学研究資料館／蜂須賀家文書（27A）1198-1	279×262	
	讚岐伊予土佐国端並裁廻絵図	元禄13		人間文化研究機構国文学研究資料館／蜂須賀家文書 1212-1～6	3種6鋪	縁絵図
	阿波国大絵図		元禄（天和3年か）	徳島大学附属図書館／徳2	425×504	
	阿御御国図（板野郡ほか）		元禄（天和か）	人間文化研究機構国文学研究資料館／蜂須賀家文書 1200-1～7	7種7鋪	変地図
	阿波国絵図（紅葉山文庫旧蔵本）	天保9		国立公文書館／148-特083-0001	512×425	
	阿波国絵図（勘定所旧蔵本）	天保9		国立公文書館／148-特083-0001	517×436	
	（仮題）阿波国絵図	嘉永7		徳島県立博物館／76	61.5×80.5	寛文図の写か
	阿波国絵図（松平乗命旧蔵本写）		明治5、6年頃写	京都府立総合資料館／館古044 国絵図-53	277.5×261.8	長野祐親絵
	阿波国図			臼杵市立臼杵図書館／154	287×279	
	阿波国図			臼杵市立臼杵図書館／155	264×286	
讚岐	小豆島絵図	慶長10		個人蔵	159×215	
	小豆島絵図	慶長10		土庄町役場		
	慶長四国		慶長	鎌田共済館郷土博物館／110	860×1660	
	讚岐国絵図	寛永10		金刀比羅宮	930×2240	
	讚岐国絵図（中川忠英旧蔵本）		正保	国立公文書館／176-286-65	270×420	
	讚岐国図（松平乗命旧蔵本）		正保	国立公文書館／176-282-209		
	小豆島図		正保	東北大学附属図書館狩野文庫	124.5×168	
	小豆島絵図	天保9		瀬戸内歴史民俗資料館		
	小豆島絵図	天保9		土庄町教育委員会		
	讚岐国（紅葉山文庫旧蔵本）	天保9		国立公文書館／148-特083-0001	301×455	
	讚岐国絵図（松平乗命旧蔵本写）		明治5、6年頃写	京都府立総合資料館／館古044 国絵図-54	415.5×284.0	国井応文絵
	讚岐国図			臼杵市立臼杵図書館／①-61	80×130	
	讚岐国図			臼杵市立臼杵図書館／②-191	80×207	
	讚岐国丸亀領国絵図			香川県立ミュージアム／B970003111	157×211	
伊予	伊予国図写		寛永	東京大学総合図書館南葵文庫／BJ-93	173×183	古写
	伊予国絵図（中川忠英旧蔵本）		正保	国立公文書館／176-286-66	440×462	
	伊予国図（松平乗命旧蔵本）			国立公文書館／176-282-211		略図
	正保伊予国絵図		正保	愛媛県立図書館／KM00-1	453×431	
	元禄伊予国絵図		元禄	愛媛県歴史文化博物館	182×452	部分

国名	絵図名称	年記	作成時期（推定）	所蔵機関・整理番号	寸法	備考
	元禄伊予国絵図		元禄	愛媛県歴史文化博物館	185×336	部分
	伊予国（紅葉山文庫旧蔵本）	天保9		国立公文書館／148－特083－0001	714×706	
	伊予国（勘定所旧蔵本）	天保9		国立公文書館／148－特083－0001	729×316	
	伊予国（勘定所旧蔵本）	天保9		国立公文書館／148－特083－0001	729×356	
	伊予国絵図（松平乗命旧蔵本写）		明治5、6年頃写	京都府立総合資料館／館古044 国絵図－55	131.0×93.5	幸野楳嶺絵
	伊予一国絵図			大洲市立博物館（旧藩主加藤家）	158×145	
	伊予国図写			東京大学総合図書館南葵文庫／BJ－94	180×193.5	新写
	伊予国絵図			臼杵市立臼杵図書館／147	185×181	
	伊予国絵図			臼杵市立臼杵図書館／359	172×178	
土佐	土佐国図写		慶長	東京大学総合図書館南葵文庫／BJ－91	153.2×260.5	新写
	土佐国図写		慶長	東京大学総合図書館南葵文庫／BJ－92	136.2×261.2	古写
	土佐国寛永国絵図		寛永	土佐山内家宝物資料館	87.1×109.7	
	土佐国図（松平乗命旧蔵本）			国立公文書館／176－282－215		略図
	土佐国元禄国絵図	元禄14		高知市立市民図書館	760×558	
	土佐国絵図		元禄	高知県立図書館		
	土佐国阿波国境絵図		元禄	土佐山内家宝物資料館	80.3×433.9	
	土佐伊予元禄国境縁絵図		元禄	土佐山内家宝物資料館	79×470	
	土佐国境阿波国裁廻絵図		元禄	土佐山内家宝物資料館	55.0×342.2	
	阿波御国境土佐国端絵図控		元禄	土佐山内家宝物資料館	78.6×470.5	
	伊予国江遣ス証文之縁絵図控		元禄	土佐山内家宝物資料館	95.0×431.7	
	土佐国（紅葉山文庫旧蔵本）	天保9		国立公文書館／148－特083－0001	856×569	大津・阿武郡
	土佐国（下図）（縮図）	天保9		国立公文書館／148－特083－0001	467×242	
	土佐国絵図（松平乗命旧蔵本写）		明治5、6年頃写	京都府立総合資料館／館古044 国絵図－56	130.5×98.5	塩川文麟絵
	土佐国図			臼杵市立臼杵図書館／158	139×260	
	土佐国図			臼杵市立臼杵図書館／②－198	134×257	
筑前	筑前国絵図		慶長	福岡市博物館黒田資料／四－B－118	386×405	
	筑前国絵図	正保3		福岡市博物館黒田資料／四－B－121	366×404	
	筑前国絵図（中川忠英旧蔵本）		正保	国立公文書館／176－286－67・68		東半分欠
	筑前国図（松平乗命旧蔵本）			国立公文書館／176－282－217		略図
	元禄十二年御国絵図	元禄12		福岡市博物館黒田資料／四－B－125	370×412	
	元禄十四年御国絵図	元禄14		福岡市博物館黒田資料／四－B－131	339×405.5	
	筑前国（紅葉山文庫旧蔵本）	天保9		国立公文書館／148－特083－0001	413×346	
	筑前国（勘定所旧蔵本）	天保9		国立公文書館／148－特083－0001	414×354	
	筑前国絵図（松平乗命旧蔵本写）		明治5、6年頃写	京都府立総合資料館／館古044 国絵図－57	140.0×131.0	中西耕石絵
	筑前・豊前・筑後・肥前			徳島大学附属図書館／諸48	553×1188	縮図写
	筑前国図　人			伊能忠敬記念館	180×335	
	筑前国図　地			伊能忠敬記念館	188.7×234.8	
筑後	三潴郡蒲池与絵図	正保2		柳川古文館／伝習館文庫5229	140×156	
	御領内絵図		正保	柳川古文館／渡辺家文書418	103×232	
	正保筑後国絵図		正保	伊能忠敬記念館／伊能忠敬手沢本107	281×356	
	筑後国図（松平乗命旧蔵本）			国立公文書館／176－282－218		略図
	元禄絵図「筑後国郡図」	元禄14		久留米市篠山神社文庫	331×306	
	筑後国境目絵図	元禄14		佐賀県立図書館／鍋059－316		
	元禄筑後国絵図	元禄14		神戸市立博物館／地図の部13、昭和60年度39	314.0×306.0	
	筑後国（紅葉山文庫旧蔵本）	天保9		国立公文書館／148－特083－0001	319×322	
	筑後国（勘定所旧蔵本）	天保9		国立公文書館／148－特083－0001	329×327	
	筑後国絵図（松平乗命旧蔵本写）		明治5、6年頃写	京都府立総合資料館／館古044 国絵図－58	127.0×147.5	前田暢堂絵
	筑後国図			伊能忠敬記念館	147×193.4	
豊前	豊前国図（松平乗命旧蔵本）			国立公文書館／176－282－219		略図
	安芸国・石見国・豊前国縁図		元禄	山口県文書館／毛利家文庫58絵図237－3	89×114	
	豊前国絵図		元禄	島原市立図書館松平文庫／72－71		
	豊前国海手縁絵図		元禄	福岡県立豊津高等学校		
	豊前国元禄絵図		元禄	福岡県立豊津高等学校小笠原文庫／1003	323×409	

国名	絵図名称	年記	作成時期（推定）	所蔵機関・整理番号	寸　法	備　考
（豊前）	豊前国（紅葉山文庫旧蔵本）	天保9		国立公文書館／148－特083－0001	310×322	
	豊前国（勘定所旧蔵本）	天保9		国立公文書館／148－特083－0001	393×336	
	豊前国絵図（松平乗命旧蔵本写）		明治5、6年頃写	京都府立総合資料館／館古044国絵図－59	146.8×132.0	山岡墨仙絵
	豊前国図			伊能忠敬記念館	269×170.5	
豊後	（慶長豊後国絵図）		慶長	臼杵市立臼杵図書館／82	228×234	
	豊後国八郡絵図		慶長	臼杵市立臼杵図書館／②－155	235×220	
	（寛永海部大分大野三郡図）		元和元年～寛永3年	臼杵市立臼杵図書館／83	174×182	
	豊後国之図稲葉民部少輔絵図（寛永臼杵藩領図）		寛永10年～寛永11年	臼杵市立臼杵図書館／84	111×126	
	豊後一国之絵図		正保	島原市立図書館松平文庫／72－74		
	豊後一国之絵図		正保	臼杵市立臼杵図書館／86	541×555	
	豊後国八郡絵図		正保	臼杵市立臼杵図書館／②－281	53×40	
	正保御絵図之写五枚之内筑前境涯絵図		正保（元禄の写）	臼杵市立臼杵図書館／②－88	80×57	
	正保御絵図之写日向国境涯絵図五枚之内		正保（元禄の写）	臼杵市立臼杵図書館／②－119	128×265	
	正保御絵図之写筑後境涯絵図五枚之内		正保（元禄の写）	臼杵市立臼杵図書館／②－286	42×141	
	豊後国図（松平乗命旧蔵本）			国立公文書館／176－282－220		略図
	木下縫殿助様より以前被差出候涯絵図之写也	元禄11		臼杵市立臼杵図書館／②－256	41×63	
	（日出領豊前境縁絵図）	元禄13		臼杵市立臼杵図書館／397	54×80	
	（豊前国豊後国境図・立石領境）	元禄13		臼杵市立臼杵図書館／406	39×79	
	豊後国境筑後国境図	元禄13		臼杵市立臼杵図書館／②－44	55×135	
	豊後境筑後国切抜涯絵図	元禄13		臼杵市立臼杵図書館／②－310	91×136	
	豊後境筑後国切抜涯絵図写	元禄13		臼杵市立臼杵図書館／②－314	88×114	
	（筑前国豊後国境図）	元禄13		臼杵市立臼杵図書館／②－87	70×52	
	豊後国境筑前国涯絵図	元禄13		臼杵市立臼杵図書館／②－312	55×69	
	豊後国境筑前国涯絵図写	元禄13		臼杵市立臼杵図書館／②－317	55×68	
	（高松～鶴崎往還朱引図）	元禄13		臼杵市立臼杵図書館／②－282	28×40	
	稲葉能登守領分大野郡入村小絵図	元禄13		臼杵市立臼杵図書館／②－311	109×119	
	大野郡入村小絵図	元禄13		臼杵市立臼杵図書館／②－315	108×119	
	豊後国岡領分之絵図	元禄14		個人蔵		
	元禄年中御改豊後国絵図控	元禄14		臼杵市立臼杵図書館／85－1	516×532	
	豊後国境図（筑前筑後肥後豊前国境）	元禄14		臼杵市立臼杵図書館／88	156×221	
	（日向国豊後国境図）	元禄14		臼杵市立臼杵図書館／388	281×128	
	（日向国豊後国境図）	元禄14		臼杵市立臼杵図書館／393	278×109	
	（肥後国豊後国境図）	元禄14		臼杵市立臼杵図書館／394	255×106	
	（豊前国豊後国境図）	元禄14		臼杵市立臼杵図書館／390	226×181	
	（豊前国豊後国境図）	元禄14		臼杵市立臼杵図書館／396	185×183	
	中川因幡守領分大分郡三佐村海原村之絵図	元録13		臼杵市立臼杵図書館／68	37×63	
	豊後国海辺郡端絵図　二枚之内		元禄（15年か）	臼杵市立臼杵図書館／408	216×330	
	豊後国絵図		元禄	島原市立図書館松平文庫／72－75		
	国東速見大分海部四郡改図		元禄	臼杵市立臼杵図書館／81	414×469	
	豊後国海辺端絵図　二枚之内		元禄	臼杵市立臼杵図書館／②－149	144×280	
	（豊後国日向国境切抜図）		元禄	臼杵市立臼杵図書館／②－41		
	豊後国境肥後国境図（「二枚之内」）		元禄	臼杵市立臼杵図書館／②－42	266×73	
	豊前国境豊後国境図		元禄	臼杵市立臼杵図書館／②－43	104×144	
	豊後国大分郡海部郡之内細川越中守領分枝村記之小絵図		元禄	臼杵市立臼杵図書館／②－205－01	58×79	

国名	絵図名称	年記	作成時期（推定）	所蔵機関・整理番号	寸　法	備　考
	豊後国大分郡大分郡之内細川越中守領分枝村記之小絵図		元禄	臼杵市立臼杵図書館／②-205-02	38×58	
	豊後国大分郡直入郡之内細川越中守領分枝村記之小絵図		元禄	臼杵市立臼杵図書館／②-205-03	48×55	
	豊後国大分郡大分郡之内細川越中守領分枝村記之小絵図		元禄	臼杵市立臼杵図書館／②-205-04	47×71	
	（豊後国日田郡絵図）		元禄	臼杵市立臼杵図書館／①-69	54×129	
	毛利駿河守様より以前被差出候涯絵図之写也		元禄	臼杵市立臼杵図書館／①-92	40×51	
	熊本領豊後国大分郡鶴崎弓立村竹田領黒岩村境目入之所之絵図		元禄	臼杵市立臼杵図書館／91	61×134	
	豊後国（紅葉山文庫旧蔵本）	天保9		国立公文書館／148-特083-0001	519×532	
	豊後国（下図）（縮図）	天保9		国立公文書館／148-特083-0001	217×272	
	天保改正豊後国絵図	天保13		臼杵市立臼杵図書館／②-305	75×98	
	豊後国絵図（松平乗命旧蔵本写）		明治5、6年頃写	京都府立総合資料館／館古044 国絵図-60	135.0×124.0	八木雲渓絵
	豊後国			徳島大学附属図書館／諸47	405×560	縮図写
	豊後国全図（内務省旧蔵本）			国立公文書館／177-1050	520×926	
	豊後国絵図			竹田市立図書館		
	豊後国図			伊能忠敬記念館	235×215.5	
	豊後国図			臼杵市立臼杵図書館／②-250	55×68	
肥前	慶長年中肥前国絵図		慶長	佐賀県立図書館鍋島文庫／鍋050-1-1	234×249	
	慶長肥前国絵図		慶長	佐賀県立図書館鍋島文庫／鍋050-2-1	234×249	
	竜造寺駿河守分領・寺沢志摩守分領・松浦式部郷法印分領・五島淡路守分領・大村丹後守分領・有馬修理大夫分領・羽柴対馬守分領絵図		慶長	松浦史料博物館／Ⅸ-2-16	260×293	
	地方島々御絵図	正保2		松浦史料博物館／Ⅸ-2-17	165×190	
	肥前国高来郡之内高力摂津守領分図	正保2		長崎県立図書館／3-110	204×206	
	正保肥前国絵図	正保4		佐賀県立図書館鍋島文庫／鍋050-3-1	435×496	
	肥前一国絵図	正保4		長崎県立図書館／3-21	416×470	
	肥前国彼杵郡之内大村領絵図控		正保	長崎県立図書館／3-44	238×260	
	五島絵図		正保	佐賀県立図書館／鍋058-239	273×168	
	肥前国図（松平乗命旧蔵本）			国立公文書館／176-282-221		略図
	松浦壱岐守殿より差出絵図	元禄12		佐賀県立図書館／鍋058-243	65×268	
	平戸領地図	元禄12		長崎県立図書館	264×336	
	松浦壱岐守領分絵図	元禄12		松浦史料博物館／Ⅸ-4-36	274×350	
	早岐塔崎より調川平尾まで御境目図	元禄12		松浦史料博物館／Ⅸ-2-2	27×1180	
	早岐塔崎より調川平尾まで御境目図	元禄12		松浦史料博物館／Ⅸ-2-2	27×1155	
	平戸領五島図	元禄12		松浦史料博物館／Ⅸ-2-5	154×242	
	肥前国彼杵郡之内大村領絵図	元禄13		長崎県立図書館／3-54	240×300	
	肥前一国絵図	元禄14		佐賀県立図書館鍋島文庫／鍋050-4-1	513×700	
	元禄肥前一国絵図（肥前全図）	元禄14		長崎県立図書館／3-22	536×675	
	肥前国彼杵郡之内大村領分絵図	天保8		長崎県立図書館／3-17	223×304	
	肥前国高来郡之内嶋原領絵図	天保8		佐賀県立図書館／鍋058-242	143×187	
	肥前国高来郡之内嶋原領絵図	天保8		長崎県立図書館／3-188	155×190	
	肥前国松浦郡之内五嶋絵図	天保8		長崎県立図書館	255×280	
	宗対馬守領肥前国之内基肄壱郡養父半郡絵図	天保8		佐賀県立図書館／県31-119-053.2	72×81	
	小値賀図	天保9		松浦史料博物館／Ⅸ-4-28	176×199	
	肥前国（紅葉山文庫旧蔵本）	天保9		国立公文書館／148-特083-0001	711×532	
	肥前国（勘定所旧蔵本）	天保9		国立公文書館／148-特083-0001	725×529	
	肥前国（下図）（縮図）	天保9		国立公文書館／148-特083-0001	520×267	

国名	絵図名称	年記	作成時期（推定）	所蔵機関・整理番号	寸法	備考
（肥前）	肥前国高来郡之内松平主殿頭領地嶋原領絵図		天保	長崎県立図書館／3-98	187×141	
	肥前国絵図（松平乗命旧蔵本写）		明治5、6年頃写	京都府立総合資料館／館古044国絵図-62	134.0×140.5	菱田日東絵
	肥前国図　五島列島			伊能忠敬記念館	228×154	
	肥前国図　上			伊能忠敬記念館	152.5×286	
	肥前国図　下			伊能忠敬記念館	168.5×287.5	
肥後	肥後国絵図		慶長	熊本大学附属図書館永青文庫／八-四-丙九八	274.5×247.2	
	肥後国中之絵図		正保	熊本大学附属図書館永青文庫／八-四-甲三	540×595	
	肥後国中之絵図		正保	熊本大学附属図書館永青文庫／八-四-甲二	538.2×618.5	
	肥後国の絵図		正保	熊本県立図書館／001+004		
	肥後国の図		正保	熊本県立図書館／002	527×525	
	肥後国の図		正保	熊本県立図書館／003	530×600	
	縮写正保肥後国絵図		正保	熊本大学附属図書館永青文庫／神四五番四五印五六番	166×113	
	肥後国図　上		正保	伊能忠敬記念館	164×362	
	肥後国図　下		正保	伊能忠敬記念館	176.5×374	
	肥後国図（松平乗命旧蔵本）			国立公文書館／176-282-222		略図
	元禄十三年作製筑後国境縁絵図	元禄13		熊本大学附属図書館永青文庫／八-四-一・四丁	78×211	
	元禄十三年作製肥後国境縁絵図	元禄13		熊本大学附属図書館永青文庫／八-四-一・五丁	110×213	
	肥後国境直入郡涯絵図	元禄13		臼杵市立臼杵図書館／391	34×62	
	肥後国図		元禄	熊本大学附属図書館永青文庫／八-四-甲四	579×659	
	肥後国地図		元禄	熊本大学附属図書館永青文庫／八-四-甲一		
	肥後国之内海岸絵図		元禄	熊本大学附属図書館永青文庫／八-四-丁二	438.3×234.3	
	肥後国切抜涯絵図写		元禄	臼杵市立臼杵図書館／②-316	138×258	
	肥後国（紅葉山文庫旧蔵本）	天保9		国立公文書館／148-特083-0001	609×561	
	肥後国絵図（松平乗命旧蔵本写）		明治5、6年頃写	京都府立総合資料館／館古044国絵図-63	123.0×137.8	中西耕石絵
	肥後国			徳島大学附属図書館／諸46	605×582	縮図写
日向	日向高橋秋月氏所領図（慶長日向国絵図）		慶長	臼杵市立臼杵図書館／140	118×298	下図
	正保日向国絵図　2鋪		正保	宮崎県総合博物館		2分割
	正保日向国絵図写		正保	東京大学史料編纂所島津家文書／11420	725×450	
	日向国図（松平乗命旧蔵本）			国立公文書館／176-282-223		略図
	飫肥領国絵図	元禄14		日南市立図書館	225×160	
	日向国		元禄	国立公文書館／148-特083-0001	423×726	
	元禄日向国絵図　高鍋藩控図		元禄	個人蔵　高鍋町歴史総合資料館寄託		
	元禄日向国絵図　飫肥藩控図		元禄	日南市飫肥城歴史資料館		
	（日向国絵図写）		享保4年～延享4年	臼杵市立臼杵図書館／435	113×242	
	日向国（紅葉山文庫旧蔵本）	天保9		国立公文書館／148-特083-0001	418×709	
	日向国（勘定所旧蔵本）	天保9		国立公文書館／148-特083-0001	419×708	
	日向国肥領天保国絵図控		天保	東京大学史料編纂所島津家文書／11424	262×182	
	日向国絵図（松平乗命旧蔵本写）		明治5、6年頃写	京都府立総合資料館／館古044国絵図-61	125.8×157.0	加納黄文絵
	日向国図			伊能忠敬記念館		
大隅	大隅国図（松平乗命旧蔵本）			国立公文書館／176-282-224		略図
	大隅国		元禄	国立公文書館／148-特83-0001	349×750	
	大隅国（紅葉山文庫旧蔵本）	天保9		国立公文書館／148-特83-0001	353×735	
	大隅国絵図（松平乗命旧蔵本写）		明治5、6年頃写	京都府立総合資料館／館古044国絵図-65	138.0×138.0	中西耕石絵
	大隅国図　坤			伊能忠敬記念館	340.4×352.8	
	大隅国図			伊能忠敬記念館		
薩摩	薩摩国絵図写		正保	東京大学史料編纂所島津家文書／76-2-2	820×450	
	薩摩国図（松平乗命旧蔵本）			国立公文書館／176-282-225		略図
	薩摩国絵図	元禄15		東京大学史料編纂所島津家文書／76-2-1	400×800	

国名	絵図名称	年記	作成時期（推定）	所蔵機関・整理番号	寸　法	備　考
	薩摩国		元禄	国立公文書館／148－特83－0001	414×781	
	薩摩国絵図	天保8		東京大学史料編纂所島津家文書		
	薩摩国（紅葉山文庫旧蔵本）	天保9		国立公文書館／148－特83－0001	367×768	
	天保薩摩国絵図部分図15枚		天保	東京大学史料編纂所島津家文書／76－1－1〜15		
	薩摩国絵図（松平乗命旧蔵本写）		明治5、6年頃写	京都府立総合資料館／館古044国絵図－64	127.0×137.5	円山応立絵
	薩摩国図　乾			伊能忠敬記念館	361.4×353	
	薩摩国図　坤			伊能忠敬記念館	354.4×320.4	
壱岐	壱岐国図（松平乗命旧蔵本）			国立公文書館／176－282－226		略図
	元禄壱岐国絵図		元禄	松浦史料博物館／Ⅸ－4－37	184×188	
	壱岐国（紅葉山文庫旧蔵本）	天保9		国立公文書館／148－特083－0001	186×186	
	壱岐国絵図（松平乗命旧蔵本写）		明治5、6年頃写	京都府立総合資料館／館古044国絵図－66	115.5×137.0	鈴木百翠絵
	壱岐・対馬			徳島大学附属図書館／諸44	407×407	
	壱岐国図			伊能忠敬記念館		
対馬	対馬国図（松平乗命旧蔵本）			国立公文書館／176－282－227		略図
	対馬国（紅葉山文庫旧蔵本）	天保9		国立公文書館／148－特083－0001	170×346	
	対馬国絵図（松平乗命旧蔵本写）		明治5、6年頃写	京都府立総合資料館／館古044国絵図－67	129.5×138.0	村上和光絵
	対馬国図			伊能忠敬記念館		
琉球	琉球国絵図		正保	東京大学史料編纂所島津家文書／76－2－4	728×348	
	琉球国悪鬼納絵図		正保	東京大学史料編纂所島津家文書／76－2－5	351×572	
	琉球国八（重）山絵図		正保	東京大学史料編纂所島津家文書／76－2－6	340×625	
	琉球国絵図（沖縄島・計羅摩島・戸無島・久米島・粟島・伊恵島・伊是名島・恵平屋島）		元禄	国立公文書館	305×584	
	琉球国絵図（鬼界島・大島・徳之島・永良部島・与論島）		元禄	国立公文書館／特083－0001	312×597	
	琉球国絵図（宮古島・八重山島）		元禄	国立公文書館／特083－0001	261×589	
	琉球国大嶋并嶋々絵図		元禄	宮内庁書陵部	105.6×195.3	
	琉球国沖縄嶋并嶋々絵図		元禄	宮内庁書陵部	106×188.4	
	琉球国八重山嶋々絵図		元禄	宮内庁書陵部	87×196.5	
	琉球国沖縄島外七島	宝暦6		国立公文書館	300×168	
	琉球国大島外四島	宝暦6		国立公文書館	300×168	
	琉球国八重山島外壱島	宝暦6		国立公文書館	300×168	
	大島（勘定所旧蔵本）	天保9		国立公文書館／148－特083－0001	315×575	
	八重山島（勘定所旧蔵本）	天保9		国立公文書館／148－特083－0001	261×566	
	沖縄島（勘定所旧蔵本）	天保9	天保	国立公文書館／148－特083－0001	320×543	
蝦夷	奥州松前図（松平乗命旧蔵本）		正保	国立公文書館／176－282－126		
	松前蝦夷図	元禄13		北海道大学附属図書館北方資料室		
	蝦夷之絵図		（宝暦12）	臼杵市立臼杵図書館／356	40×157	
	蝦夷国全図	天明5		臼杵市立臼杵図書館／355	54×99	
	蝦夷国（下図・縮図）	天保9		国立公文書館／148－特083－0001	230×319	
	松前島（紅葉山文庫旧蔵本）	天保9		国立公文書館／148－特083－0001	665×501	
	天保御絵図写　松前蝦夷図		天保	函館市立函館図書館		
	蝦夷之図			臼杵市立臼杵図書館／357	113×124	
	蝦夷之図			臼杵市立臼杵図書館／②－133	117×127	

（小野寺淳・野積正吉・尾﨑久美子）

〔国絵図所在一覧補遺〕

2005年7月刊行後新たに所在が判明した国絵図を収録した。

国名	絵図名称	年記	作成時期(推定)	所蔵機関・整理番号	寸法	備考
遠江	遠江国図		延宝7～天和2	名古屋市蓬左文庫／649	208×136 348×186	2分割
陸奥	津軽領元禄国絵図		元禄写	弘前大学附属図書館	339×397	
能登	能登国図		正保系(寛文9～延宝1)	名古屋市蓬左文庫／690	312×148	
丹波	丹波国図		正保写	名古屋市蓬左文庫／700	249×198	
	丹波国図		正保略写	名古屋市蓬左文庫／703	154.3×113.2	
因幡	山陰道八筒国之内　因幡国		寛永10写	鳥取市博物館(やまびこ館)	113×159	
	因幡国絵図		寛永15写	鳥取市博物館(やまびこ館)	119×108	
伯耆	伯耆国絵図		寛永15写	鳥取市博物館(やまびこ館)	106×120	
石見	石見国図		正保略写	名古屋市蓬左文庫／711	121.7×95	銀山　村高なし 亀井能登守
播磨	播磨国絵図		寛永15写	鳥取市博物館(やまびこ館)	121×156	
紀伊	紀伊国画図		文政7年	和歌山市立博物館／4458-9	109×103	
讃岐	讃岐之国図		江戸時代中期写	高松市歴史資料館／A48	45×60	
	讃岐一円図	天保4年		丸亀市立資料館／3-14	86×158	丸亀市指定
	讃岐国絵図		(寛永)	丸亀市立資料館／3-14	94×211	丸亀市指定
	讃岐国絵図		(元禄)	丸亀市立資料館／3-14	90×214	丸亀市指定
	讃岐国絵図	寛永10年		丸亀市立資料館／3-14	93×209	
	讃岐国絵図		(寛永)	丸亀市立資料館／3-14	86×208	丸亀市指定
	西讃古地図		(元禄)	丸亀市立資料館／3-14	147×207	丸亀市指定
	讃岐国之図			鎌田共済会郷土博物館／第2部絵図(讃岐)1		
	讃岐国之図			鎌田共済会郷土博物館／第2部絵図(讃岐)2		
	讃岐国之図	明治4年		鎌田共済会郷土博物館／第2部絵図(讃岐)3		
	讃岐国図	元治2年		鎌田共済会郷土博物館／第2部絵図(讃岐)4		
	讃岐一円絵図	天保5年		鎌田共済会郷土博物館／第2部絵図(讃岐)6		
	讃岐国絵図			鎌田共済会郷土博物館／第2部絵図(讃岐)10		
	讃岐国古図			鎌田共済会郷土博物館／第2部絵図(讃岐)11		
	讃岐国絵図	寛永10年		鎌田共済会郷土博物館／第2部絵図(讃岐)18		
	讃岐国大絵図		寛永17年寄附	鎌田共済会郷土博物館／第2部絵図(讃岐)23		
	讃岐国之図		文政5年写	鎌田共済会郷土博物館／第2部絵図(讃岐)25		
	讃岐国之図	安政2年		鎌田共済会郷土博物館／第2部絵図(讃岐)26		
肥前	慶長肥前国絵図		慶長江戸写	佐賀県立名護屋城博物館	232×246	
肥後	肥後元禄国絵図	元禄		東京大学史料編纂所 0547-5	332.5×366	
壱岐	壱岐国絵図	正保		長崎県立図書館／3-26	200×250	
対馬	元禄対馬国絵図	元禄13		長崎県立対馬歴史民俗資料館	175×375	
	対馬国図(元禄対馬国絵図)	元禄13		東京国立博物館	342×156	
	阿波・讃岐・伊予・土佐・淡路国		余州図の寄絵図	名古屋市蓬左文庫／756	18.5×115	丸亀城なし
一括国絵図	日本六十余州国々切絵図		寛永10写	秋田県公文書館／郷土A290-114-1～69		全国69枚、備前のみ2枚
	東国絵図		寛永10写	秋田県公文書館／県C-376～385		東国9ヵ国分
	諸国図〔余州図系〕		寛永10写	名古屋市蓬左文庫／		
	〔各国絵図〕		寛永10、寛文頃写	岡山大学附属図書館池田家文庫／T1-48～113		全国68枚、尾張と播磨欠
	日本図		寛永10、元禄頃写	山口県文書館毛利家文庫／58-26		全国68枚
	山陽・山陰・南海道		寛永10写	熊本大学附属図書館永青文庫／8.4丙41-2		中国四国18ヵ国分のみ該当

Kuni-ezu (provincial maps) compiled by the Tokugawa Shogunate in Japan

Introduction

Copies of *kuni-ezu* (provincial maps) compiled by the government of the Tokugawa Shogunate in the Edo period and other papers provide a valuable source for research in historical geography and modern provincial history. However, fundamental matters relating to the cartographical method, map style and content of *kuni-ezu* remain unclarified as yet. Previous studies have tended to emphasize the bibliography of individual maps. As a result a more comprehensive, systematic evolution of the study is lacking. Study of *kuni-ezu* has been severely neglected primarily due to the sheer size of the map sheet.

The production of nationwide *kuni-ezu* by order of the Shogunate Government at Edo was politically motivated as the content demonstrates. The feudal lord's *(daimyō)* response to the command of the Shogunate government was an important factor contributing to the production of *kuni-ezu*. The study of *kuni-ezu*, therefore, if it is simply a study of the cartography of the map, is entirely inadequate. An historical analysis which shows the political significance of the maps has also to be undertaken.

In view of the above, the author has studied not only map style and content features of *kuni-ezu*, but also the process of their production, through comparative examination of a number of maps of different provinces and close investigation into the records of feudal clans in connection with the drawing of the maps. The following results were obtained.

Purpose of the Shogunate government's retention of kuni-ezu

It was a political tradition in Japan that the central government prepare a complete country map and cadastre. The Tokugawa Shogunate government adhered to that tradition. The government, while controlling the feudal lords of each province, nationally produced *kuni-ezu* and *gōchō* (cadastre: a book indicating the rice yield of individual villages) of each province, and retained them in the government library.

The Shogunate at the same time compiled a comprehensive national map from these provincial maps. Revision of *kuni-ezu* was also performed by the Shogunate to meet changes in geographical features and social movements throughout the 260-year Edo period. The first compilation of *kuni-ezu* was in the 10th year of Keichō (1605), only two years after the establishment of the Tokugawa Bakufu (the Shogunate government). Afterward *kuni-ezu* was amended four times through the Kanei (1633), Shōhō (1644), Genroku (1697) and Tenpō (1836) ages in Edo period (Fig. 1).

Process of kuni-ezu *production*

The preparation of a nation-wide *kuni-ezu* by the Shogunate government is considered to have been originally a ritual, therefore the government set great value on a process in the production of the maps. During the revisions of the Shōhō and Genroku periods, major lords were designated *ezumoto* (they were responsible for producing *kuni-ezu*). However, in the case of Tenpō, maps of all the provinces were revised solely by the map department of the Shogunate government.

Some kinds of printed provincial maps were publicly circulated during the Edo period. The government compiled maps, unlike those mass produced for public circulation, were hand drawn in colour with an intricate finish, suitable for presentation by the lords (Frontispiece, 2). Because these maps were too broad in width, they were impractical, but they served as symbols of government control. They were handled with extreme care, as were the original in the treasury of the Shogunate, the duplicate copies in the government office, and those held by each *ezumoto*.

Principal elements of kuni-ezu

Kuni-ezu were produced on the same basis as *kuni-gun-zu* (map of a province divided into its districts). The purpose of *kuni-ezu* was not to show domains of individual feudal lords under the reign of the Shogunate, but to show geographical demarcation of the province and districts as traditional administrative units. Basic elements of *kuni-ezu* included villages which were represented as small oval shapes *(muragata)* together with the representation of village productivity *(muradaka)*.

The maps included topographic features with mountains scrupulously drawn from a bird's eye view. Rivers, seas, lakes, swamps, and other natural features, as well as castles, shrines, temples, roads, and other man-made works were represented together with a detailed description of rice yield. The maps were efficient from a politico-economic viewpoint.

Changes in map content

There was no significant change throughout the Edo period in the principal content of *kuni-ezu*. Strictly speaking, however, there were minor changes in content reflecting the political situation during each of the five compilations.

The Shōhō maps and preceding ones described not only all districts but also the domains of feudal lords, for the practical purpose of supervising domanial governments. However, all domanial divisions were excluded from the Genroku maps when the Shogunate's sovereignty was firmly established. Furthermore, while the Shōhō maps provided many minute indications of both land and sea routes from a military point of view, such elements were excluded from the Genroku maps.

These were rearranged in a more basic character of *kuni-ezu*, the result of which further substantiated province and district boundaries. This map is considered the first intrinsic *kuni-ezu* compiled by the Government. It was the product of the Fifth Shogunate, Tsunayoshi who exercised Shogunate authority at its maximum.

The Tenpō maps, completed when the Shogunate's ruling power began to erode, displayed subtle change in their contents. In this age, the Shogunate, failing to influence the feudal lords to present the maps, was compelled to revise the provincial maps of all provinces without their aid. In the Tenpō maps, indication of *kokudaka* (crop yield) was amended to *jitsudaka* (actual crop output) from *omotedaka* (formal crop output) in preceding maps. Due to pressure of financial reconstruction of the Shogunate Government, such an amendment was regarded as a response of the realistic need to grasp the actual productivity of the provinces.

Unification of map style and cartographic symbolization

Standardization of *kuni-ezu* was begun in the Shōhō map and reached its peak in the Genroku map. The adoption of a reduced scale 1-*ri* by 6-*sun* (1:21,600) became standard during Shōhō. In this period indication of the name of the village as well as its productivity were represented by an oval. A milestone *(ichiri-yama)* was represented in lengths based according to scale with main roads distinguished from paths by varying thickness of red lines. District divisions (black line) became uniform with the nationally prepared *kuni-ezu*.

Although a uniform style was relatively accomplished in the *kuni-ezu* of the Shōhō age, some irregularity still remained, as in the marginal information (e.g. aggregate of crop yield of the district). In the maps of the Genroku age, however, a standard index was achieved, as well as the requirement that the presenter *(ezumoto)* date the maps and record his name.

Fabrication became uniform in Genroku with the use of specified map paper, lining, etc. Government inspection of the *sita-ezu* (rough draft of the map) prepared by the provincial presenter proved highly effective in the standardization of *kuni-ezu*. Furthermore, fair redrawing of all the provincial maps was requested of the artist appointed by the Shogunate, resulting in a more even similarity of genre of the drawings (Fig. 2).

Indication, colouring and lettering were seen cartographically symbolized to a certain extent in *kuni-ezu*. They are enumerated below:

1) Direction: Indicated by words in the four corners or in the middle of each side of the map.
2) Village: Indicated by a small oval shape.
3) Milestone: Indicated by two small black dots running bilaterally along the road shown by a red line.
4) Castle: Indicated by a black square.
5) Road: Indicated by red line with varying thickness distinguishing main roads from paths.
6) Sea route: Indicated by a red line.
7) District boundary: Indicated by a black line.
8) Distinction of districts: Shown by different colour of oval-shaped village symbols.
9) Distinction of domains: Shown by alphabetical notation or coloured rims of village symbols. (During Shōhō age only. Domains were not differentiated after Genroku).

In addition to the above, the following cartographic symbols were employed in some maps:

10) Inns: Indicated by a circle or rectangle.
11) Shrines: Indicated by the pictorial symbol of a *torii* (an archway).

In *kuni-ezu*, unification of map style as well as cartographical representation were promoted during Shōhō. There was a significant tendency in the maps that natural topography be elaborately depicted on one hand, and artificial features merely symbolized on the other hand.

Function of kuni-ezu

Kuni-ezu functioned as a basic local map. Therefore, once they passed into hands of the Shogunate, their indications and content became important. The maps often played an important role during boundary disputes in the Edo period.

Upon revision of *kuni-ezu* in the Genroku age, emphasis was placed on its function as a basic local map: therefore, strict border lines were inserted, not permitting even a single strip of land to be in dispute. Any differences or errors in the geographical names of districts and villages, etc., were investigated in old reference books and records and corrected. Where a province was partitively governed by a plurality of lords, the lord who was accorded the privilege of presenting the map to the Shogunate, gained more importance among the lords of the whole country.

Compilation of nihon-sōzu

Until now, it has been thought that the *nihon-sōzu* (general maps of Japan) were compiled by the Tokugawa Shogunate at four times during the Keichō, Shōhō, Genroku and Kyōho periods of the Edo era, although the production of the Keichō map has been mere conjecture. It has been assumed to have been produced on the basis of the *kuni-ezu* compiled as a result of a 1605 government order. And the *nihon-sōzu*, housed in the National Diet Library, has been conjectured to be the *Keichō-nihonzu*. There is no record, however, to support the production of this general map of Japan.

It is known that the existing *Keichō-nihonzu* was probably produced in the Kanei period (1624-1643), however as a result of lack of knowledge of the compilation of *nihon-sōzu* during the Kanei period, it has been assumed to be an amended version of the original *Keichō-nihonzu*. The present work supplies evidence that the *nihon-sōzu* known as the *Keichō-nihonzu* and housed in the

National Diet Library, is in fact the *Kanei-nihonzu*, and was produced by Masashige Inoue, *ōmetuke* (an inspector general) of the Shogunate government, in the 16th year of Kanei (1639).

Comparison of the four *nihon-sōzu* (Kanei, Shōhō, Genroku and Kyōhō) reveals the following: 1) Since *nihon-sōzu* were always compiled on the basis of *kuni-ezu,* their accuracy depended upon how well the *kuni-ezu* were compiled. 2) This method of extending the *kuni-ezu* reached its practical limits during the Genroku period. Thereafter, for the Kyōhō period, a new method, depending upon a rudimentary survey, was initiated. 3) The later maps are not necessarily more detailed, though they reflect the political state of affairs at the time of their production. 4) Drawing of the nothern boundary islands, Ezochi (Hokkaidō, Kuriles and Sakhalin) does not progress in detail over the four periods. However the southern boundary Ryūkyū island (Okinawa prefecture) become more detailed and more accurate in the *Genroku-nihonzu*.

By HIROTADA KAWAMURA

執筆者一覧

本書執筆者の氏名・現職（2009年8月現在）・専門を、五十音順に示した（敬称略）。＊は編集委員。

青木 充子	地域史
阿部 俊夫＊	郡山女子大学短期大学部講師　日本近世史
五十嵐 勉	佐賀大学農学部准教授　歴史地理学
礒永 和貴＊	東亜大学人間科学部准教授　地図史、歴史地理学
出田 和久	奈良女子大学文学部教授　歴史地理学、人文地理学
伊藤 寿和	日本女子大学文学部教授　歴史地理学
井上　淳	愛媛県歴史文化博物館専門学芸員　日本近世史
岩鼻 通明	山形大学農学部教授　宗教地理学・歴史地理学
岩間 一水	草津市立草津宿街道交流館主査　歴史地理学
上原 秀明＊	専修大学文学部教授　歴史地理学
尾﨑 久美子	幕末と明治の博物館学芸員　歴史地理学
小田 匡保	駒澤大学文学部教授　歴史地理学
小野田 一幸	神戸市立博物館学芸員　歴史地理学
小野寺　淳＊	茨城大学教育学部教授　歴史地理学
海道 静香	福井県立高志高等学校教諭　歴史地理学
梶原 伸介	大牟田市立三池カルタ・歴史資料館学芸員　日本近世史
河村 克典	山口県文書館専門研究員　地図史、歴史地理学
川村 博忠＊	前東亜大学　地図史、歴史地理学
喜多 祐子	歴史地理学
木塚 久仁子	土浦市立博物館学芸員　日本近世史
木全 敬蔵	元奈良国立文化財研究所埋蔵文化財センター測量研究室長　写真測量学、地図測量史
工藤 茂博	姫路市立城郭研究室学芸員　城郭史
倉地 克直	岡山大学文学部教授　日本近世史
白井 哲哉	埼玉県立文書館主任学芸員　日本近世史
杉本 史子	東京大学史料編纂所准教授　日本近世史、地図史料論
瀬戸 祐介	株式会社コンテンツ　歴史地理学
種田 祐司＊	名古屋市秀吉清正記念館学芸員　日本近世史
額田 雅裕	和歌山市教育委員会生涯学習部文化振興課文化財班長　歴史地理学、地形学
野積 正吉	射水市新湊博物館主任学芸員　日本近世史
橋村　修	大阪大学非常勤講師　歴史地理学
長谷川 孝治	神戸大学大学院人文学研究科教授　比較地図史
平井 松午＊	徳島大学総合科学部教授　歴史地理学、村落地理学
平井 義人	大分県立歴史博物館主幹学芸員　日本近世史
福島 雅蔵	花園大学名誉教授　日本近世史
藤田 裕嗣	神戸大学大学院人文学研究科教授　歴史地理学
本田　伸	青森県立郷土館研究主幹　日本近世史
前田 正明	和歌山県立博物館主査学芸員　日本近世史
松尾 容孝	専修大学文学部教授　人文地理学
御厨 義道	香川県教育委員会文化行政課　日本近世史
溝口 常俊	名古屋大学大学院環境学研究科教授　歴史地理学
三好 唯義	神戸市立博物館学芸員　歴史地理学
山下 和正	山下和正建築研究所代表取締役、駒沢女子大学人文学部特任教授　建築学
渡部 浩二	新潟県立歴史博物館主任研究員　日本近世史
渡部　淳	土佐山内家宝物資料館館長　日本近世史
渡辺 英夫	秋田大学教育文化学部教授　日本近世史
渡邊 秀一	佛教大学文学部教授　歴史地理学、地図史

国絵図研究会（くにえずけんきゅうかい）

　1996年に発足、98年に川村博忠（当時東亜大学）を代表とし研究会組織となり、2007年に代表を小野寺淳（茨城大学）に代わり、地理、歴史研究者以外に、博物館学芸員、地図愛好家、大学院生など、絵図研究の学際的な交流の場となっている。

　大型の国絵図は個人では閲覧が困難なことが多い。年2回の例会では、各地の機関に所蔵されている国絵図を熟覧し、あわせて研究報告会が行われる。「国絵図ニュース」では、研究の問題点や国絵図の所在、絵図展、文献目録などを紹介し、会員相互の意見交換の場を提供している。1997年山口県文書館、98年米沢市立米沢図書館・長野市立博物館、99年臼杵市立臼杵図書館、2000年西宮市立郷土資料館、01年伊能忠敬記念館、岡山大学附属図書館など、毎年各地での例会を開催している。現在、会員は80名である。03年・05年には科学研究費補助金により「江戸幕府撰国絵図の画像データベース」（正保編，元禄・天保編）を作成した。活動の詳細は国絵図研究会のＨＰ（URL http://2nd.geocities.jp/kuniezu_net2/index.html）でも知ることができる。

連絡先　　国絵図研究会事務局
　　　　　〒310-8512　茨城県水戸市文京2-1-1 茨城大学教育学部
　　　　　小野寺淳研究室　TEL：FAX 029-228-8294
e-mail　　onodera@mx.ibaraki.ac.jp

国絵図（くにえず）の世界（せかい）

2005年7月30日　第1刷発行
2009年9月15日　第2刷発行

編　者	国絵図研究会
発行者	富澤凡子
発行所	柏書房株式会社 〒113-0021　東京都文京区本駒込1-13-14 tel.03-3947-8251 営業　tel.03-3947-8254 編集
装幀・本文 フォーマット	桂川　潤
印刷所	萩原印刷株式会社
製本所	株式会社ブックアート

Ⓒ国絵図研究会　Printed in Japan 2005
ISBN4-7601-2754-2

柏書房

地図で読む江戸時代
山下和正＝著　A4変型判　一五,〇〇〇円

江戸時代の多色刷地図は世界の先端を走っていた！世界図から都市図、道中図、名所図、温泉図まで、爛熟した庶民文化の華としてのさまざまな地図とその背景を読む。カラー／モノクロ地図約一五〇点を収録。テキストは和英並記のバイリンガル表記。

事典 しらべる江戸時代
林英夫・青木美智男＝編集代表　B5判・上製　八六四頁　一八,〇〇〇円

いまふりかえる庶民、わが地域。近代以前の日本には、さまざまな可能性を秘めた庶民と地域社会が存在した。史料論、基礎知識、研究視角、考古学の各観点から導く、新しい近世史の調べ方事典。日本各地での具体的な研究手法を学ぶことができる。

番付で読む江戸時代
林英夫・青木美智男＝編　A4判・上製　五二八頁　一五,〇〇〇円

江戸時代のランキング情報紙＝見立番付から、庶民の流行と定番、本音と遊び心を読み解くはじめてのこころみ。時代、世相、地域の視点から一二九のテーマを設定し、選りすぐりの番付一七〇点を収録。三〇〇〇件余の見立番付を配列したデータベースも充実。

図説 江戸・東京の川と水辺の事典
鈴木理生＝編著　B5判・上製　四六四頁　一二,〇〇〇円

河川は土木＝ハードではなく、さまざまな機能を持つソフトである。江戸という都市の成り立ちや機能を語る上で欠かせない「川」。地質、考古、地理、歴史あらゆる成果を総合し、江戸研究の第一人者が描き出す江戸・東京の川研究の集大成。

図説 江戸考古学研究事典
江戸遺跡研究会＝編　B5判・上製　五九二頁　二二,〇〇〇円

この四半世紀に発掘された江戸遺跡の調査研究成果を初めて集約。「市街」「施設と遺構」「墓」「災害考古学」「生活・文化」「遺物」など、江戸遺跡の全貌を体系的に解説する、項目数約五〇〇、図版約一〇〇〇点の読む事典。

絵でよむ 江戸のくらし風俗大事典
棚橋正博ほか＝編著　B5判・上製　六一六頁　一五,〇〇〇円

あるく、しらべる、考証する…これからの「江戸」必携書。庶民の娯楽マンガ"黄表紙""絵本"の挿し絵三千点を収録。想像・憶測・思い込みを廃し、すべて絵画史料で構成した、見開き二ページ読みきり式で楽しく江戸の生活と文化を解明する空前絶後の"絵解き"事典。

〈価格税別〉